U1016771

2017

中国跨境电商发展年鉴

CHINA CROSS BORDER E-COMMERCE DEVELOPMENT YEARBOOK

海关总署监管司 ◎编著

中国海关出版社
China Customs Press

图书在版编目（CIP）数据

中国跨境电商发展年鉴.2017/海关总署监管司编著.
—北京：中国海关出版社，2017.5
ISBN 978-7-5175-0203-6

Ⅰ.①中… Ⅱ.①海… Ⅲ.①电子商务—产业发展—中国—2017—年鉴
Ⅳ.①F724.6-54

中国版本图书馆 CIP 数据核字（2017）第 079219 号

中国跨境电商发展年鉴（2017）
ZHONGGUO KUAJING DIANSHANG FAZHAN NIANJIAN（2017）

作　　者：海关总署监管司
总 策 划：王　桦
策　　划：史　娜
责任编辑：夏淑婷
出版发行：中国海关出版社
社　　址：北京市朝阳区东四环南路甲 1 号　　邮政编码：100023
网　　址：www.hgcbs.com.cn
编 辑 部：01065194242-7539（电话）　　01065194231（传真）
发 行 部：01065194221/4238/4246（电话）　　01065194233（传真）
社办书店：01065195616（电话）　　01065195127（传真）
http://store.hgbookvip.com（网址）
印　　刷：北京新华印刷有限公司　　经　　销：新华书店
开　　本：787mm×1092mm　1/16
印　　张：35.25　　字　　数：792 千字
版　　次：2017 年 5 月第 1 版
印　　次：2017 年 5 月第 1 次印刷
书　　号：ISBN 978-7-5175-0203-6
定　　价：280.00 元

海关版图书，版权所有，侵权必究
海关版图书，印装错误可随时退换

《中国跨境电商发展年鉴（2017）》编委会

主　　编

王　炜　海关总署监管司

执行主编

何晓睿　海关总署监管司

副 主 编

刘苏振　海关总署监管司
白晓东　海关总署监管司
朱　菁　海关总署监管司
白乾民　海关总署监管司
于　青　南京海关
王　萍　南京海关
龙　涛　南宁海关
许　清　南宁海关
许　军　南宁海关
李晓芸　郑州海关
刘振国　郑州海关
朱崇武　杭州海关
孙华伟　杭州海关

《中国跨境电商发展年鉴（2017）》
编委会

副主编

王海林　天津海关

姜宗刚　青岛海关

傅伟飞　上海海关

黄卫军　上海电子口岸建设联席会议办公室

廖红军　重庆市商务委员会

施黄凯　杭州市中国（杭州）跨境电子商务综合试验区建设领导小组办公室

王　岚　宁波市口岸打私办

李　梅　郑州市人民政府口岸办公室

林国强　广州市商务委员会

刘毅刚　深圳市经济贸易和信息化委员会

李　宏　天津市商务委员会

刘德培　福建省商务厅

编　委

柴戍涛　沈　威　侯晓明　林键滨　陈乐佳　郭麦萍　李　岩

赵宁飞　曹　源　余　坚　王云美　陈　奇　林志强　王　毅

马美兰　田云龙　冉渝佳　宋雨航　陈雅娟　姚　平　胡彩屏

《中国跨境电商发展年鉴（2017）》
协编单位

中国银行股份有限公司

阿里巴巴(中国)有限公司

深圳市有信达供应链集团股份有限公司

支付宝（中国）网络技术有限公司

河南进口物资公共保税中心(集团)有限公司

解放路(上海)信息技术有限公司

深圳两棵树网络科技有限公司

国付宝信息科技有限公司

厦门海投供应链运营有限公司

1912年2月，经孙中山先生批准，中国银行正式成立。历经百年发展，中国银行已成为中国国际化和多元化程度的银行，在中国内地及51个国家和地区为客户提供全面的金融服务。2016年，中国银行再次入选全球系统重要性银行，成为新兴市场经济体中连续5年入选的金融机构。

重大荣誉

《银行家》
2016全球1000家大银行榜单中排名第4位

《福布斯》
全球企业2000强榜单中排名第6位

WPP集团2016BRANDZ
中国品牌100强榜单中排名第11位

金融稳定理事会
连续5年入选“全球系统重要性银行”

《南方周末》
2016年中国企业社会责任特别贡献奖

香港会计师公会
2016年公司治理金奖

中国电子产业联盟
2016年度普惠金融优秀企业

《银行家》
十佳互联网金融创新奖（中银跨境e商通）

银行 BANKIN | 证券 SECURITIES | 保险 INSURANCE

全球门户网站: www.boc.cn 客户热线: 95566 官方微博: weibo.com/bankofchina

中国银行
BANK OF CHINA

产品简介

中银跨境e商通是集线上便捷支付、网上收单、跨境资金清算、反洗钱、国际收支申报等功能在内的跨境电商一站式综合金融服务。

产品特色

面向境内海淘客户

支持一键式便捷支付

提供安全可靠的在线支付方案

面向海外供货商

可灵活定制跨境资金清算入账周期，跨境资金瞬间可达

覆盖海外供应商本地的全球金融服务

面向第三方支付机构

提供在线结售汇、跨境清算等跨境解决方案

配套提供国际收支申报、结售汇额度登记等配套服务

7X24小时不间断服务保障

面向跨境电商平台

提供在线人民币等多样化支付服务

配套提供资金清算、反洗钱、国际收支申报等综合跨境结算服务

提供后台资金自动分账清算

提供交易明细查询并支持对跨境资金的实时跟踪等资金管理功能

银行 BANKIN | 证券 SECURITIES | 保险 INSURANCE

全球门户网站: www.boc.cn 客户热线: 95566 官方微博: weibo.com/bankofchina

中国银行
BANK OF CHINA

产品简介

报关即时通是中国银行面向进出口企业提供的海关税费电子支付服务，企业用户可通过海关指定的支付平台、中国银行网上银行、柜台等多种渠道提交海关税费支付指令，支持普通支付和担保支付。

产品特色

简化支付手续，提高通关效率

客户可随时随地提交网上支付指令，全天候即时获得银行反馈，减少银行与海关两地间的奔波；通过开立关税保函，实现先放后税，加快通关速度。

业务发展迅猛，产品持续创新

目前，中国银行已在长三角、珠三角、环渤海及中西部等全国41个关区开展业务，市场份额高；中国银行与海关总署合作报关电子化业务时间久、服务范围广，通过长期以来的紧密合作，为企业持续提供可靠的通关解决方案。

支持异地报关，实现一体化通关

实现一地一行付款，多地报关，便于客户办理异地报关；实现对京津冀、长江经济带、广东地区、丝绸之路经济带、东北地区一体化保函模式的支持；通过开立集中汇总征税保函实现全国一体化通关。

担保额度循环，提供缓税便利

可开立普通单关区、区域一体化及汇总征税保函等多种关税保函，为企业通关纳税提供担保便利；通过对担保额度的智能化控制，在企业申报时额度自动扣减，缴税后额度自动恢复，实现额度的循环使用；可享受长达1个月的缓税期限，减少企业在途资金占用。

天猫国际 TMALL GLOBAL

为了更好的服务和迎接中国新一轮消费的升级，拉动国人万亿境外消费有效的回流，同时基于国家对跨境进出口电商创新业态的政策支持和阿里巴巴集团的全球化战略，天猫国际于2014年2月正式上线。

在跨境零售进口方面，截止目前，天猫国际通过基于大数据分析的定向邀约，与来自全球63个国家和地区、3700多个品类的14500多个海外品牌实现合作。同时与主要热门进口国家和地区政府达成战略合作，上线了美国、加拿大、日本、韩国、澳大利亚、新西兰、英国、德国、法国、意大利、荷兰、西班牙、俄罗斯、丹麦、泰国、香港、台湾等17个国家和地区馆，不但是跨境零售进口平台，而且已成为支持海外品牌和各国中小企业更好进入中国市场的渠道。

在2016年双11期间，天猫国际全球化迈出新的重要步伐，在跨境零售进口业务基础上成功启动跨境零售出口，先将市场拓展至港台地区，下一步还将继续拓展至东南亚和全世界，真正实现国家倡导的“买全球、卖全球”战略发展目标。

在业务取得快速发展的同时，作为行业的佼佼者，天猫国际始终秉持阿里巴巴集团“客户至上”的理念，严把商品质量关。除严格执行检验检疫等监管部门的监管要求外，天猫国际还在2016年10月与“跨境电子商务商品质量安全风险国家监测中心”签署合作备忘录，成为与中心实现“检企联动、质量共治”的跨境电商平台，为消费者跨境购物提供更有力的质量保障。

TMALL GLOBAL
天猫国际

有信达集团
YOURSENDER

深圳市有信达供应链集团股份有限公司创建于1997年，总部位于深圳，是一家从传统物流迈向现代互联网+高科技物流、跨境电商的深圳本土企业。集团IT信息技术团队有近80人，自2014年起，累计投入5000万，在跨境电商领域打造了五大系统，云报关系统、订单管理系统、跨境电商清关平台、B2B分销平台、O2O商城系统。

有信达智能通关管理系统（简称云报关）是为生产企业、供应链公司、跨境贸易公司等单位解决进出口报关的一个全国版系统。可实现舱单一次性申报，在线下单、全程跟踪、数据永久备份，可为客户节约50%的人力成本。

云报关与传统报关的区别：

	代理报关现状	痛点	云报关	优势
代理委托方式	邮件、快递、传真、电话、驻厂	环节多、突发性问题多	电脑/手机在线下单	减少流通环节、省时省力
报关单据准备	货主人工准备报关单证	工作流程多、费时费力、不专业	系统自动生成报关单	一键生成、专业、高效
交流沟通方式	电话、邮件沟通内容无法跟踪	交流背对背、不及时、有误差	在线7*24沟通	系统提醒、及时交流
单据审核	人工审核	耗时、耗力、差错高	百余种智能逻辑审核	零差错
录入方式	人工录入	多环节录入、差错多、耗精力	Excel/PDF/Word文件自动导入	免录入、减差错、降人工
申报平台	申报平台多（海关、国检、舱单）	重复操作、成本高、差错高	各个平台数据共享	省时省力
状态跟踪	人工线下手动查询	清关状态不透明、进度跟踪不及时	在线实时推送状态	透明、安全、省心
数据存储	纸质打印扫描保存	费时、费力、不环保	电子数据本地化永久存储	节约环保
财务对账	Excel表格手工做账	丢单、工作量大、不规范	自动生成报表、账单	规范管理、加速资金回流

有信达1万平米美国西部仓外景

云报关：全国报关单量百强企业〔第62位〕，业务合作伙伴联邦、顺丰、华为等。

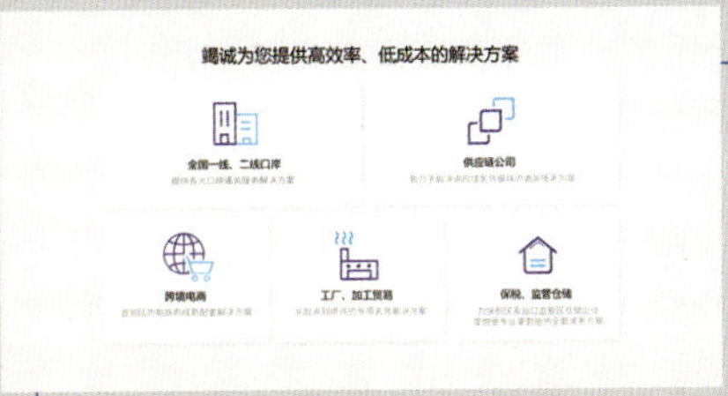

有信达智能通关管理系统

建立有信直达跨境电商物流平台、海蟹网电商分销、海蟹购O2O商城系统：

广东省跨境电商10强企业，跨境电商、跨境电商物流试点双试点企业。海蟹购跨境电商体验店——深圳店、武汉店、泉州店。

海蟹购盐田店

海蟹购武汉店

海蟹购泉州水头店

保税仓储和维修：

2014年有信达集团在福田保税区为大疆建立无人机全球返修中心，为大疆无人机等产品提供返修服务平台。

入境维修 大疆无人机

入境维修再制造业务能力评估证书

有信达集团
YOURSENDER
创新 智慧 共赢

支付宝（中国）网络技术有限公司
支付　生活服务　政务服务　社交　理财　保险　公益
www.alipay.com
Back
支付宝退税
已经开通退税的国家
韩国　英国　法国
德国　意大利　荷兰
瑞士　西班牙　丹麦
奥地利　希腊　比利时
瑞典　葡萄牙　芬兰
匈牙利　塞浦路斯　挪威
捷克　波兰　爱尔兰
斯洛伐克
用支付宝退税
直退人民币　立即到账
机场实时退税　机场邮寄退税
韩国　德国　意大利　芬兰
立即到账：指用户选择退税到支付宝账户，退税金将即时以人民币到账指定支付宝账户的服务。
立即退税步骤
① 购物时向收银员索要退税单
支付宝海淘优惠
Like
支付宝海淘优惠
04-22 10:08
小红书
精选海外商品
5折起　限时抢购
66元现金红包！5折！周末小红书送福利！
1.2k
Like
一卡在手，畅游海外！
中国澳门　澳门通
韩国　Tmoney卡
泰国　Rabbit卡
支付宝 ALIPAY
支持曼谷的天轨(BTS)和快速公交(BRT)，更可在曼谷几万家贴有Rabbit标签的餐饮、超市、便利店、景点及娱乐场所刷卡支付。
支付宝
ALIPAY

支付宝（中国）网络技术有限公司（www.alipay.com）成立于2004年，是国内技术成熟的第三方支付平台，已经与超过200家金融机构达成合作，为近千万小微商户提供支付服务。在覆盖绝大部分线上消费场景的同时，支付宝也正通过多种场景的拓展，激活传统商业。通过互联网方式的营销、大数据服务等，助力包括餐饮、超市、便利店、出租车、医院、公共服务等的升级。在海外市场，支付宝推出了跨境支付、退税等多项服务，业务范围已覆盖包括港澳台、日韩、东南亚、欧洲、北美等40多个国家和地区。随着场景拓展和产品创新，支付宝已发展成为融合了支付、生活服务、政务服务、社交、理财、保险、公益等多个场景与行业的开放性平台。支付宝也得到了更多用户的喜爱，目前已拥有实名用户数4.5亿。

2007年8月，支付宝获批成为可以开展跨境支付业务的第三方支付公司。目前受理支付宝的海外商户已达数千家，大陆支付宝用户可以非常便利地购买海外商品和享受海外服务。2014年起，根据监管单位要求“支付企业应按照规定通过电子商务通关服务平台适时向电子商务通关管理平台传送支付数据”，支付宝积极响应号召，先后和杭州、广州、宁波、深圳、郑州、重庆、天津、上海等全部试点监管单位完成对接，向监管单位系统传输真实、准确的支付信息，方便监管单位核实交易的真实性。2016年4月，支付宝又率先接入监管单位统一版信息化系统，按照公告（2016）26号的要求，通过统一版跨境电子商务通关服务平台如实向监管单位传输支付信息，为统一监管进一步提供便利。

随着海淘业务的蓬勃发展，支付宝将按照监管单位要求，切实履行相关义务，为跨境电商行业和跨境支付行业的发展和规范贡献自己的力量。

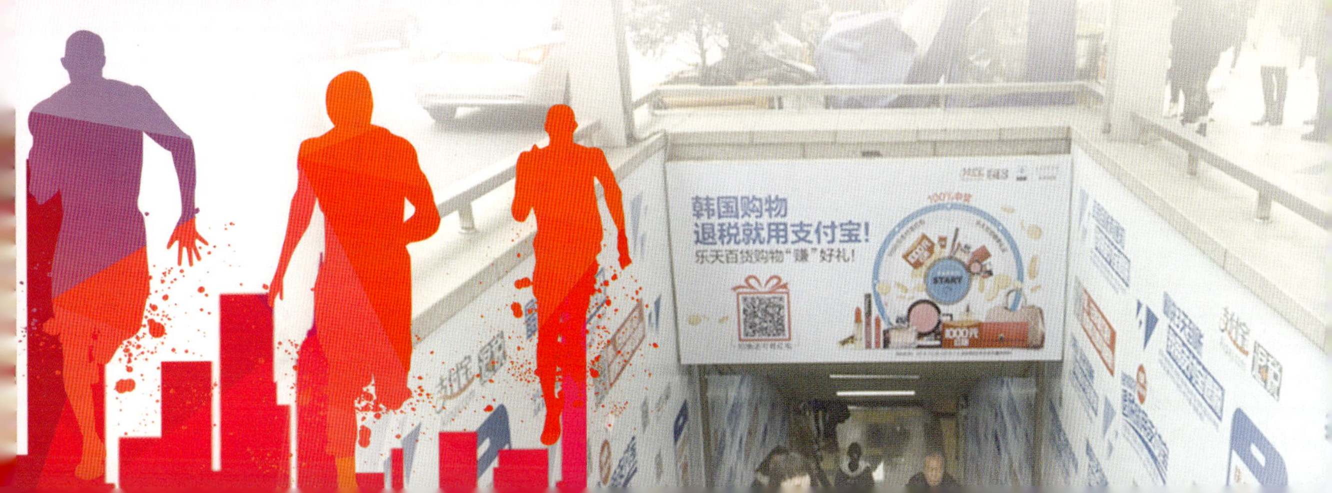

2010 年 12 月 8 日，河南保税物流中心顺利通过验收；2011 年 5 月 11 日，河南保税物流中心开关运营；2012 年 7 月，平台公司获得郑州跨境贸易电子商务服务试点（E 贸易）项目承建单位资质; 2012 年 9 月 12 日，E 贸易项目在全国启动；2013 年 7 月 15 日，E 贸易业务流程测试在全国率先启动; 2013 年 12 月 9 日，E 贸易信息化平台在全国上线，开启了持续创新引领中国跨境电子商务风向标的河南保税时代。

2013 年，河南保税集团成立，平台公司步入发展快车道。2016 年，集团拥有子公司 21 家，在北、上、广、深等地设立办事处，在欧洲、美国、俄罗斯、韩国、澳洲等国家和地区设立分支机构；拥有丰富国际物流运营经验的中高端运营管理团队和一线员工 700 余人。

Henan Bonded Group

2 号馆

3 号馆

六栋库

Buyglobal Sellglobal 买全球 卖全球

截止 2016 年底，园区备案企业超过 1100 家，企业员工达到 8600 余人，集团先后接待中外政、商、学、协等社会各界人士参观考察超过 10 万人次，得到广泛赞誉，被称赞为“买全球、卖全球”的所在，被欧盟称为世界“跨境电子商务 4.0 版本”。

目前，平台建设、业务规模、招商规模、理论体系、产业链体系服务全国，力争 5 年内给社会带来综合贸易规模不低于 3000 亿元，集团综合营收 500 亿元以上。未来，公司将依托国家跨境贸易电子商务服务试点政策，打造全新的跨境 e 贸易综合服务平台，促进相关产业转型升级，形成全球网购商品集散分拨中心，促进郑州“世界商都”和“航空大都市”建设，助力丝绸之路经济带和海上丝绸之路的建设，发展多双边贸易，拓展经济发展空间，实现“买全球、卖全球”宏伟愿景。

分拣线

分拣系统

跨境电商解放者
—张志锋

张志锋，1979年出生于湖北武汉，于1999年毕业于中南政法学院经济法专业，后投身于企业法律顾问行业，主要负责投融资项目。2011年加盟Focal-price，历任法律顾问、融资顾问、执行董事等职，主要负责政府公共关系、法律事务、投融资事务、运营咨询等相关工作。

2010年，触电跨境电商，凭借其工作表现，崭露头角，先后参与了多个项目，积累了丰富的从业经验。2013年12月，厚积薄发发起成立深圳市解放路网络科技有限公司，并于2014年4月获得325万美元的风险投资，现任深圳市解放路网络科技有限公司CEO，及深圳市跨境电商协会副会长。他被同行们戏称为“张解放”！

个人荣誉：

2014年，成为深圳市电子商务协会副会长；

2014年，成为深圳市跨境电子商务协会发起人、副会长；

2016年，被聘为深圳市互联网学会专家；

2016年，成为广东省网商协会跨境电商委员会执行委员；

2016年，荣获2016年度风云跨境电商领袖人物奖。

2016年6月沙龙照片张总在演讲

2016年5月5日，张总带领参观中国好东西网光明新区孵化器

SinoGoodies.com
中国好东西网

JFL
JieFangLu.com

深圳市解放路网络科技有限公司

SHENZHENSHIJIEFANGLUWANGLUOKEJIYOUXIANGONGSI

深圳市解放路网络科技有限公司成立于2014年5月，是一家新兴的互联网信息技术公司，公司位于号称中国两大硅谷之一的深圳南山科技园。

“中国好东西网”是深圳市解放路网络科技有限公司的项目，联合中国3C资源大佬华盟股份、跨境贸易语种资源商鹊网共同投资成立,旨在“沟通世界，货卖全球”。

中国好东西网是一个跨境电商综合分销服务平台，桥接制造商与电商卖家，解决卖家的运营效率难点和制造商的零售销量瓶颈。

通过该平台，制造商只需将产品发布到平台，电商卖家则从平台拣货分销到Aliexpress、Amazon、eBay、Wish、Lazada等海外的B2C电商平台上。

中国好东西网将视线聚焦于跨境电商的两大难点与重点——品牌和物流仓储，将制造商与广大卖家从库存积压和物流疲软中解放出来，只需为商品负责，彻底解决跨境电商的短板。

公司荣誉：

深圳市电子商务协会副会长单位

深圳市跨境电子商务协会副会长单位

广东省跨境电子商务协会常任理事单位

广东省跨境电商企业十强

2017年1月13日公司拓展活动

2015年1月26日中国好东西网平台新闻发布会

中国好东西网平台网址：http://www.sinogoodies.com/

公司地址：上海市嘉定区兴邦路755号2幢3层C区3158室

深圳市南山区高新南七道虚拟大学园R2-B二楼A室

联系电话：0755-26947612

onion 洋葱海外仓

货在海外·店在身边

STOCKS OVERSEAS STORES BY YOUR SIDE

海外仓直邮

24H贴身店铺

海量洋货

三重监管

直采低价

7-10个工作日达

中华保险正品险

21天售后保障

洋葱海外仓：从跨境电商中异军突起

近年来，在国家政策的正确指引下跨境电商行业蓬勃发展，然而随着税收政策日益明朗规范成本上扬，行业已迎来阵痛期。然而二三线市场的消费升级已经被拉动，跨境进口增长势头依旧强劲，市场下沉空间巨大，竞争才刚刚拉开序幕。在众多企业中，一家以传统贸易起家的企业尤为值得关注，它就是洋葱海外仓，它凭借3板斧成为行业佼佼者。

自建跨境供应链，重辎重打造高供应链竞争壁垒

目前跨境电商企业主流商品供应方式为3种：第三方入驻供货、自营、买手代购。其中8成以上都是第三方入驻供货的轻平台模式，而洋葱反主流选择了重辎重的自营模式，这一重模式不可不说投入高压力大，但同时也给洋葱带来了极高的供应链竞争壁垒，据悉目前在自营模式里洋葱海外仓的货品实力非比寻常。洋葱之所以敢于重运营模式，根源还在于其从传统贸易起家的实力背景，旗下跨境供应链拥有20余年海外供应链运营积累，与欧美澳亚18个国际顶级供应链组成供应链联盟，并于澳洲、日本、韩国、美国、英国设立分公司。

海外仓直邮，本土直采海量洋货全面满足用户需求

海外仓直邮模式能够满足用户两大痛点。其一是更好地保障货品本土版本属性从而很大程度上降低海淘用户信任危机。其二是在品类上更加宽泛，能为消费者提供更丰富的产品选择。然而海外仓直邮模式需要满足海外直采团队建设、海外仓储、海外物流、清关通道、IT系统等诸多条件，其中每一项除了需要过硬成本投入，更需要行业经验积累及人才储备。洋葱依托其20余年海外供应积累，自2015年底全面转型海外仓直邮模式。

商业模式创新，避开跨境电商主流战场

众所周知，目前跨境电商主流战场仍然是传统B2C巨头，平台竞争从根源上来说还是流量之争。据洋葱海外仓创始人李淙介绍，洋葱海外仓定位不是B2C平台，而是全渠道覆盖跨境电商渠道品牌（线上跨境云、线下专柜、直营店、社区体验馆），洋葱为渠道提供海外商品供应保障及全方位专业服务，并逐步形成能覆盖全渠道的立体连锁雏形。

未来，洋葱海外仓将继续深耕产业链，形成渠道包销，进口品牌孵化，快速进口通道的三角跨境生态。旨在成为海外品牌入华优选通道，持续为广大消费者带来优质海外商品。

中国国际电子商务中心 CHINA INTERNATIONAL ELECTRONIC COMMERCE CENTER CIECC

HNA 海航集团

国付宝简介

以第三方支付为基础的科技金融综合服务平台

2011 12月22日获中国人民银行颁发的互联网支付和移动支付业务许可证

2015 1月获基金支付业务许可

2016 5月获跨境人民币支付业务许可

2016 12月增发预付费卡发行与受理（北京、海口、湖南、陕西、云南）

目前，国付宝总部设立于北京，在国内重要经济圈均设有分部，国内业务辐射华北、华东、华南等全国绝大多数地区，国际业务客户以东南亚、中亚为核心覆盖全球各大洲，服务客户涵盖互联网金融、跨境商贸、电子商务、航空、旅游、物流等诸多领域。

基础产品
互联网支付/移动支付
预付费卡

增值服务
供应链金融/资金管理
聚合支付/云支付
移动管理平台

行业解决方案
跨境电商 互联网金融
航空旅游 基金支付
智慧城市

生活服务
国付宝钱包

国付宝信息科技有限公司
Gopay Information Technology Co., Ltd.
公司地址：北京市东城区和平里东滨河路乙1号雍和航星园8号楼3层
客服电话：400-0550-009

国付宝
gopay.com.cn

国付宝跨境支付业务

跨境商家支付收款及购付汇

境内商家结汇

跨境汇款

留学汇款

增值服务

账户服务　身份鉴权　订单服务　物流信息服务

通关　退税　仓储　票据金融

业务范围

货物贸易　留学教育　航空机票　旅游服务　国际展览

软件服务　国际会议　酒店住宿　国际运输　保险服务

产品优势

实现跨境支付、自动结汇、购汇、付汇

支持业务范围广泛，满足客户多样化需求

拥有安全、便捷、高效、优质的跨境支付通道

完善的风险控制管理体系与专业的运营服务

厦门海投跨境电商综合服务体系

跨境电商综合服务平台

鹭路通®平台为厦门海投跨境通全力打造贯通全链条数据服务的跨境电商综合服务平台。平台旨在整合来自全球的上游供应商、物流服务商、支付企业、下游分销商和个人消费者，为用户提供包含全球供应链、口岸增值服务、跨境结算、产品溯源、供应链金融、商品保险等一站式跨境综合服务。

厦门跨境电商监管中心

中心是集保税与非保功能于一体的跨境监管中心。以“一般贸易+”为建设思路，创新性地提出“互联网+保税展销”模式，同时结合传统的跨境电商直购进口、跨境电商一般出口、邮件/快件进出口等多模式同步运营。中心按“前店后库”理念，在场地布局上采用“一仓两用”的设计理念，实现了商品“存、展、销”一站式经营；在关检监管上，采取的“互联网+保税展销”模式，实现关检监管“审、验、放”一体化作业；初步打造一个“企业成本低、通关时效快、管理措施优”的国际化商品批发、零售体验中心。通过“+”保税政策、改革举措、通关便利化措施等所有可能的各项举措，形成企业“自主、自助”24小时作业模式。

跨境电商监管中心

跨境监管中心内

厦门（海沧）电子商务产业园——国家电子商务示范基地

厦门（海沧）电子商务产业园

厦门（海沧）电子商务产业园

产业园位于坪埕北路1-39号，南接马青路，西临南北大道，占地面积12.5万平方米，于2014年11月正式开园，启动项目4.6万平方米。产业园是以线下电子商务体验店为核心，多行业集聚的电子商务综合体，包括全球商品O2O展销中心、电商服务中心、电商创业孵化中心、电商创客中心、电商物流中心等综合型电商基地。

海投进口商品保税展示中心

海投进口保税商品展示

电商服务中心

精选全球 保税直达

绿地集团旗下跨境电商平台

绿地鲸选·全球购

APP下载　　微信公众号

随着经济全球化，跨境电商日渐风靡。2016年注定成为进口跨境电商里程碑式的一年。绿地顺应市场需求和行业发展形式，与上海市青浦区政府合作，在青浦出口加工区投建绿地青浦跨境贸易基地，与数十家品牌跨境电商企业建立了合作关系。绿地电商背靠阳光海淘的政府政策，实现爆发式增长。

其中B2C发展迅猛，通过业界创新和多渠道合作，呈现销售额几何式增长。B2B板块积极落实“互联网+”的相关政策，致力培育自己的生态圈，着力在跨境B2B板块的技术增强、业务流程梳理和信息化建设等方面先行先试，积极开拓上下游资源，加速品类开发，实现从无到有的爆发式增长。

【B2B业务成功签约数十家跨境平台】

B2B业务板块蓬勃发展，2016年已成功签约京东、亚马逊、考拉、美购、宝宝树等跨境平台。在B2B业务领域，绿地未来三年主要以品牌代理和分销渠道为主，逐步获取热销及新拓展品牌代理权，掌控货权以降低业务风险，避免钱货两空；同时建立完善健全的分销体系，维护好各个分销渠道，使业务体系规模化，改善业内常见不稳定现状。

【上海第二大保税仓落地运营】

2016年3月，绿地和青浦出口加工区完成项目签约，5月20日，青浦仓在新政下完成上海口岸跨境电商通关单并顺利发出青浦仓的单子，6月25日正式开仓运营，目前日单实破千单。

【绿地鲸选全球购正式上线】

2016年12月25日，绿地鲸选全球购升级上线，绿地搭建的跨境电商平台，经过短短一年的努力，目前已拥有近50万会员的使用量。立足全球供应链，联合全球5大洲、百家供应商，致力于将全世界的好商品带给顾客。同时为回馈新老顾客，每月18日全场88折，惠及每位信赖绿地的忠实朋友，努力从低价、全面、快捷三个方面为广大消费者打造一个可信赖的网上购物环境。

随行付® www.vbill.cn CCTV央视上榜品牌

公司介绍

- **2012** 获得人行颁发的《支付业务许可证》
- **2013** 交易规模进入非金机构前四
- **2016** 当选中国支付清算协会理事单位
- **2017** 登陆CCTV央视、25家卫视

随行付支付有限公司总部设立于北京，在国内设有28家分公司。自成立便创造了行业支付模式，并在银行卡收意的服务基础之上，陆续推出了移动支付、跨境支付、互联网支付、扫码支付等创新产品。在跨境支付市场中，随行付业务范围覆盖绝大多数国家和地区，并先后为酒店住宿、国际运输等诸多行业提供了量身定制的行业解决方案。

核心业务

银行卡收单

【资质安全】
央行颁发全国银行卡收单牌照
（牌照编号：Z2011711000016）

【及时到账】
多种结算方式自由选择，当日到账、节假日到账等

【运行稳定】
交易系统获公安部“信息系统安全等级保护”备案，速度快、性能稳定、故障率低

【服务完善】
线下服务人员超过4万人，线上服务全面开通，支持微信、APP、官网等自助服务

互联网支付

【资质安全】
央行颁发全国互联网支付牌照
（牌照编号：Z2011711000016）

【一站式支付】
实现跨银行、跨地区的实时支付

【覆盖面更广】
支持国内主要商业银行的银行卡

【全天候交易】
支持7*24小时交易

移动支付

【资质安全】
央行颁发全国移动支付牌照
（牌照编号：Z2011711000016）
产品通过银行卡监测中心及银联受理终端准入认证

【灵活兼容】
多场景应用，多行业定制
兼容多条支付通道，交易更便捷

跨境支付

【资质安全】
持央行颁发的人民币跨境支付资质
与多家银行合作跨境支付
风控能力更专业

【更快捷】
快速打通收款通道
快速处理资金结算

【更省心】
费率更优惠，成本更低
交易时间更短，时效性更强
一站式的收款与资金解决方案

跨境支付

为助力人民币国际化进程，加快跨境贸易相关金融基础设施建设，国内第三方支付机构随行付积极申请并获批央行授予的“跨境人民币结算资质”。目前随行付可为企业和个人跨境货物贸易、跨境服务贸易提供一站式人民币结算服务。

- 境外商家跨境支付及购付汇
- 境内商家外卡支付及结汇
- 跨境汇款
- 留学汇款

准入行业

- 货物贸易
- 留学教育
- 航空机票
- 酒店住宿
- 国际展览
- 国际会议
- 国际运输
- 软件服务

产品优势

资金保障 正规持牌公司，在人民银行监管下，资金更有保障

操作便捷 无需柜台操作，只需通过平台上传交易资料即可完成

定制灵活 既可以选择一体化的解决方案，也可以使用针对性的产品解决具体问题

高效安全 独立稳定风控系统，严格确保交易安全

SUNING
苏宁金融

苏宁金融是苏宁控股集团重要的战略业务单元。依靠苏宁线上线下海量的用户群体、特有的O2O零售模式和从采购到物流的全价值链经营模式，坚持“融资+支付+理财”全产品线布局，苏宁金融各项业务快速发展。数据显示，2016年交易规模超5000亿元，同比增长近3倍，净增激活会员突破1000万，盈利能力持续提升。2017年一季度，苏宁金融整体交易量突破2000亿，第三方支付交易规模同比增长近3倍，企业贷款规模同比增长近3倍。

苏宁金融大力发展面向用户的支付账户、投资理财、企业贷款、零售贷款、商业保理、融资租赁、保险、众筹、储值卡等业务，打造了苏宁支付、苏宁理财、乐业贷、任性贷、众筹消费宝、苏宁延保等一系列知名产品。苏宁金融将坚守金融业诚信、审慎、稳健、盈利的经营本质，以两倍于2016年业绩的完成速度，力争今年跻身万亿交易行列，真正做到大而全、大而强的国内金融科技集团。

SUNING
苏宁金融
跨境支付和结算业务流程：

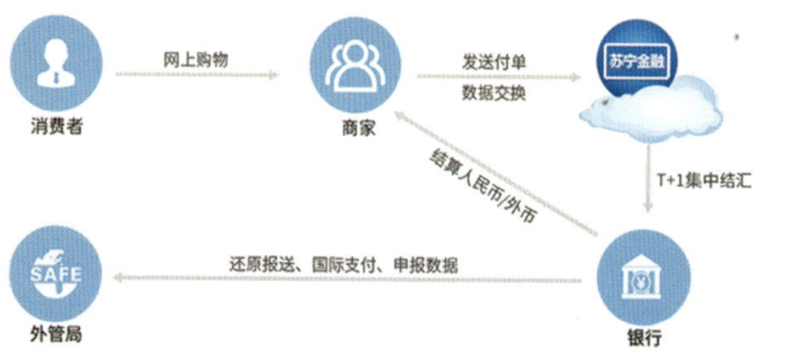

随着跨境电商业务的快速发展，苏宁布局海外购业务，为国内消费者提供来自日本、美国、意大利等商品。为了推动跨境贸易规模，苏宁金融申请并获得开展跨境外汇支付业务资格，为苏宁海外购提供跨境支付结算有力支持。

目前，苏宁易付宝（现更名为苏宁金融APP）与众多银行完成了跨境外汇支付业务的系统对接和项目上线工作；实现了银企直连全线上牌价查询、自动购付汇、收支明细申报等功能。同时，苏宁金融是江苏省拥有跨境外汇结算资质的公司。

中通快递 ZTO EXPRESS 中通大誉国际

中通大誉国际（ZTO International），由中国民营快递中通快递(ZTO Express)控股投资，专门从事国际物流、国际包裹、跨境电商进出口业务；以跨境电子商务件为核心，兼顾传统商务件，专注于提供良好的国际物流解决方案。

我们一直践行着“用我们的产品，造就更多人的幸福”的企业使命，先后获得“中国快递行业十大影响力品牌”“中国快递行业客户满意安全放心十佳品牌”“诚信企业”“十佳电子商务物流服务企业”“慈善集体”等荣誉称号。

近年来，中通大誉国际先后在港澳台、美国、法国、德国、日韩、新西兰、俄罗斯、迪拜、马来西亚等地设立10多个中转仓。同时，推出欧盟专线、美国专线、日韩专线、澳新专线、东盟专线、中东专线、非洲专线及全球其他国家专线的包裹寄递业务、国际物流配送及仓储业务、邮政小包、代取件业务等。

中通大誉国际拥有先进、完整的智能分拣系统，人均效能20000票/小时，操作准确率可达99.9%。依托中通快递庞大的寄递网络，使中通大誉国际业务日处理量高达50000票。我们在网络覆盖、运营能力、业务总量、公众满意度及服务质量、信息化水平、标准化等方面均走在了行业前列，品牌价值和综合实力名列中国快递行业前茅。

用我们的产品造就更多人的幸福！

FUNSENS.COM

风信子
FUNSENS.COM

就要淘尽世界
服务热线：400-881-0101
官方网站：www.funsens.com

“风信子”是纯会员制、线上线下同步运营的跨境新零售平台，由广东风信子网络科技有限公司建设运营，依托线下实体“风信子跨境商品直购体验中心”“风信子新零售跨境会员店”及网上平台“风信子跨境商城Funsens.com”，为消费者提供全球同步的跨境直购体验。

风信子跨境商品直购体验中心

目前建设运营的线下体验中心经营总面积约10万平方米，于2015年5月1日在南沙自贸区试运营，是广东自贸区集合多家的大型跨境商品直购体验中心，并获得跨境商品溯源证书的O2O线下实体店。随后，风信子跨境商品直购体验中心在厦门、南昌、西安、天津等地相继复制落地，推动了当地及周边地区的商贸、餐饮、旅游、交通、房地产等行业的升级和发展，商业模式、运营状况、市场表现都得到了社会各界和消费者的认可和追捧，已成为当地具有标志性的地区名片。

风信子新零售跨境会员店

风信子跨境会员店于2016年12月31日在襄阳落地，大连店于2017年1月8日开幕，试业场面火爆盛况空前。独创纯会员制进口商场，购物环境及服务体验上做到了用心，会员权益保障方面提供“7天无理由退换货”、假一赔十、非一赔十等售后服务。

2017年将在全国范围开启更多跨境会员店，打造零售的跨境消费新模式。

风信子以“推动进口商品平民化”为宗旨，为消费者提供更多质优价廉的进口商品，同时致力于推动跨境电商行业的发展，积极配合政府及有关部门将自贸区的有关政策、优势和成功经验进行广泛的宣传推广，不断将跨境电商的自贸区模式和成功经验在全国进行复制和落地，具有重要的示范意义，将为国内零售业和跨境电商行业带来新经验和新气象。

扫一扫，关注风信子官方微信

扫一扫，关注获取更多优惠

NX1 暖新国际

暖新国际，成立于2014年12月26日，注册资本：人民币1000万元，是【日立】大家族中的年轻成员。

贸易+电商+物流=暖新。我们通过直接进入贸易领域，逐渐扩大集团市场的份额，一方面巩固已有客户，一方面从公众平台入手，不断宣传，向外发展。我们致力于提供客户全面和便利的综合服务，致力于促进国际贸易和金融物流。

市场全球化、交易快捷化、流程电子化，是我们电商的优势。而随着电子商务的日益成熟，难度也相应增加，这是对我们暖新的考验，也是机会。激流勇进，迎难而上。危机，其实就是机会。

凭借对贸易、电商、物流的了解，暖新国际将优秀的产品及服务相结合，为用户提供理想的体验。

创新为动力，质量求生存，发展求壮大，暖新是您的良好选择。

淘宝二维码

微信二维码

中哈建投
www.zhonghajt.com

中哈建投是一家跨境电商综合服务平台型企业，主要通过在丝绸之路经济带沿线主要国家及重要节点城市，建立“路贸通跨境电商综合（公共）服务平台”和“国际跨境电商产业园”等两个（线上 + 线下）综合服务平台，为跨境电商企业及跨境电商产业链相关企业提供跨境招商、跨境通关、跨境物流供应链、跨境金融、跨境电商等综合服务。

霍尔果斯
中哈建投供应链有限公司

中哈建投综合服务楼

两大平台

- 路贸通跨境电商综合（公共）服务平台
- 跨境电子商务产业园

五大业务模块

跨境物流供应链
跨境通关、跨境金融、跨境招商、跨境电商

- 跨境物流：国际物流、保税物流、国内物流三段合一，海、陆、空、铁多式联运，跨境物流整体解决方案。
- 境外仓：提供欧洲、中亚、俄罗斯等境外仓服务。
- 边境仓：依托霍尔果斯中哈国际边境合作中心内自建的 51874.89 平方米边境仓，提供跨境直邮服务，比海外仓成本更低，并可节省物流时效 72 小时。
- 跨境通关：依托路贸通跨境电商综合（公共）服务平台，提供“单一窗口”跨境通关，及进出口双向报关报检服务。
- 跨境边贸：提供边境贸易 O2O 展示展销服务，享受中哈国际边境合作中心内中方 8000 元免税及哈方 1500 欧元免税政策。
- 边境保税：建立监管仓，提供一站式跨境保税业务，创新边境保税模式。
- 供应链金融：为跨境电商企业提供退税、结汇、信贷、仓单融资、质押监管等金融服务。
- 招商节税：为产业园入驻企业提供工商、税务、政策咨询等相关服务，帮助企业申请各项政府优惠政策。
- 双创孵化器：为产业园入驻企业提供 30000 多平方米办公场地及相关配套设施，满足办公、商务、休闲、生活、会议、培训、学术交流等需求。

一般贸易 — 保税备货 — 保税集货 — 快件清关 — 跨境直邮 — 出境购物 — 边境贸易

七大通关模式

依托"ET保税"优势

助力跨境电商发展

博大世通国际物流（北京）有限公司是专业运营北京亦庄保税物流中心的企业，致力于依托保税资源优势，推进跨境电商、保税物流、贸易服务等方面快速发展，旨在促进区域经济增长，助推区域产业升级。

根据首都功能新定位、区域产业转型升级、北京市民进口商品消费新需求等要求，博大世通公司依托保税优势，充分利用自有保税供应链服务，建设了集完税、保税展示交易、跨境电商、网购保税等模式为一体的保税直购中心，提供放心、优质的进口商品销售平台。经过一年的经营，保税直购中心赢得了社会各界的广泛关注和青睐。

2017年，博大世通公司根据要求，在保税物流中心内开展跨境电商网购保税业务，服务更多电商企业，助力跨境电商政策在北京落地，推动区域电商产业集聚发展，进一步满足北京市民日益增长的跨境电商消费需求。

国美海外购成立于2015年11月，是国美集团旗下在香港成立的全资子公司。所出售的商品，以母婴、美妆、保健、家居、食品、轻奢、数码3C为主营销售品类。自营商品均通过海外直采的方式在商品原产地直接进行批量采购，联营商家均为国际知名企业入住商家，保障商品的质量。我们承诺出售的商品均为100%海外原装正品，严格审核采购的各个环节，每个商品都进行清关。国美海外购强力打造线上线下融合体系，形成商业模式，满足用户对商品和服务的极致需求，做到“足不出户购遍全球”的服务理念。

国美海外购品牌目标：

1、成为中国跨境购电商行业趋势与潮流的引领者。

2、高品质、高品位、国际主流名品、高品牌附加值的代名词。

3、贴合目标购买群体消费能力与消费习惯，购物体验感受良好，满足消费群体最大心理需求，与国际主流名品同步的销售平台。

安得智联科技股份有限公司
Annto Logistics Technology Co., Ltd.

安得智联科技股份有限公司（原安得物流）成立于2000年1月，以物流运营为主业，供应链金融和科技、智慧物流为抓手，是一家自动化、信息化、数字化、网络化、智能化、集成化、柔性化、敏捷化、可视化的真正意义上的现代物流企业。

安得智联科技旗下拥有28家分公司3家专业物流公司。其中，国际物流集港口集卡运输、国际海运、国际铁路运输、国际空运快递于一体，形成服务海外，覆盖全球的服务体系。国内可调用集卡超过3000台并与国内主要的港口建立了良好的合作关系。国际海运，涵盖进出口整柜、拼箱、冷冻柜、项目工程服务等，年运作量达40万个标箱，在全球六大洲均设有代理网络，为客户提供当地的清关拖车服务。具备高效的运输能力，并开通中欧、中亚班列，为客户提供快捷最优的解决方案。国际空运快递，服务航线超过100个国家、300多个城市，为客户量身定制服务方案，提供加急派送、经济派送等多重组合方案。此外，还提供代理报关、订单管理、海外仓储配送等增值服务。

宝洁（中国）仓库

火车、汽车、轮船多式联运

国际空运与快递

Autostore智能设备

MANNA

为您提供跨境电商园区运营服务

大连天呈企业服务有限公司

大连天呈企业服务有限公司(www.mannaren.com)是中国跨境电商全产业链服务商，公司以跨境电商园区运营为基础，利用国际电子物流平台和跨境电商综合服务平台，为跨境电商客户提供线下和线上业务的综合解决方案。目前公司在中国杭州、青岛、大连等电子商务领先的城市运营多个跨境电商园区，同时线上平台也在多个省份运行，涉及客户企业超过1万家。

公司围绕企业的需求，逐渐搭建起跨境电商生态圈体系，将线下园区运营、物流仓储、国际展会、商务对接、人才培养等业务和线上的跨境电商B2B/B2C国际渠道对接、物流服务、通关服务、退税服务、金融服务等有效的结合起来，为中国企业走出去、国际业务走进来提供一站式一体化的便捷、高效服务。

www.mannaren.com

地址：大连市高新园区广贤路137号智业广场B1座（大连E港）12楼

电话：+86-041139076960/1/2

SF EXPRESS 顺丰速运

情系中国 连接世界

顺丰的足迹已经覆盖全球五大洲

在国际物流服务领域，顺丰致力于为国内外制造企业、贸易企业、跨境电商及消费者，提供便捷可靠的国际快递、物流及供应链解决方案。面向中国及海外市场，顺丰国际既助力中国优质企业走出去，实现中国品牌全球化，亦将世界优质产品引进来，实现更多落地中国。

目前顺丰国际提供包括国际标快、国际特惠、国际小包、国际重货、保税仓储、海外仓储、转运等不同类型及时效标准的进出口服务，并可根据客户需求量身定制包括市场准入、运输、清关、派送在内的一体化的进出口解决方案。

国际快递服务网络：覆盖50多个国家。

国际小包服务网络：覆盖全球200多个国家及地区。

扫描关注顺丰国际微信

详情请咨询顺丰国际业务客服热线：9533883

MYDAY买对

www.myday.cn

买对网

买对网www.myday.cn隶属于中国台湾买对股份有限公司；是一个成立超过十年拥有专业的海外代拍（代客竞拍）代购（代客购物）的购物信息资讯服务平台，受理国内客户委托在其指定的日本Yahoo网站、美国eBay网站、国外的电子商务网站等进行一站式的代拍或代购服务。

在客户服务端委托北京艾蜜嘉贸易有限公司上海分公司专为国内客户提供客户服务、商品翻译、商务咨询及平台系统服务，解决客户在海淘过程中语言沟通的问题。在日本委托世桥贸易有限公司，美国委托mydayusco.Ltd于当地代付款、代收货及捆包邮寄给客户的服务解决包裹转运的问题，客户注册后通过网站上引导的简单流程操作就能足不出户购遍日本及美国。

天天快递

“天天快递”品牌创建于1994年，总部设在杭州，自成立以来，天天快递始终专注于服务质量的提升，不断满足市场的需求，建立了庞大的市场采集、市场开发、物流配送、快件收派等业务机构及服务网络。

公司目前拥有100多个集散分拨中心，分布于全国重点城市；拥有班车30000多辆，航空线路400多条；拥有上海、杭州、北京、南京、广州、无锡、济南等多家合资、全资子公司及2000多家加盟商；拥有网点10000多个，全国从业人员100000人，网络遍布国内300多个地级市和2800多个县（含县级市、区），基本覆盖发达地区县级以上城市，辐射全国大部分的地级市。现已实现江浙沪皖无盲区派送，形成了以长江三角洲、珠江三角洲、环渤海地区为重点区域的快递网络布局。

公司现已开设8个海外分公司，14个海外仓，并于2016年9月20日全面启动出口业务，国内的华东义乌集货仓和华南广州集货仓也同步投入使用。同时借助合作伙伴的通关优势，实现仓储、物流、通关、派送一站式的体验服务目标。目前天天快递已完成广州、杭州、郑州、宁波、长沙、天津、重庆、平潭、郴州等地区的保税区备案。

20多年来，天天快递一直秉承“服务大众、奉献社会”的企业宗旨，坚持“诚信、务实、创新”的企业精神，竭诚为客户提供快捷、安全、贴心、可靠的快递服务。

95554
www.yto.net.cn

YTO 圆通速递
EXPRESS

圆通速递创立于2000年5月28日，是一家主要经营国内、国际快递及第三方物流的综合性服务商。

通过近十七年持续高速的发展，圆通速递在全国已拥有转运中心82个、68000余个服务网点，网络覆盖各个地市级城市，县级城市网络覆盖率近96.2%，全网拥有35万余名员工，日均快件量已超1500万件。

2016年，圆通速递快件累计完成47亿件，同比增长47%，国内市场占有率达15%，业务收入累计650亿元，是行业内综合实力雄厚的速递公司。

2016年10月，圆通速递成功登陆上交所（600233），成为快递行业较早的上市公司。

客服形象

车辆及员工

一线员工

妈妈驿站

天虹商场 成立于1984年

以百货、超市、大型购物中心、便利店等实体零售业态为顾客提供优质的生活服务，并随时代的变化不断探索新的零售模式，开辟了以虹领巾App为核心的全渠道业务，与线下消费场景相融合，打造了全新的移动生活消费服务平台。为满足消费者追求海外商品的需求，天虹商场于2015年6月底在深圳宝安购物中心开设跨境电商体验店。截至2016年12月31日，天虹跨境电商体验店分别在深圳、东莞、惠州、厦门、福州、成都、长沙、株洲、吉安、赣州、杭州、苏州等地共开设了42家。

天虹跨境电商 体验店

由保税商品和完税商品构成，初步搭建了东南亚、日韩、欧洲、美洲、澳洲5大区域直采网络，直接合作海外厂家达到40余家，其中欧洲9个、美洲2个、澳洲2个、日韩台12个、东南亚15个。与其他海淘模式的不同之处在于**天虹跨境电商将线上线下相结合，用户只要下载官方App虹领巾，通过扫描店内商品的二维码或直接在App内选购商品，完善个人身份信息，即可完成交易。其中深圳沙河跨境电商体验店更是采用了“保税+实体”新零售模式，在原有的跨境电商模式上升级保税展示交易和跨境电商相叠加，**在政府监管单位的指导下积极尝试新的业态模式，为行业注入新的力量。

2016年10月
获得中国跨境电商凤鸣奖——十佳零售商的荣誉

天虹 | 红领巾

CECA CHINA ELECTRONIC COMMERCE ASSOCIATION

中国跨境电子商务专业委员会
China Cross-border Electronic Commerce Professional Committee

全国性跨境电子商务行业组织

中国跨境电子商务专业委员会

中国电子商务协会（英文名称：CHINA ELECTRONIC COMMERCE ASSOCIATION，英文缩写 CECA），2000 年 6 月 21 日在北京成立；中国跨境电子商务专业委员会（英文名称：CHINA CROSS-BORDER ELECTRONIC COMMERCE PROFESSIONAL COMMITTEE，官网地址：HTTP://WWW.KJDZSW.ORG.CN）是该协会下设的专门从事跨境电子商务基础研究和业务实践的专设机构，在北京设总部，各地方设联络代表处。

全球电子商务大会

2015年，中国跨境电子商务专业委员会以“全球电子商务大会”为主题与中国投资贸易洽谈会组委会签署战略合作协议，每年“投洽会”期间将举办年度全球电子商务大会。

2017 全球电子商务大会将于 2017 年 9 月 18 日至 21 日在厦门举办，本次大会主题为：共创、共拥、共赢、丝路携手、点燃璀璨未来，大会期间将发布《2016-2017 年中国电子商务发展报告》。

专委会广泛开展国内外行业交流及教育培训活动

专委会成立以来，先后走访上海、杭州、厦门、深圳等近20个省、市级跨境电子商务综合试验区、综合保税区、出口加工区、地方行业协会、创业园区、孵化基地、院校、培训机构等，通过实地调研、出席会议活动等多种形式，加强行业交流，了解行业发展动态和企业需求。

除承办全球电子商务大会外，专委会广泛开展国际交流，积极开展丝绸之路经济带、21世纪海上丝绸之路等国家电子商务研究；先后与美国、俄罗斯、日本等国使领馆、商务联络处建立友好合作及互访机制；2015年，专委会与美国俄勒冈州商务发展厅签订了《跨境贸易电子商务发展合作谅解备忘录》；2016年，专委会秘书长唐生带领中国跨境电商企业家团队，赴美国跨境电子商务之州——俄勒冈州进行了交流考察，并与当地政府进行了面对面交流。

2017年5月，中国跨境电子商务培训认证管理上海中心在上海邦德职业技术学院成立。该中心将构建中国跨境电子商务人才认证体系，为国家“互联网+”和跨境电子商务做好人才培育工作。

编辑说明

《中国跨境电商发展年鉴（2017）》（以下简称《年鉴》）是由海关总署监管司、中国海关出版社联合主要跨境电商城市编撰的一部具有史料性、资料性的实用工具书。旨在翔实记载我国跨境电商发展状况，重点收录2016年跨境电商政策及主要城市配套性文件；客观提供相关统计数据；突出宣传创新、规范跨境电商企业；对于创新跨境电商的海关监管模式进行了研究和探索。《年鉴》为各级政府部门、行业协会、企事业单位和社会各界了解中国跨境电商发展、获取资料信息、实施科学决策、进行咨询研究提供全面、系统的参考。本年鉴自2016年起，每年出版一卷，以出版年份标序，今年为第二卷。

《年鉴》采用分类编辑法，力求结构合理、类别分明、层次有序。内容包括原有的“跨境电商综述篇”“跨境电商城市发展篇”“跨境电商案例展示篇”以及“跨境电商专题研究篇”。其中，“跨境电商城市发展篇”分别记载了上海、杭州、宁波、郑州、重庆、广州、深圳、福州、平潭、天津、厦门、泉州等12个城市的跨境电商发展现状、配套文件、企业名录、统计数据、大事记等。考虑到目前各相关城市跨境电商发展模式不尽相同，故《年鉴》“跨境电商城市发展篇”中不同城市的内容结构会略有不同。“跨境电商案例展示篇”中的内容，由中国海关出版社统一进行稿件征集、筛选而成的。“跨境电商专题研究篇”将收录我国跨境电商领域的研究成果，2018年起本年鉴将陆续收录有关促进跨境电商健康有序发展、影响较为深远的研究课题。

《年鉴》引用的各类数据和资料，未标明时间的，均截至2016年12月31日。“跨境电商综述篇”所用的数据，是根据42个直属海关监管部门的业务统计数据汇总而成的。各城市的跨境电商进出口统计数据、分地区消费分布统计数据、分税号商品出入境统计数据等，主要由跨境电商城市的口岸办公室、商务局等部门提供。由于数据来源有差别，致使城市所列统计数据的项目内容有所不同。

《年鉴》所列12个跨境电商城市中，厦门、泉州为国家电子商务示范城市，除此以外的城市为跨境电商试点城市，各城市原则上是依照获批的先后顺序进行编排。对同时获批为试点的城市，本年鉴再按照行政区划分顺序进行编排。

《年鉴》记录内容为2016年1月1日至2016年12月31日我国跨境电商发展状况，出版时间为2017年5月，与第一卷《中国跨境电商发展年鉴（2015）》在内容上总体上是保持连贯性的。

《年鉴》在编撰过程中，得到了海关总署相关司局及上海电子口岸建设联席会议办公室、中国（杭州）跨境电子商务综合试验区建设工作领导小组办公室、宁波市人民政府口岸与打私办公室、郑州市人民政府口岸办公室、重庆市人民政府口岸管理办公室、广州市商务委员会、深圳市经济贸易和信息化委员会、天津电子口岸办公室、福州市商务局、平潭综合实验区管委会的领导和相关人员的关心和支持，在此表示衷心感谢！

由于编辑水平和经验有限，在资料收集、内容编排等方面还有待进一步提高，因此书中难免有不足和疏漏之处，敬请广大读者批评指正，力争明年工作再上一个新台阶。

《中国跨境电商发展年鉴（2017）》编辑部

2017年5月

目录

跨境电商综述篇

跨境电商城市发展篇

杭州地区

宁波地区

郑州地区

跨境电商案例展示篇

跨境电商专题研究篇

跨境电商综述篇

跨境电商发展现状

2016年，国务院相关部门围绕《国务院办公厅关于促进跨境电子商务健康快速发展的指导意见》（国办发〔2015〕46号），出台一系列政策措施，跨境电子商务呈现稳中有进的发展态势。

一、交易规模

（一）跨境电子商务零售进出口情况

据相关部门业务汇总，2016年跨境电子商务零售进出口总额543.43亿元人民币，同比增长42.44%；进口税收总额26.2亿元人民币，同比增长545.11%。值得关注的是2016年同期我国外贸进出口总值同比下降0.9%。

跨境电子商务零售进出口业务主要涵盖“网购保税进口”“直购进口”“零售出口”和“特殊区域出口”四种模式。其中，2016年，全国共有16个城市开展“网购保税进口”业务（涉及试点城市10个，非试点城市6个），24个城市开展“直购进口”业务，21个城市开展“一般出口”业务，2个城市开展“特殊区域出口”业务。

1.“网购保税进口”海关监管模式①基本情况

2016年全国网购保税进口零售商品总值256.2亿元人民币，同比增长75.41%；涉及清单15 321.7万票，同比增长45.88%；征收税款23.39亿元人民币，同比增长8.2倍；其中，10个试点城市网购保税进口零售商品总值256.2亿元人民币，涉及清单15 321.4万票，征收税款19.4亿元人民币；非试点城市网购保税进口零售商品总值99.1万元人民币，涉及清单3 710票，征收税款24.8万元人民币（如图1-1所示）。

2.“直购进口”海关监管模式②基本情况

2016年全国直购进口零售商品总值66.12亿元人民币，同比增长73.07%；申报清单1 832.42万票，同比增长35.44%；征收税款6.83亿元人民币，同比增长1.86倍，如图1-2所示。

① “网购保税进口”海关监管模式：符合条件的电子商务企业或平台与海关联网，电子商务企业将整批商品运入海关特殊监管区域或保税物流中心（B型）内并向海关报关，海关实施账册管理。境内个人网购区内商品后，电子商务企业或平台将电子订单、支付凭证、电子运单等传输给海关，电子商务企业或其代理人向海关提交清单，海关按照跨境电子商务零售进口商品征收税款，验放后账册自动核销。

② “直购进口”海关监管模式：符合条件的电子商务企业或平台与海关联网，境内个人跨境网购后，电子商务企业或平台将电子订单、支付凭证、电子运单等传输给海关，电子商务企业或其代理人向海关提交清单，商品以邮件、快件方式运送，通过海关邮件、快件监管场所入境，按照跨境电子商务零售进口商品征收税款。

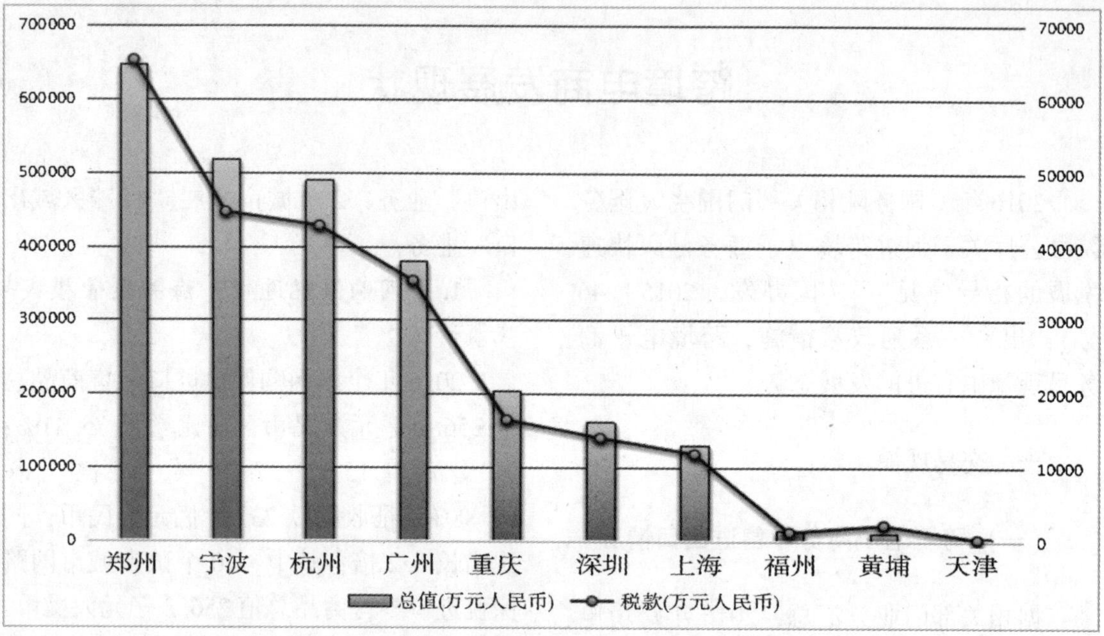

图 1-1　2016 年网购保税进口模式前十位海关业务量

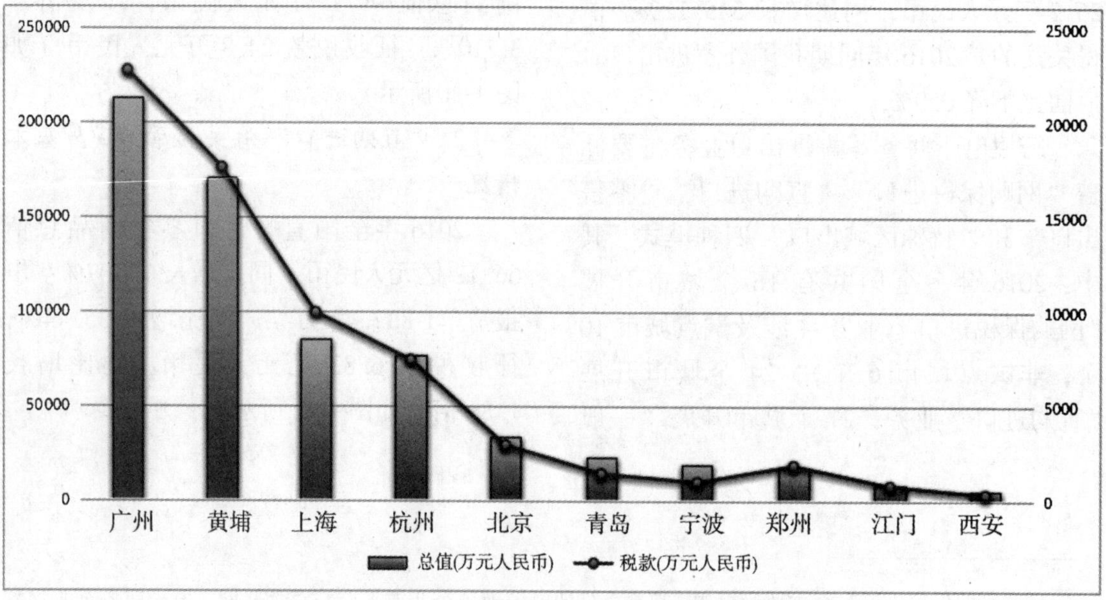

图 1-2　2016 年直购进口模式前十位海关业务量

3. “一般出口”海关监管模式①基本情况

2016年全国跨境电子商务一般出口商品总值196.39亿元人民币，同比增长42.63%；涉及清单29 559.70万票，同比增长24.74%（如图1-3所示）。

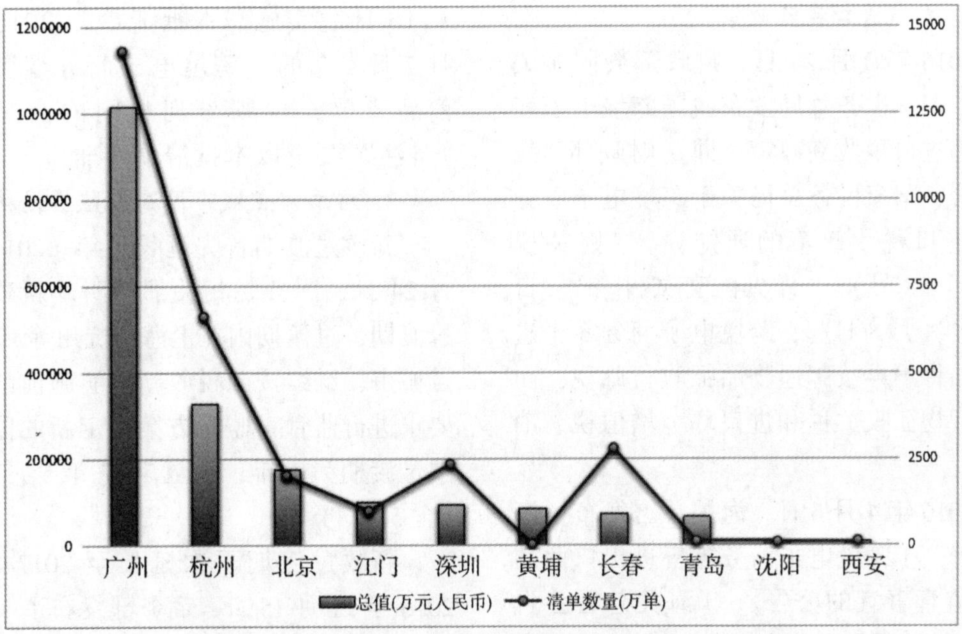

图1-3 2016年一般出口模式前十位海关业务量

4. “特殊区域出口”海关监管模式②总体情况

2016年全国共验放跨境电子商务特殊区域出口商品申报清单24.13万票，同比增加44.74%，出口货值1.60亿元人民币，同比下降10.98%。

（二）跨境电子商务B2B业务总体情况

跨境电子商务B2B业务仅杭州、广州和南京在出口方面进行了探索性的尝试，尚未形成规模。2016年，全国海关共验放跨境电子商务B2B出口货物总值6.87亿元人民币，其中南京海关验放跨境电子商务B2B出口货物总值3.85亿元人民币，杭州海关验放跨境电子商务B2B出口货物总值3亿元人民币，广州海关验放跨境电子商务B2B出口货物总值200万元人民币。

① “一般出口”海关监管模式：符合条件的电子商务企业或平台与海关联网，境外个人跨境网购后，电子商务企业或平台将电子订单、支付凭证、电子运单等传输给海关，电子商务企业或其代理人向海关提交申报清单，商品以邮件、快件方式运送出境。综试区海关采用“简化申报，清单核放，汇总统计”方式通关，其他海关采用“清单核放，汇总申报”方式通关。

② “特殊区域出口”海关监管模式：符合条件的电子商务企业或平台与海关联网，电子商务企业把整批商品按一般贸易报关进入海关特殊监管区域，企业实现退税；对于已入区退税的商品，境外网购后，海关凭清单核放，出区离境后，海关定期将已放行清单归并形成出口报关单，电商凭此办理结汇手续。

二、配套政策

（一）明确进口税收政策和监管要求

1. 发布进口税收政策

2016年3月24日，财政部会同海关总署、国家税务总局发布我国跨境电子商务零售进口税收新政策，即《财政部、海关总署、国家税务总局关于跨境电子商务零售进口税收政策的通知》（财关税〔2016〕18号）（详见配套文件一）。自2016年4月8日起，跨境电子商务零售进口商品将不再按邮递物品征收行邮税，而是按货物征收关税和进口环节增值税、消费税。

2016年4月6日，海关总署发布《海关总署关于跨境电子商务零售进出口商品有关监管事宜的公告》（海关总署公告〔2016〕26号）（详见配套文件二），明确规定跨境电子商务零售进口的适用范围、企业管理、通关管理、税收征管、物流监控、退货管理等方面的具体内容。

2. 公布商品适用范围

2016年4月6日，财政部联合发展改革委、商务部、海关总署、国家税务总局、质检总局等11个部门，发布了《财政部等11个部门关于公布跨境电子商务零售进口商品清单的公告》（财政部公告〔2016〕40号）（详见配套文件三），公布《跨境电子商务零售进口商品清单》。清单共包括1 142个8位税号商品，生鲜、液态奶、成人奶粉不在清单范围内，保健品和化妆品受到严格限制。2016年4月8日起，清单上的商品按照跨境电子商务零售进口的新税制进口。

2016年4月15日，财政部等13个部门公布了《跨境电子商务零售进口商品清单（第二批）》（财政部公告〔2016〕47号）（详见配套文件四），共包括151个8位税号商品，自2016年4月16日起实施。本批清单与2016年4月7日发布的《跨境电子商务零售进口商品清单》税则号列相同的商品，其“备注”要求以本批清单为准。

3. 启用试点城市过渡期监管措施

新政过渡期首先延长1年。2016年5月24日，国务院相关部门明确新政监管过渡期，过渡期内在上海、杭州等10个试点城市，继续按照税收新政实施前的监管要求进行监管，监管方案规定新的监管要求过渡期为1年，截至2017年5月11日（含5月11日）。

新政过渡期再次延长至2017年底。2016年11月15日，商务部发布了《商务部新闻发言人关于延长跨境电子商务零售进口监管过渡期的谈话》（详见配套文件五），表示为稳妥推进跨境电子商务零售进口监管模式过渡，经商有关部门同意，上海、杭州等10个试点城市，继续按照税收新政实施前的监管要求进行监管，过渡期进一步延长至2017年底。

（二）电子商务法进入立法程序

2016年12月19日，十二届全国人大常委会第二十五次会议初次审议了全国人大财经委提请的《中华人民共和国电子商务法（草案）》，这是我国第一部电商领域的综合法律。草案中对电子商务交易与服务等问题作出规定，对网购消费者如何维权、个人隐私如何保护等问题作出规范。

三、监管体系

（一）监管措施方面

优化配套的海关监管措施。按照国务院要求，海关总署在总结前期试点工作基础上，进一步完善跨境电子商务进出境管理模式，优化跨境电子商务海关进出口通关作业流程。针对跨境电子商务的特点，出口采取“清单核放，汇总申报”，进口采取“清单核放”方式办理报关手续，通过向海关传输三单信息，实现跨境电子商务全程无纸化通关等通关管理。

完善检验检疫监管政策措施。对跨境电子商务进出口商品实施集中申报、集中查验、集中放行等便利措施。加强跨境电子商务质量安全监管，对跨境电子商务经营主体及商品实施备案管理制度，突出经营企业质量安全主体责任，开展商品质量安全风险监管，对违反生物安全和其他相关规定的行为依法查处。

搭建全国统一监管平台。2016 年 10 月 12 日，海关总署下发《海关总署关于跨境电子商务进口统一版信息化系统企业接入事宜的公告》（海关总署公告〔2016〕57 号）（详见配套文件六），明确系统对接、切换事宜，企业也可通过地方政府搭建电子商务监管服务平台接入。自 2017 年 1 月 1 日起，全国从事跨境电子商务进口业务的企业，都将通过跨境电子商务进口统一版通关管理系统进行申报。

公共服务体系逐步成型。各试点城市陆续建成跨境电子商务“单一窗口”平台，为企业提供备案、申报服务，通过掌握“信息流、货物流、资金流”数据，为海关等各监管部门提供在线监管服务，为企业及消费者提供公共信息查询服务。同时，通过信息共享，大数据背景下跨境电子商务信用评价体系构建初现端倪。

（二）服务支撑体系方面

积极引导本地跨境电子商务产业向规模化、标准化、集群化、规范化方向发展。鼓励外贸综合服务企业为跨境电子商务企业提供通关、物流、仓储、融资等全方位服务。支持企业建立全球物流供应链和境外物流服务体系。

鼓励传统制造和商贸流通企业利用跨境电子商务平台开拓国际市场。利用现有财政政策，对符合条件的跨境电子商务企业走出去重点项目给予必要的资金支持。为跨境电子商务提供适合的信用保险服务。向跨境电子商务外贸综合服务企业提供有效的融资、保险支持。

稳妥推进支付机构跨境外汇支付业务试点。鼓励境内银行、支付机构依法合规开展跨境电子支付业务，满足境内外企业及个人跨境电子支付需要。支持境内银行卡清算机构拓展境外业务。加强对电子商务大额在线交易的监测，防范金融风险。加强跨境支付国内与国际监管合作，推动建立合作监管机制和信息共享机制。

（三）规范合法经营方面

加强诚信体系建设，完善信用评估机制，实现各监管部门“信息互换、监管互认、执法互助”，构建跨境电子商务交易保障体系。推动建立针对跨境电子商务交易的风险防范和预警机制，健全消费者权益保护和售后服务制度。引导跨境电子商务主体规范经营行为，承担质量安全主体责任，营造公平竞争的市场环境。加强执法监管，加大知识产权保护力度，坚决打击跨境电子商务中出现的各种违法侵权行为。通过有效措施，努力实现跨境电子商务在发展中逐步规范、在规范中健康发展。

（四）组织保障体系方面

国务院有关部门和地方各级人民政府，在积极制订和完善配套措施，做好跨境电子商务的中长期总体发展规划，支持和推动各地监管部门出台相关措施。依托现有工作机制，加强部门间沟通协作和相关政策衔接，逐步建立适应跨境电子商务发展特点的政策体系和监管体系。组建高效、便利、统一的公共服务平台，构建可追溯、可比对的数据链条，既符合监管要求，又简化企业申报办理流程。加大对重点企业的支持力度，主动与相关部门沟通，及时协调解决组织实施工作中遇到的困难和问题。

四、试点范围继续扩大

新增12个跨境电子商务综合试验区。2016年1月12日，国务院印发《关于同意在天津等12个城市设立跨境电子商务综合试验区的批复》（国函〔2016〕17号），同意在天津市、上海市、重庆市、合肥市、郑州市、广州市、成都市、大连市、宁波市、青岛市、深圳市、苏州市等12个城市设立跨境电子商务综合试验区。新增的12个综试区试点，要借鉴中国（杭州）跨境电子商务综合试验区的经验和做法，着力在跨境电子商务B2B方式相关环节的技术标准、业务流程、监管模式和信息化建设等方面先行先试，为推动全国跨境电子商务健康发展创造更多可复制推广的经验，以更加便捷高效的新模式释放市场活力，吸引大中小企业集聚，促进新业态成长，推动大众创业万众创新，增加就业，支撑外贸优进优出、升级发展。

新增2个跨境电子商务网购保税进口试点城市。经批准海关总署同意两个城市在海关特殊监管区域或保税物流中心（B型）开展网购保税进口试点。全国跨境电子商务网购保税进口试点城市扩容至10个，另外8个为郑州、杭州、重庆、上海、宁波、广州、深圳、天津。

跨境电商发展特点

一、跨境电子商务全球化趋势明显

随着电子信息技术和经济全球化的深入发展，电子商务的地位和重要作用日益凸显。近年来，国家力促跨境电子商务的发展，更多旨在扶持传统外贸企业借助互联网的渠道实现转型升级。在“互联网+外贸”的模式下，在良好的政策背景与发展环境下，加快自贸区建设和新设更多自由贸易试验区等，成为跨境电子商务发展的重要催化剂。

2016年9月5日G20领导人第十一次

峰会在中国杭州落幕。促进全球贸易增长是2016年杭州G20峰会的重要议题。会上，由阿里巴巴提出的eWTP（世界电子贸易平台）得到G20贸易部长们的积极回应和支持。跨境电子商务正搭建起一个自由、开放、通用、普惠的全球贸易平台。在这个平台上，亿万消费者可以买全球，中小企业可以卖全球，真正实现了全球连接、全球联动，有利于促进普惠贸易发展、促进小企业发展、促进消费全球化和促进年轻人发展。可以预见，跨境电子商务将连接世界，成为未来全球贸易的主要形式之一。

二、明确跨境电子商务零售进口税收政策和监管要求

2015年，国务院发布了《关于加快培育外贸竞争新优势的若干意见》（国发〔2015〕9号）和《关于促进跨境电子商务健康快速发展的指导意见》（国办发〔2015〕46号），明确了对跨境电子商务的支持态度，强调大力推动跨境电子商务，鼓励企业布局海外仓，培养一批外贸综合服务企业。国务院发布《关于大力发展电子商务加快培育经济新动力的意见》（国发〔2015〕24号），提出了加强电子商务国际合作，推动电子商务走出去。

2016年，财政部等部门联合发布《财政部、海关总署、国家税务总局关于跨境电子商务零售进口税收政策的通知》（财关税〔2016〕18号），跨境电子商务零售进口税收政策新政的出台，是国家第一次从多层面明确对跨境电子商务进行正面监管，监管的合理化、规范化以及《跨境电子商务零售进口商品清单》的相继出台，显示出国家对跨境电子商务的支持态度。政策的进一步明朗化和稳定化，按照货物征税，在试点区域暂按个人物品监管，增强了企业的信心，推动跨境电子商务的快速发展。

三、跨境电子商务试点初具成效

跨境电子商务的发展对外贸"转方式、调结构"、对外贸易的增量、经济发展方式的转变、外贸竞争力的提升、中小微企业的健康发展、进出口市场经济秩序的规范，都有着深远的意义。

2016年国家新增了12个跨境电子商务综合试验区和2个跨境电子商务网购保税进口试点城市。为改善中小微企业的生存环境，"大众创业、万众创新"提供了良好的生长环境。电子商务产业聚集与发展效果明显，带动了地方经济的发展。在政府部门开拓创新，通力合作，全程系统化对接，引入监管大数据，打造企业诚信管理新模式，打造跨境网购新渠道，提升购物体验，引导境外消费回流等多方面起到了积极作用。试点增加带动了跨境电子商务的规模快速增长，上线备案的外贸企业数量大幅度增加，产业的聚集和带动效应开始显现。通过优化产业结构，带动中小企业发展，提升企业的竞争力，统筹国内外市场的能力都有进一步的提高。在助力地方外贸和经济增长方面，带动物流、金融、支付、通关等相关服务行业的蓬勃发展，为创业创新和中小企业发展提供了有力支撑。

各综试区建设重点各具特色：杭州提出"六体系""两平台"引领全国综试区；天津构建"内外衔接""线上线下"协同的发展格局；大连创建"跨境电子商务+旅游采购贸易+保税电商体验+保税展示展

销”四位一体的运营模式；重庆着力在跨境电子商务B2B方式相关环节先行先试；合肥以快件、邮件为物流支撑，实现国际邮件总包直封；郑州开展“三个创新”，建设“三个平台”，建立“七个体系”；广州重点做好创新监管体系、建设跨境电子商务产业园区等七个方面工作；成都形成“一都一府三中心”的跨境电子商务发展格局；深圳加强“法规、标准、公共服务”的可信交易环境建设；宁波依托国际深水良港形成的开放、完善的集疏运体系和坚实的外贸产业基础，发展大产业、打造大物流、拓展大市场，形成跨境电子商务“一盘棋”发展格局；青岛构建“国际贸易信息流引领发展、监管服务窗口一体化、区域合作协同发展”三大机制；苏州着力在跨境电子商务B2B相关环节的技术标准、业务流程、监管模式和信息化建设等方面先行先试；上海把跨境电子商务公共服务平台建设成为“单一窗口”平台。

四、国民消费需求上升，促进进口快速发展

随着居民收入增长、中高收入群体的扩大，消费者的购买力日益增强，对优质生活有了更高的需求。海淘使消费者可以花更少的钱，买到更优质的商品，这一特性使得海淘迅速成为引领消费升级的新型购物方式。加之由于我国居民消费已从标准化、大众化的“排浪式”消费，进入到个性化、定制化消费的新阶段，尤其是80后、90后已成为市场消费主体，更加追求个性化、时尚化与高品质，对品牌、产品的崇尚已超越国别和地域的限制，而国内一些商品的供给端无法满足部分中高收入居民消费升级的更高要求，求购境外商品便成为一种选择。因此，居民购买力增强和消费需求的变化，成了推动跨境进口增长的内在动力。

跨境电商存在问题

一、法律法规有待完善，尚需出台稳定性政策

在国家立法层面，仍未出台明确跨境电子商务定义、性质、认定标准、监管原则的法律法规。国家各部门也普遍缺乏执行层面有效契合跨境电子商务的部门规章，且在政策执行方面普遍持审慎态度，适应跨境电子商务发展特点的政策体系尚未形成。现有监管政策虽明确按照货物实施税收征管，但各监管部门在安全准入、事后监管、风险防控和支持创新等各环节均因缺乏法律依据而存在不确定因素。政策的不稳定性也使得跨境电子商务合法性和有效性难以平衡，促进电子商务行业健康发展与有效实施监管依然矛盾重重。

二、综试区经验有待推广，区域政策尚需平衡

2016年年初国务院批复12个城市为

新的跨境综试区试点城市，要求其借鉴中国（杭州）跨境电子商务综合试验区经验和做法，着力在跨境电子商务B2B相关环节的技术标准、业务流程、监管模式和信息化建设等方面先行先试。但部分新增综试区城市在建设推进过程中未能着力于B2B业务发展，存在片面追求园区建设和贸易数据等情况，创新支持跨境电子商务行业监管模式和发展模式办法不多，尚无法形成行之有效的综试区建设经验在全国范围内复制推广。另一方面，随着税收新政实施，跨境电子商务零售进出口业务不再仅限于试点城市开展，但仅早期的10个试点城市享有1年过渡期内暂不验核通关单等过渡期政策，造成试点与非试点城市间政策不平衡。

三、协同机制有待完善，信息系统有待整合

目前海关、商检、食药监、外管、国税等部门往往是从本部门职责出发进行管理，未能建立有效与畅通的协调协作机制，跨部门协同管理机制尚不完善。同时因全国没有统一的“单一窗口”，各部门之间无法按照“三互”要求实现完整的信息交互和共享，行政执法资源未能得到有效整合，且因监管部门均设定了自身的数据标准，未能按照“开放、共享”理念实现部门间技术标准、业务流程和信息化系统实现统一，导致跨境电子商务参与主体难以适从。

四、监管渠道有待统筹，准入风险依然存在

一方面大量跨境网购商品仍然通过传统邮件、快件渠道进境，跨境电子商务零售进口商品因单次限值、年度限额以及品种限制造成适用范围相对传统邮快件渠道较窄，且不同渠道监管场所、税收政策均不一致，易因政策变动形成洼地，亟待全局统筹改进。另一方面新政虽配套出台《跨境电子商务零售进口商品清单》对安全准入予以限制，但跨境电子商务商品量小、批次多、来源渠道复杂等特点导致商品质量安全、疫病疫情等风险依然存在，特别是12个享受过渡期优惠政策的试点城市风险相对较高。

跨境电商发展建议

一、围绕“一带一路”倡议，加快发展跨境电子商务

“一带一路”沿线国家大部分是发展中国家，经济基础较为薄弱。而跨境电子商务门槛比较低，对经济带动作用快，能够尽早取得一些实质性的成果，提振信心。同时可以促进沿线经济贸易的发展，使整个贸易链，整个产业链活跃起来。

加强磋商消除贸易壁垒。加快建立“一带一路”相关国家自由贸易谈判机制，推进跨境电子商务规则、条例的研究和制定，建立跨境电子商务国际合作机制，为企业开展跨境电子商务创造有利条件。

优化通关服务。建立对跨境电子商务企业的认定机制，确定交易主体的真实性，并建立交易主体与报关服务的关联体系。逐步完善直购进口、网购保税进口等新型通关监管模式。加快电子口岸结汇、退税系统与跨境电子商务平台、物流、支付等企业系统联网，实现口岸监管的前推后移、分类通关管理。

推进跨境物流业发展。出台跨境物流配送企业服务质量标准，促进跨境物流配送企业提质增效。鼓励国内物流配送企业与大型国际快递企业实施多元化合作配送模式，打造高效快捷的“一带一路”物流体系。

促进国内电子商务企业发展。积极利用 WTO 等相关国际组织的标准和协商体系，帮助国内企业处理跨境电子商务贸易纠纷。加强与主要贸易伙伴及相关国际组织的电子商务国际交流与合作，推进跨境电子商务应用项目的示范实施。

二、创新综合监管模式，加强各部门深度融合

改革创新是助推跨境电子商务健康发展的内在源动力，通过完善顶层设计、健全法律法规、创新监管模式、完善政策支持、优化作业流程等，建立高效、便利、统一的公共服务平台，进一步规范跨境电子商务市场主体行为，激发市场主体活力，积极营造公平公正、统一开放、竞争有序的良好发展环境。要继续推进各行各业与互联网的深度融合，促进电子商务交易结构协调发展、全面提高电子商务质量，为发展新兴业态、打造新增长点、助推产业升级、促进经济提质增效提供新动力。

加大各相关部门协同监管力度。“单一窗口”是我国未来对外贸易行业监管发展的必然趋势，对于促进贸易便利化，提高通关效率具有重要的提升作用。建议从国家层面统一推进“单一窗口”建设，进一步实现口岸管理相关部门信息互换、监管互认、执法互助，从更高的高度发挥数据共享和业务协调机制，促进贸易便利化，降低企业综合成本。

进一步优化跨境电子商务发展环境。从组织保障方面，需要进一步加强相关行业协会、联盟的建设，充分发挥社会组织作用，建立健全跨境电子商务诚信发展环境，提高公共服务和市场监管水平，加大跨境电子商务违法行为的打击力度。加快建设跨境电子商务人才培养高地，构建人才引进激励机制。

加紧落实政策支持、资金扶持与奖励措施。统筹落实跨境电子商务发展工商、税务等方面的扶持政策。做好宣传，确保每家满足享受资金扶持与奖励条件的企业“应知尽知”，落实资金扶持与奖励，使深化电子商务应用推动产业升级的企业切实享受到政府资金扶持。

进一步加强国际合作。突出共同关注，由于各个国家和地区在跨境电子商务领域的发展水平存在差异，要从各方共同关注的领域入手，将合作的重点集中在跨境电子商务零售进口的监管与便利方面。加强信息交流和互换，有效改善海关在“审价”“物流异常”等方面的被动局面，同时共同防范国际海关面临的“核化生暴恐”威胁。要充分利用多、双边交流平台、国际互访及交流等方式，主动宣传我

国跨境电子商务监管理念，扩大国际影响。

三、完善健全跨境电子商务支撑服务行业

进一步发展金融业跨境电子商务，推动民航、铁路、公路、航运等行业加快拓展电子客票、电子货单服务，推动仓储、邮政、快递、物流配送企业，依托实体网络深化电子商务，推动物流公共信息平台服务功能拓展，运用城市配送运营管理平台，充分利用信息化管理手段和技术，提高物流效率、降低物流成本，加强物流配套设施建设，在物流园区投资标准化仓储设施和电子分拨中心。发展旅游跨境电子商务，建立信息全面及时、服务渠道多元化的旅游信息公共服务体系，大力发展电子客票、电子货单，规范团购电子商务的发展，培育现代旅游服务品牌。结合当地实际和优势，完善统计监测、信息共享、现代物流、金融服务、信用管理、风险防控、“单一窗口”、市场开拓和营销等服务体系，有效引导社会资源，合理配置公共资源，帮助企业有效利用电子商务开展对外贸易。鼓励有实力的跨境电子商务企业建设“海外仓”和海外运营中心等服务设施，通过创新技术手段和服务模式，以B2B方式为企业开拓市场提供综合配套服务，提高便利化水平，扩大服务覆盖面。

四、积极推动行业企业顺势转型升级

一是抓住“移动购物趋势”，推动移动跨境电子商务发展。加快国家移动电子商务试点示范工程建设，加强移动智能终端、智能卡和芯片等技术与装备研发，积极发展移动电子商务软硬件研发、系统集成，建设世界级移动跨境电子商务服务创新中心。

二是抓住“平台化”趋势，分类发展跨境电子商务平台。整合行业跨境电子商务平台的资源，培育若干集交易、物流、支付等服务于一体的行业电子商务平台，加快形成向中小企业提供跨境电子商务应用服务的普及覆盖。不断改造升级“网上交易会”，与实体交易会高效连接，把实体会展延伸到“全天候”采购交易。

三是抓住“O2O”趋势，真正推动企业转型升级。传统行业应往线上走，跨境电子商务往线下走，做到线上线下融合，相互借力。

跨境电商配套文件

文件一

财政部、海关总署、国家税务总局关于跨境电子商务零售进口税收政策通知

（财关税〔2016〕18号）

各省、自治区、直辖市、计划单列市财政厅（局）、国家税务局，新疆生产建设兵团财务局，海关总署广东分署、各直属海关：

为营造公平竞争的市场环境，促进跨境电子商务零售进口健康发展，经国务院批准，现将跨境电子商务零售（企业对消费者，即B2C）进口税收政策有关事项通知如下：

一、跨境电子商务零售进口商品按照货物征收关税和进口环节增值税、消费税，购买跨境电子商务零售进口商品的个人作为纳税义务人，实际交易价格（包括货物零售价格、运费和保险费）作为完税价格，电子商务企业、电子商务交易平台企业或物流企业可作为代收代缴义务人。

二、跨境电子商务零售进口税收政策适用于从其他国家或地区进口的、《跨境电子商务零售进口商品清单》范围内的以下商品：

（一）所有通过与海关联网的电子商务交易平台交易，能够实现交易、支付、物流电子信息“三单”比对的跨境电子商务零售进口商品；

（二）未通过与海关联网的电子商务交易平台交易，但快递、邮政企业能够统一提供交易、支付、物流等电子信息，并承诺承担相应法律责任进境的跨境电子商务零售进口商品。

不属于跨境电子商务零售进口的个人物品以及无法提供交易、支付、物流等电子信息的跨境电子商务零售进口商品，按现行规定执行。

三、跨境电子商务零售进口商品的单次交易限值为人民币2 000元，个人年度交易限值为人民币20 000元。在限值以内进口的跨境电子商务零售进口商品，关税税率暂设为0%；进口环节增值税、消费税取消免征税额，暂按法定应纳税额的70%征收。超过单次限值、累加后超过个人年度限值的单次交易，以及完税价格超过2 000元限值的单个不可分割商品，均按照一般贸易方式全额征税。

四、跨境电子商务零售进口商品自海关放行之日起30日内退货的，可申请退税，并相应调整个人年度交易总额。

五、跨境电子商务零售进口商品购买人（订购人）的身份信息应进行认证；未进行认证的，购买人（订购人）身份信息应与付款人一致。

六、《跨境电子商务零售进口商品清单》将由财政部商有关部门另行公布。

七、本通知自 2016 年 4 月 8 日起执行。

特此通知。

财政部
海关总署
国家税务总局
2016 年 3 月 24 日

文件二

海关总署关于跨境电子商务零售进出口商品有关监管事宜的公告

（2016 年第 26 号）

为做好跨境电子商务零售进出口商品监管工作，促进电子商务健康有序发展，根据《海关法》和国家有关政策规定，以及《财政部海关总署国家税务总局关于跨境电子商务零售进口税收政策的通知》（财关税〔2016〕18 号）、《财政部等 11 个部门关于公布跨境电子商务零售进口商品清单的公告》（2016 年第40 号）的有关规定，现就相关海关监管问题公告如下：

一、适用范围

（一）电子商务企业、个人通过电子商务交易平台实现零售进出口商品交易，并根据海关要求传输相关交易电子数据的，按照本公告接受海关监管。

二、企业管理

（二）参与跨境电子商务业务的企业应当事先向所在地海关提交以下材料：

1. 企业法人营业执照副本复印件；

2. 组织机构代码证书副本复印件（以统一社会信用代码注册的企业不需要提供）；

3. 企业情况登记表，具体包括企业组织机构代码或统一社会信用代码、中文名称、工商注册地址、营业执照注册号，法定代表人（负责人）、身份证件类型、身份证件号码，海关联系人、移动电话、固定电话，跨境电子商务网站网址等。

企业按照前款规定提交复印件的，应当同时向海关交验原件。

如需向海关办理报关业务，应当按照海关对报关单位注册登记管理的相关规定办理注册登记。

三、通关管理

（三）跨境电子商务零售进口商品申报前，电子商务企业或电子商务交易平台企业、支付企业、物流企业应当分别通过跨境电子商务通关服务平台（以下简称服务平台）如实向海关传输交易、支付、物流等电子信息。

进出境快件运营人、邮政企业可以受电子商务企业、支付企业委托，在书面承诺对传输数据真实性承担相应法律责任的前提下，向海关传输交易、支付等电子信息。

（四）跨境电子商务零售出口商品申

报前，电子商务企业或其代理人、物流企业应当分别通过服务平台如实向海关传输交易、收款、物流等电子信息。

（五）电子商务企业或其代理人应提交《中华人民共和国海关跨境电子商务零售进出口商品申报清单》（以下简称《申报清单》），出口采取“清单核放，汇总申报”方式办理报关手续，进口采取“清单核放”方式办理报关手续。

《申报清单》与《中华人民共和国海关进（出）口货物报关单》具有同等法律效力，相关数据填制要求详见附件 1、附件 2。

（六）电子商务企业应当对购买跨境电子商务零售进口商品的个人（订购人）身份信息进行核实，并向海关提供由国家主管部门认证的身份有效信息。无法提供或者无法核实订购人身份信息的，订购人与支付人应当为同一人。

（七）跨境电子商务零售商品出口后，电子商务企业或其代理人应当于每月 10 日前（当月 10 日是法定节假日或者法定休息日的，顺延至其后的第一个工作日，第 12 月的清单汇总应当于当月最后一个工作日前完成），将上月（12 月为当月）结关的《申报清单》依据清单表头同一收发货人、同一运输方式、同一运抵国、同一出境口岸，以及清单表体同一 10 位海关商品编码、同一申报计量单位、同一币制规则进行归并，汇总形成《中华人民共和国海关出口货物报关单》向海关申报。

（八）除特殊情况外，《申报清单》、《中华人民共和国海关进（出）口货物报关单》应当采取通关无纸化作业方式进行申报。

《申报清单》的修改或者撤销，参照海关《中华人民共和国海关进（出）口货物报关单》修改或者撤销有关规定办理。

四、税收征管

（九）根据《财政部海关总署国家税务总局关于跨境电子商务零售进口税收政策的通知》（财关税〔2016〕18 号）的有关规定，跨境电子商务零售进口商品按照货物征收关税和进口环节增值税、消费税，完税价格为实际交易价格，包括商品零售价格、运费和保险费。

（十）订购人为纳税义务人。在海关注册登记的电子商务企业、电子商务交易平台企业或物流企业作为税款的代收代缴义务人，代为履行纳税义务。

（十一）代收代缴义务人应当如实、准确向海关申报跨境电子商务零售进口商品的商品名称、规格型号、税则号列、实际交易价格及相关费用等税收征管要素。

跨境电子商务零售进口商品的申报币制为人民币。

（十二）为审核确定跨境电子商务零售进口商品的归类、完税价格等，海关可以要求代收代缴义务人按照有关规定进行补充申报。

（十三）海关对满足监管规定的跨境电子商务零售进口商品按时段汇总计征税款，代收代缴义务人应当依法向海关提交足额有效的税款担保。

海关放行后 30 日内未发生退货或修撤单的，代收代缴义务人在放行后第 31 日至第 45 日内向海关办理纳税手续。

五、物流监控

（十四）跨境电子商务零售进出口商品监管场所必须符合海关相关规定。

监管场所经营人、仓储企业应当建立符合海关监管要求的计算机管理系统，并按照海关要求交换电子数据。

（十五）跨境电子商务零售进出口商品的查验、放行均应当在监管场所内实施。

（十六）海关实施查验时，电子商务企业或其代理人、监管场所经营人、仓储企业应当按照有关规定提供便利，配合海关查验。

（十七）电子商务企业或其代理人、物流企业、监管场所经营人、仓储企业发现涉嫌违规或走私行为的，应当及时主动报告海关。

六、退货管理

（十八）在跨境电子商务零售进口模式下，允许电子商务企业或其代理人申请退货，退回的商品应当在海关放行之日起30日内原状运抵原监管场所，相应税款不予征收，并调整个人年度交易累计金额。

在跨境电子商务零售出口模式下，退回的商品按照现行规定办理有关手续。

七、其他事项

（十九）在海关注册登记的电子商务企业、电子商务交易平台企业、支付企业、物流企业等应当接受海关后续管理。

（二十）本公告有关用语的含义：

“参与跨境电子商务业务的企业”是指参与跨境电子商务业务的电子商务企业、电子商务交易平台企业、支付企业、物流企业等。

“电子商务企业”是指通过自建或者利用第三方电子商务交易平台开展跨境电子商务业务的企业。

“电子商务交易平台企业”是指提供电子商务进出口商品交易、支付、配送服务的平台提供企业。

“电子商务通关服务平台”是指由电子口岸搭建，实现企业、海关以及相关管理部门之间数据交换与信息共享的平台。

（二十一）以保税模式从事跨境电子商务零售进口业务的，应当在海关特殊监管区域和保税物流中心（B型）内开展，除另有规定外，参照本公告规定监管。

本公告自2016年4月8日起施行，施行时间以海关接受《申报清单》申报时间为准，未尽事宜按海关现行规定办理。

自本公告施行之日起，海关总署公告2014年第56号同时废止。

特此公告。

附件1　中华人民共和国跨境电子商务零售进口商品申报清单数据

附件2　中华人民共和国跨境电子商务零售出口商品申报清单数据

海关总署

2016年4月6日

附件 1

中华人民共和国跨境电子商务零售进口商品申报清单数据

序号	中文名称	必填项	说明
			清单表头
1	预录入编号	否	电子口岸的清单编号（B+8位年月日+9位流水号）
2	订单编号	是	电商平台的原始订单编号
3	电商平台代码	是	电商平台识别标识
4	电商平台名称	是	电商平台名称
5	电商企业代码	是	电商企业的海关注册登记（备案）编码（18位）
6	电商企业名称	是	电商企业的海关注册登记（备案）名称
7	物流运单编号	是	物流企业的运单包裹面单号
8	物流企业代码	是	物流企业的海关注册登记（备案）编码（18位）
9	物流企业名称	是	物流企业的海关注册登记（备案）名称
10	担保企业编号	否	需与清单有关企业一致（电商企业或平台，申报企业）
11	账册编号	否	保税模式填写具体账号，用于网购保税进口业务在特殊区域辅助系统记账（二线出区核减）
12	清单编号	否	海关审结的清单编号（4位关区+4位年+1位进出口标记+9位流水号）
13	进出口标记	是	I-进口，E-出口
14	申报日期	是	申报时间以海关入库反馈时间为准，：格式：YYYYMMDD
15	申报地海关代码	是	
16	进口口岸代码	是	商品实际出我国关境口岸海关的关区代码 JGS/T18《海关关区代码》
17	进口日期	是	时间格式：YYYYMMDD
18	订购人证件类型	是	1-身份证；2-其他
19	订购人证件号码	是	海关监控对象的身份证号
20	订购人姓名	是	海关监控对象的姓名，要求个人实名认证
21	订购人电话	是	海关监管对象的电话，要求实际联系电话
22	收件人地址	是	收件人的地址，实际为运单收货人地址，不一定为个人实名认证的订购人住址
23	申报企业代码	是	申报单位的海关注册登记代码（18位）
24	申报企业名称	是	申报单位的海关注册登记名称
25	区内企业代码	否	网购保税进口模式必填，用于区内企业核扣账册
26	区内企业名称	否	网购保税进口模式必填，用于区内企业核扣账册

续1

序号	中文名称	必填项	说明
27	监管方式	是	默认为1210/9610区分保税或一般模式
28	运输方式	是	海关标准的参数代码《JGS-20 海关业务代码集》-运输方式代码。直购指跨境段物流运输方式。网购保税进口按二线出区
29	运输工具编号	否	直购进口必填。进出境运输工具的名称或运输工具编号填报内容应与运输部门向海关申报的载货清单所列相应内容一致；同报关单填制规范
30	航班航次号	否	直购进口必填。进出境运输工具的航次编号
31	提运单号	否	直购进口必填。提单或运单的编号，直购必填
32	监管场所代码	否	针对同一申报地海关下有多个跨境电子商务的监管场所，需要填写区分；海关特殊监管区域或保税物流中心（B 型）不需要填报
33	许可证号	否	商务主管部门及其授权发证机关签发的进出口货物许可证的编号
34	启运国（地区）	是	直购模式填写
35	运费	是	物流企业实际收取的运输费用
36	保费	是	物流企业实际收取的商品保价费用
37	币制	是	人民币（代码：142）
38	包装种类代码	否	海关对进出口货物实际采用的外部包装方式的标识代码，采用 1 位数字表示，如：木箱、纸箱、桶装、散装、托盘、包、油罐车等
39	件数	是	件数（包裹数量）
40	毛重（公斤）	是	商品及其包装材料的重量之和，计量单位为千克
41	净重（公斤）	是	商品的毛重减去外包装材料后的重量，即商品本身的实际重量，计量单位为千克
42	备注	否	
清单表体			
43	序号	是	从 1 开始连续序号（一一对应关联电子订单）
44	账册备案料号	否	1210 网购保税进口二线出区业务（必填），支持保税模式的账册核扣
45	企业商品货号	否	电商平台自定义的商品货号（SKU）
46	企业商品品名	否	电商平台的商品品名
47	商品编码	是	海关对进出口货物规定的类别标识代码，采用海关综合分类表的标准分类，总长度为 10 位数字代码，前 8 位由国务院关税税则委员会确定，后 2 位由海关根据代征税、暂定税率和贸易管制的需要增设的
48	商品名称	是	中文名称，同一类商品的名称。任何一种具体商品可以并只能归入表中的一个条目
49	商品规格型号	是	满足海关归类、审价以及监管的要求为准。包括：品名、牌名、规格、型号、成份、含量、等级等

续2

序号	中文名称	必填项	说明
50	条码	否	商品条形码一般由前缀部分、制造厂商代码、商品代码和校验码组成。没有条形码填“无”
51	原产国（地区）	是	海关标准的参数代码《JGS-20 海关业务代码集》国家（地区）代码表填写代码
52	币制	是	人民币（代码：142）
53	数量	是	
54	法定数量	是	
55	第二数量	否	
56	计量单位	是	海关标准的参数代码《JGS-20 海关业务代码集》-计量单位代码
57	法定计量单位	是	海关标准的参数代码《JGS-20 海关业务代码集》-计量单位代码
58	第二计量单位	否	海关标准的参数代码《JGS-20 海关业务代码集》-计量单位代码
59	单价	是	成交单价
60	总价	是	
61	备注	否	

附件 2

中华人民共和国跨境电子商务零售出口商品申报清单数据

序号	中文名称	必填项	说明
清单数据表头			
1	申报海关代码	是	办理通关手续的 4 位海关代码 JGS/T18《海关关区代码》
2	申报日期	是	申报时间以海关审批反馈时间为准，格式：YYYYMMDDhhmmss
3	预录入编号	否	电子口岸生成标识清单的编号（B+8 位年月日+9 位流水号）
4	订单编号	是	电商平台的原始订单编号
5	电商平台代码	是	电商平台的海关注册登记编码
6	电商平台名称	是	电商平台的海关注册登记名称
7	物流运单编号	是	物流企业的运单包裹面单号
8	物流企业代码	是	物流企业的海关注册登记编码

续1

序号	中文名称	必填项	说明
9	物流企业名称	是	物流企业的海关备注册登记名称
10	清单编号	否	海关审结生成标识清单的编号（4 位关区+4 位年+1 位进出口标记+9 位流水号）
11	进出口标记	是	I-进口，E-出口
12	出口口岸代码	是	商品实际出我国关境口岸海关的关区代码 JGS/T 18《海关关区代码》
13	出口日期	是	时间格式：YYYYMMDD
14	生产销售单位代码	是	出口发货人填写海关企业代码
15	生产销售单位名称	是	实际发货人的企业名称
16	收发货人代码	是	一般指电商企业的海关注册登记代码
17	收发货人名称	是	一般指电商企业的海关注册登记名称
18	报关企业代码	是	申报单位的海关注册登记代码
19	报关企业名称	是	申报单位的海关注册登记名称
20	区内企业代码	否	针对保税出口模式，区内仓储企业代码，用于一线出区核减账册
21	区内企业名称	否	针对保税出口模式，区内仓储企业名称
22	贸易方式	是	默认为9610，可以为1210保税模式，支持多种跨境贸易方式
23	运输方式	是	海关标准的参数代码《JGS-20 海关业务代码集》-运输方式代码
24	运输工具名称	否	进出境运输工具的名称或运输工具编号。填报内容应与运输部门向海关申报的载货清单所列相应内容一致；同报关单填制规范
25	航班航次号	否	进出境运输工具的航次编号
26	提（运）单号	否	提单或总运单的编号
27	总包号	否	物流企业对于一个提运单下含有多个大包的托盘编号（邮件为邮袋号）
28	监管场所代码	否	针对同一申报地海关下有多个跨境电子商务的监管场所，需要填写区分
29	许可证号	否	商务主管部门及其授权发证机关签发的进出口货物许可证的编号
30	运抵国（地区）	是	出口货物的直接运抵的国家（地区），《JGS-20 海关业务代码集》国家（地区）代码表填写代码
31	指运港代码	是	出口运往境外的最终目的港的标识代码。最终目的港不可预知时，应尽可能按预知的目的港填报
32	运费	是	物流企业实际收取的运输费用
33	运费币制	是	海关标准的参数代码海关标准的参数代码《JGS-20 海关业务代码集》-货币代码

续2

序号	中文名称	必填项	说明
34	运费标志	是	1-率，2-单价，3-总价
35	保费	是	物流企业实际收取的商品保价费用
36	保费币制	是	海关标准的参数代码海关标准的参数代码《JGS-20 海关业务代码集》-货币代码
37	保费标志	是	1-率，2-单价，3-总价
38	包装种类代码	是	海关对进出口货物实际采用的外部包装方式的标识代码，采用 1 位数字表示，如：木箱、纸箱、桶装、散装、托盘、包、油罐车等
39	件数	是	件数（包裹数量）
40	毛重（公斤）	是	商品及其包装材料的重量之和，计量单位为千克
41	净重（公斤）	是	商品的毛重减去外包装材料后的重量，即商品本身的实际重量，计量单位为千克
42	备注	否	
清单数据表体			
43	商品项号	是	从 1 开始连续序号，与订单序号保持一致
44	企业商品编号	否	企业内部对商品唯一编号
45	海关商品编码	是	海关对进出口商品规定的类别标识代码，采用海关综合分类表的标准分类，总长度为 10 位数字代码，前 8 位由国务院关税税则委员会确定，后 2 位由海关根据代征税、暂定税率和贸易管制的需要增设的
46	商品名称	是	同一类商品的名称。任何一种具体商品可以并只能归入表中的一个条目
47	规格型号	是	满足海关归类、审价以及监管的要求为准。包括：品名、牌名、规格、型号、成份、含量、等级等
48	条形码	是	商品条形码一般由前缀部分、制造厂商代码、商品代码和校验码组成。没有条形码填“无”
49	最终目的国（地区）代码	是	海关标准的参数代码《JGS-20 海关业务代码集》国家（地区）代码表填写代码
50	币制	是	海关标准的参数代码《JGS-20 海关业务代码集》-货币代码
51	申报数量	是	
52	法定数量	是	
53	第二数量	否	
54	申报计量单位	是	海关标准的参数代码《JGS-20 海关业务代码集》-计量单位代码
55	法定计量单位	是	海关标准的参数代码《JGS-20 海关业务代码集》-计量单位代码
56	第二计量单位	否	海关标准的参数代码《JGS-20 海关业务代码集》-计量单位代码
57	单价	是	成交单价
58	总价	是	总价=成交数量×单价

文件三

财政部、发展改革委、工业和信息化部、农业部、商务部、海关总署、国家税务总局、质检总局、食品药品监管总局、濒管办、密码局关于公布《跨境电子商务零售进口商品清单》的公告

（2016年第40号）

为营造公平竞争的市场环境，促进跨境电子商务零售进口健康发展，经国务院批准，财政部、海关总署、国家税务总局已印发《关于跨境电子商务零售进口税收政策的通知》（财关税〔2016〕18号）。为落实跨境电子商务零售进口税收政策，现将《跨境电子商务零售进口商品清单》予以公布。

附件　跨境电子商务零售进口商品清单

财政部、发展改革委
工业和信息化部、农业部
商务部、海关总署
国家税务总局、质检总局
食品药品监管总局、濒管办
密码局
2016年4月6日

附件

跨境电子商务零售进口商品清单

序号	税则号列	中文货品名称	备注
1	04029100	浓缩但未加糖的非固状乳及奶油	
2	04029900	浓缩并已加糖的非固状乳及奶油	
3	04031000	酸乳	
4	04039000	酪乳及其他发酵或酸化的乳及奶油	
5	04041000	乳清及改性乳清	
6	04049000	其他编号未列名的含天然乳的产品	
7	04051000	黄油	
8	04052000	乳酱	
9	04061000	鲜乳酪（未熟化或未固化的）	
10	04063000	经加工的乳酪，但磨碎或粉化的除外	
11	04069000	其他乳酪	

续1

序号	税则号列	中文货品名称	备注
12	04079090	其他蛋	列入《进出口野生动植物种商品目录》的商品除外
13	04089900	其他去壳禽蛋	
14	04090000	天然蜂蜜	
15	04100010	燕窝	
16	04100041	鲜蜂王浆	依法不属于普通食品或依法需要注册备案管理的特殊食品除外
17	04100042	鲜蜂王浆粉	依法不属于普通食品或依法需要注册备案管理的特殊食品除外
18	04100043	蜂花粉	依法不属于普通食品或依法需要注册备案管理的特殊食品除外
19	04100049	其他蜂产品	依法不属于普通食品或依法需要注册备案管理的特殊食品除外
20	04100090	其他编号未列名的食用动物产品	列入《进出口野生动植物种商品目录》的商品除外；依法不属于普通食品或依法需要注册备案管理的特殊食品除外
21	05080010	珊瑚及水产品壳、骨的粉末及废料	列入《进出口野生动植物种商品目录》的商品除外；依法不属于普通食品或依法需要注册备案管理的特殊食品除外
22	07129050	干制的大蒜	
23	07129099	干制的其他蔬菜及什锦蔬菜	
24	07132090	其他干鹰嘴豆	
25	08011100	干的椰子	
26	08012200	鲜或干的去壳巴西果	
27	08013200	鲜或干的去壳腰果	
28	08021100	未去壳扁桃仁	
29	08021200	其他扁桃仁	
30	08022200	鲜或干的去壳榛子	
31	08023100	鲜或干的未去壳核桃	
32	08023200	鲜或干的去壳核桃	
33	08025100	未去壳阿月浑子果	

续2

序号	税则号列	中文货品名称	备注
34	08025200	去壳阿月浑子果	
35	08026190	未去壳其他马卡达姆坚果	
36	08026200	去壳马卡达姆坚果	
37	08029030	鲜或干的松子仁	列入《进出口野生动植物种商品目录》的商品除外
38	08029090	其他鲜或干坚果	列入《进出口野生动植物种商品目录》的商品除外
39	08062000	葡萄干	
40	08131000	杏干	
41	08132000	梅干及李干	
42	08133000	苹果干	
43	08134010	龙眼干、肉	
44	08134030	干红枣	
45	08134090	其他干果	
46	08135000	本章的什锦坚果或干果	
47	08140000	柑桔属水果或甜瓜的果皮	
48	09011100	未浸除咖啡碱的未焙炒咖啡	
49	09012100	未浸除咖啡碱的已焙炒咖啡	
50	09012200	已浸除咖啡碱的已焙炒咖啡	
51	09019010	咖啡豆荚及咖啡豆皮	
52	09019020	含咖啡的咖啡代用品	
53	09021010	每件净重≤3 千克的花茶	
54	09021090	每件净重≤3 千克的其他绿茶	
55	09022010	每件净重>3 千克的花茶	
56	09022090	每件净重>3 千克的其他绿茶	
57	09023010	每件净重≤3 千克的乌龙茶	
58	09023020	每件净重≤3 千克的普洱茶	
59	09023090	每件净重≤3 千克的其他发酵、半发酵红茶	
60	09024010	每件净重>3 千克的乌龙茶	
61	09024090	每件净重>3 千克的其他红茶（已发酵）及半发酵茶	
62	09030000	马黛茶	
63	09041100	未磨胡椒	

续3

序号	税则号列	中文货品名称	备注
64	09041200	已磨胡椒	
65	09042100	未磨干辣椒	
66	09042200	已磨辣椒	
67	09061900	其他未磨的肉桂及肉桂花	依法不属于普通食品或依法需要注册备案管理的特殊食品除外
68	09062000	已磨肉桂及肉桂花	依法不属于普通食品或依法需要注册备案管理的特殊食品除外
69	09083200	已磨豆蔻	依法不属于普通食品或依法需要注册备案管理的特殊食品除外
70	09096210	已磨八角茴香	依法不属于普通食品或依法需要注册备案管理的特殊食品除外
71	09103000	姜黄	依法不属于普通食品或依法需要注册备案管理的特殊食品除外
72	09109100	混合调味香料	依法不属于普通食品或依法需要注册备案管理的特殊食品除外
73	09109900	其他调味香料	依法不属于普通食品或依法需要注册备案管理的特殊食品除外
74	10049000	其他燕麦	
75	10089090	其他谷物	
76	11041200	滚压或制片的燕麦	
77	11041990	滚压或制片的其他谷物	
78	11042200	经其他加工的燕麦	
79	11042990	经其他加工的其他谷物	
80	11063000	水果及坚果的细粉、粗粉及粉末	
81	11081100	小麦淀粉	
82	11081300	马铃薯淀粉	
83	11082000	菊粉	
84	12024200	未去壳花生	
85	12030000	干椰子肉	
86	12040000	亚麻子	
87	12073090	其他蓖麻子	
88	12079999	其他含油子仁及果实	
89	12081000	大豆粉	

续4

序号	税则号列	中文货品名称	备注
90	12089000	其他含油子仁或果实的细粉及粗粉	
91	12093000	草本花卉植物种子	列入《进出口野生动植物种商品目录》的商品除外
92	12112091	其他鲜人参	依法不属于普通食品或依法需要注册备案管理的特殊食品除外
93	12119011	鲜或干的当归	依法不属于普通食品或依法需要注册备案管理的特殊食品除外
94	12119015	鲜或干的菊花	依法不属于普通食品或依法需要注册备案管理的特殊食品除外
95	12119050	主要用作香料的植物	列入《两用物项和技术进出口许可证管理目录》、《进出口野生动植物种商品目录》的商品除外；依法不属于普通食品或依法需要注册备案管理的特殊食品除外
96	12119099	其他鲜或干的杀虫、杀菌用植物	列入《两用物项和技术进出口许可证管理目录》、《进出口野生动植物种商品目录》的商品除外
97	12122110	适合供人食用的海带	
98	12122141	适合供人食用的干紫菜	
99	12122142	适合供人食用的鲜紫菜	
100	12122149	适合供人食用的其他紫菜	
101	12122190	其他适合供人食用的海草及其他藻类	
102	12129912	主要供人食用的甜杏仁	
103	12129919	主要供人食用的桃（包括油桃）、梅或李的核及核仁	
104	12129999	鲜、冷、冻或干的其他主要供人食用的其他税号未列明的果核、果仁及植物产品	列入《进出口野生动植物种商品目录》的商品除外；依法不属于普通食品或依法需要注册备案管理的特殊食品除外
105	13021940	银杏的液汁及浸膏	依法不属于普通食品或依法需要注册备案管理的特殊食品除外
106	14049090	其他植物产品	依法不属于普通食品或依法需要注册备案管理的特殊食品除外

续5

序号	税则号列	中文货品名称	备注
107	15042000	其他鱼油、脂及其分离品	列入《进出口野生动植物种商品目录》的商品除外；依法不属于普通食品或依法需要注册备案管理的特殊食品除外
108	15043000	海生哺乳动物的油、脂及其分离品	列入《进出口野生动植物种商品目录》的商品除外；依法不属于普通食品或依法需要注册备案管理的特殊食品除外
109	15060000	其他动物油、脂及其分离品	列入《进出口野生动植物种商品目录》的商品除外；依法不属于普通食品或依法需要注册备案管理的特殊食品除外
110	15091000	初榨油橄榄油及其分离品	
111	15099000	精制的油橄榄油及其分离品	
112	15100000	其他橄榄油及其分离品	
113	15131100	初榨椰子油分离品	
114	15131900	椰子油及其分离品	
115	15151100	初榨亚麻子油及其分离品	依法不属于普通食品或依法需要注册备案管理的特殊食品除外
116	15151900	精制的亚麻子油及其分离品	依法不属于普通食品或依法需要注册备案管理的特殊食品除外
117	15155000	芝麻油及其分离品	
118	15161000	氢化、酯化或反油酸化动物油、脂及其分离品，但未进一步加工的	
119	15162000	氢化、酯化或反油酸化植物油、脂及其分离品，但未进一步加工的	
120	15180000	化学改性的动、植物油、脂及其制品；其他税号未列名的非食用油、脂或制品	依法不属于普通食品或依法需要注册备案管理的特殊食品除外
121	16010030	用香肠制成的食品	列入《进出口野生动植物种商品目录》的商品除外
122	16021000	肉或食用杂碎的均化食品	列入《进出口野生动植物种商品目录》的商品除外
123	16022000	制作或保藏的动物肝	列入《进出口野生动植物种商品目录》的商品除外
124	16023299	其他鸡肉	

续6

序号	税则号列	中文货品名称	备注
125	16024910	其他猪肉及杂碎的罐头	列入《进出口野生动植物种商品目录》的商品除外
126	16024990	制作或保藏的其他猪肉、杂碎及血	列入《进出口野生动植物种商品目录》的商品除外
127	16025010	牛肉及牛杂碎罐头	列入《进出口野生动植物种商品目录》的商品除外
128	16025090	其他制作或保藏的牛肉、杂碎及血	列入《进出口野生动植物种商品目录》的商品除外
129	16041190	制作或保藏的其他鲑鱼，整条或切块，但未绞碎	
130	16041200	制作或保藏的鲱鱼，整条或切块，但未绞碎	
131	16041300	制作或保藏的沙丁鱼、小沙丁鱼属、黍鲱或西鲱	
132	16041400	制作或保藏的金枪鱼、鲣鱼及狐鲣	
133	16041500	制作或保藏的鲭鱼，整条或切块，但未绞碎	
134	16041700	制作或保藏的鳗鱼	列入《进出口野生动植物种商品目录》的商品除外
135	16041990	制作或保藏的其他鱼，整条或切块，但未绞碎	列入《进出口野生动植物种商品目录》的商品除外
136	16042019	其他制作或保藏的鱼罐头	列入《进出口野生动植物种商品目录》的商品除外
137	16042099	其他制作或保藏的鱼	列入《进出口野生动植物种商品目录》的商品除外
138	16043200	鲟鱼子酱代用品	
139	16051000	制作或保藏的蟹	
140	16053000	制作或保藏的龙虾	
141	16055200	制作或保藏的扇贝	
142	16055400	制作或保藏的墨鱼及鱿鱼	
143	17021100	无水乳糖，按重量计含量>99%	
144	17022000	槭糖及槭糖浆	
145	17023000	低果糖含量的葡萄糖及糖浆	
146	17024000	中果糖含量的葡萄糖及糖浆	
147	17026000	其他果糖及糖浆	
148	17029000	其他固体糖；人造蜜；焦糖	
149	17041000	口香糖，不论是否裹糖	

续7

序号	税则号列	中文货品名称	备注
150	17049000	其他不含可可的糖食	
151	18010000	生或焙炒的整颗或破碎的可可豆	
152	18050000	未加糖或其他甜物质的可可粉	
153	18061000	含糖或其他甜物质的可可粉	
154	18062000	每件净重>2千克的含可可食品	
155	18063100	其他夹心块状或条状的含可可食品	
156	18063200	其他不夹心块状或条状含可可食品	
157	18069000	其他巧克力及含可可的食品	
158	19011010	配方奶粉	按《食品安全法》规定应当实施注册而未经注册的婴幼儿配方奶粉除外
159	19011090	其他供婴幼儿食用的零售包装食品	特殊医学用途配方食品除外
160	19012000	供焙烘面包糕点用的调制品及面团	
161	19019000	其他麦精制的其他税号未列名食品	
162	19021100	未包馅或未制作的含蛋生面食	
163	19021900	其他未包馅或未制作的生面食	
164	19022000	包馅面食	
165	19023010	米粉干	
166	19023020	粉丝	
167	19023030	即食或快熟面条	
168	19023090	其他面食	
169	19024000	古斯古斯面食	
170	19030000	珍粉及淀粉制成的珍粉代用品	
171	19041000	谷物或谷物产品经膨化或烘炒制的食品	
172	19042000	未烘炒谷物片制成的食品	
173	19043000	碾碎的干小麦	
174	19049000	其他谷物制品	
175	19051000	黑麦脆面包片	
176	19053100	甜饼干	
177	19053200	华夫饼干及圣餐饼	
178	19054000	面包干、吐司及类似的烤面包	
179	19059000	其他面包、糕点、饼干及其焙烘糕饼	

续8

序号	税则号列	中文货品名称	备注
180	20011000	用醋或醋酸制作的黄瓜及小黄瓜	
181	20019090	用醋制作的其他果、菜及食用植物	列入《进出口野生动植物种商品目录》的商品除外
182	20021010	非用醋制作的整个或切片番茄罐头	
183	20021090	非用醋制作的其他整个或切片番茄	
184	20029011	重量不超过5千克的番茄酱罐头	
185	20029090	非用醋制作的绞碎番茄	
186	20031019	其他非用醋制作的伞菌属蘑菇罐头	
187	20031090	非用醋制作的其他伞菌属蘑菇	
188	20051000	非用醋制作的未冷冻均化蔬菜	
189	20054000	非用醋制作的未冷冻豌豆	
190	20055199	非用醋或醋酸制作或保藏的未冷冻的其他脱荚豇豆及菜豆	
191	20055990	非用醋制作的其他豇豆及菜豆	
192	20057000	非用醋制作的未冷冻油橄榄	
193	20058000	非用醋制作的未冷冻甜玉米	
194	20059991	其他蔬菜及什锦蔬菜罐头	
195	20059999	非用醋制作的其他蔬菜及什锦蔬菜	列入《进出口野生动植物种商品目录》的商品除外
196	20060090	其他糖渍蔬菜、水果、坚果、果皮	
197	20071000	烹煮制成的果子均化食品	
198	20079100	烹煮制成的柑桔属水果	
199	20079910	烹煮制成的其他果酱、果冻罐头	
200	20079990	烹煮制成的其他果酱、果冻	
201	20081110	花生米罐头	
202	20081120	烘焙花生	
203	20081130	花生酱	
204	20081190	其他非用醋制作的花生	
205	20081910	核桃仁罐头	
206	20081920	其他果仁罐头	
207	20081999	其他坚果及子仁	
208	20082090	非用醋制作的其他菠萝	

续9

序号	税则号列	中文货品名称	备注
209	20083010	柑桔属水果罐头	
210	20084010	梨罐头	
211	20085000	非用醋制作的杏	
212	20086090	用其他方法制作或保藏的其他樱桃	
213	20087010	桃罐头	
214	20087090	非用醋制作的其他桃	
215	20088000	非用醋制作的草莓	
216	20089300	用其他方法制作或保藏的蔓越橘	
217	20089700	用其他方法制作或保藏的什锦果实	
218	20089931	调味紫菜	
219	20089939	其他海草及藻类制品	
220	20089990	未列名制作或保藏的水果、坚果	
221	20091200	非冷冻的，白利糖度值不超过 20 的橙汁	
222	20091900	其他橙汁	
223	20092100	白利糖度值不超过 20 的葡萄柚（包括柚）汁	
224	20092900	其他葡萄柚（包括柚）汁	
225	20093110	白利糖度不超过 20 的柠檬汁	
226	20093190	其他未混合的白利糖度值不超过 20 的桔汁属水果汁	
227	20094100	白利糖度值不超过 20 的菠萝汁	
228	20096100	白利糖度值不超过 30 的葡萄汁，包括酿酒葡萄汁	
229	20096900	葡萄汁，包括酿酒葡萄汁	
230	20097100	白利糖度值不超过 20 的苹果汁	
231	20097900	其他苹果汁	
232	20098100	蔓越橘汁	
233	20098912	芒果汁	
234	20098913	西番莲果汁	
235	20098914	番石榴果汁	
236	20098915	梨汁	
237	20098919	其他未混合的水果汁	
238	20098920	其他未混合蔬菜汁	

续10

序号	税则号列	中文货品名称	备注
239	20099010	混合水果汁	
240	20099090	混合蔬菜汁、水果与蔬菜的混合汁	
241	21011100	咖啡浓缩精汁	
242	21011200	以咖啡浓缩精汁或咖啡为基本成分的制品	
243	21012000	茶、马黛茶浓缩精汁及其制品	
244	21013000	烘焙咖啡代用品及其浓缩精汁	
245	21023000	发酵粉	
246	21031000	酱油	
247	21032000	番茄沙司及其他番茄调味汁	
248	21039090	其他调味品	
249	21041000	汤料及其制品	
250	21042000	均化混合食品	
251	21050000	冰淇淋及其他冰制食品不论是否含可可	
252	21061000	浓缩蛋白质及人造蛋白物质	
253	21069030	蜂王浆制剂	列入《进出口野生动植物种商品目录》的商品除外；依法不属于普通食品或依法需要注册备案管理的特殊食品除外
254	21069040	椰子汁	
255	21069090	其他税号未列名的食品	列入《进出口野生动植物种商品目录》的商品除外；依法不属于普通食品或依法需要注册备案管理的特殊食品除外
256	22011010	未加糖及未加味的矿泉水	
257	22011020	未加糖及未加味的汽水	
258	22019011	已包装袋天然水	
259	22019019	未包装的天然水	
260	22019090	其他水、冰及雪	
261	22021000	加味、加糖或其他甜物质的水	列入《进出口野生动植物种商品目录》的商品除外；依法不属于普通食品或依法需要注册备案管理的特殊食品除外

续11

序号	税则号列	中文货品名称	备注
262	22029000	其他无酒精饮料	列入《进出口野生动植物种商品目录》的商品除外
263	22042100	小包装的鲜葡萄酿造的酒	
264	22060090	其他发酵饮料	
265	22090000	醋及醋酸制得的醋代用品	
266	23024000	其他谷物糠、麸及其他残渣	
267	23065000	椰子或干椰肉油渣饼及固体残渣	
268	23091090	零售包装的其他狗食或猫食	
269	23099010	制成的饲料添加剂	
270	25010011	食用盐	
271	25010019	其他盐	
272	27101991	润滑油	
273	28112210	硅胶	
274	28352600	其他磷酸钙	依法不属于普通食品或依法需要注册备案管理的特殊食品除外
275	28363000	碳酸氢钠（小苏打）	依法不属于普通食品或依法需要注册备案管理的特殊食品除外
276	28365000	碳酸钙	依法不属于普通食品或依法需要注册备案管理的特殊食品除外
277	29012990	其他不饱和无环烃	列入《农药进出口管理目录》的商品除外；依法不属于普通食品或依法需要注册备案管理的特殊食品除外
278	29054910	木糖醇	依法不属于普通食品或依法需要注册备案管理的特殊食品除外
279	29161500	油酸、亚油酸或亚麻酸及其盐和酯	依法不属于普通食品或依法需要注册备案管理的特殊食品除外
280	29232000	卵磷脂及其他磷氨基类脂	依法不属于普通食品或依法需要注册备案管理的特殊食品除外
281	29322090	其他内酯	列入《农药进出口管理目录》的商品除外；依法不属于普通食品或依法需要注册备案管理的特殊食品除外

续12

序号	税则号列	中文货品名称	备注
282	29362100	未混合的维生素 A 及其衍生物	依法不属于普通食品或依法需要注册备案管理的特殊食品除外
283	29362200	未混合的维生素 B1 及其衍生物	依法不属于普通食品或依法需要注册备案管理的特殊食品除外
284	29362400	未混合的 D 或 DL-泛酸及其衍生物	依法不属于普通食品或依法需要注册备案管理的特殊食品除外
285	29362600	未混合的维生素 B12 及其衍生物	依法不属于普通食品或依法需要注册备案管理的特殊食品除外
286	29362700	未混合的维生素 C 及其衍生物	依法不属于普通食品或依法需要注册备案管理的特殊食品除外
287	29362800	未混合的维生素 E 及其衍生物	依法不属于普通食品或依法需要注册备案管理的特殊食品除外
288	29362900	其他未混合的维生素及其衍生物	列入《农药进出口管理目录》的商品除外；依法不属于普通食品或依法需要注册备案管理的特殊食品除外
289	29369010	维生素 AD_3 依法不属于普通食品或依法需要注册备案管理的特殊食品除外	
290	29369090	其他维生素原、混合维生素及其衍生物	依法不属于普通食品或依法需要注册备案管理的特殊食品除外
291	29381000	芸香苷及其衍生物	
292	29400090	其他化学纯糖	
293	32030019	其他植物质着色料及以其为基本成分的制品包括染料浸膏（不论是否已有化学定义）；32 章注释三所述的以植物质着色料为基本成分的制品	列入《进出口野生动植物种商品目录》的商品除外
294	32041700	颜料及以其为基本成分的制品（不论是否已有化学定义）	
295	32042000	用作萤光增白剂的有机合成产品（不论是否已有化学定义）	
296	32131000	成套的颜料（艺术家、学生和广告美工用的）	
297	32159010	书写墨水（不论是否固体或浓缩）	
298	32159090	绘图墨水及其他墨类（不论是否固体或浓缩）	
299	33011200	橙油（包括浸膏及净油）	
300	33011300	柠檬油（包括浸膏及净油）	
301	33011990	其他柑桔属果实的精油（包括浸膏及净油）	

续13

序号	税则号列	中文货品名称	备注
302	33012500	其他薄荷油（包括浸膏及净油）	
303	33012920	香茅油（包括浸膏及净油）	
304	33012960	桉叶油（包括浸膏及净油）	
305	33012999	其他非柑桔属果实的精油（包括浸膏及净油）	列入《两用物项和技术进出口许可证管理目录》、《进出口野生动植物种商品目录》的商品除外；首次进口的化妆品除外
306	33013090	其他香膏	列入《进出口野生动植物种商品目录》的商品除外；首次进口的化妆品除外
307	33019010	提取的油树脂	列入《进出口野生动植物种商品目录》的商品除外；依法不属于普通食品或依法需要注册备案管理的特殊食品除外
308	33019090	用花香吸取法或浸渍法制定的含浓缩精油的脂肪、固定油、蜡及类似品；精油脱萜所得的萜烯副产品（柑桔属果实的除外）；精油水溶液及水馏液	首次进口的化妆品除外
309	33030000	香水及花露水	首次进口的化妆品除外
310	33041000	唇用化妆品	列入《进出口野生动植物种商品目录》的商品除外；首次进口的化妆品除外
311	33042000	眼用化妆品	列入《进出口野生动植物种商品目录》的商品除外；首次进口的化妆品除外
312	33043000	指（趾）甲化妆品	首次进口的化妆品除外
313	33049100	香粉，不论是否压紧	首次进口的化妆品除外
314	33049900	其他美容品或化妆品及护肤品	列入《进出口野生动植物种商品目录》的商品除外；首次进口的化妆品除外
315	33051000	洗发剂（香波）	列入《进出口野生动植物种商品目录》的商品除外；首次进口的化妆品除外
316	33052000	烫发剂	首次进口的化妆品除外
317	33053000	定型剂	首次进口的化妆品除外
318	33059000	其他护发品	首次进口的化妆品除外

续14

序号	税则号列	中文货品名称	备注
319	33061010	牙膏	列入《进出口野生动植物种商品目录》的商品除外
320	33061090	其他洁齿品	
321	33062000	牙线	
322	33069000	其他口腔及牙齿清洁剂	
323	33071000	剃须用制剂	首次进口的化妆品除外
324	33072000	人体除臭剂及止汗剂	首次进口的化妆品除外
325	33073000	香浴盐及其他沐浴用制剂	首次进口的化妆品除外
326	33074100	神香及其他通过燃烧散发香气制品	
327	33074900	室内除臭制品	
328	33079000	脱毛剂、其他编号未列名的芳香料制品及化妆盥洗品	首次进口的化妆品除外
329	34011100	盥洗用肥皂及有机表面活性产品，条状、块状或模制形状的，以及用肥皂或洗涤剂浸渍、涂面或包覆的纸、絮胎、毡呢及无纺织物	
330	34011910	洗衣皂	
331	34011990	其他用肥皂及有机表面活性产品，条状、块状或模制形状的，以及用肥皂或洗涤剂浸渍、涂面或包覆的纸、絮胎、毡呢及无纺织物	首次进口的化妆品除外
332	34012000	其他形状的肥皂	首次进口的化妆品除外
333	34013000	洁肤用的有机表面活性产品及制品，液状或膏状并制成零售包装的，不论是否含有肥皂	首次进口的化妆品除外
334	34021100	阴离子型有机表面活性剂	
335	34021200	阳离子型有机表面活性剂	
336	34021900	其他有机表面活性剂	
337	34022010	零售包装的合成洗涤粉	
338	34022090	零售包装有机表面活性剂制品（合成洗涤粉除外）	
339	34029000	非零售包装有机表面活性剂制品、洗涤剂及清洁剂	
340	34039900	润滑剂（不含有石油或从沥青矿物提取的油类）	
341	34049000	其他人造蜡及调制蜡	
342	34051000	鞋靴或皮革用的上光剂及类似制品	
343	34052000	保养木制品的上光剂及类似制品	

续15

序号	税则号列	中文货品名称	备注
344	34054000	擦洗膏、去污粉及类似制品	
345	34059000	玻璃或金属用的光洁剂	
346	34060000	各种蜡烛及类似品	列入《进出口野生动植物种商品目录》的商品除外
347	34070090	塑型用膏	
348	35021100	干的卵清蛋白	
349	35022000	乳白蛋白，包括两种或两种以上的乳清蛋白浓缩物	
350	35029000	其他白蛋白及白蛋白盐及其衍生物	
351	35030010	明胶及其衍生物	
352	35040090	其他税号未列名蛋白质及其衍生物，皮粉	
353	35052000	以淀粉、糊精或其他改性淀粉为基本成分的胶	
354	35061000	适于作胶或粘合剂的产品，零售包装每件净重≤1千克	
355	35069110	以聚酰胺为基本成份的粘合剂	
356	35069190	以其他橡胶或塑料为基本成分的粘合剂	
357	35069900	其他调制胶、粘合剂	
358	35079090	其他酶及未列名的酶制品	
359	37031010	成卷未曝光的感光纸及纸板，宽度>610mm	
360	37032010	未曝光的彩色摄影用感光纸及纸板，非成卷或宽度≤610mm	
361	38029000	活性天然矿产品；动物炭黑（包括废动物炭黑）	列入《进出口野生动植物种商品目录》的商品除外
362	38089119	零售包装杀虫剂	列入《农药进出口管理目录》的商品除外
363	38089210	零售包装的杀菌剂	列入《农药进出口管理目录》的商品除外
364	38089400	消毒剂	兽用消毒剂除外
365	38101000	金属表面酸洗剂；金属及其他材料制成的焊粉或焊膏	
366	38249020	除墨剂、蜡纸改正液及类似品	
367	39173200	其他未装有附件的塑料制管子	
368	39173900	塑料制的其他管子	

续16

序号	税则号列	中文货品名称	备注
369	39181090	氯乙烯聚合物制的铺地制品	
370	39189090	其他塑料制的铺地制品	
371	39191099	其他材料制的，宽度≤20cm的其他成卷塑料胶粘板片等	
372	39199090	其他自粘塑料板、片、膜等材料	
373	39201090	其他乙烯聚合物制板、片、带	
374	39204300	按重量计增塑剂含量不小于6%的聚氯乙烯板、片、膜、箔及扁条	
375	39206200	聚对苯二甲酸乙二酯板片膜箔扁条	
376	39209100	聚乙烯醇缩丁醛板、片、膜、箔及扁条	
377	39209990	其他塑料制的非泡沫塑料板片	
378	39211100	泡沫聚苯乙烯板、片、带、箔及扁条	
379	39211290	泡沫聚氯乙烯板、片、带、箔及扁条	
380	39211390	泡沫聚氨酯板、片、带、箔及扁条	
381	39211990	其他泡沫塑料板、片、膜、箔及扁条	
382	39219090	未列名塑料板、片、膜、箔及扁条	
383	39221000	塑料浴缸、淋浴盘及盥洗盆	
384	39222000	塑料马桶坐圈及盖	列入《进出口野生动植物种商品目录》的商品除外
385	39229000	塑料便盆、抽水箱等类似卫生洁具	
386	39231000	塑料制盒、箱及类似品	
387	39232100	乙烯聚合物制袋及包	
388	39232900	其他塑料制的袋及包	
389	39233000	塑料制坛、瓶及类似品	
390	39235000	塑料制塞子、盖子及类似品	
391	39239000	供运输或包装货物用其他塑料制品	
392	39241000	塑料制餐具及厨房用具	
393	39249000	塑料制其他家庭用具及卫生或盥洗用具	
394	39251000	塑料制囤、柜、罐、桶及类似容器	
395	39261000	办公室或学校用塑料制品	
396	39262011	聚氯乙稀制手套（包括分指手套、连指手套及露指手套）	

续17

序号	税则号列	中文货品名称	备注
397	39262090	其他塑料制衣服及衣着附件	
398	39263000	塑料制家具、车厢及类似品的附件	
399	39264000	塑料制小雕塑品及其他装饰品	
400	39269010	塑料制机器及仪器用零件	
401	39269090	其他塑料制品	
402	40070000	硫化橡胶线及绳	
403	40081100	海绵硫化橡胶制的板、片及带	
404	40081900	海绵硫化橡胶制型材、异型材及杆	
405	40151900	硫化橡胶制其他手套	按医疗器械注册管理的除外
406	40159090	其他硫化橡胶制衣着用品及附件	
407	40161090	硫化海绵橡胶制其他制品	
408	40169200	硫化橡胶制橡皮擦	
409	40169390	硫化橡胶制其他用垫片、垫圈、及其他密封垫	
410	40169500	硫化橡胶制其他可充气制品	
411	40169990	其他未列名硫化橡胶制品	
412	40170020	硬质橡胶制品	
413	42010000	各种材料制成的鞍具及挽具，适合各种动物用	列入《进出口野生动植物种商品目录》的商品除外
414	42021110	以皮革、再生皮革作面的衣箱	列入《进出口野生动植物种商品目录》的商品除外
415	42021190	以皮革、再生皮革作面的箱包	列入《进出口野生动植物种商品目录》的商品除外
416	42021210	以塑料或纺织材料作面的衣箱	
417	42021290	塑料或纺织材料作面的其他箱包	
418	42021900	其他材料制箱包	
419	42022100	以皮革、再生皮革作面的手提包	列入《进出口野生动植物种商品目录》的商品除外
420	42022200	以塑料片或纺织材料作面的手提包	
421	42022900	以钢纸或纸板作面的手提包	
422	42023100	以皮革、再生皮革作面的钱包等物品	列入《进出口野生动植物种商品目录》的商品除外
423	42023200	以塑料或纺织品作面的钱包等物品	

续18

序号	税则号列	中文货品名称	备注
424	42023900	以钢纸或纸板作面的钱包等物品	
425	42029100	皮革、再生皮革作面的其他容器	列入《进出口野生动植物种商品目录》的商品除外
426	42029200	以塑料或纺织材料作面的其他容器	
427	42029900	以钢纸或纸板作面的其他容器	
428	42031000	皮革或再生皮革制的衣服	列入《进出口野生动植物种商品目录》的商品除外
429	42032100	皮革或再生皮革制专供运动用手套	列入《进出口野生动植物种商品目录》的商品除外
430	42032990	皮革或再生皮革制的其他手套	列入《进出口野生动植物种商品目录》的商品除外
431	42033010	皮革或再生皮革制腰带	列入《进出口野生动植物种商品目录》的商品除外
432	42034000	皮革或再生皮革制的其他衣着附件	列入《进出口野生动植物种商品目录》的商品除外
433	42050090	皮革或再生皮革的其他制品	列入《进出口野生动植物种商品目录》的商品除外
434	43031010	毛皮衣服	列入《进出口野生动植物种商品目录》的商品除外
435	43039000	毛皮制其他物品	列入《进出口野生动植物种商品目录》的商品除外
436	43040020	人造毛皮制品	
437	44140090	其他木制的画框、相框、镜框及类似品	列入《进出口野生动植物种商品目录》的商品除外
438	44190091	竹制其他餐具及厨房用具	
439	44190099	其他木制餐具及厨房用具	列入《进出口野生动植物种商品目录》的商品除外
440	44201090	其他木制小雕像及其他装饰品	列入《进出口野生动植物种商品目录》的商品除外
441	44209090	木盒子及类似品；非落地式木家具	列入《进出口野生动植物种商品目录》的商品除外
442	44219021	木制圆签、圆棒、冰果棒、压舌片及类似一次性制品	列入《进出口野生动植物种商品目录》的商品除外
443	44219090	其他未列名的木制品	列入《进出口野生动植物种商品目录》的商品除外

续19

序号	税则号列	中文货品名称	备注
444	45041000	块、板、片及条状压制软木；任何形状的砖、瓦；实心圆柱体，包括原片	
445	46021100	竹编制的篮筐及其他制品	
446	48026200	其他书写、印刷等用未涂布纸及纸板，所含用机械方法制得的纤维超过全部纤维重量的10%，成张的，一边≤435mm、另一边≤297mm（以未折叠计）	
447	48030000	卫生纸、面巾纸、餐巾纸及类似纸	
448	48061000	植物羊皮纸	
449	48114100	自粘的胶粘纸及纸板	
450	48115110	漂白的彩色相纸用双面涂塑厚纸	
451	48115910	绝缘纸及纸板	
452	48115991	镀铝的用塑料涂布、浸渍的其他纸及纸板	
453	48115999	其他用塑料涂布、浸渍的其他纸及纸板	
454	48119000	其他经涂布、浸渍、覆盖的纸及纸板	
455	48142000	用塑料涂面或盖面的壁纸及类似品	
456	48149000	其他壁纸及类似品；窗用透明纸	
457	48171000	信封	
458	48181000	小卷（张）卫生纸	
459	48182000	小卷（张）纸手帕及纸面巾	
460	48183000	小卷（张）纸台布及纸餐巾	
461	48185000	纸制衣服及衣着附件	
462	48189000	纸床单及类似家庭、卫生、医院用品	
463	48192000	非瓦楞纸或纸板制可折叠箱、盒、匣	
464	48194000	其他纸袋	
465	48201000	登记本、帐本、笔记本、定货本、收据本、信笺本、记事本、日记本及类似品	
466	48205000	纸制样品簿及粘贴簿	
467	48209000	其他纸制文具用品，书籍封面	
468	48236990	其他纸或纸板制的盘、碟、盆、杯及类似品	
469	48239090	其他纸及纸制品	
470	49019900	其他书籍、小册子及类似的印刷品	

续20

序号	税则号列	中文货品名称	备注
471	49029000	其他报纸、杂志及期刊	
472	49030000	儿童图画书、绘画或涂色书	
473	49089000	其他转印贴花纸	
474	49090010	印刷或有图画的明信片	
475	49100000	印刷的各种日历，包括日历芯	
476	49111010	无商业价值的广告品及类似印刷品	
477	49119100	印刷的图片、设计图样及照片	
478	54076100	其他纯聚酯非变形长丝布	
479	56012100	棉制的絮胎及其他絮胎制品	
480	56012290	化学纤维制的絮胎及其他絮胎制品	
481	56012900	其他材料制絮胎及其他絮胎制品	
482	56031110	每平方米≤25g 经浸渍化纤长丝无纺织物	
483	56031190	每平方米≤25g 的其他化纤长丝无纺织物	
484	56039190	每平方米≤25g 的其他无纺织物	
485	56039210	25g<每平方米≤70g 浸渍其他无纺织物	
486	56039290	25g<每平方米≤70g 其他无纺织物	
487	56039390	70g<每平方米≤150g 的其他无纺织物	
488	56039490	每平方米>150g 的其他无纺织物	
489	56041000	用纺织材料包覆的橡胶线及绳	
490	56074900	聚乙烯或聚丙烯制线、绳、索、缆	
491	56075000	其他合纤制线、绳、索、缆	
492	56079090	其他纺织材料制线、绳、索、缆	
493	56081900	化纤材料制成的其他网	
494	56090000	用纱线、扁条、绳、索、缆制其他物品	
495	57032000	尼龙簇绒地毯及其他簇绒铺地制品	
496	57050020	化纤制其他地毯及其他铺地制品	
497	57050090	其他纺织材料制其他地毯及铺地制品	
498	58021900	其他棉毛巾织物及类似毛圈机织物	
499	58061090	其他材料狭幅起绒织物及绳绒织物	
500	59112000	筛布	
501	61012000	棉制针织或钩编男式大衣、防风衣	

续21

序号	税则号列	中文货品名称	备注
502	61013000	化纤制针织或钩编男式大衣等	
503	61019090	其他纺织材料制针织或钩编男式大衣、防风衣	
504	61021000	毛制针织或钩编女式大衣、防风衣	
505	61022000	棉制针织或钩编女式大衣、防风衣	
506	61023000	化纤制针织或钩编女式大衣等	
507	61029000	其他纺织材料制针织或钩编女式大衣、防风衣	
508	61031020	合纤制针织或钩编男西服套装	
509	61031090	其他纺织材料制针织或钩编男式西服套装	
510	61032200	棉制针织或钩编男式便服套装	
511	61032300	合纤制针织或钩编男便服套装	
512	61032990	其他纺织材料制针织或钩编男式便服套装	
513	61033100	毛制针织或钩编男式上衣	
514	61033200	棉制针织或钩编男式上衣	
515	61033300	合纤制针织或钩编男式上衣	
516	61033900	其他纺织材料制针织或钩编男式上衣	
517	61034200	棉制针织或钩编男长裤、工装裤等	
518	61034300	合纤制针织或钩编男长裤等	
519	61034900	其他纺织材料制针织或钩编男长裤等	
520	61041300	合纤制针织或钩编女西服套装	
521	61042200	棉制针织或钩编女式便服套装	
522	61042300	合纤制针织或钩编女便服套装	
523	61042990	其他纺织材料制针织或钩编女式便服套装	
524	61043100	毛制针织女式上衣	
525	61043200	棉制针织女式上衣	
526	61043300	合纤制针织女上衣	
527	61043900	其他纺织材料制针织女上衣	
528	61044100	毛制针织或钩编连衣裙	
529	61044200	棉制针织或钩编连衣裙	
530	61044300	合纤制针织或钩编连衣裙	
531	61044400	人纤制针织或钩编连衣裙	
532	61044900	其他纺织材料制针织或钩编连衣裙	

续22

序号	税则号列	中文货品名称	备注
533	61045100	毛制针织或钩编裙子及裙裤	
534	61045200	棉制针织裙子及裙裤	
535	61045300	合纤制针织或钩编裙子及裙裤	
536	61045900	其他纺织材料制针织或钩编裙子及裙裤	
537	61046100	毛制针织或钩编女长裤、工装裤等	
538	61046200	棉制针织或钩编女长裤、工装裤等	
539	61046300	合纤制针织或钩编女长裤等	
540	61046900	其他纺织材料制针织或钩编女长裤等	
541	61051000	棉制针织或钩编男衬衫	
542	61052000	化纤制针织或钩编男衬衫	
543	61059000	其他纺织材料制针织或钩编男衬衫	
544	61061000	棉制针织或钩编女衬衫	
545	61062000	化纤制针织或钩编女衬衫	
546	61069000	其他纺织材料制针织或钩编女衬衫	
547	61071100	棉制针织或钩编男内裤及三角裤	
548	61071200	化纤制针织或钩编男内裤及三角裤	
549	61079100	棉制针织或钩编男浴衣、晨衣	
550	61082100	棉制针织或钩编女三角裤及短衬裤	
551	61082200	化纤制针织或钩编女三角裤及短衬裤	
552	61082910	丝及绢丝制针织或钩编女三角裤及短衬裤	
553	61083100	棉制针织或钩编女睡衣及睡衣裤	
554	61083200	化纤制针织或钩编女睡衣及睡衣裤	
555	61089100	棉制针织或钩编女浴衣、晨衣	
556	61089200	化纤制针织或钩编女浴衣、晨衣	
557	61091000	棉制针织或钩编T恤衫、汗衫等	
558	61099010	丝及绢丝制针织或钩编T恤衫、汗衫等	
559	61099090	其他纺织材料制针织或钩编T恤衫、汗衫等	
560	61101100	羊毛制针织或钩编套头衫等	
561	61101200	喀什米尔山羊细毛制针织或钩编套头衫等	
562	61101910	其他山羊细毛制针织或钩编套头衫等	
563	61101990	其他毛制针织或钩编套头衫等	

续23

序号	税则号列	中文货品名称	备注
564	61102000	棉制针织或钩编套头衫等	
565	61103000	化纤制针织或钩编套头衫等	
566	61109010	丝及绢丝制针织或钩编套头衫等	
567	61109090	其他纺织材料制针织或钩编套头衫等	
568	61112000	棉制针织或钩编婴儿服装及附件	
569	61113000	合纤制针织婴儿服装及附件	
570	61119010	毛制针织或钩编婴儿服装及附件	
571	61119090	其他纺织材料制针织或钩编婴儿服装及附件	
572	61121100	棉制针织或钩编运动服	
573	61121200	合纤制针织或钩编运动服	
574	61121900	其他纺织材料制针织或钩编运动服	
575	61123100	合纤制针织或钩编男式游泳服	
576	61124100	合纤制针织或钩编女式游泳服	
577	61130000	涂层经处理针织或钩编织物制服装	
578	61142000	棉制针织或钩编的其他服装	
579	61143000	化纤制针织或钩编的其他服装	
580	61151000	渐紧压袜类连裤袜	
581	61152100	单丝<67 分特合纤制连裤袜等	
582	61152200	单丝≥67 分特合纤制连裤袜等	
583	61152910	棉制针织或钩编连裤袜及紧身裤袜	
584	61152990	其他纺织材料制针织连裤袜及紧身裤袜	
585	61153000	单丝<67 分特制针织或钩编女统袜	
586	61159400	毛制针织或钩编短袜及其他袜类	
587	61159500	棉制针织或钩编短袜及其他袜类	
588	61159600	合纤制针织或钩编短袜及其他袜类	
589	61159900	其他纺织材料制针织或钩编短袜及其他袜类	
590	61161000	塑料或橡胶浸渍的针织或钩织手套	
591	61169100	毛制其他针织或钩编手套	
592	61169200	棉制其他针织或钩编手套	
593	61169300	合纤制其他针织或钩编手套	
594	61169900	其他纺织材料制针织或钩编手套	

续24

序号	税则号列	中文货品名称	备注
595	61171011	山羊绒制披巾、头巾、围巾、披纱、面纱及类似品	
596	61171019	其他动物细毛制披巾、头巾、围巾、披纱、面纱及类似品	
597	61171020	羊毛制披巾、头巾、围巾、披纱、面纱及类似品	
598	61171090	其他制的披巾、头巾、围巾、披纱、面纱及类似品	
599	61178010	针织或钩编领带及领结	
600	61178090	针织或钩编其他衣着附件	
601	61179000	其他针织或钩编衣着零件	
602	62011100	毛制男式大衣、斗篷及类似品	
603	62011210	棉制男式羽绒服	
604	62011290	棉制男式大衣、斗篷及类似品	
605	62011310	化纤制男式羽绒服	
606	62011390	化纤制男式大衣、斗篷及类似品	
607	62011900	其他纺织材料制男式大衣、斗篷及类似品	
608	62019100	毛制男式带风帽防寒短上衣、防风衣	
609	62019290	棉制男式带风帽防寒短上衣、防风衣	
610	62019310	化纤制男式其他羽绒服	
611	62019390	化纤制男式防寒短上衣、防风衣	
612	62019900	其他纺织材料制男式防寒短上衣、防风衣	
613	62021100	毛制女式大衣、斗篷及类似品等	
614	62021290	棉制女式大衣、斗篷及类似品等	
615	62021310	化纤制女式羽绒服	
616	62021390	化纤制女式大衣、斗篷及类似品	
617	62021900	其他纺织材料制女式大衣、斗篷及类似品	
618	62029100	毛制女式带风帽防寒短上衣、防风衣	
619	62029290	棉制女式带风帽防寒短上衣、防风衣	
620	62029310	化纤制女式其他羽绒服	
621	62029390	化纤制女式防风衣等	
622	62029900	其他纺织材料制防风衣、防风短上衣等	
623	62031100	毛制男式西服套装	

续25

序号	税则号列	中文货品名称	备注
624	62032200	棉制男式便服套装	
625	62032300	合纤制男式便服套装	
626	62033100	毛制男式上衣	
627	62033200	棉制男式上衣	
628	62033300	合纤制男式上衣	
629	62033910	丝及绢丝制男式上衣	
630	62033990	其他纺织材料制男式上衣	
631	62034100	毛制男式长裤、工装裤等	
632	62034290	棉制男式长裤、工装裤等	
633	62034390	合纤制男式长裤、工装裤等	
634	62034990	其他纺织材料制男童裤、工装裤	
635	62041200	棉制女式西服套装	
636	62041300	合纤制女式西服套装	
637	62042200	棉制女式便服套装	
638	62042300	合纤制女式便服套装	
639	62042990	其他纺织材料制女式便服套装	
640	62043100	毛制女式上衣	
641	62043200	棉制女式上衣	
642	62043300	合纤制女式上衣	
643	62043910	丝及绢丝制女式上衣	
644	62043990	其他纺织材料制女式上衣	
645	62044100	毛制连衣裙	
646	62044200	棉制连衣裙	
647	62044300	合纤制女式连衣裙	
648	62044400	人纤制女式连衣裙	
649	62044910	丝及绢丝制连衣裙	
650	62044990	其他纺织材料制连衣裙	
651	62045100	毛制裙子及裙裤	
652	62045200	棉制裙子及裙裤	
653	62045300	合纤制裙子及裙裤	
654	62045910	丝及绢丝制裙子及裙裤	

续26

序号	税则号列	中文货品名称	备注
655	62045990	其他纺织材料制裙子及裙裤	
656	62046100	毛制女式长裤、工装裤等	
657	62046200	棉制女式长裤、工装裤等	
658	62046300	合纤制女式长裤、工装裤等	
659	62046900	其他纺织材料制女式长裤、工装裤等	
660	62052000	棉制男衬衫	
661	62053000	化纤制男衬衫	
662	62059010	丝及绢丝制男衬衫	
663	62059020	毛制男衬衫	
664	62059090	其他纺织材料制男衬衫	
665	62061000	丝及绢丝制女式衬衫	
666	62062000	毛制女衬衫	
667	62063000	棉制女衬衫	
668	62064000	化纤制女衬衫	
669	62069000	其他纺织材料制女衬衫	
670	62071100	棉制男式内裤及三角裤	
671	62071920	化纤制男式内裤及三角裤	
672	62071990	其他纺织材料制男式内裤及三角裤	
673	62072100	棉制男式长睡衣及睡衣裤	
674	62072910	丝及绢丝制男式长睡衣及睡衣裤	
675	62079100	棉制男式浴衣、晨衣及类似品	
676	62079910	丝及绢丝制男浴衣、晨衣及类似品	
677	62082100	棉制女式睡衣及睡衣裤	
678	62082200	化纤制女式睡衣及睡衣裤	
679	62089100	棉制女式背心、内衣、浴衣及类似品	
680	62089200	化纤制女式背心、内衣及类似品	
681	62089910	丝制女式背心、内衣及类似品	
682	62089990	其他纺织材料制女式背心、内衣及类似	
683	62092000	棉制婴儿服装及衣着附件	
684	62093000	合纤制婴儿服装及衣着附件	
685	62099010	毛制婴儿服装及衣着附件	

续27

序号	税则号列	中文货品名称	备注
686	62099090	其他纺织材料制婴儿服装及衣着附件	
687	62101020	棉或麻制毡呢或无纺织物服装	
688	62101030	化纤制毡呢或无纺织物服装	
689	62105000	用塑料、橡胶等处理的织物制的其他女式服装	
690	62113220	棉制男式运动服	
691	62113290	棉制其他男式服装	
692	62113320	化纤制男式运动服	
693	62113390	化纤制其他男式服装	
694	62113990	其他纺织材料制男式运动服及其他服装	
695	62114210	棉制女式运动服	
696	62114290	棉制其他女式服装	
697	62114310	化纤制女式运动服	
698	62114390	化纤制其他女式服装	
699	62114910	丝及绢丝制女式运动服及其他服装	
700	62114990	其他纺织材料制女式运动服及其他服装	
701	62121010	化纤制胸罩	
702	62121090	其他纺织材料制胸罩	
703	62122010	化纤制束腰带及腹带	
704	62122090	其他纺织材料制束腰带及腹带	
705	62123010	化纤制紧身胸衣	
706	62123090	其他纺织材料制紧身胸衣	
707	62129010	化纤制吊裤带、吊袜带等	
708	62132090	其他棉制手帕	
709	62141000	丝制披巾、头巾、围巾及类似品	
710	62142010	羊毛制披巾、领巾、围巾、披纱、面纱及类似品	
711	62142020	山羊绒制披巾、领巾、围巾、披纱、面纱及类似品	
712	62142090	其他动物细毛制披巾、领巾、围巾、披纱、面纱及类似品	
713	62143000	合纤制披巾、头巾及类似品	
714	62144000	人纤制披巾、头巾及类似品	
715	62149000	其他纺织材料制披巾、头巾及类似品	

续28

序号	税则号列	中文货品名称	备注
716	62151000	丝及绢丝制领带及领结	
717	62159000	其他纺织材料制领带及领结	
718	62160000	非针织非钩编手套	
719	62171010	非针织非钩编袜子及袜套	
720	62171090	非针织非钩编服装或衣着附件	
721	62179000	非针织非钩编服装或衣着零件	
722	63011000	电暖毯	
723	63012000	毛制毯子及旅行毯	
724	63013000	棉制毯子及旅行毯	
725	63014000	合纤制毯子及旅行毯	
726	63019000	其他纺织材料制毯子及旅行毯	
727	63022190	棉制印花床上用织物制品	
728	63023110	棉制刺绣其他床上用织物制品	
729	63023199	棉制其他床上用织物制品	
730	63023290	化纤制其他床上用织物制品	
731	63023929	麻制其他床上用织物制品	
732	63025190	棉制其他餐桌用织物制品	
733	63026010	棉制浴巾	
734	63026090	棉制盥洗及厨房用毛巾织物	
735	63029100	棉制其他盥洗及厨房织物制品	
736	63029300	化纤制其他盥洗及厨房织物制品	
737	63029910	亚麻制其他盥洗及厨房织物制品	
738	63029990	其他材料制其他盥洗及厨房织物	
739	63041121	手工针织床罩	
740	63049121	手工针织的其他装饰制品	
741	63049129	非手工针织的其他装饰制品	
742	63049990	其他纺织材料制非针织非钩编装饰制品	
743	63071000	擦地布、擦碗布等	
744	63072000	救生衣及安全带	
745	63079000	其他纺织材料制成品	
746	63080000	零售包装成套物品	

续29

序号	税则号列	中文货品名称	备注
747	64019210	橡胶制鞋面的橡胶、塑料底及面的中、短统防水靴	
748	64021900	橡胶、塑料制底及面的其他运动靴	列入《进出口野生动植物种商品目录》的商品除外
749	64022000	橡胶、塑料的将鞋面条带栓塞在鞋底上的鞋	
750	64029100	其他橡胶、塑料短统靴（过踝）	
751	64029910	橡胶制鞋面的其他橡胶、塑料鞋靴	
752	64029921	以机织物或其他纺织材料作衬底的	
753	64029929	塑料制鞋面的其他橡胶、塑料鞋靴	
754	64031200	皮革制鞋面的滑雪靴	列入《进出口野生动植物种商品目录》的商品除外
755	64031900	皮革制鞋面的其他运动鞋靴	列入《进出口野生动植物种商品目录》的商品除外
756	64032000	皮革条带为鞋面的皮底鞋	列入《进出口野生动植物种商品目录》的商品除外
757	64035111	低于小腿的内底长度<24cm 的皮革制外底皮革面的短统靴（过踝）	列入《进出口野生动植物种商品目录》的商品除外
758	64035119	低于小腿的内底长度≥24cm 的皮革制外底皮革面的短统靴（过踝）	列入《进出口野生动植物种商品目录》的商品除外
759	64035191	其他内底长度<24cm 的皮革制外底的皮革面短统靴（过踝）	列入《进出口野生动植物种商品目录》的商品除外
760	64035900	皮革制外底的皮革面其他鞋靴	列入《进出口野生动植物种商品目录》的商品除外
761	64039111	其他低于小腿的内底长度<24cm 的皮革面的短统靴（过踝）	列入《进出口野生动植物种商品目录》的商品除外
762	64039119	其他低于小腿的内底长度≥24cm 的皮革面的短统靴（过踝）	列入《进出口野生动植物种商品目录》的商品除外
763	64039191	其他内底长度<24cm 的皮革面短统靴（过踝）	列入《进出口野生动植物种商品目录》的商品除外
764	64039199	其他内底长度≥24cm 的皮革面短统靴（过踝）	列入《进出口野生动植物种商品目录》的商品除外
765	64039900	皮革制面的其他鞋靴	列入《进出口野生动植物种商品目录》的商品除外
766	64041100	纺织材料制鞋面的运动鞋靴	
767	64041910	橡胶或塑料制外底的拖鞋	

续30

序号	税则号列	中文货品名称	备注
768	64041990	纺织材料制鞋面胶底的其他鞋靴	
769	64042010	皮革或再生皮革制外底的拖鞋	
770	64042090	纺织材料制鞋面皮革底的其他鞋靴	
771	64051010	橡胶、塑料、皮革及再生皮革制外底的皮革或再生皮革制面的其他鞋靴	
772	64051090	其他材料制外底的皮革或再生皮革制面的其他鞋靴	列入《进出口野生动植物种商品目录》的商品除外
773	64052000	纺织材料制面的其他鞋靴	
774	64059010	橡胶、塑料、皮革及再生皮革制外底的其他材料制面的鞋靴	
775	64059090	其他材料制外底的其他材料制面的鞋靴	
776	64061000	鞋面及其零件，硬衬除外	列入《进出口野生动植物种商品目录》的商品除外
777	64069092	护腿、裹腿和类似品及其零件	
778	65050020	钩编的帽类	
779	65050091	成品毡呢帽类	
780	65050099	针织或成匹织物制成的帽类	
781	65061000	安全帽	
782	65069100	橡胶或塑料制帽类	
783	65069920	毛皮制帽类	列入《进出口野生动植物种商品目录》的商品除外
784	65069990	其他材料制的未列名帽类	
785	66011000	庭园用伞及类似品	
786	66019100	折叠伞	
787	66019900	其他伞	
788	67041900	合成纺织材料制其他假发、须等	
789	67049000	其他材料制假发、须眉及类似品	
790	68029990	其他石及制品	
791	68043010	手用琢磨油石	
792	68043090	手用其他磨石及抛光石	
793	68052000	砂纸	
794	68069000	其他矿物材料的混合物及制品	

续31

序号	税则号列	中文货品名称	备注
795	68109990	水泥、混凝土或人造石制其他制品	
796	69109000	陶制脸盆、浴缸及类似卫生器具	
797	69111011	骨瓷餐具	
798	69111019	其他餐具	
799	69111021	刀具	
800	69111029	其他厨房器具	
801	69119000	其他家用或盥洗用瓷器	
802	69120010	陶餐具	
803	69120090	陶制厨房器具	
804	69131000	瓷塑像及其他装饰用瓷制品	
805	69141000	其他瓷制品	
806	69149000	其他陶制品	
807	70099100	其他未镶框玻璃镜（包括后视镜）	
808	70099200	其他镶框玻璃镜（包括后视镜）	
809	70101000	玻璃安瓿	
810	70102000	玻璃制的塞、盖及类似封口器	
811	70109010	装运货物或保藏用的玻璃大容器	
812	70109020	装运货物或保藏用的玻璃中容器	
813	70109030	装运货物或保藏用的玻璃小容器	
814	70109090	装运货物或保藏用的玻璃特小容器	
815	70131000	玻璃陶瓷制玻璃器皿	
816	70132200	铅晶质高脚杯	
817	70132800	其他高脚杯	
818	70133300	其他铅晶质玻璃杯	
819	70133700	其他玻璃杯	
820	70134100	铅晶质玻璃制餐桌、厨房用器皿	
821	70134200	低膨胀系数玻璃制餐桌厨房用器皿	
822	70134900	其他玻璃制餐桌、厨房用器皿	
823	70139900	其他玻璃器皿	
824	70181000	玻璃珠、仿珍珠及类似小件玻璃品	
825	70189000	玻璃假眼；灯工方法制的玻璃塑像及玻璃饰品	

续32

序号	税则号列	中文货品名称	备注
826	70200099	其他非工业用玻璃制品	
827	71131110	镶嵌钻石的银首饰及其零件	
828	71131190	其他银首饰及其零件	列入《进出口野生动植物种商品目录》的商品除外
829	71131921	镶嵌钻石的铂制首饰及其零件	
830	71131991	镶嵌钻石的其他贵金属制首饰及其零件	
831	71131999	其他贵金属制首饰及其零件	列入《进出口野生动植物种商品目录》的商品除外
832	71132090	其他以贱金属为底的包贵金属制首饰	列入《进出口野生动植物种商品目录》的商品除外
833	71161000	天然或养殖珍珠制品	
834	71162000	宝石或半宝石制品	
835	71171100	贱金属制袖扣、饰扣	
836	71171900	其他贱金属制仿首饰	
837	71179000	未列名材料制仿首饰	
838	73194090	其他别针	
839	73199000	未列名钢铁制针及类似品	
840	73211100	可使用气体燃料的家用炉灶	国家禁止、限制进口的旧机电产品除外
841	73211900	其他炊事用具及加热板	
842	73219000	非电热家用器具零件	
843	73231000	钢铁丝绒、擦锅器、洗擦用块垫等	
844	73239100	餐桌、厨房等家用铸铁制器具	
845	73239200	餐桌、厨房等家用铸铁制搪瓷器	
846	73239300	餐桌、厨房等家用不锈钢器具	
847	73239420	钢铁制搪瓷烧锅	
848	73239490	其他餐桌、厨房等家用钢铁制搪瓷器	
849	73239900	其他餐桌、厨房等用钢铁器具	
850	73241000	不锈钢制洗涤槽及脸盆	
851	73249000	其他钢铁制卫生器具及零件	
852	73259990	非工业用未列名可锻性铸铁制品	
853	73269090	其他非工业用钢铁制品	

续33

序号	税则号列	中文货品名称	备注
854	74182000	铜制卫生器具及其零件	
855	74191000	铜链条及其零件	
856	74199999	非工业用其他铜制品	
857	76071190	轧制后未进一步加工的无衬背铝箔	
858	76071900	其他无衬背铝箔	
859	76072000	有衬背铝箔	
860	76151090	餐桌厨房等家用铝制器具及其零件	
861	76152000	铝制卫生器具及其零件	
862	76169990	其他非工业用铝制品	
863	82015000	修枝剪等单手操作农用剪	
864	82032000	钳子、镊子及类似工具	
865	82041100	固定式的手动扳手及板钳	
866	82052000	手工锤子	
867	82055100	其他家用手工工具	
868	82055900	其他手工工具	
869	82083000	厨房或食品加工机器用刀及刀片	
870	82100000	加工调制食品、饮料用手动机械	
871	82111000	以刀为主的成套货品	
872	82119100	刃面固定的餐刀	
873	82119200	刃面固定的其他刀	
874	82119300	可换刃面刀	
875	82119400	税号 82. 11 所列刀的刀片	
876	82121000	剃刀	
877	82122000	安全剃刀片	
878	82130000	剪刀、裁缝剪刀及类似品、剪刀片	
879	82141000	裁纸刀、信刀、铅笔刀及刀片	
880	82142000	修指甲及修脚用具（包括指甲锉）	
881	82149000	理发推子、切菜刀等其他利口器	
882	82152000	成套的其他厨房或餐桌用具	
883	82159100	非成套镀贵金属制厨房或餐桌用具	
884	82159900	其他非成套的厨房或餐桌用具	

续34

序号	税则号列	中文货品名称	备注
885	83014000	其他锁	
886	83024100	建筑用贱金属配件及架座	
887	83024200	家具用贱金属配件及架座	
888	83025000	帽架、帽钩、托架及类似品	
889	83059000	信夹、信角、文件夹等办公用品	
890	83062100	镀贵金属的雕塑像及其他装饰品	
891	83062990	其他雕塑像及其他装饰品	
892	83063000	相框、画框及类似框架、镜子	
893	83081000	贱金属制钩、环及眼	
894	83089000	贱金属制珠子及亮晶片	
895	83099000	盖子瓶帽螺口塞封志等包装用配件	
896	83100000	标志牌、铭牌、号码、字母等标志	
897	84132000	手泵	
898	84135010	气动式往复式排液泵	
899	84135020	电动式往复式排液泵	
900	84138100	其他液体泵	
901	84142000	手动或脚踏式空气泵	
902	84145990	其他扇，风机	
903	84146010	抽油烟机	
904	84181010	容积>500L 冷藏–冷冻组合机	
905	84181020	200L<容积≤500L 冷藏冷冻组合机	
906	84182120	50L<容积≤150L 压缩式家用型冷藏箱	
907	84198100	加工热饮料、烹调、加热食品的机器	
908	84199010	热水器用零件	
909	84199090	税号 84.19 的其他机器设备用零件	
910	84211990	其他离心机	
911	84212110	家用型过滤或净化水的机器及装置	
912	84212990	其他液体的过滤、净化机器及装置	
913	84213910	家用型气体过滤、净化机器及装置	
914	84213990	其他气体的过滤、净化机器及装置	
915	84219910	家用型过滤、净化装置用零件	

续35

序号	税则号列	中文货品名称	备注
916	84219990	其他过滤、净化装置用零件	
917	84224000	其他包装或打包机器	
918	84231000	体重计、婴儿秤及家用秤	
919	84248910	家用型喷射、喷雾机械器具	
920	84341000	挤奶机	
921	84342000	乳品加工机器	
922	84351000	制酒、果汁等的压榨、轧碎机	
923	84381000	糕点、通心粉、面条的生产加工机器	
924	84386000	水果、坚果或蔬菜加工机器	
925	84433110	静电感光式多功能机	密码产品和含有密码技术的设备除外
926	84433190	其他多功能机	密码产品和含有密码技术的设备除外
927	84433212	激光打印机	
928	84433213	喷墨打印机	
929	84433219	其他打印机	
930	84433229	可以网络连接的其他数字印刷设备	
931	84433290	其他可与网络连接的传真机或打字机	密码产品和含有密码技术的设备除外
932	84439990	其他打印机、复印机、传真机用零件	
933	84501120	干衣量≤10kg的滚筒式全自动洗衣机	
934	84502012	滚筒式洗衣机	
935	84672910	电动砂磨工具	
936	84701000	电子计算器及袖珍式数据录放机器	
937	84713010	平板电脑	
938	84713090	其他重量不超过10公斤的便携数字式自动数据处理设备，至少由一个中央处理部件、一个键盘及一个显示器组成自动数据处理设备及其部件	
939	84715040	微型机的处理部件	
940	84716050	扫描仪	
941	84716071	键盘	
942	84716072	鼠标器	

续36

序号	税则号列	中文货品名称	备注
943	84716090	自动处理设备的其他输入或输出部件	
944	84717010	硬盘驱动器	
945	84717090	自动数据处理设备的其他存储部件	
946	84719000	未列名的磁性或光学阅读器及其他数据处理设备	
947	84729030	碎纸机	
948	84798920	空气增湿器及减湿器	
949	84798999	本章其他税号未列名机器及机械器具	国家禁止、限制进口的旧机电产品除外
950	84818040	其他阀门	
951	84818090	未列名龙头、旋塞及类似装置	
952	84819090	龙头、旋塞及类似装置的零件	
953	85011010	输出功率≤37.5W 玩具电动机	
954	85044019	其他稳压电源	
955	85044099	其他未列名静止式变流器	
956	85049090	其他静止式变流器及电感器零件	
957	85051190	其他金属的永磁体及磁化后准备制永磁体的物品	
958	85051900	非金属永磁体	
959	85059090	电磁夹具等及税号 85.02 的零件	
960	85069090	其他原电池组或原电池组的零件	
961	85073000	镍镉蓄电池	
962	85081100	功率不超过 1 500 瓦，且带有容积不超过 20 升的电动真空吸尘器	
963	85081900	其他电动真空吸尘器	
964	85087010	税号 8508.1100 所列电动真空吸尘器用零件	
965	85094010	水果或蔬菜榨汁机	
966	85094090	食品研磨机及搅拌器或果、菜榨汁器	
967	85098090	其他家用电动器具	
968	85099000	家用电动器具的零件	
969	85101000	电动剃须刀	
970	85102000	电动毛发推剪	
971	85103000	电动脱毛器	

续37

序号	税则号列	中文货品名称	备注
972	85161010	储存式电热水器	
973	85161020	即热式电热水器	
974	85161090	其他电热的快速热水器、浸入式液体加热器	
975	85162931	风扇式对流式空间加热器	
976	85163100	电吹风机	
977	85163200	其他电热理发器具	
978	85165000	微波炉	
979	85166030	电饭锅	
980	85166040	电炒锅	
981	85166050	电烤箱	
982	85166090	其他电热炉	
983	85167110	滴液式咖啡机	
984	85167120	蒸馏渗滤式咖啡机	
985	85167130	泵压式咖啡机	
986	85167190	其他电热咖啡机或茶壶	
987	85167210	家用自动面包机	
988	85167220	片式烤面包机（多士炉）	
989	85167910	电热饮水机	
990	85167990	其他电热器具	
991	85168000	加热电阻器	
992	85169090	税号 85.16 所列货品的其他零件	
993	85171210	手持（包括车载）式无线电话机	
994	85171220	对讲机	
995	85171290	用于蜂窝网络或无线网络的其他电话机	
996	85176294	无线耳机	
997	85176299	其他接收、转换并且发送或再生声音、图像或数据用的设备	
998	85182100	单喇叭音箱	
999	85182200	多喇叭音箱	

续38

序号	税则号列	中文货品名称	备注
1000	85182900	其他扬声器	
1001	85183000	其他耳机、耳塞机	
1002	85184000	音频扩大器	
1003	85189000	税号 85.18 所列货品的零件	
1004	85198990	其他声音录制或重放设备	国家禁止、限制进口的旧机电产品除外
1005	85232110	未录制的磁条卡	
1006	85235110	未录制信息的闪速存储器	
1007	85235120	已录制信息的闪速存储器	
1008	85235210	未录制内容的“智能卡”	
1009	85258022	非特种用途的单反数字照相机	
1010	85258029	非特种用途的其他数字照相机	
1011	85258033	非特种用途的家用视频摄录一体机	
1012	85258039	非特种用途的其他视频摄录一体机	
1013	85269110	机动车辆用	
1014	85269200	无线电遥控设备	
1015	85271300	不需外接电源收录（放）音组合机	
1016	85285110	计算机及其他自动数据处理设备用的液晶显示器	
1017	85437099	未列名的电气设备及装置	列入《自动进口许可管理货物目录》的商品、密码产品和含有密码技术的设备除外
1018	85439090	85 章其他未列名电气设备的零件	
1019	87120030	山地自行车	国家禁止、限制进口的旧机电产品除外
1020	87120081	≤16 英寸的未列名自行车	国家禁止、限制进口的旧机电产品除外
1021	87150000	婴孩车及其零件	
1022	90021131	单反相机镜头	
1023	90031100	塑料制眼镜架	
1024	90031910	金属材料制眼镜架	
1025	90031920	天然材料制眼镜架	列入《进出口野生动植物种商品目录》的商品除外
1026	90031990	其他眼镜架	

续39

序号	税则号列	中文货品名称	备注
1027	90039000	眼镜架零件	
1028	90041000	太阳镜	
1029	90049090	其他眼镜	
1030	90069199	其他照相机的其他零附件	
1031	90085039	其他影像投影仪	
1032	90138090	其他液晶装置及光学仪器	
1033	90173000	千分尺、卡尺及量规	
1034	90191010	按摩器具	
1035	90200000	其他呼吸器具及防毒面具	按医疗器械注册管理的除外
1036	90251100	可直接读数的液体温度计	按医疗器械注册管理的除外
1037	90251990	非液体的其他温度计、高温计	按医疗器械注册管理的除外
1038	90258000	其他温度计、比重计、湿度计等仪器	
1039	90259000	比重计、温度计等类似仪器的零件	
1040	90291090	产量计数器、步数计及类似仪表	
1041	91011100	机械指示式的贵金属电子手表	
1042	91011990	其他贵金属电子手表	
1043	91012100	自动上弦的贵金属机械手表	列入《进出口野生动植物种商品目录》的商品除外
1044	91021100	机械指示式的其他电子手表	
1045	91021200	光电显示式的其他电子手表	
1046	91021900	其他电子手表	
1047	91022100	其他自动上弦的机械手表	列入《进出口野生动植物种商品目录》的商品除外
1048	91022900	其他非自动上弦的机械手表	列入《进出口野生动植物种商品目录》的商品除外
1049	91029100	电力驱动的电子怀表及其他电子表	
1050	91029900	其他机械怀表、秒表及其他表	
1051	91031000	以表芯装成的电子钟	
1052	91039000	以表芯装成的机械钟	
1053	91051100	电子闹钟	
1054	91052100	电子挂钟	
1055	91059900	其他机械钟	

续40

序号	税则号列	中文货品名称	备注
1056	91069000	其他时间记录器及其他类似装置	
1057	92079000	其他通过电产生或扩大声音的乐器	
1058	92099990	本章其他编号未列名的乐器零件	
1059	93070090	其他剑、短弯刀、刺刀、长矛和类似的武器及其零件；其他刀鞘、剑鞘	列入《进出口野生动植物种商品目录》的商品除外
1060	94012090	机动车辆用坐具	
1061	94016900	其他木框架的坐具	列入《进出口野生动植物种商品目录》的商品除外
1062	94017190	带软垫的金属框架的坐具	
1063	94017900	其他金属框架的坐具	
1064	94018090	其他坐具	列入《进出口野生动植物种商品目录》的商品除外
1065	94019019	机动车辆用坐具的其他零件	
1066	94032000	其他金属家具	
1067	94037000	塑料家具	
1068	94038990	其他材料制的家具	
1069	94039000	税号 94.03 所列物品的零件	
1070	94042100	海绵橡胶或泡沫塑料制褥垫	
1071	94042900	其他材料制褥垫	
1072	94043090	其他睡袋	
1073	94049010	羽绒或羽毛填充的寝具及类似品	列入《进出口野生动植物种商品目录》的商品除外
1074	94049020	兽毛填充的寝具及类似品	列入《进出口野生动植物种商品目录》的商品除外
1075	94049030	丝棉填充的寝具及类似品	
1076	94049040	化纤棉填充的寝具及类似品	
1077	94049090	其他材料制的寝具及类似品	
1078	94051000	枝形吊灯	
1079	94052000	电气台灯、床头灯、落地灯	列入《进出口野生动植物种商品目录》的商品除外
1080	94054010	探照灯	
1081	94054090	其他电灯及照明装置	
1082	95030010	供儿童乘骑的带轮玩具及玩偶车	

续41

序号	税则号列	中文货品名称	备注
1083	95030021	玩具动物	
1084	95030029	其他玩偶	
1085	95030039	其他缩小（按比例缩小）的全套模型组件	
1086	95030040	其他建筑套件及建筑玩具	
1087	95030050	玩具乐器	
1088	95030060	智力玩具	
1089	95030081	组装成套的其他玩具	
1090	95030082	其他带动力装置的玩具及模型	
1091	95030089	其他未列名玩具	
1092	95030090	玩具的零件	
1093	95051000	圣诞节用品	
1094	95059000	其他节日用品或娱乐用品	
1095	95062900	其他水上运动用具	
1096	95063200	高尔夫球	
1097	95066210	篮球、足球、排球	
1098	95066900	其他球	
1099	95067010	溜冰鞋	
1100	95069120	滑板	
1101	95069190	一般的体育活动、体操或竞技用品	
1102	95069900	其他未列名的95章用品及设备	
1103	95071000	钓鱼竿	
1104	95072000	钓鱼钩	
1105	95073000	钓线轮	
1106	95079000	其他钓鱼用品	
1107	96011000	已加工的兽牙及其制品	列入《进出口野生动植物种商品目录》的商品除外
1108	96020010	装药用胶囊	
1109	96031000	用枝条或其他植物材料捆扎成的帚	
1110	96032100	牙刷，包括齿板刷	

续42

序号	税则号列	中文货品名称	备注
1111	96032900	剃须刷、发刷、睫毛刷等人体化妆用刷	列入《进出口野生动植物种商品目录》的商品除外
1112	96033090	化妆用的类似笔	列入《进出口野生动植物种商品目录》的商品除外
1113	96034019	其他材料制漆刷及类似刷	
1114	96035091	作为机器、器具零件的其他刷	列入《进出口野生动植物种商品目录》的商品除外
1115	96039090	其他帚、刷、拖把及其他毛掸	列入《进出口野生动植物种商品目录》的商品除外
1116	96050000	个人梳妆、缝纫等用成套旅行用品	
1117	96081000	圆珠笔	
1118	96082000	毡尖和其他渗水式笔尖笔及唛头笔	
1119	96083020	自来水笔	
1120	96083090	其他钢笔	
1121	96084000	活动铅笔	
1122	96085000	含有≥两种笔的成套货品	
1123	96086000	圆珠笔芯	
1124	96089990	其他笔零件	
1125	96091010	铅笔	
1126	96091020	颜色铅笔	
1127	96092000	铅笔芯，黑的或其他颜色的	
1128	96099000	蜡笔、图画碳笔、书写或绘画用粉笔	
1129	96100000	具有书写或绘画面的石板、黑板	
1130	96131000	一次性袖珍气体打火机	
1131	96132000	可充气袖珍气体打火机	
1132	96151100	硬质橡胶或塑料制梳子、发夹及类似品	
1133	96151900	其他材料制梳子、发夹及类似品	列入《进出口野生动植物种商品目录》的商品除外
1134	96159000	其他发夹、卷发器等及其零件	
1135	96161000	香水喷雾器或类似的化妆用喷雾器	
1136	96162000	施敷脂粉或化妆品用粉扑及粉拍	

续43

序号	税则号列	中文货品名称	备注
1137	96170011	玻璃内胆制保温瓶	
1138	96170019	其他保温瓶	
1139	96170090	其他真空容器及零件	
1140	96190010	尿布及尿裤	
1141	96190020	卫生巾（护垫）及止血塞	
1142	96190090	任何材料制的卫生巾或尿布的类似品	

备注：上述商品免于向海关提交许可证件，检验检疫监督管理按照国家相关法律法规的规定执行；直购商品免于验核通关单，网购保税进口商品“一线”进区时需按货物验核通关单、“二线”出区时免于验核通关单。

文件四

财政部、发展改革委、工业和信息化部、环境保护部、农业部、商务部、中国人民银行、海关总署、国家税务总局、质检总局、新闻出版广电总局、食品药品监管总局、濒管办公告

（2016年第47号）

为落实跨境电子商务零售进口税收政策，现将《跨境电子商务零售进口商品清单（第二批）》予以公布，自2016年4月16日起实施。

本批清单与《财政部等11个部门关于公布跨境电子商务零售进口商品清单的公告（2016年第40号）》中《跨境电子商务零售进口商品清单》税则号列相同的商品，其“备注”以本批清单为准。

附件 跨境电子商务零售进口商品清单（第二批）

财政部、发展改革委
工业和信息化部、环境保护部
农业部、商务部、中国人民银行
海关总署、国家税务总局
质检总局、新闻出版广电总局
食品药品监管总局、濒管办
2016年4月15日

附件

跨境电子商务零售进口商品清单（第二批）

序号	税则号列	货品名称	备注
1	02101900	干、熏、盐制的其他猪肉	仅限网购保税进口商品
2	02102000	干、熏、盐制的牛肉	仅限网购保税进口商品
3	03061200	螯龙虾（螯龙虾属）	仅限网购保税进口商品
4	03061490	其他冻蟹	仅限网购保税进口商品
5	03061619	冻其他冷水小虾	仅限网购保税进口商品
6	03062290	其他螯龙虾（螯龙虾属）	仅限网购保税进口商品
7	03062499	未冻的其他蟹	仅限网购保税进口商品
8	03071190	活、鲜或冷的其他牡蛎（蚝）	仅限网购保税进口商品
9	03073190	其他活、鲜、冷贻贝	仅限网购保税进口商品
10	03077990	冻、干、盐腌或盐渍的鸟蛤及舟贝	仅限网购保税进口商品
11	03079190	活、鲜或冷的其他软体动物	仅限网购保税进口商品
12	03079900	冻、干、盐腌或盐渍的软体动物	仅限网购保税进口商品
13	03081900	冻、干、盐腌或盐渍的海参	仅限网购保税进口商品
14	04011000	脂肪含量未超1%未浓缩及未加糖的乳及奶油	仅限网购保税进口商品
15	04012000	脂肪含量在1~6%未浓缩及未加糖的乳及奶油	仅限网购保税进口商品
16	04014000	按重量计脂肪含量超过6%，但不超过10%的未浓缩及未加糖或其他甜物质的乳及奶油	仅限网购保税进口商品
17	04015000	按重量计脂肪含量超过10%的未浓缩及未加糖或其他甜物质的乳及奶油	仅限网购保税进口商品
18	04021000	脂肪含量≤1.5%固状乳及奶油	仅限网购保税进口商品
19	04022100	脂肪量>1.5%未加糖固状乳及奶油	仅限网购保税进口商品
20	04022900	脂肪量>1.5%的加糖固状乳及奶油	仅限网购保税进口商品
21	04100041	鲜蜂王浆	
22	04100042	鲜蜂王浆粉	
23	04100043	蜂花粉	
24	04100049	其他蜂产品	
25	04100090	其他编号未列名的食用动物产品	列入《进出口野生动植物种商品目录》的商品除外；仅限网购保税进口商品

续1

序号	税则号列	货品名称	备注
26	05080010	珊瑚及水产品壳、骨的粉末及废料	列入《进出口野生动植物种商品目录》的商品除外；仅限网购保税进口商品
27	08011990	其他鲜椰子	仅限网购保税进口商品
28	08039000	鲜或干的其他香蕉	仅限网购保税进口商品
29	08041000	鲜或干的椰枣	仅限网购保税进口商品
30	08042000	鲜或干的无花果	仅限网购保税进口商品
31	08043000	鲜或干菠萝	仅限网购保税进口商品
32	08044000	鲜或干鳄梨	仅限网购保税进口商品
33	08045010	鲜或干番石榴	仅限网购保税进口商品
34	08045020	鲜或干芒果	仅限网购保税进口商品
35	08045030	鲜或干山竹果	仅限网购保税进口商品
36	08051000	鲜或干橙	仅限网购保税进口商品
37	08054000	鲜或干的葡萄柚，包括柚	仅限网购保税进口商品
38	08055000	鲜或干的柠檬及酸橙	仅限网购保税进口商品
39	08059000	其他鲜或干的柑桔属水果	仅限网购保税进口商品
40	08061000	鲜葡萄	仅限网购保税进口商品
41	08081000	鲜苹果	仅限网购保税进口商品
42	08092900	其他鲜樱桃	仅限网购保税进口商品
43	08094000	鲜梅及李	仅限网购保税进口商品
44	08104000	鲜蔓越桔及越桔	仅限网购保税进口商品
45	08106000	鲜榴莲	仅限网购保税进口商品
46	08109050	鲜蕃荔枝	仅限网购保税进口商品
47	08109090	其他鲜果	仅限网购保税进口商品
48	09061900	其他未磨的肉桂及肉桂花	
49	09062000	已磨肉桂及肉桂花	
50	09083200	已磨豆蔻	
51	09096210	已磨八角茴香	
52	09103000	姜黄	
53	09109100	混合调味香料	
54	09109900	其他调味香料	

续2

序号	税则号列	货品名称	备注
55	10061099 *	其他稻谷	每人每年进口 10061099、10062010、10063010、10063090 的商品合计不超过 20 公斤；仅限网购保税进口商品
56	10062010 *	籼型糙米	每人每年进口 10061099、10062010、10063010、10063090 的商品合计不超过 20 公斤
57	10063010 *	籼型精米	每人每年进口 10061099、10062010、10063010、10063090 的商品合计不超过 20 公斤
58	10063090 *	其他精米	每人每年进口 10061099、10062010、10063010、10063090 的商品合计不超过 20 公斤
59	11010000 *	小麦或混合麦的细粉	每人每年进口 11010000、11031100的商品合计不超过 20 公斤；仅限网购保税进口商品
60	11022000 *	玉米细粉	每人每年进口 11022000、11042300的商品合计不超过 20 公斤；仅限网购保税进口商品
61	11029019 *	其他大米细粉	每人每年进口合计不超过 20 公斤
62	11029090	其他谷物细粉	
63	11031100 *	小麦粗粒及粗粉	每人每年进口 11010000、11031100的商品合计不超过 20 公斤；仅限网购保税进口商品
64	11042300 *	经其他加工的玉米	每人每年进口 11022000、11042300的商品合计不超过 20 公斤；仅限网购保税进口商品
65	12112010	鲜或干的西洋参	仅限网购保税进口商品
66	12112091	其他鲜人参	仅限网购保税进口商品
67	12112099	其他干人参	仅限网购保税进口商品
68	12119011	鲜或干的当归	仅限网购保税进口商品
69	12119015	鲜或干的菊花	仅限网购保税进口商品
70	12119039	其他主要用作药料的鲜或干的植物	仅限网购保税进口商品；罂粟、罂粟壳、大麻、古柯、恰特草除外

续3

序号	税则号列	货品名称	备注
71	12119050	主要用作香料的植物	列入《两用物项和技术进出口许可证管理目录》、《进出口野生动植物种商品目录》的商品除外；仅限网购保税进口商品
72	12129999	鲜、冷、冻或干的其他主要供人食用的其他税号未列明的果核、果仁及植物产品	列入《进出口野生动植物种商品目录》的商品除外；仅限网购保税进口商品
73	13021940	银杏的液汁及浸膏	
74	14049090	其他植物产品	仅限网购保税进口商品
75	15041000	鱼肝油及其分离品	仅限网购保税进口商品
76	15042000	其他鱼油、脂及其分离品	列入《进出口野生动植物种商品目录》的商品除外；仅限网购保税进口商品
77	15043000	海生哺乳动物的油、脂及其分离品	列入《进出口野生动植物种商品目录》的商品除外；仅限网购保税进口商品
78	15060000	其他动物油、脂及其分离品	列入《进出口野生动植物种商品目录》的商品除外；仅限网购保税进口商品
79	15079000	精制的豆油及其分离品	
80	15081000	初榨花生油的分离品	
81	15089000	精制的花生油及其分离品	
82	15111000	初榨棕榈油的分离品	
83	15121100	初榨葵花油或红花油的分离品	
84	15121900	精制的葵花油或红花油及其分离品	
85	15141100	初榨低芥子酸菜子油及其分离品	
86	15149110	初榨菜子油及其分离品	
87	15149190	初榨芥子油及其分离品	
88	15149900	其他菜子油或芥子油及其分离品	
89	15151100	初榨亚麻子油及其分离品	
90	15151900	精制的亚麻子油及其分离品	
91	15152100	初榨玉米油的分离品	
92	15152900	精制的玉米油及其分离品	
93	15159090	其他固定植物油、脂及其分离品	

续4

序号	税则号列	货品名称	备注
94	15179090	混合制成的食用油脂或制品	
95	15180000	化学改性的动、植物油、脂及其制品；其他税号未列名的非食用油、脂或制品	
96	17011400 *	其他甘蔗糖	每人每年进口17011400、17019100、17019910、17019990的商品合计不超过2公斤
97	17019100 *	加有香料或着色剂的糖	每人每年进口17011400、17019100、17019910、17019990的商品合计不超过2公斤
98	17019910 *	砂糖	每人每年进口17011400、17019100、17019910、17019990的商品合计不超过2公斤
99	17019990 *	其他精制糖	每人每年进口17011400、17019100、17019910、17019990的商品合计不超过2公斤
100	17031000	甘蔗糖蜜	
101	19011090	其他供婴幼儿食用的零售包装食品	
102	20052000	非用醋制作的未冷冻马铃薯	仅限网购保税进口商品
103	21069030	蜂王浆制剂	列入《进出口野生动植物种商品目录》的商品除外
104	21069050	海豹油胶囊	
105	21069090	其他税号未列名的食品	列入《进出口野生动植物种商品目录》的商品除外
106	22021000	加味、加糖或其他甜物质的水	列入《进出口野生动植物种商品目录》的商品除外
107	28352600	其他磷酸钙	
108	28363000	碳酸氢钠（小苏打）	
109	28365000	碳酸钙	
110	28530090	其他无机化合物、液态空气、压缩空气，汞齐，但贵金属汞齐除外	列入《中国严格限制进出口的有毒化学品目录》的商品除外
111	29012990	其他不饱和无环烃	列入《农药进出口管理目录》的商品除外
112	29054910	木糖醇	
113	29146910	辅酶Q10	
114	29161500	油酸、亚油酸或亚麻酸及其盐和酯	

续5

序号	税则号列	货品名称	备注
115	29232000	卵磷脂及其他磷氨基类脂	
116	29239000	其他季铵盐及季铵碱	列入《农药进出口管理目录》、《中国严格限制进出口的有毒化学品目录》的商品除外
117	29322090	其他内酯	列入《农药进出口管理目录》的商品除外
118	29329990	其他仅含氧杂原子的杂环化合物	列入《农药进出口管理目录》、《中国严格限制进出口的有毒化学品目录》的商品除外；麻醉药品和精神药品除外
119	29362100	未混合的维生素 A 及其衍生物	
120	29362200	未混合的维生素 B1 及其衍生物	
121	29362400	未混合的 D 或 DL-泛酸及其衍生物	
122	29362600	未混合的维生素 B12 及其衍生物	
123	29362700	未混合的维生素 C 及其衍生物	
124	29362800	未混合的维生素 E 及其衍生物	
125	29362900	其他未混合的维生素及其衍生物	列入《农药进出口管理目录》的商品除外
126	29369010	维生素 AD_3	
127	29369090	其他维生素原、混合维生素及其衍生物	
128	30051010	橡皮膏（经药物浸涂或制定零售包装供医疗、外科、牙科或兽医用）	
129	30051090	其他胶粘敷料及有胶粘涂层的物品（经药物浸涂或制定零售包装供医疗、外科、牙科或兽医用）	
130	30059010	药棉、纱布、绷带（经药物浸涂或制定零售包装供医疗、外科、牙科或兽医用）	
131	30059090	其他医用软填料及类似物品（经药物浸涂或制定零售包装供医疗、外科、牙科或兽医用）	
132	30061000	无菌外科肠线；无菌昆布、无菌粘合胶布、无菌吸收性止血材料、外科或牙科用无菌抗粘连阻隔材料及类似无菌材料	
133	30067000	专用于人类或作兽药用的凝胶制品，作为外科手术或体检时躯体部位的润滑剂，或者作为躯体和医疗器械之间的偶合剂	

续6

序号	税则号列	货品名称	备注
134	33019010	提取的油树脂	列入《进出口野生动植物种商品目录》的商品除外
135	33029000	其他工业用混合香料及以香料为基本成分的混合物和制品	
136	34021300	非离子型有机表面活性剂	列入《中国严格限制进出口的有毒化学品目录》的商品除外
137	38220010	附于衬背上的诊断或实验用试剂，但税目32.02，32.06的货品除外	
138	40141000	硫化橡胶制避孕套	
139	40149000	硫化橡胶制其他卫生及医疗用品	
140	40151900	硫化橡胶制其他手套	
141	71131919	其他黄金制首饰及其零件	
142	85437099	未列名的电气设备及装置	列入密码产品和含有密码技术的设备除外
143	90013000	隐形眼镜片	
144	90184990	牙科用其他仪器及器具	
145	90189020	血压测量仪器及器具	
146	90191090	机械疗法器具、心理功能测验装置	
147	90192000	臭氧治疗器、氧气治疗器等器具	
148	90200000	其他呼吸器具及防毒面具	
149	90211000	矫形或骨折用器具	
150	90251100	可直接读数的液体温度计	
151	90251990	非液体的其他温度计、高温计	

备注1：上述商品免于向海关提交许可证件，检验检疫监督管理按照国家相关法律法规的规定执行；直购商品免于验核通关单，网购保税进口商品“一线”进区时需按货物验核通关单、“二线”出区时免于验核通关单。

备注2：依法需要经过注册或备案的医疗器械、特殊食品（包括保健食品、特殊医学用途配方食品等），按照国家相关法律法规的规定执行。

备注3：加*的税目属于国家关税配额管理商品，需对这些商品作数量限制。根据实施情况将适时调整。

备注4：表中货品名称为简称，具体范围以税则号列为准。

文件五

商务部新闻发言人关于延长跨境电子商务零售进口监管过渡期的谈话

经国务院批准，2016 年 5 月 11 日起，我国对跨境电商零售进口有关监管要求给予一年的过渡期，即继续按照试点模式进行监管，对天津、上海、杭州、宁波、郑州、广州、深圳、重庆、福州、平潭等 10 个试点城市经营的网购保税进口商品“一线”进区时暂不核验通关单，暂不执行化妆品、婴幼儿配方奶粉、医疗器械、特殊食品（包括保健食品、特殊医学用途配方食品等）的首次进口许可批件、注册或备案要求；对所有地区的直购模式也暂不执行上述商品的首次进口许可批件、注册或备案要求。

过渡期实施以来，跨境电商零售进口平稳发展，对于引导企业积极适应规范的监管要求、地方不断创新监管服务等发挥了重要作用。同时，相关部门也在从有利于促进行业健康发展、有利于维护消费者利益和安全健康的角度研究优化监管安排。为稳妥推进跨境电商零售进口监管模式过渡，经商有关部门同意，上述过渡期进一步延长至 2017 年底。

过渡期期间，相关行业企业要强化自律，切实加强商品质量安全风险防控，加快适应规范的监管要求，共同营造有利于跨境电商零售进口健康发展的社会环境，为实现监管模式的平稳过渡做好充分准备。

文件六

关于跨境电子商务进口统一版信息化系统企业接入事宜的公告

（海关总署公告 2016 年第 57 号）

为促进跨境电子商务发展，提供便利通关服务，现将跨境电子商务进口统一版信息化系统（以下简称“进口统一版系统”）企业接入相关事宜公告如下：

一、免费提供进口统一版系统清单录入功能。电子商务企业或其代理人可登录进口统一版系统通关服务子系统（http：//ceb2. chinaport. gov. cn）进行清单的手工录入、修改、申报、查询等操作。具体操作参见《跨境电子商务进口统一版信息化系统企业用户操作手册》（详见附件 1）。

二、免费提供进口统一版系统客户端软件。参与跨境电子商务业务的企业可在中国电子口岸门户（www. chinaport. gov. cn）公告栏中自行下载安装。进口统一版系统客户端软件支持清单、订单、运单、支付单等单证通过 EXCEL 格式文件转换成规范报文后自动添加数字签名，也支持 XML 格式文件自动添加数字签名，同时提供数据发送和回执查询功能。客户端软件使用参见《跨境电子商务进口统一版信息化系统客户端软件使用手册》（详见附件 2）。

三、公开进口统一版系统企业对接报文标准。参与跨境电子商务业务的企业、第三方平台按照标准自行开发或市场化采购接入服务，相关授权开通等事宜请联系当地海关数据分中心办理。有关报文规范和经过海关验证的传输协议及接入服务产品参见《跨境电子商务进口统一版信息化系统企业对接报文规范（试行）》（详见附件 3）。

四、企业对于其向海关所申报及传输的电子数据承担法律责任。暂时仅对清单、修改或撤销申请单、退货申请单、入库明细单数据使用数字签名技术，今后逐步扩大数字签名使用范围，具体见下表所示。

业务单证责任主体

序号	业务单证	责任主体	数字签名
1	清单	电商企业或其代理人	是
2	订单	电商企业或电商平台或受委托的快件运营人、邮政企业	暂缓
3	支付单	支付企业或受委托的快件运营人、邮政企业	暂缓
4	运单	物流企业	暂缓
5	运单状态	物流企业	暂缓
6	修改或撤销申请单	电商企业或其代理人	是
7	退货申请单	电商企业或其代理人	是
8	入库明细单	监管场所经营人	是

企业数字签名的技术要求及密码产品选型参见《跨境电子商务进口统一版信息化系统密码产品选型和使用指南》（详见附件 4），请企业根据实际业务配置。

五、有关进口统一版系统的企业用户操作手册、客户端软件使用手册、企业对接报文标准等附件文档，如有变更将通过中国电子口岸门户公告栏及时发布。

以上事宜可咨询海关服务热线：12360。

本公告内容自公布之日起执行。

特此公告。

附件 1　跨境电子商务进口统一版信息化系统客户端软件使用手册（略）

附件 2　跨境电子商务进口统一版信息化系统企业用户操作手册（略）

附件 3　跨境电子商务进口统一版信息化系统企业对接报文规范（试行）（略）

附件 4　跨境电子商务进口统一版信息化系统密码产品选型和使用指南（略）

海关总署

2016 年 10 月 12 日

跨境电商城市发展篇

上海地区

上海作为国家首批跨境贸易电子商务试点城市，在顺利通过发展改革委和海关总署的联合验收之后，2016 年 1 月又获国家批准设立跨境电子商务综合试验区。上海市政府、市跨境电子商务工作领导小组及各区县高度重视中国（上海）跨境电子商务综合试验区建设，深入贯彻落实国务院办公厅《关于促进跨境电子商务健康快速发展的指导意见》等精神，出台了《中国（上海）跨境电子商务综合试验区实施方案》，大力推进跨境电子商务综合试验区建设及 2016 年度重点工作，着重推进以贸易便利化为重点的跨境电子商务货物监管制度创新、以“单一窗口”模式为基础的跨境电子商务服务体系、以跨境电子商务示范园区建设为抓手的产业功能布局，以及以鼓励创新为特色的市场环境建设。2016 年，上海累计批准 6 个海关特殊监管区域为跨境电子商务试点区域，挂牌 8 个跨境电子商务示范园区，为产业发展提供了良好区域支撑环境；成立上海跨境电子商务公共服务有限公司，承担上海跨境电子商务公共服务平台建设，为市场提供专业、公平、免费的公共服务；上海实现跨境电子商务产业规模同比增长 6 倍以上，形成了京东、天猫、亚马逊、跨境通、洋码头等知名电商集聚和大量中小电商创新发展的良性竞争格局。

发展现状

一、发展情况概述

（一）产业规模大幅度提升

在国家“4·8新政”之后，由于监管政策趋于规范化，上海口岸优势得以突出，相比其他试点城市交易量大幅下降，上海交易量跌幅最少并快速回升，跨境电子商务业务回迁上海的速度加快。

截至2016年12月31日，上海公共平台累计处理跨境电子商务交易额25亿元、订单1 155万单，同比分别增长4、5倍，增速位列全国第一。2016年上海口岸“双十一”期间创造了上海网购保税进口模式的历史峰值，单日订单数达到170万单，“黑五”期间创造了直购进口模式的历史峰值，交易金额达到2015年的13倍。

同时，通过邮件、快件等传统方式进出境的交易规模保持快速增长，全年实现进出口383亿元，同比增长超过40%。

（二）企业稳步成长

2016年上海口岸入驻商户数量与水平显著提升，累计入驻商户1 000余家，同比增长2. 5倍；其中电商企业925家、支付机构29家、物流仓储企业79家，同比增长1倍、2倍、1. 7倍，大大高于全国其他试点城市增长水平。

上海初步形成结构合理的跨境电子商务产业集聚。上海开放模式吸引了大量企业入驻或回流，其中包括京东国际、天津易客满、洋码头、小红书、浙江佳诚物流、绿地商业等，已经形成了天猫、京东、跨境通、亚马逊、洋码头等巨头稳定发展的市场格局，其中，进口方面，洋码头、小红书分别列全国第五、第六位；出口方面，eBay、Wish等平台交易额持续保持全国领先。

此外，各平台积极发展跨境直邮、顾问式导购、社区购物等创新模式。本市直邮模式业务量上涨迅速，截止2016年12月31日，直邮模式与保税模式各占交易总额50%。

二、持续深入推进跨境电子商务贸易便利化监管制度创新

上海以打造符合高标准贸易便利化规则的监管制度、具有国际竞争力的监管服务模式为跨境电子商务综合试验区建设首要内容，在中央监管政策的基础上，持续推进上海口岸跨境电子商务监管制度创新。

（一）实施新型海关监管流程

上海海关响应市场主体需要，开展网购保税进口监管模式改造，启用“不带电子账册、不指定监管仓库”的监管点新模式，有效避免了线下跨境电子商务仓储资源垄断和物流通关低效等问题，达到“秒放”的实际通关效率。该模式在洋山、青浦、松江、普陀等区域落地，为这些区域跨境电子商务业务放量上涨提供了基础条件。拓展直购进口通关渠道，完善直邮监管场所布局，实现了浦东机场直邮监管公

共库正式运作，同时积极推进邮政通道的跨境电子商务直购进口落地工作。配合做好海关总署跨境电子商务零售进口全国统一版上线工作，实现上海跨境电子商务进口业务平稳切换。

（二）优化检验检疫和许可证管理制度

上海检验检疫局建立以检疫为主、基本风险分析及商品追溯质量安全监管体系。与国家认监委、上海跨境电子商务公共服务有限公司合作，在全国首家发起跨境电子商务认证认可试点工作，实现了上海跨境电子商务公共平台与国家认监委认证认可信息中心“云桥”的对接、上海跨境电子商务公共平台与上海检验检疫通关监管系统的对接，为获证产品快速通关奠定了技术基础。提升信息化水平，实现电商备案系统、电商物流监控系统正式上线，有200多万SKU实现商品自动备案，肉类、水果、水产品等生鲜商品网购保税进口业务顺利开展。

（三）提升跨境支付与收结汇服务

外汇管理局上海分局监管个人电商开立外汇结算账户程序，跨境支付业务范围从商品交易拓展至服务交易，境内个人电商可直接在线上办理跨境外汇收支结算业务，不受年度结售汇总额5万美元的限制。

三、以跨境“单一窗口”模式为基础的服务体系建设初见成效

上海市充分发挥电子口岸、国际贸易单一窗口、亚太示范电子口岸网络等建设经验与资源，着力建设跨境电子商务公共服务平台，推动综合服务平台互动发展，构建公平、开发、高效的监管辅助服务体系。

（一）完善跨境“单一窗口”功能，提升专业化服务水平

2016年，上海跨境电子商务公共平台已实现以下建设内容：

1. 建立高效专业的公共服务公司。按照现代企业制度结构，建立完善的股东会、董事会、监事会和高管团队，下设产品部、招商部、物流部、技术部、管理部等5个主要部门，按照业务发展需求逐步增加人员，形成结构合理、能力均衡、适应业务需求的组织结构。

2. 持续完善“一点接入”功能建设。公共平台在已完成与上海海关、检验检疫局的对接工作基础上，推动与外管局的对接工作，为监管部门提供数据实时传输及校验服务，打通跨境电子商务进出购付汇、收结汇等通路，实现企业“一点接入”多个监管部门，信息共享，高效作业。

3. 完成海关统一版系统切换。根据海关关于推进跨境进口统一版系统的工作要求，完成公共平台相关功能设计与调整工作，实现与海关内网系统的对接切换，确保电商企业系统对接，实现上海口岸跨境电子商务业务顺利过渡。

4. 积极探索认证认可等新型监管服务。极配合国家认监委工作，推动上海跨境电子商务产业认证认可试点工作，实现公共平台与国家认监委认证认可信息平台的对接、实现公共平台与上海国检监管系统对接，提供消费者查询服务。

5. 完成外汇服务开发。公共平台积极与外汇管理局、银行、第三方支付企业、

外贸企业等合作，开发基于海外跨境电子商务平台的收结汇产品，打破收汇难、成本高、通道单一的现状，实现结汇阳光化。

6. 提升服务能力，建立运维保障体系。进一步进行技术开发，强化系统处理能力，保障跨境业务快速增长的需求；按照"一站式"服务方式、推进互联网化服务措施、以客户满意为原则，大力推动招商对接工作。

（二）综合服务得到较大发展

上海先后认定了多家跨境电子商务综合服务企业，国内最大的外贸综合服务企业"一达通"落户上海，部分传统企业开始转型跨境电子商务服务业务，例如洋山港区企业与京东国际开展进口业务，东航物流公司与天猫国际开展跨境进口通关物流综合服务，威盛物流等公司为亚马逊公司提供跨境电子商务进口一站式通关物流服务。

四、加快示范园区建设，推进产业功能布局

上海市积极完善跨境电子商务发展的空间布局，力求为产业链上的各类企业提供良好的发展环境。上海口岸共有11个线下海关特殊监管区域。其中，9个保税区：外高桥保税区、外高桥物流园区、洋山保税区、浦东机场综保区、西北保税物流园区、青浦出口加工区、松江出口加工区、漕河泾出口加工区、嘉定出口加工区；2个直邮区：浦东东航、虹桥机场。2016年初，上海市发展改革委和商务委共同发布了《上海市跨境电子商务产业园区认定办法》，随后上海自贸试验区（洋山、浦东机场、外高桥保税区、外高桥物流园区）、青浦出口加工区、松江出口加工区、嘉定出口加工区、西北物流园区等被认定为跨境电子商务示范园区，其中有6个保税区已经开展业务，分别是青浦保税区、松江出口加工区、嘉定出口加工区、洋山保税区、浦东机场综保区、西北物流园区。

（一）自贸试验区保税区域

其4个片区形成了各具特色的跨境电子商务产业集群，分别吸引了知名电商企业、第三方支付机构、物流企业级综合服务企业落户。

1. 洋山保税港区紧邻南汇新城镇主城区和临港重装备产业区，具有便捷的航线与交通优势。2016年3月15日，洋山保税港区获准挂牌上海自贸区"上海市跨境电子商务示范园区"，拟在立足保税区，利用区域优势，打造创新规范的跨境电子商务"洋山模式"。目前园区拥有跨境电子商务物业逾12万平方米，主要规划开发和建设了查验区、港口辅助区、仓储配送区、集拼中转区、加工制造区、商贸展示区等功能区域。主要商品涉及母婴、蔬果、日用化工品、食品及保健品等多个领域，包括京东全球购在内的多家跨境电子商务均已落户洋山保税港区，单日运营速度突破10 000票每日。两大洋山保税港区2016年合计交易额逾4亿元。

区域周围还有临港非保税物流园区、铁路中心编组站、集装箱内河转运区、危险品仓储区等其他物流运作区。小洋山港口区域，位于杭州湾口东海海上的崎岖列岛。港口具备20米以上的水深条件，港区岸线长5.6千米，共拥有16个7万~10万

吨级的大型集装箱码头泊位，可接纳第五、第六代巴拿马型集装箱船靠泊。国际航线密集，已开辟欧洲、南美、北非、地中海等10条航线。

2. 浦东机场综合保税区依托上海独特的航线资源优势，全面配套海关分送集报、整报分出、诚信管理、预约加班等优惠政策与检验检疫整体预检验、分批核销放行的便利措施，是我国目前政策最优惠、功能最齐全的海关特殊监管区之一。地处上海自贸区和机场综保区的中心位置，上海跨境电子商务航空物流综合服务平台是上海市第一个经海关批准的跨境电子商务航空物流综合服务平台，同时也是全国规模最大的空港跨境电子商务服务场地之一，占地约5 000平方米。2016年合计交易量逾4亿元。

（二）青浦出口加工区

青浦出口加工区2015年5月27日获批开展跨境电子商务网购保税进口业务，2016年7月获批设立上海市跨境电子商务示范园区，重点开展网购保税进口模式跨境电子商务。园区着力培育集跨境电子商务经营主体、电商服务平台、跨境物流供应商、进口清关服务、第三方支付、金融融资等完整的产业链，形成有利于跨境电子商务发展的生态环境。2016年合计交易量逾2 000万元。

（三）松江出口加工区

松江出口加工区跨境园区于2015年6月18日正式揭牌启用。跨境电子商务园区建设用地面积10万平方米，除了先前落户的天猫国际，飞商网、波罗蜜、金宝贝、亚商所也已落户园区。各种跨境商品均可以在示范园区开展保税展示及交易。上海松江出口加工区由A区和B区组成，A区规划面积298万平方米。B区规划面积300万平方米松江出口加工区实行全封闭管理，区内海关、商检、税务、工商、银行、运输、报关等一应俱全。2016年合计交易量逾5亿元。

（四）嘉定出口加工区

坐落于嘉定工业区的西北板块，总规划面积596万平方米。2015年起，嘉定出口加工区与上海海关、检验检疫局形成战略合作，共同推动嘉定出口加工区转型升级和跨境电子商务产业发展。目前，嘉定出口加工区正在拓展保税仓储空间，一座占地2.8万平方米的保税仓已于2016年4月建成启用；另一座占地8万平方米的跨境电子商务产业园也正在规划设计中，其中包括一座占地5万平方米的智能化保税仓库，其运营效率相当于普通仓库的5~7倍，使用人力仅为普通仓库的1/10，预计产业园将于2017年建成。2016年合计交易量逾700万元。

（五）西北保税物流园区

西北保税物流园区位于上海市普陀区桃浦镇，于2010年9月26日正式封关投入运作，是上海市中心城区唯一的保税物流中心。2014年9月17日正式成为中国（上海）自贸试验区海关监管服务制度创新和复制推广首批示范区之一。园区一期总占地面积约15万平方米，已建有功能设施16.8万平方米，包括14幢高标准保税仓库（7 000平方米两层/10 000平方米三层）和三幢标准版式办公楼。园区已设有全面的海关商检检疫服务，上海车站海关和上海检验检疫浦江局均在此设立办事机构，海关卡口提供“7×24”小时服务。园区实现全封闭监管区，集信息服务、通过手续、退税监管、仓储保管、分拆配送、运输整合、商贸交易等综合性物流服务于一体，兼具保税物流、虚拟口岸、陆路口岸等功能。园区重点发展方向：跨境电子商务产业基地、进口商品保税展示交易、文化艺术品展示交易平台、高端技术保税研发等。2016年西北物流园区成功走通跨境业务。

（六）直购进口业务线下园区

直购进口业务线下园区为浦东国际机场与虹桥机场。浦东国际机场作为国际航运中心，为上海直邮业务主要基地，2016年交易总额逾9亿元；虹桥机场由于其公共监管仓限制，2016年交易总额不足100万。

五、跨境电子商务发展模式介绍

（一）直购出口模式

在上海开展直邮出口模式主要监管政策与便利化措施包括：

1. 简化跨境电子商务企业备案流程。在通关环节，实施“清单核放，汇总申报”便利化措施。口岸监管部门依据“订单、物流、支付”清单信息进行查验后放行，跨境电子商务可以定期对清单进行汇总申报获得出口报关单。

2. 设立跨境电子商务出口监管点，提供专门现场监管服务。

3. 检验检疫机构实施基于风险分析的质量安全监督抽查机制，通过采信第三方检验检测结果，进行产品质量安全的合格评定；对于一般工业制成品实施事后监管。

直邮出口业务的本地版在2014年实现首单测试成功，2015年完成系统建设，2016年进行规模测试，业务正式走通。近期，正在积极探索出口统一版建设。

（二）直购进口模式

在上海开展直购进口模式主要监管政策与便利化措施包括：

1. 简化企业备案流程，境外企业可与境内企业签订合作协议，实现一次备案。

2. 通过启动负面清单关键字商品备案审核机制加快备案速度。

3. 在检验检疫环节的商品准入实施负面清单管理。

4. 直购进口商品按照个人物品行邮税管理规定缴纳进境税收，跨境电子商务企业采用保证金方式，线上快速缴税。

5. 以政策区域拓展为基础覆盖更多企业，将直购进口模式覆盖至虹桥机场海关。

6. 积极探索退货模式监管流程，构建商品退入区内或退出境外的信息流、物流通道。

2016年，上海直购进口业务量突飞猛进，从商品价值（不含税额）来看，总额约8.3亿，约占上海总额（不含税额）的39.1%。2016年4月8日以前，直购进口业务仅占上海总的跨境进口业务不到10%。

（三）网购保税进口模式

在上海开展网购保税进口模式主要监管政策与便利化措施包括：

1. 将网购保税进口模式从自贸区拓展至松江出口加工区、嘉定出口加工区、普陀西北物流园区等更多符合条件的海关特殊监管区域，为企业入驻、消费者网购提供多元化选择，打造公平、公正、开放的商业环境。

2. 对于网购保税进口商品，检验检疫机构实施以风险分析为基础的质量安全监管，依据相应产品国家标准的安全卫生项目进行监测。

3. 对于网购保税进口商品，检验检疫机构在其出区前实施商品抽批货证核查。符合规定的，向监管场所发运营企业送放行指令，监管场所运营企业凭检验检疫指令放行。

2016 年网购保税进口业务，从商品价值（即不含税额）来看，总额约 13 亿，约占上海总额（不含税额）的 60.9%。2016 年 4 月 8 日以前，网购保税进口业务占上海总的进口业务 90%以上。

六、以鼓励创新为特色的市场环境建设取得进展

（一）加强政府资金支持

上海市商务委制订了专门的跨境电子商务产业扶持政策，运用外贸发展专项资金，对跨境电子商务公共服务体系建设、跨境电子商务监管场所、海外仓建设、企业入驻上海口岸系统开发等方面进行补贴。

各区县也制定或着手制定跨境电子商务产业扶持政策。其中，青浦区和虹口区制定了明确的跨境电子商务相关资金补贴政策，对入驻园区、完成相关业务、达到规模等方面的企业提供额度不等的财政补贴。

（二）金融服务创新

公共平台联合外汇管理局上海分局、第三方支付机构、银行等，开展基于交易数据的购付汇、收结汇服务，已有三种产品获得外汇管理局上海分局的认可，为亚马逊、Wish、eBay 等平台上的中国卖家提供收结汇服务，并实现了“T+0”时效。上海市创投引导资金支持社会创投企业加大对跨境电子商务创业项目的投入，洋码头、番茄直购等平台都先后获得投资。

（三）完善信用体系建设

上海工商局建设网络交易服务监管平台，手机消费者在网络购物中形成的信息数据，向第三方交易平台推送，推进政府、企业、消费者合作的监管模式，规范企业经营行为。公共服务平台开放跨境电子商务获证产品的查询接口，为消费者提供产品认证信息查询服务。

（四）中介组织得到发展

上海跨境电子商务协会、浦东跨境电子商务协会等中介组织蓬勃发展，行业协会全年组织研专业讨会、讲座等活动近百场，扩大政策宣传广度，加强政府部门与企业间的互动，主动推动行业自律管理，提升行业创新水平。

（五）开展理论研究

上海具有较为雄厚的研究资源。中欧工商管理学院、外经贸大学、上海电子商务促进中心等机构和组织，分别成立了专业研究部门，为上海市跨境电子商务工作创新提供理论研究和智力支持。

配套文件

上海市政府办公厅关于印发《中国（上海）跨境电子商务综合试验区实施方案》的通知

（沪府办发〔2016〕23号）

各区、县人民政府，市政府各委、办、局，各有关单位：

现将《中国（上海）跨境电子商务综合试验区实施方案》印发给你们，请结合实际，认真组织落实。

上海市人民政府办公厅
2016年6月1日

中国（上海）跨境电子商务综合试验区实施方案

为全面有效推进中国（上海）跨境电子商务综合试验区工作，根据《国务院关于同意在天津等12个城市设立跨境电子商务综合试验区的批复》（国函〔2016〕17号）精神，制定本实施方案。

一、基本原则

（一）坚持创新驱动

发挥中国（上海）自由贸易试验区的制度创新优势，着力在跨境电子商务的技术标准、业务流程、监管模式和信息化建设等方面先行先试，集聚企业主体，提升跨境电子商务发展水平和能级。

（二）坚持协调发展

承接国家“一带一路”战略和自由贸易区战略，促进跨境电子商务出口与进口平衡发展，围绕供给侧结构性改革，鼓励各种业务模式并存发展，引导跨境电子商务产业规模化、标准化、集群化发展。

（三）坚持循序渐进

促进发展和风险防范相结合，在发展中规范、规范中发展，在发展中破解难题，为各类市场主体营造公平、公正、透明的经营环境，促进跨境电子商务持续健康发展。

（四）坚持开放合作

深入推进对内对外开放，发挥口岸优势，促进跨境电子商务各种要素有序自由流动和资源高效配置，探索形成适应跨境电子商务发展的国际标准和规则，提升跨境电子商务的竞争力和话语权。

二、建设目标

力争通过两至三年的试验改革，形成一套线上交易、线上监管、线上服务、线下支撑的规则体系，适应和引领跨境电子商务产业发展，建成政府服务高效、市场环境规范、投资贸易便利、资源配置优化、产业特色明显的全球跨境电子商务运营中心、物流中心、金融中心和创新中心。

三、主要任务

（一）建设跨境电子商务公共服务平台，提升服务能级

跨境电子商务公共服务平台是公益性的跨境电子商务一站式监管服务平台，承担数据交互与监管服务功能。

1. 完善公共服务平台功能

完善上海跨境电子商务公共服务平台监管与服务功能，保障海关、检验检疫、外汇管理、国税、工商等部门间数据互通和共享。公共服务平台应当为各类企业提供统一明确的标准化数据接口和接入流程。（市发改委、市商务委、市口岸办、上海海关、上海出入境检验检疫局、外汇管理局上海市分局、市国税局、市工商局、上海跨境电子商务公共服务有限公司负责）

2. 对接国际贸易"单一窗口"

优化上海电子口岸资源，实现跨境电子商务公共服务平台和上海国际贸易"单一窗口"系统与功能对接，为本市跨境电子商务发展提供支撑。（市口岸办、市商务委、上海跨境电子商务公共服务有限公司负责）

3. 健全公共服务平台运营机制

成立功能性的上海跨境电子商务公共服务有限公司，负责运营上海跨境电子商务公共服务平台，初期平台运营资金由财政支持。（市发改委、市国资委、市财政局、市商务委、浦东新区政府、上海跨境电子商务公共服务有限公司负责）

4. 提供配套数据服务

充分运用公共服务平台的集成数据，健全统计监测体系，完善风险防范机制，建立跨境电子商务企业信用数据库。（市商务委、市统计局、市工商局、上海海关、上海出入境检验检疫局、外汇管理局上海市分局、市国税局、上海跨境电子商务公共服务有限公司负责）

（二）推进跨境电子商务园区建设，促进线下线上协同发展

促进跨境电子商务海关监管区与产业集聚区协同发展，突出示范园区的引领带动作用，形成线上线下相互支撑的发展格局。

5. 优化园区布局

充分发挥上海综合交通枢纽优势，根据各区域贸易和产业发展特点，形成协同推进、良性竞争、错位发展格局。合理布局出口监管场所和产业园区，将网购保税进口业务复制推广到本市所有出口加工区（包括保税物流中心B型）。（市商务委、市发改委、上海海关、上海出入境检验检疫局负责）

6. 完善园区功能

充分发挥园区集聚效用，承接公共服务平台功能，集聚市场主体，完善配套服务，促进线上线下联动发展，支持有条件的跨境电子商务监管场所兼具进口业务和出口业务功能。（市商务委、市发改委、上海海关、上海出入境检验检疫局负责）

（三）集聚跨境电子商务企业主体，培育完整产业链

培育和集聚跨境电子商务、跨境金融、跨境物流及其他相关服务企业，形成具有国际竞争力的跨境电子商务产业集群。

7. 加快培育企业主体

集聚一批跨境电子商务龙头企业，培育一批中小型跨境电子商务企业，鼓励差异化发展。支持国内贸易商、制造商融入境外零售渠道，通过“海外仓”，开展B2B跨境电子商务业务，鼓励各种商业模式创新。（市商务委负责）

8. 探索综合金融服务

鼓励跨境电子商务相关金融服务创新，利用跨境电子商务信息为具有真实交易背景的跨境电子商务交易提供在线支付结算、在线融资、在线保险等金融服务。（市金融办负责）

9. 完善国际物流服务

完善口岸物流服务通道，支持传统物流资源服务跨境电子商务。提升跨境物流综合服务水平，支持物流信息化创新。鼓励发展采购物流服务、分销渠道服务等新型跨境物流业务。（市发改委、市商务委负责）

10. 健全配套综合服务

鼓励外贸综合服务企业和跨境电子商务综合服务企业提供全产业链服务。促进税务、咨询、财会、人力资源等专业机构为跨境电子商务提供专项服务。（市商务委负责）

11. 推进认证认可制度

推出针对跨境电子商务特点的新型认证技术标准和实施规则，开展跨境电子商务企业认证试点。鼓励跨境电子商务销售企业通过引入合格评定机制建立和完善内部管理体系，增强自身的质量管控能力，提高产品及服务质量，鼓励跨境电子商务平台企业和相关机构采信跨境电子商务认证结果。（上海出入境检验检疫局、市商务委负责）

12. 培育集聚行业人才

鼓励成立跨境电子商务研究机构，积极开展行业相关研究。构建多层次人才培养体系，培育一批实用技能型人才，建立人才引进和激励机制。（市商务委、市发改委负责）

13. 制定产业扶持政策

制定跨境电子商务及相关产业的支持政策，充分利用好战略性新兴产业、外贸发展、对外投资合作、服务业引导等专项资金，鼓励相关区县出台配套政策。（市发改委、市商务委、市财政局负责）

（四）完善跨境电子商务监管制度，促进多种模式协同发展

探索适应跨境电子商务的商品归类、进出境申报、物流监控、支付结算、风险防范等监管制度，提升跨境电子商务监管便利化水平。

14. 创新企业与商品准入制度

对接企业信用公示平台，建立跨境电子商务企业信用等级，各监管部门按照企业的信用等级，实行分类监管。（市商务委、市经济信息化委、上海海关、上海出入境检验检疫局、外汇管理局上海市分局、上海跨境电子商务公共服务有限公司负责）

15. 创新海关监管模式

探索对跨境电子商务零售出口商品实

行简化归类，推进清单申报通关模式，支持B2B、B2C等多种出口业务模式落地。进口按照“事前备案、集中申报、分批出区、汇总征税”实施监管。支持快件物流企业系统直接对接公共服务平台，实现“批量申报、实时传输”功能。对所有能够按照规定提供订单、支付、物流电子信息，并通过跨境电子商务公共服务平台进口符合清单要求的零售商品的，适用跨境电子商务零售进口税收政策。（上海海关负责）

16. 创新检验检疫监管模式

进一步优化跨境电子商务监管模式，完善“十检十放”，根据进出口货物产地的质量管理水平、生产经营企业的诚信程度、具体商品的风险等级的不同，构建监管力度从严到松、放行速度由慢到快的多层次、分梯度的跨境电子商务检验检疫监管体系。（上海出入境检验检疫局负责）

17. 创新税收征管模式

推进跨境电子商务企业退税办理无纸化，实现无纸化退库。支持跨境电子商务企业通过上海“国际贸易单一窗口”开展在线数据退税申报等相关业务。（市国税局负责）

18. 创新外汇监管制度

深化跨境电子商务外汇支付业务试点。鼓励第三方支付机构通过银行为中小电商办理跨境外汇支付和结售汇业务，逐步丰富试点业务范围和业务模式。简化名录登记手续，企业通过上海跨境电子商务公共服务平台备案后，平台将符合要求的相关信息要素，发送给外汇局办理名录登记。简化个人电商开立外汇结算账户程序，允许遵守海关、工商、税务等相关部门规定的境内个人电商在平台备案后开立外汇结算账户，直接在银行线上办理个人贸易跨境外汇收支结算业务，不受个人年度等值5万美元总额限制。（外汇管理局上海市分局负责）

19. 创新邮路监管制度

推进邮政管理与海关和检验检疫部门之间管理信息互通，完善邮包业务统计工作。支持邮政企业进一步完善国际邮政服务，提高配送效率。（市发改委、市商务委、市邮政管理局、上海海关、上海出入境检验检疫局负责）

20. 创新市场监管制度

完善工商、质监、食药监等部门对进口商品国内零售的监督管理。研究制定跨境电子商务交易纠纷解决机制。（市工商局、市质量技监局、市食品药品监管局负责）

（五）加强开放合作，探索形成国际通用规则

推动跨境电子商务行业国际合作，探索建立国际跨境电子商务的行业标准和国际通用规则。

21. 推动跨国监管共享

依托双边、多边国际组织及议事机制，逐步推动形成跨国口岸对口岸的跨境电子商务监管信息共享。（市商务委负责）

22. 推动建立跨国标准

加强理论研究与经验总结，以国内成熟规则体系为基础，共同探讨制定跨境电子商务国际监管标准体系。（市商务委负责）

23. 推动国际交流合作

发挥行业协会、学术机构等社会组织作用，加强与境外国际机构的合作交流，积极引进跨境电子商务相关国际机构在沪

设立促进机构或常驻代表机构。（市商务委负责）

四、工作要求

（一）强化主体责任

在国务院统一领导下，在商务部牵头协调和相关部委指导下，由市商务委会同各有关部门按照职责分工，协同推进中国（上海）跨境电子商务综合试验区各项工作。重大问题及时按照程序向国务院请示、报告，重要政策和重大建设项目按照程序报批。

（二）加强统筹协调

在市跨境电子商务工作领导小组的统筹协调下，定期研究综合试验区建设的重大问题，协调推进综合试验区建设的重大工作，扎实推进综合试验区创新发展。

（三）出台配套政策

各职能部门要根据本实施方案，进一步细化任务，制定工作计划和进展安排，明确分工、落实责任，共同推进相关体制和机制创新，实现改革红利最大化。

（四）加强政策评估

对国家和本市的相关政策开展第三方评估，有效评估各项政策对行业产生的影响和效果，及时发现和解决问题，促进跨境电子商务行业快速健康发展。

企业名录

截至2016年12月31日，在上海跨境综合服务平台上注册，并实际展开业务的企业名录见表2-1。

表2-1 上海跨境电子商务企业名录

序号	企业名称	企业类型
1	上海凡点国际贸易有限公司	电商企业
2	上海中外运电子商务有限公司	电商企业
3	卓纯实业（上海）有限公司	电商企业
4	纽海电子商务（上海）有限公司	电商企业
5	北京东方爱怡斯科技有限公司	电商企业
6	上海艾可瑞信息科技有限公司	电商企业
7	上海欣叶电子商务有限公司	电商企业
8	天津易客满国际物流有限公司	电商企业

表2-1 续1

序号	企业名称	企业类型
9	上海深艾信息科技有限公司	电商企业
10	晅颐实业（上海）有限公司	电商企业
11	悦康动力（北京）科技有限公司	电商企业
12	浙江物产跨境电子商务服务有限公司	电商企业
13	上海阿热咖商贸有限公司	电商企业
14	上海基森供应链管理有限公司	电商企业
15	领志电子商务（上海）有限公司	电商企业
16	上海盛怡国际物流有限公司	电商企业
17	上海增链国际贸易有限公司	电商企业
18	上海琅寓实业有限公司	电商企业
19	行吟信息科技（上海）有限公司	电商企业
20	上海睿先国际贸易有限公司	电商企业
21	上海捷竞电子商务有限公司	电商企业
22	上海两港国际贸易有限公司	电商企业
23	江苏苏宁易购电子商务有限公司	电商企业
24	上海亚捷商贸有限公司	电商企业
25	上海砸立电子商务有限公司	电商企业
26	上海马珂博逻电子商务有限公司	电商企业
27	上海奕干贸易有限公司	电商企业
28	上海尧赫进出口有限公司	电商企业
29	上海美豪信息技术有限公司	电商企业
30	上海酸橘子电子商务有限公司	电商企业
31	上海左亨右贞展示服务有限公司	电商企业
32	上海基森仓储有限公司	电商企业
33	玥玛国际物流（上海）有限公司	电商企业
34	维司达（上海）食品有限公司	电商企业
35	上海中外运电子商务有限公司	电商企业
36	卓纯实业（上海）有限公司	电商企业
37	上海尚臣国际贸易有限公司	电商企业
38	上海鸿翼文化传媒有限公司	电商企业
39	上海可益生物科技有限公司	电商企业

表2-1 续2

序号	企业名称	企业类型
40	上海中服出国人员服务中心	电商企业
41	上海汉茂国际贸易有限公司	电商企业
42	上海枫旭商贸有限公司	电商企业
43	上海爱壹盒商贸有限公司	电商企业
44	美智堂（上海）生物科技有限公司	电商企业
45	上海翡臻实业有限公司	电商企业
46	澳格（上海）国际贸易有限公司	电商企业
47	上海溪盈国际贸易有限公司	电商企业
48	纽仕兰（上海）乳业有限公司	电商企业
49	丹中联合（上海）贸易有限公司	电商企业
50	近铁国际物流（中国）有限公司	电商企业
51	上海好优商贸有限公司	电商企业
52	上海杉漾实业有限公司	电商企业
53	上海博略德商贸有限公司	电商企业
54	禾壹道国际贸易（上海）有限公司	电商企业
55	悠适（上海）国际贸易有限公司	电商企业
56	上海中海经济发展有限公司	电商企业
57	天贵通（上海）国际贸易有限公司	电商企业
58	上海瀚优国际贸易有限公司	电商企业
59	上海嘉歆电子商务有限公司	电商企业
60	上海狮威供应链管理有限公司	电商企业
61	万航旅业（上海）有限公司	电商企业
62	上海纽贸贸易有限公司	电商企业
63	上海挚捷行国际贸易有限公司	电商企业
64	上海爱投投资发展有限公司	电商企业
65	上海栗林国际贸易有限公司	电商企业
66	上海芳茵电子商务有限公司	电商企业
67	台承（上海）国际贸易有限公司	电商企业
68	上海中智通达国际贸易有限公司	电商企业
69	上海保正国际物流有限公司	电商企业
70	上海博瀚国际货运代理有限公司	电商企业

表2-1 续3

序号	企业名称	企业类型
71	上海路培国际贸易有限公司	电商企业
72	意拓国际贸易（上海）有限公司	电商企业
73	中新经济发展（上海）有限公司	电商企业
74	上海一小电子商务有限公司	电商企业
75	上海梅隆生物科技有限公司	电商企业
76	上海心海供应链发展有限公司	电商企业
77	上海现代家有购物商务有限公司	电商企业
78	上海淘玺电子商务有限公司	电商企业
79	玥玛国际物流（上海）有限公司	电商企业
80	上海欧际咖啡股份有限公司	电商企业
81	上海唐姿贸易有限公司	电商企业
82	上海顶捷供应链管理有限公司	电商企业
83	上海海丰供应链管理有限公司	电商企业
84	恩禄进出口贸易（上海）有限公司	电商企业
85	远品国际贸易（上海）有限公司	电商企业
86	上海聚润纺织品有限公司	电商企业
87	上海东方明珠国际贸易有限公司	电商企业
88	上海众馥实业有限公司	电商企业
89	上海易统食品贸易有限公司	电商企业
90	上海奕松国际贸易有限公司	电商企业
91	上海跨鲜电子商务有限公司	电商企业
92	上海澳集进出口有限公司	电商企业
93	上海应时贸易有限公司	电商企业
94	上海君田国际贸易有限公司	电商企业
95	上海尧赫国际贸易有限公司	电商企业
96	上海外高桥国际物流有限公司	电商企业
97	上海楚玥国际贸易有限公司	电商企业
98	上海翔赟国际贸易有限公司	电商企业
99	上海欧境贸易有限公司	电商企业
100	榕淑（上海）国际贸易有限公司	电商企业
101	上海德代国际贸易有限公司	电商企业

表2-1　续4

序号	企业名称	企业类型
102	上海好洋农电子商务有限公司	电商企业
103	上海澳骏电子商务有限公司	电商企业
104	上海羚致进出口有限公司	电商企业
105	上海里辉实业有限公司	电商企业
106	上海瑞伯国际贸易有限公司	电商企业
107	建达蓝德计算机国际贸易（上海）有限公司	电商企业
108	上海鼎隆国际物流有限公司	电商企业
109	上海樱通国际贸易有限公司	电商企业
110	隽才国际贸易（上海）有限公司	电商企业
111	保德科立思塔（上海）国际贸易有限公司	电商企业
112	上海上裕国际贸易有限公司	电商企业
113	上海库珂商贸有限公司	电商企业
114	上海佳敏国际贸易有限公司	电商企业
115	森宏（上海）贸易有限公司	电商企业
116	上海觉音国际贸易有限公司	电商企业
117	上海薏柏国际贸易有限公司	电商企业
118	上海基森仓储有限公司	物流企业
119	上海园洲供应链管理有限公司	物流企业
120	杭州佳成国际货运代理有限公司	物流企业
121	上海东航快递有限公司	物流企业
122	北京明邦运通国际运输服务有限公司上海分公司	物流企业
123	上海基森企业管理有限公司	物流企业
124	上海跨境通国际贸易有限公司	物流企业
125	顺丰速运集团（上海）速运有限公司	物流企业
126	中外运泓丰（上海）国际物流有限公司	物流企业
127	上海威盛报关有限公司	物流企业
128	上海跨通国际贸易有限公司	物流企业
129	上海翼速国际物流有限公司	物流企业
130	联合包裹物流（上海）有限公司	物流企业
131	上海鸿硕国际货运代理有限公司	物流企业
132	上海畅灵国际货运代理有限公司	物流企业

表2-1 续5

序号	企业名称	企业类型
133	天津易客满国际物流有限公司	物流企业
134	上海捷利货运有限公司	物流企业
135	上海跨松国际贸易有限公司	物流企业
136	上海深水港国际物流有限公司	物流企业
137	DHL空运服务（上海）有限公司	物流企业
138	上海嘉境通国际贸易有限公司	物流企业
139	上海铂选电子商务有限公司	物流企业
140	上海义达国际物流有限公司	物流企业
141	欧西爱司物流（上海）有限公司	物流企业
142	上海欣林供应链管理有限公司	物流企业
143	上海左亨右贞投资管理有限公司	物流企业
144	上海华田电子商务有限公司	物流企业
145	财付通支付科技有限公司	支付企业
146	支付宝（中国）网络技术有限公司	支付企业
147	连连银通电子支付有限公司	支付企业
148	上海盛付通电子支付服务有限公司	支付企业
149	中国工商银行股份有限公司上海市分行	支付企业
150	上海富友支付服务有限公司	支付企业
151	南京苏宁易付宝网络科技有限公司	支付企业
152	通联支付网络服务股份有限公司	支付企业
153	网银在线（北京）科技有限公司	支付企业
154	上海银联电子支付服务有限公司	支付企业
155	北京爱农驿站科技服务有限公司	支付企业
156	深圳市海安普科技有限公司	平台类企业
157	上海跨境通国际贸易有限公司	平台类企业
158	上海众馥实业有限公司	平台类企业

统计数据

一、上海跨境电子商务服务试点进口业务报表

上海跨境电子商务服务试点进口业务报表见表2-2。

表2-2　上海跨境电子商务服务试点进口业务报表

（2016年1月1日~2016年12月31日）

区域	时间	验放清单（万票）	消费者（人）	货值（万元）	增长率（%）	税款（万元）	上线商品种类（个）	商品种类（进口量前五位）	备案电商企业（个）	上线企业（个）
上海	2016.01.01~2016.12.31	1 114	—	212 292	408.89	7 533	2 432 643	1. 进口食品包裹量：2 269 846单 2. 个护彩妆包裹量：1 424 310单 3. 生活家居包裹量：1 328 100单 4. 母婴用品包裹量：1 221 690单 5. 鞋靴箱包包裹量：68 604单	830	298

二、上海跨境电子商务服务试点分税号商品出入境统计

上海跨境电子商务服务试点分税号商品出入境统计见表2-3。

表2-3　上海跨境电子商务分税号商品出入境统计

（2016年1月1日~2016年12月31日）

序号	出/入境	业务模式	HS税号/行邮税号	商品品类	包裹量	金额（万元）	税款（万元）
1	入境	保税业务	1008	进口食品	3	0.10	0.01
2	入境	保税业务	1211	营养保健	68	3.31	0.30
3	入境	保税业务	1212	进口食品	8 549	130.85	13.20
4	入境	保税业务	1506	进口食品	12	0.31	0.04
5	入境	保税业务	1508	进口食品	975	9.95	0.94

表2-3　续1

序号	出/入境	业务模式	HS 税号/行邮税号	商品品类	包裹量	金额（万元）	税款（万元）
6	入境	保税业务	1509	进口食品	6 367	88.05	8.14
7	入境	保税业务	1511	进口食品	254	4.82	0.44
8	入境	保税业务	1512	进口食品	346	4.28	0.42
9	入境	保税业务	1513	进口食品	5 074	77.27	7.28
10	入境	保税业务	1514	进口食品	58	1.91	0.20
11	入境	保税业务	1515	进口食品	7 824	128.43	14.35
12	入境	保税业务	1516	进口食品	182	3.49	0.41
13	入境	保税业务	1517	进口食品	2	0.02	0
14	入境	保税业务	1518	进口食品	250	2.63	0.29
15	入境	保税业务	1604	进口食品	472	3.19	0.37
16	入境	保税业务	1605	进口食品	34	0.32	0.04
17	入境	保税业务	1701	进口食品	1	0	0
18	入境	保税业务	1702	进口食品	15 830	140.87	8.29
19	入境	保税业务	1704	进口食品	30 637	311.39	36.87
20	入境	保税业务	1805	进口食品	804	9.56	1.14
21	入境	保税业务	1806	进口食品	74 030	668.54	79.20
22	入境	保税业务	1901	母婴用品	543 575	14 414.74	1 508.93
23	入境	保税业务	1902	进口食品	31 735	323	38.39
24	入境	保税业务	1904	进口食品	324 417	2 622.81	308.26
25	入境	保税业务	1905	进口食品	507 074	4 868.67	575.36
26	入境	保税业务	2002	进口食品	824	2.35	0.28
27	入境	保税业务	2005	进口食品	3 621	33.54	4
28	入境	保税业务	2006	进口食品	1 588	16.62	1.93
29	入境	保税业务	2007	进口食品	42 914	373.87	44.03
30	入境	保税业务	2008	进口食品	110 863	1 079.93	126.96
31	入境	保税业务	2009	进口食品	66 144	508.94	61.12
32	入境	保税业务	2101	进口食品	29 671	234	27.82
33	入境	保税业务	2103	进口食品	4 782	42.99	5.08
34	入境	保税业务	2104	进口食品	3 261	34.19	4.07
35	入境	保税业务	2106	营养保健	490 664	10 483.62	1 155.14

表2-3　续2

序号	出/入境	业务模式	HS 税号/行邮税号	商品品类	包裹量	金额（万元）	税款（万元）
36	入境	保税业务	2201	进口食品	40 724	516. 39	53. 19
37	入境	保税业务	2202	进口食品	63 164	561. 57	57. 26
38	入境	保税业务	2204	进口食品	25 727	509. 20	105. 98
39	入境	保税业务	2206	进口食品	133	4. 16	0. 79
40	入境	保税业务	2209	进口食品	430	4. 53	0. 52
41	入境	保税业务	2501	进口食品	247	4. 28	0. 40
42	入境	保税业务	3005	生活家居	5 762	93. 86	11. 27
43	入境	保税业务	3006	生活家居	2 227	22. 60	2. 62
44	入境	保税业务	3215	生活家居	10 049	147. 91	17. 51
45	入境	保税业务	3301	个护彩妆	14 729	329. 08	39. 35
46	入境	保税业务	3303	个护彩妆	367	1. 14	0. 44
47	入境	保税业务	3304	个护彩妆	657 313	7 447. 70	875. 83
48	入境	保税业务	3305	个护彩妆	231 554	3 110. 72	363. 60
49	入境	保税业务	3306	个护彩妆	186 442	1 518	181. 28
50	入境	保税业务	3307	个护彩妆	145 176	1 660. 14	197. 48
51	入境	保税业务	3401	生活家居	166 494	2 205. 93	262. 03
52	入境	保税业务	3402	生活家居	109 018	1 231. 42	143. 06
53	入境	保税业务	3403	生活家居	223	6. 09	0. 73
54	入境	保税业务	3405	生活家居	153	2. 13	0. 25
55	入境	保税业务	3506	生活家居	31	0. 33	0. 04
56	入境	保税业务	3808	生活家居	6 615	62. 82	6. 05
57	入境	保税业务	3917	生活家居	17	0. 19	0. 02
58	入境	保税业务	3918	生活家居	3	0. 04	0
59	入境	保税业务	3919	生活家居	70	0. 69	0. 09
60	入境	保税业务	3920	生活家居	225	2. 45	0. 30
61	入境	保税业务	3923	生活家居	2 401	60. 96	7. 25
62	入境	保税业务	3924	生活家居	26 748	348. 42	37. 62
63	入境	保税业务	3926	生活家居	27 679	515. 76	61. 26
64	入境	保税业务	4011	进口食品	38 797	347. 79	36. 05
65	入境	保税业务	4012	进口食品	427 069	3 160. 67	363. 34

表2-3 续3

序号	出/入境	业务模式	HS 税号/行邮税号	商品品类	包裹量	金额（万元）	税款（万元）
66	入境	保税业务	4014	生活家居	82 445	1 106.78	5.22
67	入境	保税业务	4015	进口食品	24 087	279.43	33.15
68	入境	保税业务	4016	生活家居	3 084	40.56	4.84
69	入境	保税业务	4021	进口食品	83 473	832.91	86.53
70	入境	保税业务	4022	进口食品	220 296	2 433.53	271.53
71	入境	保税业务	4029	进口食品	14	0.97	0.12
72	入境	保税业务	4031	进口食品	5 641	50.11	5.90
73	入境	保税业务	4049	进口食品	6 961	122.35	14.56
74	入境	保税业务	4052	进口食品	3 260	24.43	2.91
75	入境	保税业务	4090	营养保健	24 835	684.93	63.41
76	入境	保税业务	4100	营养保健	115	2.26	0.27
77	入境	保税业务	4202	鞋靴箱包	469	26.49	3.16
78	入境	保税业务	4203	生活家居	2	0.25	0.03
79	入境	保税业务	4205	生活家居	6	0.40	0.05
80	入境	保税业务	4419	生活家居	21	1.54	0.19
81	入境	保税业务	4421	生活家居	45	2	0.24
82	入境	保税业务	4811	生活家居	11	0.27	0.03
83	入境	保税业务	4818	生活家居	6 471	84.01	9.69
84	入境	保税业务	4819	生活家居	100	0.62	0.06
85	入境	保税业务	4820	生活家居	7	0.10	0.01
86	入境	保税业务	4823	生活家居	776	4.80	0.62
87	入境	保税业务	5601	生活家居	4 586	54.79	6.53
88	入境	保税业务	6105	时尚服饰	9	0.43	0.05
89	入境	保税业务	6107	时尚服饰	3	0.11	0.01
90	入境	保税业务	6108	时尚服饰	27	0.42	0.05
91	入境	保税业务	6109	时尚服饰	166	3.04	0.36
92	入境	保税业务	6111	时尚服饰	22	1.81	0.22
93	入境	保税业务	6115	时尚服饰	3 477	40.48	4.81
94	入境	保税业务	6204	时尚服饰	5	0.12	0.01
95	入境	保税业务	6205	时尚服饰	234	32.60	3.88

表2-3　续4

序号	出/入境	业务模式	HS 税号/行邮税号	商品品类	包裹量	金额（万元）	税款（万元）
96	入境	保税业务	6209	时尚服饰	41	4.88	0.58
97	入境	保税业务	6210	时尚服饰	557	15.24	1.82
98	入境	保税业务	6212	时尚服饰	43	1.21	0.14
99	入境	保税业务	6213	时尚服饰	34	1.04	0.12
100	入境	保税业务	6214	精美配饰	979	32.07	3.82
101	入境	保税业务	6215	精美配饰	1	0.08	0.01
102	入境	保税业务	6217	精美配饰	198	3.96	0.47
103	入境	保税业务	6301	生活家居	3	0.26	0.03
104	入境	保税业务	6302	生活家居	368	9	1.07
105	入境	保税业务	6307	生活家居	20 359	341.16	40.59
106	入境	保税业务	6402	鞋靴箱包	227	1.48	0.18
107	入境	保税业务	6403	鞋靴箱包	111	5.27	0.63
108	入境	保税业务	6404	鞋靴箱包	18	0.33	0.04
109	入境	保税业务	6505	精美配饰	3	0.04	0
110	入境	保税业务	6804	生活家居	9	0.10	0.01
111	入境	保税业务	6911	生活家居	288	9.45	1.12
112	入境	保税业务	6913	生活家居	3	0.13	0.02
113	入境	保税业务	7009	生活家居	12	0.05	0.01
114	入境	保税业务	7010	生活家居	476	9.26	1.10
115	入境	保税业务	7013	生活家居	1 427	28.08	3.27
116	入境	保税业务	7117	精美配饰	379	8.41	1
117	入境	保税业务	7129	进口食品	129	1.07	0.11
118	入境	保税业务	7323	生活家居	1 924	110.69	13.18
119	入境	保税业务	7325	生活家居	98	1.90	0.23
120	入境	保税业务	7326	生活家居	84	1.59	0.19
121	入境	保税业务	7615	生活家居	316	11.66	1.38
122	入境	保税业务	7616	生活家居	8	0.66	0.08
123	入境	保税业务	8039	进口食品	364	2.42	0.27
124	入境	保税业务	8043	进口食品	1	0	0
125	入境	保税业务	8045	进口食品	14	0.02	0

表2-3 续5

序号	出/入境	业务模式	HS税号/行邮税号	商品品类	包裹量	金额（万元）	税款（万元）
126	入境	保税业务	8059	进口食品	1	0	0
127	入境	保税业务	8062	进口食品	2 374	19.77	1.99
128	入境	保税业务	8131	进口食品	3 020	39.10	3.85
129	入境	保税业务	8132	进口食品	3 100	24.82	2.38
130	入境	保税业务	8134	进口食品	2 639	21.45	2.19
131	入境	保税业务	8135	进口食品	55	2.22	0.26
132	入境	保税业务	8203	生活家居	12	0.44	0.07
133	入境	保税业务	8205	生活家居	1	0.19	0.02
134	入境	保税业务	8210	生活家居	49	1.60	0.19
135	入境	保税业务	8211	生活家居	210	16.04	1.91
136	入境	保税业务	8212	生活家居	900	5.18	0.66
137	入境	保税业务	8213	生活家居	162	3.59	0.43
138	入境	保税业务	8214	生活家居	1 130	27.76	3.29
139	入境	保税业务	8215	生活家居	192	2.34	0.28
140	入境	保税业务	8413	生活家居	73	2.65	0.29
141	入境	保税业务	8414	生活家居	370	7.64	0.91
142	入境	保税业务	8419	生活家居	5	0.08	0.01
143	入境	保税业务	8421	生活家居	70 654	1 621.72	113.46
144	入境	保税业务	8509	生活家居	8 234	634.97	75.35
145	入境	保税业务	8510	生活家居	210	4.28	0.51
146	入境	保税业务	8516	生活家居	7 637	122.39	14.51
147	入境	保税业务	8518	生活家居	26	2.30	0.27
148	入境	保税业务	8525	生活家居	1	0.04	0
149	入境	保税业务	8543	生活家居	2 033	281	33.44
150	入境	保税业务	8715	母婴用品	19	2.78	0.33
151	入境	保税业务	9001	精美配饰	48	3.58	0.43
152	入境	保税业务	9004	精美配饰	14	1.71	0.20
153	入境	保税业务	9012	进口食品	13 196	238.37	21.21
154	入境	保税业务	9019	生活家居	731	54.76	6.51
155	入境	保税业务	9021	进口食品	614	8.93	0.92

表2-3　续6

序号	出/入境	业务模式	HS 税号/行邮税号	商品品类	包裹量	金额（万元）	税款（万元）
156	入境	保税业务	9023	进口食品	879	17.81	1.77
157	入境	保税业务	9025	生活家居	4 682	246.23	29.30
158	入境	保税业务	9030	进口食品	15	0.07	0.01
159	入境	保税业务	9401	生活家居	5 817	801.74	48.54
160	入境	保税业务	9403	生活家居	50	2.35	0.28
161	入境	保税业务	9404	生活家居	19 800	482.53	38.63
162	入境	保税业务	9405	生活家居	6	0.05	0.01
163	入境	保税业务	9503	母婴用品	1 917	34.05	3.68
164	入境	保税业务	9506	生活家居	2	0.03	0
165	入境	保税业务	9603	生活家居	41 762	542.39	63.02
166	入境	保税业务	9608	生活家居	34 566	744.18	88.32
167	入境	保税业务	9609	生活家居	238	7.47	0.89
168	入境	保税业务	9615	生活家居	734	7.71	0.94
169	入境	保税业务	9616	生活家居	103 649	633.18	75.57
170	入境	保税业务	9617	生活家居	45 167	1 108.64	114.72
171	入境	保税业务	9619	母婴用品	631 519	13 421.51	1 276.11
172	入境	直邮业务	1004	进口食品	85	3.86	0
173	入境	直邮业务	1102	进口食品	214	8.65	0.02
174	入境	直邮业务	1104	进口食品	306	10.59	0
175	入境	直邮业务	1106	进口食品	50	2.22	0
176	入境	直邮业务	1204	进口食品	1	0.08	0.01
177	入境	直邮业务	1207	进口食品	5	0.12	0.01
178	入境	直邮业务	1208	进口食品	11	0.35	0
179	入境	直邮业务	1211	进口食品	47	1.56	0
180	入境	直邮业务	1212	进口食品	5	0.12	0.01
181	入境	直邮业务	1404	进口食品	3	0.11	0.01
182	入境	直邮业务	1509	进口食品	12	0.42	0.07
183	入境	直邮业务	1513	进口食品	71	1.92	0.15
184	入境	直邮业务	1514	进口食品	10	0.18	0.02
185	入境	直邮业务	1515	进口食品	108	3.88	0.46

表2-3 续7

序号	出/入境	业务模式	HS税号/行邮税号	商品品类	包裹量	金额（万元）	税款（万元）
186	入境	直邮业务	1516	进口食品	881	33.28	3.95
187	入境	直邮业务	1517	进口食品	3	0.19	0.02
188	入境	直邮业务	1518	进口食品	1	0.01	0
189	入境	直邮业务	1602	进口食品	46	1.66	0.20
190	入境	直邮业务	1604	进口食品	340	9.98	0.52
191	入境	直邮业务	1701	进口食品	29	0.80	0.05
192	入境	直邮业务	1702	进口食品	128	4.34	0.11
193	入境	直邮业务	1704	进口食品	4 163	130.76	12.92
194	入境	直邮业务	1805	进口食品	34	0.54	0.06
195	入境	直邮业务	1806	进口食品	2 696	98.56	11.35
196	入境	直邮业务	1901	母婴用品	70 448	4 334.58	349.86
197	入境	直邮业务	1902	进口食品	1 914	20.82	2.33
198	入境	直邮业务	1904	进口食品	3 017	90.83	10.28
199	入境	直邮业务	1905	进口食品	3 786	67.61	7.61
200	入境	直邮业务	2002	进口食品	1	0.04	0
201	入境	直邮业务	2005	进口食品	36	0.74	0.05
202	入境	直邮业务	2006	进口食品	1 915	73.74	8.18
203	入境	直邮业务	2007	进口食品	485	19.44	2.26
204	入境	直邮业务	2008	进口食品	517	14.09	1.16
205	入境	直邮业务	2009	进口食品	94	3.04	0.15
206	入境	直邮业务	2101	进口食品	516	17.04	1.95
207	入境	直邮业务	2103	进口食品	113	2.40	0.25
208	入境	直邮业务	2104	进口食品	164	4.94	0.20
209	入境	直邮业务	2105	进口食品	9	0.38	0
210	入境	直邮业务	2106	营养保健	20 806	881.93	88.96
211	入境	直邮业务	2201	进口食品	12	0.19	0.02
212	入境	直邮业务	2202	进口食品	1 284	35.07	3.38
213	入境	直邮业务	2204	进口食品	390	15.73	3.29
214	入境	直邮业务	2209	进口食品	5	0.14	0.02
215	入境	直邮业务	2501	进口食品	499	9.07	0.94

表2-3　续8

序号	出/入境	业务模式	HS 税号/行邮税号	商品品类	包裹量	金额（万元）	税款（万元）
216	入境	直邮业务	2853	进口食品	6	0.07	0.01
217	入境	直邮业务	3005	生活家居	875	33.17	3.90
218	入境	直邮业务	3006	生活家居	14	0.42	0.04
219	入境	直邮业务	3213	生活家居	243	8.23	0.91
220	入境	直邮业务	3215	生活家居	413	12.94	1.03
221	入境	直邮业务	3301	个护彩妆	924	27.33	1.82
222	入境	直邮业务	3302	个护彩妆	2	0.14	0.02
223	入境	直邮业务	3303	个护彩妆	189	10.12	2.76
224	入境	直邮业务	3304	个护彩妆	70 494	1 927.04	201.94
225	入境	直邮业务	3305	个护彩妆	20 541	536.25	41.25
226	入境	直邮业务	3306	个护彩妆	6 791	173.60	14.91
227	入境	直邮业务	3307	个护彩妆	8 366	243.44	21.20
228	入境	直邮业务	3401	生活家居	14 174	407.62	34.60
229	入境	直邮业务	3402	生活家居	3 326	89.72	8.22
230	入境	直邮业务	3403	生活家居	40	0.97	0.10
231	入境	直邮业务	3404	生活家居	53	1.88	0.08
232	入境	直邮业务	3405	生活家居	924	27.38	1.42
233	入境	直邮业务	3406	生活家居	627	19.67	2.21
234	入境	直邮业务	3407	生活家居	72	1.37	0.16
235	入境	直邮业务	3506	生活家居	519	20.06	0.68
236	入境	直邮业务	3507	生活家居	11	0.28	0
237	入境	直邮业务	3703	生活家居	53	1.87	0.05
238	入境	直邮业务	3808	生活家居	62	1.80	0.08
239	入境	直邮业务	3810	生活家居	8	0.36	0
240	入境	直邮业务	3822	生活家居	19	0.57	0.07
241	入境	直邮业务	3824	生活家居	3	0.10	0.01
242	入境	直邮业务	3917	生活家居	41	1.30	0.06
243	入境	直邮业务	3918	生活家居	15	0.59	0.05
244	入境	直邮业务	3919	生活家居	200	6.14	0.72
245	入境	直邮业务	3920	生活家居	54	1.76	0.01

表2-3　续9

序号	出/入境	业务模式	HS税号/行邮税号	商品品类	包裹量	金额（万元）	税款（万元）
246	入境	直邮业务	3921	生活家居	264	7.47	0.12
247	入境	直邮业务	3922	生活家居	592	28.28	0.43
248	入境	直邮业务	3923	生活家居	891	30.47	0.77
249	入境	直邮业务	3924	生活家居	68 600	1 771.93	180.60
250	入境	直邮业务	3925	生活家居	49	1.37	0
251	入境	直邮业务	3926	生活家居	12 948	377.62	36.78
252	入境	直邮业务	4007	生活家居	26	1.27	0.02
253	入境	直邮业务	4008	生活家居	32	1.09	0.01
254	入境	直邮业务	4014	生活家居	1 132	38.06	1.31
255	入境	直邮业务	4015	进口食品	163	5.70	0.08
256	入境	直邮业务	4016	生活家居	2 104	63.26	3.40
257	入境	直邮业务	4017	生活家居	540	18.89	0.01
258	入境	直邮业务	4021	进口食品	6	0.10	0
259	入境	直邮业务	4022	进口食品	47	1.48	0.17
260	入境	直邮业务	4029	进口食品	115	5.76	0.45
261	入境	直邮业务	4031	进口食品	8	0.36	0.04
262	入境	直邮业务	4039	进口食品	17	0.16	0.02
263	入境	直邮业务	4090	营养保健	252	13.16	1.11
264	入境	直邮业务	4100	营养保健	121	4.48	0.17
265	入境	直邮业务	4201	生活家居	251	7.62	0.85
266	入境	直邮业务	4202	鞋靴箱包	253 994	17 189.85	1 888.93
267	入境	直邮业务	4203	生活家居	35 584	1 320.78	126.80
268	入境	直邮业务	4205	生活家居	422	14.31	1.55
269	入境	直邮业务	4303	生活家居	20	0.74	0.03
270	入境	直邮业务	4304	生活家居	51	3.51	0.41
271	入境	直邮业务	4414	生活家居	219	6.29	0.58
272	入境	直邮业务	4419	生活家居	577	19.35	0.66
273	入境	直邮业务	4420	生活家居	184	7.12	0.77
274	入境	直邮业务	4421	生活家居	209	6.75	0.46
275	入境	直邮业务	4504	生活家居	4	0.11	0

表2-3　续10

序号	出/入境	业务模式	HS税号/行邮税号	商品品类	包裹量	金额（万元）	税款（万元）
276	入境	直邮业务	4602	生活家居	9	0.34	0.02
277	入境	直邮业务	4802	生活家居	63	1.68	0.11
278	入境	直邮业务	4803	生活家居	547	25.80	0.06
279	入境	直邮业务	4811	生活家居	241	11.73	0.46
280	入境	直邮业务	4814	生活家居	294	8.12	0.75
281	入境	直邮业务	4817	生活家居	14	0.64	0.08
282	入境	直邮业务	4818	生活家居	218	6.66	0.41
283	入境	直邮业务	4819	生活家居	17	0.47	0.02
284	入境	直邮业务	4820	生活家居	1 589	54.04	3.87
285	入境	直邮业务	4823	生活家居	470	13.03	1.33
286	入境	直邮业务	4901	生活家居	4 414	282.36	25.88
287	入境	直邮业务	4903	生活家居	308	8.21	0.86
288	入境	直邮业务	4908	生活家居	440	12.03	1.35
289	入境	直邮业务	4909	生活家居	11	0.64	0.07
290	入境	直邮业务	4910	生活家居	122	3.21	0.24
291	入境	直邮业务	4911	生活家居	260	7.19	0.84
292	入境	直邮业务	5407	生活家居	2	0.08	0
293	入境	直邮业务	5601	生活家居	832	25.06	0.38
294	入境	直邮业务	5603	生活家居	155	8.64	0.01
295	入境	直邮业务	5604	生活家居	54	1.70	0.02
296	入境	直邮业务	5607	生活家居	265	9.24	0.11
297	入境	直邮业务	5608	生活家居	12	0.55	0.01
298	入境	直邮业务	5609	生活家居	59	2.51	0.03
299	入境	直邮业务	5703	生活家居	8	0.21	0.03
300	入境	直邮业务	5705	生活家居	40	1.14	0.10
301	入境	直邮业务	5802	生活家居	202	7.01	0
302	入境	直邮业务	5806	生活家居	25	0.77	0.02
303	入境	直邮业务	6101	时尚服饰	3 911	184.70	0.21
304	入境	直邮业务	6102	时尚服饰	987	50.22	0.26
305	入境	直邮业务	6103	时尚服饰	20 744	694.93	4.46

表2-3 续11

序号	出/入境	业务模式	HS 税号/行邮税号	商品品类	包裹量	金额（万元）	税款（万元）
306	入境	直邮业务	6104	时尚服饰	8 032	281.73	7.19
307	入境	直邮业务	6105	时尚服饰	28 757	946.82	103.76
308	入境	直邮业务	6106	时尚服饰	4 273	124.71	13.46
309	入境	直邮业务	6107	时尚服饰	10 528	295.25	27.74
310	入境	直邮业务	6108	时尚服饰	6 352	208.89	17.56
311	入境	直邮业务	6109	时尚服饰	103 706	3 206.76	318.04
312	入境	直邮业务	6110	时尚服饰	63 600	2 761.72	314.70
313	入境	直邮业务	6111	时尚服饰	7 480	210.95	9.52
314	入境	直邮业务	6112	时尚服饰	1 935	63.69	6.18
315	入境	直邮业务	6113	时尚服饰	16	0.58	0
316	入境	直邮业务	6114	时尚服饰	3 122	102.50	6.70
317	入境	直邮业务	6115	时尚服饰	20 419	554.72	39.75
318	入境	直邮业务	6116	时尚服饰	1 498	41.37	3.16
319	入境	直邮业务	6117	时尚服饰	6 821	269.04	25.76
320	入境	直邮业务	6201	时尚服饰	30 679	1 647.77	175.44
321	入境	直邮业务	6202	时尚服饰	13 715	823.49	89.65
322	入境	直邮业务	6203	时尚服饰	52 507	1 948.91	226.25
323	入境	直邮业务	6204	时尚服饰	42 888	1 735.79	202.63
324	入境	直邮业务	6205	时尚服饰	32 057	1 199.47	118.71
325	入境	直邮业务	6206	时尚服饰	6 108	284.99	33.52
326	入境	直邮业务	6207	时尚服饰	22 419	637.28	51
327	入境	直邮业务	6208	时尚服饰	11 284	333.79	37.12
328	入境	直邮业务	6209	时尚服饰	9 310	288.47	28.81
329	入境	直邮业务	6210	时尚服饰	27	1.59	0.17
330	入境	直邮业务	6211	时尚服饰	9 138	365.76	40.70
331	入境	直邮业务	6212	时尚服饰	14 531	569.26	59.84
332	入境	直邮业务	6213	时尚服饰	52	1.97	0.21
333	入境	直邮业务	6214	精美配饰	10 300	473.15	54.60
334	入境	直邮业务	6215	精美配饰	1 276	35.23	3.73
335	入境	直邮业务	6216	精美配饰	205	5.53	0.56

表2-3 续12

序号	出/入境	业务模式	HS 税号/行邮税号	商品品类	包裹量	金额（万元）	税款（万元）
336	入境	直邮业务	6217	精美配饰	924	23	1.94
337	入境	直邮业务	6301	生活家居	3 301	100.29	11.20
338	入境	直邮业务	6302	生活家居	5 299	162.68	16.98
339	入境	直邮业务	6304	生活家居	170	6.34	0.34
340	入境	直邮业务	6307	生活家居	6 941	241.99	16.62
341	入境	直邮业务	6308	生活家居	64	2.53	0.22
342	入境	直邮业务	6401	鞋靴箱包	1 037	36.14	1.10
343	入境	直邮业务	6402	鞋靴箱包	92 061	3 582.83	371.49
344	入境	直邮业务	6403	鞋靴箱包	217 827	9 952.41	926.41
345	入境	直邮业务	6404	鞋靴箱包	88 968	3 512.33	342.49
346	入境	直邮业务	6405	鞋靴箱包	31 456	1 075.05	1.63
347	入境	直邮业务	6406	鞋靴箱包	710	22.32	0.53
348	入境	直邮业务	6505	精美配饰	13 377	338.37	34.14
349	入境	直邮业务	6506	生活家居	3 425	82.92	6.32
350	入境	直邮业务	6601	生活家居	2 079	45.84	4.87
351	入境	直邮业务	6704	精美配饰	60	2.55	0.20
352	入境	直邮业务	6802	生活家居	21	0.57	0.01
353	入境	直邮业务	6804	生活家居	82	2.04	0.22
354	入境	直邮业务	6805	生活家居	6	0.10	0.01
355	入境	直邮业务	6806	生活家居	10	0.46	0
356	入境	直邮业务	6810	生活家居	67	1.83	0.20
357	入境	直邮业务	6910	生活家居	33	1.89	0.01
358	入境	直邮业务	6911	生活家居	11 623	479.85	5.49
359	入境	直邮业务	6912	生活家居	1 247	49.64	3.42
360	入境	直邮业务	6913	生活家居	81	3.59	0.33
361	入境	直邮业务	6914	生活家居	24	0.86	0.06
362	入境	直邮业务	7009	生活家居	128	5.35	0.55
363	入境	直邮业务	7010	生活家居	497	11.67	1.23
364	入境	直邮业务	7013	生活家居	6 880	213.86	14.44
365	入境	直邮业务	7018	生活家居	39	1.26	0.04

表2-3　续13

序号	出/入境	业务模式	HS税号/行邮税号	商品品类	包裹量	金额（万元）	税款（万元）
366	入境	直邮业务	7020	生活家居	112	4.16	0.10
367	入境	直邮业务	7113	精美配饰	35 334	1 119.85	89.52
368	入境	直邮业务	7116	精美配饰	9 313	274.93	31.15
369	入境	直邮业务	7117	精美配饰	6 841	202.04	23.91
370	入境	直邮业务	7129	进口食品	7	0.42	0.05
371	入境	直邮业务	7319	精美配饰	151	3.51	0.33
372	入境	直邮业务	7321	生活家居	3 557	185.20	0.11
373	入境	直邮业务	7323	生活家居	25 580	789.32	57.62
374	入境	直邮业务	7324	生活家居	3 157	209.60	2.09
375	入境	直邮业务	7325	生活家居	11	0.32	0
376	入境	直邮业务	7326	生活家居	1 393	44.77	4.23
377	入境	直邮业务	7418	生活家居	66	4.17	0.03
378	入境	直邮业务	7419	生活家居	39	1.48	0.12
379	入境	直邮业务	7607	生活家居	5	0.20	0.01
380	入境	直邮业务	7615	生活家居	745	36.80	0.84
381	入境	直邮业务	7616	生活家居	20	0.60	0.05
382	入境	直邮业务	8021	进口食品	20	0.56	0.05
383	入境	直邮业务	8023	进口食品	9	0.24	0.02
384	入境	直邮业务	8025	进口食品	2	0.10	0.01
385	入境	直邮业务	8026	进口食品	1	0.02	0
386	入境	直邮业务	8029	进口食品	37	1.19	0.10
387	入境	直邮业务	8039	进口食品	1	0.03	0
388	入境	直邮业务	8043	进口食品	1	0.03	0
389	入境	直邮业务	8045	进口食品	1	0.03	0
390	入境	直邮业务	8055	进口食品	1	0.05	0.01
391	入境	直邮业务	8062	进口食品	2	0.05	0.01
392	入境	直邮业务	8133	进口食品	5	0.30	0.04
393	入境	直邮业务	8134	进口食品	65	2.16	0.23
394	入境	直邮业务	8135	进口食品	43	1.36	0.14
395	入境	直邮业务	8201	生活家居	23	0.71	0.05

表2-3 续14

序号	出/入境	业务模式	HS 税号/行邮税号	商品品类	包裹量	金额（万元）	税款（万元）
396	入境	直邮业务	8203	生活家居	293	7.87	0.42
397	入境	直邮业务	8204	生活家居	135	4.92	0.21
398	入境	直邮业务	8205	生活家居	2 553	74.27	5.91
399	入境	直邮业务	8208	生活家居	1	0.08	0
400	入境	直邮业务	8210	生活家居	332	8	0.89
401	入境	直邮业务	8211	生活家居	219	10.68	0.89
402	入境	直邮业务	8212	生活家居	2 177	40.89	2.61
403	入境	直邮业务	8213	生活家居	431	10.86	1.02
404	入境	直邮业务	8214	生活家居	1 046	35.03	3
405	入境	直邮业务	8215	生活家居	2 102	59.36	4.66
406	入境	直邮业务	8301	生活家居	305	17.18	0.89
407	入境	直邮业务	8302	生活家居	4 265	154.30	1.10
408	入境	直邮业务	8305	生活家居	231	8.11	0.09
409	入境	直邮业务	8306	生活家居	451	16.45	0.61
410	入境	直邮业务	8308	生活家居	116	3.08	0.17
411	入境	直邮业务	8309	生活家居	147	3.06	0.33
412	入境	直邮业务	8310	生活家居	13	0.30	0.03
413	入境	直邮业务	8413	生活家居	137	5.49	0.47
414	入境	直邮业务	8414	生活家居	335	11.86	1.40
415	入境	直邮业务	8418	生活家居	2	0.10	0.01
416	入境	直邮业务	8419	生活家居	549	36.84	0.07
417	入境	直邮业务	8421	生活家居	5 497	273.91	15.70
418	入境	直邮业务	8422	生活家居	17	1.03	0.12
419	入境	直邮业务	8423	生活家居	204	7.04	0.65
420	入境	直邮业务	8424	生活家居	106	5.22	0.62
421	入境	直邮业务	8434	生活家居	92	3.10	0
422	入境	直邮业务	8435	生活家居	4	0.21	0
423	入境	直邮业务	8438	生活家居	361	15.89	0.30
424	入境	直邮业务	8443	生活家居	2 594	139.12	7.20
425	入境	直邮业务	8450	生活家居	1	0.09	0.01

表2-3 续15

序号	出/入境	业务模式	HS 税号/行邮税号	商品品类	包裹量	金额（万元）	税款（万元）
426	入境	直邮业务	8467	生活家居	260	14.82	1.50
427	入境	直邮业务	8470	生活家居	123	7.71	0.44
428	入境	直邮业务	8471	生活家居	18 136	1 132.52	68.07
429	入境	直邮业务	8472	生活家居	66	7.12	0.01
430	入境	直邮业务	8479	生活家居	206	10.53	0.62
431	入境	直邮业务	8481	生活家居	507	30.32	2
432	入境	直邮业务	8501	生活家居	283	10.33	0.01
433	入境	直邮业务	8504	生活家居	876	21.92	2.37
434	入境	直邮业务	8505	生活家居	33	0.95	0.07
435	入境	直邮业务	8506	生活家居	49	1.51	0.07
436	入境	直邮业务	8507	生活家居	465	9.65	1.37
437	入境	直邮业务	8508	生活家居	816	57.57	4.46
438	入境	直邮业务	8509	生活家居	48 181	2 830.69	107.68
439	入境	直邮业务	8510	生活家居	13 868	666.95	45.37
440	入境	直邮业务	8516	生活家居	8 009	436.01	19.49
441	入境	直邮业务	8517	生活家居	4 070	238.45	20.13
442	入境	直邮业务	8518	生活家居	13 428	898.38	56.75
443	入境	直邮业务	8519	生活家居	1 707	103.74	4.02
444	入境	直邮业务	8523	生活家居	5 407	155.08	14.48
445	入境	直邮业务	8525	生活家居	250	21.38	1.56
446	入境	直邮业务	8526	生活家居	141	8.67	0.51
447	入境	直邮业务	8527	生活家居	694	25.56	1.28
448	入境	直邮业务	8528	生活家居	102	14.67	1.14
449	入境	直邮业务	8543	生活家居	1 661	69.37	5.91
450	入境	直邮业务	8712	生活家居	31	1.72	0.14
451	入境	直邮业务	8715	母婴用品	758	71.75	4.74
452	入境	直邮业务	9001	精美配饰	992	43.04	0.21
453	入境	直邮业务	9002	生活家居	349	19.54	1.45
454	入境	直邮业务	9003	精美配饰	247	17.36	1.96
455	入境	直邮业务	9004	精美配饰	13 877	616.86	66.52

表2-3　续16

序号	出/入境	业务模式	HS 税号/行邮税号	商品品类	包裹量	金额（万元）	税款（万元）
456	入境	直邮业务	9006	生活家居	852	33. 47	0. 88
457	入境	直邮业务	9008	生活家居	136	5. 04	0. 19
458	入境	直邮业务	9011	进口食品	3	0. 06	0. 01
459	入境	直邮业务	9012	进口食品	179	4. 88	0. 45
460	入境	直邮业务	9013	生活家居	32	1. 36	0
461	入境	直邮业务	9017	生活家居	204	5. 70	0. 11
462	入境	直邮业务	9018	生活家居	51	2. 40	0. 15
463	入境	直邮业务	9019	进口食品	2 033	106. 70	7. 31
464	入境	直邮业务	9020	生活家居	460	17. 09	0. 10
465	入境	直邮业务	9021	进口食品	2 177	69. 08	8. 06
466	入境	直邮业务	9022	进口食品	11	0. 42	0. 03
467	入境	直邮业务	9023	进口食品	122	2. 82	0. 21
468	入境	直邮业务	9024	进口食品	11	0. 34	0. 04
469	入境	直邮业务	9025	生活家居	4 579	156. 92	10. 63
470	入境	直邮业务	9029	生活家居	267	11. 76	1. 21
471	入境	直邮业务	9030	进口食品	3	0. 04	0
472	入境	直邮业务	9041	进口食品	2	0. 03	0
473	入境	直邮业务	9042	进口食品	1	0. 03	0
474	入境	直邮业务	9101	精美配饰	228	14. 03	1. 52
475	入境	直邮业务	9102	精美配饰	41 751	2 334. 19	151. 15
476	入境	直邮业务	9103	生活家居	75	3. 94	0. 11
477	入境	直邮业务	9105	生活家居	1 325	32. 71	2. 75
478	入境	直邮业务	9106	生活家居	162	5. 29	0. 19
479	入境	直邮业务	9109	进口食品	4	0. 10	0. 01
480	入境	直邮业务	9207	生活家居	293	18. 32	0. 86
481	入境	直邮业务	9209	生活家居	311	8. 91	0. 85
482	入境	直邮业务	9401	生活家居	1 736	77. 81	7. 23
483	入境	直邮业务	9403	生活家居	1 078	72. 27	6. 37
484	入境	直邮业务	9404	生活家居	2 720	126. 14	13. 72
485	入境	直邮业务	9405	生活家居	3 044	103. 66	7. 56

表2-3 续17

序号	出/入境	业务模式	HS 税号/行邮税号	商品品类	包裹量	金额（万元）	税款（万元）
486	入境	直邮业务	9503	母婴用品	71 028	2 214.07	192.52
487	入境	直邮业务	9505	生活家居	318	13.98	1.67
488	入境	直邮业务	9506	生活家居	4 501	166.89	8.01
489	入境	直邮业务	9507	生活家居	683	19.28	1.67
490	入境	直邮业务	9601	生活家居	4	0.14	0
491	入境	直邮业务	9602	生活家居	2	0.07	0
492	入境	直邮业务	9603	生活家居	25 185	803.99	32.30
493	入境	直邮业务	9605	生活家居	146	5.41	0
494	入境	直邮业务	9608	生活家居	8 256	232.56	14.87
495	入境	直邮业务	9609	生活家居	1 934	62.93	4.30
496	入境	直邮业务	9610	生活家居	473	11.80	1.42
497	入境	直邮业务	9613	生活家居	508	12.95	1.44
498	入境	直邮业务	9615	生活家居	1 556	43	2.17
499	入境	直邮业务	9616	生活家居	903	17.71	2.16
500	入境	直邮业务	9617	生活家居	33 078	1 114.03	26.69
501	入境	直邮业务	9619	母婴用品	7 842	281.79	15.13

大事记

2016 年 1 月 15 日，12 个城市获批跨境电子商务综合试验区，赋予了 12 个城市先行先试的政策优势，大力支持综合试验区大胆探索、创新发展。

2016 年 1 月 22 日，上海跨境电子商务公共服务有限公司（下称“公共服务公司”）正式成立，承担上海跨境电子商务公共服务平台建设运营任务。

2016 年 1 月 27 日，上海跨境出口第一笔个人收结汇业务顺利完成。

2016 年 3 月 15 日，上海自贸区获批“上海市跨境电子商务示范园区”，包括外高桥保税区、外高桥保税物流园区、洋山保税港区和浦东机场综合保税区 4 个海关特殊监管区域。

2016 年 6 月 1 日，上海市人民政府办公厅关于印发《中国（上海）跨境电子商务综合试验区实施方案》的通知。

2016 年 6 月 9 日，上海举行跨境电子商务认证认可试点系统走通仪式，1 371种跨境电子商务产品认证信息实时完成自动比对并被成功标识，为消费者提供权威的质量认证信息服务。

2016 年 6 月 18 日，园洲供应链服务的京东全球购在洋山保税区完成进境单量15 万单，创下上海跨境电子商务发展的日进境峰值新高。

2016 年 7 月 9 号，汪洋副总理视察小红书并寄语：“走出一条对国家、民众非常有意义的道路，也使自己的人生变得很有价值”。

2016 年 9 月 12 日，跨境电子商务直购进口首批共 41 票、重 62 千克、价值 4 723. 1美元的货物成功退运。

2016 年 10 月中旬，亚马逊推出“prime”服务，并将“prime”主要口岸设置在上海，体现了上海的时效性和稳定性。

2016 年 11 月 11 日，“双十一”期间跨境电子商务订单数量为2 027 873笔、交易额为278 253 971. 74元，分别是 2015 年同期的 3 倍、2. 2倍。

2016 年 11 月 12 日，上海西北物流园区顺利走通一单，标志着西北物流园区可以正式开展跨境电子商务业务。

2016 年 11 月 25 日，上海口岸跨境进口业务首次突破 20 亿（不含税）。

2016 年 12 月 31 日，上海口岸成功切换海关总署跨境电子商务进口统一版系统。

杭州地区

2012 年 8 月，杭州获批成为跨境贸易电子商务服务首批试点城市。2015 年 3 月 7 日，中国（杭州）跨境电子商务综合试验区正式获批，成为中国首个跨境电子商务综合试验区。自获批以来，杭州综合试验区积极践行“先行先试”使命，坚持“干在实处、走在前列、勇立潮头”，加快建设具有全球影响力的跨境电子商务创业创新中心、服务中心和大数据中心，制度创新红利不断释放，跨境电子商务拉动外贸的作用日益显现，“六体系两平台”为核心的杭州经验向全国综合试验区复制推广，可谓成果颇丰。

发展现状

一、产业发展实现新突破

2016年，杭州实现跨境电子商务出口60.6亿美元，进口20.52亿美元，其中出口占全市出口（不含省属企业）总额的13.2%。开展跨境电子商务B2B专项行动，通过“互联网+外贸+中国制造”帮助企业实现优进优出，加快转型升级。全市线下产业园区达13个，总面积超过323万平方米，入驻率超过98%，全年新引进跨境电子商务企业519家，跨境电子商务制造生产、平台营销、风险投资、金融信保、仓储物流、综合服务等产业链企业汇聚杭州；阿里巴巴、网易考拉进一步加大跨境电子商务投入力度，Google、亚马逊、Wish、eBay、Newegg等跨国企业平台齐聚杭州，中国制造网、敦煌网等知名平台已经落户，杭州已成为跨境电子商务龙头企业全球布局的首选城市。

二、制度创新构筑新优势

根据国务院批复精神，始终把制度创新作为核心任务，推动监管模式创新，促进贸易便利化发展。在制定标准方面：制定全国首个跨境电子商务B2B出口业务认定标准和申报流程、全国首个跨境电子商务人才标准等，基本形成了一套适应跨境电子商务B2C和B2B发展的制度和服务体系。在通关便利化方面：通过集成线上跨境电子商务进出口通关、检验检疫、退税等政务服务，企业出口货物申报时间缩短到平均1分钟。积极探索“区域通关一体化”，已实现在杭州申报，并从上海、宁波、厦门、天津等口岸出境。在退税便利化方面：提升跨境电子商务企业出口退税管理类别，对被评定为一类或二类出口企业，可使用增值税专用发票认证系统信息审核办理退税。对出口退税实行“无纸化管理”，电商企业只需提供通过税控数字证书签名后的正式电子数据就能进行出口退（免）税正式申报。在金融便利化方面：开设跨境电子商务在线金融服务专区，实现企业与银行在线签约和收汇，上线在线投保、资信评估和风险预警信息功能。

三、综合服务迈上新台阶

依托政府端和企业端的数据沉淀，综合试验区线上服务功能领先发展。完成“单一窗口”综合服务平台30多个政务模块的开发。“单一窗口”实现与阿里巴巴、敦煌网、大龙网、中国制造网四大龙头跨境电子商务B2B平台对接，并积极引入垂直电商平台，扩大跨境B2B业务应用场景。强化风险防控，推动中国首个“互联网仲裁法庭”建设，处理与跨境电子商务主体相关的法律纠纷；加强与企业的深度合作，引导第三方金融支付机构推出基于真实性、合法性的风险防控产品，帮助市场鉴别“优劣”；建立跨境电子商务商品质量安全国家（杭州）监测中心，指导跨境电子商务平台做好风险防控，严把产品质量安全。完善统计监测。编制发布全国首个跨境电子商务指数，形成跨境电子商务综合发展指数和价格指数、信用指数、景气指数、“1+3”指数体系；在海关总署和国家统计局指导支持下，以杭州综合试验区跨境电子商务统计监测体系为基础，探索制定全国跨境电子商务统计试点工作实施方案。

四、跨境电子商务发展模式介绍

（一）跨境电子商务 B2C

杭州既是全国首批开展跨境贸易电子商务试点的城市，也是全国唯一同时开展跨境贸易电子商务小包出口、直购进口、网购保税进口等进出口业务的试点城市，试点商品种类最全，产业集聚效应和影响日益显现。

在各有关部门共同努力、合力创新下，从便利通关到金融支付，到智能物流，到退税结汇，杭州综合试验区跨境电子商务 B2C 模式的整个监管流程及相应的制度政策体系已基本建立。杭州海关、检验检疫、外管、国税、市场监管等部门积极争取国家有关部委支持，出台支持杭州综合试验区新政，推动跨境电子商务发展。

杭州海关推行全程通关无纸化，根据跨境电子商务全程信息化的特点，为跨境电子商务量身打造涵盖“企业备案、申报、征税、查验、放行、转关”等各个环节无纸化流程。推行简化申报、清单核放、汇总统计，对不涉及出口征税、出口退税、许可证件管理，且金额在人民币 5 000 元以内的电子商务零售出口货物，按 HS 编码前 4 位申报；推进杭州综合试验区跨境电子商务清单统计试点，即符合一定条件的出口货物，电商企业向海关提交“货物清单”办理通关手续后不再汇总生成“出口货物报关单”，放行结关后的“货物清单”数据可以作为海关贸易统计数据的原始资料。

杭州出入境检验检疫局推出的跨境电子商务检验检疫杭州模式获质检总局进行了固化并向全系统推广。跨境电子商务商品质量安全风险国家监测中心建设稳步推进，该中心为检验检疫系统的第一个国家级监测中心，将逐步建成抽样检测大数据集成中心、监测和预警平台、商品溯源平台、检测技术支撑平台、跨境电子商务投诉举报平台。检验检疫信息化平台上线运行，该平台通过杭州综合试验区“单一窗口”与海关、国税、外管等监管部门以及电商平台、电商企业、物流仓储等企业进行数据互联互通，资源共享。

国家外汇管理局浙江省分局拓宽渠道，引入支付机构便利电商主体资金收付。通过引入第三方支付机构极大地便利了杭州综合试验区内电商企业办理跨境收付汇与结售汇业务简化单证，允许个体工商户开立贸易结算账户自主开展贸易项下外汇收付。这项试点使个体工商户外贸进出口不再受年度 5 万美元的总额限制，为个体工商户开展跨境电子商务打通了国际结算通道。积极推动金融机构和支付机构开展电子商务跨境人民币结算。

杭州市国家税务局积极寻求政策突破，促进跨境零售出口规范化；积极争取和推动“无票免税”政策落地实施。杭州市成为全国唯一获得跨境电子商务零售出口业务“无票免税”的地区。完善“有票退税”管理模式，探索实行了以增值税专用发票附带销货清单形式作为退税依据，减少电商企业匹配单据的工作量，提高退税申报效率。开通绿色通道，推进出口退税服务优质化，提供专项税收咨询服务，指定业务骨干为跨境电子商务企业提供政策解答、流程辅导等个性化服务。推进办税平台与“单一窗口”对接，从便利办税角度出发提出具体业务需求和操作流程，完善跨境电子商务 B2C 免税备案模块建设，推动跨境电子商务涉税信息集约化。先行先试无纸化申报和无纸化审核，退税事项通过“单一窗口”平台进行“一站式”申报，全流程无纸化办税。

（二）跨境电子商务 B2B

杭州综合试验区启动做大做强跨境电子商务 B2B 专项行动，推动传统外贸企业和制造企业上线经营，通过开展业务培训、走访、对接和个性化服务，推动传统外贸企业和生产型企业上线经营，运用互联网寻找订单，提升生产链、贸易链和价值链。在鼓励企业上线过程中，杭州综合试验区着力引导企业运用信保产品提升线上交易的能力。在政府、平台和企业的共同努力下，杭州的传统制造业逐渐步入转型升级新路。

围绕建立适应跨境电子商务 B2B 发展的监管服务体系方面做了大量的探索创新，并取得一定成效，在关检汇税等部门的支持下，杭州综合试验办 2016 年 4 月印发了《中国（杭州）跨境电子商务综合试验区跨境电子商务 B2B 出口业务认定标准、申报流程和便利化举措（试行）》，这也是全国首个跨境电子商务 B2B 出口业务认定标准。杭州海关对应建立跨境 B2B 出口海关监管方案，杭州出入境检验检疫局大力推进跨境电子商务信用体系建设，杭州市国税局提供量身服务，推动跨境电子商务大贸出口便捷化，国家外汇管理局浙江省分局也推出了一系列简化措施，杭州市市场监督管理局则深化商事制度改革，降低电商注册准入门槛。

五、地方跨境电子商务信用评价体系建设

2016 年，杭州综合试验区持续探索跨境电子商务信用评价体系建设，将信用评价体系建设作为杭州跨境电子商务大数据平台建设的重要组成部分。

杭州跨境电子商务大数据平台是“单一窗口”综合服务平台的重要组成部分和“六体系”的应用支撑，是在“单一窗口”完善的政务服务功能的基础上向综合服务深化和拓展，主要依托“关”“税”“汇”“检”“商”等政府部门的授权数据，汇聚企业备案数据、申报处理数据、外贸交易数据、物流数据、金融数据、商品数据等，以及企业社会信用数据等，利用大数据技术，通过对结构及非结构化数据的采集、存储及分析挖掘，建立全球跨境贸易电子商务数据的交换汇聚枢纽，形成跨境贸易电子商务大数据平台；促进跨境贸易电子商务大数据交换、整合、研究、发布、大数据增值应用。

六、发展环境得到新提升

作为全国首个综合试验区，杭州综合试验区已培育打造了完整的跨境电子商务产业链和生态圈。打造一流的政务环境，制定全国首个地方性促进跨境电子商务发展条例——《杭州市跨境电子商务促进条例》，从管理体制、发展规划、平台服务和体系建设、促进措施、环境营造和制度支持等方面推动跨境电子商务发展，用立法形式保障综合试验区建设；围绕市场诉求，注重发挥政策杠杆优势，出台新一轮跨境电子商务扶持政策；与阿里巴巴共设信保资金风险池，创新构建政府背书、平台支撑、行业通行的跨境电子商务信用机制。

构建完善的线下小生态。各大线下产业园区错位发展、各显优势、协同并进，法律咨询、商务洽谈、培训教育、仓储物流等配套功能一应俱全，初步构建起区域化多功能产业辐射圈。制定实施跨境电子商务人才培育计划，通过招才引智强化人才队伍建设，构建多层次的复合型人才队伍；出台跨境电子商务品牌三年行动计划，与大型平台企业合作实施首批“百家中国品牌线上走出去”行动，改变传统外贸 OEM 模式，推动企业向产业链上游提升；支持跨境电子商务平台企业、外贸综合服务企业进一步完善服务，帮助外贸综合服务企业把服务的对象和范围延伸到全国。强化理论研究。编写《跨境电子商务政府指南》《跨境电子商务企业指南》《杭州综合试验区 2015 年度白皮书》《跨境电商杭州经验报告》等，夯实跨境电子商务理论体系。

七、服务国家战略取得新成效

抢抓 G20 杭州峰会契机，积极向海内外介绍杭州综合试验区创新经验成果，成为中国向外展示市场经济活力、共建开放型世界经济的重要窗口。积极开展“走出去”行动，对接亚马逊、SOE Business 等国际电商龙头，洽谈平台对接、技术协作、标准体系、商业模式创新等合作项目；支持国内跨境电子商务龙头企业拓展海外业务，构筑立足杭州、服务全国、辐射全球的跨境电子商务发展网络；深度参与 eWTP（世界电子商务平台）建设，召开全球跨境电子商务峰会，吸引来自白俄罗斯、马来西亚、新加坡、捷克、墨西哥等“一带一路”沿线国家（地区）代表，兄弟综合试验区和近 30 个省市有关负责人，60 余家跨境电子商务平台和有关跨境电子商务企业负责人共4 000余人次参会，共同探索数字经济背景下，以跨境电子商务为代表的国际贸易发展与共赢，为中国成为国际贸易新规则的制定者、推动者和引领者贡献“杭州力量”。

配套文件

浙江检验检疫局关于印发《中国（杭州）跨境电子商务综合试验区网购保税进口模式进口食品境外生产企业注册管理实施细则（试行）》的通知

（浙检认〔2016〕136 号）

杭州、萧山检验检疫局：

为支持中国（杭州）跨境电子商务综合试验区建设，主动适应和引领跨境电子商务新业态的健康快速发展，省局制定了《中国（杭州）跨境电子商务综合试验区网购保税进口模式进口食品境外生产企业注册管理实施细则（试行）》，已经国家认监委函复和省局2016年6月7日局长办公会议审议通过，现予以印发，请遵照执行。

浙江出入境检验检疫局
2016年6月21日

中国（杭州）跨境电子商务综合试验区网购保税进口模式进口食品境外生产企业注册管理实施细则（试行）

第一章 总 则

第一条 为支持中国（杭州）跨境电子商务综合试验区（以下简称“杭州综试区”）建设，促进跨境电子商务新业态的健康快速发展，根据《中华人民共和国食品安全法》及其实施条例、《中华人民共和国进出口商品检验法》及其实施条例等法律、行政法规的规定，《进口食品境外生产企业注册管理规定》（质检总局令第145号）等部门规章以及《国务院关于大力发展电子商务加快培育经济新动力的意见》（国发〔2015〕24号）、《质检总局关于进一步发挥检验检疫职能作用促进跨境电子商务发展的意见》（国质检通〔2015〕202号）、《质检总局关于支持中国（杭州）跨境电子商务综合试验区发展的意见》（国质检通〔2015〕312号）等规范性文件要求，制定本实施细则。

第二条 在杭州综试区以网购保税进口模式跨境电子商务进口（以下简称“网购保税进口”）食品境外生产企业的注册管理适用于本细则。

网购保税进口，是指进境时无论是否生成消费者订单，货物以跨境电子商务形式申报进口，入境时未按消费者订单形成独立包装，货物整批运至特殊监管区集中存放，跨境电商经营者按消费者订单形成独立包装后发往国内消费者的跨境电子商务进口模式。

产品通过国际快递或者邮件方式进境的，不适用本细则相关要求。

第三条 国家认证认可监督管理委员会（以下简称“国家认监委”）组织实施进口食品境外生产企业的注册及其监督管理工作。

浙江检验检疫局受国家认监委委托，按照国家认监委相关指导意见，负责杭州综试区内网购保税进口食品境外生产企业注册申请的受理、技术审核和有关评审结果上报工作。

杭州综试区所在地检验检疫机构负责网购保税进口食品境外生产企业注册信息的入境查验工作。

第四条 《进口食品境外生产企业注册实施目录》（以下简称《目录》）由国家认监委负责制定、调整，由国家质检总局公布。《目录》内网购保税进口食品的境外生产企业，应当获得注册后，其产品方可进口。

第二章 注册类别

第五条 网购保税进口食品在《目录》内，且产品同时进行《进出口商品检验法》规定范围内进口贸易的，其境外生产企业应当按照《进口食品境外生产企业注册管理规定》（质检总局令第145号）相关规定向国家认监委申请注册。

第六条 网购保税进口食品在《目录》内，且产品仅通过网购保税模式进口的，其境外生产企业应当向国家认监委或者浙江检验检疫局申请注册，或由受其委托的境外生产企业在华分支机构、与境外生产企业合作的跨境电商经营企业代为申请注册。

已获得注册的婴幼儿配方乳品境外生产企业，应当在其向我国境内出口的产品最小销售包装上如实标注或者加贴本企业注册编号、企业名称、生产地址等信息。

第七条 未列入《目录》内的进口食品，且该产品仅通过网购保税进口模式进口的，鼓励其境外生产企业参照本细则申请注册。

第三章 注册条件与程序

第八条 申请注册的进口食品境外生产企业所在国家（地区）应在国家认监委已批准注册的国家（地区）范围内，企业应当经所在国家（地区）相关主管当局批准并在其有效监管下。

第九条 申请注册的网购保税进口食品境外生产企业应向国家认监委或者浙江检验检疫局提出申请，并提交下列材料，提交的材料应当为中文或者英文文本：

（一）企业注册申请书（附件）；

（二）企业经所在国家（地区）主管当局批准的证明性材料，如主管当局批准文件或者主管当局官方网站批准企业注册名单等；

（三）最近一次主管当局对企业实施监管评审的报告或者记录；

（四）网购保税进口产品在当地自由流通销售的证明；

（五）企业卫生条件符合中国法律法规和标准规范相关要求的自我申明以及相关证明性材料。

进口婴幼儿配方乳品境外生产企业申请注册时，还应提供对本企业向中国输出的婴幼儿配方乳粉实施检测的实验室名称及相应的资质证明信息。

第十条 浙江检验检疫局组织相关专家对企业提交的申请材料进行技术审核。符合注册要求的，浙江检验检疫局将审核结果和相关企业信息上报国家认监委，由国家认监委对浙江检验检疫局的审核结果进行审查，做出是否准予注册的决定。不符合要求的，浙江检验检疫局书面告知申请企业并说明理由。

第十一条 获得注册的网购保税进口食品境外生产企业注册名单及获得的相关认证信息，由国家认监委定期统一公布。

第四章 经营主体责任

第十二条 跨境电商经营企业应当遵守我国网络食品经营相关法律法规规定，建立完善的食品安全管理制度，并按照相关规定向检验检疫部门备案。

跨境电商经营企业应当对其所经营的《目录》内网购保税进口食品建立境外生产企业注册资格审查机制，不得经营未经注册的境外生产企业产品。

跨境电商经营企业应当在销售时如实告知消费者相关产品的质量安全信息，并确认消费者已知悉相关产品的质量安全信息。

第十三条 跨境电商平台企业应当按照相关规定向检验检疫部门备案，并按照《食品安全法》及其实施条例的要求对平台内的经营企业进行实名登记，明确其食品安全管理责任。

跨境电商平台企业应当通过信息化平台，对所销售的《目录》内网购保税进口食品及其境外生产企业信息进行核验。第十四条跨境电商经营企业应当积极配合检验检疫部门的监督管理，在信息查询、数据提取等方面提供必要的技术支持。

跨境电商平台企业应当及时接收、处理和报告食品安全信息。检验检疫部门进行监督检查时，跨境电商平台企业应当在销售信息查询、数据提取、停止服务等方面提供必要的技术支持。

检验检疫部门发现跨境电商平台内有违反食品安全法律法规的行为，依法要求跨境电商平台企业和跨境电商经营企业采取措施制止的，企业应当予以配合。

第五章　注册管理

第十五条　国家认监委通过信息化方式，对《目录》内网购保税进口食品境外生产企业基本信息，在入境时与进口食品境外生产企业注册信息进行自动校验，便利检验检疫监管。

未通过注册信息自动校验的境外生产企业，应当及时提出注册申请，获得注册后，其产品方允许进口。

第十六条　杭州综试区所在地检验检疫机构在风险分析的基

础上，应对《目录》内网购保税进口食品"一线"进区时开展注册信息入境查验，作为需验核的通关单信息内容。重点关注其是否由获得注册的企业生产，产品外包装是否如实标注或者加贴生产企业注册编号等注册信息，注册信息是否与经营企业提供给消费者的信息一致等。

第十七条　浙江检验检疫局在国家认监委的统一组织下，根据进口食品境外生产企业事中事后监控结果、入境产品不合格信息通报、市场监督抽查结果、网购投诉等信息，对网购保税进口食品境外生产企业实施包括现场评审在内的注册监管。现场评审不合格的，撤销相关企业的注册资格。

第十八条　已注册的网购保税进口食品境外生产企业，如提供虚假材料，或者因其自身的原因致使进口食品发生重大食品安全事故的，由国家认监委撤销其注册并予以公告。

第十九条　鼓励跨境电商经营企业和平台企业符合"良好电子商务规范"，提高电子商务管理水平。

第六章　附　则

第二十条　本细则中所在国家（地区）主管当局包括境外食品生产企业所在国家（地区）负责相关食品安全卫生的官方部门、官方授权机构和行业组织等。

第二十一条　本细则由浙江检验检疫局负责解释，国家质检总局或者国家认监委另有规定的，从其规定。

第二十二条　本细则自发布之日起施行，过渡期至2017年5月11日，有效期截至2021年9月30日。

附件　杭州综试区网购保税进口模式进口食品境外生产企业注册申请表

附件

杭州综试区网购保税进口模式进口食品境外生产企业注册申请表

一、企业基本信息

1. 生产企业

注册名称（实际生产单位）：

注册地址（实际生产地址）：

注册编号：

2. 联系人：

电话：

传真：

E-mail：

3. 注册（批准）机构：

二、生产信息（除婴幼儿配方乳品以外的其他注册目录内产品仅需填写1~4项）

1. 请以附件形式提供车间布局图、清洁区划分图以及人流、物流图。

2. 请以附件形式提供产品描述和清晰的加工工艺流程图。

3. 生产能力及设备

（1）列明用于生产的主要设备、数量、设计生产能力；

（2）每班次生产能力（吨），每天班次数量及年均工作日数量。

4. 卫生质量管理体系

□已建立并实施危害分析与关键控制点（HACCP）体系，请提供危害分析工作单及HACCP计划表。通过具有资质的第三方机构认证并取得HACCP认证证书的，请提供认证证书及第三方机构资质等证明文件。

□已建立并实施食品安全管理体系（ISO22000或其他等效卫生质量管理体系），请提供HACCP计划及其前提条件。通过具有资质的第三方机构认证并取得相应认证证书的，请提供认证证书及第三方机构资质等证明文件。

□未实施，请提供危害来源分析及相应预防控制措施。

5. 产品信息

产品信息表

序号	产品种类①	适用年龄段②	包装形式③	注册商标④

①产品种类：按照“婴幼儿配方乳粉”，“婴幼儿配方液态乳”填写；

②适用年龄段：例如填写0~6月龄等；

③包装形式：例如填写纸盒带内包装，铁罐带内包装，铁罐无内包装等（需详细说明内外包装形式）；

④注册商标：请填写经主管部门核准注册的商标。

6. 请选择婴幼儿配方乳品的生产工艺：

□湿法生产工艺

□干法生产工艺

□干湿混合生产工艺

湿法、干法和干湿混合生产工艺定义，可参见国际食品法典委员会《婴幼儿配方乳粉卫生操作规范（CAC/RCP66－2008）》。

7. 请说明不同批号、配方和品种的产品生产之间是否有隔离和清洗（或清洁）

措施：

□是，请以附件形式提供证明；

□否。

8. 请以附件形式提供生产设备的清洗、消毒程序和计划。如采用CIP的，请说明主要生产设备CIP清洗信息；如采用干式清洁的，请说明干式清洁的方法、频率和清洁效果的验证。

生产设备CIP清洗信息表

序号 Item	生产设备名称 Manufacture Equipment	清洗剂化学名 Chemical name of the cleaner	温度、浓度、时间、流量 Temperature, concentration, time, flux	清洗效果检查方式 Cleaning effect validation way

9. 请以附件形式提供清洁作业区沙门氏菌、阪崎肠杆菌和其他肠杆菌的环境监控计划，以及最近2次的检测报告。

10. 请以附件形式提供清洁作业区的空气净化处理程序，清洁作业区与准清洁作业区、非清洁区之间空气压力监控计划，清洁作业区空气洁净度检测计划，以及最近2次的检测报告。

11. 请以附件形式提供对产品中异物的控制措施，以及对相关设备（筛网、磁棒、金属探测器等）有效性的验证程序。

12. 干法工艺的企业请以附件形式提供干混均匀度的验证程序和最近1次的验证记录。

三、原料信息及供应商管理（除婴幼儿配方乳品以外的其他注册目录内产品仅需填写第2项）

1. 企业生产婴幼儿配方乳品所使用的原料是：

（1）□生乳

①生乳入厂验收标准（包括指标、限量、验收要求等）；

②奶源类型：

□企业自有产权的奶源；

□企业所属集团母公司拥有产权的奶源，并按所在国家（地区）相关规定要求实施管理；

□通过合作社形式拥有企业的养殖场奶源；

□经企业或具有相应资质的机构评估合格，按所在国家（地区）相关规定要求实施管理，与企业签订三年或三年以上奶源供给合同的奶源；

□其他奶源。

③奶源生乳年产量（吨）：________；年供应量（吨）：________。

（2）□乳制品［全脂乳（粉）、脱脂乳（粉）、乳清（粉）等］

①原料入厂验收标准（包括指标、限量、验收要求）；

②原料来源：

□本国采购；

□非本国采购，请提供来源国别。

2. 请以附件形式提供原料供应商管理制度，包括供应商的选择、审核、评估程序等。

四、产品追溯及召回

1. 产品包装上是否印有用于追溯的标识、标志或编号等：

□有；请说明用于追溯的标识、标志或编号的含义，在包装上的印刷位置，消费者如何使用该标识、标志或编号等；

□没有。

2. 企业是否建立了产品召回制度？请以附件形式提供产品召回制度简介。

五、产品检测（婴幼儿配方乳品适用）

1. 企业成品出厂检测的实验室：

□官方检测机构

实验室名称：

□第三方检测机构

实验室名称：

□企业自有实验室

请以附件形式提供实验室检测能力证明文件或资质信息。

六、企业声明

1. 本企业声明，本企业生产设施和加工卫生条件等能够满足中国法律法规和标准规范的有关要求。

2. 上述填写信息及所提交的附加材料真实无误。

法人代表姓名和职务

法人代表签名和公司盖章日期

质检总局关于支持在杭州筹建进口肉类指定查验场的函

（国质检食函〔2016〕71号）

浙江省人民政府：

《浙江省人民政府关于商请在中国（杭州）跨境电子商务综合试验区设立进口肉类指定口岸的函》（浙政涵〔2015〕136号）收悉。

我局支持你省在杭州筹建一个进口肉类指定查验场。请你省有关部门在浙江出入境检验检疫局的技术指导下，按照《质检总局关于进一步规范进口肉类指定口岸管理公告》（2015年第64号）规定，组织做好各项筹建工作。建设完成后，我局将组织专家审核验收，合格后将用于开展进口肉类的检验检疫。

质检总局

2016年2月19日

企业名录

截至2016年12月31日，在杭州跨境综合服务平台上注册，并实际展开业务的企业见表2-4。

表 2-4　杭州跨境电子商务企业名录

序号	企业名称	企业类型
1	浙江省邮政速递物流有限公司	申报企业
2	浙江银泰电子商务有限公司	申报企业
3	杭州泛远国际物流股份有限公司	申报企业
4	杭州中外运电子商务有限公司	申报企业
5	杭州华田电子商务有限公司	申报企业
6	杭州经济技术开发区报关有限公司	申报企业
7	浙江顺丰速运有限公司	申报企业
8	盟道供应链服务（杭州）有限公司	申报企业
9	杭州旭泽报关有限公司	申报企业
10	杭州蔼谛商贸有限公司	申报企业
11	杭州中远报关服务有限公司	申报企业
12	杭州跨竟通电子商务有限公司	申报企业
13	杭州满润网络科技有限公司	申报企业
14	杭州博奥国际货运代理有限公司	申报企业
15	杭州日晟国际货运代理有限公司	申报企业
16	杭州优买科技有限公司	申报企业
17	杭州浙保物流有限公司	申报企业
18	杭州晶泰电子商务有限公司	申报企业
19	钱城国际进出口有限公司	申报企业
20	浙江云豹国际货运代理有限公司	申报企业
21	浙江杭州出口加工区国际物流有限公司	申报企业
22	无锡优格电子商务有限公司	申报企业
23	杭州富垣昌供应链管理有限公司	申报企业
24	航都（厦门）国际货运代理有限公司杭州分公司	申报企业
25	杭州贝友电子商务有限公司	申报企业
26	杭州运同信息科技有限公司	申报企业
27	杭州佳成国际货运代理有限公司	申报企业
28	浙江达缘供应链管理有限公司	申报企业
29	杭州海销供应链管理有限公司	申报企业
30	杭州递途西供应链管理有限公司	申报企业

表2-4　续1

序号	企业名称	企业类型
31	杭州望恒物流有限公司	申报企业
32	杭州秀富跨境电子商务有限公司	申报企业
33	杭州挚睿跨境电子商务有限公司	申报企业
34	杭州航诚瑞通科技有限公司	申报企业
35	北京同仁堂国际（杭州）网络技术有限公司	申报企业
36	杭州优先投国际货运代理有限公司	申报企业
37	浙江融易通进出口有限公司	申报企业
38	杭州傲鹏物流有限公司	申报企业
39	杭州多拉供应链有限公司	申报企业
40	杭州星缘网络科技有限公司	申报企业
41	浙江裕和贸易有限公司	申报企业
42	杭州百德福供应链有限公司	申报企业
43	杭州天众供应链管理有限公司	申报企业
44	港中旅华贸国际物流股份有限公司杭州分公司	申报企业
45	杭州世贸供应链管理有限公司	申报企业
46	浙江物产跨境电子商务服务有限公司	申报企业
47	杭州哪儿买电子商务有限公司	申报企业
48	杭州海仓科技有限公司	申报企业
49	中外运空运发展股份有限公司浙江分公司	申报企业
50	杭州七逸国际货运代理有限公司	申报企业
51	天津泰达阿尔卑斯物流有限公司杭州分公司	申报企业
52	中外运空运发展股份有限公司浙江分公司	申报企业
53	杭州捷翔报关代理有限公司	申报企业
54	宁波宝赢国际物流有限公司	申报企业
55	中国邮政速递物流股份有限公司杭州市分公司	申报企业
56	浙江鹰泊品牌管理有限公司	申报企业
57	杭州跨竞通电子商务有限公司	申报企业
58	杭州乐仓电子商务有限公司	申报企业
59	杭州海仓科技有限公司	申报企业
60	浙江越海通关服务公司	申报企业
61	杭州华艋跨境电子商务有限公司	申报企业

表2-4 续2

序号	企业名称	企业类型
62	杭州多拉供应链有限公司	申报企业
63	杭州西狗物流有限公司	申报企业
64	杭州贝友电子商务有限公司	申报企业
65	浙江大田国际货运有限公司	申报企业
66	杭州心怡仓储服务有限公司	申报企业
67	浙江杭州出口加工区国际物流有限公司	申报企业
68	杭州海销供应链管理有限公司	申报企业
69	赛诚国际物流（杭州）有限公司	申报企业
70	浙江菜鸟供应链管理有限公司	申报企业
71	钱城国际进出口有限公司	申报企业
72	杭州圣普网络科技有限公司	跨境电子商务交易企业
73	株式会社中原	跨境电子商务交易企业
74	美渠国际有限公司	跨境电子商务交易企业
75	Ase Logistics Pty Ltd	跨境电子商务交易企业
76	Lotte. com	跨境电子商务交易企业
77	乐天制果海外旗舰店	跨境电子商务交易企业
78	坤妮国际集团有限公司	跨境电子商务交易企业
79	Big World International Trading Limited	跨境电子商务交易企业
80	Ny New York Trading Inc.	跨境电子商务交易企业
81	香港华夏国际实业有限公司	跨境电子商务交易企业
82	一抹橙色国际有限公司	跨境电子商务交易企业
83	Humanwell, Inc.	跨境电子商务交易企业
84	顺兴贸易发展有限公司	跨境电子商务交易企业
85	LA-Vendors Inc.	跨境电子商务交易企业
86	G&L International Inc	跨境电子商务交易企业
87	Kirindo Co. Ltd.	跨境电子商务交易企业
88	Tiankongzhijing Trading Inc.	跨境电子商务交易企业
89	Noor Madina International Co. Ltd	跨境电子商务交易企业
90	猎奇有限公司	跨境电子商务交易企业
91	香港纽顿科技有限公司	跨境电子商务交易企业
92	Care & Care Limited	跨境电子商务交易企业

表2-4 续3

序号	企业名称	企业类型
93	Nutrilife Reseach Inc	跨境电子商务交易企业
94	Aries Incorporation Limited	跨境电子商务交易企业
95	Hua Mao International B. V.	跨境电子商务交易企业
96	傲基国际有限公司	跨境电子商务交易企业
97	笠丰食品有限公司	跨境电子商务交易企业
98	天竣购物网络科技有限公司	跨境电子商务交易企业
99	顺丰速运集团（上海）速运有限公司	跨境电子商务交易企业
100	杭州优买科技有限公司	跨境电子商务交易企业
101	Via Zen International Group Ltd.	跨境电子商务交易企业
102	Angel Smile Technologies Co Limited	跨境电子商务交易企业
103	Vertas 71 Llc	跨境电子商务交易企业
104	Purple 7 Inc	跨境电子商务交易企业
105	香港汇聚商行有限公司	跨境电子商务交易企业
106	泰盛（亚洲）有限公司	跨境电子商务交易企业
107	Natural Life Business Limited	跨境电子商务交易企业
108	Ausway Trading Co. Limited	跨境电子商务交易企业
109	支付宝（杭州）信息技术有限公司	跨境电子商务交易企业
110	Bellroy Pty Ltd	跨境电子商务交易企业
111	康迅数位整合股份有限公司	跨境电子商务交易企业
112	新淘	跨境电子商务交易企业
113	西购美丽有限公司	跨境电子商务交易企业
114	North America Wellness Limited	跨境电子商务交易企业
115	Sty Australia Pty Ltd	跨境电子商务交易企业
116	Silicom Trade Hk Limted	跨境电子商务交易企业
117	Saint Cos International（Aust）Pty Ltd	跨境电子商务交易企业
118	New Net A&W Llc	跨境电子商务交易企业
119	Milleway Corp.	跨境电子商务交易企业
120	Buytong Inc.	跨境电子商务交易企业
121	天使化妆品国际有限公司	跨境电子商务交易企业
122	Takahashi Shokai Limited	跨境电子商务交易企业
123	Superde Gmbh	跨境电子商务交易企业

表2-4　续4

序号	企业名称	企业类型
124	联盛免税品有限公司	跨境电子商务交易企业
125	杭州中外运电子商务有限公司	跨境电子商务交易企业
126	Singing Stone Limited	跨境电子商务交易企业
127	思芙美有限公司	跨境电子商务交易企业
128	丝雅有限公司	跨境电子商务交易企业
129	吉通贸易株式会社（Yoshitu Co. Ltd）	跨境电子商务交易企业
130	中国长丰集团有限公司	跨境电子商务交易企业
131	骏然投资管理株式会社	跨境电子商务交易企业
132	His 株式会社	跨境电子商务交易企业
133	蓓蕾有限公司	跨境电子商务交易企业
134	亨尊有限公司	跨境电子商务交易企业
135	Golong Co. Limited	跨境电子商务交易企业
136	Careplus Australia Pty Ltd	跨境电子商务交易企业
137	Belred Technology Company Limited	跨境电子商务交易企业
138	N&K Trading Inc	跨境电子商务交易企业
139	美合国际实业股份有限公司	跨境电子商务交易企业
140	S&L Service Ltd	跨境电子商务交易企业
141	香港百和佳国际贸易有限公司	跨境电子商务交易企业
142	Lucky Cedar, Inc	跨境电子商务交易企业
143	山姆大叔（香港）有限公司	跨境电子商务交易企业
144	S&L International Ab	跨境电子商务交易企业
145	Xi An Consulting & Solutions Co Ltd	跨境电子商务交易企业
146	Glory Stone Sprl	跨境电子商务交易企业
147	利展（香港）通信贸易有限公司	跨境电子商务交易企业
148	Jc Baby Mom Inc	跨境电子商务交易企业
149	Tongsen Industry B. V.	跨境电子商务交易企业
150	宝民亚洲国际集团有限公司	跨境电子商务交易企业
151	澳索美国际集团有限公司	跨境电子商务交易企业
152	Beauty Pear Inc.	跨境电子商务交易企业
153	Thai One Mall Co. Ltd	跨境电子商务交易企业
154	Health Choice Technology Limited	跨境电子商务交易企业

表2-4 续5

序号	企业名称	企业类型
155	Ocean Point Company Limited	跨境电子商务交易企业
156	好市多股份有限公司	跨境电子商务交易企业
157	Sixth Avenue Group Pty Ltd	跨境电子商务交易企业
158	Nyc 美林健康海外专营店	跨境电子商务交易企业
159	腾世达海外专营店	跨境电子商务交易企业
160	Canada Bay Impex Inc.	跨境电子商务交易企业
161	海钥国际有限公司	跨境电子商务交易企业
162	康美保健国际（香港）有限公司	跨境电子商务交易企业
163	Qqg Inc	跨境电子商务交易企业
164	Xchange Usa, Inc.	跨境电子商务交易企业
165	Century Tom Inc.	跨境电子商务交易企业
166	Missouri International Trading Corporation	跨境电子商务交易企业
167	Distribuidora Internacional De Alimentacion S. A	跨境电子商务交易企业
168	Abz Usa Direct, Inc.	跨境电子商务交易企业
169	株式会社	跨境电子商务交易企业
170	Kenko. Com, Inc	跨境电子商务交易企业
171	蓝新科技股份有限公司	跨境电子商务交易企业
172	Uk Wing Shing Co. Limited	跨境电子商务交易企业
173	武汉两端电子商务有限责任公司	跨境电子商务交易企业
174	Puff House Premium Inc	跨境电子商务交易企业
175	Acadia Health	跨境电子商务交易企业
176	Alex Av Supplier Limited	跨境电子商务交易企业
177	Yim Fai Enterprises	跨境电子商务交易企业
178	Power Textile International Ltd.	跨境电子商务交易企业
179	韩国街海外旗舰店	跨境电子商务交易企业
180	Snp 海外旗舰店	跨境电子商务交易企业
181	杭州瑞阁电子商务有限公司	跨境电子商务交易企业
182	丰稷食品有限公司	跨境电子商务交易企业
183	Laox 株式会社	跨境电子商务交易企业
184	Suning. Com（美国苏宁易购）	跨境电子商务交易企业
185	浙江银泰电子商务有限公司	跨境电子商务交易企业

表2-4 续6

序号	企业名称	企业类型
186	Uk Shopping Ltd	跨境电子商务交易企业
187	Pretty Wings	跨境电子商务交易企业
188	采妍国际股份有限公司	跨境电子商务交易企业
189	杭州洋东西电子商务有限公司	跨境电子商务交易企业
190	香港烁果贸易有限公司	跨境电子商务交易企业
191	Beyond Internationl Corporation Limited	跨境电子商务交易企业
192	Far Logistic Services Germany Gmbh	跨境电子商务交易企业
193	Blue Nile Llc	跨境电子商务交易企业
194	株式会社ゴールドスター	跨境电子商务交易企业
195	Bebewonderland Llc	跨境电子商务交易企业
196	胡萝卜炒饭（香港）有限公司	跨境电子商务交易企业
197	Anying International Trading Pty Ltd	跨境电子商务交易企业
198	Yu Trading B. V.	跨境电子商务交易企业
199	Top Beauty Limited	跨境电子商务交易企业
200	Bacare Group B. V.	跨境电子商务交易企业
201	鲜生活有限公司（香港）	跨境电子商务交易企业
202	美合（香港）国际有限公司	跨境电子商务交易企业
203	豪力贸易有限公司	跨境电子商务交易企业
204	郑氏实业有限公司	跨境电子商务交易企业
205	盟道供应链服务（杭州）有限公司	跨境电子商务交易企业
206	Gnc Hong Kong Limited	跨境电子商务交易企业
207	C&Z Gmbh	跨境电子商务交易企业
208	Wuzhouhengtong（Hongkong）Industrial Group Limited	跨境电子商务交易企业
209	顺创国际有限公司	跨境电子商务交易企业
210	Cw China Pty Ltd	跨境电子商务交易企业
211	上海蓝微投资管理有限公司	跨境电子商务交易企业
212	上海百联商贸有限公司	跨境电子商务交易企业
213	Helfia Inc.	跨境电子商务交易企业
214	Golden Energy Asia Limited	跨境电子商务交易企业
215	Asana 海外旗舰店	跨境电子商务交易企业
216	Ymt Global	跨境电子商务交易企业

表2-4 续7

序号	企业名称	企业类型
217	Easy Link Trade Limited	跨境电子商务交易企业
218	香港瀚富森有限公司	跨境电子商务交易企业
219	杭州亚平宁网络科技有限公司	跨境电子商务交易企业
220	S&C Trade Ab 瑞中贸易有限公司	跨境电子商务交易企业
221	康迅数字整合股份有限公司	跨境电子商务交易企业
222	街口网路股份有限公司	跨境电子商务交易企业
223	Mingmei，Inc	跨境电子商务交易企业
224	香港母婴之家有限公司	跨境电子商务交易企业
225	台湾雅闻生技股份有限公司	跨境电子商务交易企业
226	Sbs Contents Hub Co. Ltd	跨境电子商务交易企业
227	Eusource International Limiited	跨境电子商务交易企业
228	杭州蔼谛商贸有限公司	跨境电子商务交易企业
229	Real Top Australia Pty Ltd	跨境电子商务交易企业
230	Ausea Australia Pty Ltd	跨境电子商务交易企业
231	Fresta Co. Ltd	跨境电子商务交易企业
232	China Jlc Group Co. Limtited	跨境电子商务交易企业
233	双心（香港）贸易有限公司	跨境电子商务交易企业
234	优仕贸易企业有限公司	跨境电子商务交易企业
235	Ma And Liu Pty Ltd	跨境电子商务交易企业
236	谷春国际贸易（上海）有限公司	跨境电子商务交易企业
237	Mida Solutions Limited	跨境电子商务交易企业
238	Jc Baby Mom Inc	跨境电子商务交易企业
239	Jkos 宠物用品海外专营店	跨境电子商务交易企业
240	Phluency，Inc.	跨境电子商务交易企业
241	Chhc（Uk）Limited	跨境电子商务交易企业
242	Regal Global Group Ltd	跨境电子商务交易企业
243	Air Store Aps	跨境电子商务交易企业
244	Maple House Nutrition Inc.	跨境电子商务交易企业
245	New Net A&W Llc	跨境电子商务交易企业
246	Nature's Care Manufacturer Pty Ltd	跨境电子商务交易企业
247	Handel Export Inh. Xian Li	跨境电子商务交易企业

表2-4 续8

序号	企业名称	企业类型
248	Litchi Technology Limited	跨境电子商务交易企业
249	广州医药（香港）有限公司	跨境电子商务交易企业
250	Faith 信念营养海外专营店	跨境电子商务交易企业
251	Nrfs 湖畔海外专营店	跨境电子商务交易企业
252	Australian Naturalcare Products Pty Ltd	跨境电子商务交易企业
253	香港融信商贸科技有限公司	跨境电子商务交易企业
254	New Golden Boom Limited	跨境电子商务交易企业
255	Buyforu Company Limited	跨境电子商务交易企业
256	Australian Health Industry Co. Pty Ltd	跨境电子商务交易企业
257	杭州满润网络科技有限公司	跨境电子商务交易企业
258	New Asian Logistics Ltd. Co	跨境电子商务交易企业
259	Anirbas International Co. Ltd	跨境电子商务交易企业
260	Striver International Group Limited	跨境电子商务交易企业
261	杭州昶胜电子商务有限公司	跨境电子商务交易企业
262	云集（香港）有限公司	跨境电子商务交易企业
263	中检博迦（杭州）信息科技有限公司	跨境电子商务交易企业
264	宸筑股份有限公司	跨境电子商务交易企业
265	布兰雅国际贸易股份有限公司	跨境电子商务交易企业
266	（株）Nanda	跨境电子商务交易企业
267	永易田国际有限公司	跨境电子商务交易企业
268	上海一树网络科技有限公司	跨境电子商务交易企业
269	韩雅国际	跨境电子商务交易企业
270	Zhongrui International Import And Export Co. Limited	跨境电子商务交易企业
271	Gold Linkage Trading Limited	跨境电子商务交易企业
272	欧克国际贸易有限公司	跨境电子商务交易企业
273	Vitaco Health（Nz）Limited	跨境电子商务交易企业
274	Sincare Health Group Pty Ltd	跨境电子商务交易企业
275	Nordic Foods Co. Ltd	跨境电子商务交易企业
276	华通国际采购有限公司	跨境电子商务交易企业
277	Fresco Nutrition Ltd.	跨境电子商务交易企业
278	Baozun Hong Kong Holding Limited	跨境电子商务交易企业

表2-4 续9

序号	企业名称	企业类型
279	挚捷行国际贸易（中国）有限公司	跨境电子商务交易企业
280	Austin（Hong Kong）International Trade Co. Limtted	跨境电子商务交易企业
281	Aie	跨境电子商务交易企业
282	Uncle Sam（Hk）Co. Limited	跨境电子商务交易企业
283	杭州波西塔诺电子商务有限公司	跨境电子商务交易企业
284	芳川贸易株式会社	跨境电子商务交易企业
285	Cagen Inc.	跨境电子商务交易企业
286	美会说（香港）有限公司	跨境电子商务交易企业
287	上海牵趣网络科技有限公司	跨境电子商务交易企业
288	Australia Post Corporation	跨境电子商务交易企业
289	贝拉米有机食品（香港）有限公司	跨境电子商务交易企业
290	易桥商贸实业有限公司	跨境电子商务交易企业
291	香港双悦集团有限公司	跨境电子商务交易企业
292	上海泉湖电子商务有限公司	跨境电子商务交易企业
293	普优有限公司	跨境电子商务交易企业
294	Fusion International Investment Group Limited	跨境电子商务交易企业
295	Bc Beauty Enterprise Co. Ltd	跨境电子商务交易企业
296	辣妈（香港）国际贸易电子商务有限公司	跨境电子商务交易企业
297	Naturerepublic Online Sales Co Ltd.	跨境电子商务交易企业
298	Istyle Global（Hongkong）Co. Limited	跨境电子商务交易企业
299	Ibaby Trade Ltd	跨境电子商务交易企业
300	杭州澳宝贸易有限公司	跨境电子商务交易企业
301	Kinden Gmbh	跨境电子商务交易企业
302	杭州赋优电子商务有限公司	跨境电子商务交易企业
303	杭州优买科技有限公司	跨境电子商务交易企业
304	九洲国际开发有限公司	跨境电子商务交易企业
305	Nz Global I&E Limited	跨境电子商务交易企业
306	（株）华东 Korea	跨境电子商务交易企业
307	大润发流通事业股份有限公司	跨境电子商务交易企业
308	诺莱仕（悉尼）贸易有限公司	跨境电子商务交易企业
309	Any Star Eletronicos Ltda	跨境电子商务交易企业

表2-4 续10

序号	企业名称	企业类型
310	Lwe Shoponline（Hk）Limited	跨境电子商务交易企业
311	宝贝码头（国际）贸易有限公司	跨境电子商务交易企业
312	Interpark Int Corporation	跨境电子商务交易企业
313	E-Mart Inc.	跨境电子商务交易企业
314	Skin1004	跨境电子商务交易企业
315	Lotte. Com Inc.	跨境电子商务交易企业
316	Nature's Story Company Limited	跨境电子商务交易企业
317	Jwdlh Gmbh	跨境电子商务交易企业
318	Tangleteezer 海外旗舰店	跨境电子商务交易企业
319	Hio Global Shopping Co. Ltd.	跨境电子商务交易企业
320	Ourtrade International Trading Ltd	跨境电子商务交易企业
321	博尼达国际贸易有限公司	跨境电子商务交易企业
322	金箍棒（香港）科技有限公司	跨境电子商务交易企业
323	Unimatriken 有限公司	跨境电子商务交易企业
324	Flinders B. V.	跨境电子商务交易企业
325	Dr. DüNner Ag	跨境电子商务交易企业
326	Youross	跨境电子商务交易企业
327	香港筠希信息科技有限公司	跨境电子商务交易企业
328	Heinz 亨氏海外旗舰店	跨境电子商务交易企业
329	Ya Healthway Investment Limited	跨境电子商务交易企业
330	楼上集团	跨境电子商务交易企业
331	Skymart Investment Limited	跨境电子商务交易企业
332	Billion Profit International Holdings Limited	跨境电子商务交易企业
333	99 Trade Co. Ltd	跨境电子商务交易企业
334	旺代企业有限公司	跨境电子商务交易企业
335	飞购控股有限公司	跨境电子商务交易企业
336	Austin（Hong Kong）International Trade Co. Limited	跨境电子商务交易企业
337	Health Element 2 009 Limited	跨境电子商务交易企业
338	株式会社ベステックグループ（百事泰集团）	跨境电子商务交易企业
339	Dragon Global Trading Pty Ltd	跨境电子商务交易企业
340	株式社山田蜂本社	跨境电子商务交易企业

表2-4 续11

序号	企业名称	企业类型
341	New Zealand Post Limited	跨境电子商务交易企业
342	Perfect Transformation Limited	跨境电子商务交易企业
343	Skinfood Co. Ltd	跨境电子商务交易企业
344	Unispeed Development Limited	跨境电子商务交易企业
345	敏婷有限公司	跨境电子商务交易企业
346	凡尔纳（中国）有限公司	跨境电子商务交易企业
347	Abc Investment（Nz）Limited	跨境电子商务交易企业
348	Italy Nihao Group Limited	跨境电子商务交易企业
349	杭州晶泰电子商务有限公司	跨境电子商务交易企业
350	株式会社 G&G 贸易公司	跨境电子商务交易企业
351	苏州智联进出口贸易有限公司	跨境电子商务交易企业
352	Hong Kong Aosen International Group Co. Limited	跨境电子商务交易企业
353	Lily & Beauty（Hong Kong）Limited	跨境电子商务交易企业
354	Ai Life Partners Co. Ltd.	跨境电子商务交易企业
355	株式会社 Idear Idear	跨境电子商务交易企业
356	Liang Cheng（Hk）Co. Ltd	跨境电子商务交易企业
357	Run Zhu Ef	跨境电子商务交易企业
358	费舍尔国际贸易（香港）有限公司	跨境电子商务交易企业
359	Huang Ming	跨境电子商务交易企业
360	世界精品株式会社	跨境电子商务交易企业
361	宁波又一猫国际贸易有限公司	跨境电子商务交易企业
362	All For You Global Co. Ltd	跨境电子商务交易企业
363	Wei Korea Media	跨境电子商务交易企业
364	宝宝树贸易有限公司	跨境电子商务交易企业
365	杭州澳仓跨境电子商务有限公司	跨境电子商务交易企业
366	Liu&Jia Limited	跨境电子商务交易企业
367	上海渐石网络科技有限公司	跨境电子商务交易企业
368	Import It Corp.	跨境电子商务交易企业
369	Wide Max Holdings Ltd	跨境电子商务交易企业
370	New Zealand Focus（Hk）Limited	跨境电子商务交易企业
371	泰隆企业有限公司	跨境电子商务交易企业

表2-4 续12

序号	企业名称	企业类型
372	Cns-Dyna International	跨境电子商务交易企业
373	Golong Co. Limited	跨境电子商务交易企业
374	Eagle Step Korea Co. Ltd	跨境电子商务交易企业
375	逸昶有限公司	跨境电子商务交易企业
376	Gs Express Pty Ltd	跨境电子商务交易企业
377	Jd. Com International Limited	跨境电子商务交易企业
378	Good Health Products Limited	跨境电子商务交易企业
379	Zmc Hamburg Gmbh	跨境电子商务交易企业
380	Huachu（China）Holding Group Co. Limited	跨境电子商务交易企业
381	0to7 Inc	跨境电子商务交易企业
382	Z&G Trading Limited	跨境电子商务交易企业
383	华惠（香港）有限公司	跨境电子商务交易企业
384	Lifecare Corporation	跨境电子商务交易企业
385	Baby-Startpunkt Gmbh	跨境电子商务交易企业
386	Rich Info Development Limited	跨境电子商务交易企业
387	T And Y Industry Ltd	跨境电子商务交易企业
388	香港速普国际电子商务有限公司	跨境电子商务交易企业
389	Faci Industries Corporation Dba Crane Laboratories	跨境电子商务交易企业
390	蓝新科技股份有限公司	跨境电子商务交易企业
391	King Win Enterprise（Hong Kong）Co. Limited	跨境电子商务交易企业
392	Jaw Technology Limited	跨境电子商务交易企业
393	Ami Cosmetic Co. Ltd	跨境电子商务交易企业
394	统一数网股份有限公司	跨境电子商务交易企业
395	Thrive In China Inc.	跨境电子商务交易企业
396	香港汇英贸易有限公司	跨境电子商务交易企业
397	Sktelecom 海外旗舰店	跨境电子商务交易企业
398	We Global Gmbh	跨境电子商务交易企业
399	Hg2（德国）有限公司	跨境电子商务交易企业
400	海健实业有限公司	跨境电子商务交易企业
401	百万之旅投资集团有限公司	跨境电子商务交易企业
402	尊玺赫赛（杭州）电子商务有限公司	跨境电子商务交易企业

表2-4 续13

序号	企业名称	企业类型
403	S&W Import Export B. V.	跨境电子商务交易企业
404	Mini Era 合同会社	跨境电子商务交易企业
405	Ecolite Wellbeing（Hk）Co. Ltd	跨境电子商务交易企业
406	韩流科乐（香港）电子商务有限公司	跨境电子商务交易企业
407	Uk Shopping Ltd	跨境电子商务交易企业
408	Quality Brands International Hk Ltd.	跨境电子商务交易企业
409	榕淑（香港）国际贸易有限公司	跨境电子商务交易企业
410	Cde Developments&More Gmbh	跨境电子商务交易企业
411	Nature's Story Company Limited	跨境电子商务交易企业
412	一心堂本铺株式会社	跨境电子商务交易企业
413	Litchi Technology Limited	跨境电子商务交易企业
414	美而快实业股份有限公司	跨境电子商务交易企业
415	Hk Diva Cosmetic Co. Limited	跨境电子商务交易企业
416	Challenger Co. Ltd	跨境电子商务交易企业
417	香港永续资源有限公司	跨境电子商务交易企业
418	S. &L. Servce Ltd	跨境电子商务交易企业
419	G&L International Inc	跨境电子商务交易企业
420	Care And Care Limited	跨境电子商务交易企业
421	天恩国际贸易有限公司	跨境电子商务交易企业
422	Captian Holding Company Limited	跨境电子商务交易企业
423	惟信国际贸易有限公司	跨境电子商务交易企业
424	绿地控股有限公司	跨境电子商务交易企业
425	株式会社ランティス	跨境电子商务交易企业
426	Grandcrown Enterprises Limited	跨境电子商务交易企业
427	Ik. Co. Ltd	跨境电子商务交易企业
428	Maxwin Australia Pty Ltd	跨境电子商务交易企业
429	丸美国际商事株式会社	跨境电子商务交易企业
430	钱城国际进出口有限公司	跨境电子商务交易企业
431	China International Construction Engineering And Project Management Co. Ltd	跨境电子商务交易企业
432	Dinglin International Trade Limited	跨境电子商务交易企业
433	深圳市海豚跨境科技有限公司	跨境电子商务交易企业

表2-4 续14

序号	企业名称	企业类型
434	Joy Sea Choice Limidte	跨境电子商务交易企业
435	金箍棒（香港）科技有限公司	跨境电子商务交易企业
436	花王株式会社	跨境电子商务交易企业
437	Ssf 官方海外旗舰店	跨境电子商务交易企业
438	浙江三沃进出口有限公司	跨境电子商务交易企业
439	Hanyun System Co. Limited	跨境电子商务交易企业
440	Uk Wing Shing Co. Limited	跨境电子商务交易企业
441	Global Eunchae Co. Ltd	跨境电子商务交易企业
442	Hz Gotop Textile Co. Ltd	跨境电子商务交易企业
443	Jessica' S Suitcase Pty Ltd.	跨境电子商务交易企业
444	Easyby Pty Ltd	跨境电子商务交易企业
445	易桥商贸实业有限公司	跨境电子商务交易企业
446	Etiwanda Originals Llc	跨境电子商务交易企业
447	杭州海蜜电子商务有限公司	跨境电子商务交易企业
448	汇孚集团有限公司	跨境电子商务交易企业
449	月亮鱼电子商务有限公司	跨境电子商务交易企业
450	Hailukong S. L.	跨境电子商务交易企业
451	香港英梵特贸易有限公司	跨境电子商务交易企业
452	Samay International Limited	跨境电子商务交易企业
453	Jiaxin Trading Company Ltd	跨境电子商务交易企业
454	香港同兴国际贸易有限公司	跨境电子商务交易企业
455	杭州驭风网络科技有限公司	跨境电子商务交易企业
456	Gingko International Limited	跨境电子商务交易企业
457	Expedite Globe Suppy Chain Management Limited	跨境电子商务交易企业
458	Greater Win Limited	跨境电子商务交易企业
459	一抹橙色国际有限公司	跨境电子商务交易企业
460	贝力特有限公司	跨境电子商务交易企业
461	香港汇英贸易有限公司	跨境电子商务交易企业
462	Sunvip Network Technology（Hongkong）Co. Limited	跨境电子商务交易企业
463	Alex Av Supplier Limited	跨境电子商务交易企业
464	Chhc（Uk）Limited	跨境电子商务交易企业

表2-4 续15

序号	企业名称	企业类型
465	Sainsbury' S Supermarket Ltd	跨境电子商务交易企业
466	海健国际实业有限公司	跨境电子商务交易企业
467	Giantpier Inc.	跨境电子商务交易企业
468	Marumi International Trading Co. Ltd	跨境电子商务交易企业
469	Drt (Hk) Limited	跨境电子商务交易企业
470	品乐(香港)国际贸易有限公司	跨境电子商务交易企业
471	无锡优格电子商务有限公司	跨境电子商务交易企业
472	Lunex Trade Pty Ltd	跨境电子商务交易企业
473	香港玛典电子商务有限公司	跨境电子商务交易企业
474	澳创云购	跨境电子商务交易企业
475	Uk Shopping Ltd	跨境电子商务交易企业
476	Beta Trading Co. Ltd	跨境电子商务交易企业
477	辰菲贸易有限公司	跨境电子商务交易企业
478	Aie	跨境电子商务交易企业
479	Globalsales Agent Co. Ltd	跨境电子商务交易企业
480	Beijing Tongrentang (Hongkong) Limited	跨境电子商务交易企业
481	大韩泡泡糖美妆海外专营店	跨境电子商务交易企业
482	Kpj International Group Pty Ltd	跨境电子商务交易企业
483	Yongyang Co. Ltd	跨境电子商务交易企业
484	首邦电子有限公司	跨境电子商务交易企业
485	Cocoshop Limited	跨境电子商务交易企业
486	Babylink Technology Co. Limited	跨境电子商务交易企业
487	启燊国际集团有限公司	跨境电子商务交易企业
488	First Shopping	跨境电子商务交易企业
489	Jellycat Limited	跨境电子商务交易企业
490	Captian Holding Company Limited	跨境电子商务交易企业
491	淘遍全球国际商贸有限公司	跨境电子商务交易企业
492	Hongkong Yuan Yi Import And Export Co. Limited	跨境电子商务交易企业
493	Wz Germany Gmbh	跨境电子商务交易企业
494	杭州网易印象科技有限公司	跨境电子商务交易企业
495	Life Careplus Co. Limited	跨境电子商务交易企业

表2-4 续16

序号	企业名称	企业类型
496	South China Natural International Ltd	跨境电子商务交易企业
497	Purple Label Inc	跨境电子商务交易企业
498	Silicom Trade Hongkong Limited	跨境电子商务交易企业
499	Ecf International B. V.	跨境电子商务交易企业
500	Babyjoy Australia Pty Ltd	跨境电子商务交易企业
501	Healthy One Co. Limited	跨境电子商务交易企业
502	Viking International Development Limited	跨境电子商务交易企业
503	Mak Global Holdings Pty Ltd	跨境电子商务交易企业
504	香港集美商行有限公司	跨境电子商务交易企业
505	乐利数位科技股份有限公司	跨境电子商务交易企业
506	韩国普尔泛特株式会社	跨境电子商务交易企业
507	Ausea Australia Pty Ltd	跨境电子商务交易企业
508	Dabagirl 海外旗舰店	跨境电子商务交易企业
509	Noahs Trading Company Pty Ltd.	跨境电子商务交易企业
510	Toyotaka Shoji Co. Ltd.	跨境电子商务交易企业
511	Futureway Limited	跨境电子商务交易企业
512	康喜汇有限公司	跨境电子商务交易企业
513	国际健康农场有限公司	跨境电子商务交易企业
514	东王中国集团有限公司	跨境电子商务交易企业
515	Tmart Limited	跨境电子商务交易企业
516	Hm International	跨境电子商务交易企业
517	Mondial Textile Company Limited	跨境电子商务交易企业
518	良运商业有限公司	跨境电子商务交易企业
519	杭州卓意维航电子商务有限公司	跨境电子商务交易企业
520	E-Fon International Trading Pty Ltd.	跨境电子商务交易企业
521	Global Eunchae Co. Ltd	跨境电子商务交易企业
522	尚睿有限公司	跨境电子商务交易企业
523	卓悦化妆品批发中心有限公司	跨境电子商务交易企业
524	Caco	跨境电子商务交易企业
525	远东生物科技股份有限公司	跨境电子商务交易企业
526	美致健康管理（香港）有限公司	跨境电子商务交易企业

表2-4 续17

序号	企业名称	企业类型
527	香港海豹村国际有限公司	跨境电子商务交易企业
528	郑氏实业有限公司	跨境电子商务交易企业
529	肯斯麦（香港）有限公司	跨境电子商务交易企业
530	Mixxmix 海外旗舰店	跨境电子商务交易企业
531	Ishokudogen. Com. Corp	跨境电子商务交易企业
532	思行达有限公司	跨境电子商务交易企业
533	Unispeed Development Limited	跨境电子商务交易企业
534	依恋之家	跨境电子商务交易企业
535	Xi'an Consulting And Solution Co. Ltd.	跨境电子商务交易企业
536	杭州佰宝代进出口贸易有限公司	跨境电子商务交易企业
537	韩国桦隆有限责任公司	跨境电子商务交易企业
538	Ocean Oz Select Pty，Ltd	跨境电子商务交易企业
539	Euro Liang Chen Kft	跨境电子商务交易企业
540	Aphrodite Trading Pty Ltd	跨境电子商务交易企业
541	Chusho Center Co. Ltd	跨境电子商务交易企业
542	Superde Gmbh	跨境电子商务交易企业
543	Foxin Co. Limited	跨境电子商务交易企业
544	香港星贝国际贸易有限公司	跨境电子商务交易企业
545	Usa Sky Inc	跨境电子商务交易企业
546	Rich Taste International Trade Co. Ltd	跨境电子商务交易企业
547	Ozkiki International Pty Ltd	跨境电子商务交易企业
548	Fresh World Trading Limited	跨境电子商务交易企业
549	Cafe24 海外旗舰店	跨境电子商务交易企业
550	一品商事株式会社	跨境电子商务交易企业
551	爱瑞斯电子中国有限公司	跨境电子商务交易企业
552	I-Sell Internation Group Pte. Ltd.	跨境电子商务交易企业
553	安美国际股份有限公司	跨境电子商务交易企业
554	浅草风国际有限公司	跨境电子商务交易企业
555	十艺生技股份有限公司	跨境电子商务交易企业
556	千树国际有限公司	跨境电子商务交易企业
557	Genesis International Group Co. Limited	跨境电子商务交易企业

表2-4　续18

序号	企业名称	企业类型
558	Gs Home Shopping Inc.	跨境电子商务交易企业
559	Kitbag Ltd.	跨境电子商务交易企业
560	Goods4Us	跨境电子商务交易企业
561	Mr 株式会社	跨境电子商务交易企业
562	Hk Saintland Intl Trade Limited	跨境电子商务交易企业
563	凡尔纳（中国）有限公司	跨境电子商务交易企业
564	顺辰国际贸易有限公司	跨境电子商务交易企业
565	Aioncokorea Co. Ltd	跨境电子商务交易企业
566	Rin & Company	跨境电子商务交易企业
567	Zhong Supply Llc	跨境电子商务交易企业
568	隆盛国际纳米科技有限公司	跨境电子商务交易企业
569	Proveit Turnaround Co. Ltd.	跨境电子商务交易企业
570	杭州薇士芭化妆品有限公司	跨境电子商务交易企业
571	Anet 株式会社	跨境电子商务交易企业
572	Hii · Japan 株式会社	跨境电子商务交易企业
573	A&D Co. Ltd.	跨境电子商务交易企业
574	China Marketing Service Ltd	跨境电子商务交易企业
575	株式会社福和乐	跨境电子商务交易企业
576	Commerce International Chuyiyu Inc.	跨境电子商务交易企业
577	美义产业株式会社	跨境电子商务交易企业
578	卓腾实业国际有限公司	跨境电子商务交易企业
579	益优国际有限公司	跨境电子商务交易企业
580	杭州贝友电子商务有限公司	跨境电子商务交易企业
581	Efs Australia Logistic Pty Ltd	跨境电子商务交易企业
582	Aland Co. Ltd.	跨境电子商务交易企业
583	Bestek Group Co Ltd	跨境电子商务交易企业
584	Babience 海外旗舰店	跨境电子商务交易企业
585	Plow & Hearth, Llc	跨境电子商务交易企业
586	Salty Family Group Co. Ltd	跨境电子商务交易企业
587	Vulcan Co. Ltd	跨境电子商务交易企业
588	杭州霍姆电子商务有限公司	跨境电子商务交易企业

表2-4 续19

序号	企业名称	企业类型
589	香港飞牛集达电子商务有限公司	跨境电子商务交易企业
590	浙江华立国际发展有限公司	跨境电子商务交易企业
591	Bestinfoods（Hongkong）Company Limited	跨境电子商务交易企业
592	倍亲贸易有限公司	跨境电子商务交易企业
593	Yuyoung International Limited	跨境电子商务交易企业
594	宁波韩流电子商务有限公司	跨境电子商务交易企业
595	Nuxten Health Limited	跨境电子商务交易企业
596	Castle（Australia）Trading Pty. Limited	跨境电子商务交易企业
597	Vchoice，Inc.	跨境电子商务交易企业
598	新高德（香港）有限公司	跨境电子商务交易企业
599	柏信思集团有限公司	跨境电子商务交易企业
600	杭州励星跨境电子商务有限公司	跨境电子商务交易企业
601	励星国际贸易有限公司	跨境电子商务交易企业
602	株式会社 March One	跨境电子商务交易企业
603	Lg 生活健康个护海外旗舰店	跨境电子商务交易企业
604	Thaimei International Group Co. Limited	跨境电子商务交易企业
605	Snack House International Inc	跨境电子商务交易企业
606	Belarm International Pty Ltd	跨境电子商务交易企业
607	Longtop Pty Ltd	跨境电子商务交易企业
608	Dyztrading Pty Ltd	跨境电子商务交易企业
609	Aaps	跨境电子商务交易企业
610	Bhmk International Pty Ltd	跨境电子商务交易企业
611	香港汇英贸易有限公司	跨境电子商务交易企业
612	统一数网股份有限公司	跨境电子商务交易企业
613	杏一医疗用品股份有限公司	跨境电子商务交易企业
614	Ecostore Company Limited	跨境电子商务交易企业
615	Hanbang America，Inc.	跨境电子商务交易企业
616	Golden Grace Group Limited	跨境电子商务交易企业
617	Milleway Corp.	跨境电子商务交易企业
618	自由港（大连）网络科技有限公司	跨境电子商务交易企业
619	质力工业有限公司	跨境电子商务交易企业

表2-4 续20

序号	企业名称	企业类型
620	Yizheng	跨境电子商务交易企业
621	Holland At Home B. V.	跨境电子商务交易企业
622	香港薇风科技有限公司	跨境电子商务交易企业
623	行云物流商贸（香港）有限公司	跨境电子商务交易企业
624	Ever Classic Limited	跨境电子商务交易企业
625	Beas 株式会社	跨境电子商务交易企业
626	Xinx Gmbh-Reise-Service & Werbeartikel	跨境电子商务交易企业
627	Kaihong International（Hongkong）Limited	跨境电子商务交易企业
628	杭州北美优嘉进出口有限公司	跨境电子商务交易企业
629	サイバーマートジャパン株式会社	跨境电子商务交易企业
630	Fitness Vital Nutrition Limited	跨境电子商务交易企业
631	Pipex Australia Pty Ltd	跨境电子商务交易企业
632	G. M. L Union Enterprise Limited	跨境电子商务交易企业
633	中资源有限公司	跨境电子商务交易企业
634	进虹商贸	跨境电子商务交易企业
635	Compure Holding Ltd	跨境电子商务交易企业
636	North America Wellness Limited	跨境电子商务交易企业
637	Golden Baby Tree International Ink	跨境电子商务交易企业
638	Dizi Handels Gmbh	跨境电子商务交易企业
639	Yk International	跨境电子商务交易企业
640	Health Element 2 009 Limited	跨境电子商务交易企业
641	Kokusaikenshou Trading Co. Ltd.	跨境电子商务交易企业
642	Miamasvin 海外旗舰店	跨境电子商务交易企业
643	陈允宝泉食品股份有限公司	跨境电子商务交易企业
644	Saint Cos International（Aust）Pty Ltd	跨境电子商务交易企业
645	Cheon Ha Trading Company	跨境电子商务交易企业
646	Cj E&M Corp.	跨境电子商务交易企业
647	Issue Cosmetic	跨境电子商务交易企业
648	Elim Korea Trade Co. Ltd	跨境电子商务交易企业
649	Pretty Lady Corporation	跨境电子商务交易企业
650	国药（延边）电子商务股份有限公司	跨境电子商务交易企业

表2-4 续21

序号	企业名称	企业类型
651	浙江集商网络科技有限公司	跨境电子商务交易企业
652	上海宣泰生物科技有限公司	跨境电子商务交易企业
653	伊亲集团香港国际贸易有限公司	跨境电子商务交易企业
654	Dfhl Hk Limited	跨境电子商务交易企业
655	Hongkong Leason Group Limited	跨境电子商务交易企业
656	Able C&C Co. Ltd.	跨境电子商务交易企业
657	Hong Kong Aroma Star International Trade Limited	跨境电子商务交易企业
658	杭州集源跨境电子商务有限公司	跨境电子商务交易企业
659	Luckly International Trading Limited	跨境电子商务交易企业
660	江苏宅便利电子商务有限公司	跨境电子商务交易企业
661	大树医药股份有限公司	跨境电子商务交易企业
662	Tiger8 Kaifu&Co. Ltd	跨境电子商务交易企业
663	港通天下（香港）有限公司	跨境电子商务交易企业
664	烨嘉实业有限公司	跨境电子商务交易企业
665	World Wide Handling Co. Ltd.	跨境电子商务交易企业
666	Qso Babylife Gmbh	跨境电子商务交易企业
667	浙江达缘供应链管理有限公司	跨境电子商务交易企业
668	Hongkong Zy International Investment Limited	跨境电子商务交易企业
669	七二四（北京）科技有限公司	跨境电子商务交易企业
670	Windeln. De Ag	跨境电子商务交易企业
671	Graceland Fruit Inc.	跨境电子商务交易企业
672	奇异果科技有限公司	跨境电子商务交易企业
673	上海桀森实业有限公司	跨境电子商务交易企业
674	智乐堡有限公司	跨境电子商务交易企业
675	Singing Stone Limited	跨境电子商务交易企业
676	Anich Gmbh	跨境电子商务交易企业
677	Felix Kim & Reggie Jin	跨境电子商务交易企业
678	Beauty Pear Inc.	跨境电子商务交易企业
679	Tokyuhands 海外旗舰店	跨境电子商务交易企业
680	Vitaco Health（NZ）Limited	跨境电子商务交易企业
681	杭州和木电子商务有限公司	跨境电子商务交易企业

表2-4 续22

序号	企业名称	企业类型
682	Bright Rainbow Invesments Limited	跨境电子商务交易企业
683	Moving&Jle Pty Ltd	跨境电子商务交易企业
684	Dsm Nutritional Products Holding（Hong Kong）Limited	跨境电子商务交易企业
685	Imperial Bird's Nest International Co. Ltd.	跨境电子商务交易企业
686	食品同业（新）私人有限公司	跨境电子商务交易企业
687	香港纽西亚商贸有限公司	跨境电子商务交易企业
688	Norse Horizon As	跨境电子商务交易企业
689	香港欧悦优品有限公司	跨境电子商务交易企业
690	杭州亦和网络技术服务有限公司	跨境电子商务交易企业
691	Cosmo Trading & Investments Pty Ltd	跨境电子商务交易企业
692	Mountain Warehouse Limited	跨境电子商务交易企业
693	Cj Olivenetworks Co. Ltd	跨境电子商务交易企业
694	尊玺国际（香港）有限公司	跨境电子商务交易企业
695	Sky Eagle Groble Trading Inc.	跨境电子商务交易企业
696	Home Story. S. L.	跨境电子商务交易企业
697	上海幸福九号网络科技有限公司	跨境电子商务交易企业
698	广州唯品会信息科技有限公司	跨境电子商务交易企业
699	Farmers Corner Ltd.	跨境电子商务交易企业
700	杭州秀富跨境电子商务有限公司	跨境电子商务交易企业
701	Hebe International Group Limited	跨境电子商务交易企业
702	Cict Co. Ltd.	跨境电子商务交易企业
703	台塑生医科技股份有限公司	跨境电子商务交易企业
704	Pinkage Co. Ltd	跨境电子商务交易企业
705	株式会社 Gvm	跨境电子商务交易企业
706	Beurer Gmbh	跨境电子商务交易企业
707	Upower Trading Ab	跨境电子商务交易企业
708	Emai Pty Ltd	跨境电子商务交易企业
709	聚美香港有限公司	跨境电子商务交易企业
710	杭州咔莎伊塔莲纳跨境电子商务有限公司	跨境电子商务交易企业
711	西班牙 Factory To Client Sl 公司	跨境电子商务交易企业
712	Danhang International Pty Ltd	跨境电子商务交易企业

表2-4 续23

序号	企业名称	企业类型
713	杭州易丘电子商务有限公司	跨境电子商务交易企业
714	Cloudi Australia Pty Ltd	跨境电子商务交易企业
715	升恒昌股份有限公司	跨境电子商务交易企业
716	美之本股份有限公司	跨境电子商务交易企业
717	杭州挚睿跨境电子商务有限公司	跨境电子商务交易企业
718	Purple 7 Inc.	跨境电子商务交易企业
719	Hongkong Winway Trading Co. Limited	跨境电子商务交易企业
720	Imvely 海外旗舰店	跨境电子商务交易企业
721	杭州正兆网络科技有限公司	跨境电子商务交易企业
722	元宗园（香港）有限公司	跨境电子商务交易企业
723	杭州美日惠电子商务有限公司	跨境电子商务交易企业
724	Grace Vision Limited	跨境电子商务交易企业
725	Pacific Industrial Co. Limited	跨境电子商务交易企业
726	杭州光合作用网络科技有限公司	跨境电子商务交易企业
727	Azf Trading Co Pty Ltd	跨境电子商务交易企业
728	杭州航诚瑞通科技有限公司	跨境电子商务交易企业
729	北京同仁堂国际（杭州）网络技术有限公司	跨境电子商务交易企业
730	Hanbang American，Inc	跨境电子商务交易企业
731	杭州喆兔科技有限公司	跨境电子商务交易企业
732	Sincare Health Group Pty Ltd	跨境电子商务交易企业
733	Otao Limited	跨境电子商务交易企业
734	Eurasia Global Services Limited	跨境电子商务交易企业
735	Kc Co. Korea	跨境电子商务交易企业
736	因特帕克 Bizmarket	跨境电子商务交易企业
737	杭州鲜通电子商务有限公司	跨境电子商务交易企业
738	F. S. Eangel Limited	跨境电子商务交易企业
739	新加坡商优达斯国际有限公司台湾分公司	跨境电子商务交易企业
740	Ondori Gmbh	跨境电子商务交易企业
741	Vp-France Sarl	跨境电子商务交易企业
742	Renogy International Limited	跨境电子商务交易企业
743	Millenium Home Market，S. L.	跨境电子商务交易企业

表2-4　续24

序号	企业名称	企业类型
744	Hong Kong Zhican Trade Co. Limited	跨境电子商务交易企业
745	Ace Nutrition Centers，Inc	跨境电子商务交易企业
746	Hong Kong Ji Tan Trade Co. Limited	跨境电子商务交易企业
747	奥斯国际贸易有限公司	跨境电子商务交易企业
748	香港澳晶国际贸易有限公司	跨境电子商务交易企业
749	Healthland Llc.	跨境电子商务交易企业
750	株式会社德通商会	跨境电子商务交易企业
751	北京笨土豆电子商务有限公司	跨境电子商务交易企业
752	上海百联全渠道电子商务有限公司	跨境电子商务交易企业
753	Hans Agency	跨境电子商务交易企业
754	Pharmacie Chan	跨境电子商务交易企业
755	杭州洋百分直采电子商务有限公司	跨境电子商务交易企业
756	亿仑直采有限公司	跨境电子商务交易企业
757	杭州马班科技有限公司	跨境电子商务交易企业
758	上海致璨国际贸易有限公司	跨境电子商务交易企业
759	Kayi Llc	跨境电子商务交易企业
760	Bazingatp Ecommerce Company Limited	跨境电子商务交易企业
761	Hye Australia Pty. Ltd.	跨境电子商务交易企业
762	Biosteel Sports Co. Ltd.	跨境电子商务交易企业
763	杭州马淘电子商务有限公司	跨境电子商务交易企业
764	Hmg Korea Co. Ltd	跨境电子商务交易企业
765	Tian Cheng Trade Korea	跨境电子商务交易企业
766	鑫江源株式会社	跨境电子商务交易企业
767	南京小精豆生物科技有限公司	跨境电子商务交易企业
768	Ausvice International Pty Ltd	跨境电子商务交易企业
769	株式会社松本清	跨境电子商务交易企业
770	Vitabiotics Limited	跨境电子商务交易企业
771	爱茉莉太平洋集团	跨境电子商务交易企业
772	Centax 株式会社	跨境电子商务交易企业
773	农协流通	跨境电子商务交易企业
774	杭州多拉供应链有限公司	跨境电子商务交易企业

表2-4 续25

序号	企业名称	企业类型
775	杭州望恒电子商务有限公司	跨境电子商务交易企业
776	Sanli International Limited	跨境电子商务交易企业
777	House Of Fraser（Northern）Limited	跨境电子商务交易企业
778	Korea Dutyfree. Co. Ltd	跨境电子商务交易企业
779	Infinity Trade Group Limited	跨境电子商务交易企业
780	Forever Prince Inc	跨境电子商务交易企业
781	Lasquare Global Group Corporation	跨境电子商务交易企业
782	杭州腾基网络科技有限公司	跨境电子商务交易企业
783	绿湾实业集团有限公司	跨境电子商务交易企业
784	Kidsnest Limited	跨境电子商务交易企业
785	日洁国际贸易（上海）有限公司	跨境电子商务交易企业
786	向暖科技（香港）有限公司	跨境电子商务交易企业
787	Ssu 国际贸易	跨境电子商务交易企业
788	Safe International Trading Co. Limited	跨境电子商务交易企业
789	杭州卡乐猫电子商务有限公司	跨境电子商务交易企业
790	日本广信株式会社	跨境电子商务交易企业
791	北京良市无际科技有限公司	跨境电子商务交易企业
792	浙江裕和贸易有限公司	跨境电子商务交易企业
793	Y&L Import Export Gmbh	跨境电子商务交易企业
794	Aliyun Express Inc.	跨境电子商务交易企业
795	Aeon Retail	跨境电子商务交易企业
796	上海蓄香科技发展有限公司	跨境电子商务交易企业
797	保溢（香港）有限公司	跨境电子商务交易企业
798	Kh Networks. Co. Ltd	跨境电子商务交易企业
799	Moonwish Usa Inc	跨境电子商务交易企业
800	成泰国际有限公司	跨境电子商务交易企业
801	Bcfoods, Inc.	跨境电子商务交易企业
802	八爱有限公司	跨境电子商务交易企业
803	屈臣氏中国（香港）电子商务有限公司	跨境电子商务交易企业
804	杭州鲜运国际贸易有限责任公司	跨境电子商务交易企业
805	深圳前海腾邦保税跨境电子商务有限公司	跨境电子商务交易企业

表2-4 续26

序号	企业名称	企业类型
806	Maple House Nutrition Inc.	跨境电子商务交易企业
807	易恒（香港）有限公司	跨境电子商务交易企业
808	Aroma Plc	跨境电子商务交易企业
809	香港安嘉商贸有限公司	跨境电子商务交易企业
810	London International Trading（Asia）Limited	跨境电子商务交易企业
811	Lphq Uk Limited	跨境电子商务交易企业
812	Ludeya International Inc.	跨境电子商务交易企业
813	香港聚洋货电子商务有限公司	跨境电子商务交易企业
814	大洋通商股份有限公司	跨境电子商务交易企业
815	生态洗漱欧洲控股有限公司	跨境电子商务交易企业
816	Joy Sunshine Co. Ltd.	跨境电子商务交易企业
817	Avenue51 Ltd	跨境电子商务交易企业
818	Weikoreameaia	跨境电子商务交易企业
819	Hk Candy Floss E-Commerce Co. Limited	跨境电子商务交易企业
820	永丰商店股份有限公司	跨境电子商务交易企业
821	Koreacenter. Com	跨境电子商务交易企业
822	润翔国际有限公司	跨境电子商务交易企业
823	美国 K-Best 公司	跨境电子商务交易企业
824	浙江省粮油食品进出口股份有限公司	跨境电子商务交易企业
825	杭州德钇通电子商务有限公司	跨境电子商务交易企业
826	株式会社わくわく园	跨境电子商务交易企业
827	竞兆电子商务（上海）有限公司	跨境电子商务交易企业
828	杭州永卓电子商务有限公司	跨境电子商务交易企业
829	郑州瑞煊和贸易有公司	跨境电子商务交易企业
830	上海兆杰实业发展有限公司	跨境电子商务交易企业
831	Alliance Gourment Management Limited	跨境电子商务交易企业
832	Australia Zhen Kun Pty. Ltd.	跨境电子商务交易企业
833	耀志环球有限公司	跨境电子商务交易企业
834	贝毓（上海）电子商务有限公司	跨境电子商务交易企业
835	武汉汉蒙和商贸有限公司	跨境电子商务交易企业
836	杭州秀富实业（香港）有限公司	跨境电子商务交易企业

表2-4 续27

序号	企业名称	企业类型
837	步步高电子商务有限责任公司	跨境电子商务交易企业
838	Run Zhu Ef	跨境电子商务交易企业
839	Logitech Magdeburg Gmbh I. G.	跨境电子商务交易企业
840	上海逸旺食品有限公司	跨境电子商务交易企业
841	Bestinfoods（Hongkong）Company Limited	跨境电子商务交易企业
842	哪儿买国际供应链管理有限公司	跨境电子商务交易企业
843	Huahou Co. Ltd	跨境电子商务交易企业
844	杭州天众供应链管理有限公司	跨境电子商务交易企业
845	银泰百货（香港）有限公司	跨境电子商务交易企业
846	Shoujia（Uk）Electronic Commerce Co. Ltd.	跨境电子商务交易企业
847	宁波弗劳恩物流科技有限公司	跨境电子商务交易企业
848	Esupply Global Ecommerce Technology（Nz）Limited	跨境电子商务交易企业
849	杭州有品信息科技有限公司	跨境电子商务交易企业
850	上海澳之骄贸易有限公司	跨境电子商务交易企业
851	杭州森迈克斯进出口有限公司	跨境电子商务交易企业
852	聪明伙伴（上海）供应链管理有限公司	跨境电子商务交易企业
853	顶顶科技有限公司	跨境电子商务交易企业
854	杭州崇巨商贸有限公司	跨境电子商务交易企业
855	Australian Dypital Group Pty Ltd	跨境电子商务交易企业
856	Organic Zoo Pty Ltd	跨境电子商务交易企业
857	金箍棒（香港）科技有限公司	跨境电子商务交易企业
858	富春粮油食品有限公司	跨境电子商务交易企业
859	香港蓄香国际集团有限公司	跨境电子商务交易企业
860	Ck Beauty Trading Company	跨境电子商务交易企业
861	克瑞斯朵（香港）商贸有限公司	跨境电子商务交易企业
862	Jigsaw International Limited	跨境电子商务交易企业
863	浙江鲲慕科技有限公司	跨境电子商务交易企业
864	联华食品工业股份有限公司	跨境电子商务交易企业
865	杭州�希信息科技有限公司	跨境电子商务交易企业
866	香港�希信息科技有限公司	跨境电子商务交易企业
867	Agabang Company	跨境电子商务交易企业

表2-4 续28

序号	企业名称	企业类型
868	Ticketmonster	跨境电子商务交易企业
869	苏州澳汇进出口贸易有限公司	跨境电子商务交易企业
870	深圳市亚里欧斯网络科技有限公司	跨境电子商务交易企业
871	杭州易斯百电子商务有限公司	跨境电子商务交易企业
872	杭州蜜微电子商务有限公司	跨境电子商务交易企业
873	杭州思科生物科技有限公司	跨境电子商务交易企业
874	银河猫（香港）有限公司	跨境电子商务交易企业
875	Eddie Bauer Llc	跨境电子商务交易企业
876	Habalan Med & Beauty Co. Ltd.	跨境电子商务交易企业
877	Mark Styler Co. Ltd.	跨境电子商务交易企业
878	统一生活事业股份有限公司	跨境电子商务交易企业
879	Billion Profit International Holdings Limited 亿润国际集团有限公司	跨境电子商务交易企业
880	杭州柯瀚进出口有限公司	跨境电子商务交易企业
881	琳達香港贸易有限公司	跨境电子商务交易企业
882	Bai Ping	跨境电子商务交易企业
883	大连海宝生物科技股份有限公司	跨境电子商务交易企业
884	富春粮油食品有限公司	跨境电子商务交易企业
885	香港苏宁海外旗舰店	跨境电子商务交易企业
886	E-Joy Biotechnology Co. Ltd	跨境电子商务交易企业
887	跨品猫（亚洲）有限公司	跨境电子商务交易企业
888	Phluency，Lnc.	跨境电子商务交易企业
889	Vchoice，Inc.	跨境电子商务交易企业
890	Salus Haus Gmbh&Co. Kg	跨境电子商务交易企业
891	首家（上海）电子商务有限公司	跨境电子商务交易企业
892	Impact Biopharma，Inc.	跨境电子商务交易企业
893	Health Care Products Import Export Gmbh	跨境电子商务交易企业
894	永申贸易有限公司	跨境电子商务交易企业
895	台湾屈臣氏个人用品商店股份有限公司	跨境电子商务交易企业
896	船井生医股份有限公司	跨境电子商务交易企业
897	Tiny Dreams Baby Inc.	跨境电子商务交易企业
898	Unimat Riken Corporation	跨境电子商务交易企业

表2-4 续29

序号	企业名称	企业类型
899	Sayang Global Pte Ltd	跨境电子商务交易企业
900	爽快药妆株式会社	跨境电子商务交易企业
901	Hong Kong Wisdom Health Biological Trading Limited	跨境电子商务交易企业
902	浙江阿拉丁电子商务股份有限公司	跨境电子商务交易企业
903	Unispeed Development Limited	跨境电子商务交易企业
904	浙江汇融源实业有限公司	跨境电子商务交易企业
905	Cmate Co. Ltd	跨境电子商务交易企业
906	森田药妆亚洲电子商务有限公司	跨境电子商务交易企业
907	杭州每儿电子商务有限公司	跨境电子商务交易企业
908	Techorn Enterprise Limited	跨境电子商务交易企业
909	浙江物产跨境电子商务服务有限公司	跨境电子商务交易企业
910	杭州加中商贸有限公司	跨境电子商务交易企业
911	株式会社 Ntec-Asuaru	跨境电子商务交易企业
912	The Dairy Farm Company, Limited	跨境电子商务交易企业
913	浙江东锐进出口有限责任公司	跨境电子商务交易企业
914	Magic Panda Group Limited	跨境电子商务交易企业
915	Hongkong Heyu Tradings Limited	跨境电子商务交易企业
916	Artseine	跨境电子商务交易企业
917	天薇国际控股有限公司	跨境电子商务交易企业
918	Emai Global Group Limited	跨境电子商务交易企业
919	杭州亿买网络科技有限公司	跨境电子商务交易企业
920	杭州工联供应链管理有限公司	跨境电子商务交易企业
921	Artemis Pet Food Co Inc	跨境电子商务交易企业
922	E-Stock	跨境电子商务交易企业
923	Mums. Sg Pte Ltd	跨境电子商务交易企业
924	智欣光学百货控股有限公司	跨境电子商务交易企业
925	香港瑞本经贸有限公司	跨境电子商务交易企业
926	Thrive In China Inc.	跨境电子商务交易企业
927	Hong Kong Salute Natural Group Limited	跨境电子商务交易企业
928	约瑟夫班克斯国际控股有限公司	跨境电子商务交易企业
929	Musen International Trading Pty Ltd	跨境电子商务交易企业

表2-4　续30

序号	企业名称	企业类型
930	葡萄王生技股份有限公司	跨境电子商务交易企业
931	Kingsau Pty Ltd	跨境电子商务交易企业
932	杭州西狗国际贸易有限公司	跨境电子商务交易企业
933	晤曜电子商务（上海）有限公司	跨境电子商务交易企业
934	Mdo Global Co. Ltd.	跨境电子商务交易企业
935	Nutrition Rite Corporation	跨境电子商务交易企业
936	孔雀有限公司	跨境电子商务交易企业
937	Le Faire Limited	跨境电子商务交易企业
938	Hongkong Living Joyful Industrial Co. Ltd.	跨境电子商务交易企业
939	珠珠电子商务综合有限公司	跨境电子商务交易企业
940	Anz Supplies Pty Ltd	跨境电子商务交易企业
941	All Well Australia Health Products Company Pty Ltd	跨境电子商务交易企业
942	Castle（Australia）Trading Pty. Limited	跨境电子商务交易企业
943	Accommate Company Limited	跨境电子商务交易企业
944	Simplex Internet Inc.	跨境电子商务交易企业
945	Hahahashopping Co. Ltd	跨境电子商务交易企业
946	Euroriginal S. L	跨境电子商务交易企业
947	北京创锐文化传媒有限公司	跨境电子商务交易企业
948	Sino-Baby Enterprise Co. Limited	跨境电子商务交易企业
949	Mikihouse Trade Co. Ltd.	跨境电子商务交易企业
950	香港树屋国际集团有限公司	跨境电子商务交易企业
951	焕然国际有限公司	跨境电子商务交易企业
952	杭州外德进出口有限公司	跨境电子商务交易企业
953	Sgs Plus	跨境电子商务交易企业
954	Alibaba. Com Singapore E-Commerce Private Limited	跨境电子商务交易企业
955	杭州网趣科技有限公司	跨境电子商务交易企业
956	Ausino Quality Products Pty Ltd	跨境电子商务交易企业
957	重庆渝荷电子商务有限公司	跨境电子商务交易企业
958	荣众有限公司	跨境电子商务交易企业
959	Pharma International Holdings Limited	跨境电子商务交易企业
960	Commencer	跨境电子商务交易企业

表2-4 续31

序号	企业名称	企业类型
961	浙江鹰泊品牌管理有限公司	跨境电子商务交易企业
962	Ea Global Sourcing Limited	跨境电子商务交易企业
963	Spring River Imports	跨境电子商务交易企业
964	Z&G Trading Limited	跨境电子商务交易企业
965	Wemakeprice Inc.	跨境电子商务交易企业
966	普罗旺斯国际控股有限公司	跨境电子商务交易企业
967	月亮鱼电子商务有限公司	跨境电子商务交易企业
968	杭州坤康进出口有限公司	跨境电子商务交易企业
969	杭州格享网络技术有限公司	跨境电子商务交易企业
970	杭州紫榅花贸易有限公司	跨境电子商务交易企业
971	杭州全球婴网络科技有限公司	跨境电子商务交易企业
972	株式会社 Nttドコモ	跨境电子商务交易企业
973	上海懿达物流有限公司	跨境电子商务交易企业
974	上海诺屹购电子商务有限公司	跨境电子商务交易企业
975	北京希品科技有限公司	跨境电子商务交易企业
976	香港全球婴网络科技有限公司	跨境电子商务交易企业
977	Kolon Industries. Inc	跨境电子商务交易企业
978	杭州华艋跨境电子商务有限公司	跨境电子商务交易企业
979	Newasian Logistics Limited	跨境电子商务交易企业
980	杭州树屋科技有限公司	跨境电子商务交易企业
981	嵩瑞国际贸易（上海）有限公司	跨境电子商务交易企业
982	杭州迎欣进出口有限公司	跨境电子商务交易企业
983	杭州立奥电子商务有限公司	跨境电子商务交易企业
984	杭州碧图进出口有限公司	跨境电子商务交易企业
985	郑州瑞煊和贸易有限公司	跨境电子商务交易企业
986	华贝（香港）电子商务有限公司	跨境电子商务交易企业
987	杭州多拉供应链有限公司	跨境电子商务交易企业
988	杭州向洋电子商务有限公司	跨境电子商务交易企业
989	Kantukan Co. Ltd.	跨境电子商务交易企业
990	百力儿营养品贸易（上海）有限公司	跨境电子商务交易企业
991	杭州美宜购商贸有限公司	跨境电子商务交易企业

表2-4 续32

序号	企业名称	企业类型
992	M Corset, Inc.	跨境电子商务交易企业
993	America's Nutrition Health, Inc.	跨境电子商务交易企业
994	上海澳新进出口有限公司	跨境电子商务交易企业
995	湖北钻石实业有限公司	跨境电子商务交易企业
996	杭州但丁电子商务有限公司	跨境电子商务交易企业
997	赋任纯国际贸易（上海）有限公司	跨境电子商务交易企业
998	杭州爱琴嗨购供应链管理有限公司	跨境电子商务交易企业
999	杭州意启商务咨询有限公司	跨境电子商务交易企业
1000	浙江妮素网络科技有限公司	跨境电子商务交易企业
1001	杭州翔赞贸易有限公司	跨境电子商务交易企业
1002	上海缙嘉国际贸易有限公司	跨境电子商务交易企业
1003	广东盈峰母婴商业有限公司	跨境电子商务交易企业
1004	杭州赛隆电子商务有限公司	跨境电子商务交易企业
1005	上海顶捷供应链管理有限公司	跨境电子商务交易企业
1006	杭州拾花社科技有限公司	跨境电子商务交易企业
1007	杭州天舟进出口贸易有限公司	跨境电子商务交易企业
1008	杭州代塔信息技术有限公司	跨境电子商务交易企业
1009	上海宣泰生物科技有限公司	跨境电子商务交易企业
1010	江苏宅优购电子商务有限公司	跨境电子商务交易企业
1011	埃尔斯敏（深圳）贸易有限公司	跨境电子商务交易企业
1012	杭州都宁贸易有限公司	跨境电子商务交易企业
1013	杭州谷汝电子商务有限公司	跨境电子商务交易企业
1014	杭州视赚优嘉电子商务有限公司	跨境电子商务交易企业
1015	浙江名堂网络科技有限公司	跨境电子商务交易企业
1016	广东奥园奥买家电子商务有限公司	跨境电子商务交易企业
1017	烟台速达电子商务有限公司	跨境电子商务交易企业
1018	杭州欧牙特国际贸易有限公司	跨境电子商务交易企业
1019	北京东方爱怡斯科技有限公司	跨境电子商务交易企业
1020	杭州蜜德网络科技有限公司	跨境电子商务交易企业
1021	杭州望恒进出口有限公司	跨境电子商务交易企业
1022	米区实业（上海）有限公司	跨境电子商务交易企业

表2-4　续33

序号	企业名称	企业类型
1023	上海靓娃国际贸易有限公司	跨境电子商务交易企业
1024	杭州满润网络科技有限公司	跨境电子商务交易企业
1025	杭州汉道电子商务有限公司	跨境电子商务交易企业
1026	香港承美瑞电子商务有限公司	跨境电子商务交易企业
1027	上海诺康医疗器械有限公司	跨境电子商务交易企业
1028	杭州维州国际贸易有限公司	跨境电子商务交易企业
1029	Harvest Natural Foods（Canada）	跨境电子商务交易企业
1030	江苏苏宁易购电子商务有限公司	跨境电子商务交易企业
1031	江苏孩子王实业有限公司	跨境电子商务交易企业
1032	友物贸易（上海）有限公司	跨境电子商务交易企业
1033	采伴（上海）信息科技有限公司	跨境电子商务交易企业
1034	杭州派考特电子商务有限公司	跨境电子商务交易企业
1035	南京金鹰购电子商务有限公司	跨境电子商务交易企业
1036	Hong Kong Dafu Co. Limited	跨境电子商务交易企业
1037	宁波谨道电子商务有限公司	跨境电子商务交易企业
1038	江苏中创供应链服务有限公司	跨境电子商务交易企业
1039	武汉宝迪孟和科技有限公司	跨境电子商务交易企业
1040	北京广源互动科技发展有限公司	跨境电子商务交易企业
1041	上海博提国际贸易有限公司	跨境电子商务交易企业
1042	晤曜电子商务（上海）有限公司	跨境电子商务交易企业
1043	青岛华夏象国际贸易有限公司	跨境电子商务交易企业
1044	Option Plus Limited	跨境电子商务交易企业
1045	杭州七面贸易有限公司	跨境电子商务交易企业
1046	北京宸然贸易有限公司	跨境电子商务交易企业
1047	杭州德之悦电子商务有限公司	跨境电子商务交易企业
1048	深圳市海安普科技有限公司	跨境电子商务交易企业
1049	上海夷优国际贸易有限公司	跨境电子商务交易企业
1050	赋任纯国际贸易（上海）有限公司	跨境电子商务交易企业
1051	杭州捷创进出口有限公司	跨境电子商务交易企业
1052	钱城国际进出口有限公司	跨境电子商务交易企业
1053	双狄（上海）国际贸易有限公司	跨境电子商务交易企业

表2-4 续34

序号	企业名称	企业类型
1054	杭州澳睿电子商务有限公司	跨境电子商务交易企业
1055	杭州洋逸谷健康科技有限公司	跨境电子商务交易企业
1056	北京顺丰电子商务有限公司	跨境电子商务交易企业
1057	北京因特帕克万通商贸有限公司	跨境电子商务交易企业
1058	Tony Quinn Health Centres Ltd	跨境电子商务交易企业
1059	施道赫商贸（天津）有限公司	跨境电子商务交易企业
1060	爱适（上海）商贸有限公司	跨境电子商务交易企业
1061	The Cambridge Satchel Company Ltd	跨境电子商务交易企业
1062	青岛百洋健康药房连锁有限公司	跨境电子商务交易企业
1063	九份科技发展有限公司	跨境电子商务交易企业
1064	上海母婴之家网络科技股份有限公司	跨境电子商务交易企业
1065	台湾百尼尔生技股份有限公司	跨境电子商务交易企业
1066	南京西晋织造实业有限公司	跨境电子商务交易企业
1067	Kai Sun International Group Limited	跨境电子商务交易企业
1068	浙江金邑生物科技有限公司	跨境电子商务交易企业
1069	宁波妈妈购网络科技有限公司	跨境电子商务交易企业
1070	上海千谷食品有限公司	跨境电子商务交易企业
1071	杭州派考特电子商务有限公司	跨境电子商务交易企业
1072	杭州源品优购食品科技有限公司	跨境电子商务交易企业
1073	杭州泛远进出口有限公司	跨境电子商务交易企业
1074	杭州全麦电子商务有限公司	跨境电子商务交易企业
1075	杭州嘉集通电子商务有限公司	跨境电子商务交易企业
1076	浙江执御信息技术有限公司	跨境电子商务交易企业
1077	杭州斐尚网络科技有限公司	跨境电子商务交易企业
1078	杭州蜜糖电子商务有限公司	跨境电子商务交易企业
1079	浙江融易通企业服务有限公司	跨境电子商务交易企业
1080	台州金珏网布有限公司	跨境电子商务交易企业
1081	杭州乐尚进出口有限公司	跨境电子商务交易企业
1082	杭州安致电子商务股份有限公司	跨境电子商务交易企业
1083	杭州阳辛园电子商务有限公司	跨境电子商务交易企业
1084	杭州纽创电子有限公司	跨境电子商务交易企业

表2-4　续35

序号	企业名称	企业类型
1085	浙江融易通进出口有限公司	跨境电子商务交易企业
1086	杭州匡氏纺织有限公司	跨境电子商务交易企业
1087	深圳市思为光电有限公司	跨境电子商务交易企业
1088	晋江市星宝鞋业有限公司	跨境电子商务交易企业
1089	福州特新鞋业有限公司	跨境电子商务交易企业
1090	北京天马起重吊索具有限责任公司	跨境电子商务交易企业
1091	北京环球华羽科技发展有限公司	跨境电子商务交易企业
1092	泉州艾美服装有限公司	跨境电子商务交易企业
1093	杭州隆力奇跨境电子商务有限公司	跨境电子商务交易企业
1094	山西极控科技有限公司	跨境电子商务交易企业
1095	浙江正达模具有限公司	跨境电子商务交易企业
1096	合肥斯妙进出口贸易有限公司	跨境电子商务交易企业
1097	东莞市嘉名达家纺有限公司	跨境电子商务交易企业
1098	昆山贝思奇商贸有限公司	跨境电子商务交易企业
1099	扬州市米修工艺品有限公司	跨境电子商务交易企业
1100	上海卓飒实业有限公司	跨境电子商务交易企业
1101	杭州科廷五金建材有限公司	跨境电子商务交易企业
1102	石家庄夏梦贸易有限公司	跨境电子商务交易企业
1103	四会市澳得塑料五金制品有限公司	跨境电子商务交易企业
1104	山西艾丽莎玻璃艺术有限公司	跨境电子商务交易企业
1105	广州市民泰电子科技有限公司	跨境电子商务交易企业
1106	黄岩南城腾华塑料厂	跨境电子商务交易企业
1107	永康市瑞祥金属制品有限公司	跨境电子商务交易企业
1108	永康市石俊服装有限公司	跨境电子商务交易企业
1109	杭州臻诺瑞服饰绣品有限公司	跨境电子商务交易企业
1110	杭州安恒测控技术有限公司	跨境电子商务交易企业
1111	杭州沐色贸易有限公司	跨境电子商务交易企业
1112	建德市勇华电器有限公司	跨境电子商务交易企业
1113	慈溪市时色纪电子商务有限公司	跨境电子商务交易企业
1114	杭州永华商标织造机械有限公司	跨境电子商务交易企业
1115	安徽双飞塑业有限公司	跨境电子商务交易企业

表2-4 续36

序号	企业名称	企业类型
1116	广州花魁皮具有限公司	跨境电子商务交易企业
1117	宁波杭州湾新区领尚电子商务有限公司	跨境电子商务交易企业
1118	杭州华一强实业有限公司	跨境电子商务交易企业
1119	厦门登斯特照明科技有限公司	跨境电子商务交易企业
1120	青岛鑫工精密机械制造有限公司	跨境电子商务交易企业
1121	如东日之升劳护用品有限公司	跨境电子商务交易企业
1122	杭州月光宝盒科技有限公司	跨境电子商务交易企业
1123	苏州巨洁电子有限公司	跨境电子商务交易企业
1124	温岭市山市电容器厂	跨境电子商务交易企业
1125	建德市双剑工具有限公司	跨境电子商务交易企业
1126	禹州神龙发制品有限公司	跨境电子商务交易企业
1127	深圳市博洋包装制品有限公司	跨境电子商务交易企业
1128	慈溪市新恩塑料制品有限公司	跨境电子商务交易企业
1129	广州市迈拓维矩电子有限公司	跨境电子商务交易企业
1130	唯品会（中国）有限公司	跨境电子商务交易企业
1131	北京德志信远科技有限公司	跨境电子商务交易企业
1132	杭州亿方帛绣品有限公司	跨境电子商务交易企业
1133	海宁艾可炫照明电器有限公司	跨境电子商务交易企业
1134	上海纽斌腾工贸有限公司	跨境电子商务交易企业
1135	三门远翔橡塑有限公司	跨境电子商务交易企业
1136	张家港市华亿橡塑制品有限公司	跨境电子商务交易企业
1137	杭州华元宠物用品有限公司	跨境电子商务交易企业
1138	台州欣佑休闲用品有限公司	跨境电子商务交易企业
1139	慈溪市佳百列塑业有限公司	跨境电子商务交易企业
1140	深圳市汉唐鸿业科技有限公司	跨境电子商务交易企业
1141	杭州凯立隆进出口有限公司	跨境电子商务交易企业
1142	义乌市百纳箱包有限公司	跨境电子商务交易企业
1143	台山市水步镇鸿杰台球制品厂	跨境电子商务交易企业
1144	无棣海河网具专业合作社	跨境电子商务交易企业
1145	安平县拓瑞丝网贸易有限公司	跨境电子商务交易企业
1146	杭州汤姆金休闲运动器材有限公司	跨境电子商务交易企业

表2-4 续37

序号	企业名称	企业类型
1147	保定春霞皮具制造有限公司	跨境电子商务交易企业
1148	许昌县金福源发制品有限公司	跨境电子商务交易企业
1149	绍兴县生羽进出口有限公司	跨境电子商务交易企业
1150	杭州春美包装有限公司	跨境电子商务交易企业
1151	杭州都汇汽车配件有限公司	跨境电子商务交易企业
1152	济南克伦特轴承有限公司	跨境电子商务交易企业
1153	深圳市创芯诚微科技有限公司	跨境电子商务交易企业
1154	固态照明张家口有限公司	跨境电子商务交易企业
1155	东莞市语恩服饰有限公司	跨境电子商务交易企业
1156	无锡欣然微纤科技有限公司	跨境电子商务交易企业
1157	深圳市爱乐优科技有限公司	跨境电子商务交易企业
1158	杭州千岛湖晨光玻璃制品有限公司	跨境电子商务交易企业
1159	厦门嘉迈电子科技有限公司	跨境电子商务交易企业
1160	海宁亿博盛进出口有限公司	跨境电子商务交易企业
1161	佛山市南海区丹灶镇伊旺五金制品厂	跨境电子商务交易企业
1162	扬州多邦进出口有限公司	跨境电子商务交易企业
1163	浙江物产跨境电子商务服务有限公司	跨境电子商务交易企业
1164	东莞市成威反光材料有限公司	跨境电子商务交易企业
1165	五环特种铝管制造有限公司	跨境电子商务交易企业
1166	上海知能医学模型设备制造有限公司	跨境电子商务交易企业
1167	杭州永利摩擦材料有限公司	跨境电子商务交易企业
1168	诸暨市飞亚纺织有限公司	跨境电子商务交易企业
1169	浙江史丹迪电子科技有限公司	跨境电子商务交易企业
1170	张家港市仕格伟机械有限公司	跨境电子商务交易企业
1171	山西英拓工贸有限公司	跨境电子商务交易企业
1172	衡水景康医疗器械有限公司	跨境电子商务交易企业
1173	杭州青妍进出口有限公司	跨境电子商务交易企业
1174	扬州市东华电子弹簧有限公司	跨境电子商务交易企业
1175	杭州渔猎科技有限公司	跨境电子商务交易企业
1176	深圳市宏祥利科技有限公司	跨境电子商务交易企业
1177	柳州恒泰家用纺织品有限公司	跨境电子商务交易企业

表2-4 续38

序号	企业名称	企业类型
1178	杭州银江金属制品有限公司	跨境电子商务交易企业
1179	慈溪泰尔仪表有限公司	跨境电子商务交易企业
1180	益轩（泉州）轻工有限公司	跨境电子商务交易企业
1181	扬州达雅乐包袋有限公司	跨境电子商务交易企业
1182	珠海丽辉数码科技有限公司	跨境电子商务交易企业
1183	金华市金灵斯盾五金制品有限公司	跨境电子商务交易企业
1184	扬州大自然生物科技有限公司	跨境电子商务交易企业
1185	桐庐鑫诚针纺织有限公司	跨境电子商务交易企业
1186	黑龙江麦克莱斯科技开发有限公司	跨境电子商务交易企业
1187	杭州聚奎电子科技有限公司	跨境电子商务交易企业
1188	深圳市联达海棉制品有限公司	跨境电子商务交易企业
1189	许昌盛源发制品有限公司	跨境电子商务交易企业
1190	常州思玛特拓迈电机制造	跨境电子商务交易企业
1191	广州图柏客塑料制品有限公司	跨境电子商务交易企业
1192	佛山市高明区大风通风设备厂	跨境电子商务交易企业
1193	华邦电力科技股份有限公司	跨境电子商务交易企业
1194	广州市深艺包装材料有限公司	跨境电子商务交易企业
1195	广州市靓彩印刷有限公司	跨境电子商务交易企业
1196	义乌祺晟箱包有限公司	跨境电子商务交易企业
1197	义乌市尚恒饰品有限公司	跨境电子商务交易企业
1198	佛山市南海蓝之碧科技有限公司	跨境电子商务交易企业
1199	深圳市酷德贸易有限公司	跨境电子商务交易企业
1200	深圳市冠烨恒电子科技有限公司	跨境电子商务交易企业
1201	南通中乐乐器有限公司	跨境电子商务交易企业
1202	泰州市飞特尼龙绳网带有限公司	跨境电子商务交易企业
1203	杭州开启进出口有限公司	跨境电子商务交易企业
1204	许昌哈默尼饰品有限公司	跨境电子商务交易企业
1205	安徽省太湖泽泓塑业有限公司	跨境电子商务交易企业
1206	温州亚鼎电气有限公司	跨境电子商务交易企业
1207	潍坊大唐乐器发展有限公司	跨境电子商务交易企业
1208	义乌市艾比莉服饰有限公司	跨境电子商务交易企业

表2-4 续39

序号	企业名称	企业类型
1209	梧州市江远宝石有限公司	跨境电子商务交易企业
1210	余姚市舜展电器有限公司	跨境电子商务交易企业
1211	南通柯林纺织品有限公司	跨境电子商务交易企业
1212	台州恒名塑模科技有限公司	跨境电子商务交易企业
1213	高要市天一五金硅胶有限公司	跨境电子商务交易企业
1214	宁波恒瑞森橡塑有限公司	跨境电子商务交易企业
1215	上海华苑斯码特信息技术有限公司	跨境电子商务交易企业
1216	扬州姵娜儿童服饰文化发展有限公司	跨境电子商务交易企业
1217	南通阿特福纺织有限公司	跨境电子商务交易企业
1218	东莞市盈创工艺品有限公司	跨境电子商务交易企业
1219	前海大同（深圳）智能科技有限公司	跨境电子商务交易企业
1220	广州华晖照明有限公司	跨境电子商务交易企业
1221	磐安鼎浩进出口有限公司	跨境电子商务交易企业
1222	上海博三科技有限公司	跨境电子商务交易企业
1223	深圳鑫和港科技有限公司	跨境电子商务交易企业
1224	义乌市维洛珠宝有限公司	跨境电子商务交易企业
1225	广州蔻雅服装有限公司	跨境电子商务交易企业
1226	义乌启轩野营用具有限公司	跨境电子商务交易企业
1227	苏州哈威泡棉有限公司	跨境电子商务交易企业
1228	东莞市方驰电子科技有限公司	跨境电子商务交易企业
1229	台州市雷迪塑胶有限公司	跨境电子商务交易企业
1230	苏州工业园区科佳自动化有限公司	跨境电子商务交易企业
1231	苏州威仕薄膜科技有限公司	跨境电子商务交易企业
1232	深圳市荣联发科技有限公司	跨境电子商务交易企业
1233	永康市莱科进出口有限公司	跨境电子商务交易企业
1234	宁海久发户外用品有限公司	跨境电子商务交易企业
1235	广州市长为贸易有限公司	跨境电子商务交易企业
1236	南通嘉丰纳米科技有限公司	跨境电子商务交易企业
1237	江门市蓬江区恒美卫浴有限公司	跨境电子商务交易企业
1238	佛山市南海区欧红志卫浴厂	跨境电子商务交易企业
1239	嵊州市恒大包装厂	跨境电子商务交易企业

表2-4 续40

序号	企业名称	企业类型
1240	沧州德安防爆特种工具制造有限公司	跨境电子商务交易企业
1241	深圳市光浩源电子科技有限公司	跨境电子商务交易企业
1242	河北华旗专用汽车制造有限公司	跨境电子商务交易企业
1243	许昌龙祁电子商务有限公司	跨境电子商务交易企业
1244	诸暨市旗王纺织品有限公司	跨境电子商务交易企业
1245	许昌戴尔雅工艺品有限公司	跨境电子商务交易企业
1246	东莞市美易达工艺制作有限公司	跨境电子商务交易企业
1247	Xuchang Xiwen Hair Products Co. Ltd	跨境电子商务交易企业
1248	许昌美之源发制品有限公司	跨境电子商务交易企业
1249	苏州盛湘纺织工艺品有限公司	跨境电子商务交易企业
1250	浦江县艺佳水晶制品有限公司	跨境电子商务交易企业
1251	苏州逸茗伦商贸有限公司	跨境电子商务交易企业
1252	义乌市迈达工艺品有限公司	跨境电子商务交易企业
1253	临安龙上包装材料有限公司	跨境电子商务交易企业
1254	郑佩华	跨境电子商务交易企业
1255	佛山市南海区丹灶镇伊旺五金制品厂	跨境电子商务交易企业
1256	深圳高视源科技有限公司	跨境电子商务交易企业
1257	许昌靓发饰品有限公司	跨境电子商务交易企业
1258	丹阳市瑞弗尔光学眼镜有限公司	跨境电子商务交易企业
1259	江门市蓬江区天宝纸业有限公司	跨境电子商务交易企业
1260	义乌市宗源进出口有限公司	跨境电子商务交易企业
1261	盐城市兴泰电器有限公司	跨境电子商务交易企业
1262	安徽省潜山县永兴特种刷业有限公司	跨境电子商务交易企业
1263	余姚市晚上金属制品厂（普通合伙）	跨境电子商务交易企业
1264	丹阳明镜光学眼镜进出口有限公司	跨境电子商务交易企业
1265	厦门大造机械有限公司	跨境电子商务交易企业
1266	浙江武义天天印业有限公司	跨境电子商务交易企业
1267	义乌市日丰光学仪器有限公司	跨境电子商务交易企业
1268	浙江耀光纺织品有限公司	跨境电子商务交易企业
1269	保定威品电子科技有限公司	跨境电子商务交易企业
1270	义乌市依洁饰品有限公司	跨境电子商务交易企业

表2-4　续41

序号	企业名称	企业类型
1271	广州为柯奥电子科技有限公司	跨境电子商务交易企业
1272	浙江满毅电气有限公司	跨境电子商务交易企业
1273	深圳市深蓝梦想科技有限公司	跨境电子商务交易企业
1274	宁波北仑奥弗森仪器有限公司	跨境电子商务交易企业
1275	台州宏康衣架制造有限公司	跨境电子商务交易企业
1276	厦门健尔康游乐设备有限公司	跨境电子商务交易企业
1277	义乌市昶赟进出口有限公司	跨境电子商务交易企业
1278	杭州华元田田宠物用品有限公司	跨境电子商务交易企业
1279	海盐县民丰电子电器有限公司	跨境电子商务交易企业
1280	浙江申达斯奥医疗器械有限公司	跨境电子商务交易企业
1281	武义欧科家居用品有限公司	跨境电子商务交易企业
1282	台州市黄岩昌跃模具有限公司	跨境电子商务交易企业
1283	厦门大造机械有限公司	跨境电子商务交易企业
1284	海门市恒悦机械设备有限公司	跨境电子商务交易企业
1285	海宁金永和家纺织造有限公司	跨境电子商务交易企业
1286	杭州爱听科技有限公司	跨境电子商务交易企业
1287	汇孚集团有限公司	跨境电子商务交易企业
1288	深圳市朗利电子科技有限公司	跨境电子商务交易企业
1289	杭州诺联涂层织物有限公司	跨境电子商务交易企业
1290	深圳市兴思创实业有限公司	跨境电子商务交易企业
1291	杭州海贸信息科技有限公司	跨境电子商务交易企业
1292	东莞市玛诗特帽业有限公司	跨境电子商务交易企业
1293	杭州中维新材料科技有限公司	跨境电子商务交易企业
1294	安徽立信电磁离合器有限公司	跨境电子商务交易企业
1295	汕头市双之环塑胶日用品有限公司	跨境电子商务交易企业
1296	上海飘宇进出口有限公司	跨境电子商务交易企业
1297	北京谷山丰生物医学技术有限公司	跨境电子商务交易企业
1298	杭州括世进出口有限公司	跨境电子商务交易企业
1299	义乌内莎饰品有限公司	跨境电子商务交易企业
1300	义乌市纸老虎日用品有限公司	跨境电子商务交易企业
1301	余姚市雅思水暖器材厂（普通合伙）	跨境电子商务交易企业

表2-4 续42

序号	企业名称	企业类型
1302	北京珍美诗诺贸易有限公司	跨境电子商务交易企业
1303	义乌市桑夏饰品有限公司	跨境电子商务交易企业
1304	淮安市美思好纺织品有限公司	跨境电子商务交易企业
1305	建德市创鑫金属制品厂	跨境电子商务交易企业
1306	义乌市齐聚饰品有限公司	跨境电子商务交易企业
1307	浙江友强实业有限公司	跨境电子商务交易企业
1308	慈溪市迁耀水暖洁具厂（普通合伙）	跨境电子商务交易企业
1309	义乌市茵洪体育用品有限公司	跨境电子商务交易企业
1310	金华市柏庄商贸有限公司	跨境电子商务交易企业
1311	霸州市赛瑞斯商贸有限公司	跨境电子商务交易企业
1312	绍兴市柯桥区迈发纺织品有限公司	跨境电子商务交易企业
1313	杭州元记礼品有限公司	跨境电子商务交易企业
1314	义乌市卡妮卡纶假发有限公司	跨境电子商务交易企业
1315	浙江法曼工业皮带有限公司	跨境电子商务交易企业
1316	太原市创思特家居有限责任公司	跨境电子商务交易企业
1317	临海市兴业眼镜厂	跨境电子商务交易企业
1318	嵊州市美江领带服饰有限公司	跨境电子商务交易企业
1319	上海千汇实业有限公司	跨境电子商务交易企业
1320	晋江市美特妇幼用品有限公司	跨境电子商务交易企业
1321	杭州遥驰进出口有限公司	跨境电子商务交易企业
1322	浙江舒乐纺服装有限公司	跨境电子商务交易企业
1323	福建阿普莱斯电器有限公司	跨境电子商务交易企业
1324	浙江中泰印业有限公司	跨境电子商务交易企业
1325	台州市椒江新华塑胶电器有限公司	跨境电子商务交易企业
1326	南通柏文国际贸易有限公司	跨境电子商务交易企业
1327	漳州晶祥贝壳钮扣有限公司	跨境电子商务交易企业
1328	枣强县邢氏皮草有限公司	跨境电子商务交易企业
1329	上海登元信息技术有限公司	跨境电子商务交易企业
1330	香港采伴信息科技有限公司	跨境电子商务交易企业
1331	杭州红米贸易有限公司	跨境电子商务交易企业
1332	海千实业发展（上海）有限公司	跨境电子商务交易企业

表2-4 续43

序号	企业名称	企业类型
1333	湖州正干电子科技有限公司	跨境电子商务交易企业
1334	义乌市杰磐工艺品有限公司	跨境电子商务交易企业
1335	温州巨泰眼镜有限公司	跨境电子商务交易企业
1336	扬州市新和机电配件厂	跨境电子商务交易企业
1337	许昌希瑞斯美发饰品有限公司	跨境电子商务交易企业
1338	绍兴市海特休闲用品有限公司	跨境电子商务交易企业
1339	桂林金铭和智控科技有限公司	跨境电子商务交易企业
1340	上海精致服饰有限公司	跨境电子商务交易企业
1341	宁波市斯丹妮进出口有限公司	跨境电子商务交易企业
1342	杭州家林纺织有限公司	跨境电子商务交易企业
1343	义乌市必创电子商务有限公司	跨境电子商务交易企业
1344	江门市江海区金合德电器有限公司	跨境电子商务交易企业
1345	广州市白云区良田天语汽车配件厂	跨境电子商务交易企业
1346	临安晨逸纺织涂层有限公司	跨境电子商务交易企业
1347	柳州雅芷轩贸易有限责任公司	跨境电子商务交易企业
1348	杭州珀尔科技有限公司	跨境电子商务交易企业
1349	青岛克伦特轴承有限公司	跨境电子商务交易企业
1350	平阳县雅衣服装有限公司	跨境电子商务交易企业
1351	深圳市华辰联创科技有限公司	跨境电子商务交易企业
1352	宁波海曙帕蒂诺工贸有限公司	跨境电子商务交易企业
1353	合肥摩森电子商务有限公司	跨境电子商务交易企业
1354	佛山斯坦福机电设备有限公司	跨境电子商务交易企业
1355	杭州温妮皮划艇制造有限公司	跨境电子商务交易企业
1356	广州微凡服饰有限公司	跨境电子商务交易企业
1357	义乌莱蔓工艺品有限公司	跨境电子商务交易企业
1358	宁波东钱湖旅游度假区恒达压铸锁厂	跨境电子商务交易企业
1359	宁波市江北齐配汽车零部件有限公司	跨境电子商务交易企业
1360	河北航虹贸易有限公司	跨境电子商务交易企业
1361	南通潘多拉纺织品有限公司	跨境电子商务交易企业
1362	杭州升信供应链管理有限公司	跨境电子商务交易企业
1363	杭州子不语网络科技有限公司	跨境电子商务交易企业

表2-4 续44

序号	企业名称	企业类型
1364	南通久瑞纺织品有限公司	跨境电子商务交易企业
1365	梧州市正永珠宝有限公司	跨境电子商务交易企业
1366	扬州吉瑞尔药用新材料有限公司	跨境电子商务交易企业
1367	天津大博金科技发展有限公司	跨境电子商务交易企业
1368	杭州安致电子商务股份有限公司	跨境电子商务交易企业
1369	杭州大龙网贸科技有限公司	跨境电子商务交易企业
1370	杭州点易点电子商务有限公司	跨境电子商务交易企业
1371	杭州飞猫网络科技有限公司	跨境电子商务交易企业
1372	杭州环宇文化创意有限公司	跨境电子商务交易企业
1373	杭州巨星科技股份有限公司	跨境电子商务交易企业
1374	杭州乐链网络科技有限公司	跨境电子商务交易企业
1375	杭州领创纺织品有限公司	跨境电子商务交易企业
1376	杭州奇单网络科技有限公司	跨境电子商务交易企业
1377	杭州商泰服饰有限公司	跨境电子商务交易企业
1378	杭州万邑通信息科技有限公司	跨境电子商务交易企业
1379	杭州易斯百电子商务有限公司	跨境电子商务交易企业
1380	杭州有棵树科技有限公司	跨境电子商务交易企业
1381	焦点科技股份有限公司	跨境电子商务交易企业
1382	科睿科技（杭州）有限公司	跨境电子商务交易企业
1383	世纪禾光科技发展（北京）有限公司	跨境电子商务交易企业
1384	浙江惠茂电子商务有限公司	跨境电子商务交易企业
1385	浙江集九电子商务有限公司	跨境电子商务交易企业
1386	浙江省粮油食品进出口股份有限公司	跨境电子商务交易企业
1387	浙江圣云通网络科技有限公司	跨境电子商务交易企业
1388	浙江速通天呈商务服务股份有限公司	跨境电子商务交易企业
1389	浙江新安化工集团股份有限公司	跨境电子商务交易企业
1390	杭州汉达国际货运代理有限公司	仓储企业
1391	杭州中外运电子商务有限公司	仓储企业
1392	杭州华田电子商务有限公司	仓储企业
1393	盟道供应链服务（杭州）有限公司	仓储企业
1394	杭州贝海供应链管理有限公司	仓储企业

表2-4 续45

序号	企业名称	企业类型
1395	杭州通隆国际货运代理有限公司	仓储企业
1396	杭州跨竞通电子商务有限公司	仓储企业
1397	杭州优买科技有限公司	仓储企业
1398	杭州心怡仓储服务有限公司	仓储企业
1399	杭州浙保物流有限公司	仓储企业
1400	杭州顺意丰进出口贸易有限公司	仓储企业
1401	钱城国际进出口有限公司	仓储企业
1402	浙江云豹国际货运代理有限公司	仓储企业
1403	浙江杭州出口加工区国际物流有限公司	仓储企业
1404	杭州银淘泰淘科技有限公司	仓储企业
1405	杭州富垣昌供应链管理有限公司	仓储企业
1406	杭州贝友电子商务有限公司	仓储企业
1407	杭州运同信息科技有限公司	仓储企业
1408	浙江达缘供应链管理有限公司	仓储企业
1409	杭州海销供应链管理有限公司	仓储企业
1410	杭州递途西供应链管理有限公司	仓储企业
1411	杭州秀富跨境电子商务有限公司	仓储企业
1412	杭州攸品科技有限公司	仓储企业
1413	杭州挚睿跨境电子商务有限公司	仓储企业
1414	杭州航诚瑞通科技有限公司	仓储企业
1415	北京同仁堂国际（杭州）网络技术有限公司	仓储企业
1416	浙江融易通进出口有限公司	仓储企业
1417	杭州傲鹏物流有限公司	仓储企业
1418	杭州多拉供应链有限公司	仓储企业
1419	杭州望恒电子商务有限公司	仓储企业
1420	杭州爱远供应链管理有限公司	仓储企业
1421	杭州百德福供应链有限公司	仓储企业
1422	杭州天众供应链管理有限公司	仓储企业
1423	杭州世贸供应链管理有限公司	仓储企业
1424	杭州海仓电子商务有限公司	仓储企业
1425	浙江物产跨境电子商务服务有限公司	仓储企业

表2-4 续46

序号	企业名称	企业类型
1426	杭州哪儿买电子商务有限公司	仓储企业
1427	杭州海仓科技有限公司	仓储企业
1428	杭州天越供应链有限公司	仓储企业
1429	杭州跨竞通电子商务有限公司	仓储企业
1430	杭州乐仓电子商务有限公司	仓储企业
1431	杭州海仓科技有限公司	仓储企业
1432	杭州华艋跨境电子商务有限公司	仓储企业
1433	杭州多拉供应链有限公司	仓储企业
1434	杭州艾远供应链管理有限公司	仓储企业
1435	杭州西狗物流有限公司	仓储企业
1436	杭州心怡仓储服务有限公司	仓储企业
1437	浙江杭州出口加工区国际物流有限公司	仓储企业
1438	杭州谷汝电子商务有限公司	仓储企业
1439	杭州海销供应链管理有限公司	仓储企业
1440	赛诚国际物流（杭州）有限公司	仓储企业
1441	钱城国际进出口有限公司	仓储企业
1442	杭州圣普网络科技有限公司	电商平台
1443	上海一树网络科技有限公司	电商平台
1444	上海美渠网络科技有限公司	电商平台
1445	江苏苏宁易购电子商务有限公司	电商平台
1446	支付宝（杭州）信息技术有限公司	电商平台
1447	国际妈咪易购有限公司	电商平台
1448	浙江天猫技术有限公司	电商平台
1449	北京鲜生活电子商务有限公司	电商平台
1450	浙江银泰电子商务有限公司	电商平台
1451	顺丰速运集团（上海）速运有限公司	电商平台
1452	杭州中外运电子商务有限公司	电商平台
1453	武汉两端电子商务有限责任公司	电商平台
1454	杭州瑞阁电子商务有限公司	电商平台
1455	盟道供应链服务（杭州）有限公司	电商平台
1456	中检博迦（杭州）信息科技有限公司	电商平台

表2-4　续47

序号	企业名称	企业类型
1457	上海百联商贸有限公司	电商平台
1458	上海美范网络科技有限公司	电商平台
1459	上海洋码头网络技术有限公司	电商平台
1460	广州晶东贸易有限公司	电商平台
1461	杭州蔼谛商贸有限公司	电商平台
1462	武汉欣菲亚贸易有限责任公司	电商平台
1463	顺创国际有限公司	电商平台
1464	挚捷行国际贸易（中国）有限公司	电商平台
1465	宁波澳纳尔国际贸易有限公司	电商平台
1466	杭州优买科技有限公司	电商平台
1467	Winhi Group Co. Limited	电商平台
1468	杭州满润网络科技有限公司	电商平台
1469	杭州亚平宁网络科技有限公司	电商平台
1470	杭州昶胜电子商务有限公司	电商平台
1471	香港筠希信息科技有限公司	电商平台
1472	上海牵趣网络科技有限公司	电商平台
1473	宁波九猫家国际贸易有限公司	电商平台
1474	杭州澳宝贸易有限公司	电商平台
1475	杭州赋优电子商务有限公司	电商平台
1476	杭州优买科技有限公司	电商平台
1477	杭州培康食品有限公司	电商平台
1478	山东聚洋货电子商务有限公司	电商平台
1479	杭州晶泰电子商务有限公司	电商平台
1480	杭州古罗巴鲁科技有限公司	电商平台
1481	上海荣虎贸易有限公司	电商平台
1482	北京热土豆科技有限公司	电商平台
1483	杭州澳仓跨境电子商务有限公司	电商平台
1484	中国工商银行股份有限公司	电商平台
1485	宁波又一猫国际贸易有限公司	电商平台
1486	南京金鹰购电子商务有限公司	电商平台
1487	尊玺赫赛（杭州）电子商务有限公司	电商平台

表2-4 续48

序号	企业名称	企业类型
1488	杭州橙语电子商务有限公司	电商平台
1489	钱城国际进出口有限公司	电商平台
1490	深圳市海豚跨境科技有限公司	电商平台
1491	深圳市维康氏电子商务有限公司	电商平台
1492	浙江三沃进出口有限公司	电商平台
1493	杭州海蜜电子商务有限公司	电商平台
1494	杭州洋驼网络科技有限公司	电商平台
1495	苏州易极云商网络科技有限公司	电商平台
1496	杭州驭风网络科技有限公司	电商平台
1497	杭州玛典电子商务有限公司	电商平台
1498	品乐（香港）国际贸易有限公司	电商平台
1499	无锡优格电子商务有限公司	电商平台
1500	杭州赛隆电子商务有限公司	电商平台
1501	杭州酷云网络科技有限公司	电商平台
1502	杭州银淘泰淘科技有限公司	电商平台
1503	首邦电子有限公司	电商平台
1504	First Shopping	电商平台
1505	湖南快乐淘宝文化传播有限公司	电商平台
1506	杭州网易印象科技有限公司	电商平台
1507	杭州卓意维航电子商务有限公司	电商平台
1508	杭州佰宝代进出口贸易有限公司	电商平台
1509	杭州薇士芭化妆品有限公司	电商平台
1510	杭州贝友电子商务有限公司	电商平台
1511	浙江华立国际发展有限公司	电商平台
1512	杭州励星跨境电子商务有限公司	电商平台
1513	自由港（大连）网络科技有限公司	电商平台
1514	杭州北美优嘉进出口有限公司	电商平台
1515	淘宝（中国）软件有限公司	电商平台
1516	常州品胜进出口有限公司	电商平台
1517	浙江集商网络科技有限公司	电商平台
1518	杭州集源跨境电子商务有限公司	电商平台

表2-4 续49

序号	企业名称	企业类型
1519	江苏宅便利电子商务有限公司	电商平台
1520	浙江达缘供应链管理有限公司	电商平台
1521	七二四（北京）科技有限公司	电商平台
1522	杭州和木电子商务有限公司	电商平台
1523	杭州亦和网络技术服务有限公司	电商平台
1524	广州唯品会信息科技有限公司	电商平台
1525	杭州秀富跨境电子商务有限公司	电商平台
1526	Emai Pty Ltd	电商平台
1527	杭州攸品科技有限公司	电商平台
1528	杭州咔莎伊塔莲纳跨境电子商务有限公司	电商平台
1529	杭州易丘电子商务有限公司	电商平台
1530	Hongkong Winway Trading Co. Limited	电商平台
1531	杭州正兆网络科技有限公司	电商平台
1532	杭州美日惠电子商务有限公司	电商平台
1533	杭州光合作用网络科技有限公司	电商平台
1534	杭州航诚瑞通科技有限公司	电商平台
1535	北京同仁堂国际（杭州）网络技术有限公司	电商平台
1536	杭州喆兔科技有限公司	电商平台
1537	杭州鲜通电子商务有限公司	电商平台
1538	上海百联全渠道电子商务有限公司	电商平台
1539	杭州洋百分直采电子商务有限公司	电商平台
1540	上海坦思计算机系统有限公司	电商平台
1541	杭州马班科技有限公司	电商平台
1542	上海致璨国际贸易有限公司	电商平台
1543	杭州马淘电子商务有限公司	电商平台
1544	杭州向暖科技有限公司	电商平台
1545	江苏孩子王实业有限公司	电商平台
1546	杭州卷瓜网络有限公司	电商平台
1547	杭州多拉供应链有限公司	电商平台
1548	杭州望恒电子商务有限公司	电商平台
1549	中国建设银行股份有限公司浙江省分行营业部	电商平台

表2-4　续50

序号	企业名称	企业类型
1550	上海润国信息技术有限公司	电商平台
1551	日洁国际贸易（上海）有限公司	电商平台
1552	杭州卡乐猫电子商务有限公司	电商平台
1553	北京良市无际科技有限公司	电商平台
1554	浙江裕和贸易有限公司	电商平台
1555	上海蓄香科技发展有限公司	电商平台
1556	杭州鲜运国际贸易有限责任公司	电商平台
1557	深圳前海腾邦保税跨境电子商务有限公司	电商平台
1558	香港聚洋货电子商务有限公司	电商平台
1559	浙江省粮油食品进出口股份有限公司	电商平台
1560	杭州德钇通电子商务有限公司	电商平台
1561	竞兆电子商务（上海）有限公司	电商平台
1562	贝毓（上海）电子商务有限公司	电商平台
1563	武汉汉蒙和商贸有限公司	电商平台
1564	步步高电子商务有限责任公司	电商平台
1565	杭州天众供应链管理有限公司	电商平台
1566	宁波弗劳恩物流科技有限公司	电商平台
1567	杭州有品信息科技有限公司	电商平台
1568	杭州森迈克斯进出口有限公司	电商平台
1569	聪明伙伴（上海）供应链管理有限公司	电商平台
1570	顶顶科技有限公司	电商平台
1571	杭州崇巨商贸有限公司	电商平台
1572	金箍棒（香港）科技有限公司	电商平台
1573	浙江鲲慕科技有限公司	电商平台
1574	上海琨铭文化传播有限公司	电商平台
1575	杭州洋东西电子商务有限公司	电商平台
1576	苏州澳汇进出口贸易有限公司	电商平台
1577	深圳市亚里欧斯网络科技有限公司	电商平台
1578	杭州易斯百电子商务有限公司	电商平台
1579	杭州蜜微电子商务有限公司	电商平台
1580	杭州思科生物科技有限公司	电商平台

表2-4 续51

序号	企业名称	企业类型
1581	杭州巨洋电子商务有限公司	电商平台
1582	Billion Profit International Holdings Limited 亿润国际集团有限公司	电商平台
1583	杭州柯瀚进出口有限公司	电商平台
1584	大连海宝生物科技股份有限公司	电商平台
1585	首家（上海）电子商务有限公司	电商平台
1586	Impact Biopharma，Inc.	电商平台
1587	浙江阿拉丁电子商务股份有限公司	电商平台
1588	杭州每儿电子商务有限公司	电商平台
1589	浙江物产跨境电子商务服务有限公司	电商平台
1590	澳挚国际贸易（上海）有限公司	电商平台
1591	杭州新天地酷云商业管理有限公司	电商平台
1592	杭州加中商贸有限公司	电商平台
1593	浙江东锐进出口有限责任公司	电商平台
1594	杭州萌购信息科技有限公司	电商平台
1595	杭州工联供应链管理有限公司	电商平台
1596	杭州哪儿买电子商务有限公司	电商平台
1597	江苏中创供应链服务有限公司	电商平台
1598	南京虎凤蝶电子商务科技股份有限公司	电商平台
1599	杭州西狗国际贸易有限公司	电商平台
1600	杭州远汇进出口有限公司	电商平台
1601	杭州全球婴网络科技有限公司	电商平台
1602	北京创锐文化传媒有限公司	电商平台
1603	杭州外德进出口有限公司	电商平台
1604	杭州网趣科技有限公司	电商平台
1605	重庆渝荷电子商务有限公司	电商平台
1606	杭州唛客网络科技有限公司	电商平台
1607	浙江鹰泊品牌管理有限公司	电商平台
1608	上海娜玛电子商务有限公司	电商平台
1609	杭州坤康进出口有限公司	电商平台
1610	杭州海仓科技有限公司	电商平台
1611	杭州格享网络技术有限公司	电商平台

表2-4 续52

序号	企业名称	企业类型
1612	杭州紫楹花贸易有限公司	电商平台
1613	杭州全球婴网络科技有限公司	电商平台
1614	杭州华艋跨境电子商务有限公司	电商平台
1615	杭州立奥电子商务有限公司	电商平台
1616	杭州多拉供应链有限公司	电商平台
1617	杭州向洋电子商务有限公司	电商平台
1618	百力儿营养品贸易（上海）有限公司	电商平台
1619	杭州美宜购商贸有限公司	电商平台
1620	上海澳新进出口有限公司	电商平台
1621	杭州但丁电子商务有限公司	电商平台
1622	杭州贝友电子商务有限公司	电商平台
1623	杭州爱琴嗨购供应链管理有限公司	电商平台
1624	浙江妮素网络科技有限公司	电商平台
1625	杭州翔赞贸易有限公司	电商平台
1626	上海宣泰生物科技有限公司	电商平台
1627	江苏宅优购电子商务有限公司	电商平台
1628	杭州谷汝电子商务有限公司	电商平台
1629	杭州视赚优嘉电子商务有限公司	电商平台
1630	广东奥园奥买家电子商务有限公司	电商平台
1631	烟台速达电子商务有限公司	电商平台
1632	米区实业（上海）有限公司	电商平台
1633	友物贸易（上海）有限公司	电商平台
1634	采伴（上海）信息科技有限公司	电商平台
1635	宁波谨道电子商务有限公司	电商平台
1636	武汉宝迪孟和科技有限公司	电商平台
1637	北京宸然贸易有限公司	电商平台
1638	赋任纯国际贸易（上海）有限公司	电商平台
1639	杭州捷创进出口有限公司	电商平台
1640	钱城国际进出口有限公司	电商平台
1641	北京顺丰电子商务有限公司	电商平台
1642	施道赫商贸（天津）有限公司	电商平台

表2-4 续53

序号	企业名称	企业类型
1643	爱适（上海）商贸有限公司	电商平台
1644	青岛百洋健康药房连锁有限公司	电商平台
1645	上海母婴之家网络科技股份有限公司	电商平台
1646	宁波妈妈购网络科技有限公司	电商平台
1647	杭州源品优购食品科技有限公司	电商平台
1648	浙江一达通企业服务有限公司	电商平台
1649	中国工商银行股份有限公司浙江省分行	电商平台
1650	浙江省邮政速递物流有限公司	物流企业
1651	浙江杭州出口加工区国际物流有限公司	物流企业
1652	浙江杭州出口加工区国际物流有限公司	物流企业
1653	杭州泛远国际物流股份有限公司	物流企业
1654	浙江顺丰速运有限公司	物流企业
1655	杭州旭泽报关有限公司	物流企业
1656	浙江顺路物流有限公司	物流企业
1657	浙江圆通速递有限公司	物流企业
1658	上海杰伦圆通快递有限公司	物流企业
1659	杭州日晟国际货运代理有限公司	物流企业
1660	杭州百世网络技术有限公司	物流企业
1661	浙江云豹国际货运代理有限公司	物流企业
1662	中通快递股份有限公司	物流企业
1663	江苏苏宁物流有限公司	物流企业
1664	浙江杭州出口加工区国际物流有限公司	物流企业
1665	天天快递有限公司	物流企业
1666	上海韵达货运有限公司	物流企业
1667	航都（厦门）国际货运代理有限公司杭州分公司	物流企业
1668	杭州佳成国际货运代理有限公司	物流企业
1669	杭州民生汽车运输有限公司	物流企业
1670	浙江达缘供应链管理有限公司冠邦冷链物流分公司	物流企业
1671	上海万象文化发展有限公司	物流企业
1672	杭州望恒物流有限公司	物流企业
1673	浙江芝麻开门供应链管理有限公司	物流企业

表2-4　续54

序号	企业名称	企业类型
1674	浙江申通快递有限公司	物流企业
1675	北京京邦达贸易有限公司	物流企业
1676	杭州天越供应链有限公司	物流企业
1677	天津泰达阿尔卑斯物流有限公司杭州分公司	物流企业
1678	中外运空运发展股份有限公司浙江分公司	物流企业
1679	中国邮政速递物流股份有限公司杭州市分公司	物流企业
1680	申通快递有限公司	物流企业
1681	杭州桥宇国际货运代理有限公司	物流企业
1682	上海大誉国际物流有限公司	物流企业
1683	杭州韵建速递有限公司	物流企业
1684	浙江杭州出口加工区国际物流有限公司	物流企业
1685	杭州天翔东捷运物流有限公司	物流企业
1686	浙江菜鸟供应链管理有限公司	物流企业
1687	网易宝有限公司	支付企业
1688	连连银通电子支付有限公司	支付企业
1689	易票联支付有限公司	支付企业
1690	上海富友支付服务有限公司	支付企业
1691	支付宝（中国）网络技术有限公司	支付企业
1692	上海银联电子支付服务有限公司	支付企业
1693	南京苏宁易付宝网络科技有限公司	支付企业
1694	易智付科技（北京）有限公司	支付企业
1695	财付通支付科技有限公司	支付企业
1696	易联支付有限公司	支付企业
1697	网银在线（北京）科技有限公司	支付企业
1698	上海盛付通电子支付服务有限公司	支付企业
1699	快钱支付清算信息有限公司	支付企业
1700	北京爱农驿站科技服务有限公司	支付企业
1701	银盈通支付有限公司	支付企业
1702	中国工商银行股份有限公司	支付企业
1703	通联支付网络服务股份有限公司浙江分公司	支付企业
1704	重庆易极付科技有限公司	支付企业

表2-4 续55

序号	企业名称	企业类型
1705	广州银联网络支付有限公司	支付企业
1706	易宝支付有限公司	支付企业
1707	拉卡拉支付有限公司	支付企业
1708	聚美支付	支付企业
1709	招商银行股份有限公司杭州分行	支付企业
1710	智付电子支付有限公司	支付企业
1711	先锋支付有限公司	支付企业
1712	中国建设银行股份有限公司浙江省分行	支付企业
1713	现在（北京）支付股份有限公司	支付企业
1714	开联通支付服务有限公司	支付企业
1715	宝付网络科技（上海）有限公司	支付企业
1716	上海浦东发展银行股份有限公司	支付企业
1717	上海汇付数据服务有限公司	支付企业
1718	联邦快递（中国）有限公司杭州分公司	出口物流企业
1719	中外运—敦豪国际航空快件有限公司厦门分公司	出口物流企业
1720	浙江省邮政速递物流有限公司	出口物流企业
1721	杭州泛远国际物流股份有限公司	出口物流企业
1722	浙江顺丰速运有限公司	出口物流企业
1723	杭州旭泽报关有限公司	出口物流企业
1724	杭州日晟国际货运代理有限公司	出口物流企业
1725	浙江云豹国际货运代理有限公司	出口物流企业
1726	航都（厦门）国际货运代理有限公司杭州分公司	出口物流企业
1727	杭州佳成国际货运代理有限公司	出口物流企业
1728	中外运空运发展股份有限公司浙江分公司	出口物流企业
1729	中国邮政速递物流股份有限公司杭州市分公司	出口物流企业

统计数据

杭州跨境电子商务服务试点进出口业务报表

杭州跨境电子商务服务试点进出口业务报表见表2-5。

表2-5　杭州跨境电子商务服务试点进出口业务报表

（2016年1月1日~2016年12月31日）

年份	出口业务量（亿美元）	同比增长	进口业务量（亿美元）	同比增长
2016	60.6	166.66%	20.5	72.26%

大事记

2016年1月6日，浙江省中国（杭州）跨境电子商务综合试验区工作领导小组召开会议，总结回顾综合试验区过去一年工作，研究部署新一年加快推进综合试验区建设工作。

2016年1月8日，在国务院例行政策吹风会上，商务部部长助理张骥介绍了杭州综合试验区建设总体情况和主要成效，以及关于新设综合试验区的有关情况。

2016年1月15日，国家工商总局批复同意印发《关于支持中国（杭州）跨境电子商务综合试验区建设发展的若干意见》。《若干意见》中给予“深化登记制度改革、推进信息共享公开、促进知识产权保护、加大维权模式创新”等4方面共15条扶持政策，将进一步促进杭州综合试验区建设。

2016年1月19日至29日，市综合试验办常务副主任王翀组团带队赴意大利、捷克、奥地利交流学习跨境电子商务发展工作。

2016年1月25日，《中国（杭州）跨境电子商务综合试验区发展规划》由市政府办公厅印发实施。

2016年2月19日，市跨境电子商务综合试验办召开招强引优专项行动会议。

2016年3月4日，商务部组织全国12个跨境电子商务综合试验区来杭，学习交流杭州综合试验区先行试点中的经验做法，加快推进全国综合试验区建设发展。

2016年3月7日上午，省委常委、市委书记赵一德调研跨境电子商务综合试验区工作。

2016年3月7日下午，杭州综合试验区获批设立一周年的日子，市委、市政府举行新闻发布会，向媒体和企业代表通报杭州综合试验区建设进展情况。

2016年3月14日至15日，市委常委

佟桂莉带队赴山东交流学习跨境电子商务综合试验区发展工作。

2016 年 3 月 24 日，市跨境电子商务综合试验办召开银行座谈会。

2016 年 3 月 25 日，市跨境电子商务综合试验办召开深化跨境电子商务 B2B 专项行动会议。

2016 年 4 月 12 日，杭州综合试验区举办“供给侧改革与跨境电子商务发展”专家咨询会。

2016 年 4 月 15 日，省政府召开一季度全省外经贸形势分析会暨跨境电子商务工作推进会，推广杭州综合试验区经验，推进全省跨境电子商务发展。

2016 年 5 月 13 日，杭州综合试验区与亚马逊签署关于出口跨境电子商务业务的合作备忘录。

2016 年 5 月 28 日，全市跨境电子商务人才建设工作推进大会成功举行。

2016 年 5 月 31 日，综合试验区与“义新欧”班列成功合作。

2016 年 6 月 8 日，省委常委、市委书记赵一德主持召开围绕“更好推动传统企业运用互联网开展跨境贸易”的跨境电子商务发展座谈会。

2016 年 6 月 14 日，市委、市政府召开中国（杭州）跨境电子商务综合试验区建设深化推进大会。

2016 年 6 月 30 日，综合试验区建德园区开园。

2016 年 7 月 19 日，为贯彻落实市委十一届十一次全会和综合试验区建设深化推进大会精神，杭州综合试验区召开半年度工作会议。

2016 年 7 月 29 日，张鸿铭市长主持召开市政府第 65 次常务会议，研究《杭州市跨境电子商务促进条例》（草案）。

2016 年 8 月 18 日，市委、市政府举行新闻发布会，在全国率先发布跨境电子商务指数和白皮书。

2016 年 9 月 13 日，综合试验区拱墅园区开园。

2016 年 9 月 28 日，梁黎明副省长专题调研杭州综合试验区建设推进情况，听取有关工作汇报并召开座谈会。

2016 年 9 月 29 日，综合试验区西湖园区开园。

2016 年 9 月 G20 杭州峰会期间，关于杭州综合试验区的专题报道超过 100 篇，成为展现中国向外展示市场经济活力、共建开放型世界经济的重要窗口。

2016 年 10 月 23 日至 29 日，市委常委佟桂莉率团出访印度、美国，就杭州经济社会发展和综合试验区建设，分别在两地举办推介会。

2016 年 10 月 26 日，跨境电子商务商品质量安全风险国家监测中心在杭州综合试验区上线试运行。

2016 年 10 月 28 日，2016 中国跨境电子商务杭州峰会成功举办。

2016 年 11 月“双十一”杭州综合试验区跨境购物创新高，跨境电子商务零售出口成交 104 万单，交易金额 2.1 亿元；跨境零售进口成交 145.6 万单，交易金额 2.79 亿元，分别比 2015 年增长 31% 和 105%。

2016 年 12 月 2 日，商务部国际贸易谈判代表（正部长级）兼副部长、党组副书记钟山召开专题会议，听取杭州跨境电子商务综合试验区建设情况专题汇报。

2016 年 12 月 6 日，市委常委佟桂莉与亚马逊全球副总裁 Eric Broussard 进行座谈交流，协商推进杭州综合试验区与亚马逊战略合作。

2016 年 12 月 21 日至 22 日，杭州综合试验区举办潮起钱塘·全球跨境电子商务峰会。

2016 年 12 月 21 日，杭州市政府正式印发《关于加快跨境电子商务发展的实施意见》。

2016 年 12 月 21 日，中国建设银行跨境电子商务金融中心正式落户杭州。

2016 年 12 月 28 日，中国（杭州）跨境电子商务综合试验区临安园区二期开园。

宁波地区

2016年1月12日，宁波获国务院批复设立跨境电子商务综合试验区。2016年4月18日，浙江省人民政府《中国（宁波）跨境电子商务综合试验区实施方案》。2016年5月16日，市政府组织召开了中国（宁波）跨境电子商务综合试验区建设动员大会。一年来，在全市各部门、各区域的共同努力下，宁波综合试验区建设开了个好头。据统计，2016年，宁波跨境电子商务交易总额为40.32亿美元，约合270.14亿元人民币，是2015年的3.4倍，圆满完成年初确定的交易额突破40亿美元的目标，在全市外贸进出口总额的占比从2015年的1%上升至4.25%，其中进口总额为8.01亿美元，约合53.65亿元人民币；出口总额为32.31亿美元，约合216.48亿元。据了解，在13个综合试验区建设年度成绩榜单中，宁波进出口总额居全国第三，其中出口额、进口额分列第三、四位。

发展现状

一、综合配套水平不断提升

（一）综合信息平台上线运营

综合试验区综合信息平台已于9月28日正式上线，平台涵盖了“保税备货进口”“保税集货进口”“一般进口”“B2C出口”“B2B整箱监管备货”及“一般出口”等6种模式的进出口业务，为企业提供“申报服务、备案服务、海外仓服务、无水港服务、商务信息平台、物流信息平台”等10方面服务。该平台通过“一点接入”，与电商交易平台、电商企业、跨境电子商务园区、支付企业、物流企业等系统对接，并联通监管部门信息化监管系统，实现商品清单、订单、运单等“三单汇流”“信息共享”，确保企业实行一次申报、关检部门集中查验、联合放行。目前，平台已有上线企业近1 100家，单证放行约1 400万单，并正与一达通、中基汇通、世贸通、宁兴云等大型外贸综合服务平台洽谈系统对接事宜，有望在跨境电子商务B2B的数据共享上有所突破。

（二）宁波国际邮件互换局正式运营

宁波国际邮件互换局于2016年6月底正式运营，国际邮件、快件进出口业务发展迅猛，截止2016年12月底已累计完成进出境业务424万票。与此同时，一般出口模式也于10月底试运行，首批2家试点企业已成功完成出口退税，示范作用明显，第二批试点企业报名踊跃。

（三）海内外供应链进一步完善

网易考拉海购投资5亿元的跨境仓已开工建设，将联合亚马逊着力打造世界一流的全品类跨境母仓，目前全市跨境进口仓总面积已逾50万平方米。海外仓及海外分销体系不断拓展，已覆盖了全球主要国家和区域，基础仓储、物流服务以外的各类增值服务不断完善，跨境电子商务新型生态圈已初步形成。据不完全统计，宁波企业在海外建设跨境服务仓总面积约100万平方米。

二、产业集聚态势日渐明显

坚持“进出口并举、多区域并发、多模式并存”的发展思路，积极打造跨境电子商务新业态，打造多元错位发展的新格局。

（一）多元格局初步显现

宁波综合试验区第一、二批12个线下园区已获批设立，将充分立足各自区域产业特色做好“互联网+”文章。以海曙区服饰家纺、鄞州五金工具、余姚家电、慈溪家电、宁海家具等5个特色区域经济为试点的产业集群跨境电子商务工程深入实施，推动产业集群与跨境电子商务实现融合发展。

（二）跨境电子商务产业园不断涌现

各区县（市）纷纷放大“招商引贸”政策效应，加大跨境电子商务龙头企业和项目的招引、培育，一大批以跨境电子商务为主导的园区崭露头角。如宁波保税区获批全国首个“跨境电子商务产业知名品牌创建示范区”，成为全国跨境进口电商的“排头兵”。北仑区立足外贸传统优势和开发区现代国际物流园区的资源禀赋，致力于打造（美博）跨境B2C出口园区和开发区B2B跨境电子商务园区两个线下园区，孵化培育一批跨境电子商务企业，发展冷链物流等新模式。宁波电商经济创新园区坚持“以电商经济为引领，加快打造现代服务业新高地”，引进跨境电子商务企业和项目近百家，其核心打造的产业“特而强”、形态“小而美”、功能“聚而合”、文化“特而浓”的前洋E商小镇已经初现雏形。鄞州区率先出台了跨境电子商务产业园区认定标准，认定了6个跨境电子商务产业园，其中富港跨境电子商务产业园投资5亿元，依托空港保税区的地缘优势，打造大学生众创平台、富港电商学院、淘宝摄影基地、跨境电子商务平台创投联盟五大基地，一舟跨境电子商务产业园则紧紧立足机电产品在境外的渠道和品牌优势，以互联网为媒介，引导机电类产品“走出去”成效明显。

（三）龙头企业纷纷汇聚

网易考拉、蜜芽、京东全球购、一达通、聚美、敦煌、大龙等以及第三方支付、金融服务、代理运营、仓储物流、快递配送、售后服务等一批知名企业落户甬城，继2015年与网易签订战略合作协议之后，2016年又与全球跨境电子商务强企eBay签订战略合作协议，银亿集团、宁兴集团等本地强企纷纷布局跨境电子商务，淘淘羊成为宁波首家挂牌“新三板”的跨境进口电商企业，跨境电子商务企业集聚态势十分明显。

三、外贸稳增促调谋出新篇

始终坚持以助推产业转型升级为综合试验区建设的着力点，以推动“互联网+制造产业”的深度融合为重点，推动企业在品牌构建、产品创新、贸易方式革新上下功夫，重构产业链与价值链，制造、外贸、物流、金融等传统企业纷纷拥抱跨境电子商务，呈现出了B2C、B2B、B2B2C、M2B2C等多模式发展的良好态势，从而有力推动外向型经济从“低质低价、大进大出”向“优质优价、优进优出”转变，跨境电子商务已逐渐成为宁波经济发展转型的新亮点、新动力。宁波综合试验区建设工作尤其是制造企业在探索跨境电子商务出口方面的做法先后得到了全国政协常委、外事委员会主任潘云鹤和商务部的充分肯定。

（一）传统制造企业嫁接跨境电子商务

传统制造企业通过植入跨境电子商务基因，直接对接海外市场，建立自有品牌，依托海外仓，实现产品直销，提高企业利润。如乐歌人体工学科技股份有限公司走出了一条“研、产、销”一体化发展之路，构建国际产品监测和认证体系，平均每月设计开发10～15款新品，获得国内、国际专利586项，分别在宁波和越南胡志明市建设完成共15万余平方米的制造基地，通过了3C等多项国际安规认证，在美国多地及东南亚设立了营销分公司。

（二）中小企业“借鸡生蛋”

与国际国内大型平台如亚马逊、eBay、速卖通等平台开展战略合作，帮助制造企业、中小企业走出“国门”。如长青实业集团通过收购美国本土品牌、自建平台、与大型平台合作等方式，拓展线上线下销售渠道，在美国拥有一万多家分销门店及14个成熟品牌，同时为B端和C端客户提供产品及服务，该企业生产的厨房用具系列产品在美国市场占有率排名第一位，户外旗帜系列产品名列第二。

（三）外贸企业延伸业务领域

众多外贸企业适应经济发展新常态，纷纷“触电”跨境电子商务，摸索发展新模式，挖掘外贸新增长点，如豪雅、美博等传统外贸龙头企业，依托其成熟的境外分销网络，设立境内产业孵化园，实现“内外协同、产供销一体化”。以中基汇通、宁兴云、世贸通、一达通为代表的综合服务企业，依托海外仓，完善海外仓服务功能和业态创新，不断延伸和完善在线信保、供应链金融、海外分销等平台增值服务功能，为中小企业拓展海外市场提供通关、通检、退税、外汇、物流、金融等平台支持，加强平台风险管控，激发跨境贸易增长潜力。

（四）物流、金融企业主动融入

物流、金融、保险等其他行业正积极主动布局跨境电子商务，不断整合资源，完善供应链管理，打造适应跨境电子商务发展的新型物流、金融业态。如产业互联网下的国际航运和物流垂直行业的电商平台——咖狗网，不仅实现了传统物流服务商的数据“触网”，更通过互联网整合了跨境电子商务全产业链上的物流、销售、电商运营、IT和知识产权服务资源，携手美国电商巨头、DSL物流、全球知名知识产权集团，联合挑选中国最优质的制造企业企快速进入美国电商市场，实现制造商和电商的多赢。2017年，咖狗网将链接200家国际物流服务商，交易量将达到30TEU、15亿人民币的交易额。同时，还催生了一批为跨境电子商务企业提供代运营、海外公共仓、供应链金融、售后管理、品牌营销、人才培育等各种服务的服务类企业，从而构建起趋于多样化和丰富化的跨境电子商务产业生态。

四、监管服务能力不断创新

（一）创新管理服务机制

海关、检验检疫、外管、国税等相关监管部门围绕跨境电子商务发展摸索出了一系列“进得来、管得住、放得快”的创新举措。2016年，已有12项创新制度落到实地，实现管理重心下移、监管节点前移，为全市跨境电子商务发展营造了良好的政务环境。如海关、检验检疫提供“365全年无休、7×24小时”通关通检服务，开创“公共仓+自营仓”运营模式，海关、检验检疫、国税等部门推出跨境电子商务企业通关、通检、退税无纸化管理举措。市外汇管理局简化贸易收结汇流程，解决跨境电子商务轻资产类企业的融资难问题等等，为跨境电子商务企业发展破解制度性障碍。

（二）创新人才培育机制

2016年7月2日，综合试验办联合市

教育局、市商务委及在甬高校，在浙江万里学院成立了全国首家跨境电子商务学院，深化校政企合作和人才智库建设。目前宁波已有11个院校开设了跨境电子商务相关课程，协同亚马逊、eBay、阿里巴巴等大型平台公司为广大企业开展定制化、个性化培训，引导企业大胆触电“跨境电子商务”。另外，以“产训结合、产学结合”为特点的各类跨境电子商务专业培训机构和产业孵化园也纷纷建立。

（三）创新开放合作平台

借助中东欧博览会、甬港经济合作论坛、甬台跨境电子商务对接洽谈会、宁波—德国跨境电子商务企业对接会等开放合作平台，积极帮助企业拓宽渠道、拓展市场，受到企业的广泛好评。同时，开展了综合试验区宣传片、LOGO征集以及一周年等宣传工作，扩大综合试验区影响，营造良好氛围。

五、组织保障体系日益健全

2016年跨境电子商务工作机制建立健全，形成了上下一心、齐抓共管跨境电子商务的良好机制。

（一）抓规划引领

综合试验区获批后，综合试验区建设作为宁波打造“一圈三中心”经济工作的重要内容纳入全市“十三五”发展规划纲要，《中国（宁波）跨境电子商务综合试验区实施方案》获省政府批复。

（二）抓组织体系

成立了由市政府主要领导任组长的综合试验区领导小组，并在我办增挂中国（宁波）跨境电子商务综合试验区管理办公室，建立了由口岸部门牵头抓、监管部门协调抓、各区域主体抓的工作机制，各有关部门、各区县（市）、园区政府均建立了跨境电子商务“一把手”负责制，选派海关、检验检疫、外管、国税、高等院校、园区骨干人员到综合试验办挂职，实行集中办公。

（三）抓责任落实

制定印发了《中国（宁波）跨境电子商务综合试验区建设任务分解方案（2016~2018）》及2016年重点任务及分工方案，首批58项制度创新清单出炉，分解目标、细化责任、明确进度到各区域、各部门。

（四）抓资金扶持

积极争取中央各类产业扶持资金，市政府设立每年2 000万元的跨境电子商务专项扶持资金，各地政府纷纷加大对跨境电子商务的投入，有效运作市电子商务发展产业基金，建立多元投资体系。

配套文件

浙江省人民政府关于印发《中国（宁波）跨境电子商务综合试验区实施方案》的通知

（浙政函〔2016〕59号）

宁波市人民政府，省政府直属各单位：

根据《国务院关于同意在天津等12个城市设立跨境电子商务综合试验区的批复》（国函〔2016〕口号）精神，现将《中国（宁波）跨境电子商务综合试验区实施方案》印发给你们，请遵照执行。

浙江省人民政府
2016年4月18日

中国（宁波）跨境电子商务综合试验区实施方案

根据《国务院关于同意在天津等12个城市设立跨境电子商务综合试验区的批复》（国函〔2016〕17号）精神，为全面有效推进中国（宁波）跨境电子商务综合试验区（以下简称综合试验区）工作，特制定本实施方案。

一、总体要求

（一）指导思想

以党的十八大和十八届三中、四中、五中全会精神为指导，按照“四个全面”战略布局要求，牢固树立“五大发展理念”，认真落实国家关于跨境电子商务综合试验区的决策部署，紧紧围绕全面建成现代化国际港口城市和全国创新型城市的目标，以扩大开放和改革创新为动力，以外贸产业转型提质为核心，通过口岸监管、信息平台、贸易载体、国际物流、跨境合作等领域的一系列改革创新，提升跨境电子商务服务能力和水平，逐步形成贸易便利、监管高效、法制规范的跨境电子商务发展环境，促进外贸优进优出、转型发展，打造宁波开放型经济的升级版。

（二）基本原则

坚持创新驱动、先行先试。以制度创新、管理创新、服务创新为引擎，开展跨境电子商务发展模式、业务流程、口岸监管和信息化建设等方面的探索与实践，实现跨境电子商务业务从以企业对终端消费者（B2C）为主向企业对企业（B2B）和B2C重转变，从以进口为主向进出口并举、以出口为主转变。

坚持导向引领、重构生态。以政府引导、市场主导为导向，推动跨境电子商务由自主发展向规范发展提升，形成汇集外贸产业链、电商服务链、跨境供应链上下游企业和创业者的产业生态系统，打造“互联网+外贸”发展新优势，构建开放型经济新体系。

坚持多方联动、协同发展。拓展跨境电子商务全方位跨区域合作交流，推动综合试验区与其他综合试验区资源共享、优势互补。推动宁波与长江经济带腹地城市开展区（综合试验区）港（无水港）合作，与全球海外市场探索区（综合试验区）海（公共海外仓）合作，共建共享跨境电子商务全球供应链网络。

（三）发展目标

总目标：经过 3~5 年的改革试验，通过建设线上综合信息平台和线下园区平台、物流平台，拓展跨境电子商务产业链四大服务功能，构建有利于跨境电子商务自由化、便利化、规范化发展的五大支撑体系，推进六个方面的创新突破，把综合试验区建成国内领先的跨境电子商务产业升级引领区、监管服务创新区、仓储物流示范区。

具体指标：到 2018 年，培育 20 个跨境电子商务产业集群、50 个跨境电子商务公共海外仓；跨境电子商务年交易额超过 150 亿美元，占宁波市当年进出口贸易总额的 15%，其中出口额 130 亿美元、进口额 20 亿美元。

二、主要任务

（一）建设三大平台

1. 跨境电子商务综合信息平台

深化跨境电子商务“单一窗口”平台建设。按照“一点接入”原则，建设集海关、检验检疫、税务、外汇管理、市场监管、质量监督、邮政等于一体的跨境电子商务“单一窗口”平台，率先实现海关与检验检疫部门之间“数据一次申报、部门联动操作、信息双向反馈”。

扶持跨境电子商务商务信息平台建设。拓展跨境电子商务商务信息平台外贸代理、金融服务、品牌管理、知识产权、法律服务、创意设计、海外分销等功能，为跨境电子商务企业和个人提供专业化的商务服务。

推动跨境电子商务物流信息平台建设。以智慧物流服务平台为依托，加快制定跨境电子商务物流标准规范，支持网络平台型物流企业发展，推进落实国家交通运输物流公共信息平台浙江区域交换节点（宁波综合示范区），汇聚各层面物流综合信息，推动跨境电子商务物流信息化。

2. 跨境电子商务园区平台

建设跨境电子商务产业园区。优先推动宁波保税区园区、海曙园区、鄞州园区、空港园区、江北园区及梅山园区、杭州湾园区等市级跨境电子商务园区建设，增强跨境电子商务核心要素的集聚能力，打造完整的跨境电子商务产业生态体系。在跨境电子商务产业资源相对集中的区域，培育若干跨境电子商务特色小镇。

推动外贸基地转型升级。优先推动宁波市北仑区休闲装基地、鄞州区餐厨用品基地、奉化男装基地等 8 个国家外贸转型升级示范基地建设，引导基地拓展跨境电子商务应用广度和深度，提升跨境供应链运营能力，有效对接海外市场。

引导设立跨境电子商务公共服务中心。鼓励跨境电子商务龙头企业、第三方跨境电子商务平台、外贸综合服务企业积极参与跨境电子商务公共服务中心建设。探索在慈溪小家电、余姚机电、宁海文具、象山针纺织品等产业集群区域设立跨境电子商务公共服务中心，为企业提供跨境电子商务培训、政策宣讲、资源对接、市场拓展等公共服务。

3. 跨境电子商务物流平台

推进综合物流基础平台建设。加快海港、空港“两港”物流核心区以及中心区、余慈区、奉宁象区三大区域物流中心的建设，推动梅山保税港区物流中心、镇海大宗货物海铁联运物流枢纽港、宁波经济技术开发区现代国际物流园等综合物流园区智慧物流技术应用，提高综合物流基础平台服务跨境电子商务产业的能力。

建设跨境电子商务专业物流平台。鼓励和引导有条件的综合物流基础平台加快设置跨境电子商务海关、检验检疫监管场所。推进国际邮件互换局和交换站建设，高标准建成支持国际邮件快速处理的智能化物流设施。加快宁波公共海外仓建设，鼓励有条件的跨境电子商务出口企业发展自营海外仓、海外体验店和配送网点，融入境外分销体系。

打造国际物流通道平台。加强与国内重要干线机场和国际航空枢纽的中转联运合作，建设国际航空联运通道，增强宁波空港国际航运功能。推进国际集装箱航运快捷化，引导快速集装箱船运力投放，试点开行宁波至东盟、东北亚、俄罗斯、北美、欧洲等重点国家（地区）的集装箱直达快运航线，提升集装箱航运时效性。试点开行“甬新欧”国际铁路集装箱班列，优化国际铁路集装箱班列开行方式。

（二）拓展四大服务功能。

1. 可信交易服务

主体诚信评价服务。积极推行跨境电子商务企业信用评价标准，建立以真实交易为基础的电子商务诚信体系。支持第三方信用服务机构通过大数据技术，为政府和企业提供信用评价服务。加强跨境电子商务信用评价体系与海关、检验检疫、税务、外汇等部门的信息共享，探索建立跨部门的信用激励和惩戒机制。

产品质量管理服务。探索口岸与产地联动的质量安全监测机制，构建跨境电子商务进出口商品的质量安全投诉与受理体系。推进设立国家跨境电子商务质量安全风险监测宁波分中心，建立商品质量安全风险预警机制。完善主要出口地商品质量标准信息目录，为企业提供出口商品质量检测与咨询服务。

品牌建设管理服务。加快综合试验区跨境电子商务品牌建设，打通品牌管理体系与企业诚信体系、质量管控体系的数据链路，实现品牌、信用和质量数据的实时对接，为海内外各类主体提供品牌查询、品牌评价、品牌追踪和品牌培育等综合性服务。

2. 快捷结算服务

简化外汇管理人类外贸综合服务企业贸易收结汇流程。在综合试验区外贸综合服务企业数据信息完备的条件下，经认定的人类外贸综合服务企业货物贸易外汇收入可不进入待核查账户，直接通过外汇结算账户办理收结汇。

深化跨境电子商务外汇支付业务试点。鼓励第三方支付机构通过银行为中小电商办理跨境外汇支付和结售汇业务，完善第三方支付机构跨境支付服务，实现各类跨境电子商务进出口交易形态全覆盖。

推进跨境人民币业务创新。鼓励跨境电子商务活动使用人民币计价结算。支持银行业金融机构与支付机构开展业务合作，丰富电子商务跨境人民币业务产品，为企业和个人的电子商务活动提供优质跨境人民币结算服务。

3. 便利商务服务

建立境外权益保障服务体系。培育熟悉海外市场的专业服务机构，为企业提供品牌、商标、法律、知识产权等相关服务。支持块状经济、产业集群、供应链上下游企业在海外建立知识产权维权联盟。

加大海外营销推广服务力度。支持文化传媒、品牌推广、路演传播、公关策划、网络营销、广告策划等服务企业拓展海外业务，加强与境外知名网络平台、传播推广企业的合作，为跨境电子商务企业开展海外营销推广提供服务支持。

完善跨境电子商务企业管理服务。引导跨境电子商务企业境内外业务协同发展，积极培育具备国际视野的专业化管理咨询服务机构，为企业提供境外注册、组织架构、人力资源、薪酬体系、绩效考核等咨询服务。

4. 协同物流服务

推进海关特殊监管区物流协同。借助跨境电子商务综合信息平台，优化物流信息平台的货物流转管理功能，实现各类海关特殊监管区物流资源的有效整合，推动保税货物流转便利化。

推进区（综合试验区）港（无水港）物流协同。通过信息平台、快捷物流、质量监测、协同通关四方面的互联互通，依托长江经济带沿线无水港前置综合试验区服务窗口，为各地特色产业“走出去”提供属地化跨境电子商务物流服务。

推进区（综合试验区）海（公共海外仓）物流协同。加快综合试验区与公共海外仓的对接联动，推进信息平台互联互通、跨境物流全程可视化进程，提升综合试验区与公共海外仓协同运营水平。

（三）构建五大体系

1. 信息共享体系

完善信息共享机制。建立“单一窗口”平台、商务信息平台和物流信息平台间多方协作机制，实现信息共享共用。制定跨境电子商务数据的使用规范与信息披露准则，确保数据安全和信息披露合法合规。

统一数据交换标准。规范跨境电子商务编码，统一跨境电子商务数据标准，形成综合试验区统一规范的数据基础架构，支撑海关、检验检疫、税务等部门信息接口的开放，实现经营主体与监管部门的海量数据汇集。

建立统计监测系统。建立跨境电子商务数据分类统计标准，统合“单一窗口”业务数据、电商平台交易数据、电商园区统计数据和物流仓储流转数据，推动大数据中心建设，确保统计数据真实可信。

2. 风险防控体系

建立风险预警系统。依托跨境电子商务综合信息平台，建立基于大数据分析的分类分级风险预警系统，实现对跨境电子商务领域市场风险、交易风险、金融风险、技术风险和公共安全风险的实时监测、识别和评估。

健全风险联控机制。系统梳理跨境电子商务各业务环节的各类风险点，制定各部门的风险防控职责、岗位和业务流程，建立健全多部门联动、跨区域管控的风险联控机制。

完善风险处置体系。制定跨境电子商务多层级风险处置应急预案，明确突发事件的组织指挥机制、风险评估、监测预警、信息报告、应急处置措施等内容，确保风险处置快速有效。

3. 金融支撑体系

改善跨境电子商务融资信贷环境。鼓励政策性银行、商业银行和其他金融机构基于企业信用、货物流转、资金收付等电子资料，在风险可控的前提下，探索投贷结合、动产质押、订单授信、大数据信用融资等业务模式，拓展跨境电子商务融资渠道。

创新跨境电子商务金融服务产品。鼓励商业银行与跨境电子商务开展多元化金融合作，结合跨境电子商务的业务特点与资金需求，完善线上融资、担保、保险等金融产品和服务，提升金融服务质量和效率。

完善跨境电子商务资本运营机制。探索建立跨境电子商务网络资产的评估与转让机制，允许将网络资产作价技术入股和融资抵押，打通网络资产与资本市场的连接通道。加强对跨境电子商务上市融资的引导与扶持，推动符合条件的跨境电子商务上市。

4. 企业孵化体系

推进企业孵化机制建设。加强跨境电子商务关键共性技术研发，对重点孵化的技术、平台和企业，探索集资金、人才、土地等于一体的长效孵化机制。

加快创业孵化载体建设。推进创新创业基地、众创空间、创客咖啡等跨境电子商务孵化载体建设，加强对创业主体的创业辅导、业务咨询、事务办理和公共服务支持。深化孵化器与跨境电子商务产业园区的对接合作，实现项目、人才和服务资源的持续输送。

引导传统企业发展跨境电子商务。扩大和提升传统行业跨境电子商务应用范围和水平，建立与宁波传统产业特色相适应的跨境网络零售和分销体系。支持传统行业龙头企业利用跨境电子商务对现有业务进行创新与重构，建立与全球客户电子商务系统对接的网络制造系统。

5. 人才建设体系

构建人才培育体系。引导高等院校加强跨境电子商务学科建设和人才培养，加强政府、高校和企业合作，分类推进技能型、创业型、管理型、领军型跨境电子商务人才培训基地建设，形成人才联合培养机制。引进国内外知名培训机构，开展跨境电子商务人才培训。

完善人才服务体系。健全人才吸引、培养、使用、流动和激励机制，面向海内外引进并重点支持一批跨境电子商务高层次人才和高端创业创新团队，推进人才与企业、项目、资本的对接，建设开放共享的跨境电子商务人才服务平台。

组建宁波跨境电子商务智库。通过长期服务、短期交流、项目咨询和论坛研讨等形式和渠道，汇集全国跨境电子商务领域的专家资源，打造宁波跨境电子商务高端智库。

三、主要创新举措

（一）跨境电子商务模式创新

外贸综合服务平台模式创新。支持外贸综合服务平台集成优质外贸服务资源，为中小企业提供海外分销、订单处理、代理报关报检和金融服务。探索外贸综合服务平台批量操作模式，实现平台企业与跨境电子商务“单一窗口”数据无缝对接。引导有一定基础的平台企业探索创新外贸综合服务平台模式。

海外仓备货出口模式创新。引导企业将产品预先运至海外仓，依托境外销售渠道，完成物流配送。围绕业务模式，探索出口退税、报关报检、境外退货的流程和监管创新。鼓励在有条件的海外仓探索设立跨境电子商务海外服务中心，建立支持境内外协同运作的处置机制。

大宗商品跨境电子商务模式创新。探索大宗商品保税交割业务和保税仓单质押融资服务，允许企业以结算价作为海关完税价格。鼓励宁波大宗商品交易所、宁波镇海保税物流中心（衫型）、余姚中国塑料城等探索创新大宗商品跨境电子商务模式。

（二）跨境电子商务监管创新

推行跨境电子商务便利化通关。推行跨境电子商务 B2C 进口“集中纳税、代扣代缴”通关模式。不涉及出口征税、出口退税、许可证件管理且在限额以内的跨境电子商务 B2C 出口货物，可简化申报。申请增列跨境电子商务 B2B2C 出口海关监管代码。逐步优化出口商品退货流程，探索出口商品退货监管新机制。

创新跨境电子商务检验检疫监管模式。完善跨境电子商务“入区检疫、区内监管、出区核查、后续监督”的进口产品检验检疫监管模式，建立“源头可追溯、过程可控制、流向可跟踪”的风险监控机制。推进长三角检验检疫区域一体化，实现“出口直放、进口直通”。在“合格假定+风险管理”的基础上，探索跨境电子商务出口产品以检疫监管为主的新模式。

全面推进关检“三互”模式。推进关检双方共享共用跨境电子商务监管设施，建立“信息互换、监管互认、执法互助”模式。优化全程无纸化通关通检流程，实现“一次申报、一次查验、一次放行”。

建立跨境电子商务便利转关、转检机制，推动全国通关一体化和检验检疫一体化服务。

（三）税汇便利化管理创新

依法认定跨境电子商务企业出口退（免）税管理类别。对纳入综合试验区“单一窗口”平台的外贸综合服务企业，被评定为一类或二类的，可先使用增值税专用发票认证系统信息审核办理出口退（免）税，之后再用稽核信息进行复核。

探索“无票免税”政策。对综合斌验区电子商务企业通过宁波国际邮件互换局（交换站）出口零售货物，无法取得相关进货凭证的，争取适用增值税免税政策。

简化个人电子商务外汇结算。允许符合条件的境内个人电商开立个人外汇结算账户，直接在银行办理跨境电子商务涉及的外汇收支，可凭与代理企业签订的进出口代理合同（协议）或委托物流公司运输的单据办理结售汇，不受 5 万美元个人结售汇年度额度限制。

（四）跨境电子商务生态圈建设创新

建设跨境电子商务生态链。以跨境电子商务综合信息平台为基础，推进各项服务功能的线上集成，建设品牌、法律、技术、运营、客服、物流、金融、供应链、软件、数据、翻译、人力资源、知识产权等服务的完整生态链。

建设跨境电子商务平台生态圈。引导

跨境电子商务企业、人才、资本、服务等要素向跨境电子商务园区集聚，设立关检税汇综合办事窗口，创新服务业务与服务模式，推动跨境电子商务服务联盟与平台建设，促进块状经济、产业集群“走出去”。

建设跨境物流平台生态圈。依托物流信息平台，整合不同区域的海运资源、航空资源、国际铁路资源、仓储资源、快递资源等，实现仓储网络、运输网络和配送网络的协同运作。

（五）海外分销渠道创新

支持企业依托跨境电子商务平台开展海外分销。支持企业利用海外网络销售平台、国外跨境电子商务平台、自有跨境电子商务平台等建立海外分销体系，开展境外网络销售业务。充分发挥“宁波帮”的境外渠道优势，构建线上线下集成的跨境电子商务分销网络。支持块状经济、产业集群与阿里巴巴跨境产业带等跨境电子商务平台项目合作。

支持企业依托公共海外仓开展海外分销。加快公共海外仓的认证与政策扶持，引导有条件的本地企业采用自营、合资和合作等方式，积极开展公共海外仓建设；鼓励和引导有海外资源的国内外大型企业和综合试验区共享共用海外仓资源；鼓励企业依托公共海外仓开展海外分销业务，提升海外市场品牌推广、市场运营、物流配送、客户管理、商品售后等服务功能。

提升外贸综合服务平台的海外分销能力。支持外贸综合服务平台集聚海外分销资源，与境外电子商务企业强强合作，建立海外分销体系。支持外贸综合服务平台与产业集群开展海外分销业务合作。

（六）产业联动机制创新

加强与块状经济联动。推进“产业集群+中国制造2025+跨境电子商务”协同创新发展模式与产业升级路径取得突破，引导产业集群企业依托跨境电子商务实现数据化、在线化，通过“产销消”对接，运用客户驱动模式，建立柔性化的生产供应链，实现智能化生产和产业转型升级。

加强与外贸产业联动。鼓励第三方跨境电子商务平台与宁波外贸产业资源对接，拓宽外贸企业进入国际市场的渠道。面向不同境外市场、不同产业门类，培育一批平台型外贸综合服务企业，完善外贸综合服务平台的外贸便利化制度体系。

加强与专业市场联动。推动专业市场嫁接跨境电子商务，支持市场经营户开展各种形式的跨境电子商务业务，完善市场跨境电子商务公共服务体系。鼓励专业市场经营方在市场对接跨境电子商务平台、外贸综合服务平台过程中发挥积极作用，支持有条件的专业市场自建跨境电子商务平台。

四、保障措施

（一）加强领导，形成合力

在国务院统一领导下，在商务部牵头协调和国家相关部委指导下，由浙江省和宁波市组织实施综合试验区工作。发挥宁波市建设综合试验区的主体作用，加强国家、省和宁波市有关部门的协调配合，建立三级联动推进机制。宁波市成立由市政府主要领导挂帅的综合试验区工作领导小组，加强组织领导和统筹协调，定期研究综合试验区建设的重大问题，领导小组办公室设在市口岸与导小组统一协调下，建立健全跨境电子商务领导体系和机制，形成齐心协力、共促发展的广泛共识和良好氛围。

（二）强化考核，落实责任

建立综合试验区工作目标任务考核体系，省级有关部门和宁波市要根据本实施方案，进一步细化任务，制定工作计划和进展安排，明确分工，落实责任，加强考核。要先行先试、大胆创新，抓紧形成第一批制度创新清单，加快推进创新举措落地。坚持以发展需求和问题为导向，着力解决综合试验区建设中遇到的突出困难和问题，力争综合试验区早出成效、多出成果。

宁波市人民政府办公厅关于印发《中国（宁波）跨境电子商务综合试验区建设任务分解方案（2016~2018）》的通知

甬政办发〔2016〕143号

各县（市）区人民政府，市直及部省属驻甬各单位：

《中国（宁波）跨境电子商务综合试验区建设任务分解方案（2016~2018）》已经市政府同意，现印发给你们，请结合各自实际，认真贯彻执行。

宁波市人民政府办公厅

2016年9月9日

中国（宁波）跨境电子商务综合试验区建设任务分解方案（2016~2018）

为全面有效推进中国（宁波）跨境电子商务综合试验区（以下简称综合试验区）建设工作，根据省政府《关于印发中国（宁波）跨境电子商务综合试验区实施方案的通知》（浙政函〔2016〕59号）要求，特制定本方案。

一、发展目标

2016年发展目标：培育5个跨境电商产业集群和10个跨境电商公共海外仓；跨境电商年交易额超过40亿美元，其中出口额32亿美元、进口额8亿美元。

2017年发展目标：累计培育10个跨境电商产业集群和20个跨境电商公共海外仓；跨境电商年交易额超过80亿美元，其中出口额65亿美元、进口额15亿美元。

2018年发展目标：累计培育20个跨境电商产业集群和50个跨境电商公共海外仓；跨境电商年交易额超过150亿美元，其中出口额130亿美元、进口额20亿美元。

二、主要任务

（一）推进跨境电商“单一窗口”平台建设

制定“单一窗口”平台建设工作方案

和技术方案。建立海关、检验检疫、国税、外汇管理、市场监管、质量监督、邮政等多部门协调机制，推动“单一窗口”平台跨部门、跨区域、跨行业互联互通。到2018年，实现跨境电商各相关部门间“数据一次申报、部门联动操作、信息双向反馈”。（牵头单位：市口岸打私办，参加单位：市商务委、市市场监管局、宁波海关、宁波检验检疫局、市国税局、人行市中心支行、市邮政管理局、宁波国际物流发展股份有限公司、中国邮政速递物流股份有限公司宁波市分公司）

（二）推进跨境电商商务信息平台建设

筛选一批跨境电商商务信息平台承建及运营主体，选择一批跨境电商商务服务企业开展示范应用，为跨境电商企业和个人提供外贸代理、品牌管理、法律服务、创意设计、海外分销等商务服务。到2018年，落实示范应用企业10家，平台用户总数超过1万个。（牵头单位：市口岸打私办、市商务委；参加单位：市发改委、市经信委、市市场监管局、宁波国际物流发展股份有限公司）

（三）推进跨境电商物流信息平台建设

落实国家交通运输物流公共信息平台浙江区域交换节点（宁波综合示范区）各项工作，筛选一批跨境电商物流信息平台承建及运营主体，选择一批仓储、运输、物流、国际货代、多式联运、海外仓等跨境电商物流服务企业开展示范应用。到2018年，落实平台示范应用企业10家，平台用户总数超过1 000个，日交换数据量达到100万条。（牵头单位：市发改委、市口岸打私办；参加单位：市经信委、市交通委、市商务委、市市场监管局、宁波舟山港集团、宁波国际物流发展股份有限公司、宁波航运交易所）

（四）推进跨境电商产业园区建设

修订综合试验区跨境电商产业园区认定标准。支持申报国家级电子商务示范基地、省级电子商务示范园区、省级和市级特色小镇。到2018年，新增国家级电子商务示范基地1个，新增省级电子商务示范园区、省级和市级特色小镇共5个，各县（市）区、宁波经济技术开发区、宁波杭州湾新区、宁波保税区、大榭开发区、宁波国家高新区、梅山保税港区、宁波机场与物流园区至少建成1个市级跨境电商产业园区，全市建成年产值1亿美元以上的跨境电商产业园区超过10个。［牵头单位：市商务委、市发改委、市口岸打私办；参加单位：市经信委、市财政局、市规划局、各县（市）区政府、各重点开发园区管委会］

（五）推进跨境电商创业孵化空间建设

支持企业、高校、科研机构等参与建设众创空间、创客咖啡、创业学院等各类跨境电商创业孵化载体，推动孵化载体与跨境电商产业园区的深度对接合作。到2018年，培育跨境电商创业孵化载体10家，孵化跨境电商创业主体500家。［牵头单位：市科技局；参加单位：市经信委、市教育局、市财政局、市商务委、市口岸打私办、团市委、各县（市）区政府、各重点开发园区管委会］

（六）推进跨境电商公共服务中心建设

建设跨境电商公共服务中心，重点在

产业集群区域、外贸转型升级示范基地、工业园区、专业市场等设立跨境电商公共服务中心。到2018年，建成跨境电商公共服务中心10个。[牵头单位：市商务委、市口岸打私办；参加单位：市经信委、市财政局、各县（市）区政府、各重点开发园区管委会、宁波国际物流发展股份有限公司]

（七）推进综合物流基础平台建设

加快各区域物流中心建设，推动智慧港口、智能仓储、智能集装箱等物流技术示范应用。到2018年，新增国家示范物流园区1家。[牵头单位：市发改委；参加单位：市经信委、市财政局、市交通委、市商务委、市口岸打私办、宁波舟山港集团、各县（市）区政府、各重点开发园区管委会]

（八）推进跨境电商物流通道建设

开展跨境电商跨区域通关协作，构建宁波至内陆腹地的多式联运物流通道网络。推进宁波与境外的便利通关和运输协作，建立宁波始发终到的海、陆、空国际直达物流通道网络。到2018年，力争开行宁波至东盟、俄罗斯、北美等重点地区的集装箱直达快运航线3条，试点开行宁波至中亚国际铁路集装箱班列1条，新增全货机国际航线3条，新增宁波至内陆腹地海铁联运集装箱班列3条。[牵头单位：市交通委；参加单位：市发改委、市经信委、市财政局、市商务委、市口岸打私办、宁波海关、宁波检验检疫局、市邮政管理局、宁波舟山港集团、各县（市）区政府、各重点开发园区管委会、中国邮政速递物流股份有限公司宁波市分公司]

（九）推进跨境电商物流园区建设

制定跨境电商物流园区认定标准，评选一批跨境电商物流园区示范企业。推进宁波国际邮件互换局和交换站建设，拓展商务快递业务，做大跨境快递体量，建成跨境快递专业园区。到2018年，建成跨境电商物流园区10个。[牵头单位：市发改委；参加单位：市经信委、市财政局、市商务委、市口岸打私办、宁波海关、宁波检验检疫局、市国家安全局、市邮政管理局、宁波舟山港集团、各县（市）区政府、各重点开发园区管委会、中国邮政速递物流股份有限公司宁波市分公司]

（十）提升跨境电商诚信管理服务

制定跨境电商企业信用评价指标，完善跨境电商企业信用管理模式，推动“单一窗口”平台与宁波市公共信用信息服务平台、宁波口岸领域企业诚信建设平台的数据对接。授权具备资质条件的第三方机构开展《良好电子商务规范》认证试点工作。到2018年，建成跨境电商企业诚信管理数据库。（牵头单位：市口岸打私办、市发改委；参加单位：市商务委、市市场监管局、宁波海关、宁波检验检疫局、市国税局、人行市中心支行、宁波国际物流发展股份有限公司）

（十一）提升跨境电商品牌管理服务

支持设立国家跨境电子商务质量安全风险监测宁波分中心，建立跨境电商进口商品全过程质量责任追溯制度。推动宁波保税区打造全国跨境电子商务产业知名品牌创建示范区。（牵头单位：宁波检验检疫局、市口岸打私办；参加单位：市商务

委、市市场监管局、市质监局、宁波海关、各重点开发园区管委会）

（十二）提升跨境电商海外仓服务

制定跨境电商公共海外仓认定标准，推动跨境电商公共海外仓联盟化。完善海外仓建设投融资与风险保障机制，扶持企业通过自建、收购、租赁等方式建设海外仓。到2018年，培育公共海外仓50个。［牵头单位：市口岸打私办、市商务委；参加单位：市发改委、市经信委、市财政局、各县（市）区政府、各重点开发园区管委会、宁波国际物流发展股份有限公司、中国邮政速递物流股份有限公司宁波市分公司］

（十三）提升跨境电商境外商务服务

建立跨境电子商务知识产权维权联盟。支持有条件的公共海外仓、外贸综合服务平台拓展境外商务服务功能。培育熟悉海外品牌管理、商标注册、知识产权保护和营销推广的专业服务机构。到2018年，建成公共海外仓海外综合服务中心5个。（牵头单位：市口岸打私办、市商务委；参加单位：市财政局、市市场监管局、市外办）

（十四）构建跨境电商统计监测体系

规范跨境电商数据采集与统计标准，构建跨境电商数据监测制度，定期发布各类跨境电商行业性数据报告。到2018年，建成跨境电商数据统计体系，发布宁波跨境电商白皮书。［牵头单位：市口岸打私办；参加单位：市经信委、市商务委、市统计局、宁波海关、宁波检验检疫局、市国税局、人行市中心支行、各县（市）区政府、各重点开发园区管委会］

（十五）构建跨境电商风险联控体系

建立跨境电商风险分类分级预警体系、海外买家资信调查及风险评估体系，制定跨境电商多层级风险响应预案，形成多部门联动的风险防控机制。（牵头单位：市口岸打私办；参加单位：市商务委、市市场监管局、市质监局、市金融办、宁波海关、宁波检验检疫局、市国家安全局、市国税局、人行市中心支行、市邮政管理局、中国出口信用保险公司宁波分公司）

（十六）构建跨境电商金融支撑体系

建立新型跨境电商投融资机制，支持保险机构为跨境电商提供全方位保障。支持金融机构与第三方支付公司开展业务合作，提供优质跨境人民币结算服务。加快推动跨境电商企业挂牌、上市。（牵头单位：市金融办、市口岸打私办；参加单位：市发改委、市经信委、市财政局、市商务委、人行市中心支行、宁波银监局、宁波证监局、宁波保监局、中国出口信用保险公司宁波分公司）

（十七）构建跨境电商主体培育体系

支持有条件的企业培育自有品牌、自建电商平台、拓展境外营销渠道。开展“宁波市跨境电商百强企业评选”、“宁波市跨境电商创业领军人物评选”等活动。到2018年，培育本地跨境电商平台企业10家，引进知名跨境电商平台企业6家；跨境电商贸易企业达到2 000家，其中年交易额超过1亿元的企业超过100家；跨境电商服务企业达到100家，其中年营业额超过1亿元的企业超过10家。［牵头单位：市商务委、市口岸打私办；参加单位：市发改委、市经信委、市财政局、市市场监管局、各县（市）区政府、各重点开发园区管委会]

（十八）构建跨境电商人才培育体系

鼓励国内外大型电商企业与在甬高校合作办学。加强跨境电商人才培训，鼓励跨境电商人才申报“泛3 315计划”。汇聚全国跨境电商领域的专家资源，建设宁波跨境电商智库。到2018年，累计培训跨境电商从业人员1万人次，累计招募高端实用跨境电商人才50名。[牵头单位：市委组织部（市委人才办）、市教育局、市人力社保局；参加单位：市科技局、市商务委、市口岸打私办、团市委、各在甬高校]

（十九）推进跨境电商海关监管制度创新

支持海外仓备货出口、外贸综合服务平台、大宗商品跨境电商等模式创新，优化跨境电商监管流程，完善跨境电商监管模式。试点对符合条件的跨境电商B2C出口商品，电商企业可以按照《进出口税则》4位税号申报。优化跨境出口商品退货流程，探索出口商品退货监管新机制。建立跨境电商便利转关机制，推进海关特殊监管区域内跨境电商进口商品转仓清关便利化。（牵头单位：宁波海关；参加单位：市口岸打私办、宁波检验检疫局）

（二十）推进跨境电商检验检疫制度创新

建立跨境电商企业分类管理办法，统一跨境电商公共仓和自营仓监管要求，探索“监管区+查验区”的检验检疫监管仓库管理新机制。探索“合格假定+风险管理”的跨境电商出口监管模式。优化检验检疫查验放行流程，实现“一次申报、一次查验、一次放行”和检验检疫全程无纸化。推动长三角区域“出口直放、进口直通”的监管模式创新。（牵头单位：宁波检验检疫局；参加单位：市口岸打私办、宁波海关）

（二十一）推进关检“三互”模式创新

实现跨境监管场所的关、检部门业务协同，全面推行“信息互换、监管互认、执法互助”模式。（牵头单位：市口岸打私办；参加单位：宁波海关、宁波检验检疫局）

（二十二）推进跨境电商出口退（免）税制度创新

对纳入综合试验区“单一窗口”平台的外贸综合服务企业，被评定为一类或二类的，可先使用增值税专用发票认证信息审核办理出口退（免）税，之后再用稽核信息进行复核。对符合条件的综合试验区跨境电商出口企业，试点实行出口退（免）税无纸化管理。积极向财政部、国家税务总局争取，对综合试验区跨境电商企业经宁波国际邮件互换局和交换站通关且无法取得合法有效进货凭证的零售出口货物，适用增值税免税政策。允许综合试验区跨境电商企业经宁波国际邮件互换局和交换站通关的零售出口货物，按海关出口货物报关单、申报清单和购进货物的增值税专用发票、消费税专用缴款书（分割单）或海关进口增值税、消费税专用缴款书申报退（免）税。（牵头单位：市国税

局；参加单位：宁波海关、市邮政管理局、中国邮政速递物流股份有限公司宁波市分公司）

（二十三）推进跨境电商外汇管理制度创新

简化经外汇管理部门认定的A类外贸综合服务企业贸易收结汇流程，简化个人电商开立外汇结算账户程序。支持符合条件的支付机构参与跨境外汇支付试点。支持跨境电商利用跨境贷款、境外并购等外汇试点政策开展进出口贸易及海外项目建设运营。在综合试验区“单一窗口”平台实现信息流、资金流、货物流数据“三流合一”的基础上，允许海关特殊监管区域内企业办理货物流与资金流不一致的外汇收支业务。支持银行开办对客户远期结售汇、人民币与外币掉期、期权等衍生产品业务，加强汇率避险产品创新和运用。（牵头单位：人行市中心支行；参加单位：市口岸打私办）

（二十四）推动跨境电商产业联动机制创新

发展海外仓备货出口业务，实现境内工业企业与境外分销渠道联动。推动外贸企业和专业市场利用各类跨境电商平台开展对外贸易，构建宁波块状经济与海外市场的连接通道。探索创新大宗商品跨境电商模式。到2018年，规上工业企业跨境电商应用普及率达到30%，外贸企业跨境电商应用普及率达到40%。[牵头单位：市商务委；参加单位：市发改委、市经信委、市市场监管局、市口岸打私办、市金融办、宁波海关、宁波检验检疫局、各县（市）区政府、各重点开发园区管委会]

（二十五）推动跨境电商区域联动机制创新

推进综合试验区与无水港、公共海外仓的物流协同，在有条件的无水港、公共海外仓前置跨境电商服务窗口。推进跨境电商海外分销渠道与本地产业集群对接。到2018年，在无水港和公共海外仓前置跨境电商服务窗口8个。（牵头单位：市商务委、市发改委、宁波舟山港集团；参加单位：市交通委、市口岸打私办、宁波海关、宁波检验检疫局、市国税局、人行市中心支行）

三、保障措施

（二十六）强化组织领导

建立由市政府主要领导任组长的综合试验区工作领导小组，加强组织领导和统筹协调，定期研究综合试验区建设的重大问题。领导小组办公室设在市口岸打私办，在按规定程序报批后，市口岸打私办增挂综合试验区管理办公室牌子。建立各县（市）区、各重点开发园区跨境电商领导体系与工作机制，加强机构编制配备。[牵头单位：市口岸打私办；参加单位：市编委办、各县（市）区政府、各重点开发园区管委会]

（二十七）强化政策导向

建立科学考评机制，将各地区落实综合试验区建设工作情况纳入该地区的年度工作考核指标体系。制定综合试验区制度创新清单。发挥宁波跨境电商智库作用，研究综合试验区建设与发展中的相关问

题。[牵头单位：市口岸打私办、市教育局；参加单位：市委政研室、市发展研究中心、各县（市）区政府、各重点开发园区管委会]

（二十八）强化资金保障

全面落实国家、省鼓励跨境电子商务发展的有关政策，统筹安排财政资金，支持跨境电商重点领域发展。建立和完善跨境电商金融服务体系，引导金融机构资金重点投向跨境电商领域。[牵头单位：市口岸打私办；参加单位：市发改委、市财政局、市商务委、市金融办、各县（市）区政府、各重点开发园区管委会]

（二十九）强化宣传引导

加强传统媒体和网络媒体联合互动，营造促进产业转型升级和跨境电商发展的良好氛围。组织开展跨境电商论坛和跨境电商海外推介会等活动，扩大综合试验区影响力。[牵头单位：市委宣传部、市口岸打私办；参加单位：市发改委、市经信委、市交通委、市贸促会、宁波海关、宁波检验检疫局、市国税局、人行市中心支行、各县（市）区政府、各重点开发园区管委会]

（三十）强化队伍建设

加强干部队伍学习培训。建立综合试验区干部横向纵向挂职交流机制，推动各县（市）区和重点开发园区推荐优秀干部到市口岸打私办、宁波海关、宁波检验检疫局等相关部门挂职锻炼。[牵头单位：市委组织部、市口岸打私办；参加单位：市教育局、市人力社保局、宁波海关、宁波检验检疫局、各县（市）区政府、各重点开发园区管委会]

附件1　县（市）区、重点开发园区跨境出口目标分解表

附件2　重点开发园区跨境进口目标分解表

附件1

县（市）区、重点开发园区跨境出口目标分解表

单位：亿美元

序号	县（市）区重点开发园区	2016年目标	2017年目标	2018年目标
1	余姚市	1.65	3.94	8.62
2	慈溪市	2.40	5.25	10.59
3	奉化市	0.35	0.95	2.27
4	宁海县	1.09	2.23	4.23
5	象山县	0.31	0.82	1.96
6	鄞州区	1.77	4.80	11.51
7	海曙区	1.18	2.81	6.11

续

序号	县（市）区重点开发园区	2016 年目标	2017 年目标	2018 年目标
8	江东区	0.74	2.00	4.79
9	江北区	0.59	1.50	3.44
10	镇海区	0.78	2.07	4.90
11	北仑区（含梅山）	8.78	17.69	32.71
12	宁波杭州湾新区	0.76	1.57	2.99
13	宁波保税区	9.49	14.96	27.37
14	大榭开发区	1.78	3.51	6.32
15	宁波国家高新区	0.34	0.91	2.18
	合计	32	65	130

注：结合国家相关政策调整以及 2016 年度各县（市）区、相关重点开发 11 区的实际运营状况，可对 2017 年、2018 年的目标进行适当调整。

附件 2

重点开发园区跨境进口目标分解表

单位：亿美元

序号	重点开发园区	2016 年目标	2017 年目标	2018 年目标
1	宁波杭州湾新区	0.01	0.08	0.15
2	宁波保税区	5.83	10.85	14.47
3	梅山保税港区	0.15	0.28	0.37
4	宁波机场与物流园区	0.56	1.25	1.67
5	宁波栎社保税物流中心（B 型）	1.45	2.62	3.49
	合计	8	15	20

注：结合国家相关政策调整以及 2016 年度相关重点开发园区的实际运营状况，可对 2017 年、2018 年的目标进行适当调整。

企业名录

截至 2016 年 12 月 31 日，在宁波跨境综合服务平台上注册，并实际展开业务的企业见表 2-6。

表 2-6 宁波跨境电子商务企业

序号	企业名称	企业类型
1	宁波保税区宁兴优贝国际贸易有限公司	电商企业
2	宁波优买电子商务有限公司	电商企业
3	宁波保税区涌优贸易有限公司	电商企业
4	宁波保税区正正电子商务股份有限公司	电商企业
5	宁波保税区淘淘羊电子商务有限公司	电商企业
6	宁波蜜芽宝贝国际贸易有限公司	电商企业
7	广州唯品会信息科技有限公司	电商企业
8	宁波富邦电子商务发展有限公司	电商企业
9	宁波贝猫电子商务有限公司	电商企业
10	宁波聚美优品网络科技有限公司	电商企业
11	宁波保达电子商务有限公司	电商企业
12	舶乐蜜电子商务（上海）有限公司	电商企业
13	宁波圆通中柏进出口有限公司	电商企业
14	浙江臻品悦动网络科技有限公司	电商企业
15	浙江省粮油食品进出口股份有限公司	电商企业
16	宁波丫丫趣购电子商务有限公司	电商企业
17	宁波井贝电子商务有限公司	电商企业
18	宁波鑫海通达贸易有限公司	电商企业
19	宁波融智电子商务有限公司	电商企业
20	Iherb. Inc	电商企业
21	宁波立得购电子商务有限公司	电商企业
22	宁波美囤妈妈电子商务有限公司	电商企业
23	宁波辉煌十月网络科技有限公司	电商企业
24	宁波保税区金球购电子商务有限公司	电商企业
25	宁波贝猫电子商务有限公司	电商企业
26	宁波海分宝电子商务有限公司	电商企业
27	宁波保税区大田费舍尔供应链服务有限公司	电商企业
28	宁波井贝电子商务有限公司	电商企业
29	重庆佳购科技有限公司	电商企业
30	宁波全球淘电子商务有限公司	电商企业

表2-6　续1

序号	企业名称	企业类型
31	上海百品汇电子商务有限公司	电商企业
32	宁波锦伯国际贸易有限公司	电商企业
33	宁波凯溶乐国际贸易有限公司	电商企业
34	宁波保税区艾购国际贸易有限公司	电商企业
35	浙江中磐电子商务有限公司	电商企业
36	宁波中和富时进出口有限公司	电商企业
37	合驿（苏州）供应链管理有限公司	电商企业
38	宁波海狗电子商务有限公司	电商企业
39	宁波鑫海通达供应链管理有限公司	电商企业
40	宁波天德通进出口有限公司	电商企业
41	宁波博洋通汇跨境电子商务有限公司	电商企业
42	宁波速美得贸易有限公司	电商企业
43	宁波保税区尚轩电子商务有限公司	电商企业
44	郑氏实业有限公司	电商企业
45	宁波弗劳恩物流科技有限公司	电商企业
46	宁波富邦电子商务发展有限公司	电商企业
47	福州古夏商贸有限公司	电商企业
48	宁波市航都电子商务有限公司	电商企业
49	宁波又一猫国际贸易有限公司	电商企业
50	北京当当科文电子商务有限公司	电商企业
51	广州美快软件开发有限公司	电商企业
52	牵趣进出口有限公司	电商企业
53	宁波畅购天下电子商务有限公司	电商企业
54	中铁互联（宁波）进出口有限公司	电商企业
55	宁波保税区快乐云商国际贸易有限公司	电商企业
56	自然阳光（上海）日用品有限公司	电商企业
57	宁波环球淘电子商务有限公司	电商企业
58	赛弗集团香港有限公司	电商企业
59	宁波迪伏伦国际贸易有限公司	电商企业
60	宁波保税区观止电子商务有限公司	电商企业
61	好市多（上海）商业有限公司	电商企业

表2-6 续2

序号	企业名称	企业类型
62	宁波保税区三叶草进出口有限公司	电商企业
63	宁波双行线国际贸易有限公司	电商企业
64	中健天和（北京）科技发展有限公司	电商企业
65	宁波中柏双和进出口有限公司	电商企业
66	宁波新丝道国际贸易有限公司	电商企业
67	宁波邻邻贸易有限公司	电商企业
68	象山涵泰商贸有限公司	电商企业
69	宁波保税区优泊莱国际贸易有限公司	电商企业
70	宁波保税区壹玖捌叁商贸有限公司	电商企业
71	宁波保税区港投国际贸易有限公司	电商企业
72	JRD Innovations Ltd	电商企业
73	宁波保税区尚轩电子商务有限公司	电商企业
74	宁波惠成长国际贸易有限公司	电商企业
75	宁波陆氏东纳国际贸易有限公司	电商企业
76	苍南县志盛食品有限公司	电商企业
77	宁波阿梵达电子商务有限公司	电商企业
78	海航国际贸易（宁波）有限公司	电商企业
79	宁波海欢电子商务有限公司	电商企业
80	宁波奥汀电器有限公司	电商企业
81	宁波飞马淘电子商务有限公司	电商企业
82	宁波保税区仰恩国际贸易有限公司	电商企业
83	北京汇智知行教育咨询有限公司	电商企业
84	青岛铭扬新世界电子商务有限公司	电商企业
85	宁波新慈通雅国际贸易有限公司	电商企业
86	宁波保税区观止电子商务有限公司	电商企业
87	宁波格瑞纳华德国际贸易有限公司	电商企业
88	宁波保税区跨通电子商务有限公司	电商企业
89	宁波三合利华国际贸易有限公司	电商企业
90	国美在线电子商务有限公司	电商企业
91	宁波保税区迈可适国际贸易有限公司	电商企业
92	宁波保税区金考拉国际贸易有限公司	电商企业

表2-6　续3

序号	企业名称	企业类型
93	宁波世纪美淘贸易有限公司	电商企业
94	宁波红蚂蚁电子商务有限公司	电商企业
95	宁波金光海贸易有限公司	电商企业
96	Venture Best Limited	电商企业
97	宁波保税区光明星物联科技有限公司	电商企业
98	扬州欧佩电子商务有限公司	电商企业
99	宁波爱迪东方跨境电子商务有限公司	电商企业
100	苏州德尊进出口有限公司	电商企业
101	宁波摩西网络技术有限公司	电商企业
102	宁波珍妮优选贸易有限公司	电商企业
103	广州市瑞欣康信息科技有限公司	电商企业
104	宁波保税区鑫网易商国际贸易有限公司	电商企业
105	宁波罗斯曼信息科技有限公司	电商企业
106	宁波米到仓供应链管理有限公司	电商企业
107	世纪都华国际有限公司	电商企业
108	宁波保税区锡通国际贸易有限公司	电商企业
109	宁波多宝塔国际贸易有限公司	电商企业
110	跨境易购国际贸易有限公司	电商企业
111	宁波吾奉电子商务有限公司	电商企业
112	宁波保税区爱优比电子商务有限公司	电商企业
113	宁波富邦电子商务发展有限公司	电商企业
114	宁波聚美优品网络科技有限公司	电商企业
115	宁波倍滋氏健康管理有限公司	电商企业
116	宁波皮皮塔电子商务有限公司	电商企业
117	宁波卡拉苏网络科技有限公司	电商企业
118	宁波世纪美淘贸易有限公司	电商企业
119	宁波蓝色丝路进出口有限公司	电商企业
120	宁波亿伟锋国际贸易有限公司	电商企业
121	宁波摩西网络技术有限公司	电商企业
122	汇立控股有限公司	电商企业
123	宁波舶品之家电子商务有限公司	电商企业

表2-6 续4

序号	企业名称	企业类型
124	宁波粥妈电子商务有限公司	电商企业
125	宁波保税区时尚美罗全球购贸易有限公司	电商企业
126	宁波保税区天实贸易有限公司	电商企业
127	宁波顺丰电子商务有限公司	电商企业
128	唯品直通车实业（上海）有限公司	电商企业
129	宁波保税区德睿客贸易有限公司	电商企业
130	宁波中宏电子商务有限公司	电商企业
131	宁波立享堂国际贸易有限公司	电商企业
132	宁波申萱电子商务有限公司	电商企业
133	宁波海猫电子商务有限公司	电商企业
134	宁波首座电子商务有限公司	电商企业
135	宁波保税区瑞购电子商务有限公司	电商企业
136	复干国际贸易（上海）有限公司	电商企业
137	宁波君合金诚进出口有限公司	电商企业
138	宁波保税区几维国际贸易有限公司	电商企业
139	越承贸易公司	电商企业
140	台贸全球电子商务股份有限公司	电商企业
141	宁波大韩家进出口有限公司	电商企业
142	宁波京琼进出口有限公司	电商企业
143	酷姆乐（上海）实业有限公司	电商企业
144	宁波丽美健国际贸易有限公司	电商企业
145	宁波十一区电子商务有限公司	电商企业
146	宁波普联聚品国际贸易有限公司	电商企业
147	宁波保税区哈里逊国际贸易有限公司	电商企业
148	King Power International Co. Ltd	电商企业
149	宁波保税区臻品汇电子商务有限公司	电商企业
150	宁波贝网国际贸易有限公司	电商企业
151	宁波极享生活电子商务有限公司	电商企业
152	宁波梵克吉品国际贸易有限公司	电商企业
153	宁波丸子优购国际贸易有限公司	电商企业
154	宁波优正进出口有限公司	电商企业

表2-6　续5

序号	企业名称	企业类型
155	宁波爱品宝电子商务有限公司	电商企业
156	宁波保税区大丰车国际贸易有限公司	电商企业
157	宁波者也电子商务有限公司	电商企业
158	国美日本株式会社	电商企业
159	宁波爱荻亚国际贸易有限公司	电商企业
160	宁波澳纽之窗国际贸易有限公司	电商企业
161	祐护（上海）实业有限公司	电商企业
162	乐利数字科技股份有限公司	电商企业
163	宁波欧拉美国际贸易有限公司	电商企业
164	远东生物科技股份有限公司	电商企业
165	厦门优朝惠贸易有限公司	电商企业
166	宁波玛雅宝贝电子商务有限公司	电商企业
167	兖矿澳斯达（宁波）商贸有限公司	电商企业
168	宁波广顺源电子商务有限公司	电商企业
169	宁波欧乐美贸易有限公司	电商企业
170	美合国际实业股份有限公司	电商企业
171	宁波九樱良品电子商务有限公司	电商企业
172	宁波舶品之家电子商务有限公司	电商企业
173	宁波亿路通国际贸易有限公司	电商企业
174	宁波保税区山阴路兴业国际贸易有限公司	电商企业
175	宁波藤之美贸易有限公司	电商企业
176	宁波欧购国际贸易有限公司	电商企业
177	宁波喜淘物联科技有限公司	电商企业
178	宁波小麻包电子商务有限公司	电商企业
179	上海方携提营销策划有限公司	电商企业
180	宁波聚美库电子商务有限公司	电商企业
181	宁波全球邻物联科技有限公司	电商企业
182	宁波思八达国际贸易有限公司	电商企业
183	深圳娜帕帝卡科技有限公司	电商企业
184	宁波宝乐贝尔国际贸易有限公司	电商企业
185	宁波澳途电子商务有限公司	电商企业

表2-6 续6

序号	企业名称	企业类型
186	宁波保税区粑粑麻麻进出口有限公司	电商企业
187	海航国际贸易（宁波）有限公司	电商企业
188	浙江蚂蚁宝宝电子商务有限公司	电商企业
189	上海牵趣网络科技有限公司	电商企业
190	宁波路易通电子商务有限公司	电商企业
191	宁波保税区丝路乐供应链管理有限公司	电商企业
192	泉州暖洋洋贸易有限责任公司	电商企业
193	宁波乐图食品有限公司	电商企业
194	美商玫琳凯股份有限公司台湾分公司	电商企业
195	宁波保税区港荣国际贸易有限公司	电商企业
196	宁波江北区琦华电国际贸易有限公司	电商企业
197	舶乐蜜电子商务（上海）有限公司	电商企业
198	宁波保税区维司尔贸易有限公司	电商企业
199	宁波洋品汇国际贸易有限公司	电商企业
200	宁波爱淘客贸易有限公司	电商企业
201	宁波彩云归进出口有限公司	电商企业
202	济宁海派电子商务有限公司	电商企业
203	宁波智山国际贸易有限公司	电商企业
204	宁波美宜诚品电子商务有限公司	电商企业
205	临沂郡洺贸易有限公司	电商企业
206	宁波爱淘客贸易有限公司	电商企业
207	Chalerm Thai International Co. Ltd.	电商企业
208	宁波保税区海品猫国际贸易有限公司	电商企业
209	北京金泰鼎盛商贸有限公司	电商企业
210	宁波澳途电子商务有限公司	电商企业
211	宁波酷乐生活商业投资有限公司	电商企业
212	宁波优传供应链管理有限公司	电商企业
213	宁波常森进出口有限公司	电商企业
214	宁波保税区网利电子商务有限公司	电商企业
215	宁波微购网络科技有限公司	电商企业
216	宁波市鹰豪进口食品有限公司	电商企业

表2-6 续7

序号	企业名称	企业类型
217	厦门优朝惠贸易有限公司	电商企业
218	宁波念美电子商务有限公司	电商企业
219	丰稷食品有限公司	电商企业
220	宁波粟客林国际贸易有限公司	电商企业
221	江苏云畅淘电子商务有限公司	电商企业
222	宁波爱施普贸易有限公司	电商企业
223	宁波保税区纽爵电子商务有限公司	电商企业
224	宁波海米乐淘电子商务有限公司	电商企业
225	宁波保税区优物购国际贸易有限公司	电商企业
226	宁波峰朗国际贸易有限公司	电商企业
227	宁波保税区环辰国际贸易有限公司	电商企业
228	（株）一洋 Express	电商企业
229	宁波希言国际贸易有限公司	电商企业
230	宁波保税区几维国际贸易有限公司	电商企业
231	宁波源一家国际贸易有限公司	电商企业
232	厦门欧淘电子商务有限公司	电商企业
233	浙江华商汇电子商务有限公司	电商企业
234	中铁互联（宁波）进出口有限公司	电商企业
235	宁波天图物流有限公司	电商企业
236	台湾品生活文创国际股份有限公司	电商企业
237	宁波荣诺商贸有限公司	电商企业
238	宁波鼎峰优购进出口有限公司	电商企业
239	厦门永奕电子商务有限公司	电商企业
240	福州爱诗普霖水处理设备有限公司	电商企业
241	宁波市乐芽儿电子商务有限公司	电商企业
242	上海天曦健康产品贸易有限公司	电商企业
243	宁波保税区宁兴优贝国际贸易有限公司	电商企业
244	宁波保税区明星谷贸易有限公司	电商企业
245	宁波马洲国际贸易有限公司	电商企业
246	宁波品极电子商务有限公司	电商企业
247	横琦电子商务有限公司	电商企业
248	宁波环球通供应链管理有限公司	电商企业
249	宁波远大前程电子商务发展有限公司	电商企业

表2-6　续8

序号	企业名称	企业类型
250	舶乐蜜电子商务（上海）有限公司	电商企业
251	礼愫有限公司	电商企业
252	宁波蓝色丝路进出口有限公司	电商企业
253	宁波海米乐淘电子商务有限公司	电商企业
254	宁波妈妈购网络科技有限公司	电商企业
255	宁波圆通中柏进出口有限公司	电商企业
256	宁波又一猫国际贸易有限公司	电商企业
257	宁波常森进出口有限公司	电商企业
258	宁波大淘国际贸易有限公司	电商企业
259	青岛君合嘉福国际贸易有限公司	电商企业
260	宁波路易通电子商务有限公司	电商企业
261	香港跨境淘贸易有限公司	电商企业
262	上海申诺伟国际采购有限公司	电商企业
263	渺艺国际医学营养行销服务有限公司	电商企业
264	宁波七色阳光国际贸易有限公司	电商企业
265	宁波保税区嘉宏供应链管理有限公司	电商企业
266	宁波奇云贸易有限公司	电商企业
267	京都念慈庵药厂股份有限公司	电商企业
268	宁波保税区仰恩国际贸易有限公司	电商企业
269	欧莱德化妆品（上海）有限公司	电商企业
270	宁波畅行文化科技有限公司	电商企业
271	宁波点望国际贸易有限公司	电商企业
272	顺丰优选国际有限公司	电商企业
273	上海酷丹网络科技有限公司	电商企业
274	媚力模儿国际有限公司	电商企业
275	宁波和陆缘贸易有限公司	电商企业
276	宁波欧宜进口贸易有限公司	电商企业
277	宁波贝悦国际贸易有限公司	电商企业
278	宠物用品速递（香港）有限公司	电商企业
279	上海尧赫进出口有限公司	电商企业
280	宁波米到网络科技有限公司	电商企业
281	浙江臻品悦动网络科技有限公司	电商企业
282	宁波中柏双和进出口有限公司	电商企业

表2-6 续9

序号	企业名称	企业类型
283	宁波保税区进口食品供应链有限公司	电商企业
284	宁波畅行文化科技有限公司	电商企业
285	北京天星旺网络科技有限公司	电商企业
286	深圳市前海攀达体育有限公司	电商企业
287	宁波卓安健康科技有限公司	电商企业
288	宁波澳美昌盛进出口贸易有限公司	电商企业
289	宁波洋帆国际贸易有限公司	电商企业
290	丰生活电子商贸有限公司	电商企业

统计数据

一、宁波市跨境电子商务服务试点出口业务报表

宁波市跨境电子商务服务试点出口业务报表见表 2-7。

表 2-7 宁波市跨境电子商务服务试点出口业务报表

（2016 年 1 月 1 日~2016 年 12 月 31 日）

业务模式	时间	试点企业（个）	报关单（单）	货值（万美元）	环比增长率（%）	主要商品	主要出口国家（地区）
B2C	2016 年	1	29	105.56	31.52	树脂工艺品、玻璃装饰品、日用瓷、太阳能灯、铁饰品	美国、加拿大
B2B	2016 年	91	62 359	322 996.03	304.05	船舶分段、聚（亚甲基苯基异氰酸酯）（聚合 MDI 或粗 MDI）、涂布白板纸、白卡纸、注塑机	美国、中国香港、韩国、印度、土耳其
全市	2016 年	92	62 388	323 101.59	303.01	船舶分段、聚（亚甲基苯基异氰酸酯）（聚合 MDI 或粗 MDI）、涂布白板纸、白卡纸、注塑机	美国、中国香港、韩国、印度、土耳其

二、宁波市跨境电子商务服务试点进口业务报表

宁波市跨境电子商务服务试点进口业务报表见表 2-8。

表 2-8　宁波市跨境电子商务服务试点进口业务报表

（2016 年 1 月 1 日~2016 年 12 月 31 日）

区域	时间	验放清单（万票）	消费者（人）	货值（万元）	增长率（%）	税款（万元）	上线商品种类（个）	商品种类（进口量前五位）	备案电商企业（个）	上线企业（个）
宁波保税区	2016 年	2 305.49	8 508 310	415 835.6	60.26	36 254.85	688	纸尿裤、食品、奶粉、护肤品、洗发水	109	38
栎社保税物流中心(B)型	2016 年	378.44	1 206 145	83 137.98	199.91	6 760.9	367	纸尿裤、护肤品、奶粉、食品、卫生巾	60	18
宁波栎社机场	2016 年	66.42	268 422	18 777.97	292.79	987.46	853	食品、奶粉、塑料制餐具及厨房用具、保温杯、其他护发品	68	41
梅山保税港区	2016 年	73.43	242 095	14 004.82	1 469.03	1 254.58	149	纸尿裤、奶粉、卫生巾、食品、洗发水	13	4
慈溪出口加工区	2016 年	29.7	121 150	4 711.65	699 373.84	555.17	77	纸尿裤、供婴幼儿食用的零售包装食品、其他纺织材料制絮胎及制品、芳香料制品、食品	3	2
全市	2016 年	2 853.49	10 346 122	536 468.03	83.18	45 812.99	2 134		253	103
	试点以来	4 390.94	16 731 858	865 672.84	-	46 888.3	2 531		825	295

三、宁波市跨境电子商务服务试点分地区消费分布统计

宁波市跨境电子商务服务试点分地区消费分布统计见表 2-9。

表 2-9　分地区消费分布统计

（2016 年 1 月 1 日~2016 年 12 月 31 日）

序号	进/出口	地区	数量(包)	金额(元)	消费者数量(人)	主要商品(前五种)	税款(元)	备注
1	进口	广东	4 036 779.00	632 586 470.10	1 753 401.00	尿裤及尿布、供婴幼儿食用的零售包装配方奶粉、其他编号未列名的食品、其他润滑剂(含油<70%)、其他包装无酒精饮料	51 393 409.37	
2	进口	浙江	4 031 653.00	659 381 147.30	1 470 857.00	尿裤及尿布、供婴幼儿食用的零售包装配方奶粉、其他编号未列名的食品、其他包装无酒精饮料、其他润滑剂(含油<70%)	51 852 144.29	
3	进口	江苏	3 581 027.00	552 136 192.40	1 463 471.00	尿裤及尿布、供婴幼儿食用的零售包装配方奶粉、其他编号未列名的食品、其他润滑剂(含油<70%)、其他真空容器及零件(包括保温瓶、保温杯)	46 062 483.66	
4	进口	北京	2 561 519.00	345 518 481.80	1 002 139.00	尿裤及尿布、其他编号未列名的食品、供婴幼儿食用的零售包装配方奶粉、家用型过滤、净化装置用零件、护肤品(包括防晒油或晒黑油,但药品除外)	30 149 953.74	

表2-9 续1

序号	进/出口	地区	数量(包)	金额(元)	消费者数量(人)	主要商品(前五种)	税款(元)	备注
5	进口	上海	3 186 783.00	442 747 096.50	1 129 447.00	尿裤及尿布、其他编号未列名的食品、供婴幼儿食用的零售包装配方奶粉、未列名制作或保藏的坚果及其他子仁、护肤品(包括防晒油或晒黑油,但药品除外)	39 193 865.83	
6	进口	其他省份	17 642 479.00	2 533 333 664.90	7 978 508.00	尿裤及尿布、其他编号未列名的食品、供婴幼儿食用的零售包装配方奶粉、护肤品(包括防晒油或晒黑油,但药品除外)、其他洗发剂(香波)	210 444 155.31	

说明：地区栏，进口显示国内省份，出口显示国家或地区。

大事记

2016 年 1 月 12 日，国务院下发《国务院关于同意在天津等 12 个城市设立跨境电子商务综合试验区的批复》（国函〔2016〕17 号），同意设立在中国（宁波）立跨境电子商务综合试验区。

2016 年 4 月 18 日，浙江省人民政府办公厅下发《浙江省人民政府关于印发中国（宁波）跨境电子商务综合试验区实施方案的通知》（浙政函〔2016〕59 号），批复实施中国（宁波）跨境电子商务综合试验区实施方案。

2016 年 5 月 16 日，宁波市人民政府召开中国（宁波）跨境电子商务综合试验区动员大会，唐一军代市长、陈奕君常务副市长等市领导出席会议。

2016 年 6 月 10 日，第二届中东欧企业与浙江跨境电子商务合作对接会在甬举办。

2016 年 6 月 28 日，宁波国际邮件互换局正式运营。

2016 年 7 月 2 日，市口岸打私办联合市教育局和市商务委，协同浙江万里学院及在甬相关高校，在浙江万里学院挂牌成立宁波市跨境电子商务学院。

2016 年 9 月 9 日，市政府印发《宁波市人民政府关于印发中国（宁波）跨境电子商务综合试验区建设任务分解方案（2016 ~ 2018）的通知》（甬政办发〔2016〕143 号）。

2016 年 9 月 14 日，跨境电子商务综合试验办正式印发《中国（宁波）跨境电子商务综合试验区2016年重点任务及分工方案》。

2016年9月20日，宁波—德国跨境电子商务企业对接会在德国成功举办。

2016年9月23日，2016浙江·台湾合作周宁波专场活动之甬台跨境电子商务对接洽谈会在甬举办。

2016年9月23日至25日，由全国政协常委、外事委员会主任潘云鹤带队的全国政协调研组，在甬调研发展跨境电子商务工作。

2016年9月28日，中国（宁波）跨境电子商务综合试验区综合信息平台上线运营。

2016年10月31日，14批来自宁波甜蜜时空、宁兴云两家公司的运动鞋、针织服装等商品通过宁波国际邮件互换局申报出口，标志着中国（宁波）跨境电子商务综合试验区一般出口业务正式开通。

2016年11月11日，宁波跨境电子商务进口交易额破6亿元大关，居全国首位。

2016年12月13日，中国（宁波）跨境电子商务综合试验区批复设立第二批线下园区。

郑州地区

2016年1月份国务院批准在郑州市设立跨境电子商务综合试验区后，按照省委、省政府、市委、市政府统一部署，加快推进综合试验区建设，统筹协调组织推进。经过近一年工作，郑州市跨境电子商务综合试验区建设总体推进顺利，跨境电子商务发展氛围愈加浓厚，成效不断显现。据初步统计，2016年，全市跨境电子商务交易额约52.66亿美元，约占全省47%，出口约42.6亿美元，进口约10亿美元。跨境电子商务B2C业务进出口包裹5 741.5万单，增长幅度约13.3%；商品金额66.5亿元人民币，增长幅度超过60%；征收税款6.7亿元人民币，增长4.87倍。

发展现状

一、强化组织领导，塑造顶层设计

河南省委、省政府非常重视综合试验区建设工作，省政府成立了陈润儿省长任组长、赵建才副省长任副组长的跨境电子商务综合试验区建设工作领导小组。2016年5月3日，省政府正式印发了我省综合试验区建设《实施方案》，明确了综合试验区功能定位、发展目标、实施范围和主要任务。5月20日，省政府召开了高规格的动员大会。

郑州市作为全省综合试验区建设工作第一阶段的重点城市，成立了以市长程志明任组长的市综合试验区建设工作领导小组。在省《实施方案》的框架下，制定了《中国（郑州）跨境电子商务综合试验区行动计划（2016 ~2018）》。6月18日，召开了全市动员大会，省委常委、市委书记马懿，省商务厅厅长焦锦淼，郑州海关关长孙玉宁，河南出入境检验检疫局局长李忠榜，郑州市市长程志明等领导出席会议并作重要讲话。

在《中国（郑州）跨境电子商务综合试验区行动计划（2016 ~2018）》中，郑州提出以建设“三中心一高地”为总体目标，以建设跨境电子商务“三平台七体系”为主要任务，以跨境电子商务项目推进为发展引擎，按照突出特色、错位发展的思路，构建“一核两区多园”产业总体布局，在制度、监管、机制、服务等方面加大创新力度，推动传统产业转型升级。

航空港实验区、经开区作为郑州综合试验区建设的两大片区也相继开展了相关工作。其中，航空港实验区于2016年7月18日出台了《郑州航空港经济综合实验区跨境电子商务发展行动计划（2016 ~2018年）》，成立了以郑州市委常委、航空港实验区党工委书记张延明，管委会主任马健为双组长的航空港实验区跨境电子商务工作领导小组；于2016年7月19日，召开了“航空港实验区推进中国（郑州）跨境电子商务综合试验区建设工作部署动员会”，全面启动综合试验区建设相关工作。经开区在前期试点的基础上，继续在业务模式创新、监管创新、信息系统建设等方面持续推进相关工作。

二、实施重点推进，构建三平台七体系

“三个平台、七个体系”是河南综合试验区建设的核心内容，在相关部门共同推动下，推进比较顺利，一些已经初具规模。

（一）“单一窗口”综合服务平台

河南省政府出台了《关于加快建设国际贸易“单一窗口”的意见》，河南国际贸易“单一窗口”（2016版）于2016年12月16日上线运行，基本覆盖综合试验区相关业务，为跨境电子商务企业提供“一站式”通关服务。河南商务公共服务云平台和河南电子口岸平台资源整合正在推进，将持续完善提升平台相关功能。

郑州在以跨境电子商务服务试点信息

化平台为载体，叠加海关、国检、工商等信息化监管服务功能，为跨境电子商务企业提供“一站式”通关服务。现日处理能力可达 500 万包，实际日处理能力已达 130 万单；通关速度由原来的每秒 2~3 单提升到每秒 100 单。

（二）“综合园区”发展平台

有序推进线下综合园区平台建设，航空港实验区、经济技术开发区依托综合保税区等海关监管区，高标准规划建设了中大门、世航之窗、国际陆港等一批跨境电子商务示范园区，推动产业集聚；其他县（市、区）、开发区发挥产业优势，打造了中国中部电子商务港、郑州邮政圃田跨境电子商务产业园等跨境电子商务特色产业集群。云时代电子商务产业园、易通跨境供应链电子商务产业园等 7 家园区被认定为省级跨境电子商务示范园区，占全省的1/3。

（三）人才培养和企业孵化平台

坚持需求为导向，积极开展“政府、高校、协会、企业”合作，世界工厂网、金城国际、西维科技等一批具备代表性的培训和孵化基地逐步发展壮大，为创业人员提供了场地、人才、技术等支持和创业平台孵化服务。目前，郑州成功创建世界工厂网等 5 家省级跨境电子商务人才培养暨企业孵化平台，已建成电子商务人才教育培训基地 10 个。

（四）信息共享体系

依托“单一窗口”服务平台，全面实行关检“三个一”，实现了一次录入、分别申报，“一机双屏双控”查验，关检双指令放行；工商三证合一信息查询、出口退税申报和审核系统数据链接、货物贸易外汇收支名录信息共享等正在推进。

（五）金融服务体系

鼓励、支持跨境电子商务活动中使用人民币计价结算，简化跨境电子商务企业收汇和结汇手续，允许 A 类跨境电子商务企业货物贸易收入直接进入经常项目外汇账户或结汇。银行业金融机构积极拓展跨境电子商务相关金融产品与服务，为客户开展综合性的融资+平台+结算服务。出口信用保险覆盖面已扩大到跨境电子商务企业，跨境电子商务出口信用保险保单融资业务即将开展。

（六）智能物流体系

以加快建设贯通南北、连接东西的现代立体交通体系和现代物流体系为目标，全力推进多式联运体系建设。UPS、DHL、FEDEX 等在我省加速布局，菜鸟中国智能骨干网、阿里巴巴中西部区域跨境电子商务服务中心、京东中部一级电商运营中心、苏宁云商华中物流枢纽项目、中外运中部区域空港物流网络枢纽、中国邮政航空邮件处理中心、中通快递国际业务总部及航空货运基地等加快建设，全省跨境电子商务仓储、物流体系不断完善，“智慧物流”完整产业链正在逐步形成，航空货运、海铁联运、郑欧班列等多种运输方式对跨境电子商务业务的运能保障不断提升。

（七）信用管理体系

海关、检验检疫部门积极探索以企业信用分级方式实行差别化分类监管，对信用等级较高的企业进一步简化通关流程，降低抽核比例。企业主体信息和企业信用信息公示系统、人民银行征信系统与“单一窗口”平台的连接正在推进。

（八）质量安全体系

河南出入境检验检疫局先后出台了跨境电子商务进出口商品检验检疫管理办法、企业和商品备案管理工作规范、进口商品质量安全风险管理工作规范等中部地区首批跨境电子商务通关地方检验标准，积极推行供方符合性声明和平台质量安全第一责任人制度，实现跨境电子商务商品源头可溯、去向可查、风险可控、责任可究。

（九）统计监测体系

联合省统计局发布了“河南省跨境电子商务统计报表制度”，按照企业、平台、示范园区、快递包裹出口、海关零售进出口等分别进行统计，于2016年1月1日正式试行。海关、邮政等部门正在积极推进快递包裹出口纳入贸易统计。

（十）风险防控体系

省商务厅与中国WTO/TBT-SPS国家通报咨询中心、河南出入境检验检疫局签署合作协议，推动跨境电子商务技术规则研究与风险监测中心、技术性贸易措施研究基地建设。检验检疫部门严格执行负面清单制度，对跨境电子商务企业和商品实施风险管理，确保国门安全。网络安全防护体系、数据资源安全管理体系和网络安全应急处置体系不断完善，“河南省统一电子认证公共服务平台（一期）”上线运行。

三、推动业务创新，提升服务能力

一是引导传统企业“上线触网”，黎明重工、宇通重工、企鹅粮油等一批传统外贸企业、工业制造企业跨境电子商务业务快速增长，耐火材料、电线电缆、机械制造等传统商品出口规模不断扩大。

二是支持跨境电子商务综合服务企业做大做强，河南保税物流中心、乐橙信息、西维科技等跨境电子商务服务企业综合服务能力不断提升，“跨境电子商务+工厂”正在成为跨境电子商务综合服务企业主要服务模式。

三是支持出口B2B平台企业发展，引导跨境电子商务平台企业扩大行业覆盖范围，支持世界工厂网等行业类跨境电子商务平台企业提高市场份额。

四是开展“跨境电子商务出口退税资金池”试点探索工作，缓解跨境电子商务企业出口退税难问题。

五是依托河南保税物流中心，反向复制B2B2C进口模式，探索B2B2C出口业务模式，并取得阶段性测试结果。据统计：通过B2B2C跨境出口模式测试共出口包裹超过2 900万个，汇总生成报关单33票，价值1 697.9万美元。

四、持续监管创新，推进便利通关

一是围绕优化监管措施创新，着力优化监管流程，把控信用风险和推进信息资源共享。

二是围绕完善综合服务创新，研究制定支持跨境电子商务发展的具体政策，提升信息、通关、退税、融资、外汇、物流等综合服务能力；依托多式联运、口岸资源和海关特殊监管区优势，完善外贸服务体系；支持跨境电子商务海外仓、展览展示中心等建设，构建国际营销网络。

三是围绕企业市场拓展创新，帮助郑

州人民电缆、新密耐火材料从面临生存困境到产品出口多个国家，企业业绩快速增长；郑州智欧、伊赛尔、钟桦电商打造多个国外品牌，将对讲机、小型家具、家用饰品出口欧美多个国家，实现亿元以上成交额。

四是围绕促进创业创新，推进全程电子化登记和电子营业执照应用，放宽新注册企业场所登记条件限制；建设政、校、协、企合作的实用型人才培训基地，鼓励跨境电子商务专项培训；吸引省外豫籍电子商务高层次人才和优秀应用人才回豫发展。

五、强化基础设施，提高保障能力

为进一步推进跨境电子商务业务，郑州分别在河南保税物流中心、新郑综合保税区、出口加工区（A 区）、国际陆港开展相关基础设施建设。

一是保税物流中心共投资 16.6 亿元建设 E 贸易全球智能物流综合服务中心，总建筑规模达 50 万平方米，包括 1 座 8 万平方米综合查验分拨中心和 9 座 42 万平方米智能物流分拣分拨中心。目前“1+6”建设完成，3 座冷链库即将开工建设。

二是航空港实验区已建成投用的线下园区有郑州新郑综合保税区保税物流中心、中部国际电商产业园、郑州航空港经济综合实验区跨境电子商务示范园、国际商品保税展示交易中心；2017 年即将建成投入使用的有：跨境电子商务及国际贸易产业园、中国郑州航港商品博览中心。郑州新郑综合保税区保税物流中心，已建成保税仓库 14 栋共 27.63 万平方米。

三是出口加工区改造立体工厂，整理近 2 万平方米的仓库，又投资 8 000 余万元，建成投用 10 座近 7 万平方米的仓库。目前，已经入驻唯品会、万国优品等跨境电子商务企业。

四是河南保税集团、河南世航之窗、郑州国际陆港、万国优品、万国万购、保税国际等公司依托跨境电子商务网购保税进口业务，不断扩展业务模式，建设跨境电子商务商品展示交易场所，推动全市跨境电子商务向“多主体、多模式”发展。

六、扩大引优培新，促进产业集聚

一是加强本土跨境电子商务企业培育，河南保税物流中心通过建立全球公共分拣分拨中心，联合中国邮政开发出口产品，加快形成出口核心竞争力，做强一批跨境电子商务企业。

二是加强跨境电子商务补链、强链、延链招商，加快一达通、敦煌网等跨境出口平台招商谈判，加快河南中兴、河南苏宁等跨境电子商务项目落地。

三是加强示范引领，扎实开展电子商务示范体系国家、省、市、县区 4 级联创，扩大示范范围，形成浓厚产业发展氛围。

四是加强项目推动，首批谋划的 38 个跨境电子商务重大项目已全部启动，整体项目投资超过 20 亿元，河南林德国际物流公司帕希姆海外保税仓、恒丰跨境电子商务产业园等项目已建成运营，河南易通跨境供应链有限公司已完成美、韩、澳 3 个国家海外仓建设。

七、加强研究培训，推动“产学研”联合发展

（一）加强引智工作

推动河南保税集团与国家一级智库（中

国国际经济交流中心）深度合作，开展系统性行业发展研究工作。从跨境电子商务法规、政策、标准规范、科技支撑、人才培养等方面入手，开展跨境电子商务 B2C 为代表的新经济、新业态和新模式发展趋势等研究工作，为跨境电子商务健康快速发展探索政策理论和体制机制方面的探索。

（二）强化研究工作

相继成立了河南跨境电子商务研究院、E 贸易中大门研究院，研究设立跨境电子商务研究中心和跨境电子商务协会，探讨跨境电子商务发展中的问题和解决方案。

（三）加大产业培训

市政府建立以“郑州市电子商务大讲堂”为主的培训机制，并鼓励企业通过研讨会、展会开展跨境电子商务相关会议、培训活动。截止 2016 年底，已经确定电子商务大讲堂举办站点 6 个，共开展专题培训 10 期，培训电子商务从业人员超过 7 000人次；成功举办中国（郑州）第二届国际创新创业大会跨境电子商务高峰论坛专场（5 月 28 日）、中原首届跨境电子商务高峰会议（6 月 6 日）、河南跨境电子商务发展高峰会议（9 月 24 日）等会议和论坛，研究跨境电子商务发展趋势、分享相关企业的成功经验。

配套文件

河南省人民政府关于印发《中国（郑州）跨境电子商务综合试验区建设实施方案》的通知

豫政〔2016〕28 号

各省辖市、省直管县（市）人民政府，省人民政府各部门：

《中国（郑州）跨境电子商务综合试验区建设实施方案》已经省政府同意，现印发给你们，请结合实际，认真贯彻执行。

河南省人民政府

2016 年 5 月 3 日

中国（郑州）跨境电子商务综合试验区建设实施方案

建设中国（郑州）跨境电子商务综合试验区（以下简称跨境电商综合试验区）是顺应世界经济和国际贸易全球化、信息化发展潮流，加快政府职能转变、深化内陆地区改革开放的重大战略举措。为全面推进跨境电商综合试验区建设工作，早日实现“买全球、卖全球”战略目标，根据《国务院关于同意在天津等12个城市设立跨境电子商务综合试验区的批复》（国函〔2016〕17号）精神和《中国（郑州）跨境电子商务综合试验区总体方案》，制定本实施方案。

一、总体要求

（一）指导思想

深入贯彻落实党的十八大和十八届三中、四中、五中全会精神以及习近平总书记系列重要讲话，围绕国家“一带一路”战略和区域协调发展规划，坚持创新、协调、绿色、开放、共享发展理念，统筹利用好国际国内“两个市场、两种资源”，着力推进制度创新、管理创新、服务创新，破解跨境电子商务发展中的体制性、机制性障碍，构建跨境电子商务完整的产业链和生态圈，打造新型产业贸易服务链，促进产业健康快速发展。在风险可控的前提下对行政审批、税收征管、金融支付、加工贸易转型升级、征信体系建设等方面先行先试，为完善跨境电子商务规则进行综合试验，为推动全国跨境电子商务协调发展提供可复制、可推广的经验，丰富和完善中国特色的跨境电子商务发展模式，激发大众创业、万众创新活力，培育外贸竞争新优势。

（二）基本原则

——改革先行、创新发展。突出先行先试，着力在跨境电子商务交易、支付、物流、通关、税收、外汇等环节的技术标准、业务流程、监管模式和信息化建设等方面深化改革，在职能转变、税收征管、监管模式、交易方式、跨境结算等方面大胆探索，推动跨境电子商务自由化、便利化发展。

——开放合作、转型升级。主动融入“一带一路”、供给侧结构性改革等国家重大发展战略，积极服务中原经济区和郑州航空港经济综合实验区建设，深入推进对内对外开放，着力打造一批产业园区平台，培育一批龙头企业，实现国际国内合作与省内产业转型升级良性互动，加快培育外贸竞争新优势，助推“河南制造”更好更快走出国门。

——政府引导、市场主导。正确处理政府与市场的关系，政府有效引导社会资源，合理配置公共资源，充分发挥市场在资源配置中的决定性作用。加强部门协作和政策衔接，实现政府与市场、监管与服务、线上与线下有机融合。

——以城带乡、城乡互动。立足我省实际，推动跨境电子商务向农村辐射和拓展，通过实施“互联网+农业生产”“互联网+农村消费”“互联网+农产品贸易”三大涉农工程，加快电子商务进农村，扩大农村消费，促进我省食品农产品出口。

——示范带动、逐步规范。及时总结评估试验成果，发挥示范带动作用，面向全省复制推广，带动全省跨境电子商务全面创新发展。简政放权、放管结合，坚持法无禁止皆可为、法未授权不能为，在发展中规范、在规范中发展，为各类市场主体公平竞争创造良好的营商环境。同时，有效防范试验风险。

（三）功能定位

跨境电商综合试验区以促进产业发展为重点，以扩大出口作为主攻方向，逐步规范进口；以 B2B（企业对企业）模式作为发展重点，鼓励企业做大做强，形成以技术、品牌、质量、服务为核心的外贸竞争新优势；以 B2C（企业对消费者）模式作为有益补充，助力小微企业发展，促进大众创业、万众创新。

——进出口商品集疏交易示范区。充分发挥我省区位优势和铁路、公路、航空综合立体交通运输物流网络优势，打造国内外干线集运、专线服务和终端派送的物流服务模式，通过多式联运，加快形成进出口商品集疏交易中心，带动人流、物流、信息流、资金流集聚流转。

——对外贸易转型升级试验区。探索“互联网+外贸”新模式，引导传统外贸和制造企业上线，促进产业转型升级，推动出口商品质量提升，扩大自主品牌商品出口，培育和增强我省外贸竞争新优势。研究对外贸易新规则，探索互联网经济下服务贸易、加工贸易发展新模式，促进传统贸易电商化，为外贸转型升级提供新路径、新动力，不断提升参与国际分工的层次和水平。

——监管服务模式创新探索区。大胆简政放权，加强事中事后监管，建设功能齐全、统一规范的跨境电子商务“单一窗口”综合服务平台，实现信息互联互换、监管互认和执法互助。探索建立商品质量安全体系和市场主体失信惩戒机制。在有效监管的同时，不断提高贸易便利化程度。

——内外贸融合发展实验区。统筹“两个市场”深度融合、促进“两种资源”自由流动，带动商贸流通、国际物流、国际金融、展览展示等模式创新，促进各类市场主体共同参与、进出口平衡发展、内外贸有效互补，构建统一开放、竞争有序的大市场。

（四）实施范围

按照“立足郑州、梯次推进、带动全省”的总体要求，我省跨境电商综合试验区分三个阶段实施：第一阶段为在跨境电商综合试验区“单一窗口”综合服务平台登记备案的，在郑州市开展业务的各类市场主体；第二阶段拓展到在“单一窗口”综合服务平台登记备案的，在洛阳、开封、南阳、焦作、三门峡、信阳、新乡市开展业务的各类市场主体；第三阶段拓展到在“单一窗口”综合服务平台登记备案的，在全省其他地方开展业务的各类市场主体。

（五）发展目标

加快构建信息支撑、物流带动、线上线下融合、多部门协调联动、通关一体的跨境电子商务新型监管服务模式，促进专业跨境电子商务服务企业、外贸企业、工业企业、中小网商积极参与，第三方跨境电子商务平台和自建平台相互补充，B2B、B2C、O2O（线上线下）等多种业务模式共同推进，扩出口促转型，扩进口促消费。力争到 2018 年，培育 50 家省级跨境电子商务培训孵化基地、100 家省级跨境电子商务示范园区，设立 100 个省级公共海外仓，重点扶持1 000家跨境电子商务企业发展，全省电子商务年交易额超15 000亿元，其中跨境电子商务年交易额超3 000

亿元，实现一区多园、一园多点、多主体运行、多模式发展的跨境电子商务新格局，总体发展水平居中西部前列，探索出在中西部地区可复制推广的经验。

二、主要任务

加快推进跨境电商综合试验区建设，结合我省实际，着力构建三个平台、七个体系：

（一）建设“单一窗口”综合服务平台

整合河南省商务公共服务云平台、河南电子口岸等公共服务平台资源，建立海关、税务、外汇、出入境检验检疫、商务、工商、交通、邮政、金融、信用保险多位一体的跨境电子商务“单一窗口”综合服务平台，其中河南省商务公共服务云平台承担企业注册备案、事中事后监管等功能，河南电子口岸承担企业通关业务功能。不断完善服务功能，实现跨部门、跨行业、跨地区的信息共享互换、协同作业，建立政府部门间联合监管新模式。引导外贸综合服务企业、电子商务平台企业等对接“单一窗口”综合服务平台，形成线上综合服务体系。

（二）建设“综合园区”发展平台

结合我省产业优势，采取一区多园、一园多点的布局方式，高起点、高标准规划建设一批跨境电子商务综合园区，延长产业链，做大产业规模，形成协同推进、良性竞争、错位发展格局，打造线下平台，集聚电商平台企业、外贸综合服务企业、电商专业服务企业、电商专业人才等要素，提供通关、物流、金融、人才等一站式综合服务，有力支撑线上“单一窗口”综合服务平台，促进跨境电子商务线上线下有机融合、互相支撑、联动发展。

（三）建设人才培养和企业孵化平台

开展政府、高校、协会、企业合作，建设一批跨境电子商务实用型人才培训基地。健全跨境电子商务人才公共服务体系，引进一批知名跨境电子商务人才中介服务机构，形成专业化、国际化的跨境电子商务人才服务市场。组建跨境电子商务产业联盟、人才发展联盟，支持众创空间发展，推进人才与企业、项目、资本无缝对接。鼓励跨境电子商务领域创业创新，为创业人员提供场地、人才、技术、资金支持和创业平台孵化服务，推动大众创业、万众创新。

（四）建设跨境电子商务信息共享体系

依托“单一窗口”综合服务平台，统一信息标准规范、信息备案认证、信息管理服务，实现企业“一次备案、多主体共享、全流程使用”，监管部门、金融机构、电商企业、物流企业之间信息互联互通，口岸管理部门信息互换、监管互认和执法互助，为跨境电子商务信息流、资金流、货物流“三流合一”提供数据技术支撑。

（五）建设跨境电子商务金融服务体系

发展跨境电子商务金融创新业务，鼓励金融机构、第三方支付机构、第三方电商平台、外贸综合服务企业之间开展合作，为跨境电子商务交易提供在线支付结算、在线融资、在线保险、在线退税等完备便捷、风险可控的一站式金融服务；鼓励在跨境电子商务活动中使用人民币计价结算，支持银行业金融机构与第三方支付机构创新电子商务跨境人民币业务产品，为跨境电子商务企业提供优质支付和跨境人民币结算服务。

（六）建设跨境电子商务智能物流体系

在保税物流中心、综合保税区、出口加工区、郑州新郑国际机场、郑州铁路口岸、国际邮件监管中心等特定区域内建设一批跨境电子商务仓储物流中心，推动有条件的区域建设跨境电子商务仓储物流中心。完善口岸物流服务通道，积极引进国际大型、优质物流货代企业，提升国际物流货运保障能力。支持物流快递企业与跨境电子商务仓储物流中心业务对接，支持跨境电子商务平台与国家交通运输物流公共信息平台对接。发挥“多式联运”优势，运用云计算、物联网、大数据等技术，构建互联互通的物流智能信息系统、衔接顺畅的物流仓储网络系统、优质高效的物流运营服务系统等，探索建立高品质、标准化、规范化的跨境电子商务物流运作流程，实现运输资源的高效整合和运输组织的无缝衔接，形成布局合理、层次分明、衔接顺畅、功能齐全的跨境物流分拨配送和运营服务体系。鼓励跨境电子商务企业建设海外仓、境外服务网点和公共服务平台。逐步形成深吞吐、远辐射、供应链可控、流程规范的跨境电子商务智能物流体系。

（七）建设跨境电子商务信用管理体系

建设跨境电子商务信用信息数据库，提供电商主体身份识别、信用记录查询、商品信息查询、货物运输以及贸易信息查询等信用服务。建立监管部门信用认证和第三方信用服务评价相结合的综合评价体系，记录和积累跨境电子商务综合服务、交易平台、物流仓储企业及其他企业基础数据。海关、出入境检验检疫、税务、外汇、工商等监管部门根据各自信用认证标准对企业和个人作出信用认证，作为分类分级监管的主要依据；培育、引进一批第三方信用服务机构，通过数据提取采集和加工分析，为政府、企业提供信息评价服务。实施信用负面清单管理，分类监管、部门共享、有序公开，通过事前准入禁止和事中全面查验、严密监管，维护跨境电子商务良好的发展环境。

（八）建设跨境电子商务质量安全体系

建设跨境电子商务产品质量安全风险监测中心和商品溯源数据库，汇聚生产、交易、通关、物流、支付、结算及评价等综合信息。充分应用信息化手段，开展跨境电子商务质量安全网络舆情监控，实现跨境电子商务商品源头可溯、去向可查、风险可控、责任可究。

（九）建设跨境电子商务统计监测体系

以申报清单、平台数据等为基本依据，完善跨境电子商务交易主体信息、电子合同、电子订单等标准格式及跨境电子商务进出口商品和物品的简化分类标准，建立规范、全面的跨境电子商务统计制度和监测制度；利用大数据、云计算技术，对各类平台商品交易、物流通关、金融支付、税收征管等数据进行交换汇聚和分析处理，逐步建立多层面、多维度反映跨境电子商务运行状况的综合指数体系并定期发布。

（十）建设跨境电子商务风险防控体系

建设完善网络安全防护体系、数据资源安全管理体系和网络安全应急处置体系，建立风险信息采集机制、风险评估分析机制、风险预警处置机制、风险复查完善机制，保障国家安全、网络安全、交易安全、税收安全、国门生物安全、进出口商品质量安全，有效防范交易风险。以流程节点风险防控为重点，开展跨境电子商务全流程专业风险分析，预防和打击跨境电子商务领域违法犯罪，有效防控非真实贸易“洗钱”的经济风险，数据存储、支付交易、网络安全的技术风险，以及产品安全、贸易摩擦、主体信用的交易风险，为政府监管提供有效的技术支撑、决策辅助和服务保障。定期对每一项改革创新举措进行专业的风险防控分析，有效控制试点试验风险。

三、创新举措

（一）促进产业发展方面

1. 完善全省跨境电子商务产业规划、空间布局，鼓励、支持各地突出特色、错位发展，建设一批特色鲜明、功能完备、产业集聚、富有活力的跨境电子商务综合园区，形成完善的跨境电子商务产业链，有效承接线上“单一窗口”综合服务平台功能，实现线上线下融合发展。

2. 开展河南省跨境电子商务示范园区培育认定工作，综合产业规模、集聚程度、服务体系等因素，培育和认证省级示范园区。

3. 支持跨境电子商务综合园区引进国内外龙头电子商务企业，重点支持世界前100强和国内前50强电子商务企业在我省设立跨境电子商务总部或区域性、功能性总部。加强与国内外知名电商企业的合作，培育引进跨境电子商务第三方平台或服务企业，完善跨境电子商务配套产业链。引导现有电商平台开展跨境电子商务服务，重点支持世界工厂网等本土平台发展。

4. 大力引进、培育外贸综合服务企业，为跨境电商企业提供通关、物流、仓储、融资、检验检测认证等全方位服务，提升跨境电子商务产业综合服务水平。

5. 支持工业企业开展跨境电子商务业务，依托工业企业与电商企业对接活动，鼓励工业企业与跨境电子商务平台、境外企业合作，拓展产品境外营销渠道。

6. 创新“互联网+加工贸易”模式，推动加工贸易企业与互联网深度融合，加快建设加工贸易公共服务平台，支持加工贸易企业研发、采购、分拨、结算等功能性机构建设，推动加工贸易产业链向高端延伸，促进加工贸易转型升级提质增效。

7. 鼓励采购、第三方平台、摄影、代运营、创意、推广、培训等跨境电子商务产业相关专业配套服务业发展，做长产业链，做大产业规模，形成良好的跨境电子商务产业发展生态。

8. 鼓励跨境电子商务领域创业，为创业人员提供场地、人才、技术、资金支持和创业平台孵化服务。支持发展创业创新区域平台，加快推动跨境电子商务众创、众包、众扶、众筹等新模式发展，鼓励线上虚拟众创空间发展。

9. 探索“大数据+电子商务+外贸”

发展模式。实施双十河南专享计划，优选省内十个特色优势产业和十家外贸骨干企业，提供重点支持和定制化服务，帮助企业在全球市场精准营销，以最快速度和最低成本提升海外市场份额。逐步建成河南外贸大数据中心。

10. 探索“互联网+农村”发展模式，引导企业结合我省农业产业特点开展跨境电子商务业务，建设农产品线上交易平台和线下集配中心，扩大农产品出口。

（二）优化监管措施方面

1. 探索建立跨境电子商务信息共享机制，统一信息的标准规范、备案认证和管理服务，整合河南省商务公共服务云平台、河南电子口岸与其他跨境电商公共服务平台资源，丰富完善跨境电子商务“单一窗口”综合服务平台功能，为监管部门和企业提供备案管理、统计监测、电商信用、风险预警、质量追溯等服务。

2. 加强跨境电子商务经营主体备案登记管理。对备案的跨境电子商务经营主体，各业务主管部门分别办理对外贸易经营、报关、出入境检验检疫、退税和结汇主体资格的相关手续，实现企业一次备案、多主体共享、全流程使用。

3. 向“单一窗口”开放海关预录入系统的申报接口，支持经过认证的用户通过“单一窗口”综合服务平台向口岸管理相关部门一次性申报，并获取通关状态数据。

4. 制定跨境电子商务交易订单、支付单、物流单等三单数据格式标准。

5. 争取质检总局向“单一窗口”综合服务平台开放检验检疫业务系统申报接口，开放跨境电子商务企业备案查询接口，允许经过认证的用户在“单一窗口”综合服务平台实现直接在线数据申报，并获取检验检疫业务系统反馈的处理状态信息。

6. 推行全程无纸化通关服务，逐步实现企业自主备案、自主报税、自助通关、自助审批、重点稽核。

7. 加强关检合作，实现一次申报、一次查验、一次放行，并根据执法需要实现全口径数据共享，提升通关效率。

8. 创新跨境电子商务监管模式，推动建立货物贸易与服务贸易、进口与出口的标准化监管流程，支持 B2B、B2C 等不同种类业务模式的商品便捷通关。加快对邮政商业快件监管场所的验收，尽快批复其开办业务。

9. 进一步简化申报手续，探索适合网络零售形式的海关归类办法和清单申报通关及统计方式。

10. 简化网购保税进口商品的一线入区申报手续，探索建立适合保税零售业务的账册管理制度。

11. 探索建立适合跨境电子商务的转关、转检和物流方式，研究跨境电商全国通关一体化，为跨境电子商务提供通关一体化和检验检疫一体化服务。

12. 实行企业信用分级管理，对信用等级较高的企业，简化通关流程，降低抽核比例，将事前监管转为事后处罚，提升通关效率。

13. 建立线上商品备案信息系统，开放商品备案信息，企业通过商品备案信息系统进行商品备案和查询。

14. 探索适当提高从跨境电商试验区寄递进出境的个人自用物品限值。

15. 制定跨境电子商务进出境商品检

验检疫申报和放行流程规范，完善跨境电子商务进出境商品检验检疫工作机制。加强跨境电子商务 B2B 方式检验检疫政策法规研究，在检验检疫技术标准、业务流程、监管模式和信息化建设等方面先行先试。积极推行供方符合性声明制度，突出经营企业质量安全主体责任。

16. 探索开展跨境电子商务企业风险分类评定，建立风险导向型监管模式。

17. 推动组织机构代码和物品编码在跨境电子商务产品质量监管领域应用，与全国组织机构代码库、商品信息库进行数据对接。落实跨境电子商务企业质量安全主体责任，加快与质检总局电子商务产品质量风险监测中心衔接，建立物品溯源体系。

18. 创新“特种商品口岸+跨境电商”业务模式，完善粮食、汽车、水果、肉类、冰鲜及水产品等指定进口口岸功能，开展相关跨境电商 B2B 进口业务。

19. 允许综合服务平台、供应商、包装分拣等企业入驻海关特殊监管区域，开展综合物流、包装分拣等业务。

20. 争取公安部全国公民身份证号码查询服务中心向“单一窗口”综合服务平台免费开放全国公民身份信息系统的公民身份信息核查接口，提供公民身份信息核查服务，保障“单一窗口”综合服务平台对个人交易主体实施有效监管。

21. 争取工商总局向“单一窗口”综合服务平台开放企业主体信息和企业信用信息公示系统数据接口，提供企业主体信息和企业信用信息查询服务，满足加强企业信用管理需要。

22. 争取税务总局向“单一窗口”综合服务平台开放出口退税申报系统和审核系统数据接口，同步开放相关申报参数，逐步实现企业在线退税申报，完成货物采购、报关、物流、结汇等相关信息备案，实现源头可溯、风险可控的税收监管。

23. 加强网络与信息安全平台建设，深化电子认证技术应用，推进数字证书的统一认证，实现一证多用和不同认证技术交叉互认，形成集身份认证、授权管理、责任认定一体的跨境电子商务网络信任体系。

24. 落实国家跨境电子商务零售进口清单，制定跨境电子商务监管服务权力清单、责任清单。

（三）完善综合服务方面

1. 探索逐步开展出口退税无纸化管理试点，及时足额办理出口退税。

2. 争取税务总局支持，对纳入“单一窗口”综合服务平台平台监管的无法取得合法有效进货凭证的跨境电子商务零售出口货物，适用暂免征增值税政策。

3. 争取中国银监会支持银行业金融机构与“单一窗口”综合服务平台系统对接，通过“单一窗口”综合服务平台获取电商交易、报关、报检等数据，为跨境电子商务企业提供金融服务。

4. 鼓励和支持符合条件的第三方支付机构通过银行为跨境电商办理外汇支付和结售汇业务。鼓励在跨境电子商务活动中使用人民币计价结算。

5. 支持个人电商开立外汇结算账户，进一步便利个人贸易发展。境内个人电商在“单一窗口”综合服务平台备案后可开立外汇结算账户。在银行线上办理个人贸易外汇收支结算业务，不受个人年度等值5万美元结售汇总额限制。

6. 开展跨境电子商务线上融资及担保方式创新试点。在风险可控的前提下，积极探索线上融资、担保、保险等互联网金融产品和服务，扩大出口信用保险覆盖面，鼓励保险机构创新研发适应跨境电子商务的新型险种，开展出口信用保险保单融资业务。

7. 向“单一窗口”综合服务平台开放企业备案和信用等级数据接口，支持“单一窗口”综合服务平台向监管部门、各地政府以及企业等提供相关备案管理、电商信用、风险预警、智能物流等服务。

8. 规划建设一批跨境电子商务仓储物流中心，推动洛阳、开封、焦作、南阳等有条件的地方建设跨境电子商务仓储物流中心。鼓励国际物流、快递企业与跨境电子商务物流仓储中心对接，支持跨境电子商务平台与国家交通运输物流公共信息平台对接，鼓励快递、物流企业开展跨境电子商务服务业务。同时，加强快递末端配送能力建设，着力解决快递配送最后一公里问题。

9. 支持企业建立海外营销渠道，创立自有品牌，通过跨境 B2B、海外 O2O、跨境 B2C 模式，设立海外仓、体验店、展览展示中心等，融入境外销售体系。支持有实力的企业在主要出口市场设立公共海外仓，为跨境电子商务企业提供贸易、仓储、配送和售后等一站式服务。积极探索海外仓建设中的融资、风险保障机制。

10. 争取交通运输部对“单一窗口”综合服务平台在数据标准、数据交换等方面给予更多支持，实现国家交通运输物流公共信息平台与“单一窗口”综合服务平台深度融合和资源共享。

11. 支持郑州新郑国际机场开辟新的国际航线、加密航班，重点开通全货机货运航班，增强货运直航能力。

12. 争取中国民航局开放郑州航权，优先考虑开放第五航权，适时研究开放第七航权，鼓励中外航空公司经营往返郑州的国际货运航线，组建航空快递货运代理公司，提高郑州新郑国际机场航空运能，建设国际航空货运枢纽和物流中心，并不断提升航空货运能力。

13. 加快郑州国际邮件集散分拨中心、河南省国际快递物流港建设，加密与郑州建立国际邮件互换关系的国外城市的直达航班，并纳入郑州航空港经济综合实验区总体规划，在项目用地、规划选址、基础设施配套等方面给予支持。

14. 依托郑州铁路一类口岸，探索“郑欧班列+跨境电商”模式，支持郑欧班列带运国际邮件，鼓励我省跨境电子商务企业通过郑欧班列等方式开展货物运输，进一步提升郑州国际陆港集疏能力和郑欧班列辐射能力，形成内陆地区与欧洲发展跨境电子商务的通道优势。

15. 建设多式联运监管中心，引导国内外大型物流集成商参与郑州多式联运资源整合，建立口岸与海关特殊监管区域之间一体化通关物流体系，实现航空、铁路和公路运输在口岸无缝对接。

16. 争取国家邮政局、中国邮政集团公司支持，加快建设邮政国际邮件郑州口岸，协调国外邮政公司加大对郑州互换局的直封力度，邮件直航到郑州新郑国际机场，或从其他机场经转后直发郑州。对达到直封条件的国家，协调中国邮政集团公司加快批复郑州直封权限；对符合运邮条件的航线，纳入中国邮政集团公司航空运能集采范围。

17. 依托“单一窗口”综合服务平台，建设跨境电子商务信用信息数据库，提供跨境电子商务主体身份识别、信用记录查询、商品信息查询、货物运输及贸易信息查询等信用服务。争取将跨境电子商务信用信息平台列为国家建设项目。

18. 制定公共信用管理负面清单，建设企业信用评价系统和个人信用评价系统，对开展跨境电子商务的企业、支付企业、相关监管场所经营人及境内居民进行信用评级，制定禁止或限制开展跨境电子商务业务的企业和个人主体清单。

19. 构建电子商务可信交易环境，建设跨境电子商务企业信用信息数据库，通过整合、采集企业工商注册登记信息、备案信息、行政处罚信息、经营异常信息和严重违法企业信息等相关信息，向“单一窗口”综合服务平台提供查询服务，探索对跨境电子商务企业实施信用分类监管。

20. 鼓励设立“信用风险资金池”。

21. 开展跨境电子商务统计试点，探索建立跨境电子商务统计制度，逐步形成跨境电子商务综合指数体系并定期发布。

（四）促进“双创”方面

1. 深化商事制度改革，加快实现工商营业执照、组织机构代码证、税务登记证“三证合一”“一照一码”，落实“先照后证”改革任务，推进全程电子化登记和电子营业执照应用。结合实际放宽新注册企业场所登记条件限制，推动“一址多照”、集群注册等住所登记改革，为创业创新提供便利的工商登记服务。

2. 瞄准市场需求，采取定向培养的方式，开展政府、高校、协会、企业合作，建设一批实用型人才培训基地，重点支持省级、国家级示范基地（中心）建设，服务跨境电子商务企业发展。

3. 实施国家电子商务专业技术人才知识更新工程，鼓励社会培训机构和企业针对我省优势产业、名优产品、骨干企业开展跨境电子商务专项培训。

4. 实施跨境电商人才“引凤归巢”计划，重点动员和吸引省外豫籍电子商务高层次人才和优秀应用人才回豫发展，并按现行政策规定给予奖励和生活补贴。

5. 健全跨境电子商务人才公共服务体系，引入一批知名跨境电子商务人才中介服务机构，形成专业化、国际化的跨境电子商务人才服务市场。

（五）探索跨境电商新规则方面

1. 研究制定符合跨境电子商务发展的国际通用规则，并列入国际贸易谈判内容。建立河南省跨境电子商务技术规则研究中心，并依托该中心争取中国 WTO/TBT—SPS 国家通报咨询中心在我省设立跨境电子商务技术性贸易措施研究基地，加强跨境电子商务国际技术规则和国外目标市场技术性贸易措施应对研究。加强跨境电子商务国际认证和监管合作，建立良好的沟通渠道，畅通对外交涉渠道，避免或减少国际贸易摩擦。

2. 探索跨境电子商务纠纷处置模式，建立跨境电子商务产品售后服务和维权体系，研究制定跨境电商消费纠纷解决标准、管理办法，完善国际和地区间消费者权益保护协作机制。探索开展跨境电子商务消费领域电子合同、平台规则监督和指导。

3. 研究制定跨境电子商务商标权保护标准和管理办法。

4. 推动成立区域性跨境电子商务行业组织，发挥行业组织在政府与企业间的桥梁作用，引导企业公平竞争、守法经营。加强与国内外相关行业组织的交流合作，支持跨境电子商务企业在境外举办实体展会，建立营销网络。

5. 成立河南省跨境电子商务标准化技术委员会，制定我省跨境电子商务有关标准，建立跨境电子商务标准体系。

6. 成立河南省跨境电子商务专家委员会，加强跨境电子商务政策研究，为政府决策提供参考依据。

四、保障措施

（一）加强组织领导

各级、各有关部门要高度重视，充分认识发展跨境电子商务的重大意义，切实增强使命感和责任感，将建设跨境电商综合试验区列入重要议事日程，抢抓发展机遇，狠抓工作落实，加快推动跨境电子商务发展。省政府成立中国（郑州）跨境电商综合试验区建设工作领导小组，下设办公室，办公室设在省商务厅，负责统筹、协调、组织跨境电商综合试验区建设工作。郑州市要成立专门工作班子，精心组织落实第一阶段建设任务，其他省辖市要根据跨境电商综合试验区建设统一部署，及早着手，积极跟进，做好复制推广的准备工作。

（二）落实工作责任

省商务厅要发挥牵头作用，研究建立跨境电商综合试验区建设推进工作机制，协调相关部门加强与国家部委的汇报沟通，指导各地研究制定本地跨境电子商务发展规划，加强工作督导和考核评估，确保各项创新举措和工作任务落到实处。省直有关部门和郑州市要根据本实施方案，进一步细化任务，制定工作计划和进展安排，明确分工、落实责任。要突出重点、先行先试，抓紧形成第一批制度创新清单，持续探索推出更多的创新举措，争取尽早落地，确保跨境电商综合试验区建设早出成效、多出成果。

（三）强化政策支持

加大对跨境电子商务发展的财政支持力度，重点支持跨境电子商务领域平台建设、综合园区建设、人才培训、海外仓和境外服务网点建设，对跨境电子商务企业出口信用保险保费给予补贴。支持各地新建跨境电子商务园区，按照集中布局、集约利用的原则，在年度用地计划指标安排中予以倾斜。统筹已有各类资源，鼓励在现有电子商务园区基础上建设跨境电子商务园区，拓展发展空间，破解土地使用瓶颈。各地要按照土地利用总体规划和建设项目用地标准，统筹安排跨境电子商务用地，优先保障重大项目用地需求。鼓励各地出台针对性强的扶持政策，加大资金扶持力度，对跨境电子商务园区和重大项目建设给予支持。

（四）营造法制化营商环境

各有关部门要进一步解放思想，转变思想观念和工作方式，加强部门之间的沟通协作和相关政策衔接，敢于担当、主动作为，积极为跨境电商综合试验区建设提供优质服务，为跨境电商综合试验区各类市场主体公平竞争营造良好的营商环境，加大创新制度、优惠政策等宣传推介力度，吸引更多企业在跨境电商综合试验区落户，形成加快推进跨境电商综合试验区发展的强大合力。同时要做到放管结合，加强事中事后监管，有效防范试验风险，实现跨境电子商务自由化、便利化、规范化发展。

郑州市人民政府关于印发《中国（郑州）跨境电子商务综合试验区建设工作行动计划（2016~2018年）》的通知

（郑政文〔2016〕103号）

各县（市、区）人民政府，市人民政府各部门，各有关单位：

现将《中国（郑州）跨境电子商务综合试验区建设工作行动计划（2016-2018年）》印发给你们，请认真贯彻执行。

郑州市人民政府

2016年6月16日

中国（郑州）跨境电子商务综合试验区建设工作行动计划（2016~2018年）

为贯彻落实《河南省人民政府关于印发中国（郑州）跨境电子商务综合试验区建设实施方案的通知》（豫政〔2016〕28号）精神，结合我市实际，制定本行动计划。

一、指导思想

认真执行国家发展战略，全面落实省委、省政府关于中国（郑州）跨境电子商务综合试验区（以下简称郑州综合试验区）建设的重大决策部署，按照“立足郑州、服务全省”的发展要求，秉承创新、协调、绿色、开放、共享的发展理念，统筹谋划，精心组织，发挥跨境电子商务外贸发展新引擎、产业转型新动力、对外开放新窗口的重大作用，打造跨境电子商务完整的产业链和生态圈，实现外贸优进优出，扩大国际国内合作，推动全市、全省产业转型升级，激发“大众创业、万众创新”活力，塑造内陆开放型经济新模式，加速郑州国际商都建设。

二、总体目标

以B2B模式为发展重点，以四港联动多式联运的国际物流体系和各类功能性口岸为支撑，以金融、商贸、会展等现代服务业为依托，以制度创新为引领，通过综合试验，培育完善的跨境电子商务产业体系，实现扩大出口、做强进口、促进产业转型升级的总体目标，全力打造“三中心一高地”。2016年，力争实现全市跨境电子商务年交易额50亿美元，培育10家省级跨境电子商务园区，100家跨境电子商务重点企业，设立10家公共海外仓；2017年，力争实现全市跨境电子商务年交易额100亿美元，培育15家省级跨境电子商务园区，200家跨境电子商务重点企业，设立15家公共海外仓；2018年，力争实现全市跨境电子商务年交易额200亿美元，培育20家省级跨境电子商务园区，300家跨境电子商务重点企业，设立20家公共海外仓。

建立全球网购商品集疏分拨中心。探索发展“航空港+综合试验区”、“郑欧班列+综合试验区”、“内陆口岸+综合试验区”等具有显著特色的郑州跨境电子商务发展新模式，创新和拓展B2B、B2C、O2O业务模式和范围，推动进口“海外仓”内移，鼓励出口“海外仓”建设。完善具有“多式联运、智能物流、仓配一体”等功能的仓储物流网络，逐步建成境内境外一体化的网购商品集疏分拨中心。

建立跨境电子商务创业创新中心。优化跨境电子商务人才培养、公共服务和商业资源配置，促进电子商务企业和个人在郑州创新创业，带动河南人才回乡发展。强化政府服务，加大政策支持，提供低成本、便利化、全要素的开放式综合服务平台，推进人才、企业、项目、资本无缝对接。吸引各类商业资源围绕跨境电子商务产业链相关环节进行布局，打造集研发、展示、交易、培训、孵化为一体的内陆地区最具活力的跨境电子商务生态圈。建立跨境电子商务大数据服务中心。基于郑州跨境电子商务服务试点信息化平台沉淀的数据资源，建设郑州综合试验区跨境电子商务大数据服务中心，分析国内外市场产品供需特点，为政府制定经济政策提供参考依据，为跨境电子商务企业提供数据服务，为制造业、商贸流通业、服务业的技术更新、产品升级、品牌打造等提供指导，引领中西部地区电子商务大数据发展和研究。

建设跨境电子商务带动产业转型发展新高地。探索“互联网+外贸”业务新模式，引导传统外贸企业在郑州上线经营，帮助企业逐步实现经营电商化、产品定制化。探索“互联网+加工贸易”升级新举措，引导加工贸易企业向产业链中高端延伸，逐步形成集研发、制造、销售、物流、结算、维修于一体的加工贸易产业集群。探索“互联网+制造业”流通新渠道，引导优势产业在郑州聚集，对接国际市场，拓展营销渠道，打造一批具有国际竞争力的名优品牌。

三、主要任务

积极实施创新驱动战略，大力推进跨境电子商务制度创新、管理创新和服务创新，构建高效、便捷、安全的跨境电子商务管理模式，加快建设跨境电子商务“三平台、七体系”。

加快建设郑州跨境电子商务线上综合信息服务平台。以郑州跨境电子商务服务试点信息化平台为载体，在海关国检实现关检“三个一”、查验“双随机”、跨境“秒通关”和公安部门提供公民身份信息核查等监管服务功能基础上，叠加税务、外汇、商务、工商、交通、邮政、金融、信用保险等多位一体的跨境电子商务信息化监管服务功能，打造郑州跨境电子商务线上综合信息服务平台，实现工商注册、税务登记、企业备案、通关通检、查验放行、统计监测、质量追溯、信用管控、身份认证等一站式服务。待河南省商务公共服务云平台、河南电子口岸等公共服务平台资源整合完成，具备相关功能后，与其实现互联互通。

加快建设郑州跨境电子商务线下综合园区平台。以创建国家、省、市示范园区为抓手，通过招商引资、政策引导、资金扶持等，持续优化跨境电子商务产业链形态，强化线下园区综合服务功能，形成第三方平台和自营平台同步推进，境内外电商共同参与，进出口并重、多模式并存、线上线下有序结合的跨境电子商务发展格局。

加快建设郑州跨境电子商务人才培养和企业孵化平台。坚持引外与培内并举、创新与创业融合、激励与约束统一的人才引进培育机制，借助“智汇郑州·1 125聚才计划”，优化完善全市跨境电子商务人才保障和智力支撑；提供具有国内领先水平的政务服务、科研平台和创业环境，支持众创空间和分享经济等，吸引国内外创新资源要素在郑集聚，加强发展校企对接、产学合作，加大研发及转化力度，打造跨境电子商务创业创新热土。加快建设跨境电子商务信息共享体系。

依托线上综合信息服务平台，统一信息标准规范、信息备案认证、信息管理服务，实现企业“一次备案、多主体共享、全流程使用”，监管部门、金融机构、电商企业、物流企业之间信息互联互通，口岸管理部门信息互换、监管互认和执法互助，为跨境电子商务信息流、资金流、货物流“三流合一”提供数据技术支撑。

加快建设跨境电子商务金融服务体系。发展跨境电子商务金融创新业务，鼓励金融机构、第三方支付机构、第三方电商平台、外贸综合服务企业之间开展合作，为跨境电子商务交易提供在线支付结算、在线融资、在线保险、在线退税等完备便捷、风险可控的一站式金融服务；鼓励在跨境电子商务活动中使用人民币计价结算，支持银行业金融机构与第三方支付机构创新电子商务跨境人民币业务产品，为跨境电子商务企业提供优质支付和跨境人民币结算服务。

加快建设跨境电子商务智能物流体系。在保税物流中心、综合保税区等区域内建设一批跨境电子商务仓储物流中心。完善口岸物流服务通道，引进优质物流货代企业，提升国际物流货运保障能力。发挥“多式联运”优势，运用云计算、物联网、大数据等技术，构建物流智能信息系统、仓储网络系统、运营服务系统等，探索建立高品质、标准化、规范化的跨境电子商务物流运作流程，实现运输资源的高效整合和运输组织的无缝衔接。鼓励跨境电子商务企业建设海外仓、境外服务网点和公共服务平台。

加快建设跨境电子商务信用管理体系。建立跨境电子商务信用信息数据库，提供电商主体身份识别、信用记录查询等信用服务。建立监管部门信用认证和第三方信用服务评价相结合的综合评价体系，对企业和个人作出信用认证。培育、引进一批第三方信用服务机构，提供信息评价服务。实施信用负面清单管理，分类监管、部门共享、有序公开，维护跨境电子商务良好的发展环境。

加快建设跨境电子商务质量安全体系。建设跨境电子商务产品质量检测中心和商品溯源数据库，汇聚生产、交易、通关、物流、支付、结算及评价等综合信息。充分应用信息化手段，开展跨境电子商务质量安全网络舆情监控，实现跨境电子商务商品源头可溯、去向可查、风险可控、责任可究。

加快建设跨境电子商务统计监测体系。以申报清单、平台数据等为基本依据，完善跨境电子商务交易主体信息、电子合同、电子订单等标准格式及跨境电子商务进出口商品和物品的简化分类标准，建立跨境电子商务统计制度和监测制度；利用大数据、云计算技术，对各类平台数据进行交换汇聚和分析处理，逐步建立多层面、多维度反映跨境电子商务运行状况的综合指数体系并定期发布。

加快建设跨境电子商务风险防控体系。建设完善网络安全防护体系、数据资源安全管理体系和网络安全应急处置体系，建立风险信息采集机制、风险评估分析机制、风险预警处置机制、风险复查完善机制，保障国家安全、网络安全、交易安全、税收安全、国门生物安全、进出口商品质量安全，有效防范交易风险。定期对每一项改革创新举措进行专业的风险防控分析，有效控制试点试验风险。

四、空间布局

按照突出特色、错位发展的基本思路，以郑州跨境电子商务服务试点项目聚集的产业区域为核心引擎，以郑州航空港经济综合实验区、郑州经济开发区为创新示范先行区，在其他县（市、区）、开发区建设支撑园区，形成“一核两区多园”的郑州跨境电子商务产业总体布局。

一核：发挥郑州跨境电子商务服务试点先发优势，完善关检高度融合的工作运行机制，提升快速通关信息化服务能力，依托跨境贸易电子商务大容量的数据沉淀和一千多家企业形成的跨境电子商务产业链，在河南保税物流中心周边区域规划建设郑州综合试验区核心区，着力打造郑州综合试验区核心引擎。

两区：郑州航空港经济综合实验区依托机场、综合保税区、河南电子口岸、各类专业口岸等有利资源，建立航空物流、口岸服务、多式联运、保税仓储、线下展示、会展服务、智能制造、生物医药、电子信息等于一体的产业体系，着力打造智能物流分拨基地；郑州经济开发区以郑州出口加工区、河南保税物流中心、郑州国际陆港、中南邮政物流集散中心等对外开放平台为载体，构建“三网融合、四港一体”的多式联运物流枢纽。

多园：郑东新区创新发展多种形式的跨境电子商务金融服务，丰富跨境人民币业务产品，重点打造“跨境电商金融信保示范园”。郑州高新区依托电商企业集聚，产业链完整等基础优势，着力培育服务型跨境电子商务企业，重点打造集人才培育、技术支持、成果转化等于一体的“跨境电商企业创新服务示范园”。中原区、二七区、金水区、管城回族区、惠济区等主城区依托完善的基础设施和成熟商圈形成的跨境电子商务块状园区，重点打造基础设施先进、功能配套齐全、产业链条清晰、生活环境优越的“跨境电商产城融合示范园”。上街区、荥阳市、新密市、登封市、新郑市、中牟县依托地域特色优势产业，搭建产业孵化平台及公共服务平台，推动装备制造、新型材料、精细化工、文化创意等企业应用跨境电子商务开拓国际市场；培育涉农产业品牌，带动农副产品进出口；促进跨境电子商务与旅游融合发展，拓展跨境电子商务 O2O 业务，重点打造“跨境电商特色产业培育示范园”。

五、创新举措

积极做好《中国（郑州）跨境电子商

务综合试验区建设实施方案》66条创新举措实施工作，同时结合郑州试点经验、产业基础等，在制度、监管、机制、服务等方面加大创新力度，先行先试。

（一）制度创新

1. 争取国家支持，将跨境电子商务零售进出口业态列为新的贸易方式，并增列相关监管代码，出台相关监管措施。

2. 争取国家支持，探索研究新型贸易方式所需的法律法规体系，并推动相关体系的建立和完善；争取部委出台支持郑州综合试验区发展的政策及意见。

3. 探索跨境电子商务税收监管政策体系；探索跨境零售进口正面清单相关机制。

4. 探索建立跨境电子商务零售进口“事前备案、事中监管、事后追溯”及相应风险承担管理办法；探索跨境电子商务零售进口产品前置审批的准入条件；探索跨境零售进口通关单和随附单证管理模式；探索跨境电子商务零售进口商品3C认证管理办法。

5. 探索“海关特殊监管区（场所）+口岸”、“海关特殊监管区（场所）+生产基地”等业务模式。探索将邮政、汽车、粮食、水果、肉类、冰鲜水产品、药品、医疗器械等特殊口岸功能延伸至特殊监管区（场所），推动相关进出口业务开展和监管制度建立。

6. 探索创新加工贸易商品管理制度。推动加工贸易产品在不同特殊监管区（场所）之间结转、加工贸易产品和跨境电子商务零售商品之间的结转，探索建立相应进出口监管办法。

7. 探索创新海关特殊监管区（场所）的展示展销政策；探索“清单申报放行”的监管方式。

（二）监管创新

8. 创新海关特殊监管区（场所）货物监管流程，推动B2B、B2C等不同业务模式之间结转。探索B2B2C的商业模式和监管流程，推动监管便利化、企业操作便利化。

9. 探索建立跨境电子商务便利化通关模式。探索出口商品“清单申报、运抵确认、随机查验、自动放行”，进口商品“分送集报”等监管模式。探索进出口商品同一关区内区区联动、区港联动等一体化通关模式。

10. 探索建立简化跨境电子商务商品归类；探索库内残次品第三方机构销毁处理和销毁商品税务征缴等管理办法。

11. 探索简化跨境电子商务零售进口商品（包括化妆品、食品等）注册备案的管理办法；探索跨境电子商务零售产品风险评估以及入境动植物相关产品检疫等方面的监管办法。

12. 探索建立“三证合一”的机制下，进出口企业经营税收管理流程；探索便捷退税流程；探索企业税务分级管理制度。

（三）机制创新

13. 探索建立市场准入等负面清单，推动行业准入便利化。开展企业简易注销试点，建立便捷的市场退出机制。依托企业信用信息公示系统建立企业名录，增强企业信息透明度。

14. 引导和鼓励建立市场化跨境网商创业平台，整合办公服务、投融资支持、创业辅导、渠道开拓等多种服务于一体，推动“大众创业、万众创新”。

15. 按照“互通、共享、整合、创新、协调”的工作要求，建立口岸和特殊监管区域及场所联动机制，打造“四港联动、多式联运”体系，推动贸易便利化。

16. 建立商（协）会等行业组织，探索与各国跨境电子商务行业商（协）会建立紧密的交流与合作机制；探索推动跨境电子商务展会经济发展，建立相关展会品牌。

17. 探索跨境电子商务出口支付服务体系，助推人民币国际化；探索跨境电子商务金融供应链服务模式，为跨境电子商务提供便利的金融服务支持。

18. 探索建立跨境电子商务进出口商品质量安全风险监测体系。推动成立“跨境电子商务产品检验检疫质量安全风险国家监测中心”，联合电子商务产品质量风险监测中心和电子商务产品质量12 365投诉举报处置指挥中心，形成全方位监管格局。

19. 探索建立跨境电子商务信用标准、信用评价体系。推动建设“跨境电子商务信用信息平台”，开展第三方机构《良好电子商务规范》认证试点工作。

（四）服务创新

20. 建立与其他跨境电子商务综合试验区的横向联系合作机制，探索沿海口岸与内陆口岸优势互补、差异化经营、联动发展的合作模式。

21. 探索建设“一站式”的物流交易综合服务平台，为跨境电子商务企业提供通关、物流、仓储、融资等全方位服务。支持企业建立全球物流供应链和境外物流服务体系。

22. 探索出口邮政直封权审批制度改革，推动直封权审批由审批制向报备制改革，由互换局根据业务需要确定直封范围。推动邮政企业开展跨境电子商务零售直邮进出口业务。

23. 探索跨境电子商务职业培训体系建设，建立创业型和技能型人才培训基地。

24. 研究探索“跨境电子商务+服务贸易”等业务模式，建立相关体系和标准。

六、保障措施

（一）强化组织保障

成立市级建设工作领导小组，设立专门机构，负责全市跨境电子商务工作统筹推进；细化职能分工，完善市各级、各部门间协调配合机制，强化对跨境电子商务工作的指导，形成合力推进郑州综合试验区建设的强劲态势。

（二）强化责任落实

加强与省、国家有关部门协调配合，形成三级联动推进机制；建立工作责任制，促进创新举措落到实处；科学制定考核指标，强化任务分解，确保任务落实。

（三）强化政策与资金扶持

制定专项扶持政策，设立专项配套资金，支持跨境电子商务产业链优化完善、跨境电子商务园区建设、重点企业和关键人才引进等；建立产业引导基金，增强企业资本供给，鼓励金融机构支持跨境电子商务产业发展。

企业名录

截至2016年12月31日，在郑州跨境综合服务平台上注册，并实际展开业务的企业名录见表2-10。

表2-10 郑州跨境电子商务企业

序号	企业名称	企业类型
1	郑州维纳斯信息科技有限公司	电商企业
2	广州唯品会信息科技有限公司/唯品会（中国）有限公司	电商企业
3	行吟信息科技（上海）有限公司	电商企业
4	郑州无尾熊电子商务有限公司	电商企业
5	郑州普缇客商贸有限公司	电商企业
6	郑州自贸达供应链管理有限公司	电商企业
7	河南省中大门网络科技有限公司	电商企业
8	天津品简电子商务有限公司	电商企业
9	北京万众凯旋互联网科技股份有限公司	电商企业
10	郑州米提贸易有限公司	电商企业
11	凯娅尼（上海）贸易有限公司	电商企业
12	杭州云若网络科技有限公司	电商企业
13	郑州莎莎电子商务有限公司	电商企业
14	诺天源（中国）贸易有限公司	电商企业
15	郑州洲州海优电子商务有限公司	电商企业
16	步步高电子商务有限责任公司	电商企业
17	河南恒度信息科技有限公司	电商企业
18	北京优品惠网络科技有限公司	电商企业
19	上海三垄实业有限公司	电商企业
20	河南省迈亿进出口贸易有限公司	电商企业
21	宿迁泽众地产品贸易有限公司	电商企业
22	上海易到网络科技有限公司	电商企业
23	河南巍祥贸易有限公司	电商企业

表2-10　续1

序号	企业名称	企业类型
24	葡神国际电子商务股份有限公司	电商企业
25	北京天天美尚信息科技股份有限公司	电商企业
26	河南康多多贸易有限公司	电商企业
27	北京乐友达康科技有限公司	电商企业
28	北京天宇朗通通信设备股份有限公司	电商企业
29	宁波舶品之家电子商务有限公司	电商企业
30	浙江鹰泊品牌管理有限公司	电商企业
31	北京万象新天网络科技有限公司	电商企业
32	郑州9号店保税进出口贸易有限公司	电商企业
33	武汉京东世纪贸易有限公司	电商企业
34	河南米格松贸易有限公司	电商企业
35	稻田（北京）科技有限公司	电商企业
36	上海驿初网络科技有限公司	电商企业
37	妈妈赢科技股份有限公司	电商企业
38	郑州小脚丫电子商务有限公司	电商企业
39	北京呀苹果科技有限公司	电商企业
40	宁波环宇通商网络科技有限公司	电商企业
41	北京优购文化发展有限公司	电商企业
42	北京惠杰科技有限公司	电商企业
43	北京坤徽生物科技有限公司	电商企业
44	河南比邻跨境科技有限公司	电商企业
45	河南龙库供应链管理有限公司	电商企业
46	北京星河风尚科技有限公司	电商企业
47	北京优品惠网络科技有限公司	电商企业
48	深圳市美丽控电子商务有限公司	电商企业
49	河南驿路嘉程供应链管理有限公司	电商企业
50	河南云果科技有限公司	电商企业
51	上海娜玛电子商务有限公司	电商企业
52	郑州电商易通国际贸易有限公司	电商企业

表2-10　续2

序号	企业名称	企业类型
53	河南开元国际经贸有限公司	电商企业
54	北京普缇客科技有限公司	电商企业
55	河南航投物流有限公司	电商企业
56	郑州枫美电子商务有限公司	电商企业
57	河南货源佳贸易有限公司	电商企业
58	河南巴阿克商贸有限公司	电商企业
59	杭州云若网络科技有限公司	电商企业
60	河南哈客网络科技有限公司	电商企业
61	郑州万国万购保税进出口有限公司	电商企业
62	金鹰国际货运代理有限公司深圳分公司	电商企业
63	山东好买手电子商务有限公司	电商企业
64	河南英利特贸易有限公司	电商企业
65	青岛世通云商电子商务有限公司	电商企业
66	郑州九号店保税进出口贸易有限公司	电商企业
67	河南中横国际贸易有限公司	电商企业
68	郑州市玖鑫商贸有限公司	电商企业
69	河南汉悦网络科技有限公司	电商企业
70	河南易购通进出口贸易有限公司	电商企业
71	北京燕文物流有限公司（二）不退税	电商企业
72	递欧国际物流（深圳）有限公司	电商企业
73	河南赛诚进出口贸易有限公司	电商企业
74	河南省万庚进出口贸易有限公司	电商企业
75	河南世航之窗供应链有限公司	电商企业
76	上海艾售电子商务有限公司	电商企业
77	郑州万国优品保税进出口有限公司	电商企业
78	重庆艾买网络技术有限公司	电商企业
79	郑州维纳斯信息科技有限公司	网商企业
80	广州唯品会信息科技有限公司/唯品会（中国）有限公司	网商企业
81	行吟信息科技（上海）有限公司	网商企业

表2-10 续3

序号	企业名称	企业类型
82	郑州无尾熊电子商务有限公司	网商企业
83	北京普缇客科技有限公司/郑州普缇客商贸有限公司	网商企业
84	郑州自贸达供应链管理有限公司	网商企业
85	河南省中大门网络科技有限公司	网商企业
86	天津品简电子商务有限公司	网商企业
87	郑州米提贸易有限公司	网商企业
88	凯娅尼（上海）贸易有限公司	网商企业
89	郑州莎莎电子商务有限公司	网商企业
90	诺天源（中国）贸易有限公司	网商企业
91	步步高电子商务有限责任公司	网商企业
92	北京优品惠网络科技有限公司	网商企业
93	河南省迈亿进出口贸易有限公司	网商企业
94	上海易到网络科技有限公司	网商企业
95	河南巍祥贸易有限公司	网商企业
96	北京天天美尚信息科技股份有限公司	网商企业
97	北京乐友达康科技有限公司	网商企业
98	浙江鹰泊品牌管理有限公司	网商企业
99	北京万象新天网络科技有限公司	网商企业
100	郑州洲州海优电子商务有限公司	网商企业
101	河南米格松贸易有限公司	网商企业
102	稻田（北京）科技有限公司	网商企业
103	郑州小脚丫电子商务有限公司	网商企业
104	北京呀苹果科技有限公司	网商企业
105	北京优购文化发展有限公司	网商企业
106	北京惠杰科技有限公司	网商企业
107	河南比邻跨境科技有限公司	网商企业
108	上海驿初网络科技有限公司	网商企业
109	深圳市美丽控电子商务有限公司	网商企业
110	河南泊莱优品贸易有限公司	网商企业

表2-10 续4

序号	企业名称	企业类型
111	上海娜玛电子商务有限公司	网商企业
112	河南开元国际经贸有限公司	网商企业
113	北京背篓科技有限公司	网商企业
114	河南航投物流有限公司	网商企业
115	郑州枫美电子商务有限公司	网商企业
116	河南货源佳贸易有限公司	网商企业
117	河南巴阿克商贸有限公司	网商企业
118	杭州云若网络科技有限公司	网商企业
119	河南哈客网络科技有限公司	网商企业
120	郑州万国万购保税进出口有限公司	网商企业
121	金鹰国际货运代理有限公司深圳分公司	网商企业
122	山东好买手电子商务有限公司	网商企业
123	河南英利特贸易有限公司	网商企业
124	青岛世通云商电子商务有限公司	网商企业
125	郑州九号店保税进出口贸易有限公司	网商企业
126	河南中横国际贸易有限公司	网商企业
127	郑州市玖鑫商贸有限公司	网商企业
128	河南汉悦网络科技有限公司	网商企业
129	河南易购通进出口贸易有限公司	网商企业
130	北京燕文物流有限公司（二）不退税	网商企业
131	递欧国际物流（深圳）有限公司	网商企业
132	河南赛诚进出口贸易有限公司	网商企业
133	中国邮政速递物流股份有限公司河南省国际速递分公司	物流企业
134	中国邮政集团公司郑州市分公司	物流企业
135	河南省顺丰速运有限公司	物流企业
136	河南申通实业有限公司	物流企业
137	河南中通快递服务有限公司	物流企业
138	中大门国际物流服务有限公司	物流企业
139	河南省圆通速递有限公司	物流企业

表2-10 续5

序号	企业名称	企业类型
140	河南宅急送快运有限公司	物流企业
141	河南韵达快递服务有限公司	物流企业
142	郑州安达信运输有限公司	物流企业
143	南京晟邦物流有限公司	物流企业
144	北京京邦达贸易有限公司	物流企业
145	天天快递有限公司	物流企业
146	河南中启保税报关有限公司	报关企业
147	河南全速通报关服务有限公司	报关企业
148	郑州开元国际货运代理有限公司	报关企业
149	中国邮政速递物流股份有限公司河南省国际速递分公司	报关企业
150	海程邦达国际物流有限公司郑州分公司	报关企业
151	郑州市程驰速递有限公司	报关企业
152	郑州华商报关服务有限公司	报关企业
153	河南驿路嘉程报关服务有限公司	报关企业
154	河南开元国际经贸有限公司	仓储企业
155	河南赛诚进出口贸易有限公司	仓储企业
156	河南中启保税商贸有限公司	仓储企业
157	河南全速通供应链管理有限公司	仓储企业
158	河南英利特贸易有限公司	仓储企业
159	郑州海美贸易有限公司	仓储企业
160	郑州腾拓国际贸易有限公司	仓储企业
161	郑州自贸达供应链管理有限公司	仓储企业
162	河南比邻跨境科技有限公司	仓储企业
163	河南易购通进出口贸易有限公司	仓储企业
164	郑州维纳斯信息科技有限公司	仓储企业
165	郑州九号店保税进出口贸易有限公司	仓储企业
166	郑州洲州海优电子商务有限公司	仓储企业
167	河南巴阿克商贸有限公司	仓储企业
168	郑州市优行商贸有限公司	仓储企业

表2-10 续6

序号	企业名称	企业类型
169	郑州娜玛电子商务有限公司	仓储企业
170	河南省中大门网络科技有限公司	仓储企业
171	郑州心怡供应链管理有限公司	仓储企业
172	河南汉悦网络科技有限公司	仓储企业
173	郑州米提贸易有限公司	仓储企业
174	郑州汇聚八方跨境供应链管理有限公司	仓储企业
175	郑州无尾熊电子商务有限公司	仓储企业
176	郑州稻田贸易有限公司	仓储企业
177	郑州高盛供应链管理有限公司	仓储企业
178	郑州普缇客商贸有限公司	仓储企业
179	郑州众创跨境电子商务有限公司	仓储企业
180	河南驿路嘉程供应链管理有限公司	仓储企业
181	河南采志进出口贸易有限公司	仓储企业
182	郑州爱淘乐供应链管理有限公司	仓储企业
183	河南小马过河国际贸易有限公司	仓储企业
184	河南集成供应链管理有限公司	仓储企业
185	郑州泛力达物流有限公司	仓储企业
186	河南易通跨境供应链有限公司	仓储企业
187	郑州航空港区全速通供应链管理有限公司	仓储企业
188	支付宝（中国）网络技术有限公司	支付企业
189	财付通支付科技有限公司	支付企业
190	易智付科技（北京）有限公司	支付企业
191	网易宝有限公司	支付企业
192	网银在线（北京）支付有限公司	支付企业
193	南京苏宁易付宝网络科技有限公司	支付企业
194	广州银联网络支付有限公司	支付企业
195	重庆易极付科技有限公司	支付企业
196	郑州市程驰速递有限公司	支付企业
197	河南驿路嘉程供应链管理有限公司	支付企业

统计数据

一、郑州市跨境电子商务服务试点出口业务报表

郑州市跨境电子商务服务试点出口业务报表见表 2-11。

表 2-11　郑州市跨境电子商务服务试点出口业务报表

（2016 年 1 月 1 日 ~2016 年 12 月 31 日）

业务模式	区域	报关单（万票）	货值（万美元）	主要商品	主要出口国
B2C	新郑综保区	6.26	317.43	服饰鞋帽、生活用具、皮包饰品、数码家电、美妆个护	法国、美国、西班牙、加拿大、澳大利亚
	郑州机场	16.6	99.2	服饰鞋帽、生活用具、皮包饰品、数码家电、美妆个护	法国、美国、西班牙、加拿大、澳大利亚
	河南保税物流中心	161.95	294.3	塑料制品、服装、文具用品、仿首饰、发夹/手链、塑料小汽车、固态硬盘、存储卡、中央处理器、学习板	英国、法国、西班牙、德国、意大利、美国

二、郑州市跨境电子商务服务试点进口业务报表

郑州市跨境电子商务服务试点进口业务报表见表 2-12。

表 2-12　郑州市跨境电子商务服务试点进口业务报表

（2016 年 1 月 1 日 ~2016 年 12 月 31 日）

区域	验放清单（万票）	消费者（人）	货值（万元）	增长率（%）	税款（万元）	上线商品种类（个）	商品种类（进口量前五位）	备案电商企业（个）	上线企业（个）
新郑综保区	157.15	1 105 025	18 155.02	104.11%	1 707.34	161	化妆品、纸尿裤、牙膏、洗发剂（香波）、面膜	49	116
郑州机场	29.13	155 949	5 735.53	360.11%	500.19	358	化妆品、面膜、婴幼儿奶粉、鞋、其他面包，糕点，饼干及烘焙糕饼	71	73

表2-12 续

区域	验放清单（万票）	消费者（人）	货值（万元）	增长率（%）	税款（万元）	上线商品种类（个）	商品种类（进口量前五位）	备案电商企业（个）	上线企业（个）
河南保税物流中心	5 352.22	17 668 150	625 413.91	18.89%	62 908.60	47 230	化妆品、奶粉、食品、保健品、纸尿裤	92	123

三、郑州跨境电子商务服务试点分地区消费分布统计

郑州跨境电子商务服务试点分地区消费分布统计见表2-13。

表2-13 分地区消费分布统计

（2016年1月1日~2016年12月31日）

序号	进/出口	地区	数量（万包）	金额（万元）	消费者数量（万人/次）	主要商品（前五种）	税款（万元）	备注
1	进口	广东	536.66	63 214.83	531.85	化妆品、奶粉、食品、保健品、纸尿裤	6 191.72	
2	进口	北京	414.04	52 911.46	409.68	化妆品、奶粉、食品、保健品、纸尿裤	5 182.50	
3	进口	江苏	434.82	51 902.01	432.00	化妆品、奶粉、食品、保健品、纸尿裤	5 057.93	
4	进口	浙江	324.18	39 475.66	322.59	化妆品、奶粉、食品、保健品、纸尿裤	3 886.43	
5	进口	上海	318.76	42 759.03	316.74	化妆品、奶粉、食品、保健品、纸尿裤	4 323.72	
6	进口	山东	260.55	28 514.34	258.87	化妆品、奶粉、食品、保健品、纸尿裤	2 687.42	
7	进口	四川	298.30	34 184.61	296.69	化妆品、奶粉、食品、保健品、纸尿裤	3 342.77	
8	进口	辽宁	219.91	25 090.65	217.43	化妆品、奶粉、食品、保健品、纸尿裤	2 354.79	
9	进口	河南	234.46	28 073.23	231.56	化妆品、奶粉、食品、保健品、纸尿裤	2 279.07	
10	进口	河北	200.69	21 772.15	199.61	化妆品、奶粉、食品、保健品、纸尿裤	2 092.83	

表2-13 续1

序号	进/出口	地区	数量（万包）	金额（万元）	消费者数量（万人/次）	主要商品（前五种）	税款（万元）	备注
11	进口	湖北	226.34	26 578.90	224.31	化妆品、奶粉、食品、保健品、纸尿裤	2 572.27	
12	进口	陕西	174.53	19 889.99	173.56	化妆品、奶粉、食品、保健品、纸尿裤	1 917.64	
13	进口	湖南	182.28	20 491.81	181.23			
14	进口	黑龙	141.33	15 728.34	140.59	化妆品、奶粉、食品、保健品、纸尿裤	1 502.48	
15	进口	福建	162.10	18 481.45	160.81	化妆品、奶粉、食品、保健品、纸尿裤	1 748.06	
16	进口	天津	126.46	14 579.68	125.20	化妆品、奶粉、食品、保健品、纸尿裤	1 387.55	
17	进口	安徽	158.77	17 290.01	158.10	化妆品、奶粉、食品、保健品、纸尿裤	1 688.29	
18	进口	重庆	131.72	14 924.67	131.05	化妆品、奶粉、食品、保健品、纸尿裤	1 447.69	
19	进口	云南	133.62	15 898.67	133.21	化妆品、奶粉、食品、保健品、纸尿裤	1 587.40	
20	进口	吉林	108.02	12 093.59	107.53	化妆品、奶粉、食品、保健品、纸尿裤	1 157.38	
21	进口	其他省份	750.95	85 449.23	726.35	化妆品、奶粉、食品、保健品、纸尿裤	8 541.65	
22	出口	美国	97.35	931.70	97.13	塑料制品、仿首饰、固态硬盘、存储卡		
23	出口	英国	14.66	105.71	14.66	塑料制品、仿首饰、固态硬盘、存储卡		
24	出口	法国	40.20	992.34	39.48	塑料制品、服装、文具用品、仿首饰、发夹/手链		
25	出口	其他国家	33.24	1 275.45	33.04	塑料制品、服装、文具用品、仿首饰、发夹/手链		
26	合计		5 723.94	65 2 609.51	5 663.27		64 152.78	分地区税金统计不全，总税金相对较准确

说明：地区栏，进口显示国内省份，出口显示国家或地区。

大事记

2016年1月6日，国务院常务会议研究通过在郑州等12个城市设立中国（郑州）跨境电子商务综合试验区等事宜。

2016年2月17日，河南省委书记、省人大常委会主任郭庚茂，河南省委副书记、省长谢伏瞻等省市四大班子领导视察郑州经济技术开发区河南保税物流中心、航空港经济综合实验区跨境电子商务示范园，对全省跨境电子商务发展提出新要求。

2016年3月1日，郑州跨境电子商务线下园区河南保税物流中心，信息化系统通关量达到84.3单/秒，再次刷新2015年12月创造34.7单/秒的“秒通关”记录。

2016年4月17日，河南省委书记谢伏瞻带领全省18个地市的产业集聚区代表，省直相关部门（商务厅、经济发展局、环保局等）及有关学术研究机构负责人100余人，到河南保税物流中心观摩调研。

2016年4月21日，省委副书记、省长陈润儿到河南保税物流中心调研，指示河南保税要通过跨境电子商务把郑州的产品卖给全世界。

2016年5月3日，河南省人民政府印发《中国（郑州）跨境电子商务综合试验区建设实施方案》，试验区建设工作全面启动。

2016年5月20日，省委省政府召开综合试验区部署动员大会，全面启动郑州综合试验区建设。

2016年6月4日，发展改革委主任徐绍史莅临河南保税物流中心视察郑州试点工作，调研业务发展情况以及“4·8新政”的影响程度等。

2016年6月8日，许昌市政府、郑州经开区和河南保税集团三方签订跨境电子商务出口业务战略合作协议，在许昌市开展订单（亚马逊、敦煌、Wish等交易平台）+基地（许昌）+通关通检配送（保税物流中心）+跨境物流相关业务，大力推动跨境电子商务B2C出口。

2016年6月18日，郑州市召开中国（郑州）跨境电子商务综合试验区建设工作动员大会，吹响郑州市跨境电子商务综合试验区建设冲锋号，会上印发了《中国（郑州）跨境电子商务综合试验区建设工作行动计划（2016~2018年）》，郑州跨境电子商务发展蓝图绘就，郑州与世界站在了同一起跑线上。

2016年6月28日，河南保税物流中心成功获评首批“国家级示范物流园区”。首批国家级示范物流园区是由国家发展和改革委、国土资源部、住房和城乡建设部联合发起，旨在全国遴选一批基础设施先进、服务功能完善、运营效率较高、社会贡献突出的示范物流园区，通过试点示范，形成可复制、可推广、符合我国实际的物流园区建设运营模式，整体提升我国物流园区的经营水平。

2016年7月18日，郑州航空港经济综合实验区（郑州新郑综合保税区）管理委员会出台了《郑州航空港经济综合实验区跨境电子商务发展行动计划（2016~

2018年）》。

2016年7月18日，郑州航空港经济综合实验区（郑州新郑综合保税区）成立了以郑州市委常委、实验区党工委书记张延明，实验区管委会主任马健为双组长的郑州航空港经济综合实验区跨境电子商务综合试验区工作领导小组。

2016年7月19日，郑州航空港经济综合实验区（郑州新郑综合保税区）召开了“航空港实验区推进中国（郑州）跨境电子商务综合试验区建设工作部署动员会”。

2016年7月26日，河南电子口岸跨境电子商务通关平台一般模式出口系统实单测试在郑州机场国际货站顺利完成。

2016年8月31日，中国（河南）自由贸易试验区正式获批，河南自贸区主要是落实中央关于加快建设贯通南北、连接东西的现代立体交通体系和现代物流体系的要求，着力建设服务于“一带一路”建设的现代综合交通枢纽，这为郑州跨境电子商务的发展带来了千载难逢的机遇。

2016年11月下旬起，在河南保税物流中心尝试开展B2B2C跨境出口的业务模式，到年底共形成报关单33票，价值1 697.9万美元。

2016年12月16日，中国（河南）国际贸易“单一窗口”2016版上线运行仪式在郑州举行，副省长赵建才出席启动仪式并宣布“单一窗口”正式上线运行。

重庆地区

按照《国务院关于同意在天津等12个城市设立跨境电子商务综合试验区的批复》（国函〔2016〕17号）有关精神，重庆市积极谋划思路、加强统筹协调、紧抓建设实施，大力推进中国（重庆）跨境电子商务综合试验区建设，利用跨境电子商务、大数据应用和外贸综合服务等新业态和方式，助推外贸进出口转型升级。

发展现状

一、跨境电子商务综合试验区发展现状

借助试点先机，积极探索创新。重庆市作为跨境电子商务服务试点城市，中西部地区开展“直购进口” “一般出口”“网购保税进口”“特殊监管区域”4种模式的首批跨境电子商务试点城市，积极高效推进跨境电子商务综合试验区建设。按照行业有监管、试点有流量、服务有优化总体建设思路，逐步建立企业、金融机构、监管部门等信息互联互通的信息共享体系，围绕线上“单一窗口”和线下“综合园区”两个平台建设，优化政府信息互换、监管互认、执法互助公共服务，努力打造健康有序的跨境电子商务完整产业链和生态圈，促进企业降成本、增效益，支撑外贸优进优出、升级发展。

（一）完善工作机制，协同推进建设

牵头整合梳理政策，会同关、检、汇、税有关部门组织开展政策宣传和培训，增强企业合法合规经营意识和运用外贸政策的能力，提高市场运行能力。加强对跨境电子商务企业运行情况的监测分析，引导企业健康发展。建立部门协作机制，合作共建跨境电子商务质量安全风险监测管理综合服务平台，以检测技术服务为基础，结合信息化服务平台，为跨境电子商务企业、进出口生产企业、消费者和政府部门提供质量溯源、认证服务、检测服务、风险监控、和质量投诉采集等公共服务，打造了我市跨境电子商务进出口商品“进得来、管得住、放的快、可追溯”全流程质量认证系统。

（二）加快综合服务平台建设

完善优化跨境电子商务公共服务平台3.0版功能，进口版本增加网购保税进口货物“先入区后理货”模块；进一步提高与海关总署统一版之间“四单”数据传递的对接效率，减少数据丢包率。整合大型支付企业如支付宝、微信支付等企业数据信息；整合企业备案所需的检验检疫与海关数据在同一个公共服务平台提交，提升公共服务能力和水平。加快建设国际贸易“单一窗口”，与国家标准版同步，推出“一次录入、分别报送，联合查验、一次放行”政务和物流协同功能，实现海关、检疫验检、国税、外汇管理等部门和电商企业、支付企业、物流企业之间的互联互通和数据共享，促进在线通关、检验检疫、仓储物流、结付汇、出口退税等全业务流程的协同发展。

（三）政府公共服务不断优化

加快关检合作，建设“一机两屏”的跨境电子商务一站式监管场所，实行联合查验、一次放行。重庆各水运口岸全面实现检验检疫电子放行，航空口岸已实现与机场地服货站系统对接；逐渐推动运邮试验形成每周1箱或每班1箱的常态化运营；

跨境贸易电子商务公共服务平台实施深度优化，订单处理能力由 20 万单/天提升到 300 万单/天，减免企业电子口岸客户端使用成本6 500万元以上。推动解决企业在跨境电子商务进口新模式下运行的阻力障碍，构建服务监管、信息共享、智能物流、信用保障、风险防控、统计监测等适应跨境电子商务发展的体制机制，探索监管新模式。

（四）综合试验区建设加快推进

打造“江津跨境电子商务汽摩产业园”“两江新区跨境电子商务总部大厦”“渝中区龙工场两国双园跨境电子商务产业园”等特色园区，推动传统产业和跨境电子商务融合发展。促进两路寸滩保税港区、西永综合保税区、铁路口岸 B 型保税物流中心在推动跨境电子商务网购保税进口业务的同时加大出口业务发展力度。探索跨境电子商务 B2B 出口业务通过公共服务平台“单一窗口”开展线上交易，打造“跨境电子商务+外贸综合服务平台+生产制造企业”服务链。重庆钱宝科技搭建跨境贸易清算网络，打通人民币直接清算通道，大幅降低中小企业参与东非、欧洲贸易的门槛和成本；重庆国际电子商务认证中心、易极付等支付结汇机构服务提质增效，业务增长保持良好势头。本土跨境电子商务品牌，商社集团“世纪购”、外经贸集团“西港全球购”、保税港区“爱购保税”等初具规模，大龙网通过“前展后仓”形式持续布局海外仓和网贸会建设，领工云商积极打造机电产品出口线上平台，初步完成越南、印度市场的营销售后网络体系。利用两寸保税港区、西永综保区、西部物流园等保税功能筑巢引凤，重点招商聚美优品、网易考拉等跨境电子商务龙头企业，促进企业落户，2016 年全市跨境电子商务备案企业已达 500 余家。

二、发展目标以及取得的成效

充分发挥重庆开放特征，利用水陆空三个国家级的枢纽、三个一类口岸、三个保税区的“三个三合一”开放平台、“渝新欧”国际铁路联运大通道等独特优势，完善跨境电子商务交易服务平台，构建物流仓储、检测认证、支付结算等全方位的跨境电子商务发展生态体系；构建形成服务监管、信息共享、智能物流、信用保障、风险防控、统计监测等适应跨境电子商务发展的体制机制；加快推进跨境电子商务与战略性新兴制造业和新兴服务业协调发展，基本建成具有内陆特色的跨境电子商务综合试验区。到 2017 年，形成适应跨境电子商务发展的体制机制和综合保障体系，形成具有内陆特色的跨境电子商务产业体系，实现跨境电子商务总额 200 亿元。

2016 年，积极推进跨境商进出口、国际电子商务支付结算、跨境电子商务物流通道等协调并重发展。跨境电子商务进出口及结算 150.5 亿元，同比增长 180%。其中，B2C 进口试点完成 781 万单，20.2 亿元，同比增长 257%；B2B 出口 38.6 亿元（5.6 亿美元）；截至 2016 年底，跨境 B2C 进口累计完成1 204.2 万单，货值 30.6 亿元。重庆国际电子商务认证中心、易极付等支付结汇机构服务提质增效，业务增长保持良好势头，跨境电子商务结算 91.7 亿元，同比增长 56%；跨境电子商务“产业链+生态圈”落棋布局，阿里巴巴一达通“互联网+外贸”综合服务平台落地运营，

2016半年已完成B2B出口额5 000万美金；敦煌网、蜜芽、唯品会、京东全球购、麦乐购等国内知名跨境电子商务已成功落户。“渝新欧”中欧班列全年运行420班（去程278班，回程142班），其货值占整个阿拉山口出入境中欧班列的80%以上。重点打造渝中区龙工场“一带一路”渝新欧跨境电子商务公共平台、西港全球购公共交易平台、云仓跨境电子商务公共智能仓，沙坪坝区跨境电子商务智能公共监管仓公共服务平台等跨境电子商务综合服务平台项目。建立跨境电子商务信用融资机制，针对跨境电子商务企业“轻资产、缺担保”的特点，在特定区域设立全市跨境电子商务产业园，设置入园门槛，严格准入机制，对入园跨境电子商务企业提供政策性担保，协调金融机构对入园企业提供信用融资服务。

积极培育跨境电子商务发展新动力，支持猪八戒、国际电子商务认证中心等服务电商平台为工业设计、包装设计、认证交易、支付结汇等运用互联网手段开展服务，强化服务撮合、服务外包、服务贸易等网上交易平台对生产制造、出口贸易的支撑作用，围绕研发设计、金融支付、认证信息技术服务等培育综合电子商务服务产业链。推动重庆制造业触网行动，引导生产企业运用现代信息技术优化供应链管理，从生产制造商向制造服务商转变。积极承接东部、沿海地区产业转移，重点规划布局服装、箱包、玩具、灯饰、建材、家居等轻工业产品为主的网货产业园区，扩大外贸电商产品销售。鼓励细分市场打造垂直产业跨境电子商务平台，支持做大两江新区领工云商、大九龙坡区阿里巴巴产业带、江北区网库电商谷、合川区工业塑料等B2B电商平台项目。

三、平台建设情况

重庆跨境贸易电子商务公共服务2.0平台（以下简称2.0平台）包括进口和出口两个子平台，进口子平台于2014年6月17日正式上线运行，出口子平台于2015年12月21日正式上线运行。2.0平台包括社会服务端、公安身份认证端、海关监管端、检验检疫监管端、外汇监管端、税务监管端、银行退税融资贷款端、支付和物流传输端、关税缴纳端等若干子系统。

（一）进口平台运行情况

截至2016年底，重庆跨境贸易电子商务公共服务平台备案企业共496家。其中电商和平台商399家，支付机构46家，物流企业20家，仓储企业31家。共实现交易1 011.23万单，25.18亿元人民币，共征收税款1.25亿元人民币。2016年1月至10月，重庆跨境贸易电子商务公共服务平台共完成交易641.42万单、交易额16.35亿元人民币，共征收税款1.16亿元人民币，同比分别增长224%、255%、2 280%。

（二）出口平台运行情况

2016年2月底3月初，出口平台已完成了一般出口B2B和一般出口B2B的实货运行，其中一般出口B2B是通过渝新欧班列出口至波兰，货值16.152万元人民币；一般出口B2B是通过航空运输方式出口一个邮政包裹至俄罗斯联邦，货物价值33.97美元。截至目前，出口平台备案企业共21家，包括敦煌网、大龙网等平台企业，也包括零工云等电商企业，共实现交易1 006单，交易额48万元。

（三）在跨境贸易电子商务领域实现“单一窗口”目标

2.0平台以“单一窗口”模式建设，有关监管部门和电商、仓储、物流等企业通过一个窗口进入，一次数据申报，系统自动传输。监管部门分别审批、自动反馈监管结果。平台使用范围广泛，2.0平台使用部门不局限于重庆海关、重庆检验检疫局、电商企业，而是扩大到外汇管理部门、税收管理部门、银行和支付机构等单位，平台集关务、检务、税务、外汇、银行、仓储、物流等信息为一体，成为地方信息交换中心，一方面便于多部门并联监管、提高监管效能，另一方面利于企业降低运营成本、减负增效，在跨境电子商务领域实现了“信息互换、监管互认、执法互助”的“三互”改革要求。

（四）身份实名认证功能加强了监管

2.0平台在首批试点城市中率先实现身份证实名认证。通过身份证实时认证机制，本地居民由重庆市公安局进行身份证实名认证，外省居民身份证信息推送到公安部系统认证。未通过实名认证的订单作退单处理。通过该机制，有效解决了进口模式下个人消费品跨境交易额度限制问题。同时对外汇管理和税务部门开放联网查询功能，为解决结汇及退税问题提供数据支持。

（五）出口退税融资贷款模式提高了企业竞争力

2.0平台业务功能丰富，不仅包括基本的报关报检、分拣查验、物流跟踪等功能，还包括收汇、退税等功能。平台可以向外汇管理部门和税务管理部门提供真实可信的外贸出口交易记录、资金流、货物通关流，方便外汇管理部门实时监管，为平台商家提供合法收汇通道。同时，符合条件的电商企业可以向试点银行申请办理出口退税融资贷款业务，有效解决了出口企业流动资金短缺困难。

四、跨境电子商务产业园区对比发展情况

（一）重庆两路寸滩保税港区

2014年，保税港区全程参与了我市跨境电子商务公共服务平台1.0版本—2.0版本—2.0+版本的测试、投用、升级过程，配合市级主管部门和监管单位草拟、实施、修订了跨境电子商务监管和运营方案，是全国开展跨境电子商务业务时间最早、对业务流程最熟悉、开展业务经验最丰富的海关特殊监管区域之一。

2014年6月18日，重庆保税港区下属的“爱购保税”网站正式上线，标志着经过前期政策探索和功能开发，我市跨境电子商务综合服务平台正式运营。同时，为配合保税港区跨境电子商务产业发展，保税港区投建和引入了包含网站、仓储、通关、物流在内的全产业链配套服务企业和载体资源，让企业来到保税港区后可以较低成本的使用港区的配套服务，保障了其快速落地运营。全市现有6条海关分拣查验线中的4条由保税港区投资建设，先后于2014年6月18日和9月25日在空港和水港通过海关验收并投入使用。同时，保税港区已实际投入超过7万平方米的保税

仓库，保障跨境电子商务业务运营需求。

经过两年左右的发展，保税港区已基本形成健康、持续发展的跨境电子商务产业生态。截至目前，港区累计约有171家跨境电子商务类企业入驻保税港区，其中平台类电商约63家，销售类电商约103家（即在电商平台上开展销售业务的企业），地服企业4家，结算类电商1家，注册资金共计12.57亿元；区内跨境电子商务企业累计实现订单约400万单，累计实现跨境贸易额约10亿元。同时，唯品会、阿里菜鸟仓等知名跨境电子商务项目也相继落户保税港区开展运营，成为港区跨境电子商务业务重要的增长支柱。另外“网易”“EMS跨境仓储中心”等一新批具知名项目都已进入实质性落地阶段。

下一步，两路寸滩保税港区将进一步加大力度支持跨境电子商务产业发展。一方面随着跨境电子商务政策逐步稳定，港区将继续坚持“走出去战略”对接一批如电视购物、大型传统超市、第三方综合平台黄金卖家等有跨境电子商务运营基础的企业，尽快促使港区跨境电子商务产业上量；另一方面，加大力度推动跨境电子商务出口业务发展，积极开展与ems、eBay等跨境电子商务出口重点企业的对接合作，共同开展招商引资工作，全面推动跨境电子商务出口业务发展。

（二）西永综合保税区

2016年实现跨境电子商务交易额15亿元，占重庆地区跨境电子商务交易额的72.7%。为充分发挥跨境贸易电子商务在带动产业发展方面的作用，西永综保区在大力引进非笔电类加工企业的同时，通过推动跨境出口业务，不断开拓入驻企业的海外市场，并已实现突破。

西永园区入驻企业重庆云鹿羽科技有限公司主要从事竹纤维纺织品的销售。通过西永综保区的努力推进，该公司于2016年11月24日通过“小笨鸟”平台，在eBay加拿大站完成跨境出口B2C销售第一单，产品价值3.71美金。跨境出口B2B是推动跨境电子商务实现规模效应、带动产业发展的有效手段，通过努力，西永综保区成功推动重庆云鹿羽科技有限公司于2016年12月23日通过大龙网海外平台完成跨境出口B2B销售第一单，产品出口至加拿大，申报金额4.925万元。第二批出口至俄罗斯的货物正在紧张的手续申报阶段，并将于近期完成实际出口。

西永综保区将利用西永园区在加工制造方面的政策优势，积极承接、改造和发展沿海地区的纺织、服装、玩具、小家电等劳动密集型产业，引导相应转移产业向园区集中，促进产业园区规范化、集约化、特色化发展，打造西永综合保税区外的劳动密集型产业接替区和出口加工区，从而扩大西永园区的出口货源，有效解决制约内陆地区跨境出口业务发展的瓶颈，促进西永园区跨境电子商务业务健康、可持续性发展。

（三）西部现代物流园区

重庆西部现代物流园于2007年9月经第40次市长办公会研究决定设立，是依托团结村铁路集装箱中心站和兴隆场特大型铁路编组站设立的内陆保税物流园区，是渝新欧国际贸易大通道起始站、重庆铁路口岸所在地，是发展改革委批复重庆设立的“三基地三港区”物流总体规划中的铁路物流基地、国家服务标准化试点园区和首批市级重点物流园区，荣获2016年首批“全国示范物流园区”称号。园区位于都市功能拓展区——西永组团I、J、H、X分区，规划面积约35.5平方千米。

园区具备行政和市场两手合一的功能，其中物流园管委会为区政府派出机构，负责各项行政管理事务。重庆西部现代物流园区开发建设有限责任公司为国有独资企业，负责履行市场职能，注册资本金30亿元，总资产413亿元。重庆铁路口岸物流开发有限责任公司为2014年6月按市政府要求组建的国有独资企业，注册资本金5亿元，负责渝新欧通道的运营发展、铁路开放口岸的投资建设以及国际贸易、离岸结算、跨境电子商务等外向型服务经济的开发培育。

近年来，物流园坚持“产城融合、城园一体”发展理念，按照“整体规划、分步实施、市场运作”模式，推动园区建设发展取得突破性进展。园区累计完成投资286.4亿元，其中物流园投资173.8亿元、入园企业投资56.8亿元；累计征地32 209亩，建成道路27.9千米、房屋168.8万平方米，在建道路16.6千米。截至2016年12月底，已签约入驻中集、中石油、公运、民生、医药等产业项目20个，历年累计项目数35个、协议约定投资金额177.7亿元、年产值757.5亿元、预计年纳税额13.1亿元、新增就业岗位57 800个，与713户企业签订总部经济发展协议，其中规上企业42家。截至2016年12月底，渝新欧开行班列432班（去程279班，回程153班）。铁路口岸于2014年10月建成验收，B保于2015年11月18日正式通过国家验收，目前已入驻敦煌网、大龙网、京东全球购等24家跨境电子商务企业，已储备小麻包、中免德鸿等20余家跨境电子商务企业。2016全年累计进口整车2 023辆，其中大贸车1 184辆（含462辆摩托车），平行车839辆。

园区预计总投资1 117亿元（其中政府性投入440亿元、社会市场类投入约660亿元），按照“三年打基础、五年大建设、十年基本成形”的要求，全面建成后将形成一座年产值3 000亿元、GDP800亿元、税收约100亿元、人口30万的现代商贸物流新城，成为绿色环保、高端物流、总部引领、产城融合、宜居宜业的开放高地和创新基地。

五、跨境电子商务发展目标

优化海关监管手段，完善跨境电子商务海关进出口通关作业流程，创新推出跨境电子商务备货模式下的B账册管理，以电商企业为单元，以商品货号为底账编号实施管理，按照“账册备案、卡口登记、入仓查验、底账核销”的方式，实现包裹按行邮属性分类监管，实行“先入区后报关”，出库包裹采取随机抽查，对全链条作业模式予以优化，从而形成一条既“管得住”又“通得快”、能帮助重庆跨境电子商务实现井喷式增长的管理新办法。推进检验检疫方式创新，公开检验检疫监管和办事流程，突破传统检验检疫监管模式，简化备案及申报要求，解决部分高风险产品准入问题，采信第三方检测机构检测结果。率先探索创新保税备货跨境电子商务进口强制性认证监管新模式，破解跨境电子商务CCC目录内产品“进不来、管不了”的难题。制定发布《跨境电子商务小批量进口免于强制性产品认证的特殊用途检测管理办法》，将小批量进口免于强制性认证特殊检测管理制度应用到跨境电子商务领域。

促进跨境电子商务和保税商品展示展销、网购保税进口、进口商品专业市场等业态融合发展，全国首家跨境电子商务O2O商城“西港全球购”正式开业，旗下“宝妈时光”跨境电子商务加盟店和展示展销体验店向贵州、四川等外省市拓展，目前已达200多家，辐射带动了西南片区甚至全国市场发展。苏宁“云店”、欧洲商品城“海悦汇”、广州风信子“洋展购”等跨境电子商务商城全市布局。引导跨境电子商务企业“走出去”，推动大龙网在莫斯科、波兰等国建立中国产品互动体验馆，融入境外零售体系。推进跨境电子商务B2B出口业务，大龙网2016年出口5亿美元，阿里巴巴一达通上线运营实现出口5 000万美金。

配套文件

重庆市人民政府办公厅关于印发《中国（重庆）跨境电子商务综合试验区实施方案》的通知

渝府办发〔2016〕143号

各区县（自治县）人民政府，市政府各部门，有关单位：

《中国（重庆）跨境电子商务综合试验区实施方案》已经市政府同意，现印发给你们，请认真贯彻执行。

重庆市人民政府办公厅

2016年7月29日

中国（重庆）跨境电子商务综合试验区实施方案

根据《国务院关于同意在天津等12个城市设立跨境电子商务综合试验区的批复》（国函〔2016〕17号），为全面有效推进中国（重庆）跨境电子商务综合试验区建设工作，制定本实施方案。

一、指导思想

全面贯彻党的十八大以来党中央、国务院决策部署，认真落实习近平总书记系列重要讲话和视察重庆重要讲话精神，按照“四个全面”战略布局要求，牢固树立创新、协调、绿色、开放、共享发展理念，深入实施五大功能区域发展战略，以深化改革、扩大开放为动力，发挥西部大开发的重要战略支点、“一带一路”和长江经济带联结点功能，推进模式创新、制度创新、管理创新、服务创新，打造跨境电子商务产业链和生态链，形成适应跨境电子商务发展的管理制度和规则，为推动全国内陆地区跨境电子商务健康发展提供可复制、可推广的经验。

二、基本原则

坚持问题导向，创新发展。围绕打造跨境电子商务产业链、构建跨境电子商务综合服务体系两大核心任务，创新体制机制和商业模式，形成适应内陆地区跨境电子商务发展的试点经验。

坚持积极稳妥，有序推进。适应国内外消费升级需求，充分利用国际国内两个市场、两种资源，畅通供需对接渠道，推动跨境电子商务便利化发展。建立试点试验的风险防范机制，在发展中规范、在规范中发展。

坚持企业主体、统筹联动。发挥市场在资源配置中的决定性作用，加快培育市场主体，带动产业、带动物流、带动结算、惠及百姓。合理配置公共资源，有效引导社会资源，加强部门协同协作和相关政策衔接，营造良好发展环境。

三、发展目标

充分发挥三个“三合一”开放平台、“渝新欧”国际铁路联运大通道等独特优势，完善跨境电子商务交易服务平台，构建物流仓储、检测认证、支付结算等全方位的跨境电子商务发展生态体系；构建形成服务监管、信息共享、智能物流、信用保障、风险防控、统计监测等适应跨境电子商务发展的体制机制；加快推进跨境电子商务与战略性新兴制造业和新兴服务业协调发展，基本建成具有内陆特色的跨境电子商务综合试验区。

到2017年，形成适应跨境电子商务发展的体制机制和综合保障体系，形成具有内陆特色的跨境电子商务产业体系，实现跨境电子商务总额100亿美元。

四、主要任务

（一）建设国际贸易、跨境电子商务“单一窗口”

依托电子口岸，按照“一点接入”、信息实时交换共享原则，建立海关、检验检疫、外汇、税务、企业和国际贸易、仓储物流、交易支付、金融结算等信息交换共享机制，建成全市统一的跨境电子商务数据交换系统，实现企业信息多部门共享和商品信息多主体共享，为管理服务提供数据和技术支撑。（牵头单位：市政府口岸办）

（二）创新海关监管服务

优化跨境电子商务进出口申报、核放、纳税等通关作业流程，简化跨境电子商务出口商品归类申报。探索建立适应跨境电子商务业态发展的转关物流方式，积极支持跨境电子商务零售进口统一版信息化系统上线运行。推进重庆寄递物品跨境电子商务发展，支持跨境电子商务线上销售、线下展示新模式。完善适合跨境电子商务业务的账册管理制度和清单管理制度。建立完善商品退（换）货流程和监管办法，加强与跨境电子商务平台的数据共享。（牵头单位：重庆海关）

（三）创新检验检疫监管服务

通过业务流程、监管模式、技术标准和信息化建设等方面改革创新，建立适应跨境电子商务发展的检验检疫质量安全监管机制和监管服务体系。完善市场准入和相关前置审批、注册和认证程序。建设跨境电子商务质量安全风险监测重庆中心，通过地方和质检总局平台对接和数据共享，提效减负实现质量安全风险一体化监测。建立数据标准规范、监管场所检验检疫设施建设指南、良好跨境电子商务认证规范等地方标准，加快检验检测认证结果互认共享创新实践。（牵头单位：重庆检验检疫局、市外经贸委）

（四）创新外汇收付和结汇管理服务

按照“事前便利、事后监管”“进口付汇、出口收汇”的管理原则，对重庆跨境电子商务相关外汇业务实施总量核查监管。支持和鼓励获得支付牌照的企业广泛为全社会提供外汇结算服务，提高利用效率。支持跨境电子商务龙头企业获得更多支付牌照和参与境内外结算服务，国际国内结算相结合。允许在综合试验区登记备案的电子商务企业及个人开立个人外汇结算账户。取消直接在银行办理跨境电子商务外汇收支个人结售汇年度额度限制。鼓励在跨境电子商务活动中使用人民币计价结算。充分发挥跨境电子商务第三方认证结汇机制作用开展付收汇认证工作。（牵头单位：人行重庆营管部、市经济信息委）

（五）优化税收管理服务

出口货物完成通关启运手续后，按税收政策规定办理出口退税申报。对纳入综合试验区“单一窗口”平台按销售方名称和纳税人识别号等进货信息进行监管的跨境电子商务出口货物，出口企业未取得合法有效进货凭证的，向税务总局等国家有关部委争取暂免征增值税。支持跨境电子商务出口货物函调轻量化管理，简化退税流程，提高退税效率。支持跨境电子商务企业提升退税资质，研究平台型跨境电子商务企业和我市跨境电子商务第三方交易认证结汇企业在退税风险中的责任问题。（牵头单位：市国税局）

（六）培育集聚跨境电子商务经营主体

对企业落地、办公场所、开办运营等方面予以支持，加快引进跨境电子商务龙头企业，引导跨境电子商务、电子支付、物流企业来渝设立区域总部、技术创新中心、物流基地、服务中心和营运中心。鼓励本地贸易流通和生产企业开展跨境电子商务。鼓励外资进入跨境电子商务领域投资。（牵头单位：市外经贸委）

（七）推动电子商务领域信用建设

结合全市社会公共信息资源整合改革工作，建立全市跨境电子商务经营主体信用记录，并纳入全市统一的信用信息平台。将企业对企业（B2B）电子商务合同的履行情况纳入全市跨境电子商务经营主体信用记录。支持第三方信用服务机构征集跨境电子商务经营主体信用信息，推动信用调查、信用评估、信用担保等服务机构和产品在跨境电子商务市场中的推广运用。（牵头单位：市工商局、人行重庆营管部）

（八）完善仓储物流服务

支持国内外物流、快递企业以一体化解决方案和供应链集成方式为跨境电子商务提供物流服务。推动传统仓储物流企业向专业化、规模化、智能化的配送运营中心转型升级，推动公共仓、海外仓、退（换）货中心建设。发展适应跨境电子商务的航空、铁路和公路协同的多式联运干线快速运输体系。加强电子商务货物包装等物流标准化体系建设，大力发展共同配送、统一配送、集中配送模式。利用云计算、物联网、大数据等技术，实现企业和监管部门实时、准确、完整的物流状态数据共享互通。（牵头单位：市外经贸委、市发改委、市经济信息委）

（九）推动传统外贸企业转型升级

大力引进、培育外贸综合服务平台，打造“成交前+成交后”、交易与交付数据衍生信用保障和金融服务等“互联网+外贸”服务链，建立跨境电子商务线上到线下（O2O）交易新格局，为传统外经贸企业、跨境电子商务企业提供通关、物流、仓储、检测、认证、结算、退税、融资等全方位服务，促进外贸转型升级发展。（牵头单位：市外经贸委）

（十）培育跨境电子商务产业聚集区

结合电子制造、汽车、装备、能源、化工医药、材料、消费品“6+1”支柱产业，融合十大新兴产业集群，大力实施“互联网+产业”战略，鼓励企业利用云计算、大数据和物联网等信息化技术，紧跟国内外市场产业发展趋势，开展产品研发、设计、制造，形成贸易、投资、生产、研发相互促进的良性循环，逐步建成内陆跨境电子商务进出口基地。（牵头单位：市外经贸委、市经济信息委）

（十一）打造跨境电子商务服务业示范基地

开展跨境电子商务国家级、市级示范基地建设。针对传统外贸企业、制造业及中小企业，开展跨境电子商务培育孵化。加速吸引电子认证、IT服务、大数据、网络营销、服务外包、即时通信等跨境电子商务配套服务企业落户，推动电子商务总部、网商创业、服务培训、金融服务、检测认证、网贸博览、物流仓储等产业集聚，促进跨境电子商务产业链高端化延伸，逐步建成跨境电子商务服务业示范基地。（牵头单位：市外经贸委、市发改委）

（十二）培育跨境电子商务新业态

优化提升专业市场、传统百货、超市、便利店等实体网点、货源、配送等资源，实现商贸批发零售企业等实体市场与跨境网上市场深度融合。加快在各社区和便利店开设跨境电子商务体验店，建设具备物流配送功能的社区智慧配送站。结合智慧社区和农村电子商务工程，促进跨境电子商务应用普及。加快发展跨境电子商务、保税商品展示交易、互联网云计算大数据产业、跨境结算和投融资便利化、保税贸易等融合发展的服务贸易新业态。（牵头单位：市外经贸委、市商委）

（十三）建设境外营销体系

推动跨境电子商务与传统外贸企业合作，建设集展示销售、仓储物流、售后服务和金融服务等功能于一体的境外营销网络。加快进出口货物海外仓和精品商品体验馆建设，发展“前展后仓”营销模式。依托“渝新欧”国际铁路联运大通道，用线上线下结合方式链接全球产业带城市和贸易中心城市。通过开发全天候多语种自动翻译支持软件、对接目的国在线支付工具等方式，为跨境电子商务出口提供便利。采用整合网站联盟、搜索引擎、海外媒体、社交网络、电子邮件等营销方式，对跨境电子商务出口商品进行多方位宣传，帮助更多中国企业和商品走向海外。（牵头单位：市外经贸委）

（十四）提升口岸服务水平

制定和实施适应企业对个人（B2C）、企业对企业（B2B）模式的跨境电子商务口岸作业服务标准、规范和流程。确定口岸、通关等各环节工作相互衔接的标准和时限。对生鲜等跨境电子商务商品实施更快捷的口岸服务。支持跨境电子商务口岸服务和通关标准化、便利化、规范化，提升服务水平和效率。（牵头单位：市外经贸委、市政府口岸办）

（十五）促进大数据开发应用

通过对海量跨境电子商务数据的撷取、管理、处理，深入挖掘价值，形成丰富的大数据服务解决方案和开发应用工具。重点面向进出口市场，开展进出口企业特征和信用分析、商品和市场动态分析、商品定制和研发、精准营销和广告推介、智能物流配送和商品质量安全风险分析，提高对外贸易竞争力。研究利用跨境电子商务大数据，进行监管和风险防控。（牵头单位：市发改委、市经济信息委、市外经贸委、市政府口岸办）

（十六）建立跨境电子商务统计监测制度

利用大数据、云计算技术对各类平台商品交易、物流通关、金融支付等数据进行分析处理，完善交易主体信息、电子合同等标准格式，探索建立以海关数据（包含邮包）、平台数据、重点企业数据等为对象，实现科学统计管理的跨境电子商务统计新模式，建立全市跨境电子商务全口径统计制度。（牵头单位：市外经贸委、市统计局、市政府口岸办）

（十七）完善风险防范机制

同步规划、建设、验收和定期评估跨境电子商务网络安全，落实信息安全等级保护制度。推进跨境电子商务网络安全监测和预警体系建设，防范网络攻击破坏、数据窃取等违法犯罪活动。加大对制售假冒伪劣商品、网络盗窃、网络诈骗、网上非法交易、网络洗钱等违法犯罪活动的打击力度。建立健全跨境电子商务质量安全风险监控系统。（牵头单位：市公安局）

（十八）探索建立商品售后保障体系

探索建立跨境电子商务纠纷处置和消费争议解决机制。建立跨境电子商务产品售后服务和维权体系，强化平台和经营者主体责任，构建跨境电子商务消费者与经营者间的消费纠纷和解机制。加强知识产权保护，建立企业知识产权诚信机制。（牵头单位：市工商局、市商委）

（十九）加强行业自律和合作

鼓励电子商务企业、非营利性组织、第三方平台和评价咨询机构等，以协会等方式建立行业自律组织。建立与境外有关商会（协会）紧密合作交流关系，加强国际协作。探索建立适合跨境电子商务发展的国际通用规则，逐步建立良好的跨境电子商务国际化营商环境。（牵头单位：市外经贸委）

五、保障措施

（二十）加大扶持引导

充分发挥政府各类财政专项资金的作用，对跨境电子商务保税仓、海外仓、体验店、服务平台、综合服务体系建设以及进出口业务等予以专项支持。利用进出口银行和中信保优惠贷款、出口担保等政策加大对跨境电子商务企业的扶持引导。鼓励利用现有商业楼宇、仓库、厂房等开展跨境电子商务，落实国家有关税收优惠政策。发挥政策性资金的杠杆作用，设立跨境电子商务资金池，建立卖方、买方保障机制。提高出口退税、在线金融服务等跨境电子商务各环节工作效率。（牵头单位：市财政局、市国税局、市金融办）

（二十一）支持创业创新

建立跨境电子商务创业孵化平台和机制，制定专项扶持政策，为创业人员提供场地、人才、技术、资金支持和创业平台孵化服务。充分发挥产业引导股权投资、战略性新兴产业、科技创业风险投资引导等基金的杠杆作用，有效引导社会资金进入跨境电子商务创新发展领域，为小微企业和网商个人创业提供服务。鼓励跨境电子商务企业通过多层次资本市场进行融资。（牵头单位：市外经贸委、市金融办）

（二十二）加快专业人才队伍建设

采取定向培养的方式，加强政府、高校、协会、企业合作，建设一批实用型人才培训基地。鼓励社会培训机构开展跨境电子商务人才培训，引进一批国内外知名培训机构。推动校企合作，建立实践锻炼相结合的开放式人才培养孵化机制。建立跨境电子商务产业联盟与人才发展联盟，推进人才与企业、项目、资本的对接，建设开放共享的合作平台。引进的跨境电子商务人才按照国家和我市人才引进的相关规定享受优惠政策。（牵头单位：市人力社保局、市教委）

六、组织实施

在市委、市政府的统一领导下，市外经贸委牵头，建立健全协作机制，加强工作统筹协调。建立综合试验区工作例会制度、部门联络员制度和月报制度。

市政府有关部门和有关单位要根据本实施方案，按照职能分工，进一步细化任务，制定具体工作计划。积极对接国家有关部委，争取国家层面的政策支持和指导，梳理出台支持跨境电子商务综合试验区建设的具体创新政策举措。

在跨境电子商务基础条件好、进出口贸易量较大的区县（自治县）和开放平台确立跨境电子商务综合试验区首批先行区。同时，争取尽快将全市其他地区分批纳入跨境电子商务综合试验区范围。（牵头单位：市外经贸委）

关于印发《重庆市商务发展专项资金（外经贸）暂行管理办法》的通知

渝财企〔2014〕362号

各区县（自治县）财政局、外经贸委（局、办），有关单位：

根据财政部、商务部联合下发的《关于印发〈外经贸发展专项资金管理办法〉的通知》（财企〔2014〕36号文）相关要求，结合我市实际，我们制定了《重庆市商务发展专项资金（外经贸）暂行管理办法》（详见附件），现印发给你们，请遵照执行。

附件 重庆市商务发展专项资金（外经贸）暂行管理办法

重庆市财政局

重庆市对外贸易经济委员会

2014年9月22日

附件

重庆市商务发展专项资金（外经贸）暂行管理办法

第一章 总 则

第一条 为加强和规范重庆市商务发展专项资金（外经贸）管理，完善外经贸促进政策，构建开放型经济新体制，培育国际经济合作竞争新优势，根据财政部、商务部联合下发的《关于印发〈外经贸发展专项资金管理办法〉的通知》（财企〔2014〕36号文）相关要求，结合我市实际，制定本办法。

第二条 本办法所称重庆市商务发展专项资金（外经贸）是指（以下简称“外经贸专项资金”）：中央财政和市级财政安排的用于优化对外贸易结构、促进对外投资合作、改善外经贸公共服务等专项资金。

第三条 外经贸专项资金的使用和管理应当遵循突出重点、科学论证、公平公正、规范有效的原则，并符合以下要求：

（一）符合世界贸易组织（WTO）的基本规则和国际惯例；

（二）落实国家对外开放和宏观经济政策，有利于稳定和拓展外需，促进对外贸易平衡发展。

（三）履行中国在国际贸易投资协定中的义务，有利于建立互利共赢的国际经济合作机制。

（四）坚持贸易政策与产业政策协调，有利于推动转变外贸发展方式，促进开放型经济转型升级。

（五）发挥市场主体作用，促进扩大对外投资合作，有利于国际国内资源要素有序流动、优化配置。

（六）符合我市外经贸形势发展的需要。

第四条 外经贸专项资金由市财政局和市外经贸委共同管理，分别履行下列管理职责：

（一）市财政局会同市外经贸委制定

外经贸专项资金管理制度；市外经贸委会同市财政局制定具体业务管理制度。

（二）市外经贸委根据外经贸事业发展需要，提出外经贸专项资金的支持重点和年度预算建议，建立有关重点项目库；市财政局负责审核资金支持重点，编制年度外经贸专项资金预算。

（三）市外经贸委会同市财政局组织项目申报和评审，提出资金支持方案，对项目实施情况进行评价和监督，并建立信息管理系统，为项目库建设、项目申报、信息反馈、监督管理、绩效评价等工作提供技术手段；市财政局负责审核资金支持方案并拨付资金，会同市外经贸委对资金的使用情况进行监督检查和绩效评价。

第五条 全市各区县（自治县）财政部门和外经贸主管部门负责组织本地区所属企业、单位外经贸专项资金的项目库建设、项目申报、审核、资金拨付、监督及绩效评价等工作。

第二章 资金使用方向与方式

第六条 外经贸专项资金主要用于以下方向

（一）支持企业提高国际化经营能力，促进外经贸协调发展。

（二）支持优化贸易结构，发展服务贸易和技术贸易，培育以技术、品牌、质量和服务等为核心的国际竞争新优势。鼓励扩大先进设备和技术、关键零部件、国内紧缺的资源性产品进口。

（三）支持有序开展境外投资、对外承包工程、对外劳务合作等对外投资合作业务。

（四）完善贸易投资合作促进、公共商务信息等服务体系，促进优化贸易投资合作环境。

（五）支持开展招商引资活动，承接国际产业梯度转移；

（六）支持国际间经贸学术、人员交流合作等，促进经贸能力建设

（七）支持外经贸金融支持体系建设；

（八）支持外经贸领域重大课题的研究和论证；

（九）支持贸易便利化环境建设；

（十）支持商务部重大外经贸项目；

（十一）支持茧丝绸等农产品外经贸项目；

（十二）其他有利于促进本地区外经贸发展的事项。

第七条 上述使用方向的具体支持事项，由市外经贸委、市财政局联合制定专项政策文件，下发区县（自治县）外经贸、财政部门及外经贸企业，并报商务部、财政部备案。

第八条 资金实行项目管理，采取事前立项资助和事后直接资助两种方式。

第九条 已通过其他渠道获得市级或中央支持的项目原则上不纳入资金支持范围。

第三章 项目申报、审核

第十条 市外经贸委会同市财政局布置项目资金申报、审核工作。

第十一条 申请外经贸专项资金的企业、单位应当符合以下基本条件：

（一）在我市依法登记注册，具有独立法人资格，其中按本办法第五条（三）所规定的使用方向在境外开展业务的，还应当已在项目所在国（地区）依法注册或办理合法手续，项目合同或合作协议已生效。

（二）按照有关规定已取得开展相关业务资格或已进行核准或备案。

（三）按照本办法第五条规定使用方向，已开展相关业务。

（四）近五年来无严重违法违规行为，未拖欠应缴还的财政性资金。

（五）按国家有关规定报送统计资料。

（六）其他按规定应满足的条件。

第十二条 申报方式

符合条件的各类企业、单位，可按规定程序向市外经贸委、市财政局或项目所在区县（自治县）外经贸主管部门、财政局提出申请。经区县（自治县）外经贸主管部门会同财政局初审通过并加盖公章后，联合推荐上报市外经贸委、市财政局。

第十三条 申报单位按各专项政策文件或申报通知要求提供资料。

第十四条 市外经贸委、市财政共同组织项目审核。需委托专业人员进行专项审核的，由市外经贸委、市财政局共同委托审核。需专家评审的，由市外经贸委、市财政局共同认定专家小组，对申报材料予以评审。专家小组由技术专家及财务专家组成。每个项目评审时，需技术专家2人以上（含2人）、财务专家1人。

专家、专业人员应与企业无利害关系。

第四章 资金下达

第十五条 对经审核通过的项目，市财政局根据财政国库管理制度将资金拨付至区县（自治县）财政局。

第十六条 区县（自治县）财政局收到资金（或拨款文件）后，应当在20个工作日内将资金拨付至项目单位。

第十七条 获得外经贸专项资金支持的项目单位收到资金后，应当按照国家有关财务、会计制度的规定进行账务处理，严格按照规定使用资金。

第十八条 相关项目单位应当按照国家档案管理有关规定妥善保管申请和审核材料，以备核查。

第五章 项目管理

第十九条 项目单位要科学合理组织实施已下达项目，完成项目建设目标。

第二十条 因特殊原因确需作重大调整或撤销的项目，市财政局、市外经贸委根据实际情况对已拨付的资金做出收回或调整的处理。对收回的项目资金，由市财政局、市外经贸委另作安排。

第六章 监督检查

第二十一条 市财政局、市外经贸委对项目实施情况进行检查，并对实施效果开展绩效评价。被检查项目单位应主动配合检查人员做好相关工作，提供相应文件、资料，不得阻碍检查工作的正常进行。市财政局、市外经贸委对资金使用情况进行监督检查，或委托审计部门、社会中介机构实施。区县（自治县）财政局、外经贸主管部门要做好所属企业的日常监督检查工作。

第二十二条 资金必须专款专用，严禁截留、挪用。对弄虚作假、截留、挪用等违反财经纪律的行为，一经查实，市财政局将追回相关资金和取消该项目单位所有资金申报资格外，并按照国务院《财政违法行为处罚处分条例》（国务院令第427号）的规定进行处理，依法追究有关单位和人员的责任。

第七章　附　则

第二十三条　本办法由市财政局、市外经贸委负责解释。

第二十四条　本办法自发布之日起实施，重庆市财政局、重庆市外经贸委《关于印发重庆市商务发展专项（外经贸）管理暂行办法的通知》（渝财企〔2013〕268号文）同时废止。市外经贸委与市财政局已联合下发的原具体外经贸专项政策文件与本办法不冲突的继续执行。

重庆市财政局办公室
2014年9月23日

重庆西部物流园跨境电商发展专项资金管理实施细则

第一章　总　则

第一条　为加强和规范重庆西部物流园跨境电商发展专项资金管理，完善跨境电商促进发展政策，构建开放型口岸经济，培育园区跨境电商产业竞争新优势，根据市财政局、市对外贸易经济委员会联合下发的《重庆市外经贸年度市政府重点专项工作资助资金管理暂行办法》（渝外经贸发〔2016〕118号）相关要求，结合园区实际情况，制定本细则。

第二条　本细则所称重庆西部物流园跨境电商发展专项资金（以下简称“专项资金”）：市级财政安排的用于优化园区跨境电商产业结构、促进园区与跨境电商企业合作、园区跨境电商公共服务平台建设等专项资金。

第三条　专项资金由招商产业部和财务融资部共同管理，招商产业部负责组织园区内所属跨境电商企业专项资金的项目库建设、项目申报、审核；财务融资部负责拨付资金，会同招商产业部对资金的使用情况进行监督检查和绩效评价。

第二章　资金使用方向

第四条　专项资金主要用于以下方向：

（一）鼓励国内外知名跨境电子商务企业入驻园区，特别是对市场带动作用明显、商业模式新、技术含量高的知名跨境电子商务及相关企业，在园区内设立全国或区域总部、结算中心、研发中心。

（二）鼓励有实力的跨境电子商务企业，建设“海外仓”和海外运营中心等服务设施，通过创新技术手段和服务模式，以企业对企业（B2B）方式为企业开拓市场提供综合配套服务，提高便利化水平，扩大服务覆盖面。

（三）积极支持传统出口制造和进出口商贸服务类企业应用跨境电商平台开拓市场。

第五条　企业项目补贴金额，园区按不低于当年专项资金的50%给予配套政策支持，具体政策详见《重庆铁路口岸物流开发有限责任公司关于跨境（进口）电商的扶持政策（试行）》。

第三章 项目申报、审核

第六条 申请专项资金的企业、单位应当符合以下基本条件：

（一）注册在重庆西部物流园区内，在重庆跨境贸易电子商务服务网备案，并在铁路口岸及铁路保税物流中心从事跨境（进出口）电商业务的电商平台企业、仓库管理企业。

（二）按照有关规定已取得开展跨境电商相关业务资格或已进行核准或备案。

（三）已开展跨境电商相关业务。

（四）近五年来无严重违法违规行为，未拖欠应缴还的财政性资金。

（五）按园区有关规定报送统计资料。

（六）其他按规定应满足的条件。

第七条 申报方式

符合条件的各类企业，可按规定程序向园区提出申请。申报单位必须提交以下申报资料：

（一）资金申请文件。主要包括项目基本情况、投资来源和资金用途、项目效益预测、项目规模、项目实施内容、扶持资金主要使用方向等。

（二）资金申报表（格式见附件）。

（三）企业营业执照等复印件。

（四）提供海关认可的企业当年跨境电商业务发展情况资料及跨境贸易额。

（五）其他需要提交的材料。

第四章 资金下达

第八条 对经审核通过的项目，财务融资部按照园区支付管理的有关规定拨付资金。

第九条 获得专项资金支持的项目单位收到资金后，应当按照国家有关财务、会计制度的规定进行账务处理。

第五章 项目管理

第十条 项目单位要科学合理组织实施已下达项目，完成项目建设及运营目标。

第十一条 因特殊原因确需作重大调整或撤销的项目，园区根据实际情况对已拨付的资金做出收回或调整的处理。

第六章 监督检查

第十二条 相关项目单位应当按照有关财务规定妥善保存与专项资金有关的申报资料、原始票据及凭证备查，对审计等有关部门的专项检查，应积极配合。专项资金使用和管理情况依法接受监察部门的监督。

第十三条 资金必须专款专用，严禁截留、挪用。对弄虚作假等违反财经纪律的行为，一经查实，园区将追回相关资金和取消该项目单位所有资金申报资格，并按照有关规定进行处理，依法追究有关单位和人员的责任。

第七章 附 则

第十六条 本细则由重庆西部物流园负责解释。

第十七条 本细则自发布之日起实施。

附 重庆西部物流园跨境电商发展专项资金申报表

附

重庆西部物流园跨境电商发展专项资金申报表

申请单位			
申请项目			
企业组织机构代码		企业海关代码	
企业核定进出口数据（万美元）			
资助金额（万元）		大写	
开户行：			
户名：			
账号：			
单位负责人		联系电话	
项目负责人		联系电话	
财务负责人		联系电话	
单位地址			

申请单位签章：

重庆两路寸滩保税港区管理委员会关于印发《重庆两路寸滩保税港区总部贸易及转口贸易、跨境电商市政府重点专项工作资助资金暂行管理办法》的通知

渝保税管委发〔2016〕21号

保税港区管委会各部门，各入驻企业：

根据《重庆市加快发展总部贸易转口贸易支持政策》（渝府办〔2016〕10号）和《重庆市外经贸年度市政府重点专项工作资助资金管理暂行办法》（渝外经贸发〔2016〕118号）相关要求。为充分发挥重庆两路寸滩保税港区功能优势，加快推进总部贸易及转口贸易、跨境电商业态发展，重庆两路寸滩保税港区管理委员会（简称保税港区管委会）结合重庆总部贸易及转口贸易、跨境电商产业发展实际，编制了《重庆两路寸滩保税港区总部贸易及转口贸易、跨境电商市政府重点专项工作资助资金暂行管理办法》，已经保税港区管委会主任办公会2016年第25次会议审议通过，现印发给你们。

附件　重庆两路寸滩保税港区总部贸易及转口贸易、跨境电商市政府重点专项工作资助资金暂行管理办法

重庆两路寸滩保税港区管理委员会

2016年11月14日

重庆两路寸滩保税港区总部贸易及转口贸易、跨境电商市政府重点专项工作资助资金暂行管理办法

总　则

第一条　为加快推进重庆两路寸滩保税港区（以下简称“保税港区”）总部贸易及转口贸易、跨境电商业态发展，按照《重庆市加快发展总部贸易转口贸易支持政策》（渝府办〔2016〕10号）以下简称《支持政策》）、《重庆市外经贸年度市政府重点专项工作资助资金管理暂行办法》（渝外经贸发〔2016〕118号）相关要求，结合保税港区总部贸易、转口贸易及跨境电商产业发展实际，特制定本资助资金暂行管理办法。

第一章　资助资金来源及标准

第二条　按照相关要求，并参照《支持政策》对经认定的总部贸易、转口贸易企业所形成的进出口贸易量给予0.03元/美元的资助，给予跨境电商企业0.03元/美元的资助，其中市级资助资金标准为0.02元/美元，由市财政按季度拨付；

保税港区配套资助资金标准为0.01元/美元（对有突出贡献的重点企业，可根据实际情况适度调整配套资助资金标准），由保税港区财务局纳入预算管理。

资助资金由保税港区财政局统一专项核并，专账管理。同时，由保税港区财务局牵头，会同规划发展局每季度将资助资金的使用情况和资助企业情况报送市外经贸委、市财政局，并做好资金年末清算工作。

第二章　资助对象及条件

第三条　资助对象为经保税港区管理委员会认定且实际产生贸易数据的总部贸易、转口贸易和跨境电商企业。第四条总部贸易企业是指境内外企业在重庆保税港区注册设立的以进出口为主的，利用全国通关一体化改革成果和重庆口岸、物流优势，履行集团跨地区采购出口、进口分拨、资金结算等营运职能，实现进出口信息流、资金流等在重庆集聚的贸易企业。其开展的进出口业务应同时具备以下条件：

（一）企业具有独立法人资格；

（二）进出口业务应覆盖其集团在重庆市内外2个（含）以上的子（分）公司或客户；

（三）进出口商品中非本市商品比例在50%以上；

（四）进出口业务的海关数据、企业税收等体现在重庆保税港区；

（五）年度进出口额在1亿美元（含）以上；

（六）已与保税港区就资助事宜签订协议的企业。

第四条　转口贸易企业是指境内外企业在重庆保税港区注册设立的以进出口为主的，在重庆保税港区或其他海关特殊监管区域（场所）开展进口商品简单加工或单据处理后再出口到第三国的贸易或物流企业。其开展的进出口业务应同时具备以下条件：

（一）企业具有独立法人资格；

（二）年度进出口额在1亿美元（含）以上；

（三）具备以下条件之一；

1. 进出口商品经重庆口岸集散、分拨和监管；

2. 进出口业务不经重庆口岸发生的，海关数据、企业所纳税收（国家规定的除外）体现在重庆。

（四）已与保税港区就资助事宜签订协议的企业。

物流企业吸揽的外地货物经保税港区港口进出口，并纳入我市贸易统计的，参照转口贸易资助标准执行。

第五条 跨境电商企业是注册在重庆保税港区，通过重庆跨境电商综合服务平台或全国统一版监管服务系统，利用互联网平台开展网购保税进口、保税出口、一般进口、一般出口业务的企业，或其他经海关认可，业务数据纳入跨境电商口径的企业。其开展的跨境电子商务服务应同时满足以下条件：

（一）电子商务贸易背景真实，在重庆跨境电商综合服务平台或全国统一版监管服务系统有真实数据体现；

（二）通过跨境电子商务方式进口的，应实际使用重庆跨境电商仓储物流企业开展业务（包括仓储、货物分拣等），

缴纳进口环节税；

（三）通过跨境电子商务方式出口的重点企业，其出口业务的海关数据、企业税收等体现在重庆，年度出口额在3 000万美元（含）以上；

（四）已与保税港区就资助事宜签订协议的企业。

第三章 资金申报及兑付

第六条 凡符合本办法第二章总部贸易、转口贸易和跨境电商认定条件的企业，则可向保税港区管理委员会申请资助资金。

第七条 申报时间

（一）总部贸易、转口贸易类企业，若企业年度内进出口额达到1亿美元及以上，可在达到的当季度末向保税港区申报，申报截止时间为次月15日。

（二）跨境电商出口企业，若企业年度内跨境电商出口额达到3 000万美元及以上的企业，在达到的当季度末向保税港区申报；跨境电商进口企业，可每半年末向保税港区申报。申报截止时间为次月15日。

（三）月季度实现量特别大的企业，可适当根据情况调整兑付周期。

第八条 申报材料

1. 企业情况表（见附件1）；

2. 企业与保税港区管理委员会签订的合作协议复印件；

3. 企业营业执照、税务登记证、银行开户许可证的复印件（加盖企业公章）；

4. 企业申报材料真实性承诺书（见附件2）；

5. 企业资助资金申报书，企业资助资金申报表（见附件3）；

（注：1至4项材料仅需首次提供，之后申报不再需要企业提供。）

第九条 审批流程

（一）初审：接到企业申报材料后，规划发展局对其是否符合政策兑付条件进行核查、对其提供材料的真实性进行核实。

（二）审核：在规划发展局完成对申报材料的初审后，由财政局进行审核并提出意见。

（三）审定：企业申报材料完成初审、审核后，由规划发展局报保税港区管理委

员会会议审定。

第十条 资金兑付：保税港区管理委员会办公会审定后，由保税港区财政局按审定意见完善相关手续，并在7个工作日内支付给企业（拨付到企业指定账户）。

第四章 资金监督

第十一条 申请企业应自觉接受相关部门的项目检查和审计监督，定期提供有关企业统计数据。一旦发现弄虚作假骗取专项资金的，除按原渠道追回项目资金外，还将按有关规定追究相关单位及人员责任。

第十二条 对违反规定骗取专项资金的企业，取消其三年内申报财政专项资金的资格，情节严重的，依法追究其刑事责任。

第十三条 资助资金的申报和拨付全过程，由保税港区审计、纪委负责监督。

第五章 附 则

第十四条 本办法经保税港区管理委员会审议通过，自2016年1月1日起实施。

第十五条 本办法由保税港区管理委员会负责解释。

附件1

企业情况报表

单位：万元

企业名称	（签章）		企业法定代表人	
联系人	联系方式			
企业性质	□国有 □民营 □外商投资 □其他			
注册资本				
企业类别	□总部贸易 □转口贸易 □跨境电商			
注册地址				
预计运营规模	2016年实现贸易额 2017年实现贸易额 2018年实现贸易额			
业务情况简介				

附件2

企业申报资料真实性承诺书

两路寸滩保税港区管理委员会：

我公司郑重承诺：____________________（公司名称）申请财政扶持资金提交的________________（项目名称）申报材料全符合通知中规定的申报条件和要求，材料真实、合规、合法、有效，有关数据准确、无误。我们愿为所报项目的真实性负责，并郑重承诺，如有弄虚作假行为，愿接受处罚。

（公章）

年　月　日

附件3

企业资助资金申报表

单位：万元

<table>
<tr><td colspan="4">以下内容由申报企业填写：</td></tr>
<tr><td>企业名称</td><td>（签章）</td><td>企业法定代表人</td><td></td></tr>
<tr><td>联系人</td><td></td><td>联系方式</td><td></td></tr>
<tr><td>企业性质</td><td colspan="3">□国有　□民营　□外商投资　□其他</td></tr>
<tr><td>注册资本</td><td colspan="3"></td></tr>
<tr><td>企业类别</td><td colspan="3">□总部贸易　□转口贸易　□跨境电商</td></tr>
<tr><td rowspan="2">截至目前的年交易额</td><td colspan="3">进口额：</td></tr>
<tr><td colspan="3">出口额：</td></tr>
<tr><td rowspan="4">货物流向情况（仅总部贸易类企业填写）
注：出口业务均视为货物流向重庆市外。</td><td>类别</td><td>贸易额</td><td>货物流向重庆市外占比</td></tr>
<tr><td>进口</td><td></td><td></td></tr>
<tr><td>出口</td><td></td><td></td></tr>
<tr><td colspan="3">我企业进出口货物流向重庆市外总占比：
我企业业务往来企业是否超过两家：□是　□否
企业法人签字：</td></tr>
<tr><td colspan="4">单位审批意见：</td></tr>
<tr><td rowspan="2">审批意见（签章）</td><td colspan="3">保税港民规划发展局：</td></tr>
<tr><td colspan="3">保税港区资产财务局：</td></tr>
<tr><td>管委会领导审批意见</td><td colspan="3"></td></tr>
<tr><td>备注</td><td colspan="3"></td></tr>
</table>

企业资助资金申报书（模板）

两路寸滩保税港区管理委员会：

我公司于年月日在重庆两路寸滩保税港区注册运营，主要从事

现根据与保税港区签订的《合作协议》，申请（类别）资助资金，请予以支持。

（公章）

年 月 日

企业名录

截至 2016 年 12 月 31 日，在重庆跨境综合服务平台上注册，并实际展开业务的企业名录见表 2-14。

表 2-14 重庆跨境电商企业名录

序号	企业名称	企业类型
1	重庆辣妈帮科技有限公司	电商企业
2	重庆港腾供应链管理有限公司	仓储企业
3	西部怡亚通供应链管理（重庆）有限公司	仓储企业
4	重庆融彩科技有限公司	平台商企业
5	中外运空运发展股份有限公司重庆分公司	物流企业
6	顺丰速运重庆有限公司	物流企业
7	中国银行股份有限公司重庆市分行	支付企业
8	中国民生银行股份有限公司重庆分行	支付企业
9	中国工商银行股份有限公司重庆市分行	支付企业
10	重庆保税港区进出口商品贸易有限公司	电商企业
11	交通银行股份有限公司重庆市分行	支付企业
12	重庆嘉铂国际物流有限公司	仓储企业
13	中国邮政速递物流股份有限公司重庆市分公司	物流企业
14	重庆万国玛特进出口有限公司	电商企业
15	重庆易极付科技有限公司	支付企业
16	重庆及时达国际物流有限公司	仓储企业

表2-14　续1

序号	企业名称	企业类型
17	重庆安捷国际运输代理有限公司	物流企业
18	重庆农村商业银行股份有限公司	支付企业
19	重庆卓益网络科技有限公司	电商企业
20	重庆和平药房连锁有限责任公司	电商企业
21	重庆渝欧跨境电子商务有限公司	电商企业
22	财付通支付科技有限公司	支付企业
23	重庆菲仕兰进出口贸易有限公司	电商企业
24	中国农业银行股份有限公司重庆市分行	支付企业
25	重庆凯丽雅进出口贸易有限公司	电商企业
26	重庆乐享澳美电子商务有限公司	电商企业
27	白玛斯德国际贸易重庆有限公司	电商企业
28	重庆驭风博物电子商务有限公司	电商企业
29	重庆恒巨洋电子商务有限公司	电商企业
30	重庆几何纹电子商务有限公司	电商企业
31	重庆川兴国际贸易有限公司	电商企业
32	重庆申重速递有限公司	物流企业
33	重庆云计算投资运营有限公司	平台商企业
34	重庆商社电子商务有限公司	电商企业
35	重庆嘉创优联供应链管理有限公司	仓储企业
36	中信银行股份有限公司重庆分行	支付企业
37	中国建设银行股份有限公司重庆市分行	支付企业
38	上海银联电子支付服务有限公司	支付企业
39	招商银行股份有限公司重庆分行	支付企业
40	重庆海选电子商务有限公司	电商企业
41	重庆粟帛进出口贸易有限公司	电商企业
42	重庆诺信对外贸易发展有限公司	电商企业
43	重庆华唐盛世电子商务有限公司	电商企业
44	重庆健康优选电子商务有限公司	电商企业
45	重庆博克思科技有限责任公司	电商企业
46	连连银通电子支付有限公司	支付企业
47	上海富友支付服务有限公司	支付企业

表2-14　续2

序号	企业名称	企业类型
48	太原晋军科技发展有限公司	电商企业
49	中国建设银行股份有限公司重庆市分行	平台商企业
50	重庆中环国际货运代理有限公司	物流企业
51	通联支付网络服务股份有限公司	支付企业
52	重庆豆乐电子商务有限公司	电商企业
53	西昌市合昌实业有限公司	电商企业
54	易联支付有限公司	支付企业
55	重庆艾买网络技术有限公司	电商企业
56	北京德尔美国际健康科技有限公司	电商企业
57	支付宝（中国）网络技术有限公司	支付企业
58	重庆贝臣贸易有限公司	电商企业
59	重庆开承实业有限公司	电商企业
60	重庆重视渝家时尚购物有限公司	电商企业
61	重庆美联菲图斯国际货运代理有限公司	仓储企业
62	重庆奔城国际物流有限公司	电商企业
63	重庆上宝力进出口贸易有限公司	电商企业
64	浙江贝付科技有限公司	支付企业
65	重庆佰富士科技有限公司	电商企业
66	重庆乐得购国际贸易有限公司	电商企业
67	重庆两江新区金袋鼠贸易有限公司	电商企业
68	重庆火蚁供应链管理有限公司	电商企业
69	重庆密燕堂国际贸易有限公司	电商企业
70	重庆澳星渝进出口贸易有限公司	电商企业
71	重庆市沙坪坝区易麦通国际贸易有限公司	电商企业
72	重庆妙睿可进出口贸易有限公司	电商企业
73	重庆丰天下贸易有限公司	电商企业
74	重庆三峡银行股份有限公司	支付企业
75	重庆蒂卡尔科技有限公司	电商企业
76	重庆汉旅科技有限公司	电商企业
77	重庆国博展贸商业有限公司	电商企业
78	重庆罗素网络科技有限公司	电商企业

表2-14 续3

序号	企业名称	企业类型
79	重庆和乐电子商务有限公司	电商企业
80	重庆金多多进出口有限公司	电商企业
81	中国光大银行股份有限公司重庆分行	支付企业
82	重庆优乐汇贸易发展有限公司	电商企业
83	重庆宗壹科技有限公司	电商企业
84	重庆贝康特贸易有限公司	电商企业
85	山东朗泰克食品科技有限公司	电商企业
86	美丽说（北京）网络科技有限公司	平台商企业
87	重庆德协保税电子商务有限公司	电商企业
88	重庆敏泽澳贸易有限公司	电商企业
89	重庆洋萌国际贸易有限公司	电商企业
90	御好国际贸易（上海）有限公司	电商企业
91	资溪县宝优商贸有限公司	电商企业
92	重庆易硕贸易有限公司	电商企业
93	平安银行股份有限公司重庆分行	支付企业
94	成都摩宝网络科技有限公司	支付企业
95	北京爱农驿站科技服务有限公司	支付企业
96	重庆千牛国际贸易有限公司	电商企业
97	深圳市海豚跨境科技有限公司	电商企业
98	重庆伊派进出口贸易有限公司	电商企业
99	重庆品质生活电子商务有限公司	电商企业
100	重庆贝宠进出口贸易有限公司	电商企业
101	重庆吾空网络股份有限公司	平台商企业
102	重庆瑞干物流有限公司	仓储企业
103	重庆德庄电子商务有限公司	电商企业
104	杭州橙登贸易有限公司	电商企业
105	重庆天静鸿荣电子商务有限公司	电商企业
106	重庆欧品天下电子商务有限公司	电商企业
107	重庆悠游星保健食品有限责任公司	电商企业
108	易宝支付有限公司	支付企业
109	重庆奥购商贸有限公司	电商企业

表2-14　续4

序号	企业名称	企业类型
110	重庆海淘国际贸易有限公司	电商企业
111	重庆大龙网科技有限公司	电商企业
112	重庆施塔特科技有限公司	电商企业
113	火星兄弟网络科技有限公司	电商企业
114	重庆美月淘电子商务有限公司	电商企业
115	重庆西外商贸有限公司	电商企业
116	江苏先声再康医药有限公司	电商企业
117	重庆辣妈优选电子商务有限公司	电商企业
118	重庆公路物流基地建设有限公司	仓储企业
119	上海致君商贸有限公司	电商企业
120	深圳市钱宝科技服务有限公司	支付企业
121	广州银联网络支付有限公司	支付企业
122	重庆最派客商贸有限公司	电商企业
123	网银在线（北京）科技有限公司	支付企业
124	财付通支付科技有限公司	支付企业
125	拉卡拉支付有限公司	支付企业
126	重庆欧乐购供应链管理有限公司	电商企业
127	重庆布莱芙进出口贸易有限公司	电商企业
128	重庆中德灵科贸易有限公司	电商企业
129	上海同欧贸易有限公司	电商企业
130	永安市小奶牛宝贝保健品店	电商企业
131	来此购（重庆）供应链管理有限公司	电商企业
132	重庆川欧国际贸易有限公司	电商企业
133	重庆象米供应链管理有限公司	仓储企业
134	北京钱袋宝支付技术有限公司	支付企业
135	重庆飘洋电子商务有限公司	电商企业
136	重庆四季物语进出口贸易有限公司	电商企业
137	重庆迦美国际贸易有限公司	电商企业
138	重庆思睿佳进出口贸易有限公司	电商企业
139	重庆澳善鼎电子商务有限公司	电商企业
140	重庆英新达电子商务有限公司	电商企业

表2-14 续5

序号	企业名称	企业类型
141	重庆新美易国际贸易有限公司	电商企业
142	重庆千牛国际贸易有限公司	平台商企业
143	重庆拓扬供应链管理有限公司	仓储企业
144	重庆北斗星国际贸易有限公司	电商企业
145	重庆比奇迎龙食品有限公司	电商企业
146	重庆福欢达国际贸易有限公司	电商企业
147	光彩国际重庆电子商务有限公司	电商企业
148	重庆格罗姆电子商务有限公司	电商企业
149	重庆艾诺希尔进出口贸易有限公司	仓储企业
150	重庆海集汇电子商务有限公司	电商企业
151	重庆藿芙蔓国际贸易有限公司	电商企业
152	重庆丝路广序国际物流有限公司	仓储企业
153	重庆莞璘进出口贸易有限公司	电商企业
154	重庆澳盛优国际贸易有限公司	电商企业
155	重庆斯诺宝电子商务有限公司	电商企业
156	渝新欧（重庆）国际贸易有限公司	电商企业
157	重庆中德恒信国际贸易有限公司	电商企业
158	重庆渝荷电子商务有限公司	电商企业
159	重庆裕昌行贸易有限公司	电商企业
160	重庆欧美保电子商务有限公司	电商企业
161	嘉里大通物流有限公司重庆分公司	物流企业
162	重庆佳鑫科技有限公司	电商企业
163	易智付科技（北京）有限公司	支付企业
164	重庆勤驿达进出口有限责任公司	电商企业
165	广州唯品会信息科技有限公司	电商企业
166	重庆捷若电子商务有限公司	电商企业
167	重庆欧莉莎电子商务有限公司	电商企业
168	重庆米提供应链管理有限公司	仓储企业
169	重庆中邻州贸易有限公司	电商企业
170	亿赞普国际电子商务有限公司	电商企业
171	重庆由田甲国际贸易有限公司	电商企业

表2-14　续6

序号	企业名称	企业类型
172	重庆渭鹏速递有限公司	物流企业
173	重庆市云穰科技有限公司	电商企业
174	重庆爱海狗电子商务有限公司	电商企业
175	重庆苏马实业有限公司	电商企业
176	重庆澳星渝进出口贸易有限公司	电商企业
177	重庆市博丰电子商务有限公司	电商企业
178	重庆海品汇国际贸易有限公司	电商企业
179	重庆爱如宝电子商务有限公司	电商企业
180	北京银联商务有限公司	支付企业
181	安徽省超瀚电子商务有限责任公司	电商企业
182	重庆飞力达供应链管理有限公司	仓储企业
183	重庆旁海电子商务有限公司	电商企业
184	重庆勉励进出口贸易有限公司	电商企业
185	重庆拓赛网络科技有限公司	电商企业
186	深圳市世纪环球科技开发有限公司	电商企业
187	重庆德庄博思特进出口贸易有限公司	电商企业
188	重庆水林商贸有限公司	电商企业
189	上海艾售电子商务有限公司	电商企业
190	瑞安市鼎鑫贸易有限公司	电商企业
191	北京乐享欧美商贸有限公司	电商企业
192	北京格兰德万商贸有限公司	电商企业
193	智付电子支付有限公司	支付企业
194	深圳市叮叮电子商务有限公司	平台商企业
195	重庆速弓科技发展有限公司	电商企业
196	重庆力拓必拓供应链管理有限公司	电商企业
197	重庆华宇物流有限公司	物流企业
198	重庆百思优选电子商务有限公司	电商企业
199	重庆澳亿嘉贸易有限公司	电商企业
200	重庆洋萌物流有限公司	仓储企业
201	重庆无尾熊电子商务有限公司	电商企业
202	广州澳曦健进出口贸易有限公司	电商企业

表2-14 续7

序号	企业名称	企业类型
203	武汉莱茵塔尔国际贸易有限公司	电商企业
204	重庆旭驿时代科技有限公司	电商企业
205	深圳市君美瑞信息科技有限公司	电商企业
206	深圳市前海海淘城电子商务有限公司	电商企业
207	重庆邮鸽供应链管理有限公司	电商企业
208	重庆市新汉商电子商务有限公司	电商企业
209	北京利往商贸有限公司	电商企业
210	重庆寰熙贸易有限公司	电商企业
211	沃得优地（上海）电子商务有限公司	电商企业
212	尚购（苏州）供应链管理有限公司	电商企业
213	长乐锦辉婴童用品有限公司	电商企业
214	重庆喜帆电子商务有限公司	电商企业
215	重庆宝诺希贸易有限公司	电商企业
216	上海虎桥进出口有限公司	电商企业
217	上海苏三贸易有限公司	电商企业
218	重庆象米电子商务有限公司	电商企业
219	重庆瑞可思贸易有限公司	电商企业
220	重庆通康商贸有限公司	电商企业
221	重庆顶冠投资有限公司	电商企业
222	重庆泰若商贸易有限公司	电商企业
223	重庆澳麦加进出口有限公司	电商企业
224	上海啄米贸易有限公司	电商企业
225	郑州万国优品保税进出口有限公司	电商企业
226	太原格幕电子商务有限公司	电商企业
227	重庆美购科技有限公司	电商企业
228	成都中欧灵科国际贸易有限公司	电商企业
229	苏州洋贝贸易有限公司	电商企业
230	重庆布尔特进出口贸易有限公司	电商企业
231	上海浦东发展银行股份有限公司重庆分行	支付企业
232	重庆普乐菲进出口有限公司	电商企业
233	重庆鸿洋溢智商贸有限公司	电商企业

表2-14 续8

序号	企业名称	企业类型
234	重庆普莱玛国际贸易有限公司	电商企业
235	重庆格吕克信息科技有限公司	电商企业
236	重庆菜鸟进出口贸易有限公司	电商企业
237	重庆智汇优联供应链管理有限公司	仓储企业
238	重庆洽谊嘉国际贸易有限公司	电商企业
239	淘宝（中国）软件有限公司	平台商企业
240	上海申诺伟国际采购有限公司	电商企业
241	重庆优舶品进出口有限责任公司	电商企业
242	重庆西霆进出口贸易有限公司	电商企业
243	重庆贝思特进出口贸易有限公司	电商企业
244	成都翼都商贸有限公司	电商企业
245	成都丽耀贸易有限公司	电商企业
246	重庆聚奥佳进出口贸易有限责任公司	电商企业
247	南京小精豆生物科技有限公司	电商企业
248	浙江荷华贸易有限公司	电商企业
249	重庆中外运电子商务有限公司	电商企业
250	金华优海贸易有限公司	电商企业
251	深圳市无国界贸易有限公司	电商企业
252	重庆郡悦阔电子商务有限公司	电商企业
253	重庆市洋展购网络科技有限公司	电商企业
254	北京百付宝科技有限公司	支付企业
255	北京日胜国际商贸有限公司	电商企业
256	重庆中科云康养老产业有限公司	电商企业
257	重庆洋玩易国际贸易有限公司	电商企业
258	重庆大易麒灵电子商务有限公司	电商企业
259	北京卓姿佳和商贸有限公司	电商企业
260	重庆禾顺行进口贸易有限公司	电商企业
261	宁波保税区宁兴优贝国际贸易有限公司	电商企业
262	重庆诺依亨特贸易有限公司	电商企业
263	厦门市辰夏贸易有限公司	电商企业
264	苏州圣岚得商贸有限公司	电商企业

表2-14 续9

序号	企业名称	企业类型
265	重庆朗硕进出口贸易有限公司	电商企业
266	重庆中速物流有限公司	物流企业
267	重庆圆通快递有限公司	物流企业
268	重庆跨世进出口贸易有限公司	电商企业
269	重庆阿扎里亚科技有限公司	电商企业
270	大连骏宸商贸有限公司	电商企业
271	深圳前海世界购电子商务有限公司	电商企业
272	天天快递有限公司	物流企业
273	重庆耶购电子商务有限公司	电商企业
274	重庆斯麦威国际贸易有限公司	电商企业
275	重庆银悦西进出口贸易有限公司	电商企业
276	联动优势电子商务有限公司	支付企业
277	重庆德品供应链管理有限公司	电商企业
278	北京千康健科技有限公司	电商企业
279	深圳高朗科技有限公司	电商企业
280	重庆银行股份有限公司	支付企业
281	江苏苏宁易购电子商务有限公司	电商企业
282	南京糖糖屋零食物语食品有限公司	电商企业
283	北京京东叁佰陆拾度电子商务有限公司	平台商企业
284	宁波贝咪国际贸易有限公司	电商企业
285	重庆鲸歌国际贸易有限公司	电商企业
286	宁波沃枫国际贸易有限公司	电商企业
287	重庆澳满购进出口有限公司	电商企业
288	重庆乐海仕国际贸易有限公司	电商企业
289	北京钱袋支付技术有限公司	支付企业
290	重庆申洋进出口贸易有限公司	电商企业
291	福建随易电子商务有限公司	电商企业
292	重庆皇古头电子商务有限公司	电商企业
293	重庆米提电子商务有限公司	电商企业
294	苏州乳优母婴用品有限公司	电商企业
295	重庆亿威国际贸易有限公司	电商企业

表2-14 续10

序号	企业名称	企业类型
296	重庆贝莱优品国际贸易有限公司	电商企业
297	重庆铭汉贸易有限公司	电商企业
298	重庆贝购网络科技有限公司	电商企业
299	沈阳卉荷雪商贸有限公司	电商企业
300	重庆市丰意得电子商务有限公司	电商企业
301	重庆悦色进出口有限公司	电商企业
302	深圳市华润万家电子商务有限公司	电商企业
303	北京京邦达贸易有限公司	物流企业
304	上海韵达货运有限公司	物流企业
305	中山市汇羽冷冻食品有限公司	电商企业
306	成都搜多客科技有限公司	电商企业
307	摩登大道时尚电子商务有限公司	电商企业
308	重庆欧源境通国际贸易有限公司	电商企业
309	重庆优悦淘贸易有限公司	电商企业
310	四川艾妍儿进出口贸易有限公司	电商企业
311	上海有糖道网络科技有限公司	电商企业
312	重庆阿尔斯特国际贸易有限公司	电商企业
313	上海蓄香科技发展有限公司	电商企业
314	重庆云明时泰科技发展有限公司	电商企业
315	重庆瑞干科技有限公司	电商企业
316	重庆市百年远洋供应链管理有限公司	电商企业
317	青岛朗乐国际贸易有限公司	电商企业
318	宁波弗劳恩物流科技有限公司	电商企业
319	重庆帕萨庭娜网络科技有限公司	电商企业
320	重庆吾空网络股份有限公司	电商企业
321	重庆跨境宝电子商务服务有限公司	平台商企业
322	重庆香满园农产品有限公司	电商企业
323	重庆欧源境通国际贸易有限公司	电商企业
324	重庆布拉邦国际贸易有限公司	电商企业
325	重庆润正铭供应链管理有限公司	仓储企业
326	瑞金麟（北京）电子商务有限公司	电商企业

表2-14 续11

序号	企业名称	企业类型
327	贝欧（天津）商贸有限公司	电商企业
328	重庆亨斯迈国际贸易有限公司	电商企业
329	重庆玛斯特供应链管理有限公司	仓储企业
330	重庆顺银对外贸易有限公司	电商企业
331	贵州生活方式贸易有限公司	电商企业
332	杭州诚联科技有限公司	平台商企业
333	重庆日淘电子商务有限公司	电商企业
334	新希望云优选（重庆）电子商务有限公司	电商企业
335	重庆澳莱特进出口贸易有限公司	电商企业
336	重庆佰弗德贸易有限公司	电商企业
337	重庆沃特曼进出口贸易有限公司	电商企业
338	杭州旋龙贸易有限公司	电商企业
339	北京汤团宝贝商贸有限公司	电商企业
340	重庆新捷供应链管理有限公司	仓储企业
341	重庆丝路广序电子商务有限公司	电商企业
342	重庆联集信息产业发展有限公司	电商企业
343	上海盛付通电子支付服务有限公司	支付企业
344	广州市汇聚支付电子科技有限公司	支付企业
345	重庆百嘉原网络科技股份有限公司	电商企业
346	重庆龙江科技有限公司	电商企业
347	上海寸诚国际贸易有限公司	电商企业
348	河源市麦麦新代贸易有限公司	电商企业
349	广州市安盈贸易有限公司	电商企业
350	重庆即辰信科技有限公司	电商企业
351	重庆麦乐购供应链管理有限公司	电商企业
352	重庆弘创优联供应链管理有限公司	电商企业
353	迅付信息科技有限公司	支付企业
354	北京鑫世界电子商务有限公司	平台商企业
355	开联通支付服务有限公司	支付企业
356	贵阳星力网电子商务有限公司	平台商企业
357	北京高汇通商业管理有限公司	支付企业

表2-14 续12

序号	企业名称	企业类型
358	重庆市新版纳科技有限公司	电商企业
359	重庆贝贝诺电子商务有限公司	电商企业
360	宝阳信息科技（上海）有限公司	电商企业
361	海宁晨升贸易有限公司	电商企业
362	重庆沃尔德供应链管理有限公司	仓储企业
363	盐城市巴伦贝亚进出口有限公司	电商企业
364	重庆新广维科技有限公司	电商企业
365	重庆浩尔诺电子商务有限公司	电商企业
366	重庆海易购商贸有限公司	电商企业
367	重庆前锋科技有限公司	电商企业
368	重庆挚信堂进出口贸易有限公司	电商企业
369	重庆家乐淘科技有限公司	电商企业
370	重庆海鲨创业投资股份有限公司	电商企业
371	四川萃趣在线国际贸易股份有限公司	电商企业
372	青岛康乐猫电子商务有限公司	电商企业
373	重庆杭联供应链管理有限公司	电商企业
374	重庆跨境桥电子商务服务有限公司	电商企业
375	重庆云仓跨境物流有限公司	仓储企业
376	重庆源购优品电子商务有限公司	电商企业
377	重庆集货汇网络科技有限公司	电商企业
378	杭州海蜜电子商务有限公司	电商企业
379	重庆友淘供应链管理有限公司	电商企业
380	证联支付有限责任公司	支付企业
381	海航国际贸易（宁波）有限公司	电商企业
382	上海荣沐国际贸易有限公司	电商企业
383	澳士福网络科技（重庆）有限公司	电商企业
384	广州蔓蒽施贸易有限公司	电商企业
385	北京万众凯旋互联网科技股份有限公司	电商企业
386	东莞市纽凌电子商务有限公司	电商企业
387	重庆悠活科技有限公司	电商企业
388	重庆洋兜兜国际贸易有限公司	电商企业

表2-14 续13

序号	企业名称	企业类型
389	重庆纵深线网络科技有限公司	电商企业
390	重庆市艾优卡电子商务有限公司	电商企业
391	重庆倍赞电子商务有限公司	电商企业
392	天津美佳美国际贸易有限公司	电商企业
393	上海巡舟贸易有限公司	电商企业
394	唐山乐健商贸有限公司	电商企业
395	杭州欧轩贸易有限公司	电商企业
396	武汉易购欧亚贸易有限公司	电商企业
397	重庆迈可丽儿母婴用品跨境电子商务有限公司	电商企业
398	北京心宝一百科技发展有限公司	电商企业
399	重庆能容鑫通仓储服务有限公司	仓储企业
400	重庆欧联购科技有限公司	电商企业
401	上海牵趣网络科技有限公司	电商企业
402	重庆界丰贞电子商务有限公司	电商企业
403	南通贝迪龙电子商务有限公司	电商企业
404	宁夏中德广益电子商务有限公司	电商企业
405	重庆麦德森进出口有限公司	电商企业
406	上海孙周贸易有限公司	电商企业
407	泸州玲佩商贸有限公司	电商企业
408	重庆海娜峰景进出口贸易有限公司	电商企业
409	广西快乐翼佰电子商务有限公司	电商企业
410	重庆联付通网络结算科技有限责任公司	支付企业
411	重庆市美快电子商务有限公司	电商企业
412	光彩国际重庆电子商务有限公司	电商企业
413	重庆易欧蓉国际贸易有限公司	电商企业
414	江西健途生物科技有限公司	电商企业
415	重庆顶吉科技有限公司	电商企业
416	重庆家有一淘电子商务有限公司	电商企业
417	广州美快软件开发有限公司	电商企业
418	重庆德之彩电子商务有限公司	电商企业
419	胡萝卜重庆保税贸易有限公司	电商企业

表2-14　续14

序号	企业名称	企业类型
420	深圳西尔维娅贸易有限公司	电商企业
421	重庆唯品会供应链管理有限公司	电商企业
422	重庆知予进出口贸易有限公司	电商企业
423	重庆中境达进出口贸易有限公司	电商企业
424	苏州易达捷进出口贸易有限公司	电商企业
425	深圳市天行云供应链有限公司	电商企业
426	重庆清大实业股份有限公司	电商企业
427	重庆芮杰斯电子商务有限公司	电商企业
428	杭州一丈青信息技术有限公司	电商企业
429	温州荷里妈妈电子商务有限公司	电商企业
430	重庆纽易网络科技有限公司	电商企业
431	上海芷源贸易有限公司	电商企业
432	重庆诺森比亚进出口贸易有限公司	电商企业
433	重庆优鲜码头电子商务有限公司	电商企业
434	重庆桔普娜电子商务有限公司	电商企业
435	唐山嘉铭家用电器销售有限公司	电商企业
436	重庆海龟奶爸电子商务有限公司	电商企业
437	重庆连运进出口有限公司	电商企业
438	重庆心蜜蜂电子商务有限公司	电商企业
439	重庆润之宜时尚电子商务有限公司	电商企业
440	重庆斯帝亚进出口贸易有限公司	电商企业
441	浙江天猫技术有限公司	电商企业
442	上海笠班进出口有限公司	电商企业
443	重庆娜梵俪电子商务有限公司	电商企业
444	重庆鑫拓扬国际贸易有限公司	电商企业
445	舶乐蜜电子商务（上海）有限公司	电商企业
446	天津纳欧国际贸易有限公司	电商企业
447	重庆晨照商贸有限公司	电商企业
448	杭州金果进出口有限公司	电商企业
449	重庆百年巧信息技术有限公司	电商企业
450	重庆墨志电子商务有限公司	电商企业

表2-14 续15

序号	企业名称	企业类型
451	重庆市悦想悦购进出口有限公司	电商企业
452	重庆荐外科技有限公司	电商企业
453	成都青电汇智跨境电子商务产业园有限公司	电商企业
454	跨境鸟（苏州）电子商务有限公司	电商企业
455	重庆丹璎电子商务有限公司	电商企业
456	重庆鑫海盛汇供应链管理有限公司	电商企业
457	重庆乐康多健康管理有限公司	电商企业
458	重庆市有机岛电子商务有限公司	电商企业
459	重庆瑞益信息科技有限公司	电商企业
460	重庆小红唇电子商务有限责任公司	电商企业
461	美睿健康产业（重庆）有限公司	电商企业
462	重庆一通百惠进出口贸易有限公司	电商企业
463	深圳市海安普科技有限公司	电商企业
464	青岛澳西卡网络科技有限公司	电商企业
465	重庆欧新驿进出口贸易有限公司	电商企业
466	重庆锦熠沣国际贸易有限公司	电商企业
467	上海荷轩贸易有限公司	电商企业
468	重庆德邦物流有限公司	物流企业
469	重庆集创家科技有限公司	电商企业

统计数据

2016 年 1~12 月，重庆市跨境电子商务进出口及结算 150.5 亿元，同比增长 180%。其中，B2C 进口试点完成 781 万单，20.2 亿元，同比增长 257%；B2B 出口 38.6 亿元；跨境电子商务结算 91.7 亿元，同比增长 56%；截至 2016 年底，跨境 B2C 进口累计完成1 204.2 万单，货值 30.6 亿元。

大事记

2016年4月，重庆跨境电子商务汽摩产业园落户江津双福新区，将通过“两国双园”方式，在为园区入驻企业缩短办理出口报关、退税时间的同时，还计划在“一带一路”沿线50余个国家建产品展示馆，为“重庆造”汽摩产品提供海外展示平台。重庆跨境电子商务汽摩产业园由大龙网、重庆和润投资有限公司联合创办，将通过设立进出口样品展示区、跨境电子商务培训中心等一站式服务平台，为重庆市汽摩零部件出口企业提供“走出去”通道，简化出口流程。在运营重庆跨境电子商务汽摩产业园的同时，大龙网将陆续在巴基斯坦、越南、波兰等“一带一路”沿途50多个国家开设产品展示馆并帮助重庆市汽摩企业解决“走出去”的税务、营销、物流等问题，以此降低出口成本，增强市场竞争力。

2016年5月，第十九届渝洽会举行重庆铁路口岸跨境电子商务高峰论坛。论坛主题为“新丝路、新枢纽、新起点”，来自世界各地的嘉宾围绕重庆铁路口岸发展跨境电子商务的优势、跨境电子商务发展及未来趋势等话题，进行了探讨和分享。

2016年7月，《中国（重庆）跨境电子商务综合试验区实施方案》正式公布，我市建设跨境电子商务综合试验区明确发展总目标：到2017年，形成适应跨境电子商务发展的体制机制和综合保障体系，形成具有内陆特色的跨境电子商务产业体系，实现跨境电子商务总额100亿美元。

2016年9月，重庆检验检疫局主持研发，重庆市外经贸委配合共同打造的跨境电子商务安全风险监测综合服务平台二期升级上线运营，该平台包括网站和手机APP，以“风险可控、质量可溯、产品可召”的跨境电子商务检验监管为核心，搭建可被政府监管部门、跨境电子商务企业、消费者共同使用的信息共享平台。

2016年11月，主题为“互联互通·共享经济”的第二届中国·重庆国际跨境电子商务发展峰会召开。2016年1月至10月全市跨境电子商务交易额已突破140亿元，跨境电子商务步入高速发展期。

2016年11月，中共中央政治局委员、重庆市委书记孙政才，市委副书记、市长黄奇帆调研铁路口岸。孙政才首先考察铁路口岸跨境电子商务智能监管仓建设运行情况，听取了跨境电子商务货物从到仓理货到查验放行流程时限的情况汇报，实地察看了海关国检“三个一”联合查验监管区。在查验现场，孙政才向检验检疫人员详细了解了跨境电子商务线上线下流程及监管模式，并指出：要学习国内其他地区跨境电子商务好的经验做法，简化工作流程，减少审批环节，优化通关环境，实现更好的发展。

2016年11月，阿里巴巴“百城千校百万英才”2016年重庆跨境电子商务人才专场双选会在大渡口天安数码城举行，70多家跨境电子商务中小企业提供400多个电商岗位，吸引了600多名应届毕业生前来应聘，最终300多人达成就职意向。随着重庆自贸区获批，广东等沿海地区的跨境电子商务企业内迁趋势明显，重庆跨境电子商务人才缺口进一步加大。此次招聘招聘会主办方U仕联盟已在重庆签约20多所高校，为企业培养所需人才。同时，该联盟还在汇博人才网推出跨境电子商务人才招聘专题，常态化接受求职者应聘。

2016年12月，农行重庆分行跨境电子商务特色平台上实现了首笔全流程通关交易，标志着农行重庆分行成为农行系统内和本地同业首家成功对接跨境电子商务海关总署版的商业银行。与传统电商直连支付不同，跨境电子商务支付需要实时向海关传输支付人信息。农行重庆分行跨境电子商务特色平台依托于新一代全功能电子支付平台，根据重庆本地电商需求，构建具有重庆特色的电商金融支付结算平台，满足重庆网购保税进口的特色需求。该行对接电子商务产业链上下游客户，通过支付结算、关税代缴等服务，提升客户满意度。截至2016年11月末，农行重庆分行已有5家跨境电子商务企业上线，重庆海关版跨境电子商务业务当年累计交易笔数2 259笔。

广州地区

自2016年1月，国务院批复同意广州市设立跨境电子商务综合试验区以来，广州市紧抓机遇，主动创新，积极作为，持续大力推进综合试验区建设，取得了一批阶段性成果，多项创新做法成为全国表率。广州市率先切换跨境电子商务进口统一版通关系统；率先推出以“智检口岸”为核心的商品溯源体系；率先开通“微警认证”消费者身份信息验证功能，为全国跨境电子商务综合试验区创建探索了可复制推广的经验。据海关统计，2016年广州市跨境电子商务进出口总值146.8亿元人民币，同比增长1.2倍，占全国跨境电子商务进出口总值的29.4%。

发展现状

一、开展的主要工作

（一）加强组织领导

市委常委会、市政府常务会议分别听取综合试验区建设情况汇报，并将综合试验区创建工作纳入全市重点任务及市委、市政府重点督办的工作组织推进。成立了综合试验区工作领导小组，由市政府主要领导担任组长、分管副市长担任副组长、各有关部门主要领导作为成员，加强对综合试验区建设工作的组织领导和统筹协调。工作领导小组办公室设在市商务委，从关、检、税、汇等单位抽调 1 名业务骨干，在市商务委集中办公。

（二）明确试点任务

根据省政府印发的《中国（广州）跨境电子商务综合试验区实施方案》，制定了细化实施方案和政策创新清单，明确构建“四平台六体系”（“一带一路”战略服务平台、粤港澳深度合作先行先试平台、线上“单一窗口”综合服务平台、线下“综合园区平台”和跨境电子商务信息共享体系、金融服务体系、智能物流体系、电商信用体系、统计监测体系、风险防范体系）的顶层设计框架，有序推进 6 项重点任务和 11 项重点工作。

（三）建立工作机制

充分发挥综合试验区工作领导小组作用，制定了工作领导小组会议制度、主要职能和各成员单位工作职责、实施方案任务分工表，加强对综合试验区的组织领导和统筹协调，强化部门间协作配合，及时研究解决存在问题。根据省政府批复的实施方案，制定了广州综合试验区实施细化方案和政策创新清单，并建立了督办制度。定期向商务部报送每周工作动态和重点工作。同时，积极发挥行业协会的桥梁作用，调动发挥企业的主体积极性，形成了广泛参与、积极配合的良好工作机制，形成了综合试验区创建的合力。

（四）推动重点突破

将跨境电子商务行业发展中的“痛点”、难点和关节点作为工作重点寻求突破。市领导多次组织召开跨境电子商务专题工作会议、企业座谈会和领导小组会议，推进通关便利化、“单一平台”建设、仓储物流发展等重点工作，查找体制机制障碍，寻找创新发展路径。在此基础上，梳理总结综合试验区创新成果，归纳提炼可复制可推广的经验模式。

（五）注重宣传报道

为发挥宣传鼓动作用，凝聚社会共识，综合试验办通过召开新闻发布会、组织中央和省市重点媒体采风、开展专家访谈等方式，对综合试验区创新工作进行广泛深入报道。《南方日报》《广州日报》《中国经济导报》《南方都市报》等媒体多次报道试点工作进展情况，累计报道 40 余次。同时，综合试验办及时将试点工作推进情况报送市政府、商务部。有关行业协会也积极行动，在年会、展会、高峰论坛等场合介绍广州跨境电子商务行业发展和综合试验区创建情况，形成了有利于各界了解参与的良好氛围。

二、取得的试点成果及成效

一年来，相关各部门强化联动协作机制，加强突出从政策创新、监管创新、服务创新、模式创新，加强“单一平台”建设，叠加政策优势等方面开展工作，综合试验区建设取得较为显著的成效，形成了一批阶段性成果。

（一）推进政策创新，营造良好发展环境

一是地方政府出台指导性文件。省出台了《关于促进跨境电子商务健康快速发展的实施意见》和《关于促进我省跨境电子商务健康快速发展方案》，促进跨境电子商务发展。市加快研究制定《广州市关于加快跨境电子商务发展的若干措施（试行）》和《广州市跨境电商产业园区认定办法》，在培育企业主体、鼓励园区建设、海外仓建设、完善公共服务平台、创新优化关检税汇监管体系等方面给予政策资金的扶持。

二是监管部门出台配套扶持措施。广州海关、黄埔海关将海关总署印发的《跨境电子商务综合试验区海关可复制推广的制度措施》全面落地，并出台一批具体配套支持措施；检验检疫部门落实《广东检验检疫局跨境电子商务检验检疫监督管理实施细则（试行）》，出台一批便利措施；国税部门落实国家有关跨境电子商务进出口税收相关政策；外汇管理部门落实《国家外汇管理局关于开展支付机构跨境外汇支付业务试点的通知》，支持综合试验区创建工作。

（二）创新监管和服务模式，实现便利化规范化通关

一是提升通关系统信息化水平。以信息化手段为基础，促进传统监管模式向信息化监管模式转型，实现通关便利化和规范化。以广州海关系统为基础开发跨境电子商务零售进口总署统一版通关系统，广州标准成为全国标准，统一版在广州海关关区率先上线运行，目前已有962家企业接入该系统。广州海关于2016年8月在全国率先实现跨境电子商务直购进口纳入贸易统计。

二是率先在全国建设检验检疫“智检口岸”。探索建立商品质量溯源体系。广州检验检疫部门在南沙建立以“智检口岸”为核心的监管模式，通过实施具有我国自主知识产权的二维码——“真知码”溯源，可精准追溯每批产品、每件商品的质量信息。推动采信机制与溯源管理有机结合，采信经CNAS及国外官方认可的第三方机构出具的相关证书，在全国率先将溯源链条延伸至境外。推出全球质量溯源体系2.0版本，由企业提前将商品质量信息通过公证信息接入系统导入“智检口岸”平台，商品抵达口岸后，检验检疫机构实施精准监管、快速验放，验放速度提高到100秒/件。

三是探索关检协作新模式。黄埔海关协同检验检疫部门，按照关、检双方共同监管的理念规划建设，运作高效顺畅，将以往需要数天才能完成的通关环节缩短至2小时，成为“三互”（信息互换、监管

互认、执法互助）和“单一窗口”应用的典范，为跨境电子商务企业提供了简便、高效、透明的通关环境。

四是探索建立风险防控体系。广州公安部门会同电子口岸、广州海关创新跨境电子商务消费者身份认证模式，依托“广州微警认证”平台为跨境电子商务企业提供消费者身份信息认证，逐步建立跨境电子商务风险防范体系。身份校验功能的开通，不仅能有效防止利用虚假客户信息进行“刷单”等虚假跨境交易，也有助于海关部门对个人“海购”消费额度实施准确管理，为进一步引导跨境消费行为规范化发展发挥积极作用。

五是推进无纸化退税。联动国税部门组织各区国税部门举办出口退税无纸化专题宣讲会，通过详尽的政策解读和操作演示，确保试点企业懂政策、会申报。

六是创新金融服务。鼓励银行业金融机构与依法取得互联网支付业务许可的支付机构合作，为企业跨境货物贸易、服务贸易提供人民币结算服务。推动技术成熟和管理完善的支付机构参与跨境外汇支付业务试点，为跨境电子商务资金结算提供支持。广州高富以大数据风控为基础打造的互联网跨境支付品牌收款易（Skyee）、威时沛运依托自身国际物流经验优势开展的收结汇服务，都为跨境电子商务企业特别是小、微企业的收结汇创造了便利。

（三）推进“单一窗口”建设，建立信息共享机制

一是功能更加完善。截至2016年底，正式上线运营的“单一窗口”2.0版本共有包含跨境电子商务在内的18个功能模块，是目前国内功能最齐全的单一窗口平台。二是实现数据落地、部门共享和协同监管。海关、检验检疫部门已基本完成相关信息系统对接整合，政府管理部门通过信息数据共享、互换，实现“一次申报、一次查验、一次放行”，以及可跟踪溯源。三是可复制可推广。“单一窗口”覆盖多个关区，满足海、陆、空、铁、邮各类口岸业务需求，广东省已开始全面复制推广。

（四）强化服务保障体系，着力解决发展难题

一是加快物流发展。积极打造智慧物流体系，中远、威时沛运等企业努力尝试推出智能化、全方位服务。加快全市跨境公共仓、自营仓、保税仓的整合，推动南沙扩建、新建保税仓库，促进机场综保区盘活现有仓储资源。通过引入新的国际航线、加密现有国际航班、开通货运航班等措施，增强广州白云国际机场的进出口货运能力。

二是加强人才培养。支持高等院校、职业院校和社会培训机构开设与跨境电子商务发展相关联的专业和课程；加强院校、培训机构与企业间合作，提升人才培训实效；鼓励有实力的跨境电子商务企业举办各类技能大赛或创新、创业活动。建立电子商务人才创业创新支持平台，大力支持创新人才开展跨境电子商务商业模式创新和技术创新；建立跨境电子商务创业孵化机制，为中小微电子商务企业创业发展提供条件。

三是加大资金扶持力度。从2013年起，我市不断加大扶持力度，出台多项优惠政策，投入较大资金支持，形成支持企业的“组合拳”。市财政连续5年每年投

入5亿元扶持电子商务和跨境电子商务发展，并安排了专项资金3 320万元用于跨境电子商务公共服务平台建设。2016年，我市跨境电子商务获得各级资金扶持共6 896万元，其中，中央资金2 956万元，省级资金1 600万元，市级资金2 340万元，主要投入跨境电子商务示范企业、公共服务平台建设、海关、检验检疫部门的监管体系建设、跨境电子商务园区建设、企业信息化系统、物流体系和海外仓建设等方面，为我市跨境电子商务的快速发展提供了重要保障。我市还大力培育本土企业，2016年全市认定广新集团、威时沛运、广东邮政、万表网4家跨境电子商务示范企业，给予资金扶持。同时，对广东邮政、卓志供应链等业务量大、带动性强的企业给予重点扶持。

四是协调解决企业困难。市领导多次组织召开跨境电子商务专题工作会议、企业座谈会和领导小组会议，通过举办"2016中国（广州）国际跨境电子商务展览会暨高峰论坛"，搭建企业对接平台；举办"广州市跨境电子商务融资对接暨金融服务政策宣讲会"，达成融资意向金额56亿元，帮助企业解决融资难的问题。针对跨境电子商务新政变化，联动关、检、税、汇、工商等部门对企业开展调研座谈、问卷调查达200余次，摸实摸准跨境电子商务企业开展业务过程中的"痛点"，有针对性地研究实施应对措施，并积极向国家有关部门反映问题，争取相关政策支持。

（五）推进产业模式创新，做强做大业务

一是丰富业务模式。广州海关联合广州电子口岸管理有限公司共同建设了"互联网+易通关"跨境电子商务B2B系统，目前该系统一期（出口）的功能模块已经测试完成。2016年10月14日以威时沛运作为第一家试点企业测试首单跨境电子商务B2B业务。综合试验办组织召开跨境电子商务B2B出口专题会议，推动广州各关区全面推进跨境电子商务B2B出口业务。广州成为在第二批综合试验区城市中率先开通跨境电子商务B2B业务的城市。黄埔海关探索开展网购保税进口出口业务，目前以中外运为试点企业，在黄埔区丰乐北路出口监管仓测试了网购保税进口出口业务，采取海关入仓集中查验、集中放行模式，货到出口监管仓即可申请办理退税。目前，在我市开展跨境电子商务业务的企业约1 200家，开展了包括B2B2C（网购保税进口）、B2B2C（网购保税进口出口）、B2C（直购进口）和B2C（零售出口）等全类型业务模式，跨境电子商务B2B出口业务已测试成功并开始全面推进。

二是用好海关特殊监管区域。依托白云机场综合保税区、南沙保税港区、广州保税区等海关特殊监管区域优惠政策，利用电子口岸平台优势和数据共享机制，重点开展网购保税进口、直购进口、零售出口、网购保税进口出口等业务。目前，在白云机场综保区和南沙自贸试验区备案开展跨境电子商务业务的企业分别超过1 000家和800家，成功吸引了京东、苏宁、一号店、唯品会等大型电商平台和企业落户南沙；吸引了威时沛运、白云国际物流、中外运等公司落户空港经济区，带动了物流业的飞速发展和南沙港区航线的增加，强化了空港、海港的枢纽地位。目

前，我市海关特殊监管区域对全市跨境电子商务进出口额的贡献达到35%，成为跨境电子商务发展的主要阵地。

三是以线下促线上发展。根据各区资源禀赋和区位特点打造“线下园区”。白云、花都、黄埔、南沙等区，依托海关特殊监管区域，通过引进物流企业、扩大区内保税仓、在区内开展保税展示交易等途径，加快发展跨境电子商务进口业务；越秀、天河、荔湾、海珠、番禺等中心城区，重点发展跨境电子商务总部经济、专业市场转型、跨境电子商务O2O体验及第三方支付等；增城、从化等边远城区，根据各自产业特色，推动牛仔服装、汽车零部件、农副产品等跨境电子商务进出口业务增长，加快开设进口商品体验店。目前全市已有30多家跨境电子商务体验店或展示店，受到市民的追捧和欢迎，其中风信子、美悦优选等企业还把体验店开到了兄弟省市，总部经济效应初显。

四是促进融合升级。充分利用发挥我市产业优势，推动跨境电子商务与传统外贸、物流、金融等产业融合发展。多次举办亚马逊、一达通等跨境电子商务平台或综合服务企业与传统外贸企业的对接活动，大力推动专业批发市场、传统大型零售企业和对外贸易企业与跨境电子商务企业“联姻”。支持物流供应链企业为跨境电子商务提供智能化、全方位服务，探索建立外贸供应链系统标准体系。鼓励第三方电商平台、支付机构、外贸综合服务企业、银行机构等开展多方合作，积极创新互联网金融产品和服务。

（六）利用政策叠加优势，放大产业格局

一是充分发挥跨境电子商务综合试验区和各类经济区域的政策叠加优势。实施“综合试验区+自贸区”“综合试验区+空港经济区”“综合试验区+国家级开发区”战略，以“跨境电子商务+总部经济”“跨境电子商务+传统外贸”“跨境电子商务+专业市场”“跨境电子商务+农村专业镇、淘宝村”等多种方式，有效推进跨境电子商务综合试验区的建设。

二是努力打造“一带一路”战略服务平台。2016年8月，广州至欧洲班列正式开通运行，在丝绸之路上构建了一条全新的跨境电子商务物流大通道。

三是创新搭建粤港澳深度合作先行先试平台。如南沙正在择地建设粤港、粤澳跨境电子商务合作园区，并利用自贸试验区优势，创建香港机场—南沙保税港区的“超级中国干线”，实现将跨境进口货物从香港机场货站通过快速跨境通关模式运抵南沙保税港区。黄埔海关积极探索，研究以广州保税区作为载体，创新利用国际国内“两种资源、两个市场”，支持跨境电子商务企业将香港海外仓货源搬迁至境内，助力企业降低仓储物流成本、提高通关效能。

三、存在问题

尽管我市跨境电子商务业务规模走在全国前列，但是随着国内开展跨境电子商务业务的城市不断增多，优惠政策的不断复制推广，先行先试的优势将逐步弱化，我市面临的竞争压力不断加大，保“第一”的任务也更加艰巨。目前，跨境电子

商务占外贸进出口的比重仅2%左右，对外贸的带动作用还有待进一步加强。

（一）“追兵”发展势头迅猛，带来追赶压力

2016年，全国开展跨境电子商务进出口的城市由上半年的34个增加到60个，进出口超1亿元的城市由12个增加到17个。其中，杭州、郑州、北京、宁波、深圳等城市发展势头迅猛。杭州作为国务院最早批复设立的跨境电子商务综合试验区，诸多政策得到国家相关部门的大力支持。杭州成立了专门的综合试验办，联合阿里巴巴集团大力推进跨境电子商务B2B业务发展。郑州综合试验区主要依托新郑综合保税区、出口加工区等区域，推动综合试验区与航空港、郑欧班列和内陆口岸联动发展，并给予企业仓储、检测费优惠及通关便利，形成具有显著特色的跨境电子商务发展新模式。省内的深圳、东莞跨境电子商务发展较快，2016年跨境电子商务进出口增幅分别达到4.08倍和4.48倍，我市日益面临后有追兵、不进则退的竞争压力。

（二）政策创新还需要加快进度

一是杭州的优惠政策复制推广还需要进一步加快。二是出口退（免）税实际操作难度大，按照目前国税部门的政策要求，取得合法有效的进货凭证是办理退（免）税的前提。从事跨境电子商务零售出口业务的企业，通常从小规模纳税人或个人采购货物，往往无法取得合法有效的进货凭证，不适用出口免税政策，因而被视同内销征税，实际上无法办理退（免）税。三是跨境电子商务出口结汇存在困难。跨境电子商务在海关以物品而不是货品方式通关，因此缺少必要的证明，难以按传统贸易的方式直接通过银行正常结汇。

（三）跨境电子商务B2B标准尚未确认

跨境电子商务B2B的定义和相关技术标准尚未确立，影响了地方相关政策制订、监管模式以及统计口径的针对性、明确性。

四、下一步发展计划

下一步，我市将认真贯彻落实《中国（广州）跨境电子商务综合试验区实施方案》中有关任务内容，按照商务部2015年底召开的“跨境电子商务综合试验区工作推进会”的有关要求，着力在完善政策、打造平台、建设聚集区、支持外贸企业转型升级、优化产业链、加快线上线下融合发展等方面推动我市跨境电子商务实现新的发展。

（一）进一步完善跨境电子商务发展政策体系

修订完善和出台《广州市关于加快跨境电子商务发展的若干措施（试行）》《广州市跨境电子商务产业园区认定办法》等一系列促进我市电子商务和跨境电子商务发展的政策措施，加大对跨境电子商务的支持力度；积极对接国税部门，研究实施跨境电子商务企业采取核定应税所得率方式征收企业所得税的办法，并继续争取杭州“免征不退”政策在广州综合试验区落地。

（二）继续深挖跨境电子商务新增长点

在保持跨境电子商务零售出口规模的基础上，与广州海关、黄埔海关共同推动网购保税进口出口试点，探索跨境电子商务出口新模式。支持黄埔海关盘活广州保税区的保税仓资源，大力发展网购保税进口进出口和跨境电子商务零售出口等业务。用好我市电子商务和跨境电子商务的支持政策措施，引进、培育一批跨境电子商务龙头企业，发挥好示范带动效应。发挥行业协会的作用，搭建企业交流合作的平台，举办多种形式的论坛和推介会，扩大我市跨境电子商务的影响力。

（三）重点发展跨境电子商务 B2B 出口

坚持跨境电子商务进出并重、出口为主的发展原则，重点推动 B2B 模式的发展。协调海关加快推进全流程的 B2B 跨境电子商务服务平台模式，整合金融、通关、退税、外汇、销售、物流、售后服务等所有环节，将广州专业批发市场、传统外贸公司与电子商务有机结合，为生产企业提供跨境 B2B 出口的全球营销推广、出口代理、物流运输等一站式服务。

（四）加快跨境电子商务载体建设

在全市认定一批跨境电子商务产业园区，作为跨境电子商务集聚发展的平台、招商引资的重要载体和提供集中监管服务的重要场所，加快推动我市跨境电子商务产业集聚发展。发挥好《琶洲互联网创新集聚区落户企业建设自用办公用房奖励资金实施方案》等政策的撬动效应，推动电子商务与跨境电子商务的融合发展和互促共进。

（五）加强服务创新和协同管理

重点梳理海关、检验检疫部门的通关、通检节点，研究制定跨境电子商务通关流程指引，进一步推动关、检协作，加快跨境电子商务监管服务创新，以更加高效便捷的通关模式释放市场新活力，吸引集聚各类企业。继续推动各部门对公共服务平台开放相关业务数据接口，依托“单一窗口”平台，促进协同管理，推动新型业态发展。

（六）发挥综合试验区工作领导小组的统筹协调作用

对综合试验区建设工作做阶段性总结，明确下阶段工作内容。继续从政策创新、与国家、省相关部门对接、控制风险、保障安全等各个环节，根据综合试验区各部门任务分工，加强日常工作的督导，协调解决推进工作中的问题。

（七）推动区域跨境电子商务合作

一是打造“一带一路”战略服务平台，发挥广州空港、海港及枢纽型网络城市建设优势，利用广州至欧洲班列开通运行等契机，在丝绸之路上构建跨境电子商务物流大通道。二是搭建粤港澳深度合作先行先试平台，加快建设南沙粤港、粤澳跨境电子商务合作园区，并利用自贸试验区优势，创建香港机场-南沙保税港区的“超级中国干线”，实现将跨境进口货物从香港机场货站通过快速跨境通关模式运抵南沙保税港区。

配套文件

（无）

企业名录

截至2016年12月31日，在广州跨境综合服务平台上注册，并实际展开业务的企业名录见表2-15。

表2-15　广州跨境电子商务企业名录

序号	企业名称	企业类型
1	广东奥利隆跨境电子商务有限公司	电商企业
2	广东奥园奥买家电子商务有限公司	电商企业
3	广东奥园跨境电子商务集团有限公司	物流企业
4	广东柏华包装股份有限公司	电商企业
5	广东奔澳国际贸易有限公司	电商企业
6	广东潮臻电子商务有限公司	电商企业
7	广东潮臻电子商务有限公司	电商企业
8	广东风信子网络科技有限公司	电商企业
9	广东芙朗氏进出口贸易有限公司	电商企业
10	广东富立德供应链管理有限公司	物流企业
11	广东高捷航运物流有限公司	物流企业
12	广东高捷航运物流有限公司	物流企业
13	广东高捷航运物流有限公司黄埔分公司	物流企业
14	广东高捷航运物流有限公司机场分公司	物流企业
15	广东广新国通达电子商务有限公司	电商企业
16	广东广新贸易发展有限公司	电商企业
17	广东海淘天下网络科技有限公司	电商企业
18	广东好望谷电子商务有限公司	电商企业
19	广东合捷国际供应链有限公司	物流企业

表2-15 续1

序号	企业名称	企业类型
20	广东嘉骐昊物流有限公司	物流企业
21	广东健客医药有限公司	电商企业
22	广东金口岸物流有限公司	物流企业
23	广东京城进出口贸易有限公司	电商企业
24	广东井邱贸易有限公司	电商企业
25	广东就手电子商务有限公司	电商企业
26	广东跨境达商贸有限公司	电商企业
27	广东跨境易供应链管理有限公司	物流企业
28	广东跨客城信息技术有限公司	电商企业
29	广东朗熹贸易有限公司	电商企业
30	广东乐越淘电子商务有限公司	电商企业
31	广东麦浪电子商务有限公司	电商企业
32	广东麦斯卡体育股份有限公司	电商企业
33	广东美篮子电子商务有限公司	电商企业
34	广东美球贸易有限公司	电商企业
35	广东美悦优选电子商务有限公司	电商企业
36	广东美悦优选电子商务有限公司	电商企业
37	广东美悦优选电子商务有限公司	电商企业
38	广东蒙娜丽莎贸易有限公司	电商企业
39	广东诺勤物流有限公司	物流企业
40	广东女皇镇信息科技有限公司	电商企业
41	广东普惠跨境电子商务有限公司	电商企业
42	广东全绿商贸有限公司	电商企业
43	广东融生进出口有限公司	电商企业
44	广东三福服装有限公司	电商企业
45	广东山姆冷链食品有限公司	电商企业
46	广东山姆冷链食品有限公司	电商企业
47	广东省纺织品进出口棉织品有限公司	电商企业
48	广东省机械进出口股份有限公司	电商企业
49	广东省丝丽国际集团服装有限责任公司	电商企业
50	广东省丝丽国际集团泓泰有限责任公司	电商企业

表2-15　续2

序号	企业名称	企业类型
51	广东省邮政广告有限公司	电商企业
52	广东省邮政速递物流有限公司江门市分公司	物流企业
53	广东世婴信息科技有限公司	电商企业
54	广东首辅科技有限公司	电商企业
55	广东顺丰速运有限公司	物流企业
56	广东腾万里供应链管理有限公司	物流企业
57	广东天河城百货有限公司	电商企业
58	广东通达物流实业公司	物流企业
59	广东沃天下供应链管理有限公司	物流企业
60	广东五合健康管理股份有限公司	电商企业
61	广东西邮寄网络科技有限公司	物流企业
62	广东心怡供应链管理有限公司	物流企业
63	广东心怡科技物流有限公司	物流企业
64	广东新安怀电子商务有限公司	电商企业
65	广东信联通电商物流有限公司	电商企业
66	广东秀驿物流有限公司	物流企业
67	广东迅宇国际货运代理有限公司	物流企业
68	广东壹健康科技有限公司	电商企业
69	广东宜家通国际货运代理有限公司	物流企业
70	广东宜婴宝供应链有限公司	物流企业
71	广东易成信息科技有限公司	电商企业
72	广东易得电子商务有限公司	电商企业
73	广东易利供应链管理有限公司	物流企业
74	广东影行天下文化传播有限公司	电商企业
75	广东永邦经贸国际货运代理有限公司	物流企业
76	广东邮政邮件快件服务有限公司	物流企业
77	广东裕马国际贸易有限公司	物流企业
78	广东圆通速递有限公司	物流企业
79	广东悦昊荟电子商务有限公司	电商企业
80	广东粤宁苏宁物流有限公司	电商企业
81	广东中商港科技有限公司	电商企业

表2-15 续3

序号	企业名称	企业类型
82	广东中外运电子商务有限公司	物流企业
83	广东卓志跨境电子商务供应链服务有限公司	物流企业
84	广西然润电子商务有限公司	电商企业
85	广州爱彼家网络科技有限公司	电商企业
86	广州安海报关有限公司	物流企业
87	广州奥帛芮进出口贸易有限公司	电商企业
88	广州澳建安酒业有限公司	电商企业
89	广州澳舜美商贸有限公司	电商企业
90	广州澳元健生物科技有限公司	电商企业
91	广州八百方信息技术有限公司	电商企业
92	广州百彗通供应链管理有限公司	物流企业
93	广州百润捷供应链管理有限公司	物流企业
94	广州百润捷物流有限公司	物流企业
95	广州柏川国际货运代理有限公司机场分公司	物流企业
96	广州柏道计算机科技有限公司	电商企业
97	广州邦真贸易有限公司	电商企业
98	广州宝力特国际货运代理有限公司	物流企业
99	广州保恒晟物流有限公司	物流企业
100	广州保税区洪翔物流有限公司	物流企业
101	广州保税区威时沛运物流有限公司	物流企业
102	广州贝车家贸易有限公司	电商企业
103	广州比呀比信息科技有限公司	电商企业
104	广州不二信息科技有限公司	电商企业
105	广州彩虹五金弹簧有限公司	电商企业
106	广州仓亿进出口贸易有限公司	物流企业
107	广州常春藤货运代理有限公司	物流企业
108	广州畅佰信息科技有限公司	电商企业
109	广州城市通软件有限公司	电商企业
110	广州川越体育用品有限公司	电商企业
111	广州大丰国际货运代理有限公司	物流企业
112	广州大灰狼货运代理有限公司	物流企业

表2-15 续4

序号	企业名称	企业类型
113	广州袋鼠互联网服务有限公司	电商企业
114	广州戴仕贝贸易有限公司	物流企业
115	广州缔创进出口贸易有限公司	电商企业
116	广州点购电子商务有限公司	电商企业
117	广州鼎球生物科技有限公司	电商企业
118	广州短播网络技术有限公司	电商企业
119	广州恩禾物流供应链有限公司	物流企业
120	广州恩律贸易有限公司	物流企业
121	广州番禺中新国际货物运输代理有限公司	电商企业
122	广州饭特希生命科技有限公司	物流企业
123	广州方显货运代理有限公司	电商企业
124	广州丰鼎五金制品有限公司	物流企业
125	广州沣通益贸易有限公司	物流企业
126	广州沣裕盛保税仓储有限公司	物流企业
127	广州沣裕盛物流有限公司	物流企业
128	广州港华国际货运代理有限公司	物流企业
129	广州港蕞荟电子商务有限公司	电商企业
130	广州高咖优网络有限公司	电商企业
131	广州格林捷国际货运代理有限公司	物流企业
132	广州国贤报关报检有限公司	物流企业
133	广州国翔报关有限公司	物流企业
134	广州国志国际货运代理有限公司	物流企业
135	广州国宗电子商务有限公司	电商企业
136	广州哈鲁信息科技有限公司	电商企业
137	广州海购网络科技有限公司	电商企业
138	广州海狐贸易有限公司	电商企业
139	广州海猫岛电子商务有限公司	电商企业
140	广州海鸥卫浴用品股份有限公司	电商企业
141	广州海商网络科技有限公司	电商企业
142	广州海生贸易有限公司	电商企业
143	广州海穗网络信息技术有限公司	电商企业

表2-15　续5

序号	企业名称	企业类型
144	广州海鹰船舶工程有限公司	电商企业
145	广州豪敏贸易有限公司	电商企业
146	广州豪祥进出口贸易有限公司	物流企业
147	广州好耶有限公司	电商企业
148	广州昊海国际货运代理有限公司	物流企业
149	广州浩定欣贸易有限公司	物流企业
150	广州合利宝支付科技有限公司	支付企业
151	广州合利货运代理有限公司	物流企业
152	广州和昌国际货运代理有限公	物流企业
153	广州亨通报关报检有限公司	物流企业
154	广州恒丰电子商务有限公司	物流企业
155	广州恒汇国际物流有限公司	物流企业
156	广州泓娅国际贸易有限公司	物流企业
157	广州胡萝卜村网络科技有限公司	电商企业
158	广州虎骏国际贸易有限责任公司	电商企业
159	广州华骏麒国际贸易有限公司	物流企业
160	广州华迅捷通电子商务有限公司	电商企业
161	广州华喆服饰有限公司	电商企业
162	广州骅增国际货运代理有限公司	物流企业
163	广州荟星电子商务有限公司	电商企业
164	广州荟星电子商务有限公司机场分公司	物流企业
165	广州惠购供应链有限公司	物流企业
166	广州货之家仓储服务有限公司	物流企业
167	广州积神进出口贸易有限公司	电商企业
168	广州极思信息科技有限公司	电商企业
169	广州骥峦贸易有限公司	电商企业
170	广州佳骐国际货运代理有限公司	物流企业
171	广州佳兴信息科技有限公司	电商企业
172	广州家颐乐国际商贸有限公司	电商企业
173	广州嘉格惠信息科技有限公司	电商企业
174	广州嘉海电子商务有限公司	电商企业

表2-15　续6

序号	企业名称	企业类型
175	广州杰夫迪电子科技有限公司	电商企业
176	广州金邦国际货运代理有限公司	电商企业
177	广州金外滩跨境电子商务供应链服务有限公司	物流企业
178	广州经济技术开发区志城科技工程	物流企业
179	广州晶东贸易有限公司	电商企业
180	广州景辰电子商务有限公司	电商企业
181	广州景诚国际货运代理有限公司机场分公司	物流企业
182	广州酒饮国际贸易有限公司	电商企业
183	广州珏城报关有限公司	物流企业
184	广州君盟信息科技有限公司	物流企业
185	广州隽雄供应链管理有限公司	电商企业
186	广州骏烨物流有限公司	物流企业
187	广州跨境行信息科技有限公司	电商企业
188	广州跨境通电子商务有限公司	电商企业
189	广州来特购电子商务有限公司	电商企业
190	广州蓝色光标电子商务有限公司	电商企业
191	广州蓝幄生物科技有限公司	电商企业
192	广州朗天信息科技有限公司	电商企业
193	广州老人佳科技文化传播有限公司	电商企业
194	广州乐威仓供应链管理有限公司	物流企业
195	广州路境通物流有限公司	物流企业
196	广州露蓓信息科技有限公司	电商企业

统计数据

（无）

大事记

3月17日，市政府办公厅文件分送表（商业〔2016〕118号）转发市委办公厅《文件办理通知〈广州市商务委关于设立中国（广州）跨境电子商务综合试验区工作机构的请示〉》（其字〔2016〕18号）。

5月9日下午，市商务委林国强副主任在市商务委1 310会议室主持召开广州跨境电子商务综合试验区工作小组（后期正式成立综合试验区工作领导小组办公室，以下简称“综合试验办”）第一次会议，部署综合试验区建设有关工作，标志着由市商务委领导，广州海关、黄埔海关、广州出入境检验检疫局、人民银行广州分行、市国税局、广州空港委和电子口岸公司等单位参加的综合试验办正式开始集中工作。

5月11日，省政府印发《关于印发中国（广州）、中国（深圳）跨境电子商务综合试验区实施方案的通知》（粤府函〔2016〕119号）。

5月28日，市政府办公厅文件分送表（商业〔2016〕249号）转发《广东省人民政府关于印发中国（广州）、中国（深圳）跨境电子商务综合试验区实施方案的通知》（粤府函〔2016〕119号）。

6月初，综合试验办提前组织草拟综合试验区工作领导小组第一次会议有关会议材料。

6月7日，综合试验办印发《关于征求综合试验区实施方案任务分工等意见的函》（穗商务电商函〔2016〕56号）。

6月17日，综合试验办印发《关于再次征求对〈广州市跨境电子商务产业园认定办法〉意见的函》（穗商务电商函〔2016〕60号）。

6月22日，市政府办公厅印发《关于成立中国（广州）跨境电子商务综合试验区工作领导小组的通知》（穗府办函〔2016〕86号）。

6月24日，商务部财务司袁晓明副司长一行赴广州考察跨境电子商务工作，市商务委会同综合试验办、广州空港委做好有关调研活动安排工作。

7月1日，市商务委会同综合试验办印发《关于舆情每日快报（2016年第103期）办理情况的报告》（穗商务电商〔2016〕13号）。

7月5日，综合试验办印发《关于报送广州综合试验区重点企业基本信息等有关情况的函》（穗商务电商函〔2016〕65号）。

7月6日，综合试验办组织广州海关、黄埔海关、市国税局、外汇管理局广东根据和电子口岸公司等单位，在市商务委1 409会议室召开促进跨境电子商务零售出口措施有关工作的专题研讨会，并于7月26日形成《关于征求会议纪要意见的函》（穗商务电商函〔2016〕74号）征求各有关单位意见后，8月30日正式印发《关于促进跨境电子商务零售出口措施专题研究工作会议的纪要》（工作会议纪要〔2016〕21号）。

7月18日，综合试验办印发《关于全面推进广州综合试验区各项工作的通知》（穗商务电商函〔2016〕70号）。

7月20~22日，市商务委会同综合试验办指导广州市跨境电子商务行业协会等单位，在琶洲保利世贸博览馆成功举办首届“2016中国（广州）国际跨境电子商务展览会暨高峰论坛”。

7月27日，综合试验办印发《关于印发广州综合试验区工作领导小组会议制度、主要职能及各成员单位工作职责的通知》(穗商务电商〔2016〕18号)。

8月5日，综合试验办印发《关于申报2016年度外经贸发展专项资金跨境电子商务项目事项的预通知》(便签)。

8月19日，福建省考察团赴广州调研跨境电子商务工作，市商务委会同综合试验办、南沙区口岸办做好有关调研活动安排工作。

8月23日，综合试验办印发《关于征求综合试验区创新政策措施清单意见的函》(穗商务电商函〔2016〕79号)。

8月23日，综合试验办印发《关于开展我市跨境电子商务业务增长的调查问卷工作的通知》(便签)。

8月26日，市商务委会同综合试验办起草了关于综合试验区建设情况的报告，并报送省商务厅（未正式发文)。

5月~8月，综合试验办组织开展全市跨境电子商务情况摸查工作，形成《广州跨境电子商务发展情况汇总表》。

9月1日，综合试验办组织外汇管理局广东分局、电子口岸公司、贝法易公司等单位召开跨境电子商务出口结汇有关问题专题研讨会（口头通知)，于9月30日形成《关于征求会议纪要意见的函》(穗商务电商函〔2016〕91号）征求各有关单位意见后，11月29日印发《关于专题研究跨境电子商务出口结汇问题工作会议的纪要》(工作会议纪要〔2016〕29号)。

9月13日，广州市商务委、广州市财政局会同综合试验办印发《关于组织申报2016年度外经贸发展专项资金（跨境电子商务项目）的通知》（穗商务电商函〔2016〕87号)。

9月13日，广州市商务委、广州市财政局会同综合试验办印发《关于转发内外经贸发展与口岸建设专项资金电子商务事项项目库申报指南的通知》(穗商务电商函〔2016〕88号)。

9月19日，市商务委会同综合试验办印发《跨境电子商务综合试验区服务体系建设项目资金申报实施方案的报告》(穗商务电商〔2016〕21号)。

9月22日，市商务委会同综合试验办起草了《广州市商务委关于我市跨境电子商务发展情况的报告》，专报温国辉市长(未正式发文)。

10月19~21日，市商务委肖振宇主任带队赴郑州、杭州调研跨境电子商务工作，于11月10日形成《关于赴郑州、杭州调研跨境电子商务的报告》(便签）专报蔡朝林副市长，并根据蔡朝林副市长指示，将报告转发各有关单位学习［12月6日，《关于学习郑州、杭州经验促进跨境电子商务快速发展的通知》（便签）］。综合试验办及有关跨境电子商务企业参加调研活动。

11月7日，综合试验办印发《转发广东省商务厅关于赴广州、深圳市督导跨境电子商务工作的通知》（穗商务电商函〔2016〕94号)。

11月15日，综合试验办印发《关于分解广州市2016年跨境电子商务进出口指标的通知》(穗商务电商函〔2016〕99号)。

11月24日，市商务委林国强副主任在

市商务委1009会议室主持召开跨境电子商务 B2B 出口业务及梳理跨境电子商务零售进口业务通关流程等专题研讨会，于 11 月 28 日形成《关于征求会议纪要意见的函》（穗商务电商函〔2016〕101 号）征求各有关单位意见后，12 月 26 日印发《关于推动跨境电子商务 B2B 出口业务及梳理跨境电子商务零售进口业务通关流程等专题研究工作会议的纪要》（工作会议纪要〔2016〕32 号）。

12 月 15 日，上海市考察团赴广州考察跨境电子商务工作，市商务委会同综合试验办、空港委、南沙区口岸办做好有关调研活动安排工作。

12 月 20 日，人民银行广州分行、市商务委、市金融局联合举办广州跨境电子商务融资对接暨金融服务政策宣讲会。各区商务主管部门及有关跨境电子商务企业参加。（综合试验办于 12 月 7 日印发宣讲会预通知，12 月 14 日印发正式通知。）

深圳地区

自2016年1月12日国务院批复深圳设立跨境电子商务综合试验区（以下简称深圳综合试验区）以来，根据《广东省人民政府关于印发中国（深圳）跨境电子商务综合试验区实施方案的通知》（粤府函〔2016〕119号），深圳市委会同相关单位积极作为，完善政策措施，创新监管方式，健全公共服务体系，取得了一定成果。

发展现状

一、产业发展实现新突破

（一）跨境电子商务成为外贸发展新业态

全年跨境电子商务交易额超过403.5亿美元（全口径），同比增长约21%，约占全市进出口总额的10%。其中纳入海关监管代码（1210/9610）项下的跨境电子商务交易额为4.3亿美元，同比增长232%，全市各类电子商务交易主体约有2万家，约占外贸企业的20%，其中活跃卖家数占全国的40%。跨境电子商务领域上市公司已占全国同类上市公司的90%，如环球易购、有棵树、傲基电子、百事泰、爱淘城、跨境翼、兰亭集势等。

（二）跨境电子商务成为转型升级新动能

通过“跨境电子商务+制造”帮助企业实现优进优出，加快转型升级。如百事泰电子商务有限公司，由传统外贸转型为全网营销，通过多平台增加全球销售渠道，增大原有主要市场的渗透率，有选择的切入新市场，扩大在线零售渠道，迅速发展成为Amazon优质卖家；旗下的自有品牌“BESTEK”，已成为北美、欧洲、亚洲等多个国家和地区最受欢迎的汽车电子、电源类及数码周边配件知名品牌，市场占有率与业务覆盖规模高速增长。

（三）跨境电子商务成为“双创”新亮点

依托前海蛇口自贸片区制度高地的优势，探索形成了一系列领先全国、具有前海特色的业务模式。如率先于全国在保税港区内建设活体海鲜池，并针对活鲜运输、存放的实际需求，实现了关检合作“三个一”（一次申报、一次查验、一次放行）的联合查验模式，顺利启动了活体海鲜跨境电子商务进口零售业务。再如根据“4·8新政”的进口税率和通关监管模式，实现全国首单葡萄酒和燕窝的跨境电子商务零售进口业务。

（四）跨境电子商务成为深港合作新领域

我市相关单位赴港参会并发表主题演讲4次，配合香港相关协会及企业在前海举办活动8次，接待香港企业来访调研15次；帮助2家港资服务贸易类跨境电子商务企业搭建跨境支付通道，7家香港供应商对接前海跨境电子商务物流企业，与香港跨境电子商务协会、香港大学等机构建立合作关系，通过联合举办各类活动共同促进跨境电子商务领域的深港合作，推进CEPA下深港跨境电子商务服务贸易的开展。

二、制度创新取得新优势

深圳综合试验区认真落实省政府印发的《中国（深圳）跨境电子商务综合试验区实施方案》，始终把改革、创新作为追求目标，把提升通关便利化水平作为重点任务，协同关、检、汇、税及市场监管等监管部门着力攻克制度的难点，探索适应深圳跨境电子商务发展的制度体系，全年形成了一批可复制推广的创新经验。

在通关便利化方面：深圳海关取消了企业备案和商品备案，启用关企合作平台，企业可直接在网上办理电商登记手续；对跨境电子商务出口实施“暂存入区”“先入区、后报关”的监管制度；简化跨境电子商务进口流程，实施订单、支付、物流“三单”系统比对；实现24小时内完成清单审核、卡口验放、办结手续等措施。

在检验检疫监管创新方面：对跨境电子商务企业及商品采取事前评估、入区申报、区内监管、出区核销、第三方检测、联合执法、事后追溯等实施闭环监督管理；对重点进口商品实行全程溯源管理；成立全国首个跨境电子商务检验认证联盟；开展深港跨境电子商务质量安全试验区建设。

在外汇管理、金融创新方面：优化货物贸易收结汇管理，实行货物贸易外汇收支单证审核无纸化办理，简化贸易项下跨境外汇收入业务流程；打通保税港区库内操作系统与银行结算系统的数据通道，突破性的实现跨境电子商务交易、通关、结算全部在线上完成，实现货权的实时交割、实时结汇。

在制定标准方面：2014 ~2016年，共发布并实施了3项跨境电子商务领域的地方标准，对8项地方标准和系列规范进行了立项，其中《网上交易进口商品质量信息规范总则》为国内首项跨境电子商务领域地方标准。

三、综合服务迈上新台阶

（一）进一步拓展业务范围

在前海湾保税港区跨境电子商务试点的基础上，深圳海关决定于2016年9月起，在前海湾保税港区、深圳邮政快件监管中心、深圳邮件处理中心启动跨境电子商务直购进口试点，在深圳邮政快件监管中心和深圳邮件处理中心启动跨境电子商务一般出口试点；11月起，又将盐田综合保税区、福田保税区、深圳出口加工区等区域纳入跨境电子商务网购保税进口业务试点范围。至此，深圳跨境电子商务结束了只在前海湾保税港区单一渠道、单一模式试点的历史，进入了一个多通道、全方位、多模式的全新时代，实现了深圳跨境电子商务综合试验区建设的又一个里程碑。

（二）优化跨境电子商务“单一窗口”

由市政府出资搭建的“深圳市跨境贸易电子商务通关服务平台”已经与深圳海关、深圳检验检疫局、市场监管等部门的跨境电子商务监管系统实现对接和上线运行。目前正在按海关总署的要求对接总署进口统一版系统，初步构建起涵盖经营主体备案、商品备案、货物入区仓储、进出口全流程监管的跨境电子商务“单一窗口”，实现关、检、市场监管等管理部门与经营企业之间的数据交换和信息共享。截至2016年12月31日，跨境电子商务企业开户共734家，其中电商商户、电商平台478家，电商境内代理企业23家，物流企业、仓储企业57家，支付企业35家，综合类企业141家；本市企业590家，外地企业144家。

（三）启动跨境电子商务综合服务平台建设

前海管理局已经启动跨境电子商务综合服务平台建设工作，通过综合服务平台，整合深港澳高端服务业资源，实现跨境电子商务产业要素（交易、金融、物流供应链、法律、知识产权、信用保障、国际仲裁和商事调解、产品溯源、质量认证、教育培训、人才交流、会议展览、产业监测、数据分析等）在平台上集聚、互联、融合，营造健康、良性、丰富、齐备的产业发展生态，为企业和政府提供专业化、综合性服务，为跨境电子商务产业发展提供一站式的服务支持。

（四）开展跨境电子商务统计监测

支持市电子商务服务中心在市统计局指导下开展电子商务和跨境电子商务统计，完善统计指标设定、样本采集条件，做到尽可能客观、全面、科学、真实的反映我市跨境电子商务全口径交易规模和发展水平。

四、发展环境得到新提升

（一）加大产业扶持力度

为推动跨境电子商务健康快速发展，全年利用市级互联网产业资金、电子商务专项资金和中央外经贸发展资金，重点支持跨境电子商务“单一窗口”建设、进口商品检测服务、企业创新经营、产业园区建设、跨境电子商务综合服务体系建设和海外营销体系建设等，全年安排资助资金超过1亿元。

（二）推进可信交易环境建设

1. 开展主体备案核查。完成《跨境贸易电子商务经营主体备案流程规范》草案，相关备案查验管理系统建成并投入运营，建立跨境电子商务经营主体验证服务体系。

2. 实现商品信息备案。开发跨境电子商务产品备案和披露管理平台，利用GDS（万国数据）等权威产商品数据库进行信息比对，为跨境酒类、3C产品等电商交易提供产品信息展示服务。

3. 开展在线纠纷解决。构建跨境电子商务消费维权在线非诉讼纠纷解决与法律援助服务机制，联合国内外跨境贸易纠纷处理机构及专业调解专家团队，为企业及其消费者提供在线法律咨询和跨境贸易电子商务纠纷处理支持服务500余起。

4. 加强国际合作。组织参与国际信赖标章联盟相关工作，与国际验证机构和组织加强合作，推进跨境电子商务经营主体身份中英文验证及国际互认、产品商品信息备案和展示、跨境电子商务交易国际标准制定等工作。

（三）打造跨境电子商务生态圈

1. 强化人才支撑。深圳跨境电子商务协会与政府、高校、行业、企业等多方联合，深化行校企合作，推出跨境电子商务“万人精英”计划，将跨境电子商务引入高校，让教育融入产业，推进产教融合，计划通过3年时间，在100所院校，为1 000家企业，输送10 000名跨境电子商务精英人才。

2. 强化物流交通吞吐能力。深圳机场全货机航线增至14条，同时利用新开国际客运航线腹舱载货功能，开通国际和地区货运航线达30条，2016年1~11月深圳机场货邮吞吐量达到101.7万吨，同比增长10.7%，货邮吞吐量以及增长速度在国内主要货运机场中均名列前茅。

3. 强化理论研究。编写《2015年深圳电子商务发展白皮书》《2016版深圳市互联网产业发展典型案例（跨境电子商务篇）》《深圳市跨境电子商务海外仓现状研究》等，指导组织召开2016年中国（深圳）电子商务发展论坛、首届中国（深圳）跨境电子商务峰会等活动，探索实践全球贸易、跨境电子商务的发展和双赢。

4. 强化宣传推广和经验输出。与中央电视台《发现中国》栏目合作，录制《深圳前海：打造跨境电子商务龙头》专题节目，向全国乃至全世界宣传前海跨境电子商务产业。创立“前海跨境电子商务”微信公众号，通过总结前海跨境电子商务经验、分析行业问题、思考行业发展前景的大量原创文章，在政、商、研等领域引起高度关注。

五、发展目标

（一）继续推广“入区暂存”监管措施

在前海湾保税港区继续推广特殊区域出口试点的“入区暂存”监管措施，扩大特殊区域出口试点企业范围和业务量，2016年10月，备案的跨境电子商务出口企业已达70家，解决了企业出口退税难和商品退货返销难的出口核心问题。

（二）实现全部模式试点，扩大试点范围

2016年9月12日，深圳海关在前海湾保税港区、邮政邮件处理中心、邮政快件处理中心启动跨境电子商务直购进口模式试点，推广应用海关总署跨境电子商务进口统一版信息化系统，配置分拣流水线和同屏比对X光机，开发对接的深圳海关跨境电子商务辅助管理系统，开展跨境电子商务通关全程无纸化监管。9月20日，深圳海关在邮政邮件处理中心、邮政快件处理中心启动跨境电子商务一般出口模式试点，实现全部4种模式试点。

（三）推进“先入区、后报关”监管制度

对前海湾保税港区跨境电子商务进境商品启用“先进区、后报关”监管创新制度，允许商品凭进境舱单数据进入保税港区，在海关规定区域完成理货后，向海关申报进境备案清单。企业可在保税港区内理货，进一步减少跨境电子商务品类复杂导致的报关差错，减少在境外理货时间和费用成本。

（四）积极推动保税展示交易

结合深圳海关工作实际，印发《深圳海关保税展示交易监管操作规程（试行）》，发布《深圳海关关于保税展示交易业务有关事项的公告》，规范保税展示交易业务海关监管，积极推动保税展示交易。

2016年1月至10月31日，验放网购保税进口物品清单（包裹）1 032万票，同比增长65.23%；货值12.67亿元，同比增长155.96%。验放特殊区域出口备案清单2 057票，同比增长12.10%；验放包裹约15.48万个，同比增长47.15%；货值

约2.02亿元，同比增长66.94%。

六、深圳跨境电子商务可信交易保障建设情况综述

2016年，众信中心在市经济贸易和信息化委员会以及市场监督管理局的指导和大力支持下，围绕大局，真抓实干，创新工作模式，加大改革力度，深入推进电子商务可信交易环境建设，从公共服务、体系建设等不同维度严厉打击各类侵权假冒行为，取得实质性进展和突破性成果，赢得经营者、消费者的一致好评以及有关领导的高度肯定，现将有关情况总结如下：

电子商务的迅猛发展，在推动转变经济方式、促进产业升级、拉动内需、扩大消费、促进就业等方面发挥着越来越重要的作用，已成为最重要的战略新兴产业之一。同时，也涌现许多市场自身无法解决的基础问题，包括电子商务交易主体身份不明确，网购欺诈屡见不鲜；产品信息真假难辨，劣币驱良币现象凸显；网购纠纷成消费投诉热点等，信用体系缺失严重阻碍了电子商务的持续快速发展。在此背景下，我市开展的一系列措施净化了我市电子商务交易环境，在一定程度上保障和促进经贸和信息化产业的健康有序发展。

（一）加强主体验证 建立可信壁垒

在互联网海洋中，大量虚假无效信息掩盖了真实有效信息，消费者难以辨识哪个是真实网站，哪些是假冒钓鱼网站，导致可信电商企业被迫拿出60%的运营成本开展网上推广，用于证明自己网站的身份是真实的，用于让消费者在互联网上更快捷地找到真实的企业网站。鉴于此，我市开展了主体身份验证工作，即在企业网络身份与实体身份虚实对应的基础上，为企业提供真实、权威、立体的深度验证功能。电商网站由于有了公信权威的主体身份证明，能从大量虚假克隆网站中脱颖而出，被消费者更加快捷地找到并信任，从而极大地降低运营成本，提升用户访问量，给可信电商带来可观的经济收益。

目前，在市经信委和市场监管局的大力支持和精心指导下，众信中心进一步依托政府大数据信息，积极推动和加强主体身份验证工作。2016年以来，已申请身份验证的网站量达36万余个，其中有20万余个网站已完成身份证明，使网络经营主体信息更加透明，进一步保护消费者和经营者的合法权益，推动电子商务市场可信交易环境有序发展。此外，2016年以来，我市共监测电子商务经营信息66 878条次，其中涉嫌违法行为信息4 236条次；完成固定证据存证4 757条；通过核查违法线索，下派处理相关违法行为案件线索2 026条次。同时，共查办各类网络违法案件1 462宗，处罚金额2 143 503.58万元。在查处的涉嫌违法线索中，涉嫌侵权假冒的占比85.3%，这是目前查处的数量最多也是最主要的网上违法形式。该类违法行为主要出现在电子产品类、服装鞋帽类、护肤行业等。经过开展网上监管工作，各类产品的商标侵权违法行为得到有效遏制。

（二）开发可信产品提升交易质量

为了维护消费者合法权益，推广可信交易环境建设研究成果及其应用产品，进而形成政府、企业、第三机构、消费者“多方参与、共同治理”的电子商务生态圈，向社会传递信任的力量，2016年，众信中心在市经信委和市场监管局的指导

下，开发优化了“食品经营执法预警服务平台”“电子商务产品质量可信服务平台”（简称“品信通”）等可信产品，经过产品应用，促使电商企业接受社会诚信监督，让消费者对商家进行理性选择、有效监督和实时反馈，从而促使企业优化线上线下信用信息，并使其转化为财富。

其中，对于食品经营执法预警服务平台建设，一方面对办理工商登记、未办理经营许可证的企业，以及对累计超过一定期限未办理食品经营许可证或许可证过期超过一定期限的企业进行执法督查。另一方面，工商登记库、食品经营许可证库与网络餐饮平台（美团、百度糯米、饿了么、口碑外卖、大众点评）餐饮店进行数据匹配，以便督查网络餐饮平台的合规性。对于电子商务产品质量可信服务平台建设，一是建立制度。通过设立准入机制，准入企业必须提供产品质检报告，若后期经营中产品相关指标参数与质检报告不一致，企业必须承担相关责任并退出“品信通”。二是制定标准。联合入驻“品信通”代表性企业、检测机构共同制定行业质量团体标准，团体标准不得低于国家标准。三是规范流程。在“品信通”上推广的产品必须先提交“产品检测报告”，然后对通过审核的产品生成追溯码，以便于后期及时抽检，若出现问题，将对生产企业和检测机构追究责任。

此外，我市还与阿里巴巴等电商巨头以及CQC、“我验验”“电小二”等企业共同就基础数据共享和信息公示、黑名单数据应用、投诉处理、课题申请等议题展开深入而广泛的探讨并达成共识，共同以信用信息为基础推动可信产品建设，从多方面多维度着手维护消费者的合法权益，旨在建立产品质量信用生态圈，塑造深圳品牌联盟。

（三）健全纠纷服务提升维权能力

2016年，在市经信委和市场监管局的大力支持下，众信中心加强与律师合作，继续积极推进电子商务在线纠纷解决（ODR）服务，重点开展了以下工作：一是健全和优化ODR服务机制。修改和完善ODR投诉处理流程规范和制定新的服务人员工作规范，持续为消费者和可信交易生态圈的电商企业提供优质的纠纷快速处理服务。2016年至今，ODR服务平台共接到900宗投诉，其中跨境电子商务类投诉230多宗。此外，还参加了第16届在线纠纷解决机制（ODR）国际会议，与美国、对外经贸大学等国内外ODR专家进行深入探讨，助力全球化ODR服务机制建设。二是重点推进“ODR+云仲裁”服务。落实《国务院关于大力发展电子商务加快培育经济新动力的意见》（国发〔2015〕24号）精神，完善网上交易在线投诉及售后维权机制，提升电子商务可信交易保障在线纠纷解决（ODR）公共服务的价值和水平，其中，积极推进ODR服务与深圳仲裁委的云上仲裁服务相衔接，为消费者和电商企业提供更加优质、便捷、多元的一站式纠纷解决服务。三是升级改版ODR服务流程平台。总结ODR原有服务平台在程序上和规范性问题上的不足，对ODR服务平台上的投诉和调解处理流程重新进行规划和优化升级，实现投诉处理的系统化和规范化。目前，新的ODR投诉处理流程已经上线投入使用。四是进行典型案例分析和消费预警。根据ODR服务开展过程中遇到的热点问题和典型案件进行案例分析，并发布消费预警。目前，已形成包括产品质量问题、虚假宣传问题、网络欺诈问题、出售假冒伪劣问题、商标侵权问题、格式条款问题、合同违约问题等7大类10小类典型案例分析，其中2016年度内影响比较大的典型案例是4月20日到5月12日期间接到的共计49宗集中投诉深圳市壹佰悦电子商务有限公司出售假冒伪劣雷朋品牌眼镜的案件，经过协调，该商家与消费者达成和解，投诉圆满结案。五是投诉和监管联动。针对处理投诉中遇到的商家涉嫌违法的案件，生成违法线索报送相关部门，目前，已经生成4件违法线索移交处理。

（四）公示信用信息 优化经贸环境

在市经信委和公共信用中心的指导和大力支持下，众信中心积极推进电子商务公共信用信息社会化工作，取得了一定成绩。一是强化政府资助审核。受市经信委委托，依托信用数据，对深圳市所有纳入“中小微企业电子商务普及应用扶持计划项目”的企业进行资格审查，范围覆盖了淘金地、深商E天下、苏宁易购等深圳九大知名电子商务平台，共审查2 414家企业资质，有利于中小微企业借助信用信息促进电子商务应用，拓展营销渠道和市场，降低运营成本。二是公示电子商务服务信息。截至目前，已公示近11万家企业的商事登记信息，同时动态展示华南城网等深圳市内外龙头电商平台和企业信用信息，且提供窗口或移动端为企业、消费者查询提供便利，打造消费者、商家、经济监管部门三方信息互通的通道，解决相互信息不对称问题以及由此带来的诚信问题，促进信用信息的社会化应用。三是加强数据共享和回传。将网络主体信息回传给信用中心，有利于信用中心及时添加企业主体涉网信息，达到双方数据共享，共同推进信用数据在各领域的广泛应用，进一步加强社会信用体系建设。四是构筑信用服务新模式。全面整合线上ICP备案、交易平台信用评价、第三方信用评价、线上评价等网络数据资源，以及线下政府信用资源、市场监管信用信息（如：执法办案、投诉举报、消费维权、产品质量）等，建立信用评价标准体系与模型，为政府、电子商务交易型企业提供信用服务，为消费者提供信用公示及消费指引，从而完善深圳电子商务可信贸易环境。

（五）强化信用标准 规范产业秩序

我市在市经信委和市场监管局的有力支持下，众信中心在标准和项目建设中开展了诸多卓有成效的工作，在一定程度上规范和促进经济交易和信息产业的发展。一是开展电子商务信用标准研制，规范行业发展。在系统分析和调研天助网、深商e天下等电商企业信用建设的基础上，研制“电子商务第三方交易平台信用评价规范”“电子商务企业信用档案规范”两项国家标准，并召集企业召开标准研讨会，利用标准化的手段，引导电商领域诚信建设，规范行业有序健康发展。二是开展电子商务商品和服务质量评价，引导企业自律。在手机、家政两个电子商务投诉纠纷多的领域，分别制定评价指标体系和评价实施规范，并据此对手机、家政O2O企业开展评价工作和形成评价报告，进而科学引导企业自查自律，争取占据信用体系建设制高点，推进经济产业发展。三是加强电子商务标准协作，促进贸易便利。与国际云安全联盟（CSA）沟通标准研究、实验室建设、标准认证服务等事宜；联合标准研究、检验检疫机构等11家单位，牵头承担跨境电子商务贸易便利化共性技术标准研究课题，计划完成25项跨境电子商务国家标准；参与制定ISO/TC 290在线消费者评议国际标准，并赴德国柏林参加由DIN承办的ISO/TC 290工作组会议及全体大会；与ISO/TC 154秘书处单位中国标准化研究院密切配合，主导研制可信跨境电子商务平台规范国际标准新提案。其中，参加2016云安全高层论坛暨云安全联盟大中华区峰会，现场与中央网信办、俄罗斯通讯总局，以及腾讯、百度等国内外云安全龙头企业共同探讨云产业链安全生态环境建设等问题，助力全球性跨行业贸易和信息化发展。四是推动电子商务标准项目建设，保障可信交易。完成2016年市经信委互联网产业发展专项“电子商务企业可信交易综合服务”项目申报及合同签订工作，同时推进深圳城市基础设施建设工程项目“互联网安全标准研究与检测公共平台”的申报。此外，经信委互联网产业发展专项“深圳市全程电子商务标准综合体建设”项目在线申请已经完成，并跟进现场验收工作。通过各类项目建设，有力保障电子商务交易事务的安全有序。

（六）拓展跨境交流促进商贸发展

一是推进跨境服务。共为跨境通关服务平台验证了609家跨境试点企业，其中海关备案成功169家、国检备案成功413家，此外，完成《跨境贸易电子商务经营主体备案流程规范》。二是推动国际互认。根据中国（深圳）跨境电子商务综合试验区实施方案2016年重点工作任务分工，推进跨境电子商务经营主体的产商品信息备案和展示工作；启动建设跨境电子商务知识产权综合服务平台，推动企业身份中英文验证及国际互认，助力跨境电子商务企业转型升级；承担WTA网站建设与运营的对接工作，同时，作为WTA轮值主席单位，赴越南参加APEC隐私保护研讨会，并主持召开国际信赖标章联盟（WTA）2016年年会，会上就亚太地区跨境贸易国际合作中涉及的信用信息、隐私保护等问题与美国、新加坡等国家及地区代表进行了深入讨论。二是加强贸易合作。与乐达网签署合作协议，为乐达网供应商提供主体准入验证；与马来西亚MSC Malaysia及eHalal. com平台、深圳跨境生鲜电商企业——乐活天下达成初步合作意向，将在跨境主体、企业信用信息以及标准等方面展开合作。三是促进业务交流。协助国务院发展研究中心梳理深圳近1 000家跨境电子商务企业的数据；参与2016年CCB中国跨境电子商务大会，分享在“政策与资本”的大环境下打造“三位一体”电商可信交易生态圈的创新做法和主要经验。其中，2016年年中，随市委书记马兴瑞赴吉隆坡参加深马经贸合作交流会，马来西亚组织近50家相关企业在会后与深圳跨境电子商务企业和服务机构进行了深入的专项对接，通过国际化的融合发展、整合促进，有利于深圳支柱产业系统化地形成核心竞争力，推动我市产业和服务走向国际化。

七、深圳示范园区发展情况

在土地资源极为紧缺的情况下，深圳市“错位发展、优势主导”，建成了以福田国际电子商务、南山蛇口网谷、前海跨境电子商务、罗湖互联网产业园等为代表的电子商务集聚区近40个，园区总面积已超过200万平方米，近7 000家互联网、电子商务企业入驻。其中有3个园区和7家企业荣获2015 ~2016年度国家电子商务示范基地和电子商务示范企业称号；5个园区和31家企业荣获2015 ~2016年度广东省电子商务示范基地和电子商务示范企业称号。此外，福田国际电子商务产业园成功获批为工信部首批国家小型微型企业创业创新示范基地，深圳依谷网电子商务有限企业入选为2015 ~2016年度广东省农产品电子商务示范企业。

（一）国家级电子商务示范基地

2016年，深圳市拥有福田国际电子商务产业园、深圳前海（全球）跨境电子商务产业园和蛇口网谷产业园三家国家级电子商务示范基地，在吸引企业集聚、促进电子商务应用和模式创新、促进电子商务产业链均衡发展等方面发挥着重要作用见表2-16。

表2-16　深圳国家级电子商务示范基地发展情况

园区名称	主要特点	代表企业
福田国际电子商务产业园	福田国际电子商务产业园的电商企业类型主要是电子商务服务类企业，重点为企业提供电子商务领域的服务和支撑作用。作为深圳市首个国家级电子商务示范基地，产业园是商务部首批国家电子商务示范基地、工信部首批国家小型微型企业创业创新示范基地、广东省小企业创业基地、深圳市服务贸易示范基地、全国优秀电子商务园区20强。2016年，园区联合深证市标准技术研究院，共同打造新一代信息技术产业基地和物联网产业基地。 1. 园区效益：2016年实现产值52.18亿元，园区主营业务收入51.12亿元，实现利润10.12亿元，上缴税收2.60亿元。 2. 业务定位：招商租赁、物业管理、产业服务、创新投资、园区创投等5大板块。 3. 园区支撑环境：2016年11月18日，火花岛智慧双创社区正式揭牌运营；建立了云上云下的智慧服务公共平台；积极促进物联网云计算等新一代信息技术应用于电子商务； 4. 园区服务：为企业提供政策、人才、培训等服务，2016年，产业园成功协助33家企业申请到房租补贴，举办政策宣讲会2次，产业培训与交流会4次。 5. 运营模式：打造“线上+线下”“内容+服务”的新形态电子商务产业服务模式，通过搭建艾众管家等线上公共服务平台，探索构建园区企业与上下游产业链建立优势互补、资源共享的合作机制。 6. 是目前全国100家示范基地中唯一一个拥有两家“国家电子商务示范基地”的全民营电子商务产业园。	截至2016年底，园区共入驻企业292家，包括以兰亭集势、DHL、顺丰物流、京润珍珠、有芯电子、塑商科技、赢天下、移商网、众和科技等为代表的龙头企业和以夏龙通信、浦发银行、全民通、北京数字认证机构优智付等为代表配套服务企业，以保爱、鲜趣闪购、货拉拉、飞鸟国际、网时等为代表的中小微初创型企业。

表2-16 续1

园区名称	主要特点	代表企业
南山蛇口网谷互联网产业基地	蛇口网谷整体的产业定位以中高端企业为主，电子商务领域主要的企业类型为行业内领先的应用型企业，未来蛇口网谷在电子商务领域重点帮助应用企业提高核心竞争力和发展质量，实现创新驱动、内生增长，集中突破关键技术，占据产业链关键环节。 1. 用地面积：蛇口网谷用地面积超过70万平方米，包括核心区、配套区和拓展区。其中核心区占地面积约20万平方米，规划建筑面积约42万平方米，总投资约26亿元，由互联网、电子商务、物联网3大核心产业功能和公共技术平台构成。 2. 入驻企业：园区企业以移动互联网产业链、物联网产业链、电子商务产业链和文化创意为主，目前已有400余家精英企业入驻，2016年10月，苹果深圳研发中心落户蛇口网谷万联大厦。 3. 基地建设：蛇口网谷已获得“发展改革委服务业示范项目和文化产业基地”“广东省产业转型升级突破点等殊荣。 4. 服务体系：提供线上云端的软性服务和线下硬件设施配套服务，拥有“园区智慧平台+增值服务平台+生活服务平台”3大服务平台。 5. 园区环境：蛇口谷网容积率仅为2.42，是业内罕见低密度园区。 6. 2015年被评为第二批“国家电子商务示范基地”和“广东省物联网产业示范基地”。	代表企业有优购网、深讯和、芯海科技、科脉软件等电子商务应用型企业，招商银行、招商证券、中国平安、TCL、华为、大族激光、金蝶、山河智能等互联网金融企业。
前海（全球）跨境电子商务产业园	前海（全球）跨境电子商务产业园位于中国（广东）自由贸易试验区前海蛇口片区、前海深港现代服务业合作区、前海湾保税港区、深圳市跨境电子商务综合试验区、深圳市跨境电子商务质检试验区、深圳国家创新示范区6区叠加区。 园区借助深圳自贸区优越的政策背景与地理位置，以及专业的报关、报检和现代物流服务的操作团队等资源优势，为电子商务从业企业搭建“创新、创意、创业”培育区，为电子商务从业企业提供现代物流服务，争取成为具有跨境电子商务特色的国家级电子商务产业园示范基地。 1. 园区效益：2016年全年营业收入8 477.87万元，净利润2 065.03万元。 2. 园区定位：建立跨境电子商务产业园示范基地和全球商品保税交易展示中心。以物流园区为依托，以现代物流服务为支点，打造安全、高效、低碳、环保的综合配套服务电子商务、供应链管理、现代物流等客户的智能化跨境电子商务产业园。 3. 园区特色：2015年7月，园区入选成为“第二批国家电子商务示范基地”，也是全市唯一以跨境电子商务为特色的基地，2016年初，被纳入前海蛇口片区十三五规划范围内；2016年4月14日，产业园子项目又获得了深圳前海现代服务业综合试点第六批扶持计划。2016年5月正式颁布实施的《中国（深圳）跨境电子商务综合试验区实施方案》明确“深圳跨境电子商务综合服务平台”落地前海，产业园将形成“线上+线下”的全方位综合服务模式。	目前园区入驻客户共62家，其中物流企业42家，代表企业有申通国际快递、吉速物流、航远供应链、塞诚国际物流、中国邮政深圳前海妈湾支局等；各类贸易企业17家，代表企业有小米科技、ZTE中兴、DAMCO、DHL、Walmart中国、盛宝粮油、富森供应链等。

（二）省级电子商务示范基地

2016年，包括3家国家级电子商务示范基地，深圳市共有5家广东省电子商务示范基地，分别是福田国际电子商务产业园、深圳前海（全球）跨境电子商务产业园、蛇口网谷产业园、罗湖互联网产业园和深圳华南城电子商务产业园见表2-17。

表2-17 深圳省级电子商务示范基地发展情况

园区名称	主要特点	代表企业
深圳市罗湖互联网产业园	罗湖互联网产业园在电子商务领域的主要目标定位为：一是大力培育电子商务服务企业，丰富现代服务业内涵，提升现代服务辐射能力；二是促进电子商务与辖区支柱产业或优势产业融合，提高相关企业电子商务应用水平，提升辖区经济竞争力；三是最终让电子商务成为罗湖的名片。最终打造国际电子商务中心城。 1. 入驻企业：产业园重点引进互联网研发、应用企业、电子商务企业，利用莲塘口岸优势，积极发展跨境电子商务，打造四创联动示范园区。 2. 2016年4月，深圳（福田）互联网金融产业园、深圳（罗湖）互联网金融产业园和深圳（南山）互联网金融产业园3个园区正式获得授牌，三大传统金融强区，共同推动建设"深圳互联网金融产业园区"，开创了深圳传统金融和创新金融良性互补、共同发展的新格局。	代表企业有中礼网、佐卡伊、粉蓝衣橱、快印客、和泰服饰、亿万家、中农网、科荣软件、本地宝等。
深圳华南城电子商务产业园	华南城园区规划总面积为32万平方米，入驻企业300多家，是全国首个创新型集电商办公、仓储物流、休闲娱乐、生活配套、1+N服务体系、O2O集群平台等协同发展的中国电子商务示范园区，政府重点扶持项目，致力于打造全国最大的跨境电子商务示范基地。 1. 营业收入：2016年，园区总收入90亿元左右，纳税总额3 000万元左右，电子商务交易额100亿元左右。 2. 入驻企业：园区入驻企业300多家，大致分为跨境电子商务、传统转型升级企业、平台运营商、网店店主及第三方服务商。园区跨境电子商务集结趋势尤为凸显，跨境电子商务企业占比超过50%，包括环球易购、赛维网络、通拓科技、傲基等全国知名跨境电子商务，心家宜、皮皮哥、印猫等一批传统转型升级企业和内贸电商也占有绝对比例，电商集聚、集成、集群效应的良性生态圈已悄然形成。 3. 战略合作：华南城电商产业园基于华南城内上百家跨境电子商务的集聚效应，荣获2016年度广东省跨境电子商务园区10强称号。2016年11月29日，华南城集团与京东集团签订战略合作协议，强强联手，深度融合，双方围绕国家"互联网+"战略，确定建立B2B及其他领域的长期、全面的合作关系，实现优势资源共享。 4. 园区服务：产业园整合服务商和电商渠道资源，集中为中小企业拓展网络销售提供全面的配套支撑服务，建设一个可持续发展的电商生态圈。2016年4月云仓服务正式上线，预计2016年底将覆盖60座城市，到2018年覆盖100座城市将建立起云仓服务体系。2016年11月，成立了华南城人才培育基地，首批签约合作院校50余家，致力于培养电商行业紧缺人才。	进驻产业园的知名跨镜电商有：有棵树科技、通拓科技、赛维网络、环球易购、傲基等大型电商企业；进驻产业园的传统企业转型电商公司有：喜马拉雅、汇配通、心家宜、皮皮哥、印猫、金宝盈、鑫银特、金桂餐饮等。

（三）深圳电子商务重点产业集聚区

深圳电子商务重点产业集聚区（如图 2-1 所示）。

图 2-1　深圳电子商务重点产业集聚区

配套文件

广东省人民政府关于印发《中国（广州）、中国（深圳）跨境电子商务综合试验区实施方案》的通知

粤府函〔2016〕119 号

广州、深圳市人民政府，省有关单位：

现将《中国（广州）跨境电子商务综合试验区实施方案》、《中国（深圳）跨境电子商务综合试验区实施方案》印发给你们，请认真贯彻执行。设立中国（广州）、中国（深圳）跨境电子商务综合试验区（以下统称综合试验区）是国务院为深化改革、扩大开放，加快构建开放型经济新体制作出的重大战略部署，对促进我省跨境电子商务健康发展，支持外贸优进优出、升级发展具有重要意义。综合试验区要结合当地特点，着力在跨境电子商务企

业对企业（B2B）方式相关环节的技术标准、业务流程、监管模式和信息化建设等方面先行先试，为推动全国跨境电子商务健康发展创造更多可复制推广的经验。广州、深圳市人民政府要抓紧完善工作机制，精心组织实施，有效防范试点风险，加快推进综合试验区建设。省有关单位要根据部门职能，支持综合试验区大胆探索、创新发展，及时研究出台相关配套政策措施，并协调解决综合试验区建设过程中遇到的问题。省商务厅要加强与商务部等有关部门的沟通衔接，协调指导省、市有关单位加快推进综合试验区建设，并对相关工作情况进行督促检查，定期将工作进展情况报告省政府。

广东省人民政府
2016 年 5 月 11 日

中国（广州）跨境电子商务综合试验区实施方案

为贯彻落实《国务院办公厅关于促进跨境电子商务健康快速发展的指导意见》（国办发〔2015〕46 号）、《国务院关于同意在天津等 12 个城市设立跨境电子商务综合试验区的批复》（国函〔2016〕17 号）精神，全面推进中国（广州）跨境电子商务综合试验区（以下简称广州综合试验区）建设，制定本实施方案。

一、总体要求

（一）指导思想

高举中国特色社会主义伟大旗帜，以邓小平理论、“三个代表”重要思想、科学发展观为指导，全面贯彻党的十八大和十八届二中、三中、四中、五中全会及习近平总书记系列讲话精神，牢固树立创新、协调、绿色、开放、共享的发展理念，充分借鉴中国（杭州）跨境电子商务综合试验区的经验，发挥广州区位优势、政策优势与产业优势，坚持在发展中规范、在规范中发展，构建具有“中国特色、广州元素”的跨境电子商务发展促进体系，形成更多可复制可推广的经验。

（二）基本原则

1. 坚持市场主导与政府引导相结合。在优化监管、完善政策、加强引导的基础上，充分尊重经营主体的首创精神和市场的主体地位，最大限度地调动市场经营主体的积极性。

2. 坚持整体推进与重点突破相结合。加强对广州综合试验区建设的总体规划，在用好现有政策的基础上加强政策创新，促进跨境电子商务及相关支撑业态发展，打造完整的跨境电子商务产业链和生态链。

3. 坚持科学监管与促进便利相结合。通过整合跨境电子商务交易、支付和物流信息，建立跨境电子商务交易信用机制和监管体系，营造国际化、市场化、法治化营商环境，逐步畅通跨境电子商务商品进出口渠道。

（三）发展目标

大力实施“互联网+外贸”，引导传统外贸企业借助跨境电子商务推进转型升级，通过综合改革、集成创新，推动跨境电子商务公共服务平台和各类特色试点园区融合发展，推进“关、检、汇、税、商、物、融”一体化，形成适应跨境电子商务发展的新型监管服务模式和制度体系。经过3~5年的建设，将广州综合试验区打造成为跨境电子商务创新发展先行区、外贸优化升级加速器，将广州市建设成为全国跨境电子商务中心城市和发展高地。

二、主要任务

（一）打造参与“一带一路”建设服务平台

将跨境电子商务作为与“一带一路”沿线国家深化经贸合作的重要内容，在经贸推介、投资洽谈等方面加强跨境电子商务领域合作。对符合条件的跨境电子商务企业“走出去”重点项目予以资金支持。扩大企业和个人对外投资，完善“走出去”政策促进、服务保障和风险防控体系。

（二）构建粤港澳跨境电子商务合作平台

发挥粤港、粤澳合作联席会议及穗港、穗澳合作专责小组等机制作用，深化与港澳在跨境电子商务领域的合作。开展跨境电子商务领域数字认证互认，打造网上贸易便利化平台。创新穗港澳口岸通关模式，推进建设统一高效、与港澳联动的口岸监管机制，加强穗港澳产品检验检测技术和标准研究合作。探索香港企业在穗港两地建立销售端与仓储端，开展“前店后仓”、“双店双仓”的特色营运模式。

（三）建设跨境电子商务聚集区

发挥海关特殊监管区域的功能作用，叠加政策辐射效应，打造“海、陆、空”门类齐全的跨境电子商务集中监管园区。引导广州市各区结合产业发展情况，建设各具特色、错位发展的跨境电子商务产业园区，加快完善软、硬件设施建设，扶持和培育跨境电子商务发展新平台，推动跨境电子商务企业集聚发展。

（四）支持外贸企业转型升级

鼓励传统外贸企业利用跨境电子商务拓展进出口。组织跨境电子商务物流企业、支付企业和外贸综合服务企业对接广州市专业市场经营主体，引导专业市场经营者及商户通过自建平台或利用第三方平台扩大进出口。鼓励传统外贸企业利用国内外大型跨境电子商务平台拓展国际市场。推进生产厂家-经销商-消费者（M2B2C）跨境电子商务分销创新模式的发展，借助跨境企业-消费者（B2C）卖家分销渠道，拓展海外终端网络。

（五）优化跨境电子商务产业链

推广全流程的企业—企业（B2B）跨境电子商务服务平台模式，整合金融、通关、退税、外汇、销售、物流、售后服务等环节，结合海外仓和海外营销网络，为企业提供全球营销推广、出口代理、物流运输等服务。以B2B方式为重点，大力支持企业利用自建平台或与境内外电子商务企业合作，通过跨境电子商务促进自主品牌出口。逐步规范各类业务模式的通关、检验检疫、退税、结汇操作流程和细则，支持更多经营主体开展跨境电子商务。创新跨境电子商务发展模式，完善相应通关监管措施。

（六）加快线上线下融合发展

支持传统零售主体及跨境电子商务主体开设线下实体展示店、体验店，提供线下展示、维修及其他售后服务。结合国内贸易流通体制改革发展综合试点，构建跨境电子商务“互联网+现代物流”配送体系。推进跨境电子商务技术创新，鼓励和支持企业为跨境电子商务提供大数据、云平台、智能物流、支付手段和交易保障等技术支撑。对在广州综合试验区内设立从事经营类电子商务的外商合资或独资企业，积极向国家部委争取逐步放宽对外资经营基础电信业务或增值电信业务的要求。

三、重点工作和创新举措

（一）推进国际贸易“单一窗口”建设

依托广州电子口岸，加快建设涵盖跨境电子商务经营主体和进出口全流程的国际贸易“单一窗口”平台，完善身份认证、安全交易、便利通关、质量溯源、费用支付、信用担保、全程物流等公共服务功能，为经营主体提供便捷的“一站式”平台服务，实现“一次申报、一次查验、一次放行”。建立健全数据标准、认证体系和信息共享体系，推动政府部门间、政府部门与经营主体间的标准化信息流通和互联共享。研究“单一窗口”相关基础信息和数据交换标准规范，提高通关管理和服务水平。积极争取国家部委支持，推动海关部门对“单一窗口”开放预录入系统（QP 系统）申报接口；检验检疫部门对“单一窗口”开放报检申报接口、企业备案和信用等级查询接口、商品负面清单数据查询接口、认证认可系统数据接口等；公安部门对“单一窗口”开放公民身份信息核查接口等；外汇部门建立名录登记、分类管理信息与“单一窗口”数据共享机制；国税部门对“单一窗口”开放出口退税申报系统数据接口；食品药品监管部门对“单一窗口”开放食品药品许可信息、监管信息等数据接口。

（二）创新通关监管模式

加强通关系统信息化建设，研究推行涵盖企业备案、申报、征税、查验、放行、转关等各个环节的全程通关无纸化作业。探索适应 B2B 交易的电子信息向海关传输、申报的方式。推动落实跨境电子商务零售进口商品清单管理制度。建立适应跨境电子商务进出口的转关方式。规范跨境电子商务交易订单、支付单、物流单“三单”数据格式标准，探索“三单”电子信息的代理提供方式。推行“税款担保、集中纳税、代扣代缴”通关模式。创新退换货流程和管理制度，支持开展跨境电子商务进出口商品退换货业务。进一步完善跨境电子商务海关信息化管理的风险防控体系，研究建立与跨境电子商务相适应的企业信用管理、分类便捷通关、后续重点监管、预警监测评估等风险防控综合评判体制。

（三）创新检验检疫流程

完善跨境电子商务风险监控体系，依托公共服务平台实施在线备案、三单比对、质量追溯等，结合分类管理制度，建立跨境电子商务清单管理制度。制定广州综合试验区检验检疫申报和放行流程管理办法，实施出境“前期备案、提前监管、后期跟踪、质量监控”、入境“提前申报备案、入区集中检验检疫、出区分批核销、质量安全追溯”的监管模式。依托“智检口岸”进行风险评估、分类管理、诚信管理和境外信息比对，实现“电子布控”，探索应用全球产品质量与标准信息库进行检验检疫大数据自动判断、自动验放。探索对跨境电子商务进口商品实施质量追溯管理，鼓励国内名牌商品企业通过市场采购方式出口。推动跨境电子商务贸易方式进出口商品在各口岸之间的出口直放、进口直通。争取国家部委支持，下放进口食品境外生产企业注册备案、进境动植物及其产品检验和进口食品、化妆品的注册备案、安全审查权限等。

（四）创新金融服务

支持第三方支付机构参与跨境外汇支付试点。便利第三方支付机构和银行金融机构为跨境电子商务企业和个人办理跨境外汇支付和结售汇业务。探索将第三方支付机构跨境支付、结算业务范围拓展至进出口及 B2B、B2C、C2C 等交易形态。借鉴货物贸易外汇管理办法，对广州综合试验区的跨境电子商务企业实施分类监管。便利个人贸易项下外汇资金结算，鼓励从事跨境电子商务的个人开立个人外汇结算账户，直接在银行办理跨境电子商务涉及的外汇收支。推动人民币作为广州综合试验区与港澳地区及国外开展跨境电子商务业务计价、结算的主要货币。研究适时允许跨境电子商务企业在一定范围内进行跨境人民币融资。鼓励第三方电子商务平台、支付机构、外贸综合服务企业、银行机构等开展多方合作。扩大跨境电子商务企业出口信用保险保单融资，积极探索供应链金融等形式。支持银行金融机构与取得互联网支付业务许可的支付机构为外贸企业和个人跨境交易提供人民币结算服务，推动技术成熟和管理完善的支付机构参与跨境外汇支付业务试点，为跨境电子商务资金结算提供支持。

（五）加快跨境电子商务物流发展

打造智慧物流体系，支持物流供应链企业为跨境电子商务提供智能化、全方位服务，探索建立外贸供应链系统标准体系。通过引入新的国际航线、加密现有国际航班、开通货运航班等措施，增强广州白云国际机场的进出口货运能力。争取国家邮政局、中国邮政集团公司协调国外邮政加大对广州邮件中心的直邮力度。支持广州综合试验区物流企业向国家争取相关政策和资金扶持等。

（六）推动海外仓建设

探索海外仓建设新模式，积极推进利用海外仓资源开设线下展示中心的创新模式，多渠道拓展海外小额采购批量订单。支持企业建设统一的海外公共仓，降低跨境电子商务企业物流成本。支持电子商务物流企业海外建仓，探索利用海外仓实现跨境电子商务退换货，整合海外理货、物流、通关等服务资源，拓展海外市场。支持跨境电子商务自建、收购并购或租赁海外仓，探索海外仓建设的融资、风险保障机制。

（七）完善财税政策

加大对跨境电子商务平台建设、国内仓租、租建海外仓、通关报检、园区建设等方面的政策扶持力度。积极争取跨境电子商务零售出口免征增值税、消费税政策（国家明确不予出口退（免）税的货物除外），争取国家部委支持对无法取得合法有效进项凭证的出口货物适用免税政策。实行出口退（免）税无纸化管理，简化退税手续。积极争取对电子商务零售出口货物试行按商品大类设置综合退税率的办法，方便跨境电子商务企业申报退税。进一步优化出口退税服务，对出口企业按出口退（免）税企业分类管理办法实行差别化管理。

（八）完善质量与信用保障体系

利用互联网、物联网等技术手段搭建质量安全公共服务平台，推进跨境电子商务商品质量信息的公开、公正和透明。争取国家部委支持设立跨境电子商务产品检验检疫质量安全风险国家监测分中心、国家电子商务产品质量风险监测中心等。推进组织机构代码和物品编码在电子商务产品质量监管领域应用。探索制定跨境电子商务相关商品标准，开展标准明示和鉴证活动，促进电子商务企业规范化发展。实现相关监管部门企业信用等级信息的共享共用，探索企业信用清单管理制度，逐步整合相关监管信息，探索对跨境电子商务企业的信用分类监管。探索试点制定电商信用标准，建设信用评价体系。

（九）加强人才培育

支持高等院校、中职院校和社会培训机构开设跨境电子商务相关专业和课程。加强院校、培训机构与企业间合作，鼓励有实力的跨境电子商务企业举办各类技能大赛或创新、创业活动。建立电子商务人才创业创新支持平台，支持创新人才开展跨境电子商务商业模式创新和技术创新。建立跨境电子商务创业孵化机制。

（十）强化服务保障体系

发挥行业协会商会的桥梁纽带作用，提供政策宣传、活动对接、人才培训、调查研究等服务，加强与各国行业协会商会的交流与合作。鼓励运用和推广商事制度改革成果，简化企业自建平台开展跨境进出口业务的备案登记手续。加强进出口知识产权和消费者权益保护，加大对侵权行为的处罚力度。探索研究“诚信守法便利、失信违法惩戒”的跨境电子商务的企业信用管理体系和评判标准。

（十一）做好统计监测

开展跨境电子商务数据监测，建立广州综合试验区数据监测制度。完善跨境电子商务统计方法，研究跨境电子商务 B2B 的统计标准、口径和方法，进一步做好跨境电子商务零售出口、直购进口的统计工作。

四、组织实施

省政府统筹领导和协调推进综合试验区试点工作。广州市要加强组织领导和统筹协调，根据本实施方案进一步完善工作机制，细化任务安排，明确工作分工和进展安排，确保各项试点任务落实。要突出重点、先行先试，抓紧形成制度创新清单，推进创新政策措施落地。省各有关部门要大力支持，积极做好协调配合、指导评估等工作，并及时总结评估试点政策的执行情况和实施效果，力争广州综合试验区建设早出成效、多出成果。

中国（深圳）跨境电子商务综合试验区实施方案

为贯彻落实《国务院办公厅关于促进跨境电子商务健康快速发展的指导意见》(国办发〔2015〕46号)、《国务院关于同意在天津等12个城市设立跨境电子商务综合试验区的批复》（国函〔2016〕17号）精神，全面推进中国（深圳）跨境电子商务综合试验区建设（以下简称深圳综合试验区)，制定本实施方案。

一、总体要求

（一）指导思想

高举中国特色社会主义伟大旗帜，全面贯彻党的十八大和十八届三中、四中、五中全会及习近平总书记系列讲话精神，牢固树立并贯彻落实创新、协调、绿色、开放、共享的发展理念，以深化改革、扩大开放为动力，依托深圳区位、产业发展和深港合作优势，以体制机制创新为核心，以优化政策举措为重点，探索跨境电子商务促外贸转型新路径，构建以平台建设促产业发展的新机制，形成基础服务与高端服务协同发展的新格局，将深圳综合试验区建设成为跨境电子商务及相关产业创新发展的重要载体，为开创电子商务国际化合作新局面、服务国家“一带一路”战略作出新贡献。

（二）基本原则

坚持制度创新，争取重点突破。构建有利于跨境电子商务新业态健康发展的制度体系，以推进跨境电子商务贸易便利化为重点，推动对外贸易转型升级。

突出区位优势，完善支撑体系。发挥中国（广东）自由贸易试验区前海蛇口片区高端服务业集聚优势，加快产业支撑体系建设，形成以点带面、协同发展的新格局。

创新平台模式，促进要素融合。探索以服务平台建设促产业发展新模式，引导各类要素在平台集聚与融合，构建集通关监管、质量认证、资金结算和退免税服务、信用风险防控、跨境电子商务统计、配套服务于一体的综合服务体系。

深化深港合作，实现优势互补。发挥香港服务贸易优势和深圳产业及创新优势，合作互补协同发展，打造深港一体的跨境电子商务综合服务生态圈。

（三）发展目标

争取用3~5年时间，建成“信息互换、监管互认、执法互助”的跨境电子商务通关服务平台，初步建立以跨境供应链服务和外贸综合服务为重点的跨境电子商务全产业链服务体系。在全市范围内建设布局合理、政策完善、设施齐备、功能齐全跨境电子商务通关监管网络，形成以中国（广东）自由贸易试验区前海蛇口片区为龙头、以电子商务示范基地和电子商务产业园为支撑的跨境电子商务发展格局。到2020年，全市跨境电子商务交易额突破1 000亿美元，年均增幅达30%左右，跨境电子商务的标准化、规范化和国际化运作管理体系基本建成，成为亚太地区电子商务投资合作便利、产融创新突出、服务体系健全、营商环境规范的跨境电子商务交易中心、金融服务中心和物流枢纽。

二、主要任务与创新举措

（一）完善跨境电子商务监管政策措施

1. 创新跨境电子商务海关监管模式。探索跨境电子商务通关全程无纸化监管，实现跨境电子商务企业-企业（B2B）以电子订单、运单、支付凭证替代传统的纸质合同与发票。推广“入区暂存”的监管措施，支持开展跨境电子商务出口货物存储、通关及退换货业务，探索跨境电子商务零售进出境商品实施批量转关操作。针对不涉证、不涉税的出口商品，探索按商品编码前四位归并申报。简化跨境电子商务进口流程，进口邮件可直航至深圳宝安国际机场，或从香港经陆路口岸进境以直转转关和跨境快速通关模式进入深圳邮件监管场所。保税备货模式海空运输进境实施“先入区后报关”，公路运输进境实施“跨境快速通关+先入区后报关”。研究探索“直购理货进口”操作模式。探索适合跨境网购零售进出口形式的海关归类办法和清单申报通关及统计方式。

2. 研究建立跨境电子商务检验检疫“放、管、治”三位一体监管制度。对跨境电子商务经营主体和商品的事前评估、入区申报、区内监管、出区核销、第三方检测、联合执法、事后追溯等实行闭环监督管理。实行口岸与保税区域一体化运作，采用“集检分出”监管模式，探索对生鲜类产品建立更为灵活便捷进口检验检疫措施。对出入境电子商务产品实行清单管理，符合清单管理要求的产品可按跨境电子商务方式出入境。积极争取国家部委支持在深圳综合试验区开展跨境电子商务小批量进口产品免于强制性认证检测工作，及授权开展进境动植物及其产品检疫审批等。

3. 推动跨境人民币支付结算。鼓励跨境电子商务企业使用人民币计价结算，支持银行金融机构与支付机构开展业务合作，丰富电子商务跨境人民币业务产品。提高外汇资金结算效率，为跨境电子商务提供优质跨境外汇结算服务。鼓励银行主动探索“线上”结算，支持银行与电子商务交易平台和公共信息平台的互联互通，开展跨境电子商务跨境收支结算。推进跨境电子商务外汇支付业务试点，支持更多符合条件的支付机构参与试点，不断扩大试点业务范围和业务模式。允许符合条件的个人开立外汇结算账户，直接在银行办理涉及跨境电子商务的外汇收支及结售汇。

4. 完善跨境电子商务企业出口退税类别管理。对纳入跨境电子商务通关服务平台、且被评为一类或二类出口企业的跨境电子商务出口企业、外贸综合服务企业，可使用增值税专用发票认证系统信息审核办理退税。出口退税实行“无纸化管理”，对纳入跨境电子商务通关服务平台且注册地属于试行无纸化区域的出口企业，实现申报、证明办理、审核审批、退库等出口退（免）税业务无纸化操作。探索出口免征增值税管理措施。积极争取国家部委支持对无法取得合法有效进项凭证的出口货物适用免税政策。

（二）充分发挥跨境电子商务产业优势

5. 重点发挥中国（广东）自贸试验区前海蛇口片区在金融、现代物流、信息服务、科技服务、专业服务等领域的优势，探索深港跨境电子商务区域合作机制，创新跨境电子商务业态和模式。支持金融机构、电子商务平台企业和外贸综合服务企业等进一步拓宽跨境电子商务企业融资渠道。加强与中国进出口银行、中国出口信用保险公司等金融机构的战略合作，为跨境电子商务企业提供政策性金融和保险服务。

6. 将具备条件的海关特殊监管区域和保税监管场所逐步纳入跨境电子商务通关与物流节点，开展多种形式的跨境电子商务进出口业务。研究推动海关特殊监管区域红线内、围网外区域的贸易多元化试点。指导各类电子商务示范基地、产业园区和大型电子商务企业，结合经营模式特点对接通关与物流节点，发挥各类通关节点对产业的带动作用，形成全市跨境电子商务“基地支撑、多区联动”的差异化、互补化、协同化发展格局。

7. 支持品牌企业和优质产品通过跨境电子商务扩大出口。扶持一批有自主品牌、较高知名度和较强市场拓展能力的跨境电子商务经营主体做大做强，重点打造细分领域跨境电子商务行业龙头，推动一批垂直类跨境电子商务交易平台规模化发展，吸引国内外知名跨境电子商务企业落户深圳。引导企业通过自建平台或与跨境电子商务企业合作，以制造商-电子商务平台-消费者（M2B2C）、B2B、企业-消费者（B2C）等多种方式拓宽外贸营销渠道。建设特色鲜明的跨境电子商务产业基地（园区）、进出口商品体验中心、展示交易中心，打造集产业集聚、仓储物流、看样定货、购物消费、休闲娱乐于一体的跨境电子商务特色载体。

（三）完善跨境电子商务通关服务平台功能

8. 完善跨境电子商务通关服务平台功能。提升跨境电子商务进出口的通关效率和便利化水平，实现企业一次申报、数据共享、多方监管。积极争取国家部委支持，推动海关部门对跨境电子商务通关服务平台开放预录入系统（QP 系统）申报接口；检验检疫部门对跨境电子商务通关服务平台开放出入境检验检疫综合业务计算机管理系统（CIQ 2 000系统）的报检申报接口、企业备案和信用等级查询接口、商品负面清单数据查询接口、认证认可系统数据接口等；公安部门对跨境电子商务通关服务平台开放公民身份信息核查接口；外汇部门建立名录登记、分类管理信息与跨境电子商务通关服务平台数据共享机制；国税部门对跨境电子商务通关服务平台开放出口退税申报和审核系统数据接口；食品药品监管部门对跨境电子商务通关服务平台食品药品许可信息、监管信息等数据接口；工商部门对通关服务平台开放全国企业信息公示平台的企业公示信息。

（四）打造产业综合服务平台

9. 依托中国（广东）自由贸易试验区前海蛇口片区建设覆盖深圳、服务全省及全国的跨境电子商务综合服务平台。打造前海跨境电子商务产业高端综合配套服务中心与智能化管理中心，为跨境电子商务企业和政府部门提供专业化、综合性服务，实现跨境电子商务产业要素在平台上集聚、互联、融合。建立跨境电子商务数据标准和数据信息传输、开放、共享和使用的规则规范。

10. 建设跨境电子商务经营者主体身份验证服务体系。遵循以社会信用代码及银行账户为主要身份验证信息的国际通行认证方式，从企业商事登记注册信息入手，制定跨境电子商务经营主体备案、查验等基础信息管理标准及办法，建设跨境电子商务经营者主体备案及查验管理系统，为企业走出去开拓国际市场，提供交易安全保障支撑服务。

11. 建立跨境电子商务商品信息备案、质量监控服务体系。研究各国技术性贸易措施权威资讯、最新动态、应对方案，以及电子商务相关政策、标准、市场热点与准入规则等，建立相应的资讯础数据库，加强跨境电子商务国际市场开拓辅导。研究制定跨境电子商务商品基本信息备案管理标准及管理办法，完善跨境电子商务商品备案查验、质量检验检测与监管、质量追溯等服务体系，提升跨境电子商务商品质量。

12. 探索建立与国际接轨的跨境电子商务知识产权服务体系。建设跨境电子商务知识产权监管服务系统，建立跨境电子商务知识产权地图和数据中心，加强跨境电子商务知识产权培育指导、知识产权风险巡查和预警、知识产权保护与促进、审查核验等，建立知识产权联动监管机制，打击跨境侵犯知识产权违法经营行为。

13. 建立跨境电子商务消费维权在线非诉讼纠纷解决与法律援助服务机制，为企业与消费者提供简易、便捷的在线投诉与处理平台，并提供法律咨询等相关专业服务。

14. 建立跨境电子商务信用信息服务体系。研究制定跨境电子商务信用标准，建立信用信息标准体系。依托静态与动态企业经营信息和部门监管信息的跨境电子商务企业信用信息数据，探索对跨境电子商务企业进行信用分类监管。

15. 完善跨境电子商务统计体系。建立科学的跨境电子商务统计监测体系，实现跨境电子商务通关服务平台与综合服务平台之间的数据互补。建立跨境电子商务大数据服务中心，利用大数据、云计算技术，对各类平台商品、物流、金融服务、知识产权、风险防控等数据进行分析处理运用，实现跨境电子商务数据的交换汇聚，为政府监管和企业经营提供决策咨询服务。

16. 打造跨境电子商务人才高地。鼓励行业组织和专业机构、国内外专家和专业人士参与跨境电子商务规划、重点方案制定和项目对接等。鼓励发展电子商务职业教育，开展电子商务学历教育。鼓励合作办学，建立实训式电子商务职业技能培训体系，加强学科建设和实用型人才的培养。支持各类教育、培训机构、企业开展电子商务技能培训、岗前培训并按规定落实相关扶持政策。鼓励借助互联网技术，开展电子商务远程教育培训。支持人才市场、人才网站加强电子商务专业用工服务，完善电子商务人才供求信息对接机制。

（五）建立跨境电子商务 B2B 管理新体系

17. 支持外贸综合服务企业做大做强出口业务。完善外贸综合服务企业扶持措施，探索分类管理。完善境内仓储物流、报关、退税等服务体系建设，通过建设海外仓，将服务链向境外延伸，鼓励有资质的企业自建、收购并购或租赁海外仓、保税功能仓和集散中心系统，支持龙头企业整合资源建设海外联合仓，积极探索国内外仓储设施建设中的融资、风险保障机制，推动实现行业的规模化、标准化和服务链条完整化，推动传统外贸企业通过电子商务化、物流化、平台化发展，向国际供应链服务企业和外贸综合服务企业转型。

18. 推动供应链与跨境电子商务深度融合。发挥供应链管理与服务优势，提高企业信息化智能化水平，利用互联网和物联网技术，支持供应链企业充分整合境外海外仓、境内保税功能仓资源，以供应商管理库存（VMI）、及时配送（JIT）等方式为境内外跨境电子商务企业提供全方位服务。

19. 探索B2B新型交易和服务模式打通线上交易瓶颈。支持在前海湾保税港区等海关特殊监管区域开展“线下展示+线上交易”等业务，试点线上“保税展示+交易”、线下“保税仓储+一般贸易进出口”的M2B2C业务模式。鼓励将电子合同、电子发票应用于跨境电子商务B2B出口环节，探索大宗商品的线上交易、支付和结算。

20. 支持大型快递企业设立清关中心和集散中心，在海外设立转运中心，在符合监管要求的前提下，实现境内外中心间的跨境电子商务商品小件集运。支持邮政快递企业跨境电子商务渠道建设。加密现有国际货运航班、开通货运航班等措施，增强深圳宝安国际机场的进出口货运能力。

（六）依托深港区域优势建立跨境电子商务新格局

21. 研究建设深港跨境电子商务合作示范区，打造深港跨境电子商务综合服务生态圈。发挥香港连接全球市场网络的优势，共同建设面向“一带一路”沿线国家的商品展示、销售采购中心和跨境电子商务海外仓储配送基地。鼓励跨境电子商务企业通过在港设立离岸公司开展跨境支付、结算业务。实施深港陆路口岸与特殊监管区域、保税物流中心之间跨境电子商务货物的“跨境快速通关”。在供港商品和港产食品“前店后仓”模式基础上，支持香港企业在深港两地同时建立销售端与仓储端，探索“双店双仓”的特色营运模式。

22. 推进深港服务贸易自由化。加强深港专业服务合作，支持取得香港执业资格的专业人士在跨境电子商务领域提供会计审计、广告营销、信用评级、教育培训、人才中介等专业服务。争取国家部委支持，推行深港检验认证及相关检测业务互认制度，推行“一次认证、一次检测、两地通行”，推动两地对口专业协会及商会开展交流合作。探索港籍自然人在深圳综合试验区开展跨境电子商务业务。

三、组织实施

省政府统筹领导和协调推进综合试验区试点工作。深圳市要精心组织实施，完善工作机制，落实工作责任，根据本实施方案制定具体工作方案，突出重点、先行先试，并在推进过程中认真研究新情况、解决新问题，抓紧形成制度创新清单，推进创新政策措施落地。省各有关部门要大力支持，积极做好协调配合、指导评估等工作，共同推进相关体制机制和政策创新，把深圳综合试验区建设好、管理好，加快形成可复制可推广的经验。

深圳市相关配套文件汇总表如下表所示。

深圳市相关配套文件汇总表

类型	颁布时间	颁布部门	文件名称
	2016-01-13	深圳市经济贸易和信息化委员会	市经贸信息委关于公布《深圳市平行进口汽车试点工作首批试点企业名单》的通知
	2016-03-28	深圳市经贸易和信息化委员会	《2015年深圳市电子商务发展白皮书》
	2016-04-13	深圳市市场监督管理局	《跨境电子商务通关检验检疫系统架构》
	2016-04-13	深圳市市场监督管理局	《跨境电子商务通关检验检疫业务流程》
	2016-04-27	深圳市市场监督管理局	《跨境电子商务通关检验检疫基础术语》
	2016-04-27	中国（广东）自由贸易试验区深圳前海蛇口片区管理委员	《中国（广东）自由贸易试验区深圳前海蛇口片区跨境电子认证应用管理暂行办法》
	2016-05-11	广东省人民政府	《中国（深圳）跨境电子商务综合试验区实施方案》
	2016-06-01	深圳市经济贸易和信息化委员会	市经贸信息委关于《开展2016年国家电子商务示范城市电子商务重大工程建设项目申报工作》的通知
	2016-06-20	深圳市经济贸易和信息化委员会	市经贸信息委关于《2016年战略新兴产业发展专项资金扶持计划（互联网产业类）项目资助计划》公示的通知
	2016-06-23	深圳市经济贸易和信息化委员会	市经贸信息委关于《2016年度服务业发展专项资金（电子商务类）第一批项目》公示的通知
	2016-07-21	深圳市经济贸易和信息化委员会	市经贸信息委关于《2016年电子商务发展专项资金电子商务物流配送体系建设项目资助计划》公示的通知
	2016-08-16	深圳市经济贸易和信息化委员会	《2016年电子商务示范奖励计划申请指南》
	2016-08-30	深圳市人民政府	《深圳市信息化发展“十三五”规划》
	2016-11-10	深圳市经济贸易和信息化委员会	市经贸信息委关于《2016年度服务业发展专项资金中小微企业电子商务普及应用项目》公示的通知
	2016-11-29	深圳市经济贸易和信息化委员会	市经贸信息委关于《2016年度提升企业竞争力-电子商务示范奖励计划项目》公示的通知
	2016-12-02	深圳市经济贸易和信息化委员会	市经贸信息委关于《2016年度提升企业竞争力-电子商务交易平台规模奖励计划项目》公示的通知
	2016-12-06	深圳市财政委员会	深圳市财政委员会关于印发《中央外经贸发展专项资金跨境电子商务综合试验区服务体系建设扶持计划实施细则》的通知
	2016-12-21	深圳市经济贸易和信息化委员会	市经贸信息委关于开展《2016年度及2017年月度深圳市电子商务统计调查工作》的通知
	2017-01-03	深圳市人民政府办公厅	深圳市人民政府办公厅关于印发《深圳市深入推进“互联网+流通”行动计划实施方案》的通知
	2017-01-04	深圳市交通运输委员会	《深圳市现代物流业十三五规划》

企业名录

截至 2016 年 12 月 31 日，在深圳跨境综合服务平台上注册，并实际展开业务的企业名录见表 2-18。

表 2-18　深圳跨境电子商务企业备案信息

序号	企业名称	备案类型
1	北京爱菲丝科技有限公司	电商企业；电商平台
2	北京爱农驿站科技服务有限公司	支付企业
3	北京乐仔哇贸易有限公司	电商企业
4	北京普缇客科技有限公司	电商企业；电商平台
5	北京如风达快递有限公司	物流企业
6	北京小麻包信息技术有限公司	电商企业；电商平台；支付企业
7	舶来尚品（深圳）科技有限公司	电商企业；电商平台
8	成都云遥互动科技有限公司	电商企业；电商平台
9	创颖峻贸易（深圳）有限公司	电商平台
10	大连大商天狗电子商务有限公司	电商企业；电商平台
11	大连东北亚丝路电子商务有限公司	电商企业；电商平台
12	丹东鼎尊商贸有限公司	电商企业；电商平台；仓储企业
13	道格云商（湖南）贸易有限责任公司	电商企业；电商平台
14	叮当电商（深圳）有限公司	电商企业；电商平台；物流企业；仓储企业；报关企业
15	东莞市光兆实业投资有限公司	电商企业
16	东莞市微格良品信息科技有限公司	电商企业；电商平台
17	佛山市麦浪电子商务有限公司	电商企业；报关企业
18	福建海丝路科技有限公司	电商企业；电商平台
19	广东今朝投资发展有限公司	电商企业；电商平台
20	广东天章供应链有限公司	电商企业
21	广东葆鸣贸易有限公司	电商企业；电商平台
22	广州百福网络科技有限公司	电商企业
23	广州思埠网络开发有限公司	电商企业；电商平台

表2-18 续1

序号	企业名称	备案类型
24	广州唯品会信息科技有限公司	电商企业；电商平台；物流企业；支付企业；仓储企业
25	广州洋戏台电子商务有限公司	电商企业；电商平台
26	海南志行物流服务有限公司	物流企业
27	杭州徐娜拉电子商务有限公司	电商企业
28	宏高（深圳）电子商务综合服务有限公司	物流企业；仓储企业；报关企业
29	湖南嘉德科技发展有限公司	电商企业
30	湖南友阿云商网络有限公司	电商企业；电商平台
31	慧慧优品电子商务（深圳）有限公司	电商企业；电商平台
32	家家乐购（北京）科技有限公司	电商企业；电商平台
33	家家乐购（北京）信息技术有限公司	电商企业；电商平台
34	解放路（上海）信息技术有限公司	电商企业；电商平台
35	晋城市艾生澳商贸有限公司	电商企业；电商平台
36	宁波蜜芽宝贝国际贸易有限公司	电商企业；电商平台
37	宁波通天轮贸易有限公司	电商企业
38	宁夏丝路通网络科技有限公司	电商企业；电商平台
39	七海购（深圳）电子商务有限公司	电商企业；电商平台
40	七天优品品牌管理（深圳）有限公司	电商企业；电商平台
41	前海大利行（深圳）汽车用品跨境电子商务有限公司	电商企业
42	前海东阳光（深圳）电子商务有限公司	电商企业
43	前海五融跨境电子商务（深圳）有限公司	电商企业；电商平台
44	泉州市宇讯进出口贸易有限公司	电商企业；电商平台
45	赛诚国际物流有限公司深圳分公司	物流企业；仓储企业
46	赛森汽车电子（深圳）有限公司	电商企业
47	三本木投资（深圳）股份公司	电商企业
48	山西爱辰航空电子商务股份有限公司	电商企业；电商平台
49	上海喆兔网络技术有限公司	电商企业；电商平台；报关企业
50	上海大誉国际物流有限公司	物流企业
51	上海寺库电子商务有限公司	电商企业；电商平台
52	深圳澳百网实业有限公司	电商企业；电商平台
53	深圳柏拉图电子商务有限公司	电商企业；电商平台

表2-18　续2

序号	企业名称	备案类型
54	深圳保宏电子商务综合服务有限公司	电商企业；电商平台；物流企业；仓储企业
55	深圳大前海物流有限公司	物流企业；仓储企业；报关企业
56	深圳德协保税电子商务有限公司	电商企业；电商平台
57	深圳港漂圈文化传播有限公司	电商企业
58	深圳高朗科技有限公司	电商企业
59	深圳海带宝网络科技股份有限公司	电商平台；物流企业
60	深圳海鸟全球信息技术有限公司	电商企业
61	深圳和众世纪营销策划有限公司	电商企业
62	深圳合立健康科技有限公司	电商企业；电商平台
63	深圳华唐盛世电子商务有限公司	电商企业；电商平台
64	深圳捷递国际物流有限公司	物流企业；报关企业
65	深圳金天达电子商务有限公司	电商企业；电商平台
66	深圳酷易通电子商务有限责任公司	电商企业
67	深圳跨境购供应链有限公司	电商企业
68	深圳快买科技有限公司	电商企业；电商平台
69	深圳乐笑食品有限公司	电商企业；电商平台
70	深圳连展全球物流供应链有限公司	物流企业
71	深圳良品食代供应链有限公司	电商企业；电商平台
72	深圳亮锋物流有限公司	物流企业；仓储企业
73	深圳没税购电子商务有限责任公司	电商企业
74	深圳能源物流有限公司	电商企业；电商平台
75	深圳欧良贸易有限公司	电商企业；电商平台；物流企业；支付企业；仓储企业；报关企业
76	深圳皮尔玛进出口有限公司	电商企业；电商平台
77	深圳七号洋行电子商务有限公司	电商企业；电商平台
78	深圳棋洋国际物流有限公司	物流企业；报关企业
79	深圳前海爱海购电子商务有限公司	电商企业
80	深圳前海超远供应链管理有限公司	物流企业；仓储企业；报关企业
81	深圳前海大众盈国际商贸有限公司	电商企业；电商平台
82	深圳前海电商供应链管理有限公司	电商企业；电商平台；物流企业；仓储企业；报关企业
83	深圳前海高晟通电商有限公司	电商企业

表2-18　续3

序号	企业名称	备案类型
84	深圳前海海集汇科技有限公司	电商企业；电商平台
85	深圳前海恒兴电子商务科技有限公司	电商企业
86	深圳前海华石中证互联网金融服务有限公司	电商企业；电商平台
87	深圳前海拉美加实业有限公司	电商企业
88	深圳前海亮星跨境电子商务有限公司	电商企业
89	深圳前海欧源通电商供应链管理有限公司	电商企业；电商平台
90	深圳前海鹏大电子商务有限公司	物流企业
91	深圳前海品优聚客电子商务有限公司	电商企业
92	深圳前海千店直送网络有限公司	电商企业；电商平台
93	深圳前海泰华乐购电子商务有限公司	电商企业；电商平台
94	深圳前海腾邦保税跨境电子商务有限公司	电商企业
95	深圳前海通世海电子商务股份有限公司	电商企业；电商平台
96	深圳前海拓米电商服务有限公司	物流企业；仓储企业
97	深圳前海微品生活电子商务有限公司	电商企业；电商平台
98	深圳前海央金玛电子商务有限公司	电商企业；电商平台
99	深圳前海洋行电子商务有限责任公司	物流企业；仓储企业
100	深圳前海易维他跨境电子商务发展有限公司	电商企业；电商平台
101	深圳前海粤港澳供应链有限公司	物流企业；仓储企业；报关企业
102	深圳前海云集品电子商务有限公司	电商企业；电商平台
103	深圳前海智者供应链有限公司	电商企业；电商平台
104	深圳前海中农跨境电子商务科技有限公司	电商企业；电商平台
105	深圳前海周大福港货中心有限公司	电商企业；电商平台；物流企业；支付企业；仓储企业；报关企业
106	深圳前海鑫特供应链有限公司	电商企业；电商平台；电商代理；物流企业；仓储企业；报关企业
107	深圳侨丰行电子商务有限公司	电商企业
108	深圳切尔曼信息技术有限公司	电商企业；电商平台
109	深圳瑞吉星跨境电子商务有限公司	电商企业；电商平台
110	深圳润泽进出口有限公司	电商企业；电商平台
111	深圳赛仁科技有限公司	电商企业
112	深圳十方通供应链信息技术有限公司	电商平台
113	深圳十三洋行电子商务有限公司	电商企业；电商平台

表2-18 续4

序号	企业名称	备案类型
114	深圳市爱菲丝网络科技有限公司	电商企业；电商平台；电商代理；支付企业
115	深圳市爱美购科技有限公司	电商平台
116	深圳市爱商在线科技有限公司	电商平台
117	深圳市傲基电子商务股份有限公司	电商企业
118	深圳市八达物流股份有限公司	电商企业；电商平台；物流企业；仓储企业
119	深圳市百和佳贸易有限公司	电商企业；电商平台
120	深圳市倍速优仓储服务有限公司	仓储企业
121	深圳市倍通供应链服务有限公司	物流企业；仓储企业
122	深圳市博创壹佰投资管理有限公司	电商企业；电商平台
123	深圳市博济恒实业有限公司	电商企业；电商平台
124	深圳市博思达供应链管理有限公司	电商企业；电商平台
125	深圳市残友电子善务有限公司	电商企业
126	深圳市苍茂科技有限公司	电商企业
127	深圳市长发兴业贸易股份有限公司	电商企业；电商平台
128	深圳市承和润文化传播有限公司	电商企业；电商平台；电商代理；支付企业
129	深圳市德丰汇海供应链有限公司	电商平台；物流企业
130	深圳市递四方速递有限公司	物流企业
131	深圳市点点淘科技有限公司	电商企业
132	深圳市叮叮电子商务有限公司	电商企业；电商平台
133	深圳市鼎丰盛业电子商务有限公司	电商企业；电商平台；物流企业；仓储企业；报关企业
134	深圳市鼎丰盛业供应链管理有限公司	物流企业
135	深圳市东方嘉盈实业有限公司	报关企业
136	深圳市富兰国际贸易有限公司	电商企业；电商平台
137	深圳市富临国际物流有限公司	电商企业；电商平台
138	深圳市高鹰母婴用品有限公司	电商企业；电商平台
139	深圳市冠汇资产管理有限公司	电商企业；电商平台；物流企业；仓储企业；报关企业
140	深圳市哈迪狮国际货运代理有限公司	电商企业；电商平台
141	深圳市海格物流股份有限公司	电商平台；物流企业；仓储企业；报关企业
142	深圳市海猫互联网科技有限公司	电商企业；电商平台
143	深圳市海望通科技有限公司	电商企业；电商平台

表2-18 续5

序号	企业名称	备案类型
144	深圳市海豚跨境科技有限公司	电商企业；电商平台
145	深圳市浩方电子商务有限公司	电商企业
146	深圳市合生食品有限公司	电商企业
147	深圳市合一和润跨境电子商务有限公司	电商企业；电商平台；报关企业
148	深圳市恒达中通物流有限公司	电商平台；物流企业；仓储企业
149	深圳市宏瑞达速递有限公司	物流企业
150	深圳市弘盛品实业有限公司	电商企业；电商平台；物流企业；支付企业；仓储企业
151	深圳市华润万家电子商务有限公司	电商企业；电商平台；电商代理
152	深圳市华一物流有限公司	物流企业；仓储企业
153	深圳市环球海美电子商务科技有限公司	电商企业；电商平台
154	深圳市环球申通快递有限公司	物流企业
155	深圳市环球思埠电子商务有限公司	电商企业；电商平台
156	深圳市环球思埠物流有限公司	物流企业；仓储企业；报关企业
157	深圳市汇惠通电子商务有限公司	电商企业；电商平台；电商代理
158	深圳市机场国际快件海关监管中心有限公司	仓储企业
159	深圳市积分通科技开发有限公司	电商企业
160	深圳市嘉宏裕盛进出口有限公司	电商企业；电商平台
161	深圳市嘉盈报关有限公司	报关企业
162	深圳市捷利通达国际物流有限公司	物流企业；仓储企业；报关企业
163	深圳市捷荣通盛供应链有限公司	物流企业；仓储企业；报关企业
164	深圳市金婴宝贝母婴用品有限公司	电商企业；电商平台
165	深圳市锦堂电子商务有限公司	电商企业；电商平台
166	深圳市久美博学科技有限公司	电商企业；物流企业
167	深圳市聚宝通科技有限公司	电商企业；电商平台
168	深圳市巨航国际供应链有限公司	电商企业；电商平台；物流企业；仓储企业；报关企业
169	深圳市君美瑞信息科技有限公司	电商企业
170	深圳市康鑫伟业供应链有限公司	电商企业；电商平台
171	深圳市跨境易国际贸易有限公司	电商企业；电商平台；报关企业
172	深圳市快付通金融网络科技服务有限公司	支付企业
173	深圳市拉冬电子商务有限责任公司	电商企业

表2-18　续6

序号	企业名称	备案类型
174	深圳市莱斯购电子商务有限公司	电商企业
175	深圳市乐天天食品有限公司	电商企业；电商平台
176	深圳市乐之家电子商务有限公司	电商企业；电商平台
177	深圳市立航物流服务有限公司	物流企业；仓储企业；报关企业
178	深圳市力华国际货运有限公司	物流企业
179	深圳市联银供应链有限公司	电商企业；电商平台
180	深圳市邻家小铺有限公司	电商企业
181	深圳市邻友通科技发展有限公司	电商企业
182	深圳市龙飞祥供应链有限公司	电商企业；电商平台；电商代理
183	深圳市龙和国际互联网科技有限公司	电商企业；电商平台；物流企业；支付企业；仓储企业；报关企业
184	深圳市龙顺达物流有限公司	电商企业；电商平台；物流企业
185	深圳市绿膳谷农业创新发展有限公司	电商企业；电商平台
186	深圳市美丽控电子商务有限公司	电商企业
187	深圳市米够电子商务有限公司	电商企业；电商平台
188	深圳市勉顺贸易有限公司	电商企业；电商平台
189	深圳市妙尊美代供应链管理有限公司	电商企业
190	深圳市民声资讯有限公司	电商企业；电商平台
191	深圳市明易科技有限公司	电商企业；电商平台
192	深圳市欧乐通国际电子商务有限公司	电商企业；电商平台
193	深圳市欧美优品国际供应链管理有限公司	电商企业；电商平台
194	深圳市品尚汇电子商务股份有限公司	电商企业
195	深圳市品质宝供应链管理有限公司	电商企业；电商平台
196	深圳市普天智亮科技有限公司	电商企业
197	深圳市启明星电子商务有限公司	电商企业；电商平台
198	深圳市钱宝科技服务有限公司	支付企业
199	深圳市前海媄妍实业股份有限公司	电商企业
200	深圳市前海八达供应链管理有限公司	电商企业；电商平台；物流企业；仓储企业
201	深圳市前海八达通供应链有限公司	电商企业；电商平台
202	深圳市前海宝创利供应链有限公司	物流企业；仓储企业
203	深圳市前海超盟国际供应链有限公司	物流企业；仓储企业；报关企业

表2-18　续7

序号	企业名称	备案类型
204	深圳市前海承和润供应链管理有限公司	物流企业；仓储企业；报关企业
205	深圳市前海国金金融服务有限公司	电商企业；电商平台
206	深圳市前海海易物流有限公司	物流企业；仓储企业
207	深圳市前海乐贝尔电子商务有限公司	电商企业；电商平台
208	深圳市前海龙和国际电子商务有限公司	电商企业；电商平台；物流企业；支付企业；仓储企业
209	深圳市前海全球易供电子商务有限公司	电商企业
210	深圳市前海荣欣电子商务有限公司	电商企业；电商平台
211	深圳市前海天行者跨境电子商务科技有限公司	电商企业；电商平台
212	深圳市前海万国电商有限公司	电商企业；电商平台
213	深圳市前海万物海淘电子商务有限公司	电商企业；电商平台
214	深圳市前海祥林供应链管理有限公司	电商企业；电商平台；物流企业；仓储企业；报关企业
215	深圳市前海新融顺供应链管理有限公司	物流企业；仓储企业；报关企业
216	深圳市前海新世纪电子商务有限公司	电商企业
217	深圳市前海易德信科技有限公司	电商企业；电商平台
218	深圳市前海永洲网跨境电子商务有限公司	电商企业；电商平台
219	深圳市前海云达物流网络有限公司	物流企业；仓储企业；报关企业
220	深圳市前海展宇电子商务服务有限公司	电商企业；电商平台
221	深圳市趣味猴有限公司	电商企业；电商代理
222	深圳市全通达申通快递有限公司	物流企业
223	深圳市荣升供应链有限公司	物流企业；仓储企业；报关企业
224	深圳市瑞通速递有限公司	电商平台
225	深圳市森美供应链管理有限公司	电商企业；电商平台；物流企业；支付企业；仓储企业；报关企业
226	深圳市深国际西部物流有限公司	电商企业；仓储企业；报关企业
227	深圳市深辉佳速贸易有限公司	电商企业；电商平台；物流企业；支付企业；仓储企业
228	深圳市世纪仁源国际贸易有限公司	电商企业；电商平台；物流企业；报关企业
229	深圳市顺捷丰达速运有限公司	物流企业
230	深圳市斯里兰商业发展有限公司	电商企业；物流企业；报关企业
231	深圳市思萨美康电子商务有限公司	电商企业；电商平台

表2-18 续8

序号	企业名称	备案类型
232	深圳市腾锐商贸有限公司	电商企业；电商平台
233	深圳市天成食品有限公司	电商企业；电商平台
234	深圳市天行云供应链有限公司	电商企业
235	深圳市通拓科技有限公司	电商企业
236	深圳市通运达供应链服务有限公司	电商企业；电商平台；电商代理
237	深圳市外代仓储有限公司	物流企业；仓储企业；报关企业；物业管理
238	深圳市万国荟贸易有限公司	电商企业；电商平台
239	深圳市万业恒通商贸有限公司	电商企业；电商平台
240	深圳市网通电子商务有限公司	电商企业；电商平台；物流企业；支付企业；仓储企业
241	深圳市维康氏电子商务有限公司	电商企业；电商平台
242	深圳市文荣电商有限公司	物流企业；仓储企业；报关企业
243	深圳市文源贸易有限公司	电商企业；电商平台
244	深圳市握手传媒有限公司	电商企业；电商平台
245	深圳市无国界贸易有限公司	电商企业；电商平台
246	深圳市西洋菜物流有限公司	仓储企业；报关企业
247	深圳市信捷网科技有限公司	电商企业；电商平台；电商代理；物流企业；仓储企业；报关企业
248	深圳市星商网络科技有限公司	电商企业；报关企业
249	深圳市洋货栈电子商务有限公司	电商企业；电商平台
250	深圳市壹佰悦电子商务有限公司	电商企业；电商平台
251	深圳市易思购电子商务有限公司	电商企业；电商平台
252	深圳市易通寰宇供应链服务有限公司	电商企业；电商平台；物流企业；仓储企业；报关企业
253	深圳市易想达科技有限公司	电商企业；电商平台
254	深圳市易智通贸易有限公司	电商企业
255	深圳市亿万航贸易有限公司	电商企业；电商平台；支付企业
256	深圳市樱桃优品网络科技有限公司	电商企业；电商平台
257	深圳市永邦富昌供应链有限公司	物流企业；仓储企业；报关企业
258	深圳市邮政速递有限公司	物流企业；报关企业
259	深圳市油松快捷货运有限公司	物流企业

表2-18 续9

序号	企业名称	备案类型
260	深圳市有棵树科技有限公司	电商企业；电商平台
261	深圳市圆融科技有限公司	电商企业；电商平台
262	深圳市越海全球电商供应链有限公司	物流企业；仓储企业；报关企业
263	深圳市云开九天科技有限公司	电商企业；电商平台
264	深圳市韵达速递有限公司	物流企业
265	深圳市在凡贸易有限公司	电商企业
266	深圳市赞的易通供应链服务有限公司	电商企业；电商平台
267	深圳市宅急送快运有限公司	物流企业
268	深圳市甄选壹品电子商务有限公司	电商企业
269	深圳市中兴供应链有限公司	电商企业；电商平台
270	深圳市卓鼎汇通供应链服务有限公司	物流企业；仓储企业；报关企业
271	深圳市卓业供应链管理有限公司	物流企业；仓储企业；报关企业
272	深圳市综保电子商务服务有限公司	电商企业；电商平台
273	深圳市嗨购天下科技有限公司	电商企业
274	深圳市嗨库跨境电子商务有限公司	电商企业；电商平台；物流企业；仓储企业；报关企业
275	深圳市汶洱文化传播有限公司	电商企业；电商平台
276	深圳市灏德美康电子商务有限公司	电商企业；电商平台
277	深圳顺美供应链服务有限公司	电商企业；电商平台
278	深圳思萨投资有限公司	电商企业；电商平台
279	深圳腾泽科技有限公司	电商企业；电商平台
280	深圳五州海康国际供应链有限公司	物流企业；仓储企业；报关企业
281	深圳五洲四海供应链有限公司	物流企业；仓储企业；报关企业
282	深圳欣利亚科技有限公司	电商企业
283	深圳心头好贸易有限公司	电商企业；电商代理
284	深圳宜和股份有限公司	电商企业；电商平台
285	深圳易硕电子商务服务有限公司	物流企业；仓储企业
286	深圳益达供应链管理有限公司	物流企业
287	深圳银基品汇壹号销售管理有限公司	电商企业；电商平台
288	深圳越洋供应链管理有限公司	物流企业；仓储企业；报关企业

表2-18 续10

序号	企业名称	备案类型
289	深圳再来买科技有限公司	电商企业；电商平台
290	深圳中理外轮理货有限公司	电商企业；电商代理
291	深圳转运邦电子商务有限公司	电商企业；电商平台；物流企业；仓储企业；报关企业
292	舒美健康科技（深圳）有限责任公司	电商企业
293	顺丰速运有限公司前海营业部	物流企业
294	顺丰速运有限公司天安营业部	物流企业
295	苏州科贝尔实业有限公司	电商企业；电商平台
296	天虹商场股份有限公司	电商企业
297	万国国际商品交易中心有限公司	电商企业；电商平台
298	万国荟国际电商科技股份有限公司	电商企业；电商平台
299	维本国际贸易（上海）有限公司	电商企业；电商平台
300	沃尔玛（深圳）百货有限公司	电商企业；电商平台
301	武汉市美利购进出口贸易有限公司	电商企业；电商平台
302	西安桑硕网络科技有限公司	电商企业；电商平台
303	厦门华帆科技有限公司	电商企业；电商平台
304	厦门挚宠商贸有限公司	电商企业
305	行吟信息科技（上海）有限公司	电商企业；电商平台
306	雅娜购（北京）电子商务有限公司	电商企业；电商平台
307	一一百电子商务服务（深圳）有限公司	电商企业；电商平台
308	易联支付有限公司	支付企业
309	樱桃宝贝（深圳）跨境电子商务有限公司	电商企业
310	优购科技有限公司	电商企业；电商平台
311	优吉尔（深圳）电商供应链服务有限公司	电商平台
312	招商局保税物流有限公司	电商企业；电商平台；物流企业；仓储企业；物业管理
313	郑州万国优品保税进出口有限公司	电商企业；电商平台
314	郑州维纳斯信息科技有限公司	电商企业；电商平台
315	郑州新势力电子商务有限公司	电商企业；电商平台
316	智付电子支付有限公司	支付企业
317	中国工商银行股份有限公司前海分行	电商企业；电商平台；支付企业
318	中国邮政集团公司深圳市龙华局	物流企业

表2-18 续11

序号	企业名称	备案类型
319	中国邮政集团公司深圳市南油支局	物流企业
320	中国邮政速递物流股份有限公司深圳市分公司	电商企业；电商平台；物流企业
321	重庆火蚁供应链管理有限公司	电商企业；电商平台
322	重庆拓扬供应链管理有限公司	电商企业；电商平台
323	重庆易极淘科技有限公司	电商企业；电商平台
324	珠海唯美网络科技有限公司	电商企业；电商平台
325	佐佑（深圳）国际贸易有限公司	电商企业；电商平台；物流企业；

统计数据

一、深圳跨境电子商务服务试点进出口业务报表

深圳跨境电子商务服务试点进出口业务报表见表 2-19。

表 2-19 深圳跨境电子商务服务试点进出口业务报表

（2016 年 1 月 1 日~2016 年 12 月 31 日）

	清单	同比增长	货值	同比增长	征收税款	同比增长
2016 年进口：网购保税进口（监管方式代码1210）	1 166.45 万票	19.94%	16.16 亿元人民币	85.32%	13 892.93 万元	5.84 倍
直购进口（监管代码9610）	165 票		6.02 万元		0.72 万元	
2016 年出口：特殊区域出口（监管方式代码1210，目前只在前海湾保税港区开展）	24.13 万票	44.75%	1.83 亿元	1.67%		
一般出口（监管方式代码9610）	2 331.07 万票		9.42 亿元			

二、前海湾保税港区跨境贸易电子商务出口项目业务情况统计表

前海湾保税港区跨境贸易电子商务出口项目业务情况统计表见表 2-20。

表 2-20　前海湾保税港区跨境贸易电子商务出口项目业务情况统计表

项目	单位	2014 年前	2014 年累计	2015 年累计	2016 年累计	2017 年 1 月	2017 年 2 月	2017 年 3 月	2017 年累计	历史累计
备案商品	个	2 431	7 018	27 933	9 936	317	952	1 095	2 364	49 682
备案电商	家	6	31	24	23	0	0	39	39	123
暂存入区	票	13	740	1 719	3 187	244	388	382	1 014	6 673
出境出区	票	9	1 160	3 245	2 575	150	251	238	639	7 628
	货值（美元）	25 966	5 599 983	28 501 130.57	49 268 573.42	4 668 105	7 178 345.35	4 499 496.7	16 345 947.05	99 741 600.04
	包裹（个）	127	101 590	166 640	300 496	24 479	37 405	27 511	89 395	658 248
集中报关	票	5	45	243	441	38	46	50	134	868
	货值（美元）	25 966	5 183 814	18 302 650.45	36 053 842.57	8 269 406.24	5 250 814.34	5 787 760.24	19 307 980.82	78 874 253.84
包裹目的国	美国、法国、英国、意大利、西班牙、德国、澳大利亚、奥地利、加拿大、瑞士									
货物品种	LED 灯、汽车检测仪、锂电池、电路板组件、平板电脑 、WIFI 插座、婴儿监护报警器、手机、家庭日用品、大疆无人机等									
参与电商	实际走货电商	广州市贝法易商贸有限公司、兰亭集势贸易（深圳）有限公司、深圳华强沃光科技有限公司、深圳市炽昂信息技术有限公司、深圳市丹宏昊天电子商务有限公司、深圳市汉威视讯技术有限公司、深圳市浩方电子商务有限公司、深圳市环球易购电子商务有限公司、深圳市欧瑞博电子有限公司、深圳市瑞宝电子有限公司、深圳市上佳汽车维修工具有限公司、深圳市深海诺科技有限公司、深圳市韬溥国际贸易有限公司、深圳市腾威视科技有限公司、深圳市万方网络信息有限公司、深圳市纵腾贸易有限公司、深圳矽递科技有限公司、浙江执御信息技术有限公司、深圳市骏联三峰供应链管理有限公司、深圳市嘉泽供应链管理有限公司、广州晶东贸易有限公司、深圳市邻友通贸易有限公司、深圳市傲基电子商务有限公司、富骏精密电子（重庆）有限公司、深圳市英唐数码电器有限公司								
补充说明	1. 2014 年 4 月 2 日期出境出区业务开始正常操作；2. 2014 年 6 月 10 日起取得第一票退税款项，报关单号 534920130495687423；9 月 18 日沃光 9610 第一票退税完成；3. 当年累计从 2014 年 4 月起算，历史累计从 2013 年 10 月起算；4. 周一至周六均有货物进出，6 月 9 日开始，每天出区共 2 车（转香港和深关邮办）；5. 退税情况统计已退妥的报关单数量；6. 参与电商统计的为在前海有实际走货的电商									

三、前海湾保税港区跨境贸易电子商务进口试点业务统计表

前海湾保税港区跨境贸易电子商务进口试点业务统计表见表 2-21。

表 2-21 前海湾保税港区跨境贸易电子商务进口试点业务统计表

业务类型	项目	2014 年累计	2015 年累计	2016 年累计	2017 年 1 月	2017 年 2 月	2017 年 3 月	2017 年累计	历史累计
进境入区	单量	32	1 164	1 357	49	93	93	235	2 788
	货值（CNY）	16 280 098	1 052 200 545	886 720 915. 7	23 703 948. 87	35 562 395. 55	45 748 035. 11	105 014 379. 5	2 060 215 938
物品清单（出区包裹）	单量	50 346	9 667 005	9 917 736	180 808	332 068	311 845	824 721	20 459 808
	货值（CNY）	8 539 850	799 445 948. 7	1 142 296 801	38 641 718. 21	59 061 310. 33	51 552 835. 13	149 255 863. 7	2 099 538 464
备案电商	数量	11	39	13	0	5	2	7	70
备案商品	数量	264	29 217	24 373	取消备案	取消备案	取消备案	取消备案	53 854
主要商品	化妆品、保健品、休闲食品、服装鞋帽等								

大事记

2016年1月4日，跨境通公告拟以自有资金2亿元向深圳市环球易购电子商务有限公司进行增资，该次增资完成后，环球易购的注册资本由2 100万元变为5 000万元。

2016年1月12日，中国邮政集团公司深圳市分公司正式推出深圳邮政跨境电子商务综合服务平台（www. 520post. com），平台一期功能将涵盖邮政国际小包业务、邮费贷款业务、FBA配送业务、代运营业务以及国际税务业务等。

2016年3月19日，由深圳市经济贸易和信息化委员会、宝安区政府指导，由深圳市跨境电子商务协会主办的首届中国（深圳）跨境电子商务峰会在深圳市宝安区宝立方开幕。

2016年3月28日，由深圳市经济贸易和信息化委员会主办，深圳市电子商务服务中心具体执行，艾瑞集团协办、深商e天下、众信网等机构共同支持的“2016中国（深圳）电子商务发展论坛”隆重举行。

2016年4月1日，深圳市检验检疫科学研究院发布国内首批跨境电子商务通关地方标准《跨境电子商务通关检验检疫基础术语》《跨境电子商务通关检验检疫系统架构》《跨境电子商务通关检验检疫业务流程》。

2016年5月27日，省政府印发《中国（深圳）跨境电子商务综合试验区实施方案》提出，到2020年，深圳全市跨境电子商务交易额突破1 000亿美元，年均增幅达30%左右，建成为亚太地区跨境电子商务交易中心、金融服务中心和物流枢纽。

2016年6月1日，盐田综合保税区中检食品安全溯源中心与澳大利亚新西兰生产商出口联盟，举行共建中检新西兰海外仓签约仪式。中检新西兰海外仓的建立，是深圳进口通关查验模式和溯源管理创新方面的又一突破。

2016年7月15日，腾讯企点与出口跨境电子商务敦煌网达成战略合作，共创“跨境电子商务+社交”商务模式。

2016年8月15日，由深圳检验检疫局下属深圳市检验检疫科学研究院开发的“跨境电子商务溯源公共服务平台”在广东自贸区前海蛇口片区正式上线。

自2016年9月20日，深圳海关启动跨境电子商务一般出口模式试点，这是深圳市在特殊区域出口、网购保税进口试点之后开展的跨境电子商务出口模式新试点。

2016年9月20日，腾邦集团海捣网与中国检验认证集团深圳有限公司、中国质量认证中心共同举行了“质量深圳，品质电商”溯源系统合作签约，首次启动了跨境电子商务中对产品从生产源头到消费终端的全程追溯方式。

2016年9月30日，深圳检验检疫局下属检验检疫科学研究院申报的“跨境电子商务产品质量风险分级与评定研究”，首次成功获得2016年国家认监委认证认可科技支撑计划项目资助立项。

2016年10月8日，深圳海关完成第一单跨境电子商务直购进口实货测试，标志着前海跨境电子商务直购进口通道正式打通，该模式将有效弥补保税网购进口模式的不足，构建形成了跨境电子商务进口多层次的贸易监管体系。

2016 年 11 月 1 日，深圳海关启动扩大跨境电子商务通关试点范围，继前海湾保税港区后增加在盐田综合保税区、坪山深圳出口加工区、福田保税区等 3 个海关特殊监管区域开展跨境电子商务通关业务试点，是深圳跨境电子商务综合试验区建设的又一里程碑，标志着深圳跨境电子商务从过去单通道单模式试点，进入到多通道、全方位、多模式时代。

继 2016 年 4 月有棵树挂牌新三板之后，深圳价之链和跨境翼分别于 8 月、9 月在新三板挂牌上市。

福州地区

近年来，福州市牢牢把握电子商务发展机遇，围绕优势行业和特色产业，扎实推进“国家电子商务示范城市”建设、“国家电子商务示范基地”和“国家电子商务示范企业”创建。先后被国家部委列为“海峡两岸电子商务经济合作实验区”“电子商务与物流协同发展试点城市”“跨境电子商务网购保税进口试点城市”等，市县两级政府出台了多项扶持电子商务发展的政策，有力地推动了跨境电子商务迅猛发展。

发展现状

一、跨境电子商务发展特点

（一）产业规模继续扩大

2016 年，福州市电子商务交易额约 1 480亿元，超过 2015 年 1 146 亿元的水平，网络零售额约为 380 亿元。据阿里研究院发布的《2016 年中国城市电子商务发展指数报告》，福州市列 2016 年中国“电商百佳城市”排行榜第 25 名。

（二）电子商务应用不断普及和深化

电子商务在福州市工业、农业、商贸流通、交通运输、金融、旅游和城乡消费等各个领域的应用不断得到拓展，应用水平不断提高，正在形成与实体经济深入融合的发展态势，跨境电子商务活动日益频繁。

（三）涌现出一批优秀跨境电子商务企业

福州市跨境电子商务平台企业网络、榕金实业、利嘉电子商务有限公司获得省电子商务示范平台，正和云商、健润集团、中信豪车网、融达通、悠悠电商、互联星空等众多优秀电商企业（平台）陆续涌现。一达通、eBay、大龙网等龙头企业纷纷落地福州，产业氛围更加浓厚，产业聚集度不断提升。

（四）电商产业集聚明显

结合福州市城市总体功能布局及电商产业发展现状，充分利用自贸区的建设契机，规划建设跨境电子商务产业园，各区域电商集聚发展态势初显，其中台江海峡电子商务产业基地获得国家电子商务示范基地称号。各县（市）区均积极筹划利用现有的专业园区、专业楼宇、商贸集中区等资源，打造特色鲜明、定位清晰、错位发展的跨境电子商务集聚区，如马尾世创跨境电子商务园区、仓山利嘉跨境电子商务园区、长乐翔福国际物流与电商产业园、闽台电子商务与现代物流园以及拟建的长乐空港中欧海贝尔保税电商物流园、英索高端电子商务创投基地等电商园区。

（五）跨境电子商务不断拓展

建立了跨境电子商务政府公共服务平台，围绕打造跨境贸易电子商务交易平台、跨境电子商务高效服务平台的思路，积极推动跨境电子商务发展。2016 年全年福州市跨境电子商务公共服务平台共交易 273 592 单，累计进口商品货值 2.18 亿人民币。市邮政 EMS 公司 1~12 月跨境电子商务邮包业务量 513.6 万件，同比增幅达 38.9%，业务收入达 1.54 亿元，同比增幅达 66.3%。

（六）跨境电子商务物流体系不断完善

在充分征求福州海关意见的基础上，以长乐空港为依托发展邮政小包，并在江阴港和经济开发区出口加工区设立跨境电子商务特殊监管点，形成立体的跨境电子商务物流系统。此外，作为全国 5 个电商与物流协同发展试点城市之一，福州市积极加快电商与物流协同发展工作进程。截止2016年11月底，福州市已建成智能快件箱1 870组、快递公共投递服务站1 871个，末端网点的日均处理能力从最初的1.2万件提升到目前的11万件，占福州市日均快件投递量从4%上升超过20%。城市快递包裹达4.9亿件，业务营业额55.65亿元。首批使用快递专用标识的111辆快递专用车已正式上路。

二、发展目标及取得的成果

（一）跨境电子商务，积极开拓国际市场

一是积极推动跨境电子商务网购保税进口试点城市建设。二是建设跨境电子商务公共服务平台。跨境电子商务政府公共服务平台是在跨境电子模式下发挥海关、国税、检验检疫、外管、商务、工商等各部门的协统机制，建设涵盖外贸企业和跨境电子商务企业注册、出口报关、检验检疫、收结汇、退税全流程的综合管理信息平台。平台已于2015年11月3日正式运行，目前该平台正在完善中，预计2017年2月可开展项目建设，4月份建设完毕。

（二）示范试点，引领产业发展

一是积极创建国家试点。扎实推进“国家电子商务示范城市”“海峡两岸电子商务经济合作实验区”“电子商务与物流协同发展试点城市”“跨境电子商务网购保税进口试点城市”建设；二是积极创建示范企业。273二手车交易网、榕金实业等5家企业被福建省评为第一批电子商务示范企业，2016年福州市又推荐中信豪车网、新中冠等8家企业申报福建省第二批电商示范企业；福州市的福建新中冠信息科技集团有限公司、福建利嘉电子商务有限公司入选此次省商务厅2016~2017年度省级电子商务示范企业。三是创建省级示范县（市）区。鼓楼区、台江区成功入选第一批省级电子商务示范区。闽清、永泰入选第一批省农村电子商务创建县。

（三）人才引培，提供人才保障

组织开展电商创业大赛。2015年、2016年市商务局与人社局、邮政局共同举办了两届电商创业大赛，两次电商大赛参赛人数合计约2 000人，大赛期间，组委会组织了80多场电商创业类培训课程及与商家经验交流沙龙活动，累计培训各高校大学生等5 000多人次，网上成交订单累计7万多个，成交金额达400多万元。

（四）用好政策，争取省财政资金扶持

2016年，福州市的福建新中冠信息科技集团有限公司、福建利嘉电子商务有限公司入选此次省商务厅2016~2017年度省级电子商务示范企业；福州市的福建融达通供应链管理有限公司、福建省永鑫龙达贸易有限公司、福建紫光信息技术有限公司等5家企业获得2016年省商务厅促进电子商务专项资金补贴。

（五）办会参展，推介电商工作成效

积极组织参与举办了以“新电商新福建新引擎”为主题2016年福建省电子商务大会。

三、平台建设情况

福州跨境电子商务公共服务平台通过

建设跨境贸易电子商务服务系统、跨境贸易电子商务海关通关系统及跨境贸易电子商务数据交换系统，提供有关电商、物流、支付等企业信息系统与口岸管理部门系统实现互联互通，海关实现跨境电子商务有效监管，方便企业解决快速通关，办理出口结汇、退税的迫切需求。平台于2015年开工，采用政府采购方式确定项目供应商，根据综合评分法最终确定东方物通科技（北京）有限公司与联通系统集成有限公司福建省分公司联合体为中标人。2015年11月3日，福州跨境电子商务公共服务平台正式上线运营。目前已接入商务局、海关、国检、人行、建行、工行等部门和60余家企业和平台，后期还将连接税、汇等职能部门和福建省单一窗口，抓紧实施国检端系统和部分公共服务功能升级改造。

该平台主要包括跨境电子商务服务系统、跨境电子商务通关通检监管系统及跨境电子商务数据交换系统3个部分，通过互联网和专网接入和处理消费者、电商、物流商、支付商、监管部门等多方的信息，是实现跨境电子商务业务目标的重要载体。

四、园区对比发展情况

福州经济技术开发区跨境电子商务园区。福州市目前正在马尾高新园区（快安）建设电商产业运营中心及跨境电子商务产品展示中心，在福州出口加工区内建设保税仓，利用其海关特殊监管区的功能为电商企业提供保税仓储及物流配套服务。

跨境电子商务产业园位于风景秀丽、交通便利的东江滨5A级写字楼世创大厦内，毗邻自贸区办事服务大厅，周边设有海关、国检、外管、银行等机构，软硬件配套设施完善。园区内设有电商企业商务办公区、O2O线下展示体验区、银行、餐厅等功能区。

目前，园区已吸引48家跨境电子商务企业及相关服务类企业入驻，商品涵盖中国台湾、北美、日韩、澳洲、欧洲等多国家和地区，商品种类包含奶粉、化妆品、酒类、保健品、牛羊肉等各类快消品及进口汽车、西服定制服务等。

福州保税区跨境电子商务园区。在福州保税区（马尾）开展跨境电子商务保税展示、线下体验等业务，利用福州保税区江阴保税港区特殊监管区的政策功能，建设海运快件监管中心驻我跨境电子商务产业园；利嘉江阴保税港区海关监管中心目前已按相关监管场所建设标准完成1万平方米监管仓库和周边硬件设施改造，监管中心分拣线、查验设备及关检办公用房配备齐整，各项信息管理系统已经开发完成，可以对接政府跨境电子商务公共服务平台，具备了开展配套跨境电子商务业务监管中心的基本条件。

五、跨境电子商务发展模式介绍

福州目前采用直购进口、网购保税进口的进口模式及一般出口的出口模式。

2016年1月至12月，网购保税进口入库的货值达到221 851 690元，出区包裹数274 158件，出区包裹价值（含税）达94 893 068.91元。

六、招商引资条件

（一）领导重视，有力推进电子商务工作开展

福州市政府成立了全市电子商务工作领导小组，市长任组长，领导小组办公室设在市商务局。杨益民市长专题调研电子商务工作，召集电子商务企业座谈会，认真研究福州市电子商务的发展方向，召开政府常务会议研究电子商务的扶持政策。全市各级人大、政协通过组织专题调研、代表建议、委员提案、听取电子商务重点建议或提案办理情况汇报，为福州市电商发展积极谋划、建言献策。

（二）政策支撑，助力企业做大做强

2013 年福州市出台了《关于加快推进电子商务产业发展的实施办法（试行）》（榕政综〔2013〕167 号），为积极培育发展电子商务奠定了基础。2016 年又出台了《福州市人民政府关于支持跨境电子商务发展暨海峡两岸电子商务经济合作实验区发展的若干措施》（榕政综〔2016〕133 号）。市政府还相继出台了《福州市人民政府印发关于促进经济稳定增长若干政策措施的意见》（榕政综〔2014〕227 号）、《福州市人民政府印发关于贯彻落实省政府大力推进大众创业万众创新十条措施的实施意见的通知》《福州市人民政府印发关于贯彻落实省政府加快互联网经济发展十条措施的实施意见的通知》（榕政综〔2015〕165 号），为激发电商企业创业创新提供了动力，不断促进中小企业做大做强。

（三）完善支撑，促进电商物流发展

福州市在充分征求福州海关意见的基础上，以长乐空港为依托发展邮政小包，并在江阴港和经济开发区出口加工区设立跨境电子商务特殊监管点，形成立体的跨境电子商务物流系统。马尾出口加工区海关监管中心已于 2015 年 11 月 3 日正式开始运营。利嘉江阴保税港区跨境电子商务监管中心已于 2016 年 3 月底开始走首票。目前，福州市正积极推动长乐空港综合保税区的设立。

（四）加强合作，与知名电商携手发展

福州市与福建苏宁云商商贸有限公司签订战略合作框架协议，双方在传统企业触网、智能绿色物流、农村电商、互联网人才培养与引进等 6 大领域展开深入合作。同时与阿里巴巴签订福州市农村电子商务建设合作协议，在农村电商方面展开全面合作。建立了苏宁易购·中国特色馆福州馆、淘宝·特色中国福州馆、京东福州馆。

配套文件

福州市人民政府《关于进一步推进跨境电子商务发展暨海峡两岸电子商务经济合作实验区建设》的通知

榕政综〔2016〕133号

各县（市）区人民政府，市直各委、办、局（公司），市属各高等院校，自贸区福州片区管委会：

为贯彻落实国家、省推进电子商务发展的政策措施，根据《福建省人民政府办公厅关于印发进一步推进跨境电子商务发展行动方案的通知》（闽政办〔2015〕4号），结合福州市实际，提出以下持续推进福州市跨境电子商务产业发展及海峡两岸电子商务经济合作实验区建设的政策措施。现将有关事项通知如下：

一、政策适用范围

1. 在福州市完成工商注册并在税务部门登记纳税，具备独立法人资格，从事跨境电商运营及提供专业配套服务的企业和相关机构，以及开展跨境电商活动的传统外贸企业。

2. 经政府认定的承建跨境电子商务产业园区或集聚区的企业或机构。

3. 经政府认定的本市从事跨境电子商务培训的机构。

4. 跨境电商企业须接入福州市跨境电子商务公共服务平台，且所上报的数据须经海关方面认定。

二、支持跨境电商产业园区建设

1. 通过政府引导跨境电商企业集聚化发展，培育建设一批集电子商务、实体展销、物流信息配套为一体的跨境电商产业园区。

2. 对于入驻园区的电商企业，经市级商务主管部门认定后，给予办公场地租金补贴。对于电子商务进出口额1 000万美元（含）以上的，一次性给予不超过50%的房租补贴；电子商务进出口额500万美元（含）—1 000万美元，一次性给予不超过30%的房租补贴。该补贴自企业正常经营满一年后，于次年对其上年度的租金兑现补贴，补贴金额最高不超过100万元人民币，经营不满一年的不享受此政策。

三、鼓励企业做强做大

对于福州市企业建设跨境电子商务平台（已投入实际使用一年以上），且平台入驻企业数达50家（含50家）以上，网上交易额超过3 000万美元（含），给予平台建设方投资一次性最高不超过100万元人民币补助。

鼓励企业积极探索发展O2O、C2B、移动端、大数据等电子商务发展新的技术模式，对模式创新有显著进步，并具备一定示范带动效应的企业，对其研发、推广等费用给予不超过投资的30%补助，补贴金额最高不超过100万元人民币。

四、对跨境电商监管中心操作处理费给予补贴

为吸引跨境电商入驻，对跨境电商监管中心进出口业务的操作处理费，按照5元/件给予补贴。扶持时间暂行一年，每个海关特殊监管点补贴不超过500万元。

五、补贴首票国检费用

对首票商品的国检检验检疫费用给予最高不超过50%补贴。

六、支持海关特殊监管区基础设施的建设

对海关正式批准设立的海关特殊监管区，每个监管区基础设施建设一次性给予50万元补贴。

七、构建跨境电商配套支撑体系

1. 鼓励仓储、物流企业入驻电商园区。境内仓储为福州市电商企业服务超过30家的公共仓储服务平台且仓储的进出口货物金额达500万美元（含），给予1%的补助。最高给予不超过100万元人民币扶持。

2. 搭建科技金融服务平台，解决企业融资难题。支持企业开展第三方跨境支付业务，鼓励企业开发在线移动支付业务，与金融企业合作推出新型电子商务支付服务及产品。

八、重视电商人才引进和培养

1. 对企业跨境电子商务进出口交易额达到100万美元，企业新录用从事电商工作的并签订一年以上劳动合同的大专学历以上员工，给予企业每人不超过2 000元的定额培训支持。同一企业年度培训资助最高不超过20万元。其中，培训人数不应超过公司员工总数的10%，企业员工须到经政府认定的培训机构培训业务，且培训内容必须涵盖电子商务、外贸业务和网络营销等知识。

2. 对福州市高新技术企业引进的，年缴纳工薪个人所得税不低于3万元的高层次优秀人才，可按其上一年度所缴工薪个人所得税地方留成部分的50%返还，返还期不超过5年。

3. 对引进福州市的海内外电子商务知名专家、行业领军人才、高级技术人才，符合《福州市引进高层次优秀人才办法》（榕政综〔2014〕303号）的，享受人才配套补贴、生活津贴、住房保障、配偶安置、子女入学等优惠政策。

九、扶持资金承担主体

市商务局会同市财政局等相关部门制定跨境电商专项资金管理办法。政策中涉及的奖励与补助资金按现行财政体制分级承担，五城区企业由市、区财政各承担50%，七县（市）企业按财政体制由县（市）财政承担。以上跨境电商扶持政策，已享受省级补助的，不再同时享受市级资金扶持。

以上扶持政策由福州市商务局会同相关部门负责解释。本政策自发布之日起试行3年。

企业名录

截至2016年12月31日，在福州跨境综合服务平台上注册，并实际展开业务的企业名录见表2-22。

表2-22 福州跨境电子商务企业名录

序号	企业名称	企业类型
1	福建省佳博斯国际贸易有限公司	食品类、日用品、生活用品、保健品、美容产品、酒类、小家电，来自台湾
2	福建方阵贸易有限公司	中高端平行进口汽车，海外购买
3	福建易物传奇网络科技有限公司	从事企业易货贸易的B2B+O2O跨境电子商务平台
4	福建海邑通信息科技有限公司	预付卡线上交易平台
5	福州五洲联合贸易有限公司	食品、糕饼、茶叶
6	福建洲源贸易有限公司	预包装食品、花草茶、日用品、婴幼儿用品、乳制品、酒类
7	福建金镒利贸易有限公司	啤酒
8	福州金掌柜电子商务有限公司	为个人提供海外商品定制及直邮通关服务
9	福州东今贸易有限公司	澳洲保健品、化妆品、食品、日用品
10	福州云鹤电子商务有限公司	商品主要分为5大类，共130余种，均来自新西兰。其中公司主打产品为新西兰skypure麦卡卢蜂蜜。
11	福建优购电子商务有限公司	食品、化妆品、厨具、家居用品、百货
12	福建健润跨境电子商务有限公司	自营和代理各类商品和技术的进出口；日用百货、网上零售等
13	灏景（厦门）文化传媒股份有限公司福州分公司	楼宇梯式广告
14	福州千万鑫进出口贸易有限公司	商品主要来源美国和欧洲，包括网络电脑零件、保健品、健康食品、工艺品、奢侈品等。
15	福建聚易国际贸易有限公司	主要类别为美妆洗护，日用清洁，健康食品，母婴用品。品种SKU初期设定在1 000个左右，全部日本直采，保税入仓。
16	福州番客电子商务有限公司	主营类别母婴用品、美容护肤品、箱包服饰、营养保健品、百货食品等，目前涉及商品近2 000种，商品主要来源于美国、澳洲、日本等国家

统计数据

福州市跨境电子商务公共平台2016年下半年正式运营。福州目前采用直购进口、网购保税进口的进口模式：2016年本地区跨境电子商务跨境进口交易额达到221 851 690元；一般出口的出口模式：出区包裹数274 158件，出区包裹价值（含税）达94 893 068.91元。

大事记

2016年3月28日，福建省商务厅在福州海峡国际会展中心举办福建省电子商务大会，大会以“新电商、新引擎、新福建”为主题。大会主会场汇聚了300多名电子商务行业领军人物、知名电子商务企业和行业专家学者，共同商讨电商发展，探索新阶段、新机遇下福建电子商务发展的战略抉择。

2016年4月26日，福州市政府同意福州市跨境电子商务公共服务平台检验检疫监管信息系统项目立项。

2016年4月29日，福州市人民政府发布了《关于进一步推进跨境电子商务发展暨海峡两岸电子商务经济合作实验区建设的通知》（榕政综〔2016〕133号）。

平潭地区

平潭于2015年9月先后获批“跨境电子商务网购保税进口试点资质”及“海峡两岸电子商务经济合作实验区”后，牢牢抓住发展机遇，在全省率先开展跨境电子商务一般出口、网购保税进口、直购进口等业务，并配套电子商务企业市场准入、两岸电商商品通关、跨境支付、物流服务创新等一系列措施。自2016年平潭正式获批跨境电子商务网购保税进口试点城市后，平潭积极探索及学习，取得一定的进展。

发展现状

一、当地电子商务发展现状

（一）发展概况

2015年9月平潭先后获批“跨境电子商务网购保税进口试点资质”及“海峡两岸电子商务经济合作实验区”，我区牢牢抓住发展机遇，在全省率先开展跨境电子商务一般出口、网购保税进口、直购进口等业务。行业在经历过2015年的井喷式发展后，2016年4月份由于新政出台而遭遇寒冬，之后全国十个保税试点城市获得延缓一年实行新政。跨境电子商务行业整体发展尚处于摸索状态。

平潭综合实验区主要突出“先行先试”功能，发挥在两岸交流合作和对外开放中的先行作用。自贸区平潭片区于2015年4月正式挂牌，其发展建设的总体目标是建设两岸共同家园和国际旅游岛，探索推行更加自由便利的运行模式。为实现这一目标，大力推进体制机制创新，着力推动深化行政管理体制改革和投资管理体制改革、拓展新型贸易业态、推动通关便利化、航运自由化和服务贸易自由化、推进金融领域开放创新以及建设国际旅游岛等八个方面的重点任务。当前，各项优惠政策逐步落实，平潭综合实验区暨自贸区基础建设和招商引资工作快速推进，对台战略地位逐步凸显。截至2016年底，平潭跨境电子商务试点平台已对接企业52家，其中实际运作25家（电商19家，物流企业4家，支付企业1家，报关行一家），进口货值5 554万元，出区金额为5 501万元，配送票数231 257票，海关审批通过商品备案品项714项。

（二）发展现状

一是组织架构不断完善。先后成立跨境电子商务试点及海峡两岸电子商务经济合作实验区建设工作领导小组，小组下设跨境办，作为常设机构，统筹推动各项重点政策创新和项目设施。

二是平台运营管理主体运营水平不断提升。福建跨境通电子商务有限公司作为试点承担单位成立于2015年3月，注册资本5 000万元，是结合平潭综合实验区交通投资集团有限公司等多家国有企业与台资（台湾关贸网）共同创办的公司，其主要承担跨境电子商务试点平台的建设和运营工作。国有企业的身份有利于将试点平台建设成为一个非盈利性的第三方的公共服务平台，确保电商、物流、支付企业获得便捷、低成本的跨境电子商务综合服务。

三是物流通道不断成熟。先后完成跨境一般出口、网购保税进口、直购进口等业务模式测试，长乐机场转关、江阴港转关以及海峡号直航等跨境电子商务进口物流通道已基本通畅，与长乐空港、长乐快件中心、厦门空港及厦门航空等单位的对接更加深入，经台北桃园机场中转（海空联运通道）。

四是产业链条逐步完善。在试点推进过程中，电商、仓储物流、支付、营销推广、报关报检、货代、电商综合服务商等产业链条各个环节的企业参与度不断提升，产业链条初步形成。

二、平台建设情况

平潭跨境电子商务公共服务平台建设在积极推进中，已与海关通关管理平台、检验检疫管理平台进行对接，并根据业务开展需求，对平台的统计、身份认证等模块进行不断优化提升，现将平台的主要功能介绍如下：

一是通过建立包括在线支付、快速通关、通检、退税、物流信息查询追踪、资信认证、产品安全追索等综合服务的跨境贸易平台体系，解决网商、网民、物流企业、代理企业等在跨境电子贸易平台中所遇到的通关问题、外汇结算、退税、配送成本降低及假冒伪劣等一系列问题，为中小微型企业开辟国际化市场提供有力支持，为民生提供方便优惠的快捷服务。

二是以电子口岸为依托，整合、开发与监管部门互联互通的政务和商务网络，为海关、国检、税务、外汇相关管理部门提供电子商务企业以及相关配套服务企业的原始、真实、实时的跨境电子商务贸易、资金、物流数据，使各项业务的办理、申报和监管实现电子化操作，从而达到电子商务经营的便利化，以及提高政府进出境口岸管理部门的监管和服高效率的目的。

三、跨境电子商务产业园区情况介绍

海峡跨境电子商务产业园设于平潭台湾创业园内，位于平潭综合实验区金井湾片区，园区经平潭综合实验区管委会批准，划拨6万余平方米作为海峡跨境电子商务产业园区的入驻平台，由福建跨境通电子商务有限公司全权负责招商运营。目前已登记入驻平潭台湾创业园的机构共432个。

海峡跨境电子商务产业园区致力于打造一个实体与网络互相结合、协同发展的电子商务产业链配套的综合型服务基地，为各中小企业及电子商务服务商提供一个集商务办公、产品展示、在线交易、仓储物流、人才培训、技术交流、生活配套等多功能的综合性服务平台，为广大中小企业发展电子商务创造一个低成本、可持续化发展的电商生态环境。

园区内搭建一套可以与海关、国检、税务、外汇等执法部门对接的跨境贸易电子商务服务信息平台，实现B2C跨境贸易通关便利化，集合贸易商、品牌商、电商企业（包括平台式或自主销售式）、通关服务企业、仓储企业、物流企业，共同营造良好的跨境贸易电子商务生态圈。

四、园区招商引资

（一）招商对象

企业类型：国内从事电子商务销售的企业、互联网创业公司或团队、配套服务企业（视觉、设计、IDC、技术、人才培训、金融、物流服务等）。

（二）商户入驻条件

1. 入驻商户必须在国内完成企业设立登记。

2. 电商企业必须有自建的B2C网站或第三方平台网店运营，外围配套服务企业则需有提供服务之实绩。

3. 跨境电子商务业务交易数据须与跨境通运营的公共服务平台对接。

4. 租金标准：2018年12月31日前入驻海峡跨境电子商务产业园区的企业，办公租金按 14 元/平方米/月收取。

5. 租金返还条件：电商企业只要产值达到 2 万/平方米/年即享有租金返还优惠；若换算面积总额不达标，则租金不予返还。外围配套企业返租条件依相关通知办理。

6. 物业费标准：7.5 元/平方米/月（含管理服务费、公共设施维修费、公共能耗费等）。水、电费：一户一表，按平潭商业用电、用水标准。

五、展望

（一）完善跨境电子商务“单一窗口”建设

推动跨境电子商务“单一窗口”建设，完善相关功能，建立“关”“检”“商”“物”“融”信息交换共享机制，建立跨境电子商务相关信息公开制度，促进贸易全链条的信息交换和作业协同，减少政府部门之间、企业之间和政企之间的重复工作和沟通成本，提升通关效率，并争取在与台湾关贸网部分通关数据对接上取得突破。

（二）推动跨境电子商务监管制度创新

充分发挥“双区”叠加政策优势，大胆突破创新，先试先行，主动适应跨境电子商务税收、监管政策调整，推动网购保税进口与直购进口业务模式同步发展。重点推动建立两岸农产品、食品、保健品、化妆品、水产品等产品全程追溯制度，实现“源头可溯、过程可控、去向可查”。探索跨境电子商务零售出口商品“不征不退”等新举措，争取推动政策落地。

（三）推动两岸联运快件集散中心建设

协调推进完善澳前、金井物流园区功能布局，错位发展，建设特色鲜明、功能完备、产业集聚、富有活力的综合物流园区；协助推动口岸建设、验收，充分释放金井、澳前两个码头的功能作用；协助加快两岸物流集疏运体系建设，引入新的两岸货运航线、加密现有两岸航班，增强平潭口岸的进出口货运能力，打通台湾-平潭海空联运黄金通道，真正实现“空运速度、海运价格”，为我区跨境电子商务、贸易发展提供通道保障。

（四）创新两岸金融服务

发展跨境电子商务金融创新业务，设立“信用风险资金池”，为金融机构开发面向跨境电子商务企业的相关金融产品提供增信手段。鼓励金融机构、支付机构、第三方电商平台和外贸综合服务企业，利用“单一窗口”平台和自身平台相关数据，积极创新互联网金融产品和服务，为跨境电子商务企业提供更快捷、精准的资金清算、出口信用保险、供应链金融等多种形式的金融服务，加大政策性金融机构参与力度。创新 B2B 跨境电子商务外汇管理，探索试行取消 A 类企业外汇待核查账户、简化电商综合服务企业贸易信贷报告流程和允许委托综合服务企业出口的电商自行收汇等便利化外汇管理措施；开展个人贸易外汇管理改革，允许在“单一窗口”登记备案的电商及个人开立个人外汇结算账户，直接在银行办理跨境电子商务涉及的外汇收支。

（五）打造平潭跨境电子商务特色平台

“台品购”平台以对台免税市场现有品类及门店为基础，以岚台直航航线不断增加、两岸物流业者加快仓储协同布局以及O2O商业模式及技术不断成熟为契机，叠加平潭一般贸易、对台小额贸易、对台免税贸易、海运快件、跨境电子商务、台车入闽等多元化对台贸易通关通路优势，构建平潭自有品牌的“台品购”跨境电子商务平台，进而推动台湾优质商品线上化、拓展区外O2O门店、对接天猫、京东等全网线上销售平台，打造台湾商品全渠道O2O营销服务体系，使之成为落实《中国（平潭）海峡两岸电子商务经济合作实验区建设实施方案》，建设“海峡两岸电子商务交易中心、互联网金融运作中心、电子商务物流枢纽中心”项目载体和重要抓手。

（六）加快建设海峡两岸跨境电子商务产业园区

依托产业园区，打造两岸电商公共服务中心、两岸电子商务创业育成中心和两岸电商协会等行业组织交流培训中心等载体，努力将园区打造成为基础设施先进、功能配套齐全、产业链条清晰的电子商务示范基地，促进两岸电子商务集聚发展。

配套文件

平潭综合实验区促进跨境贸易电子商务发展的若干措施

岚综管综〔2016〕98号

第一章 总 则

第一条 为促进平潭跨境电子商务产业集聚发展，加快海峡两岸电子商务经济合作实验区建设，根据发展改革委《关于同意设立福州和平潭海峡两岸电子商务经济合作实验区的函》（发改高技〔2015〕2381号）、《福建省人民政府关于进一步加快电子商务发展的若干意见》（闽政文〔2014〕157号）、《福建省人民政府办公厅关于印发进一步推进跨境电子商务发展行动方案的通知》（闽政文〔2015〕4号）、《福建省人民政府办公厅关于加快电子商务发展九条措施的通知》（闽政办〔2015〕89号）等文件精神，结合我区跨境贸易电子商务发展实践，制定本规定。

第二条 本规定扶持对象必须符合以下条件：

（一）在我区依法注册并在税务部门登记纳税，具备独立法人资格。

（二）扶持对象类型：

1. 跨境电商企业。包括从事跨境电商运营及开展跨境电商活动的传统外贸企业等。

2. 跨境电商配套及综合服务企业。包括提供关、检、汇、税代理服务及仓储、物流、金融等综合服务的配套企业以及为各类跨境电商企业提供代理收发货的综合服务企业等。

3. 跨境电商公共服务机构和组织。包括跨境电商公共服务平台、产业园区（含孵化器）、公共监管中心等运营主体，电商协会、高校科研机构、社团组织以及跨境电商培训机构等。

（三）跨境电商企业和跨境电商配套及综合服务企业须纳入平潭跨境电商公共服务平台管理系统。

第二章　扶持政策

第三条　对入驻海峡跨境电商产业园区（以下简称“园区”）予以奖补：

（一）对于入驻园区的跨境电商企业第一年予以免租金，第二、三年减按租金标准（暂定为35元/m^2，下同）的40%收取租金。对电子商务年进出口额超过1万元/m^2的，第二、三年已收取的租金予以全额返还奖励。

（二）对于入驻园区的跨境电商配套及综合服务企业第一年予以免租金，第二、三年减按20%收取租金。

（三）对于入驻园区的跨境电商公共服务机构和组织予以三年免租金。其中电商协会、高校科研机构、社团组织以及跨境电商培训机构等免租面积不超过200平方米。

（四）对园区内获得“国家级电子商务示范企业”和“省级电子商务示范企业”称号的企业，分别给予50万元和20万元的一次性奖励。

第四条　支持企业自建跨境电商交易平台或分销平台，给予分类分档补助：对区内台资电商企业平台年交易额首次超过1 000万元、3 000万元的，一次性分别给予50万元、100万元奖励；对区内其他跨境电商企业平台年交易额首次超过5 000万元、1亿元的，一次性分别给予50万元、100万元奖励。

第五条　对使用平潭跨境电商公共服务平台企业的跨境电商进出口交易额予以奖补：

（一）对进出口规模位居区内前十名且交易额达到500万元以上的跨境电商企业，按海关统计的企业进出口交易数据给予1.5%的奖励，单家企业最高不超过200万元。

（二）对服务省内外企业跨境电子商务进出交易额达到5 000万元、2亿元、5亿元的跨境电商综合服务企业，分别一次性给予100万元、200万元、300万元的分档奖励。

（三）对公共服务平台运营企业提供免费平台服务期间，平台年度交易额超过3亿元的，给予200万元运营补贴。

第六条　对跨境电商仓储费用予以奖补：

（一）对海关正式批准设立的跨境电商监管场所，单个设施在1 000平方米以上的，给予场所申请验收主体80万元补贴。

（二）鼓励跨境电子商务企业建设海外仓，对自主建设（租赁）经营单项面积超过3 000平方米，且年度收发货值或交易额达到1 000万元以上的，按购买或租用场所（土地）费用50%择优给予补助，每家企业最高200万元。经省级认定符合在台湾地区设立或租赁集货仓条件的，在省级奖励基础上追加50%补助。

（三）按照跨境电商一般进出口3元/件、网购保税进口5元/件标准给予仓内运营主体操作处理费补贴，补贴期限暂定一年。

第七条 对跨境电商物流费用予以奖补：

（一）对跨境电商经由省内其他口岸转关的实际运输费用给予补贴，其中对通过长乐国际机场转关至我区跨境电商监管场所的，按每柜不高于2 200元的标准予以补贴；对通过江阴港转关至我区跨境电商监管场所的，按每柜不高于1 800元的标准予以补贴。单家企业年度补助总额不超过5万元。

（二）支持拓建经由台湾进出口的跨境电子商务物流通道，对经台北空港中转并从平潭口岸进出的跨境电商一般进出口商品给予不高于5元/公斤补助，对经两岸海运往来的跨境电商一般进出口商品给予不高于3元/公斤补助。每件补贴不超过3公斤，每年度补贴额度不超过1 000万元。

第八条 对跨境电商企业在平潭口岸首次进口备案商品的，按实际发生检验检测费用的70%给予补贴，每家企业年度累计补贴额度不超过50万元。

第九条 对跨境电商保税展示交易中心运营企业予以奖补：对用于开展进口商品直销、跨境电商和保税展示业务，单个项目面积达1 500平方米以上，且开业后6个月内实际运营企业入驻率达到80%以上的平台项目，对其展示或交易面积给予200元/平方米的开办补助，并予以2年的运营补助：第一年给予每月40元/平方米的补助；第二年给予每个月32元/平方米的补助。对2016年9月30日前开业的项目，以上两项补助按100%兑现；对2016年10月1日后开业的项目，以上两项补助按80%兑现。对平台年度交易额达到1 000万元以上的，按购买或租用场所（土地）费用50%择优给予补助，每家企业最高200万元。

以上所称单个项目面积是指连续区域的面积，其中：同一楼层的必须是连续区域，不同楼层的必须是上下连续楼层，且区域之间形成整体布局。展示或交易面积是指经营完税进口商品的商场或开展跨境电商保税展示业务的商品陈列展示场所，可包含少量服务于消费者的收银台、试衣间等附属场所，但不包括餐饮、娱乐、办公、仓储等区域。

第三章 政策兑现及监督检查

第十条 区财政安排区跨境电子商务专项扶持资金（以下简称专项资金）用于本规定所扶持对象的奖补。2016年度安排区级专项资金5 000万元。

第十一条 区跨境办负责组织企业申报，按年度考核项目于每年4月份组织申报，其他项目在每季度结束后1个月内组织申报。

第十二条 政策兑现按照《平潭综合实验区财税优惠政策兑现实施方案》（岚综实管综〔2016〕31号）相关规定实施，由申请单位向区行政审批局优惠政策兑现窗口提交申报材料，区行政审批局收件后转区跨境办出具审核意见，再由区行政审批局审批办结，并将审批结果转国库支付中心统一支付。

第十三条 专项资金申请单位应当对申报材料的真实性、准确性、有效性负责。对弄虚作假、骗取专项资金的企业，应当追回专项资金、取消申请资格，并依法给予相应处置。

第十四条 区财政金融局、区跨境办应当加强对专项资金使用情况的监督检查和绩效评估，保证专项资金符合规定用途。有关企业应当给予配合。

第四章 附 则

第十五条 本规定与省级及我区制定其他优惠政策如有重复，企业可择优申报，不得重复享受。

第十六条 本规定自2016年1月1日生效，试行3年。《平潭综合实验区跨境电子商务产业专项扶持资金暂行管理办法》（岚综管办〔2015〕189号）自本规定生效之日起废止。

企业名录

截至2016年12月31日，在平潭跨境综合服务平台上注册，并实际展开业务的企业名录见表2-23。

表2-23 平潭跨境电子商务企业

序号	企业名称	主营业务
1	平潭恒通电子商务有限公司	母婴产品
2	福州保利国际物流有限公司	母婴产品
3	平潭综合实验区喜旺生物科技有限公司	食品、母婴
4	平潭综合实验区利嘉进出口有限公司	母婴产品
5	平潭综合实验区一零一电子商务有限公司	麦片、纸尿布等母婴产品
6	福建省东南飞整合营销管理有限公司	纸尿布、卫生巾等母婴产品
7	福建贸鸿电子商务有限公司	百货类
8	佰商（平潭）跨境电子商务有限公司	母婴产品
9	福建海丝路科技有限公司	食品类
10	平潭汉腾跨境电子商务有限公司	食品类
11	平潭航鹏跨境电子商务有限公司	母婴产品
12	平潭立熏电子商务有限公司	食品类
13	平潭环宇万购电子商务有限公司	食品类
14	福建纵腾网络有限公司	母婴产品

表 2-24　平潭跨境电子商务物流企业

序号	企业名称	主营业务
1	杭州百世网络技术有限公司	国内快递业务
2	中国邮政 EMS 全球邮政特快专递平潭县营业部	国内快递业务
3	中通快递股份有限公司平潭县营业部	国内快递业务
4	上海韵达速递（物流）有限公司平潭营业部	国内快递业务
5	上海申通物流有限公司平潭营业部	国内快递业务

表 2-25　潭跨境电子商务支付企业

序号	企业名称	主营业务
1	通联支付网络服务股份有限公司福建分公司	跨境支付业务
2	上海富友支付服务有限公司	跨境支付业务
3	北京银盈通管理咨询有限公司	跨境支付业务
4	易宝支付有限公司	跨境支付业务

统计数据

截至 2016 年 12 月 31 日，海关总署平台已备案企业 52 家，其中实际运作 28 家(电商 19 家，物流企业 4 家，支付企业 4 家，报关行 1 家)，进口货值5 553万元，出区金额为5 502万元。配送票数192 571票，海关审批通过 SKU 共计 714 项。海峡跨境电子商务园区电商服务及孵化中心项目入驻园区，明年将在如何提升园区人气及精细化的运营上提升进度。

平潭跨境电子商务试点工作按业务分类，有关数据报表见表 2-26。

表 2-26　平潭跨境电子商务试点工作业务报表

（2016 年 1 月 1 日~2016 年 12 月 31 日）

序号	业务类型	货物订单量/票数	金额/价值	备注
1	全年进口入区	89 批次	55 536 300. 01 元	累计进口量约为 165 个 20 尺标柜
2	全年保税备货出区	192 571票	55 019 347. 29 元	
3	全年直购进口	466 票	120 000元	累计缴税金额为：29 974. 84 元
4	全年直购出口	18 票	16 074. 90 元	

大事记

1月27日，平潭综合实验区电子商务协会正式成立。

4月6日，福建跨境口岸首次进口化妆品。壹岸通（平潭）公司进口的日本马油经海关、国检核验入仓。

4月12日，福建交通集团党委书记、董事长李兴湖带领调研组一行，先后考察了跨境电子商务监管仓库、海峡跨境电子商务产业园区。

4月14日，福建出入境检验检疫局局长、党组书记宇方成带领调研组一行，对平潭跨境电子商务监管中心检验检疫工作进行调研。

4月25日，福州海关监通处、加贸处、技术处联同平潭海关对福建跨境通电子商务有限公司申报的跨境贸易电子商务保税仓库和监管中心进行最终验收并投运入营。

4月26日，平潭综合实验区党工委书记张兆民率领平潭海关、国检、消防等相关部门，分别前往澳前保税物流园区、金井湾码头跨境电子商务临时仓库、金井湾码头跨境电子商务监管中心等地，了解跨境电子商务产业发展及物流配套、跨境电子商务保税仓库等设施建设情况。

5月4日，平潭跨境电子商务检验检疫监管系统完成招投标工作，项目正式启动建设。

5月6日，平潭综合实验区管委会主任许维泽、副主任林江铃带领相关部门，考察了跨境电子商务监管中心。

6月1日，海峡跨境产业园区电商服务及孵化中心建设项目开工。

6月21日，打通非注册表内奶粉入区的通道，极大丰富了奶粉的品项。福建海丝路公司进口的澳洲爱他美奶粉（生产地址不在食药监管网注册）顺利入仓。

7月5日，平潭首家互联网+航运企业携船网正式入驻园区办公。该公司业务开展后，预计将有7 000艘船舶进行线上平台交易，成为平潭海运行业崛起的一颗新星。

7月8日，平潭跨境贸易服务平台率先完成福建地区海关总署跨境贸易进口统一版系统联调测试，在全国试点口岸中出区数据排名第三位。

8月19日，福建跨境口岸进口红酒类商品，实现进口商品品类的再次突破。平潭跨境电子商务监管仓收到平潭壹陆跨境公司进口的一批法国红酒。

9月29日，跨境直购业务已经全面启动。壹岸通（平潭）公司、福建优达电子公司的直购商品经跨境监管中心放行。

10月7日，省交通集团旗下子公司福建平潭海峡中药材交易有限责任公司落户园区。

10月12日，“台品购”平台于在平潭台湾创业园启动重点合作商户签约会暨“台品购”平台上线试运营发布会，得到了省领导的高度重视。

10月20日，国家邮政局副局长邢小江、福建省邮政速递物流公司副总经理林文盛等一行，莅临平潭综合实验区跨境电子商务保税仓库调研进口业务发展情况。

10月25日，来自台湾的92件保化品、日用品、食品等跨境电子商务直购进口商品，抵达平潭跨境电子商务监管中心，这标志着平潭自贸区跨境电子商务监管中心的直购业务正式迈入常态化运作。

10月26日网购保税进口监管仓成功实现了仓内货权不同主体间的划拨交割，促进了商品分销及供应链金融业务的开展。

11月3日，平潭跨境贸易服务平台通过省专家联合评审，完成项目最终验收，为平潭口岸正式切换海关跨境贸易进口统一版系统奠定基础。

11月30日，平潭跨境电子商务保税备货日出区包裹突破7 600件。

12月1日，平潭跨境电子商务业务开始全面切换至海关总署版系统，首日即已完成备案企业二十多家。

12月1日，电商产业服务中心中的配套项目——商品展示中心正式投入使用。

12月20日，跨境通订单与仓储管理系统完成最终验收。系统内部建立了物流渠道库，实现对接国内主流物流企业多家，为企业提供物流配单增值服务。

12月20日，福建省“八闽电商行”电商大讲堂暨平潭综合实验区第一期电子商务培训于在平潭麒麟荣誉国际酒店隆重召开。

12月27日，与福建师范大学福清分校从校企合作、共同育人的角度出发，签订开展创新创业实训基地合作协议。这将有助于充分利用校企双方的资源优势，进一步加强学校与用人单位的合作，促进资源优势互补。

12月30日，海峡跨境电子商务产业园区入驻签约企业数达到45家。累计招商面积14 414平方米。历经半年时间的运营，平潭跨境电子商务保税仓出区申报数量达16万件，电商流水8 000多万元。

天津地区

天津市委、市政府高度重视跨境电子商务的发展，2016年，全市跨境电子商务工作围绕“创新驱动”这一改革主线，把“创新跨境电子商务发展模式”作为主攻方向，紧紧抓住国家批准天津市建设跨境电子商务综合试验区、跨境电子商务服务试点城市的有利机遇，以“体制机制创新”为突破点，加快探索建立适宜跨境电子商务发展的新机制，取得了明显成效。

发展现状

一、跨境电子商务产业发展环境不断优化

（一）跨境电子商务“单一窗口”平台上线运行

平台通过与海关、检验检疫相关管理系统、查验现场的线下设施和企业管理系统的联通，形成一个多系统对接、多层数据交换的信息化管理和服务平台，实现跨境电子商务信息互换和执法互助。电商企业、支付企业、物流企业、仓储企业、报关企业只需与平台进行一次对接即可实现海关、检验检疫的“一次申报、一次查验、一次放行”。对接平台，实现“一次申报”“一次查验”“一次放行”。2016年4月8日国家跨境电子商务新政出台，按照海关总署切换应用全国海关跨境电子商务进口统一版系统的要求，加快组织开发单位对平台进行修改完善，同年6月30日，天津跨境电子商务平台与总署跨境电子商务进口统一版系统对接成功，成为全国第一个与总署统一版系统联调测试成功的试点城市。“双十一”全天清关放行超过4万单，单日清关量占到了总署统一版的90%以上，为总署统一版在全国推广应用提供了宝贵经验和有效示范。

（二）跨境电子商务监管措施不断创新

海关、检验检疫出台了支持跨境电子商务“一次申报、一次查验、一次放行”的联合查验模式、通关无纸化、“7×24”小时无休等多项便捷措施。天津海关积极推进与总署统一版系统对接，明确“三单”数据传输主体，统一传输标准，“税款担保、集中纳税、代扣代缴”等便利化监管措施。检验检疫局形成了“以贸易便利化为原则，以质量合格假定为前提，以风险监控和质量追溯为核心，以信息化系统为依托”的完整监管思路。建立风险信息采集和风险分析制度，对经营企业实施诚信管理，定期评价信用等级，提出了采信第三方检测报告、出区快速核查放行、问题商品溯源管理等一系列创新举措。国税局推进退税无纸化申报，减少企业申报单证资料，对跨境电子商务企业实行差别化管理，进一步优化出口退税服务、提升效率。外管局采取分类监管的方式，缩短跨境电子商务企业收结汇时间，在融资、担保、保险等方面为跨境电子商务企业发展提供金融服务支持。

（三）跨境电子商务产业集聚初见成效

结合我市海、空港资源、国际邮路资源和贸易枢纽优势，已初步形成了一批跨境电子商务产业聚集区。东疆保税港区规划占地面积1平方千米的“东疆跨境电子商务产业园”，开展保税备货、一般出口等业务模式，南部起步区已有松昌、中外运、保宏等多个公共仓实际运营。天津港保税区主要发挥海空联动优势，在海港保税区以集中查验场为中心辐射一批网购保税进口业务仓库，总仓储面积超过15万平方米，同时在空港航空物流区规划建设

占地18.6万平方米，仓储面积12万平方米的跨境电子商务产业园，打造跨境电子商务仓储物流集散中心。中心商务区结合双创特区及金融创新优势，促进信息、人才、技术、资金等产业要素聚集，打造集创业孵化、金融服务等于一体的跨境电子商务进出口全产业链，构建了符合区域特色的“1+1+1”跨境电子商务产业生态体系，即搭建一个跨境电子商务公共服务平台，组建一个京津冀跨境电子商务产业联盟，制定一套产业促进政策。南开区以中关村e谷（南开）创想世界为载体，打造以跨境电子商务企业运营、服务为主体的商务楼宇。红桥区以大龙网龙工场（北方总部）跨境电子商务产业园为基础，搭建跨境电子商务孵化平台，为中小企业提供跨境电子商务仓储物流、支付收单，保管、结汇、退税，及全球化运营、推广和售后等服务。

二、跨境电子商务市场规模进一步扩大

（一）跨境电子商务经营主体日趋壮大

2016年，全市引进和培育各类跨境电子商务企业超过200余家。龙头企业纷纷汇聚，京东全球购、eBay、一达通、敦煌网、大龙网等一批跨境电子商务企业在津落户。UPS、DHL、顺丰、圆通、支付宝、财付通等跨境电子商务支撑服务企业陆续在津开展业务。“自贸通”“北贸通”“津贸通”等外贸综合服务企业快速发展，为跨境电子商务企业提供了市场拓展、保险融资、物流仓储等全流程服务。

（二）实体企业积极“触电”开展对外贸易

2016年全市有近4 000家外贸企业借助阿里巴巴国际站、环球资源、中国制造等第三方B2B电商平台，拓展海外营销渠道，占全市有实绩外贸企业总数的43.7%。成功引进阿里一达通、大龙网、敦煌网等跨境电子商务出口平台，通过培训、宣传等方式，推进传统外贸企业和制造类企业转型升级，全年新上线外贸企业超过1 800家，实现B2B外贸出口超过4 000万美金。落实国家“一带一路”发展战略，与敦煌网合作，搭建中国—拉美网上丝绸之路，建设线上跨境电子商务交易综合服务平台、线下跨境电子商务实验区，开展中拉跨境电子商务线上线下的全面合作，为中小企业提供贸易机会、产品线上展示、在线交易支持、在线物流、跨境电子商务培训、互联网金融等一站式跨境电子商务服务。

（三）跨境O2O展示交易发展加快

东疆进口商品直营中心、欧贸中心、风信子、天猫国际等40余家跨境O2O体验中心开业运营，其中东疆保税港区通过品牌授权模式开设东疆进口商品直营中心30个，覆盖北京、河北、山东、内蒙古、甘肃、青海、云南7个省市区。

三、跨境电子商务服务支撑体系不断完善

（一）完善仓储物流体系

依托海空双港联动，发挥“海运+空运”物流优势，推进京东、菜鸟、唯品会、

亚马逊等跨境电子商务巨头在津建设服务京津冀、辐射北方地区的跨境电子商务仓储物流集散中心。推动有条件的企业通过整合、自建、租用等多种方式发展跨境电子商务公共海外仓业务，在美国休斯敦、洛杉矶、达拉斯、比利时安特卫普、英国伯明翰、荷兰阿姆斯特丹、日本千叶、韩国首尔等跨境电子商务主要进出口市场设立海外仓 21 个，仓储面积 6 万多平方米。

（二）创新金融支持

结合天津自贸试验区金融创新政策，利用跨境电子商务信息可查寻、可追溯的特点，推进保险机构研发适用跨境电子商务的出口信用保险产品，扩大出口信用保险覆盖面。推动 eBay、中信保天津分公司、外贸综合服务平台三方正式签署合作协议，创新出台全国首个针对跨境电子商务零售出口的信用保险政策，切实解决 eBay 卖家海外仓的资金占用问题的信用保险支持。全年共服务 eBay 平台电商企业 20 余个，出口金额、信保融资金额均超过 2 000 万美元。

（三）建立追溯体系

建立实施“提前申报备案、入区集中检疫、出区分批核销、质量安全追溯”的监管模式，建设天津自贸区跨境电子商务商品“溯源诚信认证系统”，通过加贴防伪溯源标识、二维码、条形码等手段，打通了从溯源到检验、仓储、物流，再到电商平台通关，最后到消费者自主查验的跨境电子商务诚信溯源系统，在二维码全程溯源体系下，保证货源可查、全程可溯、一品一码、明确身份。

（四）不断强化跨境电子商务人才培育机制

全市 30 余所高校开设或增设跨境电子商务相关专业或课程，商务职业学院与“北贸通”共建跨境电子商务青年实训创业基地，阿里巴巴“百城千校”“百万英才”跨境电子商务人才培训项目落户天津多所高校。成立了中国电子商务协会跨境电子商务研究院和京津冀跨境电子商务产业联盟，成立了滨海新区跨境电子商务协会，发挥行业组织的作用，承接政府职能转移、行业自我管理、协助政府决策、服务企业发展等工作。

配套文件

天津市人民政府办公厅关于印发《中国（天津）跨境电子商务综合试验区实施方案》的通知

（津政办发〔2016〕52号）

各区、县人民政府，各委、局，各直属单位：

经市人民政府同意，现将《中国（天津）跨境电子商务综合试验区实施方案》印发给你们，请照此执行。

天津市人民政府办公厅
2016年6月3日

中国（天津）跨境电子商务综合试验区实施方案

建设中国（天津）跨境电子商务综合试验区（以下简称综合试验区），是我市顺应全球化发展趋势、加快政府职能转变、构建开放型经济新体制的重大举措，是服务京津冀协同发展重大国家战略，更好地发挥中国（天津）自由贸易试验区（以下简称自贸试验区）制度创新优势，积极适应新型商业模式发展的必然要求，是通过制度创新、管理创新、服务创新实现跨境电子商务自由化、便利化、规范化发展的一项综合改革试验。为全面有效推进综合试验区工作，根据《国务院关于同意在天津等12个城市设立跨境电子商务综合试验区的批复》（国函〔2016〕17号），制定本实施方案。

一、总体要求

（一）指导思想

以邓小平理论、“三个代表”重要思想、科学发展观为指导，深入贯彻党的十八大和十八届二中、三中、四中、五中全会精神，落实党中央、国务院决策部署，以服务京津冀协同发展战略为目标，以深化改革、扩大开放为动力，以自贸试验区建设为契机，按照政策引导、机制创新、规范发展的总体要求，通过制度创新、管理创新、服务创新和协同发展，破解跨境电子商务发展中的深层次矛盾和体制性难题，逐步建立起适应和引领跨境电子商务发展的管理制度和规则，形成贸易便利、监管高效、法制规范的跨境电子商务发展环境，打造我国跨境电子商务创新发展高地，为推动全国跨境电子商务健康发展提供可复制、可推广的经验。

（二）基本原则

1. 坚持先行先试、有序推进。按照先易后难、分步推进的原则，突出重点，大胆探索，着力在跨境电子商务交易、支付、物流、通关、退税、结汇等环节的技术标准、业务流程、监管模式和信息化建设等方面先行先试，选择重点区域率先开展示范建设。同时加强对综合试验区试点成果的评估，循序渐进，适时调整，逐步推广，有力有序有效推动综合试验区建设发展。

2. 坚持大胆创新、规范发展。坚持在发展中规范、在规范中发展，为综合试验区各类市场主体公平参与市场竞争创造良好的营商环境。同时，着力控制好试点试验的风险，在发展中逐步规范市场秩序，营造公平竞争的良好发展环境，进一步拓宽跨境电子商务创新发展领域。

3. 坚持因地制宜、突出特色。结合城市规模、口岸特点、产业结构和发展条件，立足服务京津冀协同发展，充分发挥自贸试验区制度创新的综合优势，在业务模式、服务管理、配套环境等方面突出区域特色，以点带面，取得重点突破，探索具有天津特色的跨境电子商务发展模式。

4. 坚持进出并重、以出为主。坚持进出口全面发展，进一步巩固拓展现有业务模式。同时，以B2B（企业对企业）出口业务为突破口，扩大海外营销渠道，培育自主品牌，助推“中国制造”更好更快地走出国门，促进外贸转型升级，为打造贸易强国提供强有力支撑。

5. 坚持政府引导、市场运作。充分发挥市场在资源配置中的决定性作用，突出企业的主体地位，注重发挥企业、行业组织、中介机构等参与综合试验区建设的主体性、主动性和创造性。充分发挥政府在规划引导、创新机制、搭建平台、统筹协调、政策支持、改善环境、培训人才等方面的统筹推动作用，为跨境电子商务发展创造良好环境。

6. 坚持多方联动、形成合力。加强部门协同协作和相关政策衔接，推动监管与服务、线上与线下、政府与市场的有机融合。通过综合改革、集成创新，形成适应跨境电子商务发展的监管服务模式和制度体系，打造跨境电子商务完整的产业链和生态链。

（三）发展目标

全面落实“互联网+外贸”发展战略，力争经过3至5年的改革试验，把综合试验区建成以线上数据集成、多种模式共存、综合服务完善、交易规范可信为主要特征，以物流通关渠道、单一窗口信息系统、金融增值服务为核心竞争力，“关、检、汇、税、商、物、融”一体化，线上“单一窗口”平台和线下“创新试验园区”平台相结合，投资贸易便利、监管服务高效、法制环境规范的京津冀区域跨境电子商务发展新引擎和全国跨境电子商务金融创新示范区、仓储物流中心区、转型升级引领区和创新创业先行区。

1. 建设跨境电子商务金融创新示范区。充分利用自贸试验区在金融创新方面的优势和政策，争取在跨境电子商务领域全面实施自贸试验区金融制度创新措施，促进跨境投融资便利化和资本项目可兑换方面的先行先试。

2. 建设跨境电子商务仓储物流中心区。充分发挥天津海空两港优势，逐步完善与跨境电子商务相适应的仓储物流、分拨配送、贸易服务、线下体验等全产业链支撑体系。

3. 建设跨境电子商务转型升级引领区。探索“互联网+外贸”的创新发展模式，促进跨境电子商务企业与外贸出口基地、传统外贸企业、传统商贸流通企业对接，探索构建跨境电子商务交易新模式，推动产业转型升级，打造新的经济增长点。

4. 建设跨境电子商务创新创业先行区。结合我市众创空间资源与优势，推动跨境电子商务企业创新创业发展，吸引跨境电子商务企业和个人到综合试验区创业创新、集聚发展，成为“互联网+”发展的新示范和大众创业、万众创新的新载体。

二、主要建设任务

以跨境电子商务信息流、资金流、货物流“三流合一”为基础，重点在制度建设、政府管理、服务集成领域开展创新，建立以真实交易为背景的电子商务信用评价体系，对企业或商品采用分类分级监管，并依托大数据的分析运用，提供金融、物流等供应链综合服务，形成第三方平台和自营平台同步推进，境内外电子商务企业共同参与，进出口并重、多种模式并存、线上线下有序结合的跨境电子商务发展格局。主要任务是构建“两平台”，完善“五基础”，创新“八体系”。

（一）构建“两平台”

1. 线上“单一窗口”平台。坚持“一点接入”原则，建立为跨境电子商务提供集通关、税务、外汇、支付、信用、商务、物流、大数据等各类服务于一体的综合性信息平台。建立信息交换共享机制，实现海关、检验检疫、税务、外汇、商务、金融、市场监管、邮政、公安等政府部门进行数据交换和互联互通，形成管理部门之间的信息互换、监管互认、执法互助，提升工作效率和服务水平。制定跨境电子商务“单一窗口”相关基础信息与数据交换标准规范和跨境电子商务交易订单、支付单、物流单的数据格式标准。通过链接金融、物流、电子商务平台、外贸综合服务企业等，为跨境电子商务企业和个人提供物流、金融等供应链商务服务。

2. 线下“创新试验园区”发展平台。采取“一区多园”的布局方式，依托自贸试验区、海关特殊监管区、国家级高新区和电子商务产业园区等，创建各具特色的跨境电子商务创新试验园区。通过集聚跨境电子商务平台企业、外贸综合服务企业、跨境电子商务专业人才、跨境电子商务专业服务等，提供通关、物流、金融、人才等“一站式”综合服务，有效承接线上“单一窗口”平台功能，优化配套服务，促进跨境电子商务线上平台和线下园区的联动发展，打造跨境电子商务完整的产业链和生态链。

推动各区县结合区内业务开展情况、产业基础，规划建设一批特色产业（跨境）电子商务基地（园区），实现电子商务与特色产业融合发展。发挥海关特殊监管区的功能作用，叠加政策辐射优势，打造建设“海、陆、空”门类齐全的跨境电子商务集中监管园区，形成错位集聚、优势互补、协同推进的跨境电子商务产业布局。以津台冷链物流产业合作试点城市为依托，选择水果、肉类、冰鲜及鲜活水产品等探索开展生鲜产品跨境电子商务进出口的政策创新、功能创新，打造中国北方食品冷链物流集散中心。

（二）完善“五基础”

1. 拓展业务模式。以扩大跨境电子商

务 B2B 出口作为主攻方向，研究探索涵盖企业备案、申报、征税、查验、放行、转关等各个环节的跨境电子商务 B2B 出口监管创新模式。结合我市产业特色，大力发展工业品、大宗商品等 B2B 领域的跨境电子商务，打造具有天津竞争优势和特色的跨境电子商务项目和平台。支持经海关注册登记的海关特殊监管区域内企业将保税货物运至海关特殊监管区域围网以外进行展示和销售。支持东疆保税港区探索利用班轮运输优势，开展中韩、中日海运快件业务。

2. 壮大经营主体。大力拓展 B2B、B2C（企业对个人）、M2C（生产厂家对个人）、C2B（个人对企业）等跨境电子商务新业态。引导自行车、地毯、汽车零配件等传统出口优势行业发展跨境电子商务。推动实施品牌化、规模化经营模式，增加自主研发、自主品牌、自主营销产品出口。依托我市煤炭、钢铁等大宗资源性商品集散地的优势，逐步探索发展有天津特色的专业性大宗商品跨境电子商务交易服务体系。支持有条件的企业与跨境电子商务企业合作，整合供应链，开拓国际市场，设立境外贸易机构、海外分销中心、展示中心、海外仓等境外营销网络和物流服务网络，转变“走出去”模式。进一步深化与 eBay（易贝）、Amazon（亚马逊）等知名外资跨境电子商务企业的战略合作，并结合自贸试验区开放外资准入政策，引进一批国外知名跨境电子商务企业。

3. 完善综合服务。拓展完善“津贸通”“北贸通”“自贸通”等本土外贸综合服务平台建设，为中小企业开展跨境电子商务提供一揽子综合配套服务。大力发展对外贸易撮合、认证征信、贸易融资等跨境电子商务增值服务。培育引进一批集报关、退税、国际物流、海外仓储、汇兑服务于一体的跨境电子商务服务企业，为有意愿开展跨境电子商务活动的传统企业及其产品制定相应的跨境销售策略，提供海外法律与财务咨询、海外售后支持、国际运输、全球仓储、培训等全方位的跨境电子商务解决方案。

4. 制定规则标准。开展跨境电子商务政策法规创新研究。通过探索建立与跨境电子商务相适应的新型政策体系，设定跨境电子商务各类主体的权利和义务，建立信用体系、风险防控体系和知识产权保护规则等，为跨境电子商务政策法规和国际规则的研究制定提供实践案例。加强与全球各类经济组织合作，积极参与适合跨境电子商务发展的国际通用规则的构建，逐步建立良好的跨境电子商务国际营商环境。研究建立跨境电子商务标准体系，规范跨境电子商务发展。

5. 深化对外合作。将跨境电子商务作为与“一带一路”沿线国家和地区深化经贸合作的重要内容，在经贸推介、投资洽谈、政府及商会、协会间合作等方面强化跨境电子商务元素。利用现有财政政策，对符合条件的跨境电子商务企业“走出去”重点项目给予必要的资金支持。以中韩、中澳、中新自贸协定为支撑，依托自贸试验区，加强与主要贸易伙伴及相关国际组织的电子商务交流与合作，探索建立双边自由贸易机制，探索双边关检互认互信，推动资源对接和共享。

（三）创新“八体系”

1. 信息共享体系。统一信息标准规

范、信息备案认证、信息管理服务，建立多位一体的跨境电子商务信息合作机制和共享平台，打通信息壁垒，实现监管部门、各级政府、金融机构等与电子商务、物流、支付等企业之间信息互联互通，实现跨部门、跨行业、跨地区信息的共享互换、协同作业，建立政府部门间的联合执法新模式，形成信息互换、监管互认、执法互助的信息政府管理模式。

建立备案企业信息库，统一备案格式和要求，实现企业一次备案、多方共享、全程使用。建立备案商品数据库，汇聚商品的交易、通关、物流等动态信息，实现商品进出口全流程可视化跟踪和交易商品源头可溯、去向可查、风险可控、责任可究。

建立跨境电子商务信息大数据库，制定数据信息传输、开放、共享和使用的规则规范，保障系统及数据安全，为政府提供大数据分析服务。依法保护各接入方合法权益，增强大数据开发和服务等功能，提升数据管理服务能力。

2. 金融服务体系。深化支付机构跨境电子商务外汇支付业务试点，推动银行、支付机构加快产品创新，改进跨境支付服务，提高跨境支付效率。允许第三方支付机构通过银行为中小电子商务企业集中办理跨境外汇支付和结售汇业务，满足企业及个人跨境电子商务网上支付需要。允许在“单一窗口”平台备案登记的跨境电子商务个人对外贸易经营者开立个人外汇结算账户。鼓励跨境电子商务活动使用人民币计价结算。支持银行业金融机构与符合条件的支付机构开展业务合作，鼓励在人民币跨境使用方面先行先试，鼓励企业充分利用境内外两种资源、两个市场实现跨境融资自由化。丰富电子商务跨境人民币业务产品，为企业和个人的电子商务活动提供优质跨境人民币结算服务。

利用跨境电子商务信息可查寻、可追溯的特点，为具有真实交易背景的跨境电子商务交易提供在线支付结算、在线融资、在线保险等完备便捷、风险可控的“一站式”金融服务。推进跨境投融资便利化，在自贸试验区内试行资本项目限额内可兑换。大力引导跨境电子商务企业上市融资，用好用活中期票据、企业债、公司债、私募债、信托产品、资产管理计划等融资工具。支持符合条件的跨境电子商务企业纳入全市中小微企业贷款风险补偿机制，发挥财政资金的导向和放大作用。支持保险机构研发适用跨境电子商务的信用保险产品，扩大信用保险覆盖面。引导非银行支付机构创新产品服务，加强与跨境电子商务企业合作，提供安全高效的本外币支付结算服务。推动京津冀金融协同发展，引导金融资源跨区域合理流动和金融业务同域化。

3. 仓储物流体系。拓展跨境电子商务物流大通道，依托海空双港联动，发挥“海运+空运”物流优势，进一步整合自贸试验区、海关特殊监管区、航空物流区、知名电子商务企业仓储分拨中心等现有展示和仓储资源，加强海运、空运、铁路等多种运输方式对跨境电子商务业务的运能保障，建设服务京津冀、辐射北方地区的跨境电子商务仓储物流集散中心。进一步延伸拓宽天津跨境电子商务航空货运大通道，通过引入新的国际航线、加密现有国际航班、开通货运航班等措施，加大直航能力，增强天津滨海国际机场的进出口货运能力。积极争取国家邮政局、中国邮政集团公司加大天津国际邮件快件直封力度，在天津设立国际邮件互换局，深化货邮吞吐能力。

依托天津市电子商务与物流快递公共信息服务平台、“单一窗口”平台等综合信息服务平台，为跨境电子商务企业、物流仓储企业、供应链服务商等各类企业和跨境电子商务用户提供实时、准确、完整的物流状态查询和跟踪服务，实现数据共用、资源共享、信息互通。开展供应商库存管理、准时配送等高端智能化服务，提升第三方物流服务水平。

推动传统仓储企业转型升级，向配送运营中心和专业化、规模化第三方物流发展。引导仓储企业规范开展担保存货第三方管理。支持有条件的企业向提供一体化解决方案和供应链集成服务的第四方物流发展。

鼓励有条件的商贸物流企业“走出去”开展全球业务，通过广泛的战略联盟、协作等方式，建立跨境物流分拨配送和营销服务体系。大力发展共同配送、统一配送、集中配送等先进模式，建立国内保税公共仓储、海外重点国家物流专线、海外公共仓储等相结合的便利化物流体系，实现跨境货物的集货运输、集中分送，降低物流成本。

4. 便利监管体系。全面推行便利化通关模式。加强关检合作，实现一次申报、一次查验、一次放行。海关对跨境电子商务监管实行全年无休日、货到海关监管场所24小时内办结海关手续。推动跨境电子商务全程无纸化通关，提高跨境电子商务通关效率。探索建立适应跨境电子商务业态发展的转关物流方式，打造京津冀通关“一体化”管理平台，实现京津冀统一备案、信息互换的区域化管理新理念。

创新跨境电子商务海关监管流程。对跨境电子商务实行清单核放，汇总申报、集中纳税、代扣代缴的通关模式，简化通关手续、降低通关成本。简化网购保税进口商品的一线入区申报手续，探索建立适合保税零售业务的账册管理制度。在现有保税进出口、一般进出口监管模式的基础上，开展跨境电子商务模式创新，针对B2B出口、国际快件、保税展示交易、跨境大宗商品交易等跨境电子商务交易新模式，设计不同的监管流程。推动建立货物贸易与服务贸易、进口与商品的标准化监管流程。进一步规范邮路监管，研究制定邮路进出口监管方案。

创新跨境电子商务检验检疫监管流程。根据国家对进出境商品的有关管理措施，探索建立跨境电子商务负面清单，强化信用监管和风险管理。建立产品质量安全监控制度，建立和完善检验检疫审批信息平台和检验检疫监管系统，进一步完善质量安全监控机制，充分应用二维码、条形码等手段，实现跨境电子商务产品源头可溯、去向可查、风险可控、责任可究，促进跨境电子商务健康发展。

积极争取财政部、国家税务总局同意对符合监管条件的出口企业，如不能提供进项税发票，实行免征增值税的政策。探索对电子商务零售出口货物试行按商品大类设置综合退税率的办法，根据商品属性不同对商品进行分类，汇总申报时海关按大类出具报关单及出口货物详细清单，企业按大类确定退税率并申报退税。探索便利化退税管理模式，推行出口退税无纸化管理，简化流程，便利办税。进一步优化出口退税服务，对出口企业按出口退

（免）税企业分类管理办法实行差别化管理。

5. 电子商务信用体系。依托“单一窗口”平台，建立跨境电子商务信用信息平台，利用信息基础数据，提供电子商务主体身份识别、电子商务信用记录查询、商品信息查询、货物运输以及贸易信息查询等信用服务。建立监管部门的信用等级互认机制。以天津市市场主体信用信息公示系统为依托，强化各行政机关归集公示跨境电子商务企业信用信息机制，由海关、检验检疫、税务、外汇、市场监管等执法部门共同研究建立对跨境电子商务企业和个人的分类分级监管标准，对跨境电子商务主体实施差异化分类监管，并纳入全市跨部门协同监管和联合惩戒机制。实施信用负面清单管理，对开展跨境电子商务业务的经营企业、支付机构和个人实行信用评级，对风险程度较低的予以警示发布，对信用程度差，存在商业欺诈、知识产权侵权、制假售假等重大失信行为的列入信用管理负面清单，通过依法实施事前准入禁止、事中加强全面查验和严密监管，保障跨境电子商务良好的发展环境。

探索建立跨境电子商务纠纷仲裁机构及相应程序，在尊重消费者选择权的同时，形成一套通用的跨境电子商务纠纷处置模式。探索建立对海外电子商务企业的质量安全预警通报机制和追责机制。进一步完善跨境电子商务产品售后服务机制，建立维权渠道，强化电子商务平台和经营者的责任主体意识，保护知识产权，保护消费者合法权益。建立重大消费安全事件应急处置机制，强化各监管部门联合执法，健全跨境电子商务经营者的退出机制和惩戒制度。

6. 人才培养体系。建立跨境电子商务人才培养体系。支持以天津商务职业学院为代表的职业学院开展跨境电子商务应用型、技术技能型人才培养，引入国际职业人才资质和资源，对接国际标准，开展国际合作育人，建立服务跨境电子商务综合试验区的中、高端现代职业教育人才培养体系。鼓励企业、社会组织及教育机构合作办学，开设跨境电子商务专业课程，鼓励各类培训机构增加跨境电子商务专业培训项目。支持院校和社会培训机构开展创业培训，使跨境电子商务成为创新驱动发展的重要引擎和大众创业、万众创新的重要渠道。发挥我市作为国家现代职业教育改革创新示范区的平台优势，开展京津冀三地跨境电子商务职业、产业对接活动。依托全国电子商务行业指导委员会，建立京津冀职业院校跨境电子商务技术技能竞赛平台，引导职业人才培养。

建立跨境电子商务人才创业创新支持体系。探索建立知识、技术、管理等人力资本产权激励机制，引进和汇聚创新人才，开展跨境电子商务商业模式创新和技术创新；建立跨境电子商务创业孵化平台和机制，制定专项扶持政策，发展跨境电子商务在线信贷、股权投资等金融服务，为中小微跨境电子商务企业创业发展提供条件。

建立跨境电子商务人才服务体系。健全完善人才吸引、培养、使用、流动和激励机制，发展人才的公共服务体系。吸引集聚一批知名的人才中介机构，健全专业化、国际化的人才市场服务体系。建立跨境电子商务产业联盟与人才发展联盟，推进人才与企业、项目、资本的对接，建设开放共享的合作平台。

7. 统计监测体系。利用大数据、云计算技术，对各类平台商品交易、物流通关、金融支付等海量数据进行分析处理运用，建立跨境电子商务大数据中心，实现跨境电子商务数据的交换汇聚；建立健全跨境电子商务统计监测体系，完善跨境电子商务统计方法，进一步做好跨境电子商务一般进出口、保税进出口的贸易统计工作，规范统计标准和口径，探索建立跨境B2B的统计标准、统计口径、统计方法。

制定跨境电子商务统计标准。探索建立交易主体信息、电子合同、电子订单等标准格式和跨境电子商务进出口商品的简化统计分类标准，探索建立跨境电子商务多方联动的统计制度，为全国跨境电子商务统计体制机制建设提供经验。

8. 风险防控体系。建立风险信息采集机制、风险评估分析机制、风险预警处置机制，以流程节点风险防控为重点，开展跨境电子商务全流程的专业风险分析。

建立检疫为主、基本风险分析及产品追溯的质量安全监管机制，建立进出口跨境电子商务负面清单和进口跨境电子商务重点商品与重点项目监管清单管理制度。

鼓励跨境电子商务企业、非营利性组织、第三方平台、评价机构等建立行业自律体系，积极引导构建以平台为中心的市场自治机制及惩处机制，防范和遏制走私、洗钱以及危害国家安全等违法行为。

三、组织实施

（一）加强领导

在国务院统一领导下，在商务部牵头协调和相关部委指导下，由天津市组织实施综合试验区工作。成立中国（天津）跨境电子商务综合试验区建设工作领导小组，加强统筹协调，定期研究综合试验区建设的重大问题，协调推进综合试验区建设的重大工作，扎实推进综合试验区创新发展。重大问题及时向国务院请示报告，重要政策和重大建设项目按规定程序报批。

（二）落实责任

市各有关部门和单位要根据本实施方案，进一步细化任务，制定工作计划和进度安排，集中力量加以推进。要以创新精神和务实态度，围绕解决影响跨境电子商务发展的瓶颈难题和制约因素，抓紧制定可操作、能落地的实施细则和配套政策，力争综合试验区早出成效、多出成果。

（三）合力推进

发挥天津市建设综合试验区的主体作用，加强与国家有关部门的协调配合，建立联动推进机制。要进一步解放思想、转变观念、主动作为，加强沟通协作和相关政策衔接，形成工作合力，加快推进综合试验区创新发展。

企业名录

截至2016年12月31日，在天津跨境综合服务平台上注册，并实际展开业务的企业名录见表2-27。

表2-27 天津跨境电子商务企业名录

序号	企业名称	企业类型
1	北京易智付电子商务有限公司	电商及平台企业
2	天津万顺融和商业管理有限公司	电商及平台企业
3	伍创黑白熊科技（天津）有限公司	电商及平台企业
4	天津保宏供应链管理有限公司	代理公司；仓储企业
5	天津东方瑞泰运输服务有限公司	代理公司
6	天津自贸试验区洋品电子商务服务有限公司	电商企业
7	通联支付网络股份有限公司	其他类型
8	上海汇付数据服务有限公司	支付企业
9	天津常春藤电子商务有限公司	电商及平台企业
10	杭州快博电子商务有限公司	电商及平台企业
11	宝付网络科技（上海）有限公司	支付企业
12	宿迁泽众地产品贸易有限公司	电商企业
13	天津柯丽亚纳进出口有限公司	电商及平台企业
14	天津德沃赛国际贸易有限公司	电商及平台企业
15	天津微动国际贸易有限公司	电商及平台企业
16	东方瑞泰（天津）国际物流有限公司	仓储企业
17	天津亚峰电子商务有限公司	电商及平台企业
18	远品国际贸易（上海）有限公司	电商及平台企业
19	智慧堂（天津）供应链管理有限公司	电商及平台企业
20	上海韵达货运有限公司	物流企业
21	天津威瀛国际货运代理有限公司	代理公司；其他类型
22	宝贝格子（北京）科技有限公司	电商及平台企业
23	天津华宇股份有限公司	物流企业；代理公司；仓储企业
24	中国银行股份有限公司	支付企业

表2-27　续1

序号	企业名称	企业类型
25	天津海伦汇杰国际贸易有限公司	电商及平台企业
26	江苏云畅淘电子商务有限公司	电商企业；其他类型
27	大连智慧光科技有限公司	电商及平台企业
28	中天汇优电子商务有限公司	电商企业
29	杭州但丁电子商务有限公司	电商及平台企业
30	天津宝联供应链管理有限公司	物流企业；其他类型
31	天津东晟泰进出口有限公司	电商及平台企业；代理公司；其他类型
32	易宝支付有限公司	支付企业；其他类型
33	天津云仓供应链管理有限公司	代理公司；仓储企业；其他类型
34	中牧（天津）国际贸易有限公司	电商及平台企业
35	天津中邮物流有限责任公司	物流企业；代理公司
36	天津中远环球物流有限公司	仓储企业；其他类型
37	天津有点跨境通国际贸易有限公司	电商及平台企业
38	天津越洋国际货运代理有限公司	代理公司；其他类型
39	天津市万德隆物流有限公司	代理公司；其他类型
40	广州唯品会信息科技有限公司	平台企业
41	唯品会（中国）有限公司	电商企业
42	天津自贸区于家堡环球购跨境贸易综合服务有限公司	电商及平台企业
43	天津顺丰速递有限公司	物流企业；代理公司
44	天津优沃德科技发展有限公司	电商企业
45	天津纳欧国际贸易有限公司	电商企业
46	天津朝旭国际贸易有限公司	电商及平台企业；物流企业；代理公司；仓储企业
47	招商银行股份有限公司	支付企业
48	天津海鸟城信息技术有限公司	电商及平台企业
49	广州市威云供应链管理有限公司	电商及平台企业
50	天津中铁青源国际货运代理有限公司	代理公司
51	智付电子支付有限公司	支付企业
52	天津涵迪科技发展有限公司	电商及平台企业
53	天津中远国际航空货运代理有限公司	代理公司
54	天津东方益程报关有限公司	代理公司

表2-27 续2

序号	企业名称	企业类型
55	施道赫商贸（天津）有限公司	电商及平台企业
56	天津渤海报关有限公司	代理公司
57	中外运空运发展股份有限公司天津分公司	物流企业；代理公司
58	天津澳纽之窗科技发展有限公司	电商企业
59	宁波井贝电子商务有限公司	电商及平台企业
60	天津威时国际物流有限公司	代理公司；仓储企业
61	深圳市海豚跨境科技有限公司	电商及平台企业
62	觅贝（天津）电子商务有限公司	电商及平台企业
63	天津自贸试验区天尔电子商务有限公司	电商企业
64	天津市兆阳国际货运代理有限公司	代理公司
65	阔世保达（天津）科技有限责任公司	电商及平台企业
66	天津市森淼进出口有限公司	物流企业
67	天津美泰报关行有限公司	其他类型
68	天津杰兴国际贸易有限公司	电商及平台企业
69	天津平安乐汇网络技术有限公司	电商及平台企业
70	天津好乐买信息技术有限公司	电商及平台企业
71	来此购（天津）供应链管理有限责任公司	电商及平台企业
72	大连宸实贸易有限公司	电商及平台企业
73	天津中铁青源供应链管理有限公司	仓储企业
74	天津酷吧母婴用品销售有限公司	电商及平台企业
75	背代库（天津）科技发展有限公司	电商及平台企业
76	多贺谷（天津）进出口有限公司	电商企业
77	天津中邮物流有限责任公司	物流企业
78	天津易客满国际物流有限公司	物流企业；代理公司
79	重庆易极付科技有限公司	支付企业
80	北京京邦达贸易有限公司	物流企业
81	红辣椒（天津）网络科技有限公司	电商及平台企业
82	天津中外运报关有限公司	代理公司
83	北京京东世纪信息技术有限公司	电商及平台企业
84	深圳市华润万家电子商务有限公司	电商及平台企业
85	天津市赫阳宏泰国际贸易有限公司	仓储企业

表2-27 续3

序号	企业名称	企业类型
86	网银在线（北京）科技有限公司	支付企业
87	深圳市圆达通速递有限公司	物流企业
88	深圳市联银供应链有限公司	电商企业
89	财付通支付科技有限公司	支付企业
90	天津美泰供应链有限公司	仓储企业
91	优易电子商务（天津）有限公司	电商及平台企业
92	自贸购（天津）网络科技有限公司	电商及平台企业
93	天津东疆国际航运交易市场有限公司	代理公司；仓储企业
94	天津港保税区旺达报关行有限公司	代理公司
95	易智付科技（北京）有限公司	支付企业
96	上海盛付通电子支付服务有限公司	支付企业
97	上海娜玛电子商务有限公司	电商企业
98	天津中外运国际物流发展有限公司	仓储企业

统计数据

2016年全年，天津市跨境电子商务进口共申报清单20.2万单，实现进口额4 837.1万元人民币。B2B出口实现交易额3 500万美金。B2B2C海外仓出口实现交易额1 800万美金。

大事记

2016年1月12日，国务院下发《国务院关于同意在天津等12个城市设立跨立跨境电子商务综合试验区的批复》（国函〔2016〕17号），同意设立在中国（天津）跨境电子商务综合试验区。

2016年4月21日，“eBay·天津”青年跨境电子商务出口创业大赛暨跨境电子商务人才训练营启动。

2016年6月3日，《天津市人民政府办公厅关于印发中国（天津）跨境电子商务综合试验区实施方案的通知》（津政办发〔2016〕52号）。

2016年6月30日，天津作为全国试点首先全面切换总署跨境电子商务进口统一版信息化系统。

2016 年 07 月 07 日，天津一达通企业管理服务有限公司正式注册成立。

2016 年 7 月 11 日，天津完成跨境电子商务进口统一版切换后首票通关业务。

2016 年 7 月 14 日，2016 天津 eBay 跨境电子商务峰会举办。

2016 年 7 月 22 日，eBay、中国出口信用保险公司天津分公司、天津自贸通外贸服务股份有限公司、北方（天津）外贸综合服务有限公司、天津利贸通外贸综合服务有限公司签署合作协议，支持跨境电子商务海外仓出口业务发展。

2016 年 11 月 11 日，“双十一”当天，天津跨境电子商务进口业务处理数据 40 785票，当天申报数据占总署统一版全部数据近 9 成。

2016 年 12 月 7 日，“新经济、新平台、新增长”——天津市智慧外贸生态峰会举行。天津外贸综合服务联盟成立。

厦门地区

厦门作为第一批国家级电子商务示范城市和两岸贸易核心城市，拥有良好的外贸产业基础和对台交流合作优势，跨境电子商务产业规模处于国内领先水平。近年来，厦门结合自贸试验区建设，在厦门海关、国检的大力支持下，克服缺乏跨境电子商务进口试点城市和跨境电子商务综合试验区政策的困难，跨境电子商务业务取得一定进展。

2016 年 2 月 22 日，集合邮件、快件、跨境电子商务为一体的跨境电子商务公共管理平台上线运行，并入厦门片区国际贸易“单一窗口”，实现申报监管“一点接入、一点输出”和“互联网+自主报关”。按照“一区多园”的发展模式，在厦门自贸片区内建成象屿、海投、邮政 EMS 三个跨境电子商务产业园，实现物流、支付、平台及服务企业入驻，跨境电子商务生态圈初步形成。与此同时，厦门自贸片区管委会与厦门市商务局陆续出台跨境电子商务扶持政策，厦门海关、国检通力合作、出台多项便利化措施，实现跨境电子商务业务 24 小时通关，厦门口岸的物流通关成本和通关效率均达到国内领先水平。在厦门海关的大力支持下，积极开展多项跨境电子商务业务试点，“9610”一般出口于 2016 年 10 月正式开通，直购进口于 2017 年 3 月正式上线，并于 2016 年 10 月建成全国首创集产品展示体验、保税暂存、快速出区分拨配送一体的跨境供应链 B2B 集散中心。

下一步，厦门将继续加大力度发展跨境电子商务产业，发挥跨境电子商务产业在促进外贸转型升级、国内消费升级方面的积极作用。

发展现状

一、跨境电子商务发展现况

（一）发展现状

1. 跨境电子商务业务规模快速增长

（1）跨境电子商务经营主体增多

目前，厦门全市约有 6 万家企业及用户在阿里巴巴、环球资源网、中国制造网、敦煌网等大型跨境电子商务平台开展业务，涌现出欣维发、思科迪、沃德丰、优传供应链、跨境网等一批优秀跨境电子商务企业，台湾东森、阿里巴巴、杭州全麦、兰亭集势、深圳递四方、京东国际等两岸知名电商纷纷来厦考察、设点。中国（福建）自贸试验区厦门片区挂牌成立后，沃洋、海捣网等跨境电子商务企业纷纷抢滩进驻自贸试验区，跨境电子商务、电子商务、进口贸易已成为企业注册主要行业之一。跨境电子商务巨头亚马逊已与厦门市签订跨境电子商务及台湾馆战略合作备忘录。

（2）跨境电子商务交易额持续扩大

2014 年厦门开通跨境电子商务出口统一版，试行跨境电子商务零售一般出口模式，2015 年 7 月，厦门跨境电子商务“直购进口”平台正式上线试运行，11 月跨境网通过实货测试，标志厦门成为跨境电子商务“进出兼通”城市。2016 年厦门实现跨境电子商务交易额约1 100亿元，其中进出境邮（快）件4 200多万件，跨境零售约 31 亿元，增长约 40%。

2. 对台跨境电子商务取得积极进展

（1）两岸跨境电子商务合作日益活络

依托对台区位优势，厦门积极推进两岸跨境电子商务合作。2010 年 5 月福建电子口岸股份有限公司与台湾关贸网路股份有限公司签订“闽台口岸通关物流信息平台合作协议”，旨在打通两岸数据对接；2013 年 9 月象屿集团与相关台企、台商协会签署两岸贸易便利化及跨境电子商务合作协议；12 月淘宝台湾馆的上线运营正式打开了台湾岛内商品网进大陆的通道；2015 年亚马逊“中国台湾馆”正式上线，引入更多台湾优质产品，拓展基于两岸的海运物流通道及供应链整合服务。

（2）厦台海运快件业务常态化运营

2014 年，厦台海运快件业务落地启运，厦门成为大陆首个获准开展对台海运快件业务的口岸，打通了两岸跨境电子商务最便捷的物流通道，成为对台跨境电子商务发展的重要契机。2015 年，厦台海运快件个人物品通关系统上线运行。台北港海运快件专区正式成立，两岸海运快递从原本的大陆到台湾“单向通”发展成为“双向通”。2015 年 7 月，厦门和台湾海运快件正式开启双运营模式，台北港快递货物专区–厦门海运快件及跨境电子商务监管中心实现双向对接。2016 年厦台海运快件进口航线已形成每周二班常态化运营阶段。随着厦台海运快件推进发展，厦台快件将可通过海运渠道对接台湾丰富的国际航空资源再中转至世界各地，助推两岸跨境贸易电子商务业务发展。

3. 跨境电子商务载体不断拓展

（1）跨境电子商务产业园相继推动

2014 年 12 月，厦门跨境电子商务产业园揭牌运营，二期 9 万平方米也已在建设中，它将为跨境电子商务提供商务办公、仓储物流、转运分拨等线下服务，将逐步建成集办公、物流、通关通检一体化的跨境产业园区，从而形成东南国际快件及跨境电子商务货物集散转运中心，支撑厦门成为全国跨境电子商务的供应链枢纽节点城市。另外，“国家电子商务示范基地”——海沧电子商务产业园及厦门电商谷对外运营招商也在紧锣密鼓推进，定位为创新型两岸电商产业综合服务示范园区，争取打造为国家级“跨境电子商务”及“海峡两岸电商产业”示范基地。

（2）跨境电子商务线上线下加快融合

2015 年 11 月，广州风信子进驻厦门，成为厦门自贸区首个具有线上线下互动的跨境电子商务体验中心，面积 2.8 万平方米。2016 年其他跨境电子商务线下体验中心也如雨后春笋，如优传进口商品展示中心、时福全球购、沃洋优品、海捣网、何五路等相继开业。

（3）境外仓建设先行先试

据不完全统计，2016 年厦门市有邮立达科技、旺集信息、喜孚（厦门）供应链 3 家公司在美国、俄罗斯建设了 6 个境外仓，总面积达43 000平方米，厦门市外贸企业跨境电子商务 B2B2C 出口业务有 80% 是通过境外仓实现。通过境外仓发展 B2B2C 业务是未来跨境电子商务发展的主流方向，厦门市在境外仓业务开展进行了先行先试探索。

4. 跨境电子商务监管机制持续创新

（1）海关监管创新

2014 年 12 月，厦门跨境电子商务零售出口正式启动“清单核放，汇总申报”新型通关模式，在该模式下，电商、物流、快递等企业直接对接海关总署跨境贸易电子商务零售出口统一版系统，快速验放、快速清关，迅速转运厦门国际机场出口，送达境外买家。企业可在商品出境后定期将‘货物清单’汇总为出口货物报关单报送厦门海关，既解决通关效率低下问题，降低了贸易成本；同时，出口商品纳入海关监管，又能有效解决外贸电商结汇、退税难问题。

为适应跨境电子商务邮件快速通关需求，厦门海关联合厦门 Ems，创新邮件监管手段，在全国率先开发进出境邮件通关辅助管理系统。通过该系统，海关可以实现清单式简易申报、审核布控、实施查验、风险分析、税费核注、统计查询、内部控制和无纸化、移动式通关作业。

同时，厦门海关出台《厦门海关推进中国（福建）自由贸易试验区厦门片区建设监管服务改革方案》，为跨境电子商务等新兴贸易业态量身打造海关监管措施：一是支持企业开展跨境电子商务直购进口业务，争取在海关特殊监管区域内开展跨境电子商务网购保税进口业务，对出区商品按照实际属性办理通关手续；二是支持跨境电子商务出口产品“清单核放，汇总申报”通关模式的应用推广；三是推动跨境电子商务综合服务平台建设，建立与跨境电子商务服务功能相适应的海关监管模式。

（2）检验检疫监管创新

厦门检验检疫局全面复制实施上海自贸区的检验检疫创新制度，检验检疫通关无纸化、检验检疫分线监督管理、进口货物预检验、入出境特殊物品风险管理等四项制度已在厦门口岸实施，第三方检验结果采信制度已经在厦门口岸部分实施。厦门检验检疫局正探索“一次申报、分批核销”以及对电商企业实施诚信管理、差别化监管等便利化措施，建立跨境电子商务经营主体及商品备案管理制度，推动跨境电子商务健康快速发展。

5. 跨境电子商务服务平台重新整合

目前，厦门市依托自贸试验区国际贸易“单一窗口”平台，完善跨境电子商务公共管理平台功能，整合象屿、邮政EMS、海投的跨境电子商务业务资源和场地资源，在各个跨境电子商务产业园区安装“单一窗口”大通关平台系统，采用“清单验放、集中报送”监管模式，建设跨境电子商务、邮件、快件、“分送集报、快件出区”四合一的“单一窗口”大通关平台，从而实现“一区多园”，实现一点接入，实现跨部门“信息互换、监管互认、执法互助”。

（二）发展目标

以国家建设“一带一路”战略支点城市和自贸试验区为契机，大力支持跨境电子商务企业和配套服务企业，着力培育跨境电子商务产业集群，贯通产业链的上下游，突破有形市场地域空间限制，促进外贸企业转型升级，提升厦门外贸经济实力，努力构建“海西电子商务中心城市”。

（三）跨境电子商务企业平台建设情况

目前厦门出现一些跨境电子商务综合服务平台企业，主要有“嘉集通”平台、建发“贸易云”平台等，阿里巴巴一达通入驻厦门，为厦门中小企业和个人卖家提供代运营、网络推广、数据分析、多语种翻译、交易支持、物流仓储、资质认证、信用安全等专项服务和提供通关、报检、退税等综合服务，但平台总体规模较小，能力相对不足。

厦门跨境电子商务发展迅速，跨境网、保税店.com、聚美宝等一批优秀的自营性跨境电子商务企业相继成立，国际石材贸易网（国际站）等行业垂直型跨境B2B平台已具有一定的行业影响力，但总体实力依然较弱，尚不完全具备全球资源整合能力。亚马逊虽已入驻厦门，但其主要以物流和贸易公司为主，跨境业务特别是第三方跨境平台业务还未开展，厦门还未形成诸如阿里速卖通、环球资源网、中国制造网、慧聪网等上规模、具有全球竞争力的第三方跨境电子商务平台型企业。

（四）跨境电子商务产业园建设情况

厦门跨境电子商务产业园建设围绕跨境电子商务产业链资源整合及信息数据化运营平台构建开展，一期3.8万平方米，已有30家跨境商家进驻，着力打造厦门跨境电子商务产业园产业链服务基地，涵盖物流、仓储、金融、数据信息化、物联网应用等各服务环节。项目通过线上信息数据化运营平台与线下供应链服务基地有机结合，形成满足跨境电子商务产业链全方位一站式服务，立足两岸、辐射全球，吸引更多的跨境电子商务、物流企业以厦门为枢纽节点，在服务基地形成产业聚集。

（五）招商引资条件

1. 市场容量巨大

厦门是中国最早的经济特区、计划单列市。厦门人均可支配收入和支出均位居大陆前六位，企业网络零售、人均网购水平均位居全国前4位。根据阿里研究院2016年中国“电商百佳城市”排名，厦门排名第九位；根据阿里研究院发布“中国新型智慧城市”排名，厦门排名第十位。厦门与泉州、漳州构成闽南金三角，占据福建省60%的经济总量，这里，聚集着大量的实体产业，如纺织服装、鞋帽、食品、日用品、工艺品等。

2. 政策优势独特

厦门电子商务发展起步早、速度快，2011年被国家列为电子商务示范城市。2013年，厦门被国家列为现代服务业试点城市，国家将在2014年~2016年三年每年给予3亿资金，用于支持电子商务及跨境电子商务等三大领域发展。2014年海关总署同意厦门开展厦台海运快件。2016年厦门市政府出台促进电子商务、跨境电子商务2个政策文件，同年厦门财政安排3 700万资金专门用于电商发展，与同类沿海城市比，厦门的政策力度大、针对性强、受益面广。

3. 产业设施完善

厦门市电子商务专业园区发展快速，已经投入运营的园区包括：厦门（海沧）电子商务产业园、海峡电子商务创业园、海西明珠电子商务园区、云创智谷电子商务园区、软件园二期（电商部分）、软件园三期（电商部分）、电商谷、海西电子商务园区、象屿跨境电子商务园等，逐步形成物流快递、代运营、营销客服、金融、培训交易、人才服务等生态体系。海沧电子商务产业基地被评为第二批“国家电子商务示范基地”。厦门城市环境优美，经济发展水平较高，吸引着大量电商高端企业和人才进驻。厦门拥有一批专门从事电商代理运营、营销推广、策划设计、分销应用、人才培训、拍摄服务等业务的专业服务企业，嘉晟、又一城、美图被商务部评为“2015年~2016年度电子商务示范企业”，万翔商城、乐麦技术、保障网、一品威客、南讯软件、柒牌电子商务六家企业成为2016年~2017年度省电子商务示范企业（平台）。厦门也拥有一批专门开展国际物流、境外仓服务的物流服务企业，可以为跨境电子商务企业提供一条龙服务。

4. 物流通道发达

厦门是国内跨境电子商务运输线路最为丰富的城市之一，跨境电子商务还可通过海、陆、空和邮路进出境。海运方面：厦台海运快件是厦门开展跨境电子商务的优势和有效通路。2014年海关总署正式同意厦门开展厦台海运快件业务，厦门开通厦台海运快件（其中包含经金门中转的航线）。厦门正利用台湾的空运优势，推动打通经台湾中转通往全球的物流通道。陆运方面：厦门将利用已开通厦欧班列、粤港直通车，打通与香港、欧洲的跨境电子商务通路。空运方面：厦门的国际航线较多，覆盖各大洲，特别在“一带一路”沿线国家和城市更为密集。邮路方面：厦门邮政与全国、全球建立了密切联系，是厦门市及闽南区域跨境邮件进出的主要通道。

5. 海外仓建设具有一定经验

目前厦门邮立达、旺集、喜孚已在美国、俄罗斯设立了6个海外仓，为大量跨境B2B2C业务企业提供服务。如旺集在俄罗斯莫斯科设立5 500平海外仓，使用面积达2万多平，月均处理订单50万件。

二、跨境电子商务发展模式介绍

（一）进口模式

1. 进口直购模式

2015年11月，厦门市依托电子口岸，建成了跨境电子商务进口直购平台，并经过实货测试进入常态化运行。进口代理商（物流企业）可将跨境电子商务进口零售业务通过该平台代理申报、代理通关、代理缴纳行邮税后，对接国内物流体系，将进口商品直接递送至消费者。该平台已纳入厦门市国际贸易“单一窗口”平台的重要组成部分，旨在简化企业申报办理流程，建立公平、开放、透明、高效的对接服务机制。

2. 保税备货进口模式

2016年4月，财政部等11部委联合下发了《关于跨境电子商务零售进口税收政策的通知》《关于公布跨境电子商务零售进口商品清单的公告》等文件，对跨境零售进口业务进行规范，俗称“4·8新政”。厦门市不是跨境电商试点城市，因此“4·8新政”不能开展保税备货进口业务。“4·8新政”后，厦门正积极调研，探索实行保税备货的可行性。

（二）出口模式

1. 跨境B2C模式

厦门海关“9610”出口监管模式已开通，企业可以通过“单一窗口”申报实现跨境阳光出口，但目前企业使用该模式的积极性不高。

2. 跨境B2B模式

目前，厦门跨境企业B2B出口业务物流方面很大程度上仍依赖一般贸易出品物流方式。厦门外贸企业跨境电子商务B2B2C出口业务有80%是通过境外仓实现。目前，厦门有邮立达科技、旺集信息、喜孚（厦门）供应链3家公司在美国、俄罗斯建设了6个境外仓。

配套文件

关于印发《福建自贸试验区厦门片区推进跨境电子商务发展的实施意见》的通知

厦自贸委〔2016〕37号

为贯彻落实国家、省、市推进跨境电子商务发展的政策，推进福建自贸试验区厦门片区（以下简称“厦门片区”）跨境电子商务产业发展，在《厦门市人民政府关于促进电子商务发展的若干措施》（厦府〔2015〕67号）、《厦门市人民政府办公厅关于促进跨境电子商务发展的若干措施》（厦府办〔2015〕186号）政策基础上，制定本实施意见。

一、扶持对象

享受本扶持政策的企业须符合以下条件：

（一）在厦门片区注册、纳税、纳入厦门自贸片区管委会行政管辖的企业。

（二）在厦门片区开展跨境电子商务相关业务，相关业务在厦门片区国际贸易"单一窗口"上的跨境电商公共管理平台（以下简称"公共管理平台"）上申报，且纳入厦门片区跨境电子商务统计体系。

（三）企业近两年无违法、违规行为。

二、扶持内容

对跨境电子商务园区内的纳入公共管理平台统计的跨境电商业务（包含一般出口系统、直购进口系统、个人物品系统，邮件系统中的出口"E 邮宝"、出口小包、进口个人小包业务），给予园区运营方 1 元/公斤的物流费用补贴，园区运营方须承诺一年内物流费用不得涨价。

三、跨境电子商务园区物流费用补贴认定

（一）数据认定：在厦门片区国际贸易"单一窗口"上的跨境电商公共管理平台进行业务申报，且纳入厦门片区跨境电子商务统计体系。

（二）厦门片区跨境电子商务统计体系：包含一般出口系统、直购进口系统、个人物品系统，邮件系统中的出口"E 邮宝"、出口小包、进口个人小包的业务数据。

（三）跨境电子商务园区认定：跨境电子商务园由福建自贸试验区厦门片区管委会认定，目前厦门市已有两个跨境电商产业园区，分别是象屿寨上跨境电商产业园和邮政 EMS 跨境电商产业园。海沧区海投跨境电商产业园在规划建设中。

（四）园区物流费用不涨价承诺：园区运营方须承诺一年内物流费用不得涨价，否则不予以补贴。

四、申报程序

（一）企业于每年 3 月份之前提交申报材料，福建自贸试验区厦门片区管委会于当年 6 月前完成审核及兑现。

（二）企业将申报材料交由象屿办、海沧办初审，初审通过由经发局、财金局予以复核，复核后上报福建自由贸易试验区厦门片区管委会研究批准，批准通过后予以兑现。

五、其他事项

本意见由福建自贸试验区厦门片区管委会负责解释，自 2016 年 1 月 1 起实施，有效期一年。

企业名录

截至2016年12月31日，在厦门跨境综合服务平台上注册，并实际展开业务的企业名录见表2-28。

表2-28　厦门跨境电子商务企业名录

序号	企业名称	主营业务
1	厦门思科迪电子商务有限公司	在亚马逊，sposport，自建平台stostock. com上售卖服装、箱包
2	厦门欣维发进出口有限公司	主营包袋，销售方式集批发、零售、定制为一体，多渠道全方位地覆盖海外市场，有着高品质的产品优势和高效的国际物流体系
3	厦门跨境网信息技术有限公司	构建B2B2C在线交易、海关申报、跨境仓配、跨境物流等服务体系，为国内消费者提供进口商品线上购物体验
4	厦门市嘉晟对外贸易有限公司	为中小企业提供外贸全程供应链管理的服务解决方案和信息服务

统计数据

2016年厦门实现跨境电子商务交易额约1 100亿元，其中进出境邮（快）件4 200多万件，跨境零售约31亿元，增长约40%。

大事记

2016年1月10日，全球跨境电子商务大会在厦门举行，倪超副市长出席大会并致辞，大会分为出口、进口跨境电子商务大会、及中国跨境电子商务投融资对接会，大会还启动了传统企业转型跨境电子商务全国巡回宣讲仪式，来自国内外跨境电子商务从业者上千人出席，大会取得圆满成功。

2016年2月22日，跨境电子商务公共管理平台上线运行，并入厦门片区国际贸易“单一窗口”，实现申报监管“一点接入、一点输出”。

2016年4月，厦门正式发布《推进跨境电子商务发展的实施意见》，降低企业成本。

2016 年 6 月，厦门跨境电子商务产业园在原有 2 条分拣线的基础上增设 4 条分拣线，日生产能力超过 4 万件。

2016 年 9 月 8 日，在厦门投洽会期间联合主办“2016 年全球电子商务大会”，副市长林文生出席大会并致开幕词，大会以“共商共建共享，一带一路融合电商繁荣发展”为主题，数千名各行业领袖和专家出席，大会取得圆满成功。

2016 年 11 月，厦门运行跨境直邮地方版系统开始实际业务。

2016 年 12 月 5 日，厦门海关、福建自贸试验区厦门片区管委会及厦门市口岸办联合启动“互联网+自主报关”系统。

泉州地区

泉州是海上丝绸之路起点、外贸百强城市、21世纪海上丝绸之路先行区，与一带一路沿线国家经贸往来密切。随着国际经济形势的不断严峻，泉州鞋服等产业依托跨境电子商务拓展海外市场的需求越发强烈。推动跨境电子商务零售出口成为泉州外贸发展转型升级的关键因素，对企业拓展国际市场、降低贸易成本具有重要意义。为此，泉州落地海关总署跨境电子商务零售出口统一版系统（监管方式9610），采用“清单核放，汇总申报”模式办理通关手续，实现电商平台企业、物流企业与出口统一版系统对接，以及电子口岸与电商企业、相关政府部门的信息共享，跨境电子商务企业实现阳光化通关，更快速便捷地进行结汇退税。2015年4月14日，泉州跨境电子商务零售出口第一票顺利通关，泉州跨境电子商务开启新纪元。

发展现状

一、发展成果及目标

（一）发展成果

2016年全市电子商务交易总额2 816.8亿元，同比增长39.4%；2016年全年泉州跨境通公共服务平台跨境电子商务累计报关单量250万件，累计监管货值超6亿元，其中跨境电子商务零售出口额2 466万人民币（海关监管方式代码“9610”），业务量是2015年全年的4倍，居福建省首位，全国前列。在“2016年中国电商百佳城市”排名中，泉州蝉联全国第七，全省第一。在商务部“2016年中国网络零售百强城市”中泉州位居全国第八、全省第一，网络零售额占全国交易总额1.67%。在“2016年中国大众电商创业最活跃的50个城市”排行榜中位列全国第八、全省第一。石狮、德化、晋江、安溪、南安、惠安等6个县（市）获评2015年度中国电子商务百佳县，占福建省入围总数的42.9%。

（二）发展目标

结合21世纪“海上丝绸之路”先行区建设，主动复制、延伸福建自贸区政策，紧抓泉州出口加工区获批综合保税区的机遇，以产业走出去开拓国际市场为动力，加快通关电子平台建设，着力在跨境电子商务贸易市场培育、渠道、物流、通路等环节进行监管模式创新和业务创新，引导、帮助更多的企业在通关便利化条件下开展跨境电子商务进出口业务，争创中国（泉州）跨境电子商务综合试验区。

（三）实施步骤

1. 2016年~2017年，鼓励纺织鞋服等传统制造业、传统外贸企业、跨境电子商务企业以扩大出口为主攻方向，统筹发展B2B/B2B2C/B2C多模式相结合的产业集群+跨境电子商务模式。对以行邮、包裹等方式开展的跨境电子商务，积极创造条件，解决其支付、结汇、仓储和售后服务等问题。在培育壮大跨境电子商务龙头企业的同时，积极引导和鼓励有条件的企业在泉州综合保税区或晋江陆地港等跨境电子商务通关服务试点单位通过正常关检等环节开展业务，做大泉州市跨境电子商务进出口规模。

2. 2016年~2018年，支持有条件的企业在海关特殊监管区域设立保税仓或建设境外服务网点（海外仓），增加产品竞争力。

3. 2016年2月~12月，推进泉州综合保税区、晋江陆地港建设跨境电子商务园区，吸引各类跨境电子商务企业进驻，带动跨境电子商务集聚发展。

4. 2016年~2017年，建设集跨境交易谈判以及整合商家、物流、支付、结算信息等功能为一体的跨境电子商务公共服务平台，打造泉州市跨境贸易的重要载体。

5. 2016年~2018年，争创中国（泉州）跨境电子商务综合试验区。

二、平台建设情况

（一）泉州跨境通服务平台

泉州市商务局与泉州市政府口岸办积极会同泉州海关、出入境检验检疫局、国税局、外汇管理局等部门，多次召开外贸出口联席会议、座谈会议，共同协商推动泉州跨境通服务平台建设。在各部门的大力支持下，泉州跨境通公共服务平台在经历了半年试运营后于2016年9月13日正式上线。平台除对接海关、国检外，还将进一步对接国税、外管。2016年11月30日，泉州跨境通服务平台顺利完成了首单全程在海关监管方式代码“9610”下操作的跨境电子商务出口退税，标志着泉州跨境电子商务零售出口业务的“阳光通道”正式打通，实现阳光通关、阳光结汇、阳光退税。

（二）跨境电子商务龙头企业（平台）

1. 中兴海丝路：海丝路致力打造跨境电子商务综合服务全球领先品牌，依托中兴通讯全球化营销网络、供应链资源、物流整合能力及国际市场运作经验，建设和运营跨境电子商务交易平台，开展B2B、B2C、B2B2C跨境电子商务业务，并提供一站式IT解决方案与技术服务。主要产品及服务：一是跨境电子商务销售平台。“www.zteup.com”于2014年5月上线，定位为公司跨境电子商务进口平台，货品进口的方式以保税集货（海外直购）及保税备货，海外直邮，一般贸易模式为主，经营模式以自营集采备货为主，平台供应商入驻为辅，通过自营商品差价收入为主，并收取平台入驻商家服务费，通过B2C、B2B2C的形式运营销售。二是保税区备货及直购服务。公司于2015年9月上线并提供保税备货及保税直购业务，已服务于全国10余家大型跨境电子商务平台（飞牛网、小红书、京东全球购、丰趣海淘等），及50余家跨境进口的第三方卖家。在国检正面清单内的产品前提下，为跨境电子商务企业和平台提供从国外收货、集货，国际运输、国内报关清关并在国内配送一体化服务。三是海外直邮服务。2016年1月开放并提供海外直邮服务。在国检允许进口清单内的产品，由澳洲（墨尔本、悉尼）北美（多伦多）仓库集货发厦门、晋江、福州，转至晋江陆地港。实时报关，以个人行邮清关。并依托海峡两岸及平潭跨境电子商务试点城市区位优势，打造台湾桃园机场至福州长乐机场、平潭至台湾客滚轮空海联运模式，建设全国以台湾为国际商品的集中、中转、分发的集散基地。四是供应链金融。公司依托供应链服务而开展的金融服务，根据服务的核心企业的交易情况，进行数据管理与分析。开发核心服务商家的征信体系，以订单量数据、品类、交易价格、市场浮动趋势等关键数据系统分析，提供保税仓集中采购、海外集货的供应链金融服务。

2. 家世比家具：家世比从2010年开始全面开拓电子商务渠道，深耕网络第三方平台电商市场，全网覆盖第三方电子商务平台；2015年开拓跨境电子商务，入驻亚马逊、易贝。家世比利用细分市场机制的“一品多牌”品牌战略，最大限度的占领电商市场。2014年家世比自建公司垂直电商平台“HomeBi”家居商城。2016年交易额达到5.9亿元。家世比商城是家居供应链垂直服务平台，秉持“物美价廉+好设计+好服务”的核心理念，紧随消费升级需求、服务升级需求，深度整合供应链资源，打通家居产业上下游，推动产业全面升级，致力打造完整开放的家居生态闭环，改变家居行业的连接方式、交易方式、生产方式和服务方式。

3. 新时颖服饰：是性感时尚服饰的全球主要供应商之一。产品通过自建平台和第三方平台销售。自建平台销售占七成以上，平台在艾瑞排名29 000名左右，日均IP1.4 万。第三方平台主要包括 Amazon、Aliexpress、Wish、eBay，年销售额复合增长超过 50%。跨境 B2 小 B 和跨境 B2C 是两大核心业务。跨境 B2 小 B 吸引了来自全球超过 3 万家的中小批发商和零售商，销往 150 多个国家和地区。据 Paypal 统计，交易量排名中国时尚类跨境网站前十。跨境 B2C 平台旗下有 6 个品牌，销售额同比增长 3 倍。经过近 8 年的扎实运营，自建平台已成为中国跨境电子商务方面的知名平台，在国际支付体系 Paypal 的中国区平台交易量排名中连续 5 年排名前 30 位。

（三）跨境电子商务通关服务试点

1. 泉州综合保税区：2016 年 1 月，泉州出口加工区经国务院批准正式升格为综合保税区，规划范围仍保持围网内 2 平方千米不变，是泉州地区唯一国家级海关特殊监管区。泉州综合保税区域优势明显，海陆空交通网络发达，距离泉州晋江机场、福厦高铁、高速公路入口、港区均在 15 千米服务半径内。区内基础设施“七通一平”配套完善，建有 12 万平方米标准厂房及保税仓库，可满足入区企业生产经营及仓储物流需要。综保区设有海关、国检、报关行等专门办事及服务机构，实行“境内关外”管理模式，享受“多点报关”“分送集报”“联合查验”“泛珠四省一体化”及 24 小时通关等监管模式。园区 2015 年实现进出口总额 23.75 亿美元，其中进口 11.79 亿美元，出口 11.96 亿美元，在全省各海关特殊监管区中排名第二，仅次于厦门象屿保税区，在全国各出口加工区中排名第 10 位，在全国各综合保税区中排名第 15 位。

2. 晋江国际陆地港：晋江陆地港启动了“泉州跨境电子商务通关服务中心”“泉州国际快件监管中心”“厦门邮政互换局晋江分中心”三大中心的建设和运营，承接了泉州开展跨境电子商务通关服务的试点工作，通过与海关总署跨境电子商务零售出口全国统一版的对接，帮助跨境电子商务出口企业实现阳光通关、退税和结汇。目前，陆地港为外贸企业提供零售出口、保税出口、邮快件形式出口等多种跨境电子商务出口模式。2016 年以来业务快速发展，2016 年全年泉州跨境通服务平台跨境电子商务累计报关单量 250 万件，累计监管货值超 6 亿元，其中跨境电子商务零售出口额2 466万人民币（海关监管方式代码“9610”），业务量居福建省首位，全国前列。中心的建设运营有力推动泉州外贸实现转型升级，助力海西跨境电子商务生态圈建设。

三、各园区对比发展情况

（一）泉州市网商（虚拟）产业园

泉州市网商（虚拟）产业园是福建省

第一个虚拟产业园，由泉州市国有资产投资经营公司、泉州市丰泽区国有资产投资经营有限公司以及品尚电子商务有限公司联合组建，品尚电子商务有限公司负责具体运营。园区由“集群注册”和“网商批发中心”两个部分组成，旨在加速推进“大众创业、万众创新”，帮助创业者降低创业成本、简化创业流程，让创业变得很简单。“集群注册”是指由一家托管公司给市场主体（个人或企业）提供注册地址来创办公司，通过工商离岸注册（一址多照）登记制度创新，提供场所托管、财务托管、代理记账、代开税票、知识产权代理、会务、培训等商务秘书服务，系统解决了网商的基础商务服务需求，进而拓展提供运营服务、分销服务、信用服务、金融服务、技术服务、人才服务、ODR 在线调解服务等配套服务。截止目前已经有超过7 000家个人或企业领证（营业执照）。目前已成立了开发区园区、石狮园区、南安园区、洛江园区、惠安园区、德化园区、鲤城园区、安溪园区、永春园区、泉港园区等 10 个分园区。

（二）德化电子商务产业园

园区总建筑面积20 000平方米，园区搭建完成德化县电子商务公共服务平台，设立德化县电子商务培训学校。目前，入驻电子商务企业 52 家、电子商务配套服务企业 14 家。园区入驻企业前 3 年租金全免，后 3 年租金减半优惠政策。

（三）弘桥智谷（泉州）电商产业基地

投入运营 8 大服务中心：电商人才培训中心、电商创业孵化中心、电商服务外包中心、互联网金融服务中心、智能仓储物流分拣中心、农村电商 O2O 体验中心、综合服务中心和配套完善休闲娱乐中心，建成集人才培训、文创设计电商运营、仓储物流、产品分销、金融扶持为一体的电商生态系统，为电商企业及大众创业者提供全方位服务。

（四）海西（石狮）电子商务园

园区采用“政府引导、市场化运作、国际化管理”的运营模式，致力于打造国家电子商务示范基地，主要围绕电子商务平台建设、网货采购、跨境电子商务和电商创业、人才孵化、仓储物流、商业配套、园区运营管理与推广、物业管理与综合服务等方面打造电子商务公共服务体系。以人才流、物流、信息流、资金流、商流和信用流为一体的“六流体系”为入驻园区的电商企业提供重要保障。园区综合服务中心依托成熟的产业经济核心区位优势，为入驻企业提供一站式的现代化综合服务。园区与行业协会、各地商会等形成战略合作联盟，引进快递、培训、休闲、文化交流、餐饮以及相关联的商业配套等服务机构，还组建一流的运营管理及物业管理团队，为入驻园区电商企业提供专业的运营管理、物业管理、电商推广、行业信息交流等综合配套管理服务提供重要保障。

（五）丰泽华大电子商务产业园

致力于打造全国乃至“一带一路”所经国家极具影响力的“全产业链电子商务综合智慧园区”，重点发展以下内容：

1.“一带一路”跨境电子商务基地。利用独有的华侨大学留学生优势，创立华大留学生跨境电子商务创业园。以泉州优势产业为突破口，做强做大“一带一路”所经国家的跨境电子商务业务。

2. 大数据平台。充分利用县域电商服务商联盟福建总部落户园区及云计算、大数据分析等优势，有效对接与服务全省的县域优秀产品。

3. 创客空间。为园区电商创客搭建“圆梦平台、服务平台、孵化平台”的大众创业空间，扶持孵化一批具有发展潜力的创业公司。

4. 丰泽产业带。充分利用箱包、工艺品、电子对讲机等优势产业，抱团发展，在阿里巴巴、京东等第三方平台形成产业链优势。

（六）晋江陆地港跨境电子商务产业园

园区具有资金、信息、人才、运营等资源优势，顺畅接触晋江丰富产业资源的集聚和辐射。园区由“线上平台+线下园区”两部分组成，集聚能力强，形成完整的跨境电子商务生态圈。已建成21 000平方米的跨境电子商务创业孵化基地和信息化仓库；18 000平方米跨境电子商务通关监管区，配备自动化分拣设备，实现跨境电子商务货物快速通关；已建进口商品展示交易平台——陆港购；多温层信息化冷库建设完成并投入使用。

（七）晋江跨境电子商务洪山园

园区主推五大功能：一是培育“生产—交易—支付—通关—结汇—退税”一体化的跨境电子商务生态闭环。二是强化政策引导扶持，降低电商创业门槛。三是做强产业人才支撑，采用政府主导、服务外包、校企合作形式，打造政企互动基地。四是助推晋江品牌国际化，帮助本土企业对接各大第三方平台，拓展网上销售渠道。五是探索提升政府效能，为企业提供便捷高效的一站式公共服务。园区目前有近80家企业入驻办公，2016年6月28日正式举办开园仪式，企业集体开业；进口商品展示交易中心引进的时福全球购、意大利意程氏均已正式营业；晋江购出口产品展销中心已正式对外营业，入驻各镇街道200多家企业的4 000多件产品；一站式公共服务中心、多媒体教室、拎包室均已正式投入使用。

四、跨境电子商务模式发展情况介绍

（一）出口跨境电子商务

1. 邮快件出口：泉州市于2015年通过泉州国际快件监管中心、跨境电子商务通关服务中心及邮政互换局分中心实现了邮快件的就地通关。2016年，泉州国际快件监管中心实现该模式报关票数万票，货值万美元。

2. 跨境电子商务零售出口：自2015年4月份开展此项业务以来呈现出快速增长态势。2016年跨境电子商务零售出口额2 466万元人民币（海关监管方式代码“9610”），业务量是2015年全年的4倍，居福建省首位，全国前列。

3. 保税出口：目前，泉州市晋江陆地港已经与美国邮立达等专业海外仓运营公司达成合作，每周常态化有10个货柜发往美国等海外仓。

（二）进口跨境电子商务

直购进口：晋江陆地港已被厦门海关纳入直购进口模式开展范围。2016年4月份开始，中兴海丝路公司已先行通过晋江陆地港跨境电子商务直购进口系统开展业务，业务增速明显。

五、招商引资条件

1. 产业基础雄厚

泉州市货源丰富充足，产业集群数量居福建省第一位，是全国重要的先进制造业基地，五大传统产业（纺织服装、建筑建材、工艺制品、食品饮料、机械制造）和五大新兴产业（石油化工、电子信息、汽车零配件、海洋生物、修造船）具有比较优势，为跨境电子商务的发展提供充足货源。

2. 电子商务发展迅猛

2016 年，泉州市电子商务交易总额 2 816.8 亿元，同比增长 39.4%。在鞋服、水暖建材、日用陶瓷、体育、母婴、工艺品、食品、农产品等行业，泉州已发展成为全国优质电商货源地，是全国四大电商产业基地之一。目前淘宝上近 70%的鞋服产品、50%的陶瓷茶具、京东商城上 60%的水暖卫浴产品是泉州品牌，全国茶叶电商销售总额中，安溪铁观音占比超过 42%。泉州拥有 2 个国家电商示范基地、3 个国家级电商示范企业、5 个省级电商示范县、6 个省级电商示范基地（园区）、6 个省级电商示范企业（平台）。石狮、德化、晋江、安溪、南安、惠安等 6 个县（市）获评 2015 年度中国电子商务百佳县。全市淘宝村数量增至 69 个，淘宝镇数量达到 10 个。

3. 跨境电子商务多元化发展

一是跨境电子商务运营多元化。部分电商已实现 eBay、Amazon、速卖通、敦煌网等全网营销，另有规模较大的跨境电子商务出口企业自建销售平台，实现销售平台多元化；产品涉及服装、食品、箱包、鞋类、对讲机、家电等几十个品类，实现销售商品多元化；出口范围覆盖欧美、南美、东南亚、中东等多个国家和地区，实现销售区域多元化。

二是跨境电子商务进出口业务模式多元化。充分发挥泉州综合保税区、晋江陆地港省级试点优势以及一达通、家世比家具、新时颖服饰等龙头企业的作用，通过线下集聚产业园区、监管中心等各类实体资源，线上以“互联互通”为抓手和突破口，加快跨境电子商务综合服务平台建设，通过邮快件出口、9610零售出口、跨境 B2B 出口结合海外仓出口等多种模式，助力企业借力跨境电子商务开拓海外市场。

4. 综合配套体系完善

一是园区方面：泉州已建成泉州市网商（虚拟）产业园、晋江洪山跨境电子商务园、石狮（海西）纺织服装电子商务园、丰泽区领 SHOW 天地电子商务产业基地、德化陶瓷电子商务园区等 28 个电子商务园区（基地），园区总面积超过 280 万平方米，入驻企业近万家，弘桥智谷（泉州）电商产业基地和德化电子商务产业园等 2 个基地（园区）被认定为国家级示范基地。建成全省第一个网商虚拟产业园——泉州市网商（虚拟）产业园，截至目前已经有超过7 000家个人或企业领证（营业执照）并先后成立了 10 个分园区。

二是物流设施方面：泉州拥有多式联运立体化的物流体系，涵盖了航空口岸、海港口岸、国际陆地港、国际快件监管中心、跨境电子商务监管中心、出口加工区等物流渠道。

三是通关平台方面：已建成泉州跨境通公共服务平台。跨境通为电商企业、电商平台、物流企业、支付企业、金融企业、监管场所和各口岸相关部门提供全方位的跨境电子商务公共服务。平台具备6大公共服务功能：政务功能、数据交换、区位展示、信用查询、跨境通关解决方案咨询、平台对接。

5. 政策优势明显

在国家"一带一路"战略规划中，泉州被赋予建设21世纪海上丝绸之路先行区的使命。"一带一路"战略的推进，为泉州企业"走出去"和"引进来"创造了良好的基础和条件，也为泉州发展跨境电子商务带来新机遇。作为国家电子商务示范城市，泉州在政策方面出台了《泉州市电子商务产业发展路线图》（泉政办〔2016〕24号）并配套出台《泉州市电子商务发展三年行动方案（2016~2018）》（泉政办〔2016〕50号）及《泉州市加快电子商务发展若干措施》（泉政办〔2016〕51号），通过部署七大工程任务、三大保障体系，加强引导培育，支持保障泉州电子商务健康快速发展。

配套文件

泉州市人民政府办公室关于印发《泉州市电子商务产业发展路线图》的通知

泉政办〔2016〕24号

各县（市、区）人民政府，泉州开发区、泉州台商投资区管委会，市直有关单位：

《泉州市电子商务产业发展路线图》已经市政府第88次常务会议研究通过，现印发给你们，请认真组织实施。

泉州市人民政府办公室
2016年2月24日

泉州市电子商务产业发展路线图

一、全市电子商务发展基本情况

（一）全市电子商务发展现状

近年来，泉州电子商务整体发展迅猛，传统企业电子商务参与度较高，全市已有超过90%规模以上企业涉足电子商务，并以网络零售领域最为活跃，电子商务与传统制造业融合发展，跨境电商与一般进出口贸易同步推进，农村电商服务体系逐步健全，电商服务支撑体系不断完善，获评国家电子商务示范城市、中国快递示范城市，2014年度电商指数全国排名第18位。根据省统计局统计，2015年，全市电子商务交易总额2 021亿元，比增45.2%，其中，网络零售额287.3亿元，占全市社会消费品零售总额11.97%。石狮市、德化县等7个县（市）入围2014年全国电子商务百佳县，晋江市、南安市、安溪县、德化县等获评2015年度福建省农村电商示范县（市），德化电子商务产业园和弘桥智谷（泉州）电商产业基地入选第二批“国家电子商务示范基地”，福建讯网科技有限公司连续三届被商务部认定为国家电子商务示范企业，一些辅助性的公共服务平台也初现端倪。泉州已成为全国四大电商产业基地之一，也是福建省最大的网络零售聚集区和网货供应地。

（二）电子商务发展趋势

未来电子商务发展主要趋势，是基于制造业优势的跨境电子商务平台建设、垂直性行业电商平台、O2O与“互联网+”平台的建设以及农村电子商务的发展。电子商务将不再以第三方平台零售为主，跨境电子商务以及农村电子商务将成为新增长点，电子商务将紧紧围绕经济结构调整转型发生3个转变，即：由平台建设为主转向综合服务体系建设为主，由企业竞争为主转向产业集聚竞争为主，由电商与传统制造业简单结合为主转向传统电商与传统制造业深度融合发展为主。

（三）我市电商发展存在的主要问题

就微观层面（企业层面）而言，我市电子商务开展方式基本仍以网络零售及服务为主，形式较为单一，而电子商务的竞争更趋于大规模定制下的个性化竞争；就中观层面（产业层面）而言，我市电子商务与传统制造业融合度仍不够、层级仍较低，电子商务产业集聚度也不高；就宏观层面而言，我市缺少对电子商务发展的整体规划和对各行业的整体有效引导，对企业电子商务开展没有进行实质性的评价。

二、我市电子商务发展路线目标

（一）总体目标

力争到2020年，把泉州建设成为交易规模大、集聚程度高、支撑体系强、发展环境好、围绕电子商务综合服务体系建设，具有区域辐射力和国际竞争力的电子商务示范城市。

（二）第一阶段目标（2016~2018年）

电子商务与实体经济深度融合。引导企业、消费者、综合服务提供商等各相关层面，全面深入认知和掌握电子商务。围绕电子商务生态体系建设，形成以市场为导向、平台为核心、电子商务服务为支撑、政策为保障、产业为基础的良好电商生态体系，到2018年，全市电子商务年交易额力争突破3 000亿元，打造一批初具规模、基于我市优势产业资源、在国内有一定影响力的电商平台（园区）和知名电子商务龙头企业，实现网络经济与实体经济深度融合，圆满通过国家级电子商务示范城市验收。

（三）第二阶段目标（2019~2020年）

电子商务产业化发展。加强顶层设计，加大人才培育与财政扶持力度，深化电子商务产业标准化建设，制定符合我市实际的区域性标准，引导企业密切结合我市产业优势和经济特点，构建一个健康、规范的电子商务市场，形成泉州电子商务产业良好生态圈，力争到2020年，电子商务年交易额突破5 000亿元。

三、我市电子商务发展主要任务及实施步骤

（一）打造基于我市产业特色的垂直性电子商务平台

1. 现状及存在问题

泉州已形成以建材家居、纺织鞋服、机械装备、食品饮料、工艺制品等为主的产业集群，产业链发展较为完整，但是目前我市企业主要借助淘宝、天猫、京东、唯品会等第三方平台为主进行单纯的网络销售，网站流量受到极大限制，盈利模式单一，同质化竞争严重。

2. 发展目标及重点

发挥我市传统产业及144家中国驰名商标企业的优势，利用强大的产业集聚能力，引导安踏、特步、匹克、鸿星尔克、富贵鸟、九牧卫浴等知名品牌，搭建龙头产业联盟，整合供应链上游供应商资源，组建行业性B2B电子商务平台，打造一批初具规模、基于我市优势产业资源、在国内有一定影响力的垂直性电商平台，带动整个产业线上线下融合发展。

3. 实施步骤

（1）2016年2月~6月，从我市现有的垂直性电商平台中筛选出部分具有代表性、发展潜力大的平台进行重点扶持，如泉州购、一品嘉供应链、闽品汇供销平台等。（牵头单位：市商务局，配合单位：市经信委、农业局、工商局）

（2）2016年3月~2017年6月，各县（市、区）根据自身产业优势，推动龙头企业组建行业联盟，或利用各县（市、区）现有专业市场资源，整合上下游供应链，共同搭建行业性电商平台。［牵头单位：市商务局，配合单位：各县（市、区）人民政府，泉州开发区、泉州台商投资区管委会］

（3）2017年~2018年，确定我市重点发展的垂直性电商平台，通过加大扶持和宣传力度，吸引行业企业进驻平台交易，扩大平台影响力。（牵头单位：市商务局，配合单位：市经信委、农业局、工商局配合）

（4）2018年~2020年，实时跟进重点平台运营情况，定期考核，打造在国内有影响力的垂直性电商平台，带动产业线上线下融合发展。（牵头单位：市商务局，配合单位：市经信委、农业局、工商局）

4. 主要支撑

（1）传统品牌及网络品牌龙头企业：

安踏、特步、匹克、鸿星尔克、富贵鸟、九牧卫浴、舒华等144家中国驰名商标企业以及家世比、迈途户外运动、唐丰陶瓷等一批网络品牌企业，争取引进抠抠网、谷歌、阿里巴巴、京东、亚马逊等国内外电商龙头企业落地我市。

（2）重点电商平台：

泉州购、环球鞋网、一品嘉鞋服行业柔性供应链平台、闽品汇供销平台、拍鞋网电子商务开放平台、安溪茶多网等。

（3）在建项目载体（详见附件1）：

泉州购、鲤城家世比家居电商平台、丰泽中国鞋服产业互联网公共服务平台、一品嘉鞋服行业柔性供应链云平台、德化中国陶瓷在线交易平台等。

（二）传统专业市场电商升级工程

1. 现状及存在问题

泉州形成了晋江鞋都、石狮纺织服装城、安溪茶都、德化陶瓷城、南安水暖

城、建材市场等一批专业市场，但专业市场面临品牌性差、信息化水平低、软性服务配套不完善、辐射能力弱、市场不规范等问题。同时，没有清楚认识到电子商务对于专业市场升级转型的作用，对开展电子商务还停留在网络销售、产品招商等低级应用阶段。

2. 发展目标及重点

利用现有专业市场资源，搭建基于“共建、共享、共赢”的大型专业批发市场电子商务交易平台，形成线上线下相结合的产业集聚，完成专业市场品牌塑造。

3. 实施步骤

（1）2016年2月~6月，深入各大专业市场调研，由各县（市、区）推荐，筛选出一批有意向O2O转型的专业市场。[牵头单位：市商务局，配合单位：各县（市、区）人民政府，泉州开发区、泉州台商投资区管委会]

（2）2016年6月~2017年12月，各县（市、区）商务主管部门“一对一”联系辖区专业市场，充分利用商会协会、电商专家等资源，共同推动专业市场交易性平台搭建。[牵头单位：市商务局，配合单位：各县（市、区）人民政府，泉州开发区、泉州台商投资区管委会]

（3）2018年1月~12月，平台建设主体不断优化平台配套建设，专业市场线上线下结合发展初步成型。

（4）2019年~2020年，加大对平台的扶持和宣传力度，不断扩大平台影响力，壮大平台规模，带动相关产业进驻平台共同发展。[牵头单位：市商务局，配合单位：市经信委、农业局、工商局，各县（市、区）人民政府，泉州开发区、泉州台商投资区管委会]

4. 主要支撑

（1）传统专业市场：中国鞋都、晋江国际鞋纺城、石狮纺织服装城、安溪茶业批发市场、德化陶瓷城、南安水暖城、建材市场、惠安石雕等。

（2）在建项目载体（详见附件1）：中国鞋都电商创业园、鲤城闽品汇B2B供销平台、互联网+现代智能家居产业园、福建尚云亿家居工程等。

（三）电子商务园区类工程

1. 现状及存在问题

自2012年以来，泉州已建成或在建泉州网商（虚拟）产业园及各县（市、区）分园区、弘桥智谷（泉州）电商产业基地、德化电子商务产业园、丰泽领SHOW天地电子商务基地等28个电子商务园区（基地），园区总面积超过280万平方米，入驻企业约2 900家。弘桥智谷（泉州）电商产业基地和德化电子商务产业园等2个基地（园区）被认定为国家级示范基地，但目前园区考核指标单一、运营模式相近，同质化竞争严重。

2. 发展目标及重点

一是加快建设泉州网商（虚拟）产业园及各县（市、区）分园区。重点建设“泉州购”、“泉商汇”、“泉智汇”和“泉州仓”四大平台，打造真正具有交易、结算、DRP管理功能和金融、信用、物流、客服等衍生服务的网商、网批大平台，推动传统产业与电子商务有机融合。各县（市、区）根据我市网商（虚拟）产业园整体规划布局以及当地行业特点和实际情况组织建设与主园区平台互联互通的特色产业分园区。二是立足各县（市、区）优势产业特色，统筹规划全市电商园区。正确定位，避免园区之间同质化竞争，在错位发展的同时，寻求园区之间协作共赢；建立新的评估考核标准，鼓励各个园区创新运营模式，提高创业型企业的孵化率，促进园区与入驻企业共同发展。

3. 实施步骤

（1）网商（虚拟）产业园建设路径：加强虚拟产业园及分园区建设→集群注册→泉州购切入→“四位一体”平台。至2016年6月，主园区建设初步成型；至2016年12月，各县（市、区）出台组建本地网商虚拟产业园的政策意见，建设与主园区平台互联互通的特色产业分园区；“泉州购”、“泉商汇”、“泉智汇”和“泉州仓”四大平台全面建成；至2018年12月，园区入驻企业达到10 000家；“泉州购”平台企业注册用户达到10 000家，交易额达到10亿元；“泉智汇”平台企业注册用户达到5 000家；“泉州仓”平台货物集散额达20亿元；合作服务商达到500家。［牵头单位：市工商局，配合单位：市经信委、商务局，各县（市、区）人民政府，泉州开发区、泉州台商投资区管委会］

（2）2016年2月~6月，各县（市、区）商务部门对本地电商园区全面摸底，推荐1~2个与本地优势产业结合比较紧密、配套较为完善的园区作为市级重点发展的园区。［牵头单位：市商务局，配合单位：各县（市、区）人民政府，泉州开发区、泉州台商投资区管委会］

（3）2016年6月~12月，推动各个重点园区完成“一站式”管理平台的搭建。［牵头单位：市商务局，配合单位：各县（市、区）人民政府，泉州开发区、泉州台商投资区管委会］

（4）2017年1月~12月，各个重点园区根据自身定位，配套优惠政策条件，吸引更多符合园区发展条件的商家入驻。

（5）2018年~2020年，扩大园区影响力和宣传力度，选出一批电子商务示范园区，带动周边产业发展。［牵头单位：市商务局，配合单位：各县（市、区）人民政府，泉州开发区、泉州台商投资区管委会］

4. 主要支撑

（1）各大电子商务产业园区（详见附件2）：泉州市网商（虚拟）产业园及各县（市、区）分园区；弘桥智谷（泉州）电商产业基地、德化电子商务产业园等2个国家级示范基地（园区）；丰泽领show天地电子商务基地、石狮海西电商园等5个省级示范园区（基地）以及中国鞋都电子商务中心等园区。

（2）在建项目载体（详见附件1）：弘桥智谷（泉州）电商产业基地、丰泽华大电商产业园区、晋江洪山文创园电子商务专区、晋江婴童产业文创园、永春电商产业园、泉州市电子商务企业总部基地、南安北部电商创业园等。

（四）跨境电子商务工程

1. 现状及存在问题

近年来，依托我市制造业发达、外贸货源充足的优势，通过完善跨境电子商务园区、物流设施、通关平台等综合配套体系建设，泉州出口加工区、晋江陆地港两处跨境电商通关服务试点单位建设取得阶段性进展，跨境电商综合服务配套体系不断完善。2015年4月，晋江陆地港正式运营我市跨境电商出口第一票（9610），截至2015年12月已完成跨境电商零售出口

95万美元，居全省各试点首位。但泉州跨境电子商务通关平台建设滞后，与福州、厦门自贸区兼容性不够，通关便利化水平不高，泉州工贸企业依托跨境电商寻求新的通路的意识不强，产业集群与跨境电商尚未能形成合力，龙头型跨境电商企业尚待培育。

2. 发展目标及重点

结合21世纪“海上丝绸之路”先行区建设，主动复制、延伸福建自贸区政策，紧抓泉州出口加工区获批综合保税区的机遇，以产业走出去开拓国际市场为动力，加快通关电子平台建设，着力在跨境电子商务贸易市场培育、渠道、物流、通路等环节进行监管模式创新和业务创新，引导、帮助更多的企业在通关便利化条件下开展跨境电商进出口业务，争创中国（泉州）跨境电商综合试验区。

3. 实施步骤

（1）2016年~2017年，鼓励纺织鞋服等传统制造业、传统外贸企业、跨境电商企业以扩大出口为主攻方向，统筹发展B2B/B2B2C/B2C多模式相结合的产业集群+跨境电商模式。对以行邮、包裹等方式开展的跨境电子商务，积极创造条件，解决其支付、结汇、仓储和售后服务等问题。在培育壮大跨境电商龙头企业的同时，积极引导和鼓励有条件的企业在泉州综合保税区或晋江陆地港等跨境电商通关服务试点单位通过正常关检等环节开展业务，做大我市跨境电商进出口规模。［牵头单位：市商务局、口岸办，配合单位：人民银行泉州市中心支行、国税局、泉州海关、泉州出入境检验检疫局，各县（市、区）人民政府，泉州开发区、泉州台商投资区管委会］

（2）2016年~2018年，支持有条件的企业在海关特殊监管区域设立保税仓或建设境外服务网点（海外仓），增加产品竞争力。（牵头单位：市商务局，配合单位：人民银行泉州市中心支行、国税局、泉州海关、泉州出入境检验检疫局）

（3）2016年2月~12月，推进泉州综合保税区、晋江陆地港建设跨境电商园区，吸引各类跨境电商企业进驻，带动跨境电商集聚发展。（牵头单位：市商务局，配合单位：晋江市人民政府、泉州开发区管委会、泉州出口加工区管委会）

（4）2016年~2017年，建设集跨境交易谈判以及整合商家、物流、支付、结算信息等功能为一体的跨境电商公共服务平台，打造我市跨境贸易的重要载体。（牵头单位：市商务局，配合单位：人民银行泉州市中心支行、国税局、泉州海关、泉州出入境检验检疫局）

（5）2016年~2018年，争创中国（泉州）跨境电商综合试验区。［牵头单位：市商务局，配合单位：人民银行泉州市中心支行、国税局、泉州海关、泉州出入境检验检疫局，各县（市、区）人民政府，泉州开发区、泉州台商投资区管委会］

4. 主要支撑

（1）跨境电商龙头企业：中兴海丝路、家世比家具、新时颖服饰等；引进抠抠网、闽侨网以及谷歌、亚马逊等国外知名跨境电商企业落地。

（2）跨境电商通关服务试点：泉州综合保税区、晋江国际陆地港。

（3）支撑项目载体（详见附件1）：福建泉州跨境电商综合服务平台（陆地港）、泉州综合保税区电子商务产业园、中兴外贸电商项目等。

（五）“互联网+”应用工程

1. 现状及存在问题

近年来，对“互联网+”的大力宣传和思维培育，我市传统企业纷纷在O2O领域布局，开展“互联网+传统产业”的应用。但企业的“互联网+”思维大部分仍停留在简单的“互联网+传统产业”或者单纯的电子商务模式上。

2. 发展目标及重点

立足产业特性及优势，引导企业主动适应互联网环境发展新业态，推动生活服务类电商、移动电子商务等的发展和应用；把“提升产品附加值，形成新的竞争力”作为“互联网+”应用的基本原则，逐步拓展“互联网+”的应用层次，从简单的“产品+产品”“产品+服务”向“产品+文化”“产品+规则”“产品+信仰”发展。

3. 实施步骤

（1）2016年2月~6月，引导企业根据产品特性、用户人群等特点对商业模式、企业文化进行个性化研究。（牵头单位：市商务局，配合单位：市经信委、农业局、文广新局）

（2）2016年6月~2017年6月，筛选一批“互联网+”应用比较成功的企业进行示范推广。（牵头单位：市商务局，配合单位：市经信委、农业局）

（3）2017年6月~2020年，全面推进传统企业借助互联网实现个性化发展，提高竞争力。开拓电子商务在旅游业、文化创意、社区服务业等领域的应用。（牵头单位：市商务局，配合单位：市经信委、农业局、文广新局、旅游局）

4. 主要支撑

（1）“O2O与互联网+”运用平台：巢超社区O2O、服务堡电商售后服务O2O平台等。

（2）拟建项目：滨江“互联网+产业园”（详见附件1）

（六）农村电子商务工程

1. 现状及存在问题

农村电子商务配套体系不断建立健全，晋江市、南安市、安溪县和德化县等4个县（市）获评2015年省级农村电商示范县（市），石狮市、德化县等7个县（市）入围2014年全国电子商务百佳县，全市47个村被阿里研究院认定为“中国淘宝村”，占全省66.2%，淘宝村数量位居全国地级市第三；5个乡（镇）被认定为“淘宝镇”，占全省71%，晋江市成为福建省唯一上榜的“全国十大淘宝村集群”，排名第三。但总体上我市农村电子商务发展仍处于起步阶段，还存在现有的农村电商平台尚未形成规模，优质农特产品品牌化程度较低、农村电商从业人员较为分散，专业性不足，竞争力较弱，物流配送等基础设施滞后等问题。

2. 发展目标及重点

加快建设农村电子商务公共服务体系，培育本地化的农村电子商务平台，引导经营主体拓展网上市场，提高农村电子商务应用水平。

3. 实施步骤

（1）2016年~2018年，不断壮大农村电商市场主体，引导农业龙头企业、农民专业合作社、家庭农场、专业大户、副食品基地和农业经纪人等开展网上销售业务。（牵头单位：市农业局，配合单位：

市经信委、商务局、海洋渔业局）

（2）2016年~2017年，大力培育本地化农村电子商务平台，加大对我市闽品汇B2B供销平台、泉州邮政优惠购邮掌柜、弘桥智谷“好货社”、1 248平台、德化憨鼠O2O众创平台、泉港“58食品网”、“服务堡”安装售后服务O2O平台等的推广应用。（牵头单位：市农业局，配合单位：市商务局）

（3）2016年2月~2018年，实施快递下乡工程，鼓励设立快递企业分支机构或利用超市、小卖部从事快递代投业务，争取2018年在全市80%乡镇建立3 000个农村电子商务便民服务站点，解决农村电商最后一公里问题。（牵头单位：市邮政管理局，配合单位：市经信委、商务局、农业局）

（4）2016年~2018年，通过加强商贸、物流、邮政、供销等各种优势资源整合，不断提升我市淘宝村、淘宝镇竞争力，每年评选一批示范村镇，带动农村电商集聚发展。（牵头单位：市商务局，配合单位：经信委、农业局、供销社、邮政管理局）

4. 主要支撑

（1）农村电商龙头企业：安溪祺彤香、世纪之村、泉州市优众联电子商务有限公司等，引进福建未名集团等行业龙头企业。

（2）农村电商平台（园区）：弘桥智谷“好货社”、泉州邮政优惠购邮掌柜、供销社O2O电子商务综合服务平台、58食品网、闽南花木网、1 248平台等。

（3）5个淘宝镇、47个淘宝村（详见附件3）。

（4）在建支撑项目载体（详见附件1）：闽台特产城电商基地项目、憨鼠O2O众创平台项目等。

（七）电商服务类工程

1. 现状及存在问题

电子商务服务业主要包括电子商务平台开发、物流、金融支付、教育培训、代运营、分销应用、广告设计、网络推广等。我市现阶段电商服务业与行业需求不匹配，缺少交互设计、网站安全、产品设计、用户体验、数据挖掘等方面的个性化技术服务，总体呈现“散、小、弱、泛”。

2. 发展目标及重点

根据前述6项工程及其龙头企业发展情况，积极推进第四方物流服务平台建设，搭建本地支付结算平台，不断提升电商服务类企业技术服务水平，重点推进、逐项突破、稳步完善，发挥电商服务类工程协同促进效应，实现我市电子商务全面提升。

3. 主要支撑

（1）物流类：菜鸟物流、安通物流、快通物流、庄佳物流、天地汇等。

（2）支付结算平台：泉州华唐国信电子商务有限公司旗下B2B3.0数字交易平台、掌财通支付等。

（3）技术服务类：福建海丝路科技有限公司、福建省巨爵网络科技有限公司、泉州软件园、南威软件、至尊宝网络科技等。

4. 在建支撑项目载体（详见附件1）

品尚征信平台、电子商务交易技术国家工程实验室项目等。

四、保障措施

（一）建立完善服务促进体系

1. 加强财政资金扶持

以我市产业经济和电子商务发展现状为基础，2016 年初出台符合我市实际的电子商务发展三年行动规划（2016~2018）及新一轮电子商务扶持政策。重点支持产业转型升级的重大工程、重大项目、重点环节。完善专项资金管理和资金绩效评价，提高财政资金使用效益。（牵头单位：市商务局，配合单位：市财政局）

2. 发挥行业机构引导作用

发挥我市电子商务工作领导小组以及现有 10 个电子商务协会、教育科研机构等非盈利性主体对于电商行业的引导作用，不断完善充实电子商务专家库，加快成立跨境电子商务协会，为企业提供信用、检测、人才、科研、信息、政策引导支持、智力保障等服务，及时解决电子商务企业遇到的问题和困难。（牵头单位：市商务局）

（二）建立完善区域性标准体系

积极推动电子商务领域标准化建设，加快制定电子商务标准及应用评估细则，规范电子商务企业行为，引导行业有序、健康发展。

1. 统计监测体系

研究制定电子商务统计指标相关标准，加快建立健全统一高效的商贸流通业统计体系和电子商务统计体系。（牵头单位：市统计局、商务局，配合单位：市经信委、农业局）

2. 项目建设评估体系

制定科学合理的电子商务工程项目建设标准，尤其是电子商务园区建设标准和评估标准等，以便指导我市电子商务工程项目的建设。（牵头单位：市商务局）

3. 征信体系

探索建立包括产品原产地认证与质量检测、企业信用认证与企业资质认证、电子商务交易诚信档案等信用体系。建立网络经营者身份标识制度，便于市场主体确认和责任追查，进一步净化网络社会环境；建立电子商务网站可信认证服务制度，推广应用网站可信标识，推进电子商务可信交易环境建设，保护网络购物消费者合法权益。重点支持品尚征信平台等的建设。（牵头单位：市工商局，配合单位：市经信委、商务局、农业局、统计局）

（三）完善电子商务人才培训体系

多渠道加大电子商务培训力度，加大对电子商务的正确指导，引导企业界弱化对第三方平台的依赖，传递电子商务工具化使用的理念。

1. 联合各科研机构（高校）、行业协会等建立电子商务应用研究平台，为电商发展提供决策咨询等专业指导。建立“官产学研用”相结合的运作机制，将企业项目与学术研究相对接，实现优势互补。推进电商人才继续教育基地、实训基地和网络培训基地建设，重点支持电子商务交易技术国家工程师实验室鞋服供应链管理研究中心项目建设。（牵头单位：市商务局，配合单位：市经信委、教育局、人社局、农业局）

2. 充分发挥行业协会、教育和科研机构等非盈利性主体的作用，借助阿里巴巴、亚马逊、谷歌等大平台的人才优势，加大对机关电子商务管理人员、企业电子商务从业人员培训，全面开展电子商务培训和国家电子商务师职业技能鉴定，建立泉州电子商务人才库，形成多层次的电子商务人才梯队。（牵头单位：市人社局、商务局，责任单位：市经信委、教育局、农业局）

附件 1　产业路线图在建支撑项目表

附件 2　各县（市、区）重点电商（跨境电商）园区情况一览表

附件 3　泉州市淘宝镇（村）情况

附件 1

产业路线图在建支撑项目表

序号	项目名称	主抓的县（市、区）	建设内容	建设时间节点	目前进展情况	总投资（万元）	筹建单位
基于传统产业的垂直性电商平台							
1	泉州购平台	丰泽区	建设涵盖泉州各种产业集群的网络批发平台，包括鞋服、茶叶、陶瓷等	2015 年 ~ 2017 年	项目调研、可行性分析已完成	2 000	泉州市网商虚拟产业园运营管理有限公司
2	家世比家居用品电子商务垂直平台	鲤城区	1. 整合家居供应链。一是将原材料的交易搬到线上，各大布衣柜工厂可以通过家居平台进行线上交易；二是将线下分销商搬到线上交易，节约中间成本；三是将跟家居相关的产业导入到平台进行交易。2. 实现个性化订制。根据客户需求为其量身定制家居产品。3. 打造 O2O 家居体验馆。整合家居领域的优质供应商，以填充式家居为龙头，创新家庭生活消费 O2O 综合服务平台，选择家庭为切入口，做家居全品类 O2O，为家庭用户提供一站式 O2O 家居生活服务	2015 年 ~ 2018 年	垂直平台建设：完成平台架构和基本功能建设，引入家世比第三方客户流量 300 万人次，目前已有十几家动漫产品供应商入驻平台	12 180	泉州家世比家具有限公司

续1

序号	项目名称	主抓的县（市、区）	建设内容	建设时间节点	目前进展情况	总投资（万元）	筹建单位
3	中国鞋服产业互联网公共服务平台	丰泽区	从鞋服产业链上游的供应链建设着手，立足于以鞋服产业链与产业簇群，搭建鞋服行业产业链互联网服务平台，提供：1套现代化鞋服供应链系统，1个鞋服电子商务分销平台，1套电子商务零售系统。通过本平台，整合中国鞋业四大一小5个制造基地，经过3~5年运作，在创业板上市	2014年~2017年	系统搭建	1 500	福建省讯网网络科技有限公司
4	一品嘉鞋服行业柔性供应链云平台	丰泽区	一品嘉鞋服行业柔性供应链云平台是企业与供应商（加工厂，原料商）的信息桥梁，为企业采购业务提供一个与供应商进行协同工作的采购业务平台。通过这个平台，鞋服箱包行业上下游企业可以发布采购信息、进行价格磋商、跟踪订单生产进度及发货、评估供方绩效、分析采购策略、获取合作伙伴	2014年~2016年	平台产品成型，已经投入试用中，客户反馈良好	500	福建一品嘉供应链管理有限公司
5	晋江购平台	晋江市	1. 打造“中国质造”晋江产业带。2. 苏宁晋江馆：在苏宁开放平台上建设晋江产业带，聚集晋江商品，抱团拓展网上营销。3. 京东晋江馆：通过网络渠道推广晋江名优产品，提高晋江特产的知名度，培育晋江品牌	2015年~2018年	1. “中国质造”晋江产业带20家左右母婴类商家入驻。2. 苏宁晋江馆：进入审核阶段，正在装修店面，20几家食品企业入驻。3. 京东晋江馆：20几家食品企业入驻	5 000	泉州市嘉利儿童用品有限公司
6	冠达星云商在线交易平台	晋江市	冠达星云商平台是传统批发模式与互联网相结合的一种创新型电子商务交易平台，包括冠达星在线交易平台、智能物流平台、大数据分析功能	2015年~2016年	目前已完成在线交易平台的建设，已初步实现公司产品的在线交易及线下物流配送	5 000	冠达星股份有限公司

续2

序号	项目名称	主抓的县(市、区)	建设内容	建设时间节点	目前进展情况	总投资(万元)	筹建单位
7	艺啦啦雕艺商城电商平台	惠安县	1. 打造第一个专业的雕艺品电商整合平台。通过研究开发属于惠安雕艺品自己的网络平台，吸引线下雕艺产品生产商入驻平台，享受商城、支付、分销、统计等完整强大的服务。同时发展分销商，为其提供装修店铺、管理店铺、客户管理、订单管理、精准数据分析等服务，分销商一键开店，轻松创业。2. 打造第一个雕艺品行业智能云系统。3. 打造中国第一个雕艺品经纪人一二手联动 APP。4. 打造第一个雕艺品行业全网直投系统	2015 年～2020 年	艺啦啦雕艺商城垂直平台完成模块和功能建设，目前已有 6 家雕艺供应商入驻平台，进行网上展示、推广和销售	33 000	福建千禧代科技有限公司
8	中国陶瓷在线交易平台	德化县	中国陶瓷在线交易平台、陶瓷企业信用平台、陶瓷企业门户网站、陶瓷企业融资平台	2015 年～2016 年	已找好各合作方、且已做好前期调研、实地考察工作	12 000	中陶在线（德化）信息技术有限公司(筹建)
传统专业市场电商升级工程							
1	中国鞋都电商创业园	晋江市	园区占地面积 100 000 平方米，已建成 A 栋电商综合大楼，建筑面积 42 000平方米，聚集了行业上下游企业 400 多家。2014 年底，已启动 B 栋配套建设，拟建，10 层建设面积 4 万多平方米，包括网商公寓区、仓配中心区、代运营区、第三方平台区、跨境电商区等建设	2012 年～2016 年	2013 年，已建成 A 栋电商综合大楼，建筑面积42 000平方米，聚集了企业 400 多家。2014 年底，已启动 B 栋配套建设，拟建 10 层建设面积 4 万多平方米，包括网商公寓区、仓配中心区、代运营区、第三方平台区、跨境电商区等建设。预计 2016 年初竣工投入使用	50 000	福建省晋江市电商发展有限公司

续3

序号	项目名称	主抓的县（市、区）	建设内容	建设时间节点	目前进展情况	总投资（万元）	筹建单位
2	闽品汇B2B供销平台（www.minpinhui.com）	鲤城区	1. 一键铺货系统：平台后台商家系统与各大主流电子商务平台对接实现订单数据同步抓取、产品一件代发、数据包在线下载、主图细节图一键铺入铺出。2. 门店O2O系统：闽品汇+体验店+淘宝+天猫开创全国首例“一品牌”“一天猫”“多门店”的创新模式。3. 聚分销0成本创业系统：联合支付宝开发代销分账工具，分销商不需要为消费者的订单向供应商垫付货款的一种支付方式。4. 全渠道招募系统：帮助商家打通基于大淘宝的B2B2C商品、渠道关系、交易、结算及仓储物流的渠道和供应链管理工具	2015年	截止2015年9月份，已经完成一键铺货系统、门店O2O系统、聚分销0成本创业系统。2015年年底，完成全渠道招募系统开发建设	1 000	
3	互联网+现代智能家居产业园	丰泽区	集智能家居研发、生产、工厂展示、网络营销平台、线下体验店、互联网金融、云端服务、智能物流仓储配送与服务为一体的大型综合性家居产业园区及创新型公共服务平台。园区规划总占地面积80多亩，拟分二期建设	2015年~2016年	旧厂房改造装修进行中，前期商业计划、规划、招商进行中	12 000	泉州现代家具企业有限公司
4	福建省尚云亿家居家工程有限公司	丰泽区	【线下】首期总投资8 000万，5 000万用于线下打造全国首家超大型居家生活实景综合体验馆工厂殿，占地20 000平方米。 【线上】3 000万首创数码科技O2O电子商务“整装”服务模式，以“O2O”思维创新“四维空间”技术4D-HOME数码化信息化云数据系统	2014年~2015年	于2015年5月1日正式开业，打通线上线下，联袂营销，3.15、5.1、6.1、7.7、8.1五大节点引流10 000余人次，成交200余户，合同产值近8 000万；与地产开发商，如：东海地产、世贸地产、聚龙小镇，泰国地产等项目等达成战略合作，市值超2亿元	10 000	

续4

序号	项目名称	主抓的县（市、区）	建设内容	建设时间节点	目前进展情况	总投资（万元）	筹建单位
电子商务园区类工程							
1	泉州市网商（虚拟）产业园	丰泽区	泉州市网商（虚拟）产业园建设规划要旨：集群注册，虚实结合；八项服务，构建生态；四大平台，汇聚流量；一园多区，形成合力，打造真正具有交易、结算、DRP管理功能和金融、信用、物流、客服等衍生服务的网商、网批大平台	2016年~2018年	截至2016年1月12日，入驻经济主体1 739家。各项服务逐步开展，泉州开发区、石狮市、南安市、安溪县、德化县分园区运营公司相继成立，其他各县（市、区）分园区积极筹建中	1 000	泉州市网商虚拟产业园运营管理有限公司
2	弘桥智谷（泉州）电商产业基地	安溪县	项目位于福建省安溪官桥仁峰开发区，立足于厦漳泉地区，带动区域传统企业转型电商，为传统企业转型和大众创业者提供人才、产品、金融、物流配套支持。项目共分为二期建设，其中一期规划建设厂房43栋工业厂房，建筑面积229 280.9平方米；二期规划建设厂房2栋，建设面积16 507.36平方米。主要用于建设电子商务运营中心、电商实体展示区、工业标准厂房、仓储物流及相关配套设施等，构筑集人才培训、文创设计、电商运营、仓储物流、产品分销、金融扶持为一体的服务体系，规划建设农村电商服务站及农村线下O2O商城，促进城乡商贸流通	2014年~2019年	现基地一期工程已建成面积约9多万平方米，电商仓储约5万平方米，电商办公运营约3万平方米，园区其他配套及员工公寓约1.1万平方米，完成总投资约4亿	75 000	福建省弘桥智谷投资有限公司

续5

序号	项目名称	主抓的县（市、区）	建设内容	建设时间节点	目前进展情况	总投资（万元）	筹建单位
3	丰泽华大电商产业园区	丰泽区	用地改造面积约 273 335 平方米，建筑改造面积 36 万平方米。整合树脂工艺礼品、箱包、鞋服、对讲机安防产品等传统产业带，将原南埔工业区、城东工业区经改造升级为集电商办公、研发、培训、商展、大学生创业、休闲配套为一体全产业链电子商务产业园区	2015 年~2020 年	（一期）A，B，D，E 共 4 幢楼及 1 个街区的改造建设。A 楼正在装修中，B 楼已投入使用及企业入驻办公，D、E 楼和 1 个街区正进行园区规划、建筑外观改造和小品设计。目前已有 30 多家企业入驻	63 200	泉州盈瑞富联电子商务有限公司
4	洪山文创园	晋江市	规划洪山路两侧约 10 万平方米的办公用房，以园区彬晖、壹佰、奇峰等改造企业为载体，引入第三方运营商，重点集聚电商龙头企业、传统品牌企业电商运营总部、知名电商平台商、电商服务商入驻，形成电商生态链闭环，打造电子商务的展示中心、集聚中心和公共服务平台	2015 年~2017 年	首期规划面积 4 万平方，彬晖、壹佰电商园已基本完成改造。目前运营商处于遴选阶段，部分电商企业已达成入驻意向	10 000	洪山文化创意产业园
5	晋江婴童产业文创园	晋江市	晋江婴童产业文创园位于晋江经济开发区五里园，通过对现有的 6.8 万平方米的厂房进行改造，将建成集快乐年华儿童体验乐园、婴童品牌展示中心、电商集成中心、研发创意设计中心、人才孵化基地、青年创业中心、仓储物流中心等为一体的婴童用品文创产业园	2014 年~2017 年	现基础建设已完工，正对园区进行推介与招商，下一步的重点是对园区业态进行项目落实	50 000	晋江婴童产业文创园有限公司

续6

序号	项目名称	主抓的县（市、区）	建设内容	建设时间节点	目前进展情况	总投资（万元）	筹建单位
6	永春县电商产业园区	永春县	电商产业园区，项目一期总建筑面积16 353平方米，项目二期建筑面积43 790平方米	2015年~2020年	项目于2015年11月7日启动运营，已进驻电商企业24家，电商服务企业2家，物流企业1家，园区物流发货总单量22.3万单，日均发货量3 484.16单，累计销售额2 636.26万元。创造性的推行全区域全品类集群O2O模式永春特色馆，累计销售额达62.69万元。电商学院已开展基础班培训11班次，培训学员793人，提高班3班次，共86人	10 000	永春县人民政府
7	泉州市电子商务企业总部基地	鲤城区	占地44 333平方米，建筑面积12万平方米，规划有电商总部大楼、跨境电商大楼、电商创客空间等6楼栋写字楼，并为入驻电商提供包括人才培训、金融服务、货源供应、天使投资、物流仓储等一站电商配套服务	2013年~2018年	项目自2013年正式启动以来，目前首期6万平方米共1、2、3、5号楼已经顺利完成封顶，其中3号楼招商体验中心已经顺利交付使用，二期6、7、8、9号已经进行桩基础施工。同时招商工作也顺利进行，目前已经签约入驻电商105家企业，主要有环球鞋网、淘鞋网、吉祥鸟女鞋、巨爵电商等	100 000	泉州市网商创业园区有限公司

续7

序号	项目名称	主抓的县（市、区）	建设内容	建设时间节点	目前进展情况	总投资（万元）	筹建单位
8	南安电子商务产业园	南安市	用地面积10万平方米，办公面积10万平方米的办公场所，仓储面积20万平方米的物流仓储场所，配套必要的商业区、生活区等工作环境	2015年~2017年	首期3万平方米办公场地已建设完毕	30 000	泉州市三星消防设备有限公司
9	南安北部电商创业园	南安市	配套办公、培训、公寓、创业空间、娱乐休闲，3万平方米	2014年~2016年	一期完成建设改造1万平方米	3 000	南安北部电商创业园有限公司
跨境电子商务工程							
1	福建泉州跨境电商综合服务平台	晋江市	由“线上平台+线下园区”两部分组成。1. 建设跨境电商信息化公共服务平台和通关平台，实现与海关国检税务外管等部门联网监管。2. 建设21 000平方米的跨境电商创业孵化基地和16 000平方信息化仓库，打造跨境电商青年创业热土。3. 建设18 000平方跨境电商通关监管区，配备自动化分拣设备，实现跨境电商货物快速通关。4. 建设20 000平方米进口商品展示交易平台，配套10 000平方保税仓库，实现“前店后仓”的进口跨境电商保税展示交易模式。5. 建设10 000平方米多温层信息化冷库，开展生鲜冷链进口跨境电商业务	2014年~2016年	已完成：1. 建设跨境电商信息化公共服务平台和通关平台，实现与海关国检税务外管等部门联网监管。2. 建设21 000平方米的跨境电商创业孵化基地和8 000平方信息化仓库，打造跨境电商青年创业热土。3. 建设18 000平方跨境电商通关监管区，配备自动化分拣设备，实现跨境电商货物快速通关	10 000	福建陆地港集团有限责任公司
2	泉州综合保税区电子商务产业园	泉州综合保税区	利用海关特殊监管区政策功能优势，建设公共信息服务平台、电商企业运营中心、保税商品展示交易中心、国际邮包分拣中心等产业集聚园区	2015年~2017年	公共信息服务平台、保税商品展示交易中心正在筹建中，泉州邮政国际邮包分拣中心已入驻并正式运营，快易通、秀驿物流等一批电子商务运营企业准备进驻	10 000	泉州综合保税区投资管理有限责任公司

续8

序号	项目名称	主抓的县（市、区）	建设内容	建设时间节点	目前进展情况	总投资（万元）	筹建单位
3	中兴外贸电商项目	丰泽区	开展外贸综合服务业务，建设包括海外仓、外贸电商 B2B、供应链电商 B2B 及外贸综合服务平台	2013 年～2018 年	1. 2015 年，继续完善、优化进出口跨境电商平台，进口平台分别与福州跨境公共服务平台及平潭跨境公共服务平台实现对接。2. 开展外贸电商综合服务业务，2015 年完成交易额近 4 亿元人民币。3. 对外承接跨境电商平台建设项目，新疆伊宁跨境电商平台、中交集团跨境服务平台、中兴采购平台等项目建设正在进行中	100 000	福建海丝路科技有限公司
4	闽侨网跨境 O2O 服务平台	鲤城区	1. 搭建跨境 O2O 电子商务平台闽侨网，为国内供应商与海外需求商搭建一个集信息流、资金流和物流为一体的交易服务平台，实现商品在线展示、供需双方在线互动与交易服务等功能。2. 在纽约曼哈顿商业中心建立线下体验点闽侨（纽约）文化经贸中心，目前近 400 平方米，主要用于产品的线下展示宣传、体验、洽谈及文化交流推广等。3. 建立海外物流中心，目前面积达5 000平方米，主要用于节省单品报检通关和跨境运输的时间，保证配送服务响应速度，提高到货速度，提高竞争力	2015 年～2018 年	目前初步选址落地鲤城。“闽侨网”已全面完成了电商平台的开发建设，并进行了为期半年的试运营，对平台系统的功能和性能进行了全方位的测试及优化，入驻商品数量已经达到1 000个 SKU	5 000	福建海融网络科技有限公司

续9

序号	项目名称	主抓的县（市、区）	建设内容	建设时间节点	目前进展情况	总投资（万元）	筹建单位
O2O与“互联网+”应用工程							
1	巢超社区O2O	丰泽区	巢超社区O2O是互联网经济加实体经济的连锁社区O2O项目，从自建线下体验服务便利店，到自主研发的线上全渠道微平台和APP的电子商务平台，通过自建的最后1公里物流配送团队完成社区O2O的线上下融合，通过自建的线下消费场景，整合社区商圈资源，以点带面，2年覆盖大泉州区域，深度服务三四线城市社区居民。巢超电子商务平台平台集体电子商务平台、社交功能、微分销、C2B团购等	2015年~2016年	2015年9月27日，首家旗舰店刺桐店试营业，巢超O2O电商平台第一阶段功能交易、订单、配送完成，微平台、APP同步上线试运营。2015年，社区小便利店样板店已开工并对外开放	3 000	福建省巢超信息技术有限公司
2	服务堡电商第三方售后服务平台系统	丰泽区	平台用独创的互联网+安装售后服务模式，为消费者、网店、厂商客户提供一站打包式服务，整体解决网销商品的到户、安装、维修及养护服务问题，消除网购多方的痛点，开创国内家居电商产品售后服务专业化、规模化、O2O信息化管理	2015年~2016年	目前项目二期已经按计划进行	350	
3	海西时尚梦工厂	鲤城区	通过建设“六平台（6个纺织服装智慧制造生态支持平台），三基地（2025绿色智慧制造示范基地、设计师创业孵化基地、产业公共技术服务基地），一基金（纺织服装产业创新基金）”，实践和验证互联网时代，信息技术、时尚创意设计与纺织服装产业深度融合后产生的新业态、新模式	2015年~2018年	已建成智能制造展厅，正在完善设计师平台、O2O电子商务平台与产能协同平台	22 500	泉州海天材料科技股份有限公司
农村电子商务工程							
1	闽台特产城电商基地	洛江区	闽台特产及农产品线上体验线下销售。10 000平方米的办公区和5 000平方米的仓储	2015年~2016年	组建运营团队和办公区规划设计中	800	

续10

序号	项目名称	主抓的县(市、区)	建设内容	建设时间节点	目前进展情况	总投资(万元)	筹建单位
2	憨鼠O2O众创平台	德化县	立足县域实际和产业特色，建设"O2O网上生活超市、分销众创、产业O2O众创馆"三大子平台，构建全产业链电商平台和县域众创服务平台，吸引众创者加盟入驻，县内销售日常生活用品，县外众创销售德化陶瓷、农特产品以及闽台等地方特产	2015年~2016年	已经投入600多万元，基本建成平台。本平台最终能为5 000名创业者服务，平台年销售额达2亿元以上。预计2016年底把模式复制到20个以上县（市、区）	3 000	泉州憨鼠智慧电子商务有限公司
3	中荷高科技农业示范园区—未名集团农村电商系统工程	惠安、南安	该项目从福建省名优特农产品源头抓起，将引进世界农业科技综合实力排名世界第一的荷兰瓦赫宁根大学的品种改良、保险冷储、规模化生产经验、物流配送模式四大先进技术，以农业科学技术为促进"农业增效、农民增收、农企增值"的核心推动力，在福建省的泉州、莆田、宁德试点地市农村建设以下项目内容：名优特农产品生产基地(万亩)、气调果库中心（1万平方米)、农产品物流配送中心、福建名优特农产品电商交易平台、农产品交易所	2016年~2018年	1. 与荷兰瓦赫宁根大学已达成技术合作关系。2. 福建省名优特农产品电商交易平台已经完成技术架构，平台整体已开发60%。3. 农产品生产基地、气调果库中心、物流配送基地在选址	30 000	未名（福建）投资集团有限公司
电商服务类工程							
1	虚拟产业园中小企业服务平台	丰泽区	建设立足福建、泉州，面向全国的中小企业涵盖工商注册、记账、报税、金融等服务的一体化平台	2015年~2016年	平台一期建设已完成	600	泉州市网商虚拟产业园运营管理有限公司

续11

序号	项目名称	主抓的县（市、区）	建设内容	建设时间节点	目前进展情况	总投资（万元）	筹建单位
2	品尚征信平台	丰泽区	建设内容：根据平台的基础数据、订单数据对企业进行信用评级，判断融资企业的信用状况，帮助产业链中的小微企业解决融资难问题，降低小微企业经营成本。规模：平台已收录了36种类型、13.05万家中小微企业的基础数据600多万条	2013年~2016年	品尚电商同泉州市政府合作开发的“泉州市中小微信用信息共享与交换平台”，于2013年5月开始建设，2014年6月完成一期的平台建设，目前信用信息平台二期、准金融机构监管系统及企业评级模型正在开发中	2 300	品尚电子商务有限公司
3	电子商务交易技术国家工程实验室项目	丰泽区	深化互联网+传统行业应用，探索电子发票试点及产业化，推进人才育成工程	2015年~2017年	成立研究院，资金筹立	800	
4	快通物流园项目	惠安县	该项目以设立分拨中心为核心，以节约企业物流成本为目的，采用“线上平台+系统匹配+区域配送”相结合的模式，旨在建设集仓储、分拨、配载、配送、城际专线运输、物流电子商务、物流信息交换、供应链管理及配套服务等功能于一体的现代综合物流园区，成为一个服务辐射范围广、服务功能强大、能产生良好的经济效益和社会效益的现代化综合物流示范基地	2015年~2017年	与多家制造业公司达成联动发展合作，并同惠东工业园区形成合作意向建设快通物流园区，拟于2016年7月开工建设主体工程	100 000	福建快通物流有限公司
5	苏宁易购—中华特色馆泉州市级馆代运营	鲤城区	苏宁易购泉州馆的代运营合作	2016年	与平台对接中	500	福建省巨爵网络科技有限公司

附件2

各县（市、区）重点电商（跨境电商）园区情况一览表

序号	园区名称	总面积（平方米）	投资额（万元）	入园企业（家）	年销售额（万元）	园区优势（特色）	是否示范园区（基地）
1	泉州市网商（虚拟）产业园	3 600	1 000	1 150	0	政策支持、产业优化、服务专业、集约监管、适应市场、超低成本	
2	弘桥智谷（泉州）电商产业基地	1 000 000	200 000	243	100 000	交通便利，配套设施设备完善，以仓养商，以人为本，深植农村电商发展	国家电子商务示范基地
3	中国·瓷都德化电子商务创业园	20 000	1 500	66		采用“政府投资建设、专业团队运营管理、企业免费入驻”的模式，内设德化县电子商务公共服务平台、泉州市陶瓷产业集群服务平台、德化县电子商务培训基地	国家电子商务示范基地
4	领SHOW天地电子商务基地	12 000	26 000	171	300 000	利用7幢旧工业厂房改造建设电子商务基地，总建筑面积4万5千多平方米，采用订单式开发、出租模式建设，为入驻企业提供精装修的办公环境和配套齐全的娱乐、商务等服务	省电子商务示范基地
5	海西（石狮）电子商务园区	87 246	100 000	308	超500 000	建设为集“电商运营中心、运营总部中心、纺织贸易中心、物流配送中心、电商人才孵化中心、综合服务中心、跨境电子商务运营中心、网货交易中心”为一体的创新型电子商务产业园区，重点培育和扶持B2B、B2C、O2O电子商务应用示范企业	福建省示范园区
6	中国鞋都电商创业园	41 710	5 678.9	319	200 000	八大优势：政策扶持、资源供需链、人才资源库、增值服务、优惠政策、平台合作、银企合作、宣传推广	泉州电子商务示范基地

续1

序号	园区名称	总面积（平方米）	投资额（万元）	入园企业（家）	年销售额（万元）	园区优势（特色）	是否示范园区（基地）
7	泉州市大学生电子商务创业孵化基地	15 000	15 000	36	3 000	1. 为入驻的创业团队提供导师咨询、培训服务。2. 网络技术服务。3. 物流服务。4. 金融服务。5. 工商注册、代办税务登记、做账等服务。6. 免费的图片处理服务。7. 法律咨询服务	全国青年创业示范园区
8	三班蔡径电商孵化园	6 500	180	30		德化县第一个开业运营的村级电子商务产业园。三班镇蔡径电商孵化园集“办公、仓库、物流”为一体，通过产业集群的方式，最大程度上降低了商家的运作成本，打造一条龙的网商产业链，形成电子商务企业的综合性服务平台	中国首家村级陶瓷电商孵化园
9	晋江婴童产业文创园	66 600	50 000	现处于招商阶段	现处于招商阶段	将建成集快乐年华儿童体验乐园、婴童品牌展示中心、电商集成中心、研发创意设计中心、人才孵化基地、青年创业中心、仓储物流中心等为一体的婴童用品文创产业园	泉州市文化产业示范基地
10	晋江陆地港跨境电子商务产业园	183 647	28 094. 4	130	0	晋江陆地港跨境电子商务产业园由“线上平台+线下园区”两部分组成。线上平台即跨境电商通关服务平台，线下园区包含跨境电商创业孵化基地、多温层冻库和国际商品展示交易平台。线上线下两者共同形成晋江富有竞争力和生命力的跨境贸易电子商务生态圈	否
11	泉州市电子商务企业总部基地	120 000	63 000	126	预计 1 000 000	建立集货源供应、人才培训、物流仓储、金融服务为一体的电商产业生态链服务体系	否

续2

序号	园区名称	总面积（平方米）	投资额（万元）	入园企业（家）	年销售额（万元）	园区优势（特色）	是否示范园区（基地）
12	丰泽华大电商产业园区	360 000	43 200	26	2 000	紧邻著名的高等学府国立华侨大学，其中侨生有6 000名；周边有200余家丰泽区优势传统产业的实体企业；园区位置优越、交通便捷、旧工业厂房安全结构好规模大、物流发达、可扩展空间大等	否
13	晋江洪山文化创意产业园	350 000	220 000			建设集工业设计、电子商务、动漫设计、人才实训、展览展示、公共服务等业态为一体的创意园区	否
14	晋江新亚国际电子商务运营中心（新亚智慧城）	150 000	60 000	可入园1 000多家电商企业		通过市场化方式构建一批创新与创业相结合、线上与线下相结合、孵化与投资相结合的众创空间；加快发展“互联网+”创业网络体系，是网络化、智能化、服务化、协同化的“互联网+”产业的完善生态体系，成为经济社会创新发展的重要驱动力量。	目前尚未申报示范园区，但该项目是省、市、县三级重点项目。
15	晋江五里电商产业园	79 234	50 000（计划）	0	预计200 000	以开发区的鞋服产业结构、龙头品牌企业为基础建设的园区	否
16	海峡园 . com	33 300	200	35	100	1. 食品专业平台；2. 品牌资源丰富；3. 园区配套齐全；4. 专业电商团队运作管理；5. 市级工业旅游示范点	否
17	惠安城南工业区电商创业园（高校毕业生创业孵化基地）	3 000	100	23		跨境电商、淘宝天猫、京东	否
18	茶多网电子商务创业孵化基地	5 000	3 080	43	30 000	立足茶产业集群，引入专业培训机构，培训就业技能，培养专业人才，培育优秀企业	否

续3

序号	园区名称	总面积（平方米）	投资额（万元）	入园企业（家）	年销售额（万元）	园区优势（特色）	是否示范园区（基地）
19	永春县电子商务产业园区	51 000	10 000	60	100 000	园区创新性地打造集群式“O2O”商业模式，建设永春线上特色产品馆、线下展示体验馆，打造永春版“村淘”项目	否
20	德化建窑电商青年创业孵化园	32 000	13 000	80	24 000	民营企业投资，专业团队运营，办公、仓储、生活、服务设施齐全，商务代理、产品采购、物流、摄影、金融、法律、物业等配套服务到位，电商集聚，创新、创业气氛浓厚	
21	德化县网商（虚拟）产业园	20 000	150（首期）	暂未启动		以电子商务发展为主线，构建B2B、B2C为核心的电子商务交易技术平台，提供集群企业托管、基础商务、集群注册等服务，引导网商聚集经营，重点培育电商“1镇6村”，形成资源整合，优势互补的产业链条	
22	惠南电商园	40 000	2 000	2	5 000	仓储物流	否
23	中熙电商城	100 000	35 000	22		仓储物流	否
24	盛达电商孵化中心	3 000	2 000	10	200	电商培训、孵化	否
25	南安电商产业园	99 900	30 000			跨境电商	否
26	南安北部电商创业园	40 000	3 000	81	3 000	南安北部鞋服	否
27	成辉国际电商中心	50 000	25 000			O2O	否
28	海纳百川电子商务创业园	13 320	1 000			农业电商	否

附件 3

泉州市淘宝镇（村）情况

5 个淘宝镇：

晋江陈埭镇、永和镇、南安乐峰镇、德化三班镇、安溪尚卿乡。

47 个淘宝村：

石狮市永宁镇前埔村；晋江市陈埭镇高坑村、仙石村、岸兜村、坊脚村、宫口村、桂林村、海尾村、涵埭村、涵口村、湖中村、花厅口村、江头村、鹏头村、苏厝村、溪边村、洋埭村，磁灶镇张林村，龙湖镇梧坑村、秀山村，永和镇旦厝村、玉湖村、割山村、后埔村、马坪村、玉溪村；南安市丰州镇素雅村，乐峰镇飞云村、乐峰、炉山村，美林街道松岭村，霞美镇长福村、邱钟村；惠安县黄塘镇省吟村；安溪县尚卿乡翰卿村、翰苑村、新楼村、灶坑村、灶美村、福林村、尤俊村；德化县龙浔镇宝美村，三班镇蔡径村、东山洋村、三班村、泗滨村，浔中镇浔中村。

泉州市人民政府办公室关于印发《泉州市电子商务发展三年行动方案（2016~2018）》的通知

泉政办〔2016〕50 号

各县（市、区）人民政府，泉州开发区、泉州台商投资区管委会，市直有关单位：

《泉州市电子商务发展三年行动方案（2016~2018）》已经市政府第 92 次常务会议研究通过，现印发给你们，请认真组织实施。

泉州市人民政府办公室

2016 年 3 月 28 日

泉州市电子商务发展三年行动方案（2016~2018）

根据《国务院关于大力发展电子商务加快培育经济新动力的意见》（国发〔2015〕24 号）、《福建省人民政府办公厅关于加快电子商务发展九条措施的通知》（闽政办〔2015〕89 号）等文件精神，为贯彻落实《泉州市电子商务产业发展路线图》，加快全市电子商务发展，创建国家电子商务示范城市，争创中国（泉州）跨境电子商务综合试验区，现结合我市实际，制定如下行动方案：

一、总体思路

充分发挥电子商务对加快转变经济发展方式、调整优化产业结构、倒逼供给侧改革创新等领域的促进作用，坚持政府引导与企业主体相结合，示范带动与全面普及相结合，鼓励应用与扶持平台相结合的原则，以推动网络经济与实体经济有机融合为目标，加快推进电子商务在全社会多领域的广泛应用和创新发展，不断健全电子商务支撑体系，优化电子商务发展环境，助推我市传统优势产业升级转型。

二、工作目标

通过分步实施“泉州市电子商务产业发展路线图”，依托我市重点行业和优势领域，力争至2018年，全市电子商务年交易额突破3 000亿元，打造一批颇具规模、在国内有一定影响力的电子商务平台（园区）和知名电子商务龙头企业，支撑环境进一步优化，物流仓储、金融服务、电子支付、诚信体系、行业监管体制、软件和信息服务业等支撑配套环节持续完善，电子商务人才培养体系、人才引进机制日益健全，形成以市场为导向、平台为核心、电子商务服务为支撑、政策为保障、产业为基础的良好电子商务生态体系，实现网络经济与实体经济深度融合。具体目标如下：

（一）打造一批龙头电子商务企业（平台）、园区（基地），力争至2018年，我市拥有国家级电子商务示范园区（基地）5个、国家级电子商务示范企业（平台）10家、在全国具有领先和示范作用的电子商务垂直性平台8个以上、年网络销售额过百亿的平台5个、交易额超10亿元的电子商务龙头企业10家以上。

（二）着力构建与我市优势产业结合紧密的电子商务企业（平台）、园区（基地），力争至2018年，我市拥有垂直性电子商务平台18个，推动10个传统专业市场运用电子商务发展升级版市场，培育15个与优势产业结合紧密的电子商务示范园区，打造20个“互联网+”应用典型企业（平台），全市中小企业电子商务应用率达95%以上，每年培养3万名电子商务人才。

（三）将泉州网商（虚拟）产业园建设成为集“泉州购”、“泉商汇”、“泉智汇”和“泉州仓”“四位一体”的网商、网批大平台。力争到2018年，各县（市、区）与主园区平台互联互通的特色产业分园区基本建成，园区入驻企业达到10 000家；“泉州购”平台企业注册用户达到10 000家，交易额达到10亿元；“泉智汇”平台企业注册用户达到5 000家；“泉州仓”平台货物集散额达20亿元；合作服务商达到500家。

三、主要任务

（一）推动“泉州货”上网开拓市场

推动我市中国驰名商标、老字号、“三品一标”（无公害农产品、绿色食品、有机农产品和农产品地理标志）和传统商贸流通企业等利用品牌优势，面向消费者个性化需求，通过对接淘宝、天猫、京东、唯品会等国内外知名电子商务平台，积极开展网络营销。支持行业协会、龙头企业组织本地企业抱团在淘宝、京东等国内外著名的第三方电子商务平台开设特色展馆、专区。重点培育家世比家具、传奇保罗服饰、迈途户外、唐丰陶瓷等一批品牌特性明显、成长快的网络零售品牌。推动谷歌、阿里巴巴、亚马逊、抠抠网等行业电子商务龙头企业在我市拓展电子商务业务，建设推介“泉州货”的平台。

（二）推动传统产业与电子商务有机融合

1. 打造基于我市产业特色的垂直性电

子商务平台。加快实施垂直性电子商务平台工程，鼓励我市纺织鞋服、石油化工、机械装备、建材家居、新一代信息技术、食品饮料、造纸及纸制品、印刷、工艺制品等优势产业龙头企业共同搭建买方主导交易平台，重点发展一品嘉鞋服行业柔性供应链云平台、环球鞋网、家世比家居用品电子商务垂直平台、中国陶瓷在线交易平台等垂直类电子商务平台，充分整合供应链上下游资源，促进产业优化重组，帮助传统企业在保持竞争优势的同时借力电子商务渠道提供“高端供给”，实现升级转型。

2. 加快传统专业市场电子商务升级。加快实施传统专业市场电子商务升级工程，重点推进中国鞋都、晋江国际鞋纺城、石狮纺织服装城、安溪茶业批发市场、德化陶瓷城、南安水暖城、建材市场、惠安石雕、华洲水产批发市场、中国香都等传统专业市场线上线下融合发展，重点发展中国鞋都电子商务创业园、鲤城闽品汇 B2B 供销平台、互联网+现代智能家居产业园等传统专业市场 O2O 项目。引导企业入驻专业市场平台进行交易，推广一批传统专业市场品牌以及区域品牌培育试点，搭建基于“共建、共享、共赢”的大型专业批发市场电子商务交易平台，形成线上线下相结合的产业集聚，逐步完成专业市场的品牌塑造。

（三）促进电子商务集聚发展

1. 打造网商、网批大平台。加快建设泉州网商（虚拟）产业园区主园区，并按照我市网商（虚拟）产业园整体规划布局，同步建设符合属地产业特点和发展实际要求的各县（市、区）特色产业分园区，实现中心市区主园区和各县（市、区）互联互通、分园区联动互动、协同发展的保障促进体系。启动建设“泉州购”综合平台，统筹规划建设“泉商汇”、“泉智汇”和“泉州仓”，搭建泉州本土的电子商务结算中心及服务保障体系，打造属于泉州的具有交易、结算、DRP 管理功能和金融、信用、物流、客服等衍生服务的网商、网批大平台。

2. 提升全市电子商务产业园区发展水平。引导各电子商务产业园区错位发展，引导晋江市重点发展鞋类、母婴、跨境电子商务园区，石狮市重点发展纺织服装类专业园区，南安市重点发展水暖卫浴专业园区，安溪县重点发展藤铁工艺、茶类电子商务园区，德化县重点发展陶瓷电子商务园等，避免同质化竞争。重点发展德化电子商务产业园、弘桥智谷（泉州）电子商务产业基地等 2 个国家级电子商务示范基地以及丰泽领 SHOW 天地电子商务基地、石狮海西电子商务园、中国鞋都电子商务创业园、晋江陆地港跨境电子商务产业园等与优势产业结合紧密的市级电子商务示范园区，完善园区考核评估标准，侧重考核园区“孵化”、“一站式”服务、供应链金融，创业培训等配套服务能力，发挥示范园区优势，带动入驻企业共同发展。

（四）加快发展跨境电子商务

加快实施跨境电子商务工程，大力推进通关电子平台建设，重点推进中兴海丝路外贸项目、泉州出口加工区电子商务产业园、泉州跨境电子商务综合服务平台（晋江陆地港）等项目建设，鼓励纺织鞋服等传统制造业、传统外贸企业、跨境电子商务企业以扩大出口为主攻方向，借助阿里巴巴、谷歌、亚马逊等第三方平台发展跨境贸易电子商务，统筹发展B2B/B2B2C/B2C多模式相结合的产业集群+跨境电子商务模式。对以行邮、包裹等方式开展的跨境电子商务，积极创造条件，解决其支付、结汇、仓储和售后服务等问题。在培育壮大跨境电子商务龙头企业的同时，积极引导和鼓励有条件的企业在泉州出口加工区、晋江陆地港等跨境电子商务通关服务试点单位通过海关总署统一版跨境电子商务零售出口系统等环节开展业务，做大我市跨境电子商务进出口规模；支持有条件的企业在海关特殊监管区域设立保税仓或建设境外服务网点（海外仓），增加产品竞争力；推进泉州出口加工区、晋江陆地港等地建设跨境电子商务园区，吸引各类跨境电子商务企业进驻，带动跨境电子商务集聚发展；建设集跨境交易谈判以及整合商家、物流、支付、结算信息等功能为一体的跨境电子商务公共服务平台，打造我市跨境贸易的重要载体。

（五）创新“互联网+”应用

立足我市产业特性及优势，紧盯产业发展前沿趋势，加快实施“互联网+”应用工程，重点推进服务堡电子商务售后服务O2O平台、品尚互联网金融平台、海西时尚梦工厂等项目建设，引导企业主动适应互联网环境发展新业态，利用搜索引擎、网址导航、微信平台、分销系统等创新方式开展网络营销，推动生活服务类电子商务、移动电子商务等的发展和应用，把“提升产品附加值，形成新的竞争力”作为“互联网+”应用的基本原则，逐步拓展“互联网+”的应用层次，从简单的“产品+产品”、“产品+服务”向“产品+文化”、“产品+规则”、“产品+信仰”发展。

（六）拓展农村电子商务市场

加快实施农村电子商务工程，重点推进泉州邮政优惠购邮掌柜、弘桥智谷“好货社”、1 248平台、德化憨鼠O2O众创平台、泉港“58食品网”、“服务堡”安装售后服务O2O平台、永春O2O特色产业馆、中荷高科技农业示范园区等农村电子商务项目的发展和应用，大力推进晋江市、南安市、德化县、安溪县等4个省级农村电子商务示范县以及石狮市、惠安县、永春县等县（市）深入开展农村电子商务示范工程建设，发挥我市现有的5个淘宝镇、47个淘宝村的带动作用，引导农业龙头企业、农民专业合作社、家庭农场、专业大户、副食品基地、和农业经纪人等开展网上销售业务，大力培育本地化农村电子商务平台，在拓展“工业品下乡”销售渠道的同时，更加注重对农副产品在城市的推介，实现“两条腿走路”。通过加强商贸、物流、邮政、供销等各种优势资源整合，不断完善农村电子商务发展的基础设施建设，加强农民信息化水平培训，不断扩大电子商务在农村的应用。

（七）健全电子商务服务支撑体系

加快实施电子商务服务支撑体系工程，积极推进菜鸟物流、安通物流、天地汇等第四方物流服务平台建设，搭建本地B2B支付结算平台，争取在结算平台建设上有所突破，确保线上产品销售的税收落地在泉州，培育福建海丝路科技有限公司、福建省巨爵网络科技有限公司、至尊宝网络科技等一批从事电子商务平台开发、策划设计、代运营、分销应用、拍摄服务等电子商务专业服务企业，重点推进、逐项突破、稳步完善，发挥电子商务服务类工程协同促进效应，为我市电子商务产业发展和应用推广提供强有力的支撑服务，实现我市电子商务全面提升。

四、工作要求

（一）加强组织领导

发挥泉州市电子商务工作领导小组和泉州市电子商务产业发展路线图推进工作领导小组的作用，协调解决全市电子商务发展中的重大问题，督促电子商务产业路线图各个具体事项落实。各县（市、区）要健全促进电子商务发展的组织保障体系和工作机制，完善部门间协调配合机制，研究制定支持和鼓励电子商务发展的具体政策措施。

（二）落实目标任务

由市商务局将电子商务三年行动方案各年度目标任务分解落实到各县（市、区），定期组织对市直有关单位、各县（市、区）落实行动方案的情况开展考核评估。市直有关单位、各县（市、区）要结合本单位、本地区的实际情况，制定具体工作计划，进一步细化分解目标任务，建立重大项目工程动态跟踪机制，切实协调解决电子商务工作开展中遇到的问题和困难，确保各项工作任务落实到位。

（三）加大宣传力度

综合运用报纸、电视、网络及新媒体等，加强对电子商务基础知识、扶持政策、商业创新模式、示范企业、成功案例等的宣传力度，营造良好的社会氛围。深化“电子商务在行动”专栏活动，组织开展电子商务高级研修班、电子商务走进示范企业、“八闽电商行—走进设区市（县、市、区、基地）”电子商务大讲堂、电子商务培训进农村、电子行业高峰论坛、主题沙龙、营销对接会等活动，引导和鼓励广大企业、消费者学习掌握电子商务知识，培养更多网民、网商、网企，形成良好的电子商务发展氛围。

（四）建立完善服务促进体系

发挥现有10个电子商务协会、教育科研机构等非盈利性主体对于电子商务行业的引导作用，加快成立跨境电子商务协会，建立完善统计监测、项目建设评估、征信等区域性标准体系，健全电子商务人才培训体系，保障服务电子商务行业规范、有序、健康发展。对现有电子商务专家库进行充实完善，加强与知名院校、专家的合作，为我市电子商务各项工作和企业发展提供智力支持和决策参考，协助开展电子商务领域重大战略问题的研究，参与电子商务重大项目的评估、论证以及参与电子商务发展扶持项目评审等工作。

（五）加强政策引导与资金扶持

认真贯彻落实国家、省级扶持电子商务发展的各项政策措施，以我市产业经济和电子商务发展现状为基础，出台泉州市加快电子商务发展若干措施，根据财力逐年加大扶持力度，在龙头企业培育、示范带动、平台打造、园区发展、跨境电子商务、农村电子商务等方面加强扶持。未出台电子商务专项扶持政策的县（市、区）

要加快出台。市商务局要牵头做好政策汇总、宣传、引导、督促、考核工作。

（六）加大融资支持力度

将电子商务企业纳入小微企业信贷风险补偿共担资金增信分险范围和外贸助保贷企业资金池，加大信贷支持力度。鼓励在泉银行业机构在条件成熟的地区推广“邮E贷”等适应电子商务发展的信贷产品。促进金融机构、担保公司与电子商务企业的融资对接，推动符合条件的电子商务企业到境内外资本市场上市或“新三板”和海峡股权泉州交易中心挂牌融资，鼓励电子商务企业到银行间债券市场和交易所市场发行公司债券、中期票据、短期融资券、私募债等直接债务融资工具融资。加快突破第三方支付瓶颈，支持培育我市第三方支付企业发展，为电子商务发展提供支付保障。

附件　泉州市电子商务发展拟实施的部分在建重点项目表

附件

泉州市电子商务发展拟实施的部分在建重点项目表

序号	项目名称	主抓的县（市、区）	建设内容	建设时间节点	目前进展情况	总投资（万元）	筹建单位
基于传统产业的垂直性电子商务平台							
1	泉州购平台	丰泽区	建设涵盖泉州各种产业集群的网络批发平台，包括鞋服、茶叶、陶瓷等	2016年～2017年	项目调研、可行性分析已完成	2 000	泉州市网商虚拟产业园运营管理有限公司
2	家世比家居用品电子商务垂直平台	鲤城区	1. 整合家居供应链。一是将原材料的交易搬到线上，各大布衣柜工厂可以通过家居平台进行线上交易；二是将线下分销商搬到线上交易，节约中间成本；三是将跟家居相关的产业导入到平台进行交易。2. 实现个性化订制。根据客户需求为其量身定制家居产品。3. 打造O2O家居体验馆。整合家居领域的优质供应商，以填充式家居为龙头，创新家庭生活消费O2O综合服务平台，选择家庭为切入口，做家居全品类O2O，为家庭用户提供一站式O2O家居生活服务	2016年～2018年	垂直平台建设：完成平台架构和基本功能建设，引入家世比第三方客户流量300万人次，目前，已有十几家动漫产品供应商入驻平台	12 180	泉州家世比家具有限公司

续1

序号	项目名称	主抓的县（市、区）	建设内容	建设时间节点	目前进展情况	总投资（万元）	筹建单位
3	中国鞋服产业互联网公共服务平台	丰泽区	从鞋服产业链上游的供应链建设着手，立足于以鞋服产业链与产业簇群，搭建鞋服行业产业链互联网服务平台，提供：1套现代化鞋服供应链系统，1个鞋服电子商务分销平台，1套电子商务零售系统。通过本平台，整合中国鞋业四大一小5个制造基地，经过3~5年运作，在创业板上市	2016年~2017年	系统搭建	1 500	福建省讯网网络科技有限公司
4	一品嘉鞋服行业柔性供应链云平台	丰泽区	一品嘉鞋服行业柔性供应链云平台是企业与供应商（加工厂，原料商）的信息桥梁，为企业采购业务提供一个与供应商进行协同工作的采购业务平台。通过这个平台，鞋服箱包行业上下游企业可以发布采购信息、进行价格磋商、跟踪订单生产进度及发货、评估供方绩效、分析采购策略、获取合作伙伴	2016年	平台产品成型，已经投入试用中，客户反馈良好	500	福建一品嘉供应链管理有限公司
5	晋江购平台	晋江市	1. 打造“中国质造”晋江产业带。2. 苏宁晋江馆：在苏宁开放平台上建设晋江产业带，聚集晋江商品，抱团拓展网上营销。3. 京东晋江馆：通过网络渠道推广晋江名优产品，提高晋江特产的知名度，培育晋江品牌	2016年~2018年	1. “中国质造”晋江产业带20家左右母婴类商家入驻。2. 苏宁晋江馆：进入审核阶段，正在装修店面，20几家食品企业入驻。3. 京东晋江馆：20几家食品企业入驻	5 000	泉州市嘉利儿童用品有限公司
6	冠达星云商在线交易平台	晋江市	冠达星云商平台是传统批发模式与互联网相结合的一种创新型电子商务交易平台，包括：冠达星在线交易平台、智能物流平台、大数据分析功能	2016年	目前，已完成在线交易平台的建设，已初步实现公司产品的在线交易及线下物流配送	5 000	冠达星股份有限公司

续2

序号	项目名称	主抓的县（市、区）	建设内容	建设时间节点	目前进展情况	总投资（万元）	筹建单位
7	艺啦啦雕艺商城电商平台	惠安县	1. 打造第一个专业的雕艺品电商整合平台。通过研究开发属于惠安雕艺品自己的网络平台，吸引线下雕艺产品生产商入驻平台，享受商城、支付、分销、统计等完整强大的服务。同时，发展分销商，为其提供装修店铺、管理店铺、客户管理、订单管理、精准数据分析等服务，分销商一键开店，轻松创业。2. 打造第一个雕艺品行业智能云系统。3. 打造中国第一个雕艺品经纪人一二手联动 APP。4. 打造第一个雕艺品行业全网直投系统	2016年~2018年	艺啦啦雕艺商城垂直平台完成模块和功能建设，目前，已有6家雕艺供应商入驻平台，进行网上展示、推广和销售	33 000	福建千禧代科技有限公司
8	中国陶瓷在线交易平台	德化县	中国陶瓷在线交易平台、陶瓷企业信用平台、陶瓷企业门户网站、陶瓷企业融资平台	2016年	已找好各合作方，且已做好前期调研、实地考察工作	12 000	中陶在线（德化）信息技术有限公司（筹建）
9	拍鞋网微小店	石狮市	鞋服、农产品分销平台，可实现近10亿的移动终端用户通过微小店进行销售创业。国内第一个实现所有网民“手机开店”的零成本创业项目，针对个人和中小企业量身定制“店长版”和“商家版”	2016年	微小店分销平台已完成第三版第四次迭代，将进一步实现网民的零成本创业梦想。同时，年内拟大量投资，不断优化完善平台功能和用户体验	1 000	拍鞋网（福建）网络科技有限公司
传统专业市场电子商务升级工程							
1	中国鞋都电商创业园	晋江市	园区占地面积10万平方米，已建成A栋电商综合大楼，建筑面积42 000平方米，聚集了行业上下游企业400多家。2014年底，已启动B栋配套建设，拟建10层建设面积4万多平方米，包括：网商公寓区、仓配中心区、代运营区、第三方平台区、跨境电商区等建设	2016年	预计2016年竣工投入使用	50 000	福建省晋江市电商发展有限公司

续3

序号	项目名称	主抓的县（市、区）	建设内容	建设时间节点	目前进展情况	总投资（万元）	筹建单位
2	闽品汇B2B供销平台（www.minpinhui.com）	鲤城区	1. 一键铺货系统：平台后台商家系统与各大主流电子商务平台对接实现订单数据同步抓取、产品一件代发、数据包在线下载、主图细节图一键铺入铺出。2. 门店O2O系统：闽品汇+体验店+淘宝+天猫开创全国首例“一品牌”“一天猫”“多门店”的创新模式。3. 聚分销0成本创业系统：联合支付宝开发代销分账工具，分销商不需要为消费者的订单向供应商垫付货款的一种支付方式。4. 全渠道招募系统：帮助商家打通基于大淘宝的B2B2C商品、渠道关系、交易、结算及仓储物流的渠道和供应链管理工具	2016年	目前已完成全渠道招募系统开发建设	1 000	
3	互联网+现代智能家居产业园	丰泽区	集智能家居研发、生产、工厂展示、网络营销平台、线下体验店、互联网金融、云端服务、智能物流仓储配送与服务为一体的大型综合性家居产业园区及创新型公共服务平台。园区规划总占地面积80多亩，拟分二期建设	2016年	旧厂房改造装修进行中，前期商业计划、规划、招商进行中	12 000	泉州现代家具企业有限公司
4	福建省尚云亿家居家工程有限公司	丰泽区	【线下】首期总投资8 000万，5 000万用于线下打造全国首家超大型居家生活实景综合体验馆工厂殿，占地20 000平方米。 【线上】3 000万首创数码科技O2O电子商务“整装”服务模式，以“O2O”思维创新“四维空间”技术4D-HOME数码化信息化云数据系统	2016年	于2015年5月1日正式开业，打通线上线下，联袂营销，3.15、5.1、6.1、7.7、8.1五大节点引流10 000余人次，成交200余户，合同产值近8 000万；与地产开发商，如：东海地产、世贸地产、聚龙小镇，泰国地产等项目等达成战略合作，市值超2亿元	10 000	

续4

序号	项目名称	主抓的县（市、区）	建设内容	建设时间节点	目前进展情况	总投资（万元）	筹建单位
5	青创城国际网批中心	石狮市	以网商“新丝路”和“青年电商精英创业”为主题，依托我市强大的网供产业集群优势，搭建青年创业的现货网批实体平台，一期规划总占地面积60多亩，总建筑面积3万平方米，功能规划为网上批发、创业公寓、创客空间俱乐部和配套的摄影棚、网商平台	2016年	重点培育和扶持B2B、B2C电子商务应用示范中小企业基地集群，形成电商网上批发聚集总部区。主要有六大功能平台：国际服装网批中心、电商营运中心、电商中小型卖家市场、综合配套服务中心、微商营运中心、青年创客服务中心	30 000	石狮市贸盛有限公司
电子商务园区类工程							
1	泉州市网商（虚拟）产业园	丰泽区	泉州市网商（虚拟）产业园建设规划要旨：集群注册，虚实结合；八项服务，构建生态；四大平台，汇聚流量；一园多区，形成合力，打造真正具有交易、结算、DRP管理功能和金融、信用、物流、客服等衍生服务的网商、网批大平台	2016年~2018年	截至2016年1月12日，入驻经济主体1 739家。各项服务逐步开展，泉州开发区、石狮市、南安市、安溪县、德化县分园区运营公司相继成立，其他各县（市、区）分园区积极筹建中	1 000	泉州市网商虚拟产业园运营管理有限公司

续5

序号	项目名称	主抓的县(市、区)	建设内容	建设时间节点	目前进展情况	总投资(万元)	筹建单位
2	弘桥智谷(泉州)电商产业基地	安溪县	项目位于福建省安溪官桥仁峰开发区，立足于厦漳泉地区，带动区域传统企业转型电商，为传统企业转型和大众创业者提供人才、产品、金融、物流配套支持。项目共分为二期建设，其中，一期规划建设厂房43栋工业厂房，建筑面积229 280.9平方米；二期规划建设厂房2栋，建设面积16 507.36平方米。主要用于建设电子商务运营中心、电商实体展示区、工业标准厂房、仓储物流及相关配套设施等，构筑集人才培训、文创设计、电商运营、仓储物流、产品分销、金融扶持为一体的服务体系，规划建设农村电商服务站及农村线下O2O商城，促进城乡商贸流通	2016年~2018年	现基地一期工程已建成面积约9多万平方米，电商仓储约5万平方米，电商办公运营约3万平方米，园区其他配套及员工公寓约1.1万平方米，完成总投资约4亿	75 000	福建省弘桥智谷投资有限公司
3	丰泽华大电商产业园区	丰泽区	用地改造面积约410亩，建筑改造面积36万平方米。整合树脂工艺礼品、箱包、鞋服、对讲机安防产品等传统产业带，将原南埔工业区、城东工业区经改造升级为集电商办公、研发、培训、商展、大学生创业、休闲配套为一体全产业链电子商务产业园区	2016年~2018年	(一期) A、B、D、E共4幢楼及1个街区的改造建设。A楼正在装修中，B楼已投入使用及企业入驻办公，D、E楼和1个街区正进行园区规划、建筑外观改造和小品设计。目前，已有30多家企业入驻	63 200	泉州盈瑞富联电子商务有限公司

续6

序号	项目名称	主抓的县（市、区）	建设内容	建设时间节点	目前进展情况	总投资（万元）	筹建单位
4	洪山文创园	晋江市	规划洪山路两侧约10万平方米的办公用房，以园区彬晖、壹佰、奇峰等改造企业为载体，引入第三方运营商，重点集聚电商龙头企业、传统品牌企业电商运营总部、知名电商平台商、电商服务商入驻，形成电商生态链闭环，打造电子商务的展示中心、集聚中心和公共服务平台	2016年~2017年	首期规划面积4万平方米，彬晖、壹佰电商园已基本完成改造。目前，运营商处于遴选阶段，部分电商企业已达成入驻意向	10 000	洪山文化创意产业园
5	晋江婴童产业文创园	晋江市	晋江婴童产业文创园位于晋江经济开发区五里园，通过对现有的6.8万平方米的厂房进行改造，将建成集快乐年华儿童体验乐园、婴童品牌展示中心、电商集成中心、研发创意设计中心、人才孵化基地、青年创业中心、仓储物流中心等为一体的婴童用品文创产业园	2016年~2017年	现基础建设已完工，正对园区进行推介与招商，下一步的重点是对园区业态进行项目落实	50 000	晋江婴童产业文创园有限公司
6	永春县电商产业园区	永春县	电商产业园区，项目一期总建筑面积16 353平方米，项目二期建筑面积43 790平方米	2016年~2018年	项目于2015年11月7日启动运营，已进驻电商企业24家，电商服务企业2家，物流企业1家，园区物流发货总单量22.3万单，日均发货量3 484.16单，累计销售额2 636.26万元。创造性的推行全区域全品类集群O2O模式永春特色馆，累计销售额达62.69万元。电商学院已开展基础班培训11班次，培训学员793人，提高班3班次，共86人	10 000	永春县人民政府

续7

序号	项目名称	主抓的县（市、区）	建设内容	建设时间节点	目前进展情况	总投资（万元）	筹建单位
7	泉州市电子商务企业总部基地	鲤城区	占地44 333平方米，建筑面积12万平方米，规划有电商总部大楼、跨境电商大楼、电商创客空间等6楼栋写字楼，并为入驻电商提供包括人才培训、金融服务、货源供应、天使投资、物流仓储等一站电商配套服务	2016年~2018年	项目自2013年正式启动以来，目前首期6万平方米共1、2、3、5号楼已经顺利完成封顶，其中3号楼招商体验中心已经顺利交付使用，二期6、7、8、9号已经进行桩基础施工。同时，招商工作也顺利进行，目前已经签约入驻电商105家企业，主要有环球鞋网、淘鞋网、吉祥鸟女鞋、巨爵电商等	100 000	泉州市网商创业园区有限公司
8	南安电子商务产业园	南安市	用地面积10万平方米，办公面积10万平方米的办公场所，仓储面积20万平方米的物流仓储场所，配套必要的商业区、生活区等工作环境	2016年~2017年	首期3万平方米办公场地已建设完毕	30 000	泉州市三星消防设备有限公司
9	南安北部电商创业园	南安市	配套办公、培训、公寓、创业空间、娱乐休闲，3万平方米	2016年	一期完成建设改造1万平方米	3 000	南安北部电商创业园有限公司
10	海西（石狮）电子商务园区	石狮市	园区共占地面积87 333平方米，总建筑面积近30万平方米，规划为集电商运营中心、运营总部中心、纺织贸易中心、物流配送中心、电商人才孵化中心、综合服务中心等为一体的创新型电子商务产业园区	2016年~2018年	目前建设石狮市淘工厂采购基地：目前有500家生产型工厂企业组成，旨在适应互联网+制造业的发展，拓宽石狮服装行业的销售渠道，同时建立独立的“淘工厂联盟”交易平台及微商城/微分销移动交易平台	100 000	石狮市裕通集团有限公司

续8

序号	项目名称	主抓的县（市、区）	建设内容	建设时间节点	目前进展情况	总投资（万元）	筹建单位
跨境电子商务工程							
1	福建泉州跨境电商综合服务平台	晋江市	由“线上平台+线下园区”两部分组成。1. 建设跨境电商信息化公共服务平台和通关平台，实现与海关国检税务外管等部门联网监管。2. 建设21 000平方米的跨境电商创业孵化基地和16 000平方信息化仓库，打造跨境电商青年创业热土。3. 建设18 000平方跨境电商通关监管区，配备自动化分拣设备，实现跨境电商货物快速通关。4. 建设20 000平方米进口商品展示交易平台，配套10 000平方保税仓库，实现“前店后仓”的进口跨境电商保税展示交易模式。5. 建设10 000平方米多温层信息化冷库，开展生鲜冷链进口跨境电商业务	2016年	已完成：1. 建设跨境电商信息化公共服务平台和通关平台，实现与海关国检税务外管等部门联网监管。2. 建设21 000平方米的跨境电商创业孵化基地和8 000平方信息化仓库，打造跨境电商青年创业热土。3. 建设18 000平方跨境电商通关监管区，配备自动化分拣设备，实现跨境电商货物快速通关	10 000	福建陆地港集团有限责任公司
2	泉州综合保税区电子商务产业园	泉州综合保税区	利用海关特殊监管区政策功能优势，建设公共信息服务平台、电商企业运营中心、保税商品展示交易中心、国际邮包分拣中心等产业集聚园区	2016年~2017年	公共信息服务平台、保税商品展示交易中心正在筹建中，泉州邮政国际邮包分拣中心已入驻并正式运营，快易通、秀驿物流等一批电子商务运营企业准备进驻	10 000	泉州综合保税区投资管理有限责任公司

续9

序号	项目名称	主抓的县（市、区）	建设内容	建设时间节点	目前进展情况	总投资（万元）	筹建单位
3	中兴外贸电商项目	丰泽区	开展外贸综合服务业务，建设包括海外仓、外贸电商 B2B、供应链电商 B2B 及外贸综合服务平台	2016 年～2018 年	1. 开展外贸电商综合服务业务，2015 年，完成交易额近 4 亿元人民币。2. 对外承接跨境电商平台建设项目，新疆伊宁跨境电商平台、中交集团跨境服务平台、中兴采购平台等项目建设正在进行中	100 000	福建海丝路科技有限公司
4	闽侨网跨境 O2O 服务平台	鲤城区	1. 搭建跨境 O2O 电子商务平台闽侨网，为国内供应商与海外需求商搭建一个集信息流、资金流和物流为一体的交易服务平台，实现商品在线展示、供需双方在线互动与交易服务等功能。2. 在纽约曼哈顿商业中心建立线下体验点闽侨（纽约）文化经贸中心，目前近 400 平方米，主要用于产品的线下展示宣传、体验、洽谈及文化交流推广等。3. 建立海外物流中心，目前面积达5 000平方米，主要用于节省单品报检通关和跨境运输的时间，保证配送服务响应速度，提高到货速度，提高竞争力	2016 年～2018 年	目前，初步选址落地鲤城。“闽侨网”已全面完成了电商平台的开发建设，并进行了为期半年的试运营，对平台系统的功能和性能进行了全方位的测试及优化，入驻商品数量已经达到1 000个 SKU	5 000	福建海融网络科技有限公司

续10

序号	项目名称	主抓的县（市、区）	建设内容	建设时间节点	目前进展情况	总投资（万元）	筹建单位
O2O 与“互联网+”应用工程							
1	巢超社区O2O	丰泽区	巢超社区 O2O 是互联网经济加实体经济的连锁社区 O2O 项目，从自建线下体验服务便利店，到自主研发的线上全渠道微平台和 APP 的电子商务平台，通过自建的最后 1 公里物流配送团队完成社区 O2O 的线上下融合，通过自建的线下消费场景，整合社区商圈资源，以点带面，2 年覆盖大泉州区域，深度服务三四线城市社区居民。巢超电子商务平台平台集体电子商务平台、社交功能、微分销、C2B 团购等	2016 年	2015 年 9 月 27 日，首家旗舰店刺桐店试营业，巢超 O2O 电商平台第一阶段功能交易、订单、配送完成，微平台、APP 同步上线试运营。2015 年，社区小便利店样板店已开工并对外开放	3 000	福建省巢超信息技术有限公司
2	服务堡电商第三方售后服务平台系统	丰泽区	平台用独创的互联网+安装售后服务模式，为消费者、网店、厂商客户提供一站打包式服务，整体解决网销商品的到户、安装、维修及养护服务问题，消除网购多方的痛点，开创国内家居电商产品售后服务专业化、规模化、O2O 信息化管理	2016 年	目前项目二期已经按计划进行	350	
3	海西时尚梦工厂	鲤城区	通过建设“六平台（6 个纺织服装智慧制造生态支持平台），三基地（2025 绿色智慧制造示范基地、设计师创业孵化基地、产业公共技术服务基地），一基金（纺织服装产业创新基金）”，实践和验证互联网时代，信息技术、时尚创意设计与纺织服装产业深度融合后产生的新业态、新模式	2016 年～2018 年	已建成智能制造展厅，正在完善设计师平台、O2O 电子商务平台与产能协同平台	22 500	泉州海天材料科技股份有限公司
农村电子商务工程							
1	闽台特产城电商基地	洛江区	闽台特产及农产品线上体验线下销售。10 000平方米的办公区和5 000平方米的仓储	2016 年	组建运营团队和办公区规划设计中	800	

续11

序号	项目名称	主抓的县（市、区）	建设内容	建设时间节点	目前进展情况	总投资（万元）	筹建单位
2	憨鼠O2O众创平台	德化县	立足县域实际和产业特色，建设“O2O网上生活超市、分销众创、产业O2O众创馆”三大子平台，构建全产业链电商平台和县域众创服务平台，吸引众创者加盟入驻，县内销售日常生活用品，县外众创销售德化陶瓷、农特产品以及闽台等地方特产	2016年	已经投入600多万元，基本建成平台。本平台最终能为5 000名创业者服务，平台年销售额达2亿元以上。预计2016年底把模式复制到20个以上县（市、区）	3 000	泉州憨鼠智慧电子商务有限公司
3	中荷高科技农业示范园区-未名集团农村电商系统工程	惠安、南安	该项目从福建省名优特农产品源头抓起，将引进世界农业科技综合实力排名世界第一的荷兰瓦赫宁根大学的品种改良、保险冷储、规模化生产经验、物流配送模式四大先进技术，以农业科学技术为促进“农业增效、农民增收、农企增值”的核心推动力，在福建省的泉州、莆田、宁德试点地市农村建设以下项目内容：名优特农产品生产基地（万亩）、气调果库中心（1万平方米）、农产品物流配送中心、福建名优特农产品电商交易平台、农产品交易所	2016年~2018年	1. 与荷兰瓦赫宁根大学已达成技术合作关系。2. 福建省名优特农产品电商交易平台已经完成技术架构，平台整体已开发60%。3. 农产品生产基地、气调果库中心、物流配送基地在选址	30 000	未名（福建）投资集团有限公司
电商服务类工程							
1	虚拟产业园中小企业服务平台	丰泽区	建设立足福建、泉州，面向全国的中小企业涵盖工商注册、记账、报税、金融等服务的一体化平台	2016年	平台一期建设已完成	600	泉州市网商虚拟产业园运营管理有限公司

续12

序号	项目名称	主抓的县（市、区）	建设内容	建设时间节点	目前进展情况	总投资（万元）	筹建单位
2	品尚征信平台	丰泽区	建设内容：根据平台的基础数据、订单数据对企业进行信用评级，判断融资企业的信用状况，帮助产业链中的小微企业解决融资难问题，降低小微企业经营成本。 规模：平台已收录了36种类型、13.05万家中小微企业的基础数据600多万条	2016年	品尚电商同泉州市政府合作开发的“泉州市中小微信用信息共享与交换平台”，于2013年5月开始建设，2014年6月完成一期的平台建设，目前信用信息平台二期、准金融机构监管系统及企业评级模型正在开发中	2 300	品尚电子商务有限公司
3	电子商务交易技术国家工程实验室项目	丰泽区	深化互联网+传统行业应用，探索电子发票试点及产业化，推进人才育成工程	2016年~2017年	成立研究院，资金筹立	800	
4	快通物流园项目	惠安县	该项目以设立分拨中心为核心，以节约企业物流成本为目的，采用“线上平台+系统匹配+区域配送”相结合的模式，旨在建设集仓储、分拨、配载、配送、城际专线运输、物流电子商务、物流信息交换、供应链管理及配套服务等功能于一体的现代综合物流园区，成为一个服务辐射范围广、服务功能强大、能产生良好的经济效益和社会效益的现代化综合物流示范基地	2016年~2017年	与多家制造业公司达成联动发展合作，并同惠东工业园区形成合作意向建设快通物流园区，拟于2016年7月开工建设主体工程	100 000	福建快通物流有限公司
5	苏宁易购—中华特色馆泉州市级馆代运营	鲤城区	苏宁易购泉州馆的代运营合作	2016年	与平台对接中	500	福建省巨爵网络科技有限公司

泉州市人民政府办公室关于印发《泉州市加快电子商务发展若干措施》的通知

泉政办〔2016〕51号

各县（市、区）人民政府，泉州开发区、泉州台商投资区管委会，市直有关单位：

《泉州市加快电子商务发展若干措施》已经市政府第92次常务会议研究通过，现印发给你们，请认真组织实施。

泉州市人民政府办公室

2016年3月28日

泉州市加快电子商务发展若干措施

根据《泉州市电子商务发展三年行动方案》（2016~2018），为进一步加快我市电子商务发展，推进国家电子商务示范城市建设，现提出如下措施：

一、加快培育和引进电子商务龙头企业

（一）对上一年度网上年销售额突破1亿元、企业线上销售总额占全年总销售额15%以上的老字号、中国驰名商标、“三品一标”和传统商贸流通等企业（通过网上支付工具结算金额），给予最高不超过20万元奖励。

（二）对上一年度网络年销售额突破5 000万元、企业线上销售总额占全年总销售额50%以上的网络零售品牌企业，给予最高不超过20万元奖励。

（三）对国际排名100强或国内排名50强电子商务企业在泉州注册设立全国性/区域总部（独立核算），经营满1年的，分别给予一次性奖励20万元。

二、打造垂直性电子商务平台

（四）对注册地及结算地在泉州的垂直类或大宗商品供应链电商平台年交易额超过10亿元的，以上年为基数，增幅达到10%以上、20%以上、30%以上的，分别给予10万元、20万元、30万元的奖励。

三、促进电子商务集聚发展

（五）加快建设泉州网商（虚拟）产业园，打造网商、网批大平台。对于泉州网商（虚拟）产业园、泉州购网批大平台等项目视建设情况给予一定资金补助。

（六）支持专业市场电子商务应用升级。对于依托实体网点、货源、配送等商业资源开展“线上市场”与“线下市场”良性互动的传统专业市场（或大型商超零售商），给予最高不超过20万元奖励。

（七）重点支持产业配套完善、特色明显的电子商务产业园区建设，对获评市级示范基地（园区）的给予最高不超过30万元的奖励。

四、加快发展跨境电子商务

（八）对投资跨境电商通关公共服务信息平台、配套的分拣设备及监管设施，并为超过10家跨境电商企业提供公共服务的，根据实际投入金额的50%给予补助，最高不超过100万元。支持有实力的

跨境电子商务企业面向“海丝”沿线国家和地区开展营销推广等活动，对支付EMS、邮政小包、UPS等国际物流费用达200万元以上的跨境电子商务企业，给予最高不超过20万元补助。鼓励跨境电子商务企业设立海外仓，积极推进跨境电商物流拓展和公共海外仓建设，对建仓面积在5 000平方米以上的，一次性给予最高不超过30万元的补助。

五、大力发展农村电子商务

（九）对通过自营或第三方平台销售我市农产品，网上年销售额分别超过5 000万元的B2C企业和1亿元的B2B企业，给予最高不超过20万元奖励。培育、认定一批特色凸显的“电商镇”、“电商村（社区）”和农业产业化龙头企业，分别给予10万元、5万元、5万元的奖励。

六、推进电子商务应用创新

（十）开拓电子商务在旅游业、文化创意、社区服务业等领域的应用，对于“互联网+”应用比较成功的企业案例给予最高不超过20万元奖励并进行示范推广。

七、进一步培育电子商务服务业

（十一）对为电子商务企业提供平台开发、物流服务、代运营、分销应用、广告设计、网络推广、拍摄等服务，年服务合同总金额超过500万元的电子商务服务企业，每家给予最高不超过25万元奖励。

（十二）对取得中国人民银行《支付业务许可证》的第三方支付平台在泉州设立全国性总部，正常经营满1年的，一次性给予30万元奖励。

八、营造电子商务发展环境

（十三）加强电子商务人才培养。每年安排50万元用于支持电子商务精细化管理培训、电子商务主题沙龙、电商企业家访谈等活动。建立电子商务专家库，为我市电子商务各项工作和企业发展提供智力支持和决策参考。对经认定为我市电子商务企业年度创业青年、领军人物的，一次性给予3~5万元奖励。

（十四）建立完善服务促进及标准体系。每年安排一定资金用于支持市、县两级电子商务协会发展、研究制订电子商务统计指标体系，建设电子商务运行监测系统、电商项目评估体系、信用体系以及委托第三方开展专项资金评审等。

（十五）每年安排一定资金用于开展电子商务政策宣讲、“电子商务在行动”系列报道、“走进示范企业”、中国鞋服电子商务峰会等活动，加大对国家电子商务示范城市建设、电子商务基础知识、扶持政策、商业创新模式、示范企业、成功案例等的宣传力度，营造良好的电商发展氛围。

九、有关事项

（十六）市级财政每年安排2 000万元作为泉州市加快电子商务发展若干措施的专项资金，并根据财力逐年有所增加。各县（市、区）人民政府、泉州开发区、泉州台商投资区管委会要根据各自实际情况，制定相应配套扶持措施。

（十七）泉州市加快电子商务发展若干措施自公布之日起30日后开始实施，有效期3年。具体事宜由泉州市商务局负责解释。

企业名录

截至2016年12月31日，在泉州跨境综合服务平台上注册，并实际展开业务的企业名录见表2-29。

表2-29 泉州跨境电子商务企业名录

序号	企业名称	企业类型
1	泉州时颖服饰有限公司	出口卖家
2	哥登尼（泉州）服饰发展有限公司	出口卖家
3	纽仕达（泉州）建材有限公司	出口卖家
4	泉州市三星消防设备有限公司	出口卖家
5	晋江嘉年华婴儿用品有限公司	出口卖家
6	福建省一范网络科技有限公司	出口卖家
7	至尊宝（福建）网络科技有限公司	进口卖家
8	泉州布吉米网络科技有限公司	出口卖家
9	文创科技股份有限公司	出口卖家
10	泉州市驰尔达电子通讯有限公司	出口卖家
11	格来德（福建）纺织科技有限公司	出口卖家
12	福建省德化县云图信息技术有限公司	出口卖家
14	泉州市商雄电子商务有限公司	出口卖家
15	泉州利荣包袋有限公司	出口卖家
16	泉州匹克鞋业有限公司	出口卖家
17	泉州七二零电子商务有限公司	出口卖家
18	泉州干盛贸易有限公司	出口卖家
19	泉州火鸟电子商务有限公司	出口卖家
20	泉州龙鹏集团有限公司	出口卖家
21	福建一马商贸有限公司	出口卖家
22	泉州市勾勾手电子商务有限公司	出口卖家
23	泉州市数格电子商务有限公司	出口卖家
24	泉州市贝多立电子商务有限公司	出口卖家
25	泉州新兴达服装饰品有限公司	出口卖家

表2-29 续1

序号	企业名称	企业类型
26	南柏万（泉州）进出口有限公司	出口卖家
27	福建省晋江康雅鞋服有限公司	出口卖家
28	泉州悍风创投电子商务有限公司	出口卖家
29	泉州福恒进出口贸易有限公司	出口卖家
30	福建省泉州万龙石业有限公司	出口卖家
31	泉州乐恺鞋业有限公司	出口卖家
32	福建省万华电子科技有限公司	出口卖家
33	泉州奇龙物流有限公司	进口卖家
34	福建省梅丰金属制品有限公司	出口卖家
35	福建陆地港集团有限责任公司	服务商
36	中国邮政速递物流股份有限公司泉州市分公司	服务商

统计数据

泉州跨境电子商务服务试点出口业务报表

泉州跨境电子商务服务试点出口业务报表见表2-30。

表2-30 泉州跨境电子商务服务试点出口业务报表

（2016年1月1日~2016年12月31日）

业务模式	区域	报关单（万票）	货值（万美元）	主要商品	主要出口国
跨境电子商务零售出口	泉州跨境通	29.65	252.94	服装、数码产品	德国、香港

大事记

2016年1月14日，泉州市行文省政府，恳请支持申报设立中国（泉州）跨境电子商务综合试验区，省政府办公室于2月23日转报国务院，国务院批转商务部研究办理。

2016年2月5日，泉州市电子商务产业发展路线图通过第88次市委常委会、市长办公会；2016年2月24日，泉州市电子商务产业发展路线图以市政府办公室名义（泉政办〔2016〕24号）正式印发。

2016年3月10日，举办京东全国电商沙龙会泉州专场，共有200多家企业参会。

2016年3月21日，泉州市电子商务发展三年行动方案（2016~2018）及电子商务发展扶持政策通过第92次市委常委会，并于3月28日以政府办正式印发。

2016年3月22~24日，市政府陈荣洲副市长与省商务厅刘德培副厅长携有关人员赴商务部推进跨境电子商务综合试验区有关事宜。

2016年3月28日，2016福建省电子商务大会在福州海峡国际会展中心举办。泉州市陈荣洲副市长率市商务局、工商局、各县（市、区）人民政府、商务主管部门以及各电商企业代表两百多人参会。

2016年3月31日，阿里巴巴实力产业群生态峰会在北京人民大会堂举行。泉州市石狮在会上作《互联网+实业强市之石狮服装产业整合与创新》主题演讲，海西（石狮）电商园被确定为阿里巴巴首批实力产业群示范园区。

2016年4月11日，中国国际电子商务中心、中华全国商业信息中心主办的2015年度中国区域电商经济统计发布年会中，泉州市获评“互联网+2015年度中国网络零售百强城市大奖”，位居第八位，比2014年前进三位。

2016年5月18日，泉州购平台正式上线。

2016年6月6日，市商务局牵头，泉州海关、国税局、国检局、口岸办、外汇管理局等部门共同参与，召开外贸出口联席会议，研究论证建设泉州跨境电子商务公共服务平台。

2016年6月20日，市商务局、口岸办赴泉州国检局就泉州跨境电子商务公共服务平台建设进一步论证协商，达成共识。

2016年6月28~30日，第六届APEC电子商务工商联盟论坛在晋江市举行，论坛主题为“跨境电子商务促进普惠贸易”。本届论坛由亚太经合组织（APEC）和中国商务部主办，中国国际电子商务中心、APEC电子商务工商联盟、晋江市人民政府承办。据悉，该论坛是当前国际电子商务领域由官方主办的顶级论坛之一。

2016年7月，阿里研究院基于阿里巴巴平台海量数据，第三次对全国近300个地级及以上城市的电子商务发展状况进行全面分析，发布《2015年中国城市电子商务发展指数报告》，揭晓2015年中国“电商百佳城市”排行榜。泉州市名列排行榜全国第七位，全省第一位（全省上榜8个）。

2016年8月30日，市跨境电子商务协会成立。

2016年9月13日，省市联办2016福建（泉州）跨境电子商务峰会。会议推动泉州跨境通公共服务平台正式启动，12家平台、物流、金融、卖家、媒介等典型代表企业签约共建泉州市跨境电子商务生态圈，通过主题分享、圆桌论坛、跨境B2B专场培训、实地考察等活动，助力传统企业转型发展。省商务厅、市政府、电商路线图推进小组成员单位、各县（市、区）分管领导，企业、平台、媒体代表等500多人参加，会议取得圆满成效。

2016年11月，阿里巴巴发布《2016中国城市电子商务发展指数报告》，泉州市在 2016 年中国“电子商务百佳城市”中排名全国第七，福建省第一。

2016 年 11 月 11 日，泉州市积极备战“双十一”，传统企业、电商企业和服务商积极参加本次全球狂欢购物节。据不完全统计，2016 年泉州市网络零售总额 49.6 亿元，同比增长 55%；快递业务量 579 万件，增长 145%。

2016 年 11 月 30 日，晋江广宇供应链管理有限公司收到泉州市国税局转来约 11.63 万元的出口退税款，这是泉州跨境通公共服务平台上线后，顺利完成的首单全程在海关9610监管代码下操作的跨境电子商务出口退税，标志着泉州跨境电子商务零售出口业务“阳光通道”正式打通。

2016 年 11 月 28 日，泉州市中国鞋都电子商务中心、永春县电商产业基地、丰泽华大电商产业园等 3 个园区获批第二批省级电子商务示范基地园区。

九牧厨卫股份有限公司、泉州家世比家具有限公司、福建海丝路科技有限公司等 3 家企业获评 2016 年~2017 年度省级电子商务示范企业（平台）。

2016 年 12 月 20~23 日，季翔峰副市长一行 8 人赴杭州参加全球跨境电子商务峰会及阿里巴巴市长班，拜访杭州泉州商会，学习杭州跨境电子商务及综合试验区建设经验，探讨与阿里巴巴更多合作可能。

跨境电商案例展示篇

小红书——全世界的好东西

——郑州市优行商贸有限公司

一、企业介绍

小红书是一款境外购物 App，主要包括两个板块：UGC（用户原创内容）模式的海外购物分享社区和跨境电子商务平台“福利社”。小红书福利社采用 B2C 自营模式，直接与海外品牌商或大型贸易商合作，通过保税仓发货给用户。这是能保证正品的做法，同时也能保证在进货时拿到有优势的价格。

小红书是最大的全球购物社区，是一个帮助大家发现海外好物的平台。让用户更直接地体验海外购物，内容主要包括简介、体验精华、购物锦囊、品牌介绍等，为用户提供各地区的购物参考信息，是国内唯一在移动互联网领域做“社区+电商”模式的公司。

“福利社”上线半年时间，零广告下销售额突破 2 亿。在 2015 年 6 月 6 日开始的周年大促中，小红书在 App Store 的排名攀升到总榜第四，生活类第二，在 2015 年 11 月 27 日“红五”活动中攀升到总榜第一。

产品从海外被装入集装箱运到中国后，会进入小红书设在郑州、深圳等多地的自营保税仓，并在“福利社”上架。

小红书设立保税仓备货，主要出于两个考虑。首先，它缩短了用户与商品之间的距离。海淘、代购等模式，用户动辄要等一个月才能收到货，在小红书，用户下单后大概两三天就能收到。从保税仓发货也可以打消用户对产品质量的考虑。

其次，大批量同时运货也能节省跨境运费，摊薄成本，从而降低消费者为买一件商品实际付出的价格。在刨去中间价和跨境运费之后，小红书基本能做到所售商品价格与其来源地保持一致，甚至有时还会低于当地价格。

小红书希望能把用户体验做好，不论是从商品、送货速度，还是外包装上。做好用户体验是小红书的战略，也是整个公司摆在第一位的。

二、企业特色

和其他电商平台不同，小红书是从社区起家。海外购物分享社区已经成为小红书的壁垒，也是其他平台无法复制的地方。新一代的社区电商，将会是移动电商的终极形态。

第一，口碑营销。没有任何方法比真实用户口碑更能提高转化率，就如在淘宝上买东西前一定回去看用户评论。小红书有一个真实用户口碑分享的社区，整个社区就是一个巨大的用户口碑库。

第二，结构数据下的选品。小红书的社区中积累了大量的商品口碑和用户行为，就好像全世界有几十万的用户在帮小红书主动使用和发现新出来的好东西，然后有几百万上千万用户用自己的行为来投票，这些数据可以保证采购来的商品是深受用户推崇的。这也是为什么小红书只卖过几千个 SKU，却能产生上亿销售额。

第三，个性化推荐。小红书暂时还没有太多精力来把这事做好，但是这是下一步的方向。个性化推荐要做到最好，其实不只是技术和算法有多牛，而是用户要花足够的时间在你的 App 里，通过无意识的点赞、收藏、关注、分享等行为告诉你足够多的关于她自己是谁的信息，而这个是社区性电商的天然优势。小红书用户平均每月打开 App 超过 50 次，使用 130 分钟以上，这是纯电商无法获取的极高价值的底层数据。

三、企业发展历程

2013 年 6 月，小红书在上海成立；

2013 年 12 月，小红书推出海外购物分享社区；

2014 年 3 月，小红书完成数百万美元的 A 轮融资；

2014 年 8 月，小红书 Android 版本上线；

2014 年 11 月，小红书完成 GGV 领投的千万美元级 B 轮融资；

2014 年 12 月，小红书正式上线电商平台"福利社"，从社区升级电商，完成商业闭环；

2014 年 12 月，小红书发布全球大赏，获奖榜单被日韩免税店及海外商家广泛使用，成为出境购物的风向标；

2015 年年初，小红书郑州自营保税仓正式投入运营；

2015 年 5 月，零广告下，小红书福利社在半年时间销售额破 2 亿；

2015 年 6 月，小红书深圳自营保税仓投入运营，保税仓面积在全国跨境电子商务中排名第二；

2015 年 9 月小红书销售收入突破 7 个亿；

2016 年 6 月 小红书用户量突破 4000 万，下载量近 4700 万；

2016 年底 小红书销售收入近 40 亿；

2017 年 4 月 小红书日单量稳定在近 6 万余单，日均销售收入突破 2 000 万。

四、运营基本情况

2015 年初小红书正式落户河南省保税物流中心，拥有独立运营仓库 5 200 平方米，具备承接跨境电子商务的硬件基础，积极投身网购保税进口备货模式的跨境电子商务业务中来。2015 年 6 月底接到海关方面通知要求参与郑州跨境试点业务的各电商、仓储企业，在完成订单、运单、仓库信息连接后，完成支付企业的系统对接工作。小红书接到通知后，积极的与第三方支付企业，保税物流中心信息技术部门沟通配合，以确保妥善完成支付信息的对接，达到职能部门的监管要求，完成"四联通"。

开展业务工作以来，小红书作为电商企业，在不断开拓市场与模式创新为主的企业运营以外，也积极的学习领会国家在试点电子商务方面的相关指示精神，坚持奉公守法、诚信经营为准则。也正是因为有了跨境贸易电子商务综合试点这样的国家顶层设计，从而呈现了小红书及类似的电商企业迅速发展与壮大的市场景象。

国家开展跨境贸易电子商务综合试点以来，有利地培养了在当今以互联网方式为载体的新兴业态的产生与发展，借助互联网手段成功地融合了各个行业之间隐性的交叉结点，诞生了许多新兴的行业，改善了传统经济业态的大托拉斯的发展方式，引导了新时代环境下打破域态合作共赢的市场导向，活跃了人的思维方式，顺应了时代发展的客观规律。

跨境电子商务作为电子商务产业的一个细分产品，在国家开展跨境贸易电子商务综合试点以后，大多数跨境电子商务企业实现了精彩的回归，即大量的海外仓库回迁至境内，依托试点的管理办法，形成了网购保税进口备货、网购保税进口集货、海外仓保税直购等多种经营方式，这样的做法很大程度上规范了市场行为，压缩了各种形式的海外商品通过个人、其他方式组织灰色代购的生存空间，使海外商品鱼龙混杂的乱象得到了极大的遏制，从而保证了海外商品的质量维护了消费者的利益不受侵害。同时也有利于稳定市场秩序，实现国家消费与税收的双回流。依托跨境电子商务业态所必须关联的环节，海外仓的回迁也为国内提供了大量的产业与就业的机会，增加了相当一部分的产业能量与人口就业红利。

通过试点改革办法的实施，在消费升级的大背景下，跨境电子商务这种业态能极大满足国人当下消费结构改善提升的需求，激活消费欲望，拉动消费市场，使消费者购得物美价廉的好东西，试点办法也能真正落实到受惠于民的原则上。市场中的商品更国际化，国人的生活更国际化，拉近了国际与国内类同商品间的面对面的竞争比对，有利于发现差距，形成技术，设计，潮流等多方面产业升级，使之更具有国际竞争力。

有态度的品质　跨境电子商务

——网易考拉海购

一、企业介绍

网易考拉海购是网易旗下以跨境业务为主的综合型电商平台，于2015年1月上线公测，是网易集团投入大量优势资源打造的战略级产品。依托网易集团丰富的用户、媒体、产品资源及雄厚的资金实力，网易考拉海购发展迅猛，已经成为增长速度最快的电商企业之一。

目前平台销售品类涵盖母婴儿童、美容彩妆、服饰鞋包、家居生活、营养保健、数码家电、环球美食、户外运动、水果生鲜等等，拥有超过80个国家的5 000多个品牌在售，商品货源产地包括美国、加拿大、日本、韩国、巴西、意大利、法国、德国、荷兰、丹麦、挪威、瑞士、瑞典、澳大利亚、新西兰、马来西亚、泰国、墨西哥、中国台湾等众多国家和地区。在美国、德国、意大利、日本、韩国、澳大利亚、中国香港、中国台湾设有分公司或办事处。

二、重塑客户体验：自建、自采、自营

（一）自建平台

网易考拉海购通过自建平台开展跨境零售业务，拥有超过300人的研发团队，技术实力雄厚，同时集成网易云（云服务器）、网易易盾（信息安全）、网易七鱼（云客服）等集团技术优势产品及服务，

通过快速的技术迭代更新，为用户提供更优的客户体验。

以用户界面为例，在网易考拉海购的移动端2.0版本上线之前，国内各大电商界面大多是多元的图形、繁杂的颜色和满目的文字，而网易考拉对设计进行了完全的颠覆，重新设计了一遍，整洁、大空白的同时让用户保持欢快的情感进行浏览，好比原来是在超市里购物，而现在则是在精品百货店购物，这种创新也为消费者带来了更好的购买体验，得到了消费者的喜爱。

（二）自建仓储

网易考拉海购于2015年初上线运营，先后参与杭州跨境电子商务综试区、宁波、郑州等跨境电子商务试点，采取保税备货为主、直购进口为辅的运营模式，拥有全国最大规模保税仓，同时在全球多点布局海外仓。网易考拉海购在杭州、宁波、郑州、重庆等跨境电子商务业务高地，拥有超过20万平方米的保税仓储。正在与全球顶级仓储服务提供商合作建设超过25万平方米的现代化、智能化保税仓，建成后日出单量可达20万单。

目前，网易考拉海购已经成为跨境电子商务中拥有保税仓规模最大的企业。未来，网易考拉海购还将陆续开通华南、华北、西南保税物流中心，实现24小时发货直达全国。在海外，网易考拉海购初步在美国、香港建成两大国际物流仓储中心，并将开通韩国、日本、澳大利亚、欧洲等国家和地区的国际物流仓储中心。

（三）自采自营

网易考拉海购基于自身定位和经营策略，组建专业的采购团队，依据各个国家和地区在资源、科技、文化、品牌四个维度上的比较差异，制定科学的选品策略，确保挑选的每件商品均为能够代表当地最具市场价值的精品。通过遍布全球的分支机构，深入了解当地市场行情，把握潮流和趋势走向，精选最具潜质的商品和合作伙伴。

网易考拉海购通过自营为主的模式，从海外商品源头把握供应链，与全球众多一线品牌和顶级供应商达成深度合作，锁定商品品质。自营模式和充沛的资金资源，让网易考拉海购能够实现长期稳定的大批量采购，从而降低采购成本，获得持续稳定的可靠货源，还可以紧握自主定价权，根据市场环境和竞争走向，灵活高效地调整定价策略，为用户提供更具竞争力的商品价格。

三、回归零售本质：好货、好价、好服务

（一）好货

为确保进口商品质量安全，网易考拉海购自建专业采购团队深入海外原产地直采，在配合海关、商检对到港商品进行多轮检验的同时，建立严格的自检机制，一方面严格审核供应商资质，核查品牌所有权、授权或从品牌方开始完整链路的商品进货凭证，并设置复核机制，在源头上严把商品质量；另一方面设立独立的质量检测部门，对所有入仓商品进行自检，核对商品与进货凭证是否一致，包括合同、发票、装箱单、提（运）单等，商品外观是否完好。同时网易考拉海购提供从境外启

运地至国内消费者的完整链路的物流轨迹追溯，确保商品可追溯，并在部分城市采用二维码溯源体系，提供进口商品的官方溯源信息，包括原产地、启运地、进口商、进口口岸、报关报检情况、发货仓库等信息，并提供防伪查询服务，多渠道确保消费者购买到优质好货。

（二）好价

自营模式不仅能监管假货问题，还意味着电商平台的自主定价权，以及由电商平台进行集中式的仓储物流。自营模式下，电商平台可以更好地控制仓储物流成本，而对于消费者而言，集中式的仓储物流无疑会减少他的开支，这也是消费者通常更喜欢自营而非第三方的原因之一。网易考拉海购凭借精简中间环节，压缩渠道成本，并通过长期稳定的大资金量采购，获得“海外批发价”。同时，网易考拉海购通过优化运营能力、提升管理效率、提高商品周转率、减少商品库存周期等手段充分降低成本。加上网易具备的海量用户资源，多渠道、大口径的流量资源，网易考拉海购能够节省大量的营销推广费用，将大量节省的成本让利给消费者，让消费者获得更多的实惠。

（三）好服务

1. 对于消费者，网易考拉海购为其提供最便捷的海外商品购买渠道，良好的购物体验，快捷的配送服务和完善的售后服务。网易考拉海购拥有专业的国际物流团队负责海外工厂、仓库提货、装箱并安排航空、航务等国际物流操作。同时，网易考拉海购与业内知名的国际物流公司达成战略合作，进一步提升网易考拉海购国际货运的效率、节约物流成本。同时，网易考拉海购与国内最顶尖的快递服务企业建立深度合作，凭借其强大的配送能力和覆盖全境的配送网络，能够保证网易考拉海购可以将商品在1~3天，送达每个角落，配送效率不断刷新行业纪录，并且已经在部分地区实现次日送达，高效的配送服务还将迅速扩展至更广大地区。2016年11月11日当天，网易考拉海购首单42分钟送达，打破跨境电子商务配送纪录。此外网易考拉海购拥有专业的客服团队和完备的售后服务体制。尤其在让很多“海淘族”苦恼的退货环节，网易考拉海购可以直接将商品退至国内仓，以此确保优质的服务体验。

2. 对于海外厂商，网易考拉海购还通过网易内外部丰富的媒体资源，和强大的品牌推广能力，帮助海外品牌更好地进入中国市场。在消费升级时代，海外品牌进入中国市场会遇到市场培育、流量成本、整合营销和商品经营等诸多难题，作为这些难题的一站式解决方案，网易考拉海购依托网易的媒体优势消除信息不透明与市场疑虑，以更高的效率和更低的风险实现商品销售与品牌推广，为海外厂商提供从跨国物流仓储、跨境支付、供应链金融、线上运营、品牌推广等一整套完整的保姆式服务，海外商家只需要生产商品、供给商品，网易考拉海购通过自身资源将海外厂商利益最大化。

打造创新型、惠民型、示范型 O2O 跨境电子商务平台
——河南省中大门网络科技有限公司

一、企业介绍

河南省中大门网络科技有限公司（以下简称“中大门”）于 2014 年 4 月 14 日成立。位于郑州市经济技术开发区航海东路 1508 号，是集国际购物、休闲、美食、娱乐、时尚体验、惠民服务等为一体的综合商贸平台。

二、企业组织架构及团队布局

（一）组织架构建设

为适应国际业务快速发展需要，打造创新型、惠民型、示范型 O2O 跨境电子商务平台，中大门优化调整组织架构，建设了以徐平总经理为核心领导班子及七个下设中心部门：市场开发中心、技术保障中心、运营中心、财务中心、物流服务中心、供应链服务中心及行政管理中心。

（二）专业团队建设

徐平总经理拥有 20 多年高层管理经验和丰富的国际贸易经验；熟悉国际贸易规则和物流业务，曾为国家外贸做出突出贡献。更依靠个人实力和影响力，凝聚了一批才华卓著的人才。

科技和人才是企业发展的源泉，中大门在引进国际化专才的同时，也十分注重企业员工整体素质的提高，培养了一支高效、富于创新、有团队精神、忠于企业的高素质员工队伍。近年来，伴随企业经营能力的不断提高，公司人员不断壮大，截止 2017 年 4 月 2 日，公司在编员工 135 人，其中：35 岁以下员工占 93%，平均年龄 26 岁；研究生 11 人，本科学历 51 人，大专学历 72 人；30%具有留学背景或专业资格证书。公司的运营团队，是一支不怕吃苦、敢打硬仗、充满朝气活力的队伍，是国内贸易、国际贸易、电子商务、信息技术、物流管理、市场推广等方面的专业人才。这支专业队伍是核心竞争优势，自中大门平台搭建以来，他们都忘我的投入到程序开发、技术测试、模式钻研、市场开发中去，不断培训和提升人员能力，扩充团队实力，在实践中锻炼队伍，综合素质得到显著提升，已具备体系化、流程化、专业化操作的能力。为保持行业领先发展地位，公司还与多家国际一流专业咨询机构、知名高校密切合作，外聘专业领域权威专家组成顾问团队。

三、主要做法

（一）服务创新

中大门是河南省进口物资公共保税中心集团有限公司的子公司。针对跨境电子商务长期未能解决的诸多问题，河南郑州跨境电子商务服务试点创建了中大门 O2O 交易平台模式，使消费者有更好的购物体验，消费者在中大门可以放心选购质优价廉的商品，商品保真、产地直采，海关全程监管，并从保税仓极速发货、可退换

货、可追溯，能有效维护消费者的合法权益，为跨境电子商务树立了榜样。

（二）服务内容完善

中大门不断完善提升平台系统服务能力，报关、报检、物流、仓储、零售、结算在内的一站式服务体系成熟；2015 年 5 月国内首家面积最大、品类最齐全的创新型跨境 O2O 中大门保税直购体验中心，为消费者提供线下体验店，现场进行商品体验、了解商品性状、线下下单等 O2O 购物新模式；率先全面运作一般出口、直购进口、网购保税进口、行邮配送等新型跨境网购与服务模式，促进跨境电子商务自由化、便利化、规范化发展。

（三）平台影响力

作为中部地区唯一的跨境 O2O 电子商务平台，中大门不仅为中国及河南本地消费者提供了来自世界各地的优质商品，还将吸引以郑州市为中心的 3 小时高铁生活圈所覆盖的巨大人群，有效带动郑州商贸业、旅游业、物流业和电子商务的发展，助力中原经济结构升级。

三、品牌设计

中大门以“买全球，卖全球”为企业宗旨，为消费者提供原装进口海外商品，为供应商提供线下进口商品体验馆、线上电商平台等销售渠道；依托 E 贸易试点政策优势，以及网络科技运营、国际营销渠道、智能物流、配套服务等功能优势，开展 O2O 体验、现场展示、线上单一窗口与线下综合服务相结合的基于 E 贸易的 O2O 式跨境电子商务综合服务平台，是中国 O2O 跨境电子商务引领者。

（一）中大门的两大使命

一是构建“互联网+”创新平台，助推传统企业向电子商务平台的单向迁移向线上线下双向深度融合发展，使电子商务企业与传统企业充分发挥自身优势，进行资源互补，分工合作，实现“万物互联”，促进以互联网、电子商务为核心的新经济崛起。

二是秉承“买全球、卖全球”理念，致力于架设网上丝绸之路，实现境外超市前移、满足国民采购需求、解决万亿境外购物回流问题，同时带动大批国内中小企业参与国际市场，扩大出口，以推动外贸稳增长、促进产业转型升级，打造国内领先的开放平台、发展平台、创新平台、惠民平台、示范平台。

（二）中大门的六大特点

一是国家跨境电子商务试点项目；

二是全国唯一一个综合性“E 贸易”试点；

三是国内首家 O2O 跨境电子商务平台；

四是河南首家保税、免税、一般贸易为一体的跨境直购体验中心；

五是整合国内外优质商品供应链；

六是满足巨大国内消费市场，拉动消费回流。

四、进展及目标

（一）进展情况

中大门已完成 O2O 平台系统升级，集线上线下展示交易系统、支付系统、WMS 仓储系统、关务服务系统、会员管理系统于一体。海外营销采购团队，积极扩充商品品类，搜索海外尖货为消费者提供更多海外臻品，目前平台商品备案 SKU 数量 45000 个，服务商家 50 余个。平台为商户提供一站式综合服务；平台技术升级快速清关、分拣、包装快速，54 小时可全国配送；12 小时展馆营业，12 小时在线客服，真正为消费者提供充裕购物时间，售后服务有保障；中大门体验馆建设完成服务场地面积 5.6 万平方米，现有多家线下体验中心，分布于郑州、大连等城市。预计未来 1 年内，将在全国建立中大门保税直购体验中心达到 30 家。

目前，中大门公司正积极筹备，即将隆重推出中大门的旗舰店：中大门三号馆及中大门广场项目，该项目在中大门原有业态的基础上增加引进多个国别的餐饮美食、韩国整形美容、亲子娱乐、咖啡书屋、特色旅游等新的业态，使中大门成为一个集网络购物、休闲购物、浪漫休闲、美食娱乐、时尚体验、异域风情于一体的跨境直购商业综合体。

（二）目标举措

中大门是河南跨境电子商务的前沿企业，凭借阳光化的通关模式，打造了线上交易、线下体验的新兴跨境 O2O 交易平台。未来，中大门将继续践行习总书记提出的“买全球，卖全球”目标，紧密结合中原经济崛起和“一带一路”经济发展的战略规划，以河南为基点，服务河南省乃至全国范围的大中小企业，建成国内电子商务行业第一渠道服务示范企业；国内进口商品行业第一渠道贸易示范企业；建成国内进口商品行业第一渠道互动平台，为企业和消费者提供更完善、更高效、更优质的服务布局，增强用户最优体验，引导更多跨境电子商务企业入驻保税中心、入驻中大门，实现线上线下一体化，让全世界的好东西，飞入寻常百姓家，实现万亿海外购回流、税收回流，助推河南经济发展。

中大门旨在服务河南省乃至全国范围的大中小企业，建成国内电子商务行业第一渠道服务平台；国内进口商品行业第一渠道贸易平台；国内进口商品行业第一渠道资讯平台；国内进口商品行业第一渠道互动平台。

中期目标是实现国外电商平台与国内平台的互动、共享，通过核心业务的打造，跻身中国国内进口商品主流网络贸易行列。

公司的远景目标是发展成为国内乃至全球权威的国内外商品交易平台、资讯平台，健全国内国际营销体系，促进资本、产品、技术在国际范围内自由流通。

共建跨境电子商务生态圈　用未来培养未来人才

——南京瀚海企业管理咨询有限公司

一、企业介绍

南京瀚海企业管理咨询有限公司（以下简称南京瀚海）成立于2010年，公司总部坐落在江苏南京，联合创始人来自江苏弘业国际集团、江苏苏豪控股、江苏舜天国际集团、江苏苏豪国际集团、苏宁云商、百思买等高管团队。南京瀚海作为阿里巴巴集团跨境电子商务人才认证服务商、生态合作伙伴、江苏省跨境电子商务高校联盟创始单位、南京世格软件跨境电子商务战略合作伙伴，专注于跨境电子商务精英人才培育。目前经体系培训并在跨境电子商务企业就业人才已超过万人，为学历/非学历跨境电子商务人员提供实训超过12万人次，为国内传统电商向跨境电子商务升级做出很大贡献。

南京瀚海自服务社会以来（2010~2016）先后荣获阿里巴巴集团所颁发的年度全国跨境电子商务人才培养“生态先锋”“突出贡献”“耕耘使者”“最高统帅奖”“优秀第三方生态服务商”“全国突出贡献奖”“全国十佳服务商”等诸多奖项。在2015年6月“百城千校·百万英才”江苏站启动仪式上，汇同江苏近40所高校成立“江苏跨境电子商务高校联盟”，并于2016年1月由发起人于斌先生在“全球B2B生态峰会”做“跨境电子商务人才培养”专题报告。同年6月参与《全国跨境电子商务从业人才培养规范》《全国跨境电子商务人才培养服务商标准手册》制定工作。7月，南京瀚海CEO于斌先生作为第七届全国外贸技能大赛企业专家组副组长参与比赛考核及点评，并作为专家参与商务部《中华人民共和国国内行业标准——客户服务专业人员技术要求》专家审定会。

二、跨境电子商务人才培育从1.0到3.0

2001~2010年间，高校跨境电子商务概念尚未提出，主要人才培养集中在商务英语，国际贸易，电子商务3个专业。使用教材和教学方案设计主要以传统外贸为主，而作为跨境电子商务B2B领域，高校仅将其视为信息获取渠道，无法有效接轨跨境电子商务的运营模式，交易模式及沟通模式。

（一）转变

到2016年为止，跨境电子商务专业还未纳入高级院校的专业目录；仅由院校各自申报纳入现有其他专业下的专业方向，导致在培育建设过程中出现教学思路不明确的教育短板；而培养标准和课程标准不统一，也导致了专业目录的模糊；相应的，跨境电子商务人才培养配套资源的缺乏，也无法导入企业和专业的师资，学校老师跟岗实训难，无法训练出“双师型”教师。教材理论大于实践，无法适应现代企业的需求；教学中缺少实训平台和软件等局限性，使学生缺乏模拟真实运营的环境。

2010年，阿里巴巴集团为新商业文明

培育人才成立“阿里学院”，以阿里巴巴国际站为平台，平台专业讲师70%+企业讲师30%的配比，组成面向高级院校的跨境电子商务人才培训团队，考虑综合成本因素，南京瀚海组织了超过20人的跨境电子商务核心师资团队，开启1.0培训模式编写符合企业实际需求的教材，进行为期15天的付费集中实训，训后测试合格即推荐到跨境电子商务企业就业。

在1.0模式下，给予学生的实训周期仅为15天，学生进入企业后由企业跟进培养，而大部分企业缺乏跨境电子商务团队管理及实操经验，学生进入企业后适应速度慢，一年后留存率偏低，与校方的互动不够紧密，尤其是对于在校生的收费问题制约了有潜质生源的选拔，因此在初期阶段发展受到制约。

（二）再思考

2011~2015年间，随着国内跨境电子商务的升温，平台使用的普及，企业对跨境电子商务人才需求极速增长，如何能够快速扩展实训生源，提升人才培养数量及质量，保持上岗学员稳定性，成为南京瀚海急需解决的难题。

结合1.0模式的实践，南京瀚海在企业及高校走访过程中发现，中小型企业对于跨境电子商务人才的关注点不再是学历，而更多侧重在应用技术型人才，即：能够熟练运用语言与客户进行基本交流沟通，能够熟练上传产品、操作平台，同时具备较高的企业忠诚度的员工。

经多方论证修改，在阿里巴巴集团的支持下，南京瀚海联合“宜信学生贷款”为参训的同学们申请贷款补助，成功实现学员零培训费用上岗，极大的解决了高校端人才入口问题。同时优化课程体系，将原来的15天分散实训提炼为10天全脱产封闭实训。针对企业方的需求，提供3个月上岗后技术支持，从线上到线下，从平台到成交端对在岗学员进行指导跟进，大大提升了学员的感受度，提高了就业的稳定性。

（三）深耕

六年多来南京瀚海团队培养的学员已经得到企业和社会的广泛认可，但随着跨境电子商务发展的趋势，企业及高校亦需更加系统化紧密的服务。2015年6月，阿里巴巴集团宣布启动“百城千校·百万英才”，针对如何进行生态圈运营，进行人才的全链路整合，有效链接学员，高校，企业做出新一轮的落地，欲在3年内培育出100万名跨境电子商务领域人才，抓住跨境电子商务时代的新外贸发展机遇，实现外贸企业转型升级。项目计划建设初、中、高级跨境电子商务人才三个梯队，通过“阿里巴巴培训之家”平台学习跨境电子商务知识、进行模拟操作、在线考取跨境电子商务人才证、参加人才双选会及企业家导师团指导创业，从而促进“中国制造”向“中国创造”转型的目标。

在“百城千校·百万英才”江苏站启动仪式上，南京瀚海与江苏开放大学商学院联合其他41所高校成立了“江苏高校跨境电子商务联盟”，打通高校间跨境电子商务项目的交流渠道。同时在江苏省教育厅招生就业指导中心，阿里巴巴集团等多方指导协助下，在华东地区建立27个“阿里巴巴跨境电子商务人才培育基地”，由企业端用人需求出发，政府指导，阿里巴巴平台支持，企业跨境电子商务专家团队实施，学校落地的四位一体模式进行联合人才培育，最终实现填补跨境电子商务企业人才缺口的多赢局面。先后在华东地区举办跨境电子商务人才专场招聘会75场，输送就业人数超过4 000人，就业率97%，就业首年平均薪资达到5 000元/月，同时企业的反馈好评率接近100%，在岗人员平均出单时间少于3个月，大大缓解了企业对跨境电子商务人才需求的现状，同时解决了高校由学术型向技能型人才培养的转变。

三、共建跨境电子商务生态圈

南京瀚海在政府政策支持下，充实专业课程设置，申请项目资金，组织院校峰会、企业峰会，提供通常对接渠道及技术支持，与江苏省教育厅及商务厅，安徽省教育厅实现对接，在招生就业指导中心网站设置跨境电子商务人才专区，在人才的培养，实训，就业等多环节提供政策扶持，全面铺开以跨境电子商务为核心的《创新创业学院》项目，逐步优化相关政策措施，多方助力人才成长。

（一）举办培训班

1. 校长研修班。组织学校相关学院校长、院长、学科带头人走出校园，深入企业、行会、跨境电子商务示范企业，与人才落地方交流共创，了解实际人才需求，行业发展趋势，针对性制定专业设置，人才培养方案。

2. 师资研修班。专业教师团队与企业专家成立专项课题组，共同修订教学计划，多频次进行师资培训，更新教学案例，编写跨境电子商务教材，录制线上课程。全方位，多渠道进行教学改革，最大压缩学生从学校到企业的过渡断层。组织第一线教师队伍深入阿里巴巴，苏宁云商及跨境电子商务标杆企业调研学习，掌握跨境电子商务最新规则，丰富教学案例。

3. 学员实训班。结合主流跨境电子商务平台，实战为主，以战代练，从大一的新生教育入手，通过解读跨境电子商务发展趋势，职业规划，帮助学生梳理思路，明确职业方向；大二开始接触企业实训账号，平台实操，一线跨境电子商务专家走进课堂，全面接触跨境电子商务在企业中的运用，实现理论学习与实战技能全面结合。

2016年全年，南京瀚海组织“江苏跨境电子商务高校联盟”的现有52所联盟会员高校，启动“双师型”“现代学徒制”人才培养模式实现资源共享，师资互换、课程交流，积极与企业专家互动，在核心课程设置，师资培训，教育方案优化，联合项目申报等多方面实现互通共赢。

目前共建立5所“跨境电子商务人才培育基地”，其中江苏开放大学跨境电子商务人才培育基地已经接待江苏省政府，省教育厅，广西壮族自治区政府领导及兄弟院校领导参观超过200余人次。

（二）行会·阿里巴巴集团

由百城千校项目负责人组织，南京瀚海，合肥轩昂协助，于2016年6月在阿里总部制定全国《跨境电子商务人才培养标准》《跨境电子商务人才服务商标准》，统一准入门槛，确保人才输送质量。阿里巴巴总部提供优质平台资源，各大区配合筛选各区域优质跨境电子商务企业，精心组织各地市人才双选会，区域端B2B大客户经理积极配合，定期跟踪。通过岗前培训，在岗提升，团队 PK 等多元化手段，就业跟进落实到人，实现就业满意度 100%。2015 年 6 月 ~2016 年 9 月，已经有上海、南京、苏州、合肥等多地政府与阿里巴巴集团签署跨境电子商务服务落地协议，实现人才培养—输出—成长的良性闭环。

（三）跨境电子商务企业

南京瀚海深入高等院校了解 95 后新生心理特点，结合最新跨境电子商务特点，立足企业实际需求，制定现代跨境电子商务人才岗位职责，对新进 95 后员工进行系统化，团队化培养。

跨境电子商务生态圈有效衔接高校、政府、阿里巴巴及跨境电子商务企业，在学员的职业素质养成、技能培训、团队融入、跨境贸易等环节，多方共建，助力学生和企业的稳定快速成长。首批参与该项目的学生，在校内跨境电子商务平台培训合格并获得阿里集团颁发的“跨境电子商务初级人才认证”后，即可参加由瀚海—阿里巴巴举办的跨境电子商务人才双选会，进入阿里巴巴国际站会员企业带薪实习。

半年后，他们在企业基本上可以独当一面，用人单位反馈满意率达 100%，并有四位学员因表现出色而提前转正，亦有学员在实习结束后选择阿里巴巴平台自主创业。

通过深度合作，不仅有利于高校相关专业的良性发展和学生就业能力的提升，而且为学校技能型人才改革和实践提供了新思路；还使高校在课堂教学改革、第二课堂建设及拓展实训基地为三大支撑的技能型人才培养基础上，进一步拓宽了校企合作思路，特别是加大了企业需求在教学内容改革中的权重。通过大数据、云计算等先进技术筛选有效信息，实现企业需求与课程改革的多维互动，深化联合培养的深度和广度。

四、对未来跨境电子商务人才培育的三维立体思考

南京瀚海以非教育背景的团队介入到高级院校的跨境电子商务教育，在 8 年中也不断的思索在学校教育中提前介入社会化培训的利与弊，不断地优化思路对项目进行微调。

团队大胆的去“变”，把变革创新中所需要承受的留给自己，把生态圈中各个终端所需要的结果用最精最简的方式输出。

“快”是这个时代的主节奏，因此团队以结果导向去设定每一个节点，让学员更快的健康成长，更快的落地执行，更快的适应上岗从业/就业。

以“联”的心态去构建属于跨境电子商务专业教育的生态圈，电子商务的本源终究是商务，商务讲求诚信，共赢，让整个生态圈中的每一个个体都能够获得自己所需要的资源就是南京瀚海团队的奋斗目标。

南京瀚海与政府，学校，行会，企业五大模块通过生态圈的模式进行联合形成跨境电子商务人才培养模型，但南京瀚海团队仍不断追求更“快”的极致，我们也在“变”！团队在新的战略节点将大数据和云计算的运用融入到新的体系调整当中，未来已来，把未来企业的需求作为项目培育的核心，用未来改变未来！

跨境电子商务一站式服务 启程电商敢为人先
——南通启程电子商务有限公司

一、企业背景

南通启程电子商务有限公司（以下简称启程电商）的所在地就是历史悠久的文化名城——南通。启程电商就如同她所在的城市南通的一样，怀揣着“包容汇通 敢为人先”的精神，以孵化跨境电子商务新模式、传播“互联网+新思路”为己任，一路拼搏。启程电商的外贸部门成立于2013年9月，服务部门成立于2015年7月。我公司一直专注于跨境电子商务一站式服务，始终秉承着“让外贸更简单”的宗旨，对内深化业务实力，对外对接优势资源，以人才输送、系统培训、联合办公、旺铺装修、平台代运营、官网运维为主线，持续不断丰富服务类目，形成了针对政府、大中小企业等不同领域、不同规模、不同应用的系列产品和针对性解决方案，是华东新兴影响力的跨境电子商务一站式服务供应商。启程电商依托客户出身得天独厚的条件，真正从心出发，陪伴外贸企业一路成长。

二、企业发展

启程电商与阿里巴巴的结缘是在2015年，那年外贸业务首次踏足阿里巴巴国际站，是机缘、是巧合，也是当时在众多平台中反复权衡、深思熟虑以后的选择，当然最重要的是阿里巴巴始终秉承着的“只专注于中小企业发展”的理念促成了最后的选择，其实也可以说是阿里巴巴国际站选择了启程电商。网站筹备完毕后，团队从无到有，在获取询盘、订单的路上搭建相互扶持、摸索前行，第一次收到询盘，第一次获得订单，第一次收到货款。功夫不负有心人，很欣喜，仅仅3个月，创始人徐总就完成了70多万的平台销售额，远远超过了大家的预期，也坚定了选择阿里巴巴平台、坚定不移走外贸之路的决心。

正是平台上淘来的这第一桶金，让启程电商有机会涉足国内外大小医疗展会，近距离接触同行、客户，了解行业前沿动向，回来后深挖产品、夯实基础，工厂迄今已完成五个部分的整合，一家独立研究所、北京全资公司、意大利收购子公司、无锡及常州的工厂。2017年年初，工厂顺利上市，不可否认外贸团队在国际站上一系列的成绩在这决定性的一步中是功不可没的。

2015年夏，启程电商正式入驻阿里巴巴外贸服务市场，正式开始为阿里巴巴国际站会员提供旺铺装修、代运营以及相关平台操作培训，自此启程电商成为阿里巴巴集团认可的服务商和合作伙伴，为自己的身份赋予了更丰富的含义——客户、服务商、合作伙伴；2015年冬，启程电商被授予“阿里巴巴集团优质合作伙伴”，作为一个新生半年的年轻企业这样一份荣耀谈何容易！“欲戴王冠，必承其重”启程人正是深知这个道理，才直面了一次又一次挫折和委屈；挺过了一回又一回的质疑和嗤笑；咬牙坚持了一个又一个不眠之夜；完成了一项又一项看似难以完成的任务；赢得了一家又一家的点赞和信任。

三、企业业务服务板块

启程电商的服务商业务主要分为培训活动和平台服务两大块。

截止到2017年4月，启程电商已举办培训活动70余场，逾3 000人次。其中涉足南通、上海、杭州、盐城、泰州、扬州、苏州、无锡、常州、南京等区域；授课形式多样，包含外出参观游学、室内体验式素质拓展项目、优秀前辈交流分享、传统讲授型课堂以及沙盘演练实操课程；课堂规模也根据学习需要从10人圆桌小课到千人峰会不等；课程内容包含："互联网+趋势与应对"、阿里巴巴国际站平台基础规则系列课程、管理系列课程、团队凝聚力培训等；课程时间从2小时公开课到4天4夜外出游学分享课程不等；课堂受众包含大中小企业、高校应届毕业生、政府、阿里巴巴一达通合作伙伴和知名企业，其中不乏家喻户晓的海澜之家和人寿保险。

目前，启程电商已为80余家企业提供了阿里巴巴国际站旺铺装修、平台代运营和企业官网运营维护等平台端口的业务服务，为超200家企业提供咨询顾问服务。为客户建立成长档案，在代理平台的同时，及时答疑和诊断平台，定期上门回访、提供系统培训，协助和陪伴客户的成长，让客户平台效果提升的同时拥有自己的专业团队。启程人一直以服务帮助客户成长作为自己的使命，因为启程人深知"授人以鱼不如授人以渔"，就如同启程的口号一般——"选择启程 助您启成"。"助"意味着帮助而非推卸责任、冷眼旁观的"祝"福。

四、企业组织构架

完善合理的组织架构之于企业十分重要，企业的经营和管理是围绕组织架构开展的，而组织架构又是以公司的规模、经营的项目、业务关系而定的。明确清晰、定岗定位的完善架构是企业长足发展的制度保障。着眼启程电商发展现状，组织架构如下：

启程电商日常管理由总经理办公室负责。总经理办公室：总经理1名、总经理助理1名。总经理办公室下团队由外贸和服务商两个部分构成。外贸团队由外贸经理统一协调管理，下设业务部、跟单部和物流部，合计10人。服务商团队由总监统一协调管理，下设市场部、活动部、设计部、运营部，合计16人。另外人事1名，财务1名。团队共计30人。

具体来说，外贸经理依照公司分配的销售额，制定外贸部门的销售预测、指标分解及销售计划，确保完成部门的销售任务。对重点客户的开拓和跟进进行指导；依照业务团队能力现状，协助总经理制定团队的培训计划，并落实培训的开展，提升团队业务能力和团队凝聚力，促进业务增长。业务部负责配合公司的所需，及时做好翻译等基础日常工作；熟知产品，对产品和其市场进行分析、服务和拓展；完成既定指标并对产品和市场不断完善思路，提出建设性意见和措施。

另外，服务商方面市场总监按照公司的既定市场规划方向和指标要求进行具体的部门分工和协调工作。市场部负责根据公司市场开发和业务需要，跟进市场总监具体工作的安排进行个人工作执行，以期完成个人和团队的销售任务和后端的客户服务任务；策划和活动执行完成并及时收集客户体验加以复盘、完善；设计部负责客户店铺和网站的平面视觉营销；运营部负责平台后期的运营维护以及知识技能分享。

这就是启程电商，一个年轻蓬勃、每天都立志成为更优秀自己的启程。

务实自己，助力外贸企业转型发展

——拓普旺网络技术有限公司

一、企业背景

拓普旺网络技术有限公司，成立于2013年11月11日，由11位厦门优秀网商联合创办。企业秉承的价值观是：服务客户、成就客户、回馈客户的使命，致力于打造中国最具生命力的第三方服务平台。作为阿里巴巴首批官方服务商，过去两年，拓普旺在为B2B外贸企业提供企业诊断、咨询、培训及外贸人才输出方面做出突出贡献，与此同时，拓普旺对于阿里巴巴各项目鼎力支持。

二、企业发展历程

2013筹建：2013年11月11日11位创始股东确定筹建拓普旺，并于11月28日正式注册；

2014成立：招聘18位应届毕业生成为拓普旺第一批员工并进行为期3个月内训，并于3月17日正式开业，创建“橙就营”培训品牌和“三国演义”；

2015发展：成立深圳拓普旺电子商务有限公司，并成为阿里巴巴国际事业部第一批培训官方服务商，以及人才类官方服务商；

2016突破：成立泉州拓普旺教育科技有限公司，委托厦门上市企业鑫点击网络开发跨境教育和人才综合平台。

目前拓普旺旗下拥有福建拓普旺网络技术有限公司、泉州拓普旺教育科技有限公司、深圳拓普旺网络技术有限公司、广州必途科技有限公司。目前总部设于厦门，负责旗下公司协调和福建地区的运作。总部公司团队20多人，由市场部，技术支持部，行政部，财务部组成。并由CEO尤志达先生全职运营，同时公司市场部团队12人，主要负责公司的品牌宣传，市场活动和产品销售渠道；技术支持部5人，主要负责公司的代运营项目，蚂蚁软件客服等技术支持；行政部2人，主要负责公司的文化建设，人力资源等项目；财务部1人，负责公司的日常财务情况。公司团队平均年龄25岁，90%是90后，公司团队氛围轻松、积极、阳光，是一支年轻向上的优秀队伍。

三、企业运营情况

1. 阿里国际培训：承接阿里巴巴国际事业部“橙功营”，“寻梦之旅”，“橙战”等培训项目。

2. 阿里村淘培训：承接阿里巴巴村淘合伙人招募，启动及培训项目。

3. 国际站代运营：阿里巴巴国际站旺铺装修，代操作服务费。

4. 外贸培训：拓普旺启橙新人培训，集结号阿里平台实操班，征橙外贸技巧班。

5. 人才输出：作为阿里巴巴“百城千校-百万英才”项目官方服务商对接闽汕高校跨境人才培训及输出。

6. 讲师经纪：掌握国内跨境 B2B 顶尖讲师资源，产出优秀课程。

7. 软件：一款自主开发的阿里巴巴国际站平台操作软件：蚂蚁助手。

8. 线上教育平台“学”：一款携手阿里巴巴一同开发的线上 O2O 跨境教育平台，实现线上培训，直播，点播等当下最新技术。

与此同时，拓普旺自营培训“橙就营”启橙-征橙-领橙系列培训也在闽汕大地生根发芽，拓普旺已和全国多家优质服务商签订联合协议，在务实自己的同时引入更多优质课程，助力外贸企业转型与人才培养。

打造跨境电子商务综合物流服务体系
——上海威盛快递

一、企业介绍

威盛快递是上海威盛报关有限公司创立的跨境电子商务物流服务品牌，致力于提供跨境电子商务物流行业领先、专业、综合性物流服务。2014 年在浦东机场国际快件监管中心投资设立了 1200 平方米现代化国际快件独立库，是上海口岸除了四大快递外又一家拥有快件独立库的企业，配备先进的自动化同屏比对，在线查验系统和自主开发的国际快件操作管理系统，精准、高效的管理跨境电子商务包裹日常作业。威盛快递也是经上海海关、上海检验检疫局批准的拥有国际商业快递、跨境电子商务直邮、非贸空运（私人物品）全牌照运营资格的国际快递综合物流服务企业。

2015 年威盛快递上海口岸累计处理跨境电子商务直邮订单超过 45 万票，占整个上海跨境电子商务直购进口业务量的 95%以上；2016 年威盛快递开通北京、郑州口岸跨境直邮物流服务，全年累计处理跨境电子商务直购进口包裹超过 180 万票，与上年同比增长了 300%，进口货值达 10 个亿；2017 年，威盛快递还将继续开拓广州、深圳等直邮口岸，并计划在上海青浦出口加工区设立跨境电子商务网购保税进口模式的保税仓储基地，进一步完善跨境电子商务综合物流服务体系。

威盛快递与兄弟企业——通关网合作，通过开放和共赢的商业合作模式、先进的 IT 架构设计和整合能力、综合性业务操作实力迅速得到行业认可，已成为上海口岸最大、全国知名的跨境电子商务直邮服务商，为美国亚马逊、京东全球购、洋码头、小红书、沃尔玛、家乐福等国内外大型知名电商平台提供跨境物流服务，同时威盛快递与 Apex、Geodis、Keery、Cj 等全球大型物流企业，以及国内大型快递企业圆通、百世、申通、京东配送等，建立了从物流网络到IT系统的全方位对接体系，能够为跨境电子商务企业提供一站式综合物流服务解决方案。

二、企业团队

毛嘉元，威盛快递创始人，毕业于复旦大学，现任威盛快递和通关网董事长，中欧·上海跨境电子商务研究中心理事长，中国检验检疫协会跨境电子商务工作委员会常务理事长，也参与了《上海市跨境电子商务综试区方案》的制定，并为上海市青浦区政府、长宁区政府和黄浦区政府制定了跨境电子商务产业发展规划；在跨境电子商务进口业务方面，毛嘉元先生积极参与并主导了美国亚马逊直购进口项目，由威盛快递和通关网为美国亚马逊提供全程物流、信息服务；在跨境电子商务出口业务方面，帮助敦煌网研发并建立的Dhlink物流服务平台，建立了上海市第一个跨境电子商务海关监管点，帮助跨境电子商务出口企业实现出口退税，在国内跨境电子商务出口领域处于领先地位；在自贸区信息化建设方面，为金桥自贸区打造贴合区内企业的智能制造、保税维修、离岸贸易和结算中心“四位一体”的综合服务平台，真正实现投资、贸易便利化。

威盛快递总部设在上海张江高科技园区自建的海关保税仓储中心，传统业务副总经理以传统国际贸易、国际货运、保税仓储（含食品保税仓）、进出口报关及商品预归类服务为主，以上海口岸为核心辐射长三角及全国，为大型跨国企业及各类进出口企业提供国际贸易、国际物流和进出口通关服务；跨境电子商务业务副总经理负责跨境电子商务业务运营管理，以上海浦东机场国际快件分拨中心和张江跨境电子商务出口9610监管仓为基础，向全国其他空港和海外市场延伸，整体构建传统外贸（B2B）加跨境电子商务（B2C、B2B2C）的全网络、全渠道、多口岸跨境电子商务综合物流服务体系。

国内布局：威盛快递发展跨境电子商务综合物流服务，建立多口岸、全渠道的服务体系，已经设立威盛快递北京分公司、郑州分公司和广州分公司，覆盖国内沿海及内地最大的空港口岸，也是国内跨境电子商务主要的试点城市。2017年威盛快递还将在上海青浦出口加工区开启网购保税进口仓储物流服务，进一步完善跨境电子商务综合物流服务功能布局。

国际布局：已经与美、欧、亚太等地区大型物流企业合作建立12条国际快递专线，按照地区分布划分为美洲、欧洲、亚太、澳新四大区域商务运营管理小组，统一管理、指导、协调境外合作代理，建立标准统一、服务高效的跨境物流直邮网络。威盛快递2016年已经成立第一家海外分公司——威盛快递美国分公司，将进一步拓展海外市场，提升威盛快递的海外服务能力。

三、组织构架

威盛快递公司内部组织架构主要分为两大体系：职能部门和业务部门。以下是公司组织架构介绍和组织结构图（如图3-1所示）。

1. 职能部门包括：财务部、行政部、人事部、信息部。

2. 业务部门包括：物流一部、物流二部、仓储部、报关部、空运部、国际快件部、归类部、美国分公司、北京分公司、郑州分公司、广州分公司。

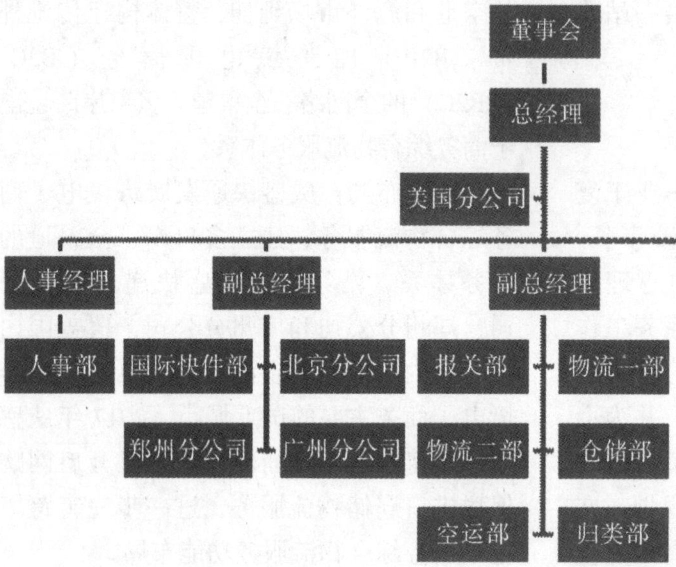

图 3-1　公司组织构架图

四、平台建设

威盛快递立足上海口岸，从服务美国亚马逊直邮业务起步，与通关网合作开发了威盛快递订单管理平台、威盛快递物流操作平台，跨境电子商务智能申报平台三大操作管理系统，分工合作、协同管理，并与上海跨境电子商务公共服务平台、检验检疫全申报平台、地方海关物流辅助管理系统对接，形成了威盛快递全球物流网络上层的全链路、开放式跨境数据信息网，使各种跨境电子商务模式和消费场景下的跨境物流服务需求可以无缝对接威盛快递全球物流服务体系，也使威盛快递能够整合境内和境外大型快递企业、国际货运代理及海外仓服务商资源，构建开放和共赢的全球跨境物流生态网络。

（一）威盛快递订单管理平台

威盛快递订单管理平台通过威盛快递在线云订单中心、海外仓 WMS 在线管理系统、大客户 API 接口打通多模式、多场景、多渠道订单数据入口，使电商平台、海外供应商、海外买手和海外仓等跨境电子商务各环节参与主体都可以方便、快捷接入威盛快递全球服务体系，并管理物流订单和物流跟踪状态。

（二）威盛快递物流操作平台

威盛快递物流操作平台是符合国际快递包裹进出口操作流程和特点，满足国际快递包裹进出口监管要求，对接威盛订单管理平台、智能申报平台和口岸监管部门物流辅助监管系统的跨境电子商务直邮监管场所进出包裹操作管理系统。

（三）威盛快递智能申报平台

威盛快递智能申报平台是根据海关、检验检疫等口岸监管部门要求，以及跨境电子商务客户的商品和订单信息，智能判断适应的申报模式并自动生成各类申报报文和文件，与各试点城市跨境电子商务公共服务平台、海关总署国际快件申报系统，以及公民身份信息认证信息平台对接，完成信息认证和电子化申报。

六、成功案例

（一）美国亚马逊——全程供应链信息化总包服务

从2014年4月起，在上海口岸由威盛快递直接操作美国亚马逊直购进口业务，负责商品归类和备案、订单审查、海外发货通知、海关和检验检疫清关、进出仓操作、配送中转、订单追踪和跨境退运等一站式跨境电子商务物流服务，保证美亚的包裹从美国起飞到客户处，全程不超过96小时，时效达标率100%。2016年亚马逊启动PRIME极致递送服务，从客户下单到送达客户全程不超过6天，威盛快递通过各环节的严密管控再次保证亚马逊PRIME极致服务的KPI考核标准达到97%以上。

（二）京东全球购——跨境海外仓到终端集成服务

京东全球购以威盛为核心，通过对接威盛快递信息平台，借助威盛快递开放的口岸、干线物流网络资源，实现海外仓和国内京东配送快递网络资源整合，以最低成本、最快速度构建起跨境直邮海外仓到国内终端消费者的仓到端跨境直邮物流服务网络，为京东全球购平台第三方卖家提供标准统一的跨境直邮物流服务。

（三）小红书、洋码头——跨境电子商务口岸物流综合服务

以小红书和洋码头为代表的上海本地新锐跨境电子商务平台，自建物流系统和物流代理网络，与威盛快递从IT系统到进口操作全方位对接，由威盛快递提供商品备案、数据推送、提货分拣和入境申报的口岸物流综合服务，为跨境电子商务平台上的海外品牌商家和海外买手提供阳光清关服务，使跨境电子商务企业境外直邮综合服务时效最快缩短至平均5天。

“渝新汇”国际品牌致力于成为中国零售市场的桥梁和门户
——重庆前锋科技有限公司

一、公司背景介绍

重庆前锋科技有限公司成立于2004年，公司注册资本1 000万元整，公司成立之初主要从事通讯类产品包括电子数码产品，网络配件等销售。近年来，随着国内普通消费者对国外商品购买需求的加大及对跨境网购认识的逐渐普及深入，进口跨境电子商务的市场渗透率和市场规模已从沿海城市向西部城市转移。在政府大力支持发展跨境电子商务企业的背景下，跨境电子商务购物平台已成为当下国内普通消费者购买进口商品最常用的购物手段之一，2013年11月，重庆市又成为全国唯

一具有跨境贸易电商服务四种模式全业务的试点城市，为了更好的促进公司未来发展和迎合市场的需求，重庆前锋科技有限公司于2015年进行公司战略发展调整，开设了跨境电子商务范畴，将公司发展重心逐步转移到跨境电子商务领域。因此，在2015年11月，重庆前锋科技有限公司进口跨境商城——“渝新汇”（以下简称“前锋跨境”）商城正式上线运营，商城网址：“www. xiyong 123. com”。同年12月正式落户于高新区火炬互联网产业园，是重庆市高新技术开发区政府重点扶持的跨境电子商务企业之一，通过重庆海关、重庆出入境检验检疫局、西永综合保税区的企业审核，正式获得跨境电子商务业务经营许可资质，成为首个入驻重庆高新技术产业开发区的跨境电子商务企业。

二、平台发展现状

前锋跨境商城从成立至今，销量一直稳步上升。于2015年10月上线运营2个月完成销售额接近2 000万元。2016年全年完成销售额1亿零600多万元，平台上线至今累计完成销售额3亿元人民币。2016年根据重庆海关统计数据显示，前锋在本土跨境电子商务企业排名第二，综合排名第四。同时前锋跨境以全新的商业模式，将产品入驻各大、中、小型平台，现有合作平台包括：一通百、海拍客、海带网、海豚等。从目前合作平台的数量看现已呈现稳步增长的态势，预计到2017年底，前锋跨境合作平台数量在现有基础上将增加1 000个。

随着公司2016年战略规划的发展和调整，前锋跨境现有员工总数72人，包括：海外留学生、研究生、大学本科生、专业技术人员等。由七大核心部门组成，商品采购部、销售部、国际贸易部、研发部、客服部、人事行政部、财务会计部。目前正在筹备搭建海外事业部，为公司未来直邮业务和海外仓的设立。

商品采购团队成员曾多次赴欧洲、澳洲、韩国、日本等地进行产品调研，对知名畅销品牌进行实地考察及供应商洽谈合作沟通，以保证产品的质量，杜绝伪劣产品。国际贸易部销售团队汇集了各领域的销售精英，善于通过各种渠道寻找客户，销售产品。客服团队作为客户服务的窗口，正在不断的提高客服水平，力争能为客户提供更多、更优质的服务，提高客户满意度及用户体验（如图3-2所示）。

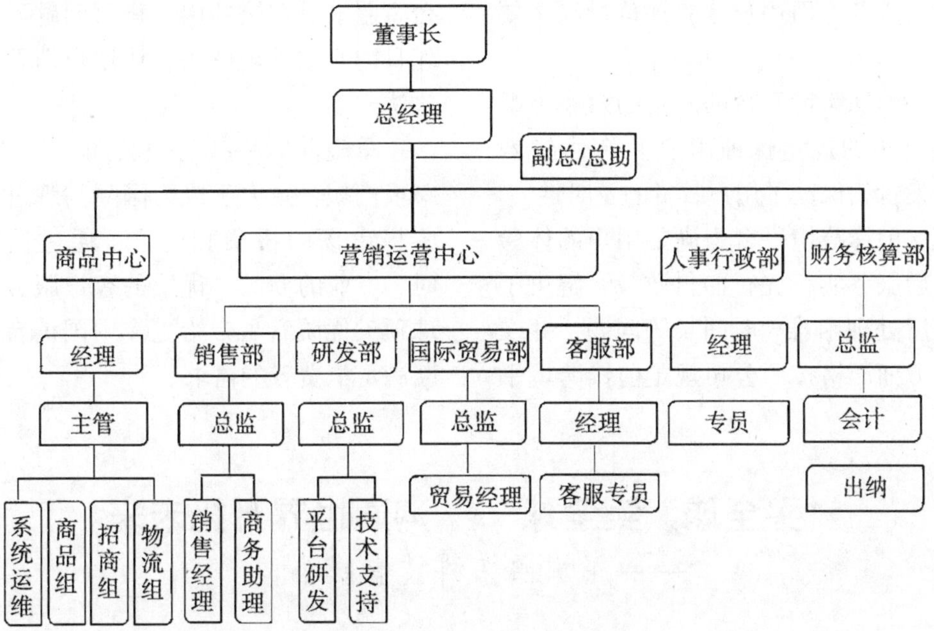

图 3-2　前锋跨境组织架构图

三、平台未来发展规划

（一）2017~2018 年公司的总体战略目标是完成销售额 6 亿元人民币，为更好的达成目标，公司将在现有产品上，扩宽产品的种类和品种，计划引进保健食品、洗护用品、母婴用户、化妆品等国内外畅销知名品牌产品。

（二）根据国家政策方针调整，公司也将就销售模式、运营模式等进行战略调整，加深现有平台合作力度和深度，增加与各大平台合作，吸引更多的商家、平台入驻商城，做到不断扩大与大型平台的产品合作层面，同时加大中小型平台深度合作的挖掘，此外公司还将加强区内企业的合作，拓宽销售模式，大力开展区内贸易，力争成为重庆标杆性的区内贸易企业。

（三）公司还将加大海外供应链渠道的建设，计划在欧洲、澳洲、荷兰、韩国、日本等建立海外仓库，同众多厂商、品牌商、代理商及知名平台建立战略合作关系，搭建完善的采购和供应体系，力争做到货源充足、质量最好，价格最实惠，消费者最放心。

（四）前锋公司已于 2016 年 7 月正式开始新三板上市的各项准备工作及上市前培训辅导，届时将完善公司管理制度及资本结构，从而促进公司规范化发展，极大规模的提高前锋跨境品牌的知名度和市场竞争力，树立企业的品牌效应，从而带动周边相关行业的发展。

四、预期达到的经济指标、技术指标、服务效果等指标

从前锋跨境项目上线至今，已完成 3 亿销售额，同时从整个用户体验分析，平台用户数量也呈现稳步增长态势，从用户消费后对平台服务的反馈分析，总体而言，用户对前锋跨境平台的服务流程和服务质量均给予较高评价，比如：在物流服

务和售后服务方面用户体验评价最高主要体现在：

第一前锋跨境平台的发货的效率上严格按照公司的规定保证用户下单后在 24 小时内发货，保证了用户收货的及时性。

第二前锋跨境平台为满足用户的体验感，售后服务实行先行赔付政策，解决了用户售后处理困难、时间长等问题，并在时效性方面严格按照公司规定前锋跨境平台客服人员在接到用户售后问题后 2 个工作日内必须处理解决，让用户消费无后顾之忧。

重庆前锋科技有限公司—“渝新汇”跨境商城，致力于成为国际品牌进入中国零售市场的桥梁和门户，通过便捷、及时、专业的商品、优质的客户服务，将全球顶尖优质商品带给更多中国消费者，不断满足消费者的需求。

“买全球，卖全球” 沟通世界开拓未来

——深圳通拓科技有限公司

一、建双向通道 助业绩增长

通拓科技成立于2004 年，专注跨境电子商务，不断创新，取得累累硕果。2015 年，通拓科技启动跨境电子商务进口、自营网站及自有产品业务，开始打造跨境电子商务生态平台。2016 年，通拓科技通过优化布局，实现了进出口双向并发，全产业链平台化发展。出口方向覆盖国内仓小包快件、海外仓发货两种商业模式；进口方向覆盖一般贸易、直购进口及保税备货三种模式。目前跨境电子商务出口居国内前茅，进口跨境电子商务在国内多个城市布局，发展势头良好。商品涵盖 16 个大品类，自主品牌产品 SKU 5 万余个、外部供应链合作 SKU 近 20 万个，出口产品包括手机及配件、遥控模型、相机及摄影器材、户外运动、影音、家居园林、美容保健、仪器仪表、汽摩配件、安防、照明等，进口板块主要从事国外优质品牌产品总代理，销售母婴产品、红酒、日化品、食品等近千种商品。

得益于进出口双向快通道的建立，通拓科技 2016 年斩获了 30 个国际品牌全国总代理、设立全国省级大区、全国 KA 系统及电商总计 22 个销售网点、覆盖线上线下全渠道，全球子公司十余家，拥有 8 万余平方米自营海外仓，24 小时全球智能 ERP 实时响应，整体综合实力不断增强，获得国家级高新技术企业、深圳市直通车大企业、深圳市服务贸易重点企业、技术先进型服务企业、深圳市服务贸易示范项目企业等荣誉，连续 3 年获得“eBay 销售铜奖”。

二、创“双泛”模式 绘“双全”蓝图

创新已成为通拓科技的第一生产力。通拓科技通过互联网思维、模块化管理、IT 大数据技术、大量海外子公司、进出口双向贸易等多种方法匹配组合，独创“泛供应链泛渠道”模式，较好地解决了多品类、多供应商、多平台、多仓库、多物流、多国家、多语言的复杂关系。致力于把中国优质供应链产品，通过 eBay、亚马

逊、速卖通、Wish、Tomtop 等多种渠道销售到全世界，把全球优质品牌商品带回中国，把各国优质产品互卖全球，打造极致的跨境购物体验，让全球消费者共享优质产品，畅享高品质生活。

通拓科技通过积极优化业务布局，初步形成了“第三平台+自有平台”“出口+进口”“其他品牌商品+自有品牌商品”等多维度全方位的立体式业务布局，通过13年沉淀逐步建立起强大的大数据分析体系，积累了大量的用户购物、浏览轨迹等数据，为精准营销奠定了坚实基础。自营海外仓遍及英、美、法、德、意、俄、西班牙、香港等地，规模仍在进一步扩大，分布范围也将进一步拓展，有效整合各国采购、仓储及物流运输资源。这一系列独特的核心竞争能力，使通拓科技“买全球，卖全球”的蓝图成为现实。

三、重自主创新，建品牌优势

创新是企业不断进步的源泉。通拓科技成立供应链公司“通网”，完全自主研发 ERP，自建流程以应对多元、复杂的跨境电子商务全球化商业模式。ERP 集合供应链、仓储、物流、财务、销售、绩效考核、企业文化、内部管理为一体，支撑业务团队及海外团队间高效协同运营、快速响应，将多供应商产品、多仓库库存、多渠道的订单等信息集成并同步管理，供应链能力成为跨境电子商务行业标杆，有力地保证了业务的高速发展。公司自主研发设计的智能硬件产品、物联网产品以出色的设计、优质的性能获得苹果 Homekit 在亚洲区的第二家认证单位，自主品牌 Dodocool、Koogeek 等广获海外用户青睐，销量不断攀升。2016 年，获得 2 项欧盟外观专利，累计取得自主品牌商标专用权 56 项，较好地通过跨境电子商务推动自主品牌国际化拓展。

四、着力文化建设 打造高素质队伍

作为国内一流的跨境电子商务企业，通拓科技历经 13 载风雨，逐步打造自己独特的企业文化，例如通拓人性化、通拓式创新等，通过不断完善提升，融入到公司管理、业务拓展等各个环节，为员工的快速成长、高素质队伍的建设、公司的高速增长提供了良好的土壤及氛围。

为了让员工能更好地在公司落地生根、良好地成长，通拓科技实施了独具特色的人性化管理。现在，通拓科技人性化管理已成为行业标杆，从“人”的起点出发，衣食住行、学习、工作、娱乐，多维度的维护“人”的尊严和需求。如内部食堂、睡垫午休、瑜伽健美、艺术布置、趣味锻炼、篮球队、乐队、周末电影、迎新会、生日会、外语角、言论自由、班车、净水净气、员工宿舍、移动办公等。

自主创新能力的增强与高素质的人才队伍体系以及公司“创新思维，创新实践”的倡导制度是密不可分的。通拓科技，全球拥有 1 500 余人员工队伍，研发人员近 200 人，大学及以上学历占 78%，100%高管为合伙人，50%来自 BAT 及国际企业，80%中基层干部内部培养、股权激励，95%干部队伍稳定发展。通拓科技倡导并带头践行创新，在公司打造了良好的创新文化土壤和创新氛围，并将创新列入绩效考核、期权计划中，作为重要的考核指标，目标是“让每颗螺丝钉都带芯片”，让创新无处不在，让创新无人不会。通拓式创新已成为行业佳话！

全面发展，推动两岸经贸合作持续健康发展
——福建岚台通电子商务有限公司

一、企业背景

福建岚台通电子商务有限公司为福建利嘉电子商务有限公司在平潭综合实验区注册的全资子公司，注册资金 1 000 万。旗下“台品购”项目由平潭综合实验区管委会牵头，福建利嘉电子商务有限公司、福建跨境通电子商务有限公司共同联合开展的投资合作项目。

“台品购”以岚台两岸通路为承载，为海内外跨境贸易商提供 BB、BC 通关、仓储物流、交易撮合、供应链金融等综合服务；同时作为福建省政府唯一指定的平潭国际旅游岛专属配套旅游购物平台，在岛内各景区、民宿等游客集散地打造线下 O2O 平台服务点，不断开发和打造富有平潭特色的产品和服务，为游客带来更好的购物体验。

二、企业发展布局

（一）利嘉商业城资源拓展

“台品购”项目依托于总部利嘉电商与利嘉集团丰富的商业资源，与利嘉国际商贸城商户达成深度合作，拓展产品供应链与线下渠道资源。利嘉国际商贸城是目前海西规模最大、占地 932 亩，总建筑面积达 300 万平方米的利嘉国际商业城，汇聚自贸区保税交易中心、服装、鞋帽、皮具箱包、小商品、化妆品、国际名品、体育文化用品、电子电器等 18 类多元业态。利嘉国际商业城分别与福州保税港区管委会、仓山区政府和福州海关分别签署战略合作协议，利嘉国际商业城成为福州自贸区唯一一个区外保税展示交易中心，对外展示交易来自全球多个品种的跨境商品。

（二）口岸仓储合作

为配套电商平台发展，“台品购”项目整合利嘉集团的仓储资源，在各沿海口岸拓展仓储业务合作。

福建平潭·利嘉国际物流园位于平潭综合实验区金井湾片区，配备保税仓储区、冷链仓储区、商务办公区等，其中保税仓储面积 7.5 万平方米，冷库 3.7 万平方米，采用国内一流、国际领先的钢筋混凝土结构及大型物流运输车转盘配套设施体系。园区重点为“链接两岸、辐射国内外”，主要叠加网购保税进口、快件中心、保税加工等通关功能，为客户提供各类商品的检测、分类、包装、仓储、物流等专业网购保税进口仓储服务。

福建江阴·利嘉国际物流园位于江阴经济技术开发区，仓储总面积为 55 万平方米。目前一期已建成 6 万平方米的保税仓储，同时配套 8 700 平方米的跨境监管中心，于2016 年与国家海关总署签订战略合作备忘录，在其上叠加了跨境监管中心、保税展示销售中心等优惠政策，为利嘉国际商业城 6 万平方米的跨境商业综合体提供“前店后仓”的有效保障。

香港·利嘉电商香港境外仓位于香港上水，现有仓储面积约为 3 000 平方米，同时在建仓储面积 1 万平方米。目前仓内

以母婴、美妆、日化杂货等消费品为主，超过 7 000 多种 SKU。对外提供专属订制仓、供应链金融监管仓、动产质押监管仓、暂寄仓等服务。主要贸易为岛内市场交割及面向国内各大口岸的跨境通关。

此外，目前口岸仓储在建的还有福建长乐空港（1 200 亩）、广西钦州（1 000 亩）、广西东兴（2 600 亩）、武汉临空港（1 000 亩）等地也将纳入台品购仓储运营范围。

（三）“台品购”B2C 平台研发

“台品购”电商平台（一期）经过一个多月的研发，已实现商品展示、用户下单、活动运营、便捷式交易、会员系统等多项功能，同期研发的商城 ERP 订单系统（一期）、商户后台等技术平台配置，有效提升商城平台的竞争力。2016 年全年，“台品购”电商平台共计完成招商入驻 23 家门店，累计近 500 款 SKU，完成线下 O2O 门店配套装修共计 9 家。同时于平潭设立“台品购”平潭快递服务站点，配套商城快递服务，承接各大平台包裹。2017 年年初，举办的新春活动持续 21 天，累计曝光 3 032 386 次，共吸引关注 3 572 人，商城累计注册 2 215 人。

（四）海外供应链模式

“台品购”项目以立足于平潭，以台湾商品为主打，积极探索与台湾知名商家合作，在最近的一次糖酒会上积极与参会的所有台湾知名厂家对接，在多款产品上渠道推广达成共识。除了台湾商品，台品购借助利嘉电商在全球 23 家供应链合伙人资源，分别分布在欧洲、美国、日韩、澳新等跨境主要国家，凭借与优质商家的合伙人机制，深度整合为自身的海外供应链优势。

三、平台组织架构与人员分工

电商平台的人员分工基本围绕着平台业务开展，基本组织架构与人员分配如下：

部门涉及岗位部门岗位职责：

1. 总经办总经理、副总经理战略规划、运营实施、项目。

2. 监督、员工培训、管理部署、企业文化建设等。

3. 行政部行政主管、行政专员办公设备、用品采购管理、车辆管理、活动组织、证件办理。

4. 人资部人资主管、人资专员人力规划、招聘、薪资体系建设、培训、绩效考评等。

5. 财务部财务总监、会计专员、出纳、结算专员财务规划、会计、出纳工作、结算、预算分析。

6. 技术部技术总监、程序员等网站建设、系统开发、维护、系统策划、需求开发与测试、公司硬件与网络管理。

7. 品牌部品牌主管、运营主管、美工、活动专员平台宣传、活动推广、线上线下活动、商城运营、图片编辑、门店装修。

8. 产品部产品主管、采购专员供应链体系建设、产品整理与编辑、产品上架、产品分析等。

9. 客服部客服主管、客服专员订单处理、客户关系维护；客户数据库建立、数据分析、决策支持等。

10. 市场部市场主管、O2O 主管门店管理、线下门店拓展、线下门店运营、分销商的招募与管理。

11. 仓储物流部仓储主管、物流专员、通关专员、打包打单专员负责管理仓库，进货、打包发货、进销存管理、物流管理、清关发货等。

此外，公司对于KA项目合作、通关通检等业务配置专业人才进行跟进，保证跨境电子商务综合业务顺利发展。

四、项目发展目标

“台品购”项目搭建台货交易的公共服务平台，结合平潭当地的旅游特色发展旅游电商行业，树立本土电商独有的品牌，线上提供BB和BC交易，线下提供两地揽货、集货、通关、物流等综合服务，促进对台和经台商品在平潭产业聚集，将平潭打造为最具创新活力的电子商务交易中心、互联网金融运作中心和电子商务物流枢纽中心，为推动两岸经贸合作持续健康发展奠定坚实的基础。

信息整合：创造供应链协同价值
——厦门嘉晟集团

一、企业总体情况

嘉晟集团创立于1997年，总部位于厦门，是一家“互联网+外贸综合服务”企业集团，其运用先进的供应链管理理念，通过线上线下融合，专业整合供应链各环节资源，为合作伙伴提供包括物流、资金流、商流、信息流等“四流合一”的供应链整体解决方案，帮助进出口企业规避风险，降低成本，提升竞争力，进而实现供应链的协同价值。嘉晟集团先后被评为“全国首批外贸综合服务企业”“国家电子商务示范企业试点项目”“商务部电子商务示范企业”“中国服务业500强企业”“国家AAAA级物流企业”“厦门市总部企业”“海关AEO高级认证企业”等，并获得省市多项表彰殊荣。

二、企业团队情况

嘉晟集团旗下深圳嘉晟供应链股份有限公司、厦门市嘉晟对外贸易有限公司荣登“2015年我国一般贸易出口企业百强榜"。深圳嘉晟供应链排名连续两年稳居第13位，厦门市嘉晟对外贸易有限公司排名第33位，较2014年第71位的排名上升了38位。嘉晟旗下企业连年入榜我国一般贸易出口百强企业，得益于嘉晟集团19年来持续的创新，同时也进一步彰显了嘉晟集团在供应链管理和外贸综合服务领域的实力。

（一）集团建立专业化团队

人才是嘉晟集团做好企业服务的核心要素。嘉晟集团现有300多专业人才，可服务3000多家企业，完成上万人工作量。与嘉晟合作的外贸企业自身无需再配备退税员、报关员，管理成本至少可节约20%。通过嘉晟集团为生产性外贸企业提供专业化人才服务，解决上下游企业人员短缺和经验不足问题，提升了供应链企业的人均效能。

（二）强化风险防控

嘉晟集团将风险管理分为政策、业务、商务、关务、法务等六个维度，成立政策研究小组，制定政策风险解决策略；制定客户准入原则，针对不同风险和资信客户采取不同提货合同或信用方式；进行风险控制意识培训，加强内部团结建设；建立健全完善的关务流程；建立专业、高效的法务队伍。六项风险把控维度相辅相成，共同形成六道防线，为嘉晟集团稳健可持续发展夯实了基础。

三、企业发展特点

（一）业务平台

嘉晟集团投资3000多万元，通过打造"三通四宝一平台"，搭建形成"互联网+外贸综合服务平台"，推动自身从传统外贸企业向外贸综合服务企业的创新转型，在线为外贸企业提供信息、数据、金融、通关、物流、退税、外汇等所有外贸交易所需的进出口环节服务，实现外贸单证的标准化和外贸过程的可视化，进而建立其独特的业务创新模式。

"三通"：即"嘉易通、嘉集通、嘉通关"。嘉易通平台是首批发展改革委电子商务示范城市试点项目，面向B2B企业提供外贸综合服务；嘉集通为面向B2C企业提供外贸综合服务，为跨境电子商务企业提供分送集报，阳光收汇，出口退税服务；嘉通关是嘉晟自主研发的"互联网+报关系统"，实现了企业与海关的信息对接和数据交换，有效减少报关差错率，提升通关效率，保证准时交货。

"四宝"：即"备货宝、押汇宝、质押宝、信用宝"。嘉晟集团根据客户不断提升的个性化、定制化资金需求，积极创新供应链金融服务，形成的四个标准化服务产品，进而帮助中小外贸企业真正解决融资难的问题。

"一平台"：即在"三通四宝"基础上搭建形成的"互联网+外贸综合服务平台"。通过平台实现了在线下单、在线报关、在线服务、在线结算、在线融资、微信查询、数据分析、信用评价等功能，提高供应链流程各环节协同效率，让供应链上下游企业共享采购、制造、物流、通关、支付等信息，促进供应链伙伴间的协作和信息交流，让整个贸易环节变得更顺畅、更优化、更高效、更透明。

（二）供应链协同创新

借助"互联网+外贸综合服务平台"，推动外贸企业技术进步，把供应链点对点的订单流、物流、资金流和信息流等集成起来，为客户提供更优化的供应链管理方案，实现上下游供应链的协同创新。

通过组织参展，协助外贸企业获取订单。如组织企业参加广交会、华交会、香港服装展、慕尼黑电子展等专业展会，帮助外贸企业组团推广，获取订单。通过平台和科学管理，帮助中小外贸企业实现订单的合理整合、长短对接、科学打包、优化配置，提供订单处理、流程设计、生产管控和进出口服务等。

通过解决企业物流需求，使企业专注于产品生产和销售，缩短供应的前置时间，减少库存和积压产品，增加货物运输的准时性和准确性，以提高供应链上各种原辅材料、在半成品及成品的移动效率。

通过嘉晟集团的专业化人才队伍，为生产性外贸企业提供专业化的综合服务，解决了上下游企业人员短缺和经验不足问题，提升供应链企业的人均效能。

通过掌握全链条客户端信息，为客户优化配置原材料、劳动力、资本等生产要素，降低成本和提升效率。通过控制商品货权和全程供应链的管理，实时监控货物状态和生产过程，针对不同风险和资信客户采取不同提货合同或信用方式。

通过与金融机构和保险机构合作，结合企业订单动态和信用评级，实现供应链金融产品创新，提供个性化、定制化、标准化金融产品，帮助生产性外贸企业融资。如通过集中采购原材料、预付货款、货物质押等方式减少生产企业原材料库存、资金占用，帮助企业压缩应收款周期，加速其资金周转和流动。

四、社会价值

（一）促进产业集群化

伴随着我国制造业的产业升级和结构调整，制造企业对第三方物流的需求在不断增长，“大制造，小物流”的矛盾制约了制造业的创新和发展。嘉晟集团将供应链的创新业务模式应用到国内制造业、外贸进出口和物流业的运营中，提高了企业的生产运营和物流效率，带动了地区外贸经济的发展。运用嘉晟供应链的创新模式，可以从商流、物流、信息流、资金流入手，通过国内外的全程供应链服务将制造业与物流业紧密结合起来，逐步实现产业集群的创新升级和价值提升。

（二）去库存

通过科学管理、全流程信息化、可视化增强货物运输的准时性和准确性，帮助外贸企业减少库存和积压产品；组织参加国内外展会，通过平台交易信息积累数据，挖掘客户资源，协助外贸企业获取订单，转“以产定销”为“以销定产”。

（三）降成本

提升外贸企业信息化水平，提升各环节间的协同效率，让整个外贸环节变得透明、高效。通过集中采购原材料、预付货款等方式，帮助外贸企业加速资金周转，减少资金占用。享受平台便利化。嘉晟是海关总署厦门首批高级认证企业，通过嘉晟服务，不仅能在中国海关享受通关便利化，还能在国外 31 个国家和地区享受进口通关的便利和优惠。

（四）补短板

通过专业服务外包，使外贸企业有精力专注于研发、品牌等核心业务，加快转型升级。通过专业服务，帮助减少外贸企业因单证的非标准化带来的损失。

“以诚感人者，人亦诚而应”：打造跨境物流行业的领导品牌

——佳成国际物流股份有限公司

“不论天渊与歧尺，一线相连随人思。无须多虑风与雨，天下之事尽皆知。”物流是一个历史悠久的行业，古有丝绸之路，今有国家“一带一路”战略。但在十几年前，“跨境集运”一词并不那么广为流传。在2000年，佳成国际物流股份有限公司领先推出了跨境集运业务，把中国的产品带向海外，把海外的产品带到国内，使国际间的贸易方便快捷、畅通无阻（如图3-3所示）。

图3-3 上海浦东监管仓示意图

随着时代的变迁，佳成国际不断发展成为更加专业性的跨境物流企业。在2005年，获批国际物流资质；在2008年，拓展国际快递专线；2011年，在美国、英国、澳洲、日本、荷兰、香港、印度、阿联酋、马来西亚等20余个国家和地区设立海外分支机构，在持续的发展中完善企业形象，致力于为用户带来更良好的跨境物流体验。

目前，佳成国际建立了“国际物流网络”、“跨境供应链管理”和“华人全球购集运平台”三大业务集群，正全力打造全球化的仓配一体化服务体系。旗下拥有国内分支机构30余家，海外分支机构20余家，营业站点50余个，服务区域覆盖200多个国家和地区，是拥有全牌照的国际物流服务企业。

一、古来青史谁不见，今见功名胜古人——佳成国际物流网络发展历程

佳成国际物流网络是佳成国际的三大业务集群之一。面对激烈的国际竞争和市场淘汰机制，佳成国际也在不断地完善自己。在传统国际快递、国际货代业务的基础上，佳成国际加入跨境通关、跨境集运、网购保税进口三大业务，建设成为以五大业务为核心的物流网络，致力于为全球客户提供更加多选择、多口岸、多干线的跨境物流服务。

目前佳成已陆续与阿里、亚马逊、eBay、Wish等几大电商平台实现对接，成为其线上的指定物流服务商。并在深圳、

广州、上海、杭州、北京等地，开展了“仓到门”的新型服务模式，后续将再增加“门到门”的线上服务，平台商家可以在线下使用佳成国际的各大站点，真正实现了线上线下全覆盖的精诚服务模式。

2017 年 4 月，佳成国际又开通了以“专线服务，小包计费”为特色的小包新产品——佳邮宝。佳邮宝的出现解决了传统海外物流出现的各种弊病。它为客户提供 1~100 克为单位的计费，创造更加经济实惠、安全方便的服务。佳邮宝可以把货物直接空运至目的国，再由佳成当地分公司快速完成清关环节，并且与目的国当地邮政合作，完成终端派送，安全可靠。

佳成国际不仅开设了很多服务内容和专业产品，还在国际国内站点的开设上加大投入力度，扩大站点服务面积，把全球看成一个整体，致力于用最短的时间，最安全的方式，高效的完成集运服务。2017 年，随着市场的需求在不断的发展与进步，佳成国际将在原有的基础上，加大对境内通关口岸和海外服务站点的投入力度，全面开启“14+11”的战略布局，将国内站点在原有的基础上增加到 14 个，为普货，快件、跨境电子商务打造完整的通关渠道，国内站点分别是：北京，上海，广州，深圳，杭州，宁波，南京，天津，青岛，威海、福州、武汉、香港、台湾。国际站点有：印度、马来西亚、澳洲、德国、日本、英国、捷克、美国、迪拜、南非、韩国。

值得一提的是，佳成国际是少数在国内最大的航空物流口岸——上海浦东国际机场，拥有独立监管仓的跨境物流企业之一。独立监管仓作为公司的旗舰仓，是由单一物流企业专用经营的封闭海关集中监管仓库，也是跨境进出口物流服务的核心竞争要素之一。而佳成国际在上海浦东国际机场的独立监管仓，面积达 6 500 平方米，一楼为通关操作区，二楼可用做进出口代报关的货物暂存区，为佳成国际跨境物流业务，提供了有力的保证。

同时，2017 年佳成国际会完成 12 个通关口岸的设立。

二、千磨万击还坚劲，任尔东西南北风——郡仓跨境供应链发展历程

2016 年，佳成国际凭借良好的行业信誉和专业的集运服务，成为物产中大集团旗下一级子公司物产电商指定的保税物流服务供应商。佳成国际的跨境电子商务全球供应链网络，可以为全球跨境商品代采购、代收货、代发货等提供一体化的解决方案，并且在提单质押、备货融资、仓储融资等跨境供应链金融方面，不断地创新产品，提供增值服务。

首先，在网购保税进口方面，佳成国际在杭州下沙拥有进出口加工区网购保税进口仓，一期仓库总面积 658 平方米，于 2016 年 4 月底开仓，层高 12 米，不仅可提供通关、仓储、物流全链路服务。仓库目前已在备案商品约 2 000 个 SKU，日单量可以满足 2 万单左右。

其次，在跨境金融仓方面，佳成国际的金融仓可实行到货垫资的金融服务，具备金融供应链功能。目前佳成国际已与物产电商进行深度合作，客户公司可委托我司向外商采购进口商品。

再次，在跨境电子商务出口专线线路方面：佳成国际海外仓联盟建立了仓配一体化的综合服务基地。在日本、韩国、俄罗斯、巴西、迪拜、美国、加拿大、南

非、澳大利亚、印度、英国、德国、荷兰、捷克、新加坡、马来西亚等国家都有佳成国际的站点与服务线路。

三、芳林新叶催陈叶，流水前波让后波——华人全球购集运平台发展历程

当下，在各大经济领域，电商大行其道，佳成国际顺应市场趋势，适应时代变化，开始产业模式的转型升级，在传统业务的基础上，开展线上电子商务业务体系，华人全球购集运平台应运而生（如图3-4所示）。

图 3-4　华人全球购集运平台示意图

于2017年正式上线的华人全球购集运平台，旨在打造全球领先的集运电子商务平台，致力于为全球华人留学生提供国际物流、商品交流、信息交流、境内外代购等服务。让用户可以省心、省钱、省力的在平台上购买、邮寄商品。平台以跨境集运、优选商品、全球代购、分享好货四大业务板块为基础，为用户提供性价比高的多渠道跨境物流选择方案，解决跨境物流难题，让海外华人可以畅通无阻地购遍全球优选商品。

四、乘风破浪会有时，直挂云帆济沧海——完美展现佳成国际的发展历程

无论时代的变迁，还是行业的发展，佳成国际一直走在行业的前端，不惧风雨，创造未来。我们将始终坚持“共创价值，共享幸福”的使命，为客户提供“最经济、最安全、最快捷、最省心”的一站式服务。立志成为国内领先的国际电商平台进出口物流服务提供商，成为享誉行业的具有持续品牌价值的卓越企业。

跨境电商专题研究篇

创新跨境电子商务海关监管模式研究

（海关总署监管司课题组）

跨境电子商务是未来国际贸易竞争的制高点。支持跨境电子商务发展，对于促进企业和外贸转型升级，打造新的经济增长点，推动开放型经济发展具有重要意义。为促进跨境电子商务的健康有序发展，提高贸易安全与便利水平，海关总署以打造先进的、在国际上最具竞争力的海关监管机制为目标，积极改革创新，探索建立适应跨境电子商务特点的监管体系。本文总结海关开展跨境电子商务监管试点的经验，查找海关监管格局存在的问题，提出创新海关监管模式途径。

一、跨境电子商务海关监管发展历程和现状分析

（一）跨境电子商务海关监管发展历程

上世纪90年代，为便利境内居民与海外亲友间的相互馈赠，海关总署制定了对进出口邮递物品和快件物品的包裹限值和行邮税免税额度，国际进口邮件和港澳台进口邮件免税额度分别是500元、400元。进入21世纪，进出境快件物品、邮件呈现爆发式增长态势，海关注意到在大量进出境邮件、快件中，混杂着许多既有个人物品特征又具有贸易性质的包裹，明显不属于亲友间相互馈赠。海关总署发布的2010年43号公告，将个人邮寄进口物品的免税额度统一下调至50元，并首次明确对商业性邮件按一般货物监管，在满足消费者合理需要的同时，有效打击了非法代购商业行为，维护了正常的贸易秩序。

随着跨境电子商务的快速发展，跨境电子商务B2C进出口包裹呈现爆发式增长，海关对邮件、快件的传统监管模式已远远不能适应跨境电子商务的海量进出口包裹通关需求。在国家电子商务示范城市建设的探索实践中，海关总署牵头开展了跨境电子商务服务试点工作，2012年5月确定杭州、上海、宁波、重庆、郑州5个城市作为首批试点城市，根据跨境电子商务业态特点和需求，量身打造了四种监管模式。四种监管模式中，“网购保税进口”模式已由5个试点城市推广至10个试点城市，其他3种模式已具备全国推广复制条件。

2016年3月，财政部发布《关于跨境电子商务零售进口税收政策的通知》（财关税〔2016〕18号，以下简称“4·8新政”），自4月8日起跨境电子商务零售进口商品不再按行邮税计征，而是按照货物征收关税和进口环节增值税、消费税，将单次交易限值从1000元调整至2000元，个人年度交易限值为2万元，商品品种限定在公布的“跨境电子商务零售进口商品清单”范围内。同一天，国务院关税税则委员会同时调整了行邮税政策，使跨境电子商务零售进口商品综合税率与邮件、快件渠道进口个人物品的行邮税率相对持

平。随后，商务部明确在10个试点城市实行按货物征税、暂按物品监管的过渡期监管方式。海关总署发布2016年第26号公告，出台配套监管措施，完善跨境电子商务监管系统。

（二）跨境电子商务零售进出口海关监管模式

按照“遵循电子商务规律，发挥电子商务全程数据留痕、可追溯的特性，创新理念和方法，改革通关监管模式，支持和促进跨境电子商务健康、快速、有序发展”的工作思路，海关总署兼顾“管得住”和“通的快”原则，提出零售出口、特殊区域出口、直购进口和网购保税进口四种通关监管模式，配合地方政府搭建的跨境电子商务通关服务平台（即“单一窗口”），建设跨境电子商务通关管理平台，极大促进了跨境电子商务发展。

进口方面，“直购进口”模式中，商品根据消费者订单自海外电商运输至口岸监管场所，海关以“清单核放”方式监管，放行后再由物流企业继续派送至消费者手中。“网购保税进口”模式中，电商企业将进口商品按照“1210”（试点城市）或“1239”（非试点城市）监管方式报关运入海关特殊监管区域或保税物流中心（B型）内，境内个人下单订购后，海关凭清单进行核放。“网购保税进口”模式由于物流成本较低，配送效率较高，成为跨境电子商务进口首选，增幅较快，在进口业务中占较大比重。受“4·8新政”税收政策、通关单及食药品备案的影响，网购保税进口业务曾出现短暂急剧下降，在国家出台暂缓执行通关单和准入备案的过渡期政策后，试点城市网购保税进口业务量又继续出现上升态势。

出口方面，“零售出口”模式中，电商企业采用“清单核放，汇总申报”的方式通关，解决了中小企业的小包裹出口难题。与传统贸易增幅放缓甚至下降不同，零售出口业务量增长较快，成为经济增长新亮点。“特殊区域出口”模式中，电商企业把整批商品按一般贸易方式报关进入海关特殊监管区域或保税监管场所，并实现退税；境外订单产生后，海关凭清单核放，出口商品分批运送，企业定期以出口报关单形式向海关申报；目前仅少数城市试用该模式。

（三）成效分析

截至2016年12月31日，海关提出的四种监管模式和配套形成的制度创新、管理创新、服务创新和协同监管措施，较好适应和促进了跨境电子商务“互联网+外贸”新型业态发展，全国共有31个城市开展了跨境电子商务零售商品进出口业务，形成了明显的产业聚集和带动效应。主要表现为：

1. 初步建立跨境电子商务海关监管体系。针对跨境电子商务的特点，海关建立“清单核放、集中纳税、代收代缴”通关新模式；大力推进跨境电子商务全程无纸化通关；积极探索适合网络零售形式的海关归类及统计方式；全面实施“全年365天无休，24小时内办理海关结关手续”通关服务；确立跨境电子商务交易订单、支付单、物流单三单（以下简称“三单”）比对原则。

2. 以“单一窗口”为特征的跨境电子商务口岸服务体系逐步成型。各试点城市陆续建成了跨境电子商务“单一窗口”平台，为企业提供备案、申报服务，通过掌握“信息流、物流、资金流”数据，为海关等各监管部门提供在线监管服务，为企业及消费者提供公共信息查询服务。同时，通过信息共享，大数据背景下跨境电子商务信用评价体系构建初现端倪。以杭州为例，作为首批跨境电子商务试点城市和首个跨境电子商务综合试验区，“先行先试”地开展探索与改革，逐渐形成“六体系两平台”综试区建设经验和10项可复制可推广海关监管措施。

3. 跨境电子商务通关秩序得到有效规范。通过前期试点工作，试点地区海关着力推行四种跨境电子商务监管模式，明显遏制了原跨境电子商务行业中普遍存在的水客转运带货、夹带走私、偷换货品、规避证件、逃税漏税等现象，有效规范了通关秩序。“4·8新政”实施后，跨境电子商务业态模式得到认可，健康有序的发展方向得到确立。

4. 跨境电子商务行业需求得到初步满足。通过试点改革，参与电商企业实现了简易申报、快速验放、阳光退税、正常收付汇等合理需求；通过试点改革，一部分健康安全、品质优良、品类多样、价格合理的海外商品进入国内消费市场，满足了国内消费者希望通过正规渠道放心网购海外商品的需求，是国家引导海外消费回流的有益探索。

（四）现行跨境电子商务海关监管模式面临的挑战

1. 政策管理跟不上行业发展的需要

（1）法律法规落后于跨境电子商务发展需要。一是上位法缺失，电子商务法刚刚进入立法审核程序，现有管理规定涉及多个国家部委，主要以公告形式发布，缺少系统性、综合性的规定。二是跨境电子商务零售商品概念不清，属性模糊，零售进口商品后续管理的法律适用不明确；三是监管部门之间的互联互通机制亟待加强，协同监管的合力尚未形成。

（2）跨境电子商务政策的延续性和稳定性有待提升。“4·8新政”出台时间紧，调整面大，造成电商企业短暂性恐慌。虽然考虑到管理部门具体监管措施的制定落实、通关系统的改造切换、电商企业的业务结构调整等都需要时间消化，相关部委对试点城市适用了过渡期政策，但政策变革的不稳定，给企业经营和海关监管带来较大压力，对网购保税进口模式影响较大。

（3）现行进口通关监管模式有待整合。目前以电商与海关数据联网、“三单比对”为核心的跨境电子商务海关通关监管模式适用范围较窄，难以有效涵盖所有跨境电子商务类型。国内居民利用“海代”“海淘”等方式进行跨境网购的商品，多数未与海关数据联网，仍采取邮快件方式通关，虽然这部分商品属于跨境电子商务零售进出口概念，但未能有效的纳入到海关跨境监管和统计中，且针对两者的监管规定、通关模式、限值限额、准入门槛、税收政策均完全不同，企业可以利益最大化原则自由选择通关模式，寻找政策洼地，给海关监管带来困扰。

2. 海关监管模式有待进一步优化

（1）跨境电子商务监管未完全形成闭环。目前跨境电子商务的监管信息化系统较为独立，与海关其他执法系统、监管系统的互动性较弱。如在舱单层面跨境电子商务通关系统未与舱单管理系统贯通，仍需手工作业。在风险管理机制方面，海关监管未与企业资信等级连通。由于目前查验率较为固定，使得高资信企业在跨境电子商务业务中无法享受应有的便利通关、低查验率等待遇。

（2）“前推后移”的监管机制尚未完全建立。目前海关对跨境电子商务的监管力量仍集中于“事中”的放行环节，不断膨胀的业务量与人力资源紧缺的矛盾越来越突出。尤其是在电商促销高峰期间，业务量较平常可激增20倍以上，给原本就捉襟见肘的海关人力资源带来更大压力。其主要原因在于跨境电子商务的“事后”监管机制尚未真正形成，导致海关监管仅做到了“前推”，而未达成“后移”，从而使得监管压力集中在“事中”环节。

3. 跨境电子商务监管场所有待整合

根据海关总署2016年第26号公告要求，对跨境电子商务通关监管均应在符合海关规定的监管场所内实施。自试点以来，各城市积极建设跨境电子商务园区，遍地开“仓”，一方面缺少规划，同质竞争，难以形成规模效应，另一方面也给海关有限人力资源的配置造成困难。

二、跨境电子商务海关监管模式创新的重要性和必要性

（一）创新跨境电子商务海关监管模式是海关响应“一带一路”建设的重要举措

跨境电子商务是改革外贸生产方式、提振外贸的重要举措，有利于利用“互联网+外贸”实现优进优出，发挥我国制造业大国优势，扩大海外营销渠道，创立自有品牌；有利于境外消费回流，扩大国内消费。国家鼓励发展面向“一带一路”沿线国家的电子商务合作，扩大跨境电子商务综合试点，发起和主导电子商务多边合作①。海关立足监管实际，创新跨境电子商务监管模式，促进跨境电子商务行业发展，是和“一带一路”建设本质上是完全契合的，有助于抓住电商和网络这一历史性的机遇，在“一带一路”沿线国家和地区，率先发起制定新的国际贸易的游戏规则，建立新的国际贸易体系和话语权。

（二）创新跨境电子商务海关监管模式是海关全面深化改革的重要体现

跨境电子商务这一新兴业态在飞速发展过程中，必然对海关传统的管理模式和监管手段带来一定的冲击，并提出了新的挑战。在这一背景下，海关如何按照海关总署2014年11月6日发布的《海关全面深化改革总体方案》要求，在制度创新层面，跳出传统监管模式的桎梏，遵循维护贸易安全和促进贸易便利这两个基本原则，进一步创新海关管理模式，实现跨境电子商务的发展与海关管理目标的和谐共赢，是需要高度重视和认真研究的，也是海关全面深化改革的重要体现。

（三）创新跨境电子商务海关监管模式是海关全面服务供给侧改革的重要手段

近些年，我国国内消费增速拾级而下，但是境内居民在海外疯狂扫货的新闻却屡见不鲜，海关监管进境“海淘”邮包的业务量呈现井喷，跨境电子商务企业如

---

① 国务院2015年5月文件《关于大力发展电子商务加快培育经济新动力的意见》

雨后春笋般拔地而起，这些都表明当前我国经济面临的问题并不在短期的需求上，而在中长期的供给上，供需错配使得供给侧改革势在必行。中国海关理应主动对接供给侧改革，创新监管理念，改变落后的监管模式，在促进跨境电子商务行业发展和鼓励创新的前提下，适度进行监管，制定让市场在资源配置中起决定性作用的配套政策，保持政策的稳定性。在跨境电子商务监管模式创新中注重提升通关效率、加强政策引导、做好政研辅助。

三、国外海关对跨境电子商务的监管经验

在美国，作为美国边境最大的执法机构，美国海关和边境保护局（CBP）负责对跨境电子商务进行监管。CBP 关于跨境电子商务的申报方式，主要由商品价值和运输方式决定，可分为正式报关和非正式报关。CBP 规定跨境电子商务出入境商品可分别以邮递、快件或货运方式出入境，且当所购出入境商品价值超过 2500 美元时，相关交易方必须以正式进出口方式向海关报关和清关。但是，若所购出入境商品价值未超过 2500 美元，进口人可选择“非正式报关”形式向 CBP 申报，CBP 官员会依据所获取的信息对商品进行归类并向进口人纳税后当场放行。若跨境购买的邮递包裹的报关价值低于 200 美元，清关时不需任何文件，CBP 官员会随机抽查确定价格无误后直接放行。

澳大利亚海关规定跨境电子商务入境商品无论以货运或邮递方式入境，超过 1000 澳元的商品应正常报关进口（不论是否个人使用），不超过 1000 澳元的低值商品若以货运方式入关，货运公司应以自评清关（SAC）方式报关；若以邮递方式入境，则海关直接清关。

在税制方面，美国与澳大利亚均实行单一税制，即跨境电子商务进口涉及关税和进口环节税费，其适用的税率、免征额以及税负的计算与一般贸易进口商品基本相同，征税时不区分货物和物品，统一征收关税、增值税和其他进出口环节税。

综上，国外对跨境电子商务监管比较通行的做法是：不区分普通快件、邮件和跨境电子商务快件、邮件，限制限额与通关流程一致；不以商品属性区分货物、物品性质，而是以货值区分是否纳入快速通关或者简易通关体系；不区分税率，无论是普通贸易，还是个人邮寄物品，均实行单一税制，确保贸易平衡。

四、跨境电子商务海关监管创新思考

（一）建立健全跨境电子商务法治体系，打造公平竞争环境

尽快完成《电子商务法》的立法流程，明确跨境电子商务进出境商品属性定义。减少跨境电子商务与传统贸易的政策不平衡，引导跨境电子商务从 B2C 模式向 B2B 模式转型，促进电商企业进一步扩展市场、改善服务、提高经营效率，引领行业向规模化、规范化、集约化和系统化的方向发展。强化电商企业的主体责任，明确跨境电子商务各参与方的法律责任和应尽义务，完善惩处机制，坚决打击跨境电子商务领域的违法违规行为，建立公平公正的市场竞争环境。在税制方面，参照境外海关统一货物物品管理、单一税制的模式，进一步完善跨境贸易电子商务税种税

率适用、完税价格审定等税收机制，将货物税和行邮税予以整合，推动建立进出口单一税制，消除税收差异。

（二）加快信息共享机制建设，完善“大数据”下的风险监管

在国际贸易单一窗口基础上，建设跨境电子商务“单一窗口”，实现跨境电子商务一点接入、一次递交、统一反馈，推动跨境电子商务关检合作“一次申报、一次查验、一次放行”。积极推广“六体系、两平台”，加快建设“信息互换、监管互认、执法互助”的信息交换共享机制，通过获取其他管理部门的企业信用数据、个人征信记录等信息，完善海关信用管理和风险防控体系建设，并在海量数据的基础上，依托目前海关搭建的大数据云平台，推动大数据技术和分析方法在海关跨境监管的落地实施，探索将“大数据”嵌入海关监管环节、监管结果又反馈“大数据”的管理模式，打造“诚信守法便利、失信违法惩戒”的通关环境。

（三）深化综试区改革，加快成熟经验的推广复制

充分发挥跨境电子商务综试区“先行先试”的政策优势，在坚持“管得住”和“通得快”的前提下，深化简政放权、放管结合、优化服务等改革的重要举措，积极探索跨境电子商务进出境“新路径”，开展并扩大跨境电子商务、市场采购贸易方式和外贸综合服务企业试点。在跨境电子商务综试区取得的改革成果，力争成熟一批、推广一批，在出口环节全面实施“简化申报、清单核放、汇总统计”的监管模式，进一步畅通中小企业出口路径；对网购保税进口商品实行“一线管住、二线优出”的管理理念，将监管重点前置至入区环节，大幅缓解“碎片化”包裹出区时带来的监管压力；建立“制度+科技+人工”三位一体的风险管控机制和“前、中、后”全方位综合监管体系，将风险防控贯穿跨境电子商务监管全链条。

（四）加强国际间相互合作，力争国际话语权

2017 年年初，国际海关组织政策研究所成员带队赴深圳、上海、杭州等地调研跨境电子商务进出境业务开展情况，这表明国际海关组织已关注到中国海关在该领域所做的努力和创新。目前，跨境电子商务已成为全球关注焦点，也是国际贸易的重要组成部分，但各个国家和地区在跨境电子商务领域的发展水平存在差异，要从各方共同关注的领域入手，将合作的重点集中在 B2C 跨境电子商务进口的监管与便利方面。加强信息交流和互换，有效改善海关在“审价”“物流异常”等方面的被动局面，同时共同防范国际海关面临的“核化生暴恐”威胁。要充分利用多、双边交流平台、国际间互访及交流等方式，主动宣传我国跨境电子商务监管理念，扩大国际影响，通过展示我国海关开展跨境电子商务有效监管、促进通关便利化的成果，积极推行跨境电子商务监管合作试点项目，争取跨境电子商务的国际话语权。

（五）立足区域通关一体化改革，构建一体化通关模式

将跨境电子商务的海关监管模式从平面化管理结构转变成立体网状结构。跨境电子商务企业可以“一地注册、全国报

关”，企业备案数据全国共享，三单数据及清单数据可直接异地发送至口岸地海关。借鉴“一次申报、分步处置”的理念，对跨境电子商务通关流程进行再造，加强事前审核力度，加快事中通关速度，加大事后稽查强度。借鉴一体化改革中隶属海关功能化建设的理念，建立并规范属地型和口岸型跨境电子商务监管中心。口岸型跨境电子商务监管中心主要负责商品查验、监管场所管理、口岸应急事务处理等，属地型跨境电子商务监管中心主要负责申报、后续管理、企业管理、特殊区域和保税监管场所管理等，不承担跨境商品具体验放工作。

改革创新是助推跨境电子商务健康发展的内在源动力，海关应当顺应跨境电子商务时代发展，切实转变管理职能，让监管“隐形”于市场发展，将“管得住”与“通得快”的监管服务理念根植于心，建立更便捷高效的跨境电子商务管理秩序，最大程度上推动跨境电子商务健康发展。

“五位一体”跨境电子商务质量品牌支撑体系

（中国检验检疫学会会长　魏传忠）

一、背景

质量是兴国之道、强国之策、质量强国是国家战略，习近平总书记2014年5月提出推动“中国制造向中国创造转变，中国速度向中国质量转变，中国产品向中国品牌转变”三个转变重要论述。2017年，李克强总理在两会时提出要全面提升质量水平，广泛开展质量提升行动，加强全面质量管理，健全优胜劣汰质量竞争机制，培育众多“中国工匠”，打造更多享誉世界的“中国品牌”，推动中国经济发展进入质量时代。

十多年来，互联网产业成就了中国经济发展的传奇，新型网络经济的迅猛发展，必然会成为21世纪我国的主流经济。为了促进电子商务健康发展，国务院先后印发了《国务院办公厅关于加快发展高技术服务员的指导意见》《国务院关于大力发展电子商务加快培育经济新动力的意见》等，促进互联网和物联网的健康有序发展，为大众创业、万众创新及改善民生提供新动力。

伴随新型网络经济的高速成长，各种电商产品质量诚信问题也日益引起全社会的普遍关注，今年3月14日，质检总局支树平局长在十二届全国人大五次会议记者会上透露，去年国家质检总局共抽查6890多批次电商产品，检出不合格产品2122批，不合格率超30%，远远高于线下商品的不合格率。如果不尽快从源头提升电商产品的质量诚信，未来将严重影响新型网络经济的正常发展，同时也将严重危害实体经济，危害中国质量品牌建设。

如何提升企业质量诚信、保障消费者权益，是政府、第三方机构和企业必须共同面对的问题。新经济发展问题不能沿用旧经济头脑，现有的解决方式很多时候未能标本兼治，所以市场迫切需要以新模式解决新经济难题！

二、QBBSS 全程质量管理支撑体系

中国经济新常态下，质量已成为推动中国经济发展的关键要素，作为国家质检总局主管的中国检验检疫学会，牢记职责使命，锐意改革创新，自觉将习近平总书记“三个转变”重要论述融入到服务质量强国建设的实践中，针对电子商务发展中出现的产品质量、诚信缺失等突出问题，创造性地提出了构建中国全程质量管理支撑体系，为我国质量品牌建设提供新的模式。

“五位一体”的全程质量管理支撑体系包括质量诚信认定、质量标准认定、质量检验检测、质量产品溯源和质量保险，简称为 QBBSS（如图 4-1 所示）。

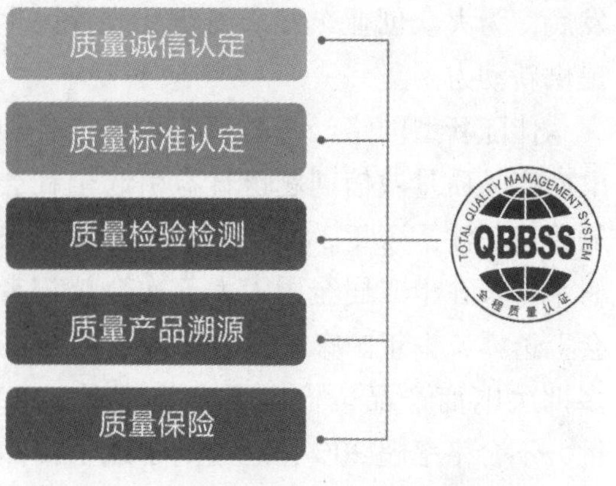

图 4-1　QBBSS 全程质量管理支撑体系“五位一体”示意图

（一）QBBSS 全程质量管理支撑体系具有“五位一体”显著特点

1. 质量诚信认定

国务院第 95 次常务会议审议通过了《关于运用大数据加强对市场主体服务和监管的若干意见》，指出要运用多部门信用监管信息和社会各方面的信用记录数据，对社会主体进行分析研判，综合评价，并向社会公示，这是质量诚信建设在大数据时代的创新应用。

通过对企业进行自我承诺、数据说话、社会评价、统一标准的流程，通过智能评分系统进行评定，实时、动态监控企业质量诚信状态。从源头把控，助强扶优，推动质量诚信建设，提升企业的质量品牌形象。

质量诚信大数据将由中国检验检疫学会质量诚信建设委员会提供支撑。

2. 质量标准认定

企业产品质量标准引领企业质量建设，QBBSS 将对申请企业的产品质量标准进行认定，以国家标准为基准、符合国家标准为 A、高于国家标准为 A+，保证企业产品质量标准的严格性和行业领先性，以产品高标准为引领，提升企业的品牌市场竞争力。

3. 质量检验检测

QBBSS 采用中国检验检测创新联盟统一的质量检验检测标准和抽检模式，保证检验检测数据的真实准确，发放唯一的产品质量检测码。一物一码，保障产品质量追溯。

QBBSS 将推动检验检测创新，依托联盟成员分布在各地的检验检测网络，将企业送检的被动检验模式改变为检测机构抽

检的主动检测模式，规避送检模式的检测漏洞，开发出具有独立知识产权的检验检测控制系统，建设以信息化、网络化、智能化为特征的线上检验检测第三方服务平台，保证检验检测数据的真实可信。同时，产品检验检测数据可以作为区域产业升级发展的依据，推动区域经济发展。

质量检验检测大数据将由中国检验检测创新联盟提供支撑。

4. 质量产品溯源

国务院在2015年12月发布《关于加快推进重要产品追溯体系建设的意见》，意见指出要加快建设先进适用的重要产品追溯体系，促进质量安全综合治理，提升产品质量安全水平。2016年8月，李克强总理在主持召开国务院常务会议时，要求建立主要消费品质量安全追溯体系。

QBBSS采用统一产品溯源标准，简化流程，结合检验检测数据，建立产品溯源档案，生成唯一的产品溯源码，一物一码，ID号码无法修改，实现产品到消费者各环节的追溯，形成完整的质量溯源管理系统。

5. 质量保险

对于所有申报QBBSS认证的企业，其产品经过由质量诚信企业按高标准生产、质量检测、质量溯源等流程，国内品牌保险公司将为这些质量品牌产品提供质量保险服务，为产品提供质量保障。

通过质量保险承诺，提升消费者网上购物的信心，保证消费安全，推动跨境电子商务、质量品牌电商的建设。

（二）QBBSS质量数据云平台介绍

1. QBBSS建设“质量数据云平台”，作为QBBSS的支撑运作平台，平台利用先进的互联网、物联网技术，通过对企业五位一体质量大数据的整合，切实推动企业质量品牌的建设。

企业可以通过QBBSS质量数据云平台申请QBBSS认定，获得QBBSS认定企业将不仅能提升企业质量管理，推动企业进行质量诚信建设、提高产品的附加值，同时也让企业获得银行更多的授信和融资优惠，享受更多的进出口、跨境电子商务等方面的优惠政策，全面提升企业品牌竞争力。

2. 通过QBBSS质量数据云平台，五码合一生成唯一质量认证码，五位一体全方位把控质量。消费者只需用手机扫码，就可以通过“质易查”APP查到所购商品的企业诚信、执行标准、检验检测、产品溯源和保险信息等，全面了解产品的质量信息，保证消费安全。

QBBSS全面质量管理支撑体系，不仅能让电商自律，提升企业质量管理，推动企业进行质量诚信建设、检验检测行业发展及产品质量溯源系统建立，还将直接推动质量品牌电商建设，为跨境电子商务提供强有力的质量保证，树立中国质量品牌形象，助力质量强国建设（如图4-2所示）。

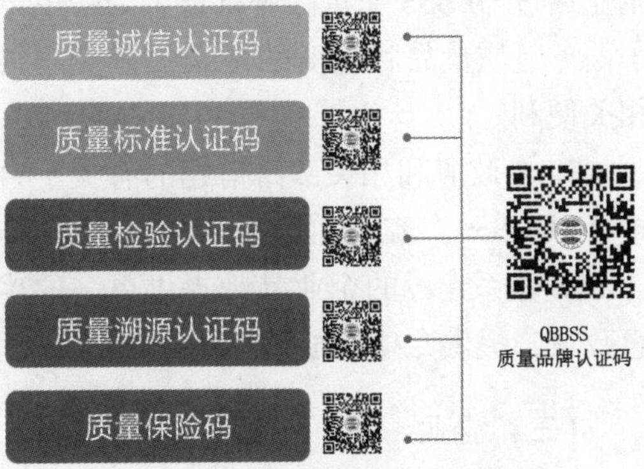

图4-2　五码合一示意图

三、如何推动 QBBSS 实施

QBBSS 全程质量管理支撑体系是一个庞大的系统工程，其成功实施不仅需要学会筹备规划，更需要政府相关部门的扶持和企业的积极参与。多方通力合作，才能更好发挥 QBBSS 的功能，全面提升中国质量水平，打造更多享誉世界的中国品牌。

（一）中国检验检疫学会

1. 规划建设 QBBSS 全程质量管理支撑体系，并负责相关标准的制定和实施。

2. QBBSS 质量数据云平台的运营指导和系统维护，同时为系统提供大数据支持。

3. 推动 QBBSS 全程质量管理支撑体系实施，推动跨境电子商务、质量品牌电商的建设，树立中国品牌形象。

（二）政府及相关部门

1. 出台相关扶持政策，让 QBBSS 系统更好实施，支持 QBBSS 质量数据云平台的建设，为地方优秀品牌企业服务，打造享誉世界的“中国品牌”。

2. 由政府及相关部门宣传、推广 QBBSS 全程质量管理体系，推动优质品牌企业通过 QBBSS 质量品牌认证，为跨境电子商务、质量品牌电商的建设提供更多的相关便利。

3. 由政府和相关部门搭建的有关平台接入 QBBSS，实现信息互联，对参与 QBBSS 体系建设的企业品牌提供更多的优惠政策，提供专项奖励和资金扶持。

（三）企业

1. 积极规划企业发展方向，规范企业质量诚信体系建设，树立创建质量品牌目标。

2. 主动申请 QBBSS 质量品牌认证，参与质量品牌建设，充分利用 QBBSS 质量数据云平台实现企业品牌目标。

3. 通过 QBBSS 体推动企业品牌建设系统化，打造品牌唯一性，提高品牌附加值，开拓跨境电子商务、质量品牌电商业务。

四、关于实施 QBBSS 的意义

（一）提升企业的品牌竞争力

QBBSS 全程质量管理支撑体系以质量大数据、云计算和智能化为基础，为企业提供全面质量管理、创新引领、提高品牌附加值，提升企业的品牌竞争力，引领新经济发展。

（二）推动品牌提升，带动地方经济全面发展

QBBSS 系统由政府及相关部门提供政策、资金扶持，企业自愿申请加入，可以通过“以点带面”的方式，对知名优质品牌进行助强扶优、推动升级，QBBSS 将带动一条高质量、高诚信、高品牌价值的优质企业供应链，最终达到全面带动地方经济整体发展的目标，推动地方产业升级，实现地方 GDP 提升，打造中国质量品牌。

（三）企业质量管理标准化，推动国家“一带一路”建设

实施 QBBSS 全程质量管理支撑体系，将使企业质量管理系统化和标准化，从而为企业产品的出口奠定良好基础，推动跨境电子商务和质量品牌电商的发展，推动

中国“一带一路”建设，树立中国品牌形象。

（四）规范中国质量品牌建设，打造享誉世界的“中国品牌”

质量品牌建设是衡量国家经济实力的标志性符号，通过QBBSS进行规范化、系统化质量品牌提升，整合中国优质品牌，推动企业品牌建设，树立中国品牌的世界形象，助力质量强国。